LANGENSCHEIDTS
UNIVERSAL-WÖRTERBUCH
NIEDERLÄNDISCH

NIEDERLÄNDISCH-DEUTSCH
DEUTSCH-NIEDERLÄNDISCH

Neubearbeitung
von
Lic. Fr. Beersmans

LANGENSCHEIDT
BERLIN · MÜNCHEN · WIEN · ZÜRICH

Inhaltsverzeichnis — Inhoud

Auflage: 5. 4. 3. 2. | *Letzte Zahlen*
Jahr: 1979 78 77 76 | *maßgeblich*

© 1975 Langenscheidt KG, Berlin und München
Druck: Druckhaus Langenscheidt, Berlin-Schöneberg
Printed in Germany. ISBN 3-468-18231-7

Abkürzungen — Afkortingen

a.	*auch*, ook	*Gr.*	*Grammatik,* grammatica
A	*Akkusativ,* accusatief	*Hdl.*	*Handel,* handel
Adj.	*Adjektiv, bijvoeglijk naamwoord*	*iem.*	*iemand,* jemand(en, -em)
Adv.	*Adverb,* bijwoord	*j-m*	*jemandem*
Anat.	*Anatomie,* anatomie	*j-n*	*jemanden*
Arch.	*Architektur,* architectuur	*Jur.*	*Jura, juristisch,* rechten, juridisch
Art.	*Artikel,* lidwoord	*Kfz.*	*Kraftfahrzeug,* motorvoertuig
Bgb.	*Bergbau,* mijnbouw	*Kleid.*	*Kleidung,* kledij
D	*Dativ,* datief	*Kochk.*	*Kochkunst,* kookkunst
El.	*Elektrizität,* elektriciteit	*Komp.*	*Komparativ,* comparatief
e-m	*einem*	*Konj.*	*Konjunktion,* voegwoord
e-n	*einen*	*m*	*männlich,* mannelijk
e-r	*einer*	*m.*	*mit,* met
Esb.	*Eisenbahn,* spoorweg	*Mal.*	*Malerei,* schilderkunst
et.	*etwas,* iets	*Mar.*	*Marine, Seewesen,* zeewezen
f	*weiblich,* vrouwelijk	*Math.*	*Mathematik,* wiskunde
F	*familiär,* gemeenzaam	*Med.*	*Medizin,* geneeskunde
fig.	*figürlich,* figuurlijk	*Met.*	*Meteorologie,* meteorologie
Flgw.	*Flugwesen,* vliegwezen	*Mil.*	*Militär, militärisch,* militair
G	*Genitiv,* genitief		
Ggs.	*Gegensatz,* tegenstelling		

mst.	meist(ens), meestal	Su.	Substantiv, substantief
Mus.	Musik, muziek	Tech.	Technik, techniek
n	sächlich, onzijdig	Tel.	Telefon, telefoon
ndl.	niederländisch, Nederlands	Thea.	Theater, theater
od.	oder, of	Typ.	Typographie, typografie
Pers.	Person, persoon	u.	und, en
Phys.	Physik, natuurkunde	usw.	und so weiter, enzovoort
pl.	Plural, Mehrzahl, meervoud	v/i	intransitives Verb, onovergankelijk werkwoord
Pol.	Politik, politiek		
Pron.	Pronomen, voornaamwoord	v/t	transitives Verb, overgankelijk werkwoord
Prp.	Präposition, voorzetsel		
Rdf.	Rundfunk, radio	zeitl.	zeitlich, tijdsbepalend
Rel.	Religion, godsdienst	Zo.	Zoologie, dierkunde
s.	siehe, zie	Zssg.	Zusammen-setzungen, samenstellingen
sg.	Singular, Einzahl, enkelvoud		
Sp.	Sport, sport		

Erklärung der Aussprache des Niederländischen

a) Vokale

	Lautcharakteristik	ndl. Beispiel
[a:]	helles **a** wie in Wasser, aber lang	straat [stra:t] Straße

5

	Lautcharakteristik	ndl. Beispiel
[ɑ]	dunkles **a** wie in Straße, aber kurz	land [lɑnt] *Land*
[eː]	wie **e** in leben	leven ['leːʋə(n)] *leben*
[e·]	wie **e** in Melodie	melodie [me·lo·'di·] *Melodie*
[ɛ]	wie **e** in Bett, aber etwas offener	bed [bɛt] *Bett*
[ɛː]	wie **ä** in Bär	affaire [ɑ'fɛːrə] *Affäre*
[ə]	wie **e** in Beginn	begin [bə'ɣɪn] *Beginn*
[iː]	wie **ie** in Bier	bier [biːr] *Bier*
[i·]	wie **i** in Zigarre	ziek [zi·k] *krank*
[ɪ]	wie **i** in Kind, aber etwas offener	kind [kɪnt] *Kind*
[oː]	wie **o** in Brot	brood [broːt] *Brot*
[o·]	wie **o** in Forelle	forel [fo·'rɛl] *Forelle*
[ɔ]	wie **o** in Gott, aber etwas offener	God [ɣɔt] *Gott*
[ɔː]	wie **o** in Gott, aber lang	zone ['zɔːnə] *Zone*
[øː]	wie **ö** in lösen	deur [døːr] *Tür*
[ø·]	wie **ö** in Ökonomie	eufonisch [ø·'foːni·s] *euphonisch*
[ə]	ein Laut, etwa zwischen **ö** in können und **ö** in lösen, aber kurz	kunst [kənst] *Kunst*
[œ]	wie **ö** in können	feuilleton [fœiə'tɔn] *Feuilleton*
[œː]	wie **ö** in können, aber offener und lang; wie französisch beurre [bœːr] *Butter*	oeuvre ['œːʋrə] *Werk*
[uː]	wie **u** in Bluse	boer [buːr] *Bauer*
[u·]	wie **u** in Musik	boek [bu·k] *Buch*
[yː]	wie **ü** in Hügel	vuur [ʋyːr] *Feuer*
[y·]	wie **ü** in amüsieren	minuut [mi·'ny·t] *Minute*

b) Diphthonge und Vokalverbindungen

	Lautcharakteristik	*ndl. Beispiel*
[au]	ähnlich dem deutschen **au** in Haus, das **a** aber mit zurückgezogener Zunge	hout [haut] *Holz*
[ɛɪ̆]	wie **ä** in Bär, aber kurz, übergehend in [i] wie **i** in Legion	wijn [vɛɪ̆n] *Wein*
[əY]	wie **ö** in können, aber offener, zweites Element wie **eu** in Beule	huis [həYs] *Haus*
[a:ɪ̆]	wie **ei** in leihen, aber mit langem [a] und mit einem deutlicheren [j] am Ende	draaien ['dra:ĭə(n)] *drehen*
[o:ɪ̆]	wie **oj** in Boje	mooi [mo:ɪ̆] *schön*
[u·ɪ̆]	wie **ui** in pfui	moeite ['mu·ɪ̆tə] *Mühe*
[e:ŭ]	nach dem **e** wie in leben ein schwaches [w] wie u in Etui	eeuw [e:ŭ] *Jahrhundert*
[aŭ]	[a] mit schwachem [w] wie **u** in Etui	vrouw [vrauŭ] *Frau*
[i·ŭ]	[i·] + [w]s. [aŭ]	nieuw [ni·ŭ] *neu*
[y·ŭ]	[y·] + [w]s. [aŭ]	uw [y·ŭ] *Ihr*

c) Nasale

[ã:] [ɛ̃:] [ɔ̃:] [œ̃:]
etwa wie in deutsch Restaur**ant**, T**eint**,
Pard**on**, Parf**um**

d) Halbvokale

	Lautcharakteristik	*ndl. Beispiel*
[ĭ]	wie **i** in Legion	station [sta'sĭɔn] *Bahnhof*
[ŭ]	wie **u** in Etui	eeuw [e:ŭ] *Jahrhundert*

e) Konsonanten

	Lautcharakteristik	ndl. Beispiel
p, t, k	unbehaucht	
[ɣ̊]	wie **ch** in la**ch**en, aber mehr oder weniger stimmhaft	gaan [ɣ̊a:n] *gehen*
[ɣ]	wie **ch** in la**ch**en, aber stimmhaft	wegbrengen ['vɛɣbrɛŋə(n)] *wegbringen*
[ʒ]	wie **j** in Journal	bagage [ba'ɣa:ʒə] *Gepäck*
[ŋ]	wie **ng** in si**ng**en	brengen ['brɛŋə(n)] *bringen*
[r]	Zungenspitzen-r wie in einigen deutschen Dialekten	rijden ['rɛɪə(n)] *fahren*
[s]	wie **ss** in fa**ss**en	sussen ['sǝsə(n)] *beruhigen*
[ʃ]	wie **sch** in **Sch**ule	machine [ma'ʃi·nə] *Maschine*
[ʋ̥]	ein Laut zwischen **w** in **W**asser und **f** in **f**ahren	voor [ʋ̥o:r] *für*
[v]	wie **w** in **W**asser, aber mit mehr Reibung	afbuigen ['ɑvbəɣ̊ə(n)] *abbiegen*
[ʋ]	wie **w** in **W**asser, aber mit weniger Reibung	water ['ʋa:tər] *Wasser*
[x]	wie **ch** in la**ch**en	lachen ['lɑxə(n)] *lachen*
[z]	wie **s** in **s**ausen	zon [zɔn] *Sonne*

f) Zusätzliches Zeichen

[']	die Hauptbetonung bei zwei- oder mehrsilbigen Wörtern hat die auf dieses Zeichen folgende Silbe.

Hinweise für die Benutzung

1. Die **Tilde** (~, bei veränderter Schreibung: 2) ersetzt entweder den ganzen Titelkopf oder den vor dem senkrechten Strich (|) stehenden Teil davon, z. B. **bloem** Blume f; ~**kool** (= **bloemkool**) Blumenkohl m; **boven|aan** obenan; ~**al** (= **bovenal**) vor allem; **an-ordn|en** bepalen; 2**ung** (= **Anordnung**) f bepaling.
2. Das **Genus** der **deutschen** Wörter wird immer angegeben, und zwar durch f, m bzw. n. Bei den **niederländischen** Wörtern werden nur die sächlichen gekennzeichnet, und zwar durch n im niederländisch-deutschen Teil bzw. durch (het) im deutsch-niederländischen Teil. Die anderen Wörter, die sogenannten *de-woorden*, gelten heute durchweg als männlich. Nur weibliche Lebewesen und die Wörter auf -heid, -nis, -de, -te, -ij, -ie, iek, -theek, -teit, -tuur, -sis, -ade, -ide oder -ode sowie die auf -ing oder -st nach einem Verbalstamm gelten noch als weiblich. Sie können durch **ze** (= Personalpronomen) bzw. **haar** (= Possessivpronomen) ersetzt werden.
3. Die **Aussprache** der niederländischen Wörter ist in eckigen Klammern angegeben.
4. Eine größtmögliche **Konkordanz** im Wortschatz zwischen dem niederländisch-deutschen und dem deutsch-niederländischen Teil wurde im Rahmen des Sinnvollen angestrebt. Aus Platzgründen wurden im niederländisch-deutschen Teil die niederländischen mit dem Suffix **-ing** von Verben abgeleiteten Substantive immer dann weggelassen, wenn sie sich vollkommen mit ähnlichen deutschen Substantiven auf -**ung** decken, so im deutsch-niederländischen Teil z. B.: **entdeck|en** ontdekken; 2**ung** f ontdekking; aber im niederländisch-deutschen Teil nur: **ontdekken** entdecken.

A

aaien streicheln
aak Kahn *m*
aalbes ['-bɛs] Johannisbeere *f*
aalmoes ['-muˑs] Almosen *n*
aambeeld *n* Amboß *m*
aan an(A, D); heran
aanbe|steden [-ste:d-] ausschreiben; **~taling** Anzahlung *f*
aanbevelen [-ʋe·l-] empfehlen; **~swaardig** ['-va:rdəx] empfehlenswert
aanbidden ['-bɪd-] anbeten
aanbied|en anbieten; **~ing: speciale** ['-sia:lə] **~ing** Sonderangebot
aan|blik Anblick *m*; **~bod** *n* Angebot *n*
aanbouw ['-baʊl: **in ~** im Bau
aanbranden anbrennen
aanbreken ['-bre:k-] anbrechen; *Su. n* Anbruch *m*
aanbrengen anbringen, heranbringen; *Farbe* auftragen
aandacht Aufmerksamkeit *f*; **~de ~vestigen** ['ʋɛstəɣ-] **op** aufmerksam machen auf (A); **~ig** [-'daxtəx] aufmerksam

aandeel *n* Anteil *m*; *Hdl.* Aktie *f*
aan|denken *n* Andenken *n*; **~dienen** anmelden
aandoen ['-duˑn] antun; *Kleid* an-, überziehen; *Licht* anknipsen; *Hafen* anlaufen; wirken, erscheinen; **~ing** Rührung *f*; Erkrankung *f*; **~lijk** ['-duˑnlək] rührend
aandraaien andrehen; *Schraube* anziehen
aandrijv|en ['-drɛiʋ-] antreiben; **~ing** *Tech.* Antrieb *m*
aan|dringen (op) dringen (auf A); **~duiden** ['-dœyd-] bezeichnen, andeuten; **~durven** ['-dœrʋ-] sich zutrauen
aaneen [-'e:n] aneinander, zusammen
aangaan angehen; eingehen
aange|boren angeboren; **~daan** gerührt; **~legenheid** [-'le:ɣənhɛit] Angelegenheit *f*, Sache *f*; **~naam** angenehm
aangenomen [-no:m-] **~kind** *n* Adoptivkind *n*; **~ dat ...** vorausgesetzt, daß ...
aangeschoten [-sxo:t-]

angeschossen; ange-
trunken, F beschwipst

aangetekend [-te:kant]
eingeschrieben, per Ein-
schreiben; **~e brief** Ein-
schreibebrief m

aan|geven hinüberrei-
chen; anzeigen; verzol-
len; versteuern; **~gege-**
ven waarde Wertangabe }

aangezien weil [f]

aan|gifte Angabe f; Mel-
dung f; Anzeige f

aan|grenzen angrenzen;
~grijpen ['-ɣrɛip-] erfassen, ergreifen

aanhal|en Worte anfüh-
ren; **~ig** [-ha:ləχ] an-
schmiegsam; **~ingsteken**
[-te:kə(n)]n Anführungs-
zeichen n, Gänsefüßchen
n

aanhang Anhang m, Ge-
folgschaft f; **~er** Anhänger m; **~sel** n Anhängsel
n, Anhang m; **~wagen**
Anhänger m

aanhankelijk [-'haŋkələk]
anhänglich

aanhebben anhaben

aanhouden ['-hɑüə(n)]
anhalten; anbehalten;
verhaften, beharren; **(op)**
zuhalten (auf A); **~d**
[-'hɑüdənt] stetig, anhal-
tend

aankijken ['-kɛik-] an-
schauen, angucken

aan|klacht Anklage f;
~klagen anklagen, ver-
klagen; **~kleden (zich)**
(sich) anziehen; **~klop-**

pen anklopfen

aanknop|en anknüpfen;
~ingspunt [-pɛnt] n Anhaltspunkt m

aan|komen ['-ko:m-] an-
kommen, eintreffen; be-
rühren; **~komst** Ankunft
f, Eintreffen n

aankondig|en [-dəɣ̆ə(n)]
ankündigen, ansagen;
~ing Ankündigung f, Ansage f; Vorschau f

aan|koop Ankauf m, Er-
werb m; **~kopen** ankau-
fen, erwerben

aankunnen ['-kən-] bewältigen; **iem. ~** j-m gewachsen sein; **~ op** sich
verlassen können auf (A)

aanleg Anlage f; Veranlagung f; Bau m; **~gen** anlegen; bauen; **~plaats**
Anlegeplatz m

aanleiding Anlaß m, Veranlassung f; **~ geven** veranlassen; **naar ~ van** anläßlich (G)

aan|lengen verdünnen;
~leren erlernen; **~leunen**
['-lø:n-] **(tegen** ['te:ɣ̆ə(n))
sich anlehnen (an A)

aanlok|kelijk verlockend,
reizend; **~ken** (an)locken

aanloop Anlauf m; Zulauf
m, Besuch m

aanlopen anlaufen; **(even**
['e:və̆(n)) **~ bij** (bə̆i) besuchen, F vorbeikommen

aan|maken ['-ma:k-] an-
machen; **~manen** (er-)
mahnen, auffordern

aanmatigen ['-ma:təɣ̆-:

zich ~ sich anmaßen; **~d** [-'ma:t-] anmaßend

aanmelden anmelden

aanmelding Anmeldung *f*; **voorlopige** [-'lo:pəɣə] **~** Voranmeldung *f*

aanmeldings|formulier [-my'li:r] *n* Anmeldeformular *n*; **~termijn** [-mɛln] Anmeldefrist *f*

aanmerkelijk [-kələk] beträchtlich, merklich

aanmerken bemerken, betrachten; **iets te merken hebben** et. auszusetzen haben

aanmerking Bemerkung *f*; **in ~ nemen (komen)** in Betracht ziehen (kommen)

aanmoedigen [-'mu:dəɣ-] ermutigen, ermuntern

aannemelijk [-'ne:mələk] annehmbar; glaubhaft

aannem|en annehmen; *Personal* einstellen; **~er** (Bau-)Unternehmer *m*; **~ing** Annahme *f*; *Rel.* Konfirmation *f*

aanpakken anpacken, zugreifen; herangehen an (A)

aanpassen anprobieren; **(zich) ~** (sich) anpassen, (sich) umstellen; **in staat zich aan te passen** anpassungsfähig

aanplak|biljet [-jɛt] *n* Plakat *n*; **~ken** ankleben, anschlagen

aan|raden raten; **~raken** be-, anrühren; streifen

aanrand|en überfallen, sich vergehen an (D); **~ing** Angriff *m*, Überfall *m*; Vergewaltigung *f*

aan|recht Anrichte *f*, Aufwaschtisch *m*; **~richten** anrichten

aanrijd|en ['-rɛiə(n)] anfahren, zusammenstoßen; **~ing** Zusammenstoß *m*

aan|schaffen ['-sxɑf-] anschaffen; **~schouwelijk** [-'sxʌuələk] anschaulich; **~schroeven** ['-sxru·v-] anschrauben; **~slaan** *Motor*: anspringen

aanslag Anschlag *m*; Attentat *n*; Belag *m*; (*Steuer*) Veranlagung *f*; **~pleger** Attentäter *m*

aansluit|en ['-slʌyt-] **(zich)** (sich) anschließen; **~ing** Anschluß *m*

aan|spelden anstecken; **~spoelen** ['-spu·l-] anspülen, anschwemmen

aanspor|en anspornen, anregen; **~ing** Ansporn *m*, Anregung *f*

aanspraak Anspruch *m*; **~ maken op** beanspruchen

aansprakelijk ['-sprakələk] haftbar, verantwortlich

aansprakelijkheid Haftung *f*; **wettelijke** ['vɛtələk] **~** Haftpflicht *f*; **vennootschap met beperkte ~** Gesellschaft *f* mit beschr. Haftung

aanspreken anreden, ansprechen; zur Rede stellen
aanstaan gefallen, zusagen; *Tür:* angelehnt sein; ~d(e) bevorstehend; nächst-
aanstaren anstarren
aanstek|elijk [-'ste:kələk] ansteckend; ~en ['a:n-] anstecken, anzünden; ~er Feuerzeug n
aanstell|en an-, einstellen; zich ~ sich zieren; ~erig [-'stɛlərəx] geziert, zimperlich
aan|stichten anstiften; ~stippen antupfen; erwähnen; ~stoken schüren; ~stonds sofort, gleich; ~stoot Anstoß m, Ärgernis n; ~stotelijk [-'sto:tələk] anstößig; ~strepen anstreichen; ~tal [-tal] n (An-)Zahl f, Menge f
aanteken|en ['-te:kənə(n)] notieren, aufzeichnen; *Brief* einschreiben; protest ~en tegen Protest erheben gegen (A); ~ing Aufzeichnung f, Notiz f; Vermerk m; Note f
aantijging ['-tɛiɣ-] Beschuldigung f
aantocht: in ~ im Anmarsch, im Anzug
aan|tonen zeigen; nachweisen, beweisen; ~treden antreten; ~treffen antreffen, vorfinden; ~trekkelijk [-'trɛkələk]

anziehend, reizend
aantrekken anziehen; zich ~ sich zu Herzen nehmen; zich niets ~ van sich nichts machen aus (D), sich nicht kümmern um (A)
aantrekkingskracht Anziehungskraft f; Zugkraft f
aanvaard|en annehmen; antreten; ~ing Annahme f, Übernahme f
aanval Angriff m; Anfall m; ~len angreifen; ~ler Angreifer m; Sp. Stürmer m; Angriffsspieler m
aanvang Anfang m; ~en anfangen
aanvankelijk [-'vɑŋkələk] anfänglich
aanvar|en Schiff: zusammenstoßen; ~ing Zusammenstoß m, Kollision f
aan|vatten in Angriff nehmen; anfassen; ~vliegen anfliegen
aanvoer ['-vu:r] Zufuhr f; Nachschub m; ~der Anführer m; ~en anführen; vorbringen
aan|vraag Anfrage f; Antrag m; Anforderung f; ~vragen beantragen; anfordern; ~vrager Antragsteller m
aanvull|en [-'vøl-] ergänzen; auffüllen; ~end ergänzend, zusätzlich; ~ing Ergänzung f; Nachtrag m

aan|vuren ['-v̄y:r-] anfeuern; ~wakkeren anfachen; ~schüren; ~was Zuwachs m; ~wenden anwenden; praktizieren; ~wennen (zich) (sich) angewöhnen; ~werven anwerben

aanwezig [-'ve:zəx] anwesend, zugegen, vorhanden; ~ zijn [sɛin] a. dasein; vorliegen; ~heid Anwesenheit f

aanwijsbaar [-'vɛiz-] nachweislich

aanwijz|en deuten auf(A); ~ing Anweisung f; Indiz n

aan|winst Zuwachs m; Gewinn m, Erwerbung f; ~wonende Anlieger m; ~wrijven ['-v̄rɛiv-] zur Last legen

aanzet|stuk [-stək] n Ansatz m; ~ten ansetzen; (tot) treiben (zu D)

aanzien ansehen, betrachten; Su. n Ansehen n; ten ~ van in Hinsicht auf (A); ~lijk beträchtlich, erheblich, ansehnlich; angesehen

aan|zitten bei Tisch setzen; bei Tisch sitzen; ~zoek [-'zu:k] n Bitte f; ~zuiveren ['-zəv̄ərə(n)] Schuld abtragen

aap Affe m

aar Ähre f

aard Art f, Beschaffenheit f; ~aardappel Kartoffel f; ge-

bakken ~en pl. Bratkartoffeln pl.; gekookte ~en pl. Salzkartoffeln pl.; ~puree [-py're:] Kartoffelbreim, -püreen

aard|bei ['-bɛi] Erdbeere f; ~beving Erdbeben n

aarde Erde f

aarden arten; gedeihen; El. erden

aardewerk n Töpferwaren f/pl.

aardig ['-dəx] nett, hübsch; niedlich; artig; ~ op weg im besten Begriff; ~heid Spaß m; (kleine) Aufmerksamkeit f

aard|noten pl. Erdnüsse f/pl.; ~olie [-li] Erdöl n; ~rijkskunde ['-rɛikskəndəl] Erdkunde f, Geografie f; ~s irdisch [phief]

aardschok Erdstoß m

aarts- Erz-

aarzel|en ['-zələ(n)] zögern, schwanken; ~ing Zögern n

aas 1. As n (Karte); 2. n Aas n; Köder m

abattoir [-'tũa:r] n Schlachthof m

abces [-'sɛs] n Abszeß m

abdij [-'dɛi] Abtei f

abnormaal abnorm

abonnee Abonnent m; Tel. Teilnehmer m

abonnement [-'mɛnt] n Abonnement n; ~skaart Zeitkarte f

abonneren [-'ne:r-] abonnieren

abortus [ɑ'bɔrtəs] (provo-

catus) Schwanger-schaftsunterbrechung f, Abtreibung f

abrikoos Aprikose f

absoluut [-'ly·t] absolut

absurd [-'sεrt] absurd

abuis [a'bœys] n Irrtum m

abusievelijk [aby·'zi·və-lək] versehentlich

acacia [-si·(j)a] Akazie f

academ|icus [-'de·mi·kəs] Akademiker m **~ie** [-'de·mi·] Akademie f

acceleratie [akse·lə·ra:(t)-si·] Beschleunigung f

accent [ak'sεnt] n Akzent m, Betonung f

accepteren [aksεp'te·r-] akzeptieren

accessoires [aksεs'ŭa:rs] pl. Zubehör n

accijns [ak'sεIns] Steuer f, Zoll m

acclamatie [akla'ma:(t)si·] Akklamation f, Zuruf m

accordeon [a'kɔrdə(j)ɔn] n Akkordeon n

accu ['aky·] Akkumulator m

acht[1] acht [m]

acht[2]: **~ slaan op** achten auf (A); **~baar** achtbar, ehrenwert

achteloos achtlos, lässig

achten achten, ehren; glauben, halten für (A)

achter prp. hinter (A, D); **~(aan)** Adv. hinten; **~af** hinterher, nachträglich

achter|baks [-'baks] hinterlistig; **~band** Hinterreifen m; **~bank** Rücksitz m

achterblijv|en [-blεiv·-] zu-rückbleiben; **~er** Nach-zügler m

achter|buurt [-by:rt] Armenviertel n; **~dek** n Achterdeck n

achterdocht Argwohn m, Mißtrauen n; **~ig** [-'dɔx-təx] argwöhnisch, miß-trauisch

achter|eenvolgens [-'vɔl-] nacheinander; **~grond** Hintergrund m; **~halen** [-'ha:l-] einholen; ermit-teln; **~houden** [-hŭŭa(n)] zurückbehalten; **~kant** Hinter-, Rückseite f, Heck n; **~kleinkind** n Urenkel m; **~laten** zu-rück-, hinterlassen; **~licht** n Schluß-, Rück-licht n; **~lijk** [-lək] rück-ständig, zurückgeblie-ben; **~lopen** Uhr: nach-gehen; zu [-'na:] hinter-her; **~naam** Familienna-me m; **~nazitten** [-'na:-] nachstellen (D); **~om** [-'ɔm] hinten herum; **~over** [-'o·vər] rückwärts, rücklings; **~staan (bij** hinter D) zurückstehen (hinter D); **~stallig** [-'staləx] rückständig; **~stand** Rückstand m

achterste hintere; Su. n After m, F Hintern m

achterstellen zurückstel-len

achteruit [-'əyt] rück-wärts, zurück; Su. Rück-wärtsgang m; **~deinzen**

zurückfahren; **~gaan** zurückgehen; **~gaand** rückwärtsgehen; **~gaand** rückläufig; **~gang** Rückgang *m*; ['ɑx-] Hintertür *f*; **~kijkspiegel** [-kɛik-] Rückspiegel *m*; fig. kneifen; **~zetten** Uhr zurückstellen

achtervolg|en verfolgen; **~er** Verfolger *m*

achterwaarts Adv. rückwärts; Adj. rückwärtig

achterwege [-'ve:ɣə]: **~ blijven** ['blɛiv-] unterbleiben

achter|wielaandrijving Hinterradantrieb *m*; **~zijde** *s*. **~kant**

achting Achtung *f*

acht|maal achtmal; **~riemsgiek** Sp. Achter *m*; **~ste** achte; Su. *n* Achtel *n*; **~urendag** [-'y:r-] Achtstundentag *m*

acne Akne *f*

acrobat Akrobat *m*

acteur [-'tø:r] Schauspieler *m*, Darsteller *m*

actie ['ɑksi] Aktion *f*

actief aktiv, tätig, rührig

activiteit Aktivität *f*

actrice [-'tri:sə] Schauspielerin *f*, Darstellerin *f*

actueel [-ty-'üe:l] aktuell, zeitgemäß

acuut [ɑ'ky:t] akut   [*m*]

adamsappel Adamsapfel]

adder Natter *f*, Otter *f*

adel Adel *m*; **~lijk** [-lək] adlig

adem Atem *m*; **buiten**

['bəit-]... außer Atem; **~en** atmen; **~haling** Atmung *f*; **kunstmatige** [kɔnst-'ma:təɣə] **~haling** künstliche Beatmung *f*; **~loos** atemlos

ader Ader *f*, Vene *f*; **~lating** Aderlaß *m*

administrat|eur [-'tø:r] Verwalter *m*; **~ie** [-'stra:(t)si-] Verwaltung *f*; **~iekosten** *pl.* Verwaltungsgebühr *f*

admiraal Admiral *m*

adopteren [-'te:r-] adoptieren

adres *n* Adresse *f*, Anschrift *f*; **~boek** [-bu·k] *n* Adreßbuch *n*

advent Advent *m*

advert|entie [-'tɛnsi-] Anzeige *f*, Inserat *n*; **~eren** [-'te:r-] inserieren

ad|vies *n* Rat *m*, Gutachten *n*; **~viseur** [-'zø:r] Berater *m*; **~vocaat** (Rechts-)Anwalt *m*

af ab; fertig; **~ en toe** [tu·] ab und zu, dann und wann

af|beelding Abbildung *f*; **~bestellen** abbestellen

afbetal|en abzahlen, *F* abstottern; **~ing: op ~ing** in Raten

afbeulen schinden, strapazieren; **zich ~** sich abrackern

af|binden abbinden; **~bladeren** ['-bla:dərə(n)] abblättern; **~borstelen** abbürsten; **~braak** Ab-

bruch *m*, Abriß *m*;
~branden ab-, nieder-
brennen; **~breken**
['~bre:k-] abbrechen; ab-
reißen; **~brengen (van)**
abbringen (von *D*)

afbreuk ['~brø:k]: ~ **doen**
[du·n] **aan** beeinträchti-
gen, Abbruch tun(*D*)

af|brokkelen abbröckeln;
~dak *n* Schutz-, Vordach
n

afdal|en hinab-, herab-
steigen; **~ing** Abstieg *m*

af|danken entlassen; ab-
legen, ausrangieren;
~dekken abdecken

afdeling Abteilung *f*;
(Krankenhaus-)Station*f*

afdoen ['~du·n] abmachen;
erledigen; **~d** entschei-
dend, triftig

afdrogen abtrocknen

afdruk ['~drøk] Abdruck
m; *Foto:* Abzug *m*; **~ken**
abdrucken; abdrücken

af|dwalen abirren, ab-
schweifen; **~dwingen** er-
zwingen

affaire [ɑ'fɛ:rə] Affäre*f*

affiche [ɑ'fi·ʃə] Aushang
m, Plakat*n*, Anschlag*m*

afgaan (op) zugehen (auf
A)

afge|daan erledigt; **~legen**
abgelegen, entlegen

afgelopen abgelaufen; **is ~**
ist aus, ist vorbei

afge|sproken [~spro:k-]
abgemacht, verabredet;
~vaardigde [~dəydə] Ab-
geordnete(r)

afgeven abgeben
afge|zaagd abgedroschen;
~zien van abgesehen von
(*D*)

af|gifte Abgabe *f*; **~god**
Abgott *m*; **~grendelen**
verriegeln; **~grenzen** abgrenzen; **~grijselijk**
[-'xrɛisələk] gräßlich,
grauenhaft; **~grijzen**
['ɑ-xrɛiz-] Abscheu *m*, Grau-
en *n*; **~grond** Abgrund *m*,
Schlund *m*

afgunst ['~xønst] Neid *m*;
~ig [-'xenstəx] neidisch

afhalen abholen; abziehen
abheben; abziehen

afhandig: ~ **maken**
['ma:k-] abspenstig ma-
chen

afhangen (van) abhängen
(von *D*)

afhankelijk [-'hɑŋkələk]
abhängig; **~heid** Abhän-
gigkeit*f*

afhoud|en [-'hɑüə(n)] ab-
halten, zurückhalten;
Geld abziehen; **~ingen**
['-haud-] *pl.* Abzüge
m/pl.

afjakkeren ['-jɑkərə(n)]:
zich ~ hetzen, sich beeilen

af|kammen *fig.* herun-
termachen, schlechtma-
chen; **~kappen** abhak-
ken; **~keer** Abneigung *f*,
Ekel *m*, Überdruß *m*;
~kerig [-'ke:rəx] abgeneigt

afkeuren ['-kø·r-] mißbilligen, tadeln; **iem. voor**

de dienst ~ j-n für dienstuntauglich erklären; ~d mißbilligend, abfällig

af|knippen abschneiden, abtrennen; ~**koelen** ['-ku·l-] abkühlen; ~**komen** ['-ko:m-] herabkommen; herkommen; **op** zugehen auf(A)

afkomst Abkunft f, Herkunft f; ~**ig** ['-komstəx] herstammend, gebürtig; ~**ig zijn** [sɛin] (**van**) herrühren (vonD)

af|kondigen [-də·ɣə(n)] verkünd(ig)en, erlassen; ~**koopsom** Abfindungssumme f; ~**korten** abkürzen; ~**laden** abladen; ~**laten** ['-la:t-]ablassen

afleggen ab-, niederlegen; Weg zurücklegen; Besuch abstatten; **het** ~ **tegen** ['te:ɣə(n)] unterliegen(D)

af|leiden ableiten; folgern, schließen; ablenken

af|leren abgewöhnen; ~**leveren** abliefern; ~**loop** Ablauf m, Ausgang m; ~**lopen** ablaufen; ausgehen

aflossen Schulden abtragen; (**elkaar**) (sich) ablösen, (sich) abwechseln

af|luisteren ['-lœystərə(n)] abhören; belauschen; ~**maken** erledigen; beendigen; umbringen; Studium absolvieren; ~**mars** Abmarschm

afnem|en abnehmen; v/i a. nachlassen, abflauen; Karte abheben; ~**er** Abnehmerm

af|passen Geld abzählen; ~**persen** erpressen; ~**ranselen** verprügeln; ~**rastering** ['-rastər-] (Draht-)Zaun m; ~**rekenen** ['-re:kənə(n)]abrechnen

Afrikaan Afrikaner m; ~**s** afrikanisch

afrit Abfahrtf

af|ronden abrunden; **naar boven** ~ aufrunden

af|rossen verprügeln, zusammenschlagen; ~**rukken** ['-rək-] abreißen; ~**schaffen** abschaffen, abstellen

afscheid ['-sxɛit] n Abschied m; ~ **nemen** Abschied nehmen, sich verabschieden

af|scheiden (ab)trennen; ausscheiden; ~**schepen** fig. abspeisen; abwimmeln

afscheur|en ['-sxœ·r-] abreißen; abtrennen; ~**kalender** Abreißkalender m

af|schieten abdrücken, abschießen; ~**schrift** n Abschrift f; ~**schrikken** abschrecken

afschuw ['-sxy·ŭ] Abscheu m; ~**elijk** ['-sxy·ŭələk] abscheulich, scheußlich

afslaan abschlagen; abweisen; ausschlagen; Preise: billiger werden

Motor: aussetzen; *(Verkehr)* abbiegen
afslijten [-slɛit-] (sich) abnutzen
afsloven: zich ~ sich (ab)quälen, sich plagen
afsluit|en [-slœyt-] abschließen; abdrehen; (ab)sperren; **~ing** Verschluß *m;* Sperre *f*
af|snijden [-snɛiə(n)l abschneiden; sperren; **~spoelen** [-spu·l-l abspülen
af|spraak Verabredung *f,* Vereinbarung *f;* **~spreken (met)** (sich) verabreden (mit *D);* **~staan** abstehen; abtreten
afstam|meling Nachkomme *m;* Sprößling *m;* **~men** abstammen
afstand Entfernung *f,* Distanz *f;* Verzicht *m;* **~doen** [dɔ·nl **van** verzichten auf*(A)*
afstappen absteigen, herab-, hinabsteigen
afsteken abstechen; *Feuerwerk* abbrennen; **tegen** kontrastieren mit *(D)*
afstel *n* Aufschub *m;* **~len** abstellen, einstellen, regulieren
af|stemmen ablehnen; abstimmen; **~sterven** absterben, eingehen; **~stoffen** abstauben
afstot|en abstoßen; **~elijk** [-stoːtələk] abstoßend
af|strijken [-strɛik-] ab-

streichen; **~studeren** ['-sty·deːr-l das Studium beenden; **~stuiten** ['-stœyt-l abprallen; **~takking** Abzweigung *f;* **~tasten** abtasten; **~tekenen** ['-teːkənə(n)l (zich) abzeichnen; **~tikken** abtippen
aftobben: zich ~ sich abmühen
af|tocht Rückzug *m;* **~trap** *Sp.* Anstoß *m*
aftreden ausscheiden, zurücktreten; *Su. n* Rücktritt *m*
aftrek Absatz *m;* Abzug *m;* **~ken** abziehen; subtrahieren
af|troggelen abspenstig machen; **~vaardiging** [-daːɣ-l Abordnung *f*
afval Abfall *m;* Abfälle *m/pl,* Müll *m;* **~len** abfallen; **~lig** ['-faləxl abtrünnig; **~water** *n* Abwässer *n/pl.;* **~wedstrijd** Ausscheidungskampf *m,* -spiel*n*
af|vijlen ['-fɛil-l abfeilen; **~vloeien** ['-fluːiə(n)l abfließen
afvoer Abfuhr *f;* Abfluß *m;* **~pijp** [-pɛipl Abflußrohr *n* [gen]
afvragen: zich ~ sich fragen
afwachten abwarten
afwas Abwasch *m;* **~bak** Aufwaschschüssel *f,* Spülbecken *n;* **~middel** *n* Spülmittel *n;* **~sen** abwaschen; *Geschirr* spülen

19   allang

af|wegen abwiegen; *fig.* abwägen; .wenden abwenden; .wennen abgewöhnen; .werken erledigen; beendigen; .werpen ab-, hinab-, herabwerfen; *Su.* n Abwurf *m*

afwezig [-'ʋe:zək] abwesend; .heid f Abwesenheit f

af|wijken [-'ʋeĭk-] abweichen; .wijzen ab-, zurückweisen; .wisselen abwechseln; .wrijven ['afreĭv̆-] abreiben; .zagen absägen; .zakken herunterrutschen; absinken

afzegg|en absagen; .ing Absage f

afzend|en absenden, abschicken; .er Absender m

afzet Absatz m; .ten absetzen; amputieren; abstellen

afzichtelijk [-'sɪxtələk] abscheulich

afzien absehen; von *(D)*, verzichten auf *(A)*; .baar [-'si·m-] absehbar

afzonder|en absondern; .lijk [-'sɔndərlək] einzeln, gesondert; vereinzelt

agenda [a'ɣɛndɑ] Notizbuch n, Terminkalender m; Tagesordnung f

agent Agent m; Polizist m; .schap n Agentur f

agressie [-sɪ·] Aggression

f; .f aggressiv, angriffslustig

a.h.w.s. ware

airconditioning ['ɛːrkɔndɪʃnɪŋ] Klimaanlage f

akelig ['a:kələx] widerwärtig; unheimlich, schauerlich

Aken n Aachen n

akker Acker m

akkoord einverstanden; *Su.* n Einverständnis n; Abkommen n

akte Akte f, Urkunde f

al all, alles; *Adv.* schon, bereits; *Konj.* obwohl, wenn auch; .te allzu; *s. a.* naar(gelang)

alarm n Alarm m; .staat van - Alarmbereitschaft f; .installatie [-la:(t)si·] Warnanlage f; .roep [-ru·p] Notruf m

album ['-bemln Album n

alcohol Alkohol m

al|daar dort; .door unaufhörlich, immerfort; .dra alsbald; .dus [-'dəs] also; folgendermaßen

alfabet ['alfabɛt] n Alphabet n

algemeen allgemein; in het . im allgemeinen; over het . überhaupt; im allgemeinen

algen pl. Algen f/pl.

al|hier hier; .hoewel [-'hu·ʋɛl] obwohl, obgleich

alibi n Alibi n

alinea Absatz m

allang längst

alle

alle pl. alle pl., sämtliche pl., gesamte pl.; **~bei(de)** [-bɛɪ-] beide; **~daags** alltäglich

alleen allein; nur, bloß; **niet ~ ... maar ook** nicht nur ..., sondern auch; **~staand** alleinstehend

allemaal all(e); (het) ~ alles

allengs allmählich

allereerst zuerst, zunächst

allergisch [-i·s] allergisch

Aller|heiligen [-ˈhɛɪləɣə(n)] Allerheiligen n; **2lei** allerhand, allerlei; **2minst** am (aller)wenigsten; **~zielen** Allerseelen n

alles alles; **voor ~** vor allen Dingen; **~behalve** alles andere als; **~zins** in jeder Hinsicht

allooi Gehalt m

all-riskverzekering [ɔːlˈrɪskfərzeːkər-] (Voll-)Kaskoversicherung f

alom überall

Alpen pl. Alpen pl.

als als; (bei Vergleich) wie; (Komp.) als, denn; wenn, falls

als|of als ob; **~ook** wie auch

alstublieft [-tyˈ-] bitte (sehr)

altaar n Altar m

althans wenigstens

altijd [ˈ-tɛɪt] immer, jederzeit, immerzu

aluin [aˈlœyn] Alaun m

aluminiumfoelie [alyˈ'miˑniːʊmfuˑliˑ] Aluminiumfolie f

al|vast [-ˈʋɑst] inzwischen (schon); einstweilen; **~vorens** bevor; **~weer** [-ˈʋeːr] schon wieder

amandel Mandel f; **~ontsteking** [-steˑk-] Mandelentzündung f

amateur [-ˈtøːr] Amateur m

ambacht n Handwerk n, Gewerbe n; **~sman** Handwerker m

ambassade Botschaft f

ambt [ɑmt] n Amt n

ambte|lijk [-lək] amtlich; **~naar** Beamte(r); **~nares** [-ˈ-] Beamtin f

Amerikaan Amerikaner m; **~s** amerikanisch

ameublement [amøˈbləˈmɛnt] n Mobiliar n

amnestie Amnestie f

amper kaum

ampul [-ˈpɔl] Ampulle f

amputeren [-pyˈteˑr-] amputieren

amus|ant [amyˈzɑnt] amüsant; **~ement** [-ˈmɛnt] n Amüsement n, Unterhaltung f; **~eren** [-ˈzeˑr-] (zich) (sich) vergnügen, (sich) unterhalten

ananas Ananas f

anatomisch [-iˑs] anatomisch

ander ander, sonstig

andere andere; **onder ~** unter anderem; **aan de kant** ander(er)seits

anderhalf anderthalb

ander|s anders; sonst;

-zijds [-zεĭts] ander(er)-seits
andijvie [-'dεĭv̆i·] Endivie *f*
angel Angelhaken *m;* Stachel *m*
angst Angst *f;* **-aanjagend** beängstigend; **-ig** ängstlich; **-vallig** [-'fɑləx] ängstlich, peinlich
anijs [ɑ'nεĭs] Anis *m*
animerend [-'me:rənt] anregend
anjelier, anjer Nelke *f*
anker *n* Anker *m*
an|nexeren [-'kse:r-] annektieren; **-nuleren** [-ny·'-] annullieren
anoniem anonym
anorak Anorak *m*
ansjovis [-'ʃo:-] An(s)chovis *f*
antenne Antenne *f*
anti-babypil Antibabypille *f*
antibioticum [-kəm] *n* Antibiotikum *n*
antiek antik
anti|quair [-'kε:r] Antiquitätenhändler *m*, -laden *m;* **-quariaat** [-kŭɑr'-] *n* Antiquariat *n;* **-semitisme** *n* Antisemitismus *m;* **-septisch** [-i·s] antiseptisch; **-slip** rutschfest
anti-vriesmiddel *n* Frostschutzmittel *n*
Antwerpen ['ɑnt-] *n* Antwerpen *n*
antwoord *n* Antwort *f;* **-en** antworten, erwidern
anus ['-nəs] After *m*
apart einzeln; apart
apathisch [-i·s] apathisch
apenootje *n* Erdnuß *f*
apoth|eek Apotheke *f;* **-eker** Apotheker *m*
apparaat *n* Apparat *m*, Gerät *n*
appartement [-'mεnt] *n* Etagenwohnung *f*, Apartment *n*
appel Apfel *m;* **-moes** [-mu·s] Apfelmus *n*
applaudisseren [-'se:r-] Beifall klatschen
applaus *n* Applaus *m*, Beifall *m*
appreciëren [-'sĭe:r-] schätzen, anerkennen
april April *m;* **-mop** Aprilscherz *m*
aqua|rel Aquarell *n;* **-rium** [-ri·(j)əm] *n* Aquarium *n*
Arab|ier [-'bi:r] Araber *m;* **-isch** [-i·s] arabisch
arbeid Arbeit *f;* **-er** Arbeiter *m*
arbeidsbureau [-by·ro:] *n* Arbeitsamt *n*
arbeidscontract *n*: **collectief -** Tarifvertrag *m*
archeologie Archäologie *f*
archief *n* Archiv *n*
architect Architekt *m;* **-uur** [-'ty:r] Architektur *f*
arend Adler *m*
arg|eloos arglos, ahnungslos; **-listig** [-'lıstəx] arg-, hinterlistig; **-waan** Argwohn *m*
aria Arie *f*
aristocratisch [-i·s] aristokratisch

arm¹ arm

arm² Arm m; **.band** Armbandn [mutf]

armoede ['-mu·də] Ar-

armzalig [-'za:ləx] armselig, dürftig

Arnhem ['-nɛm] n Arnheimn

aroman Aroman

arrestatie [-'ta:(t)si·] Verhaftung f, Festnahme f; **.bevel** [-vɛll]n Haftbefehl m

arresteren [-'te:r-] verhaften, festnehmen

arrogant arrogant

artiest(e f) Artist(inf)m

artikel n Artikel m; (Gesetz) Paragraphm

artistiek [-'ti·k] künstlerisch

artisjok [-'ʃɔk] Artischokkef

arts Arzt m; **vrouwelijk** ['vrɑuələk]·Ärztinf

as 1. Achse f; 2. Asche f; **.bak** Aschenbecher m; **.falt**n Asphaltm

asieln Asyln

asjeblief(t) [ɑʃəbli·f(t)] bitte (sehr); **.** niet! nicht doch!

asociaal [-'sia:l] asozial

asperge [-'pɛrʒə] Spargel m

aspic:(vleesn in) **.** Sülzef

aspirant Anwärterm

assistent(e f) Assistent(in f)m

assurantie [ɑsyˈransi·] Versicherungf

aster Asterf

astma Asthman

astrakan Astrakann

astro|naut Astronaut m; **.nomie** Astronomief

aswoensdag [-'vu·nz-] Aschermittwochm

atlas Atlasm

at|leet Athlet m; **.etiek** [-'ti·k] Athletikf

atmosfeer Atmosphäref

atoom|centrale [-sɛn-] Atomkraftwerk n; **.energie** Atomenergief

attent aufmerksam, rücksichtsvoll; **.ie** [ɑ'tɛnsi·] Aufmerksamkeitf

attest n Attest n, Bescheinigung f, Zeugnis n; **.eren** [-'te:r-] bescheinigen

a.u.b.s. alstublieft

augurk [-'ɣɔr(ə)k] Gurkef

augustus [-'ɣɔstəs] (Monat) Augustm

Australisch [-i·s] australisch

auteur [-'tø:r] Autor m, Verfasserm; Urheberm

authentiek [-'ti·k] authentisch

auto ['auto; 'o:to:] Auto n; **.** zonder chauffeur Selbstfahrer m; **.accessoires** [-ɑksɛsˈsu:rs] pl. Autozubehör n; **.band** Autoreifenm; **.bus** [-bəs] Autobusm

auto|maat Automat m; **.matiek** [-'ti·k] Automatenrestaurant n; **.matisch** [-i·s] automatisch, selbsttätig; zwangsläufig

automob|ielclub [-klɛp]
Automobilklub m; **_ilist**
Auto-, Kraftfahrerm
auto|papieren n/pl. Kraft-
fahrzeugpapiere   n/pl.;
_ped Roller m; **_race**
[-re:s] Autorennen n;
_renner Rennfahrerm
autoritair [-'tɛ:r] autoritär
auto|slaaptrein Autorei-
sezug m; **_snelweg** Autobahn f; **_veer** n Autofäh-
re f; **_verhuring** [-hy:r-]
Autovermietung f; **_weg**
[-vɛx] Autostraße f
averechts verkehrt, ent-

gegengesetzt
averij [a:və'rɛi] Havarief;
avond ['a:vɔnt] Abend m;
elke _ allabendlich;
_eten [-e:tə(n)] n Abend-
brot n, **_essen** n; **_japon**
[-japɔn] Abendkleid n;
_schemering [-sxe:mər-]
Abenddämmerung f; **_s:**
's _s am Abend, abends
avontuur [ɑvɔn'ty:r] n
Abenteuer n; **_lijk** [-lək]
abenteuerlich
azalea [ɑ'za:le·iɑ] Azalee f
Aziatisch [-i·ɪs] asiatisch
azijn [a'zɛin] Essig m

B

baai Bai f, Bucht f
baal Ballen m
baan Bahn f; Stelle f, Stellung f; **op de lange _
schuiven** ['sxɛϑꞏ-] auf die
lange Bank schieben,
verschleppen; **_vak** n
Esb. Strecke f
baar 1. Bahre f; 2. (Gold-)}
baard Bart m [Barren m}
baarmoeder ['-muꞏdər]
Gebärmutter f
baars Barsch m
baas Meister m; Werk-
meister m; Herr m, Chef }
baat Nutzen m   [m }
babbel|aar Schwätzer m;
_en schwatzen, plau-
dern; **_kous** ['-kɑus]
Schwätzerin f
baby Baby n; **_uitzet**
[-ɛitsɛt] Babyausstat-
tung f

bacteriën [-'te:ri·(j)ə(n)]pl.
Bakterien f/pl.
bad [bɑt] n Bad n
baden (sich) baden
bad|gast Badegast   m,
Kurgast m; **_handdoek**
[-duꞏk] Badetuch n, Frot-
teetuch n; **_inrichting**
Badeanstalt f; **_kuip**
['-kəip] Badewanne f;
_muts [-mɵts] Badekap-
pe f; **_pak** n Badeanzug
m; **_plaats** Badeort m,
Kurort m; **_stof** Frottee n
bagage [bɑ'ɣa:ʒə] Gepäck
n; **_bureau** [-by:roꞏ] n
Gepäckannahme(stelle)
f; **_depot** [-poꞏ] n Ge-
päckaufbewahrung   f;
_drager Gepäckträger m;
_kluis [-kləus] Gepäck-
schließfach   n;   **_reçu**
[-rəsyꞏ] n Gepäckschein

m; ~rek *n* Gepäckhalter
m; ~verzekering [-ze:-
kər-] Reisegepäckversi-
cherung *f*
bagger Bagger *m*
bajonet Bajonett *n*
bak Gefäß *n*, Behälter *m*,
Kasten *m*
bakermat *fig.* Wiege *f*
bakfiets Lieferrad *n*
bakje *n* Kasten *m*; Napf
m; **een** [ən] ~ **koffie** *f* eine
Tasse Kaffee
bakken backen; braten
bakker Bäcker *m;* ~ij
[-'rɛi] Bäckerei *f*
bak|oven Backofen *m;*
~steen Ziegel(stein) *m*
bal[1] *m* Ball *m,* Kugel *f;*
Knödel *m*
bal[2] *n (Tanz)* Ball *m*
balans Waage *f;* Bilanz *f*
baldadig [-'da:dəx] gewalttätig
balk Balken *m*
balkon [-'kɔn] *n* Balkon *m*
ballen ballen
ballet *n* Ballett *n*
ballingschap Verbannung
f, Exil *n*
ballon Ballon *m*
balpen [-'pɛn], **ballpoint**
['bɔ:lpɔ·int] Kugel-
schreiber *m*
banaal banal
banaan Banane *f*
band Band *m; (Buch)* Ein-
band *m; Kfz.* Reifen *m;*
Tonband *n; Kleid.* Bund
m; Binde *f;* Bindung *f;*
lopende ~ Fließband *n;*
aan de lopende ~ am lau-

fenden Band
bandeloos zügellos
bandiet Bandit *m*
band|opnemer, ~**recorder**
['bɛntri·kɔrdər] Ton-
bandgerät *n*
banen bahnen
bang ängstlich; ~ **zijn**
[zɛin] Angst haben, sich
fürchten; ~**elijk** [-lək]
furchtsam
bank Bank *f;* ~**biljet** [-jɛt]
n Banknote *f,* Geld-
schein *m*
banketbakkerij [-'rɛi]
Konditorei *f*
bankrekening ['-re:kən-]
Bankkonto *n*
bankroet [-'ru·t] 1. bankrott; 2. *Su. n* Bankrott *m,*
Pleite *f*
bank|schroef Schraub-
stock *m;* ~**werker** Schlosser *m* [sung *f*]
bankwissel Bankanwei-
bar[1] [bar] schlimm; rauh;
dürr
bar[2] [ba:r] Bar *f,* Nachtlokal *n*
barak Baracke *f*
barbaars barbarisch
baren baren; *Kummer*
verursachen; *s. a.* opzien
bar|kruk [-'krɔk] Barhok-
ker *m;* ~**meisje** ['-mɛiʃə]
n Bardame *f*
barmhartig [-təx] barmherzig
barometer Barometer *n*
barrevoets [barə'vu·ts]
barfuß
bars barsch, unwirsch

barst Riß *m;* Sprung *m;* Knick *m;* ˎen bersten, platzen, zerspringen

bas Baß *m;* Bassist *m;* Baßgeig ef

baseren [-'ze:r-] basieren

basis Basis *f;* ˎloon Ecklohn *m;* ˎopleiding Grundausbildung *f*

bast Rinde *f;* Bast *m*

baten nützen, nutzen

batig [ba:təx] ˎ **saldo** *n* Gewinnsaldo *m*

batist *n* Batist *m*

batterij [-'rɛi] Batterie *f*

bazaar Basar *m*

bazelen *F* faseln

bazuin [-'zœyn] Posaune *f*

beambte [-'amtə] Beamte(r)

beantwoorden beantworten; ˎ **aan** entsprechen (*D*)

bebouwen [-'bɑ̄u̯ə(n)] bebauen

bed *n* Bett *n;* Beet *n*

bedaard gelassen, gefaßt

bedachtzaam bedächtig

bedanken danken; sich bedanken

bedaren (sich) beruhigen

bedde|goed [-'ɣu·t] *n* Bettwäsche *f;* ˎlaken *n* Bettlaken *n*

bedding (Fluß-)Bett *n*

bedeesd schüchtern, kleinlaut, zaghaft

bedekk|en bedecken; verhüllen; ˎing Bedeckung *f;* Belag *m*

bedel|aar [be'de-] Bettler *m;* ˎares [-'rɛs] Bettlerin

f; ˎen betteln

be|delen [-'de:l-] austeilen; ˎdelven begraben, verschütten

bedenk|elijk [-lək] bedenklich; ˎen bedenken; ˎing Bedenken *n*

bederf *n* Fäulnis *f;* **aan** ˎ **onderhevig** [-'he:ˑʋəx] (leicht) verderblich

bederven verderben; verfaulen

bedevaart ['be:də-] Wallfahrt *f,* Pilgerfahrt *f;* ˎsoord *n* Wallfahrtsort *m*

bedien|de der Angestellte(r); Diener *m;* ˎen bedienen; betätigen

bediening: met (zonder) ˎ Bedienung *f* (nicht) inbegriffen

bedisselen in Ordnung bringen; unter sich ausmachen

bedoel|d [-'du:lt] gemeint, fraglich; ˎen beabsichtigen; meinen; ˎing Absicht *f*

be|dompt stickig; ˎdonderen *F* beschummeln; ˎdorven abgestanden; verdorben; ˎdotten herseinlegen, betrügen

bedrag [-'drɑx] *n* Betrag *m;* ˎ **ineens** Pauschale *f;* ˎen [-'dra:ɣ̂-] betragen

bedreigen bedrohen

bedrieg|en betrügen; trügen; ˎer Betrüger *m;* ˎlijk [-lək] betrügerisch; trügerisch

bedrijf [-'drɛif] *n* Betrieb

m, Unternehmen *n*; *Thea.* Akt*m*, Aufzug*m*

bedrijfs|belasting Gewerbesteuer *f*; **~ongeval** *n* Betriebsunfall *m*; **~raad** Betriebsrat *m*; **~vakantie** [-'kɑnsi-] Betriebsferien *pl.*

bedrijv|en Mord verüben; **~ig** [-'vəxl] geschäftig, rührig

be|droefd [-'dru·ft] betrübt, traurig; **~droevend** betrüblich; **~drog** (-'drɔx] *n* Betrug *m*, Schwindel *m*; **~drukt** [-'drɔkt] bedrückt

bedsprei Bettdecke *f*

be|duusd [-'dy·st] bestürzt; **~dwelmen (zich)** (sich) berauschen; **~dwelmen (zich)** (sich) berauschen; (sich) betäuben; **~ëdigen** [bə·'e:dəɣ͡ə(n)] vereidigen; **~ëindigen** [-'ɛində͡ɣ-] beenden, abschließen

beek Bach *m*

beeld *n* Bild *n*; Statue *f*; **~houwer** ['hɑuər] Bildhauer *m*; **~ig** ['-dəx] bildschön; **~spraak** figürliche Rede *f*

been *n* Bein *n*; Knochen *m*; *Math.* Schenkel *m*; **~breuk** ['-brø:k] Beinbruch *m*; **~dermerg** *n* Knochenmark *n*

beer Bär *m*, Eber *m*

beest *n* Bestie *f*; Tier *n*, *F* Biest *n*; **~achtig** [-təx] bestialisch, tierisch

beet Biß *m*; Happen *m*

beetje: een ~ ein biß-

---

beetnemen hereinlegen, beschwindeln

be|faamd berühmt, bekannt; **~gaafdheid** Begabung *f*

begaan Mord begehen; **laten ~** gewähren lassen

begeerte Begierde *f*

begeleid|en begleiten; **~er** Begleiter *m*

beger|en|swaard(ig) [-'va·rdəxl] begehrenswert; **~ig** [-'rəx] gierig, lüstern, begierig

begeven versagen; **zich ~** sich begeben

begin *n* Anfang *m*, Beginn *m*; **in het ~** zu Beginn, am Anfang; **van het ~ af** von Anfang an; **op ~** auf Anhieb

beginn|eling Anfänger *m*; **~en** anfangen, beginnen

beginsel *n* Grundsatz *m*

begraafplaats Friedhof *m*

begrafenis Begräbnis *n*; **~onderneming** Bestattungsinstitut *n*

begraven beerdigen, bestatten; vergraben

begrijpelijk [-'ɣrɛipələk] verständlich, begreiflich

begrijpen begreifen, verstehen, erfassen; **elkaar ~** sich verstehen; **moeilijk ~** ['mu·ilək] **te ~** schwerverständlich

begrip *n* Begriff *m*; Verständnis *n*

be|groeien [-'ɣru·iə(n)] bewachsen; **~groeten** begrüßen; **~groting** Etat *m*

Haushalt *m;* Kostenvoranschlag *m;* **_haaglijk** [-lək] behaglich; **_haard** behaart; **_hagen** gefallen; **_halen** erzielen, erringen

behalve außer *(D),* ausgenommen

behandelen behandeln; bearbeiten

behang(sel)n Tapete*f*

beheer *n* Verwaltung *f;* **_der** Verwalter*m*

beheersen (zich) (sich) beherrschen

behelpen: zich _ sich behelfen

be|hendig [-'hendəx] behende, geschickt; **_heren** [-'he:r-] verwalten, leiten

behoed|**en** [-'hu:d-] behüten; **_zaam** behutsam

behoeft|**e** Bedürfnis *n;* Bedarf *m;* **_ig** bedürftig, notleidend

behoeve: ten _ van zwecks *(G)*

behoeven brauchen

behoorlijk [-lək] passend, ordentlich; gehörig

behoren gehören; sich gehören

behouden [-'hŏŭə(n)l 1. *v/t* (bei)behalten; 2. *Adj.* wohlbehalten

behoudens vorbehaltlich *(G),* außer*(D)*

behulp [-'hɛl(ə)pl*n:* **met _ van** mittels *(G),* mit Hilfe *(G)*

behulpzaam behilflich

beide(n) beide

Beier Bayer *m;* **_s** bayerisch

beïnvloeden [bə'ɪnv̞lu:d-] beeinflussen

beitel Meißel*m*

bejaard bejahrt, betagt; **_entehuis** [-təhəysl *n* Altersheim*n*

bejegenen begegnen, behandeln

bek Schnabel *m;* Maul *n;* Schnauze *f;* **_af** erschöpft,*F* fix und fertig

bekend bekannt; namhaft; **_maken** bekanntgeben; **_making** Bekanntmachung*f,* **_gabe*f***

beken|nen gestehen, bekennen; **_tenis** Bekenntnis*n,* Geständnis*n*

beker ['be:kərl Becher *m;* Pokal *m;* **_wedstrijd** [-strɛɪtl*Sp.* Pokalspiel*n*

bekeuring l-'kø:r-l Anzeige *f,* gebührenpflichtige Verwarnung*f*

bekijken [-'kɛɪk-l besehen; ansehen

bekkenn Becken*n*

beklaagde Angeklagte(r)

beklagen beklagen; **zich _ over** sich beklagen über *(A),* sich beschweren über*(A)*

bekleden bekleiden; verkleiden; täfeln; polstern

beklem|men beklemmen; **_toning** Betonung*f*

be|klimmen besteigen; **_knibbelen** schmälern; **_knopt** bündig, kurzgefaßt; **_komen** [-'ko:m-]

bekommen; sich wieder erholen

bekommeren: zich ~ om sich kümmern um(A)

bekoorlijk [-lək] reizend, anmutig; **~heid** Anmut f, Reiz m

be|kopen erkaufen; büßen; **~koren** reizen; verführen; **~kostigen** [-'kostəɣ-] beköstigen; **~krachtigen** bekräftigen; **~krompen (van geest)** borniert; **~kroond** preisgekrönt

bekwaam tüchtig, fähig; **~heid** Fähigkeit f, Tüchtigkeit f

bel Klingel f, Schelle f; Glocke f; (Luft-)Blase f

be|labberd [-ləbɛrd] miserabel; **~lachelijk** [-lak] lächerlich; **~landen** landen

belang n Wichtigkeit f, Gewicht n; Interesse n; **~rijk** [-rɛik] wichtig, bedeutend

belangstellen in sich interessieren für(A); **~lende** Interessent m; **~ling** Interessen [sant]

belangwekkend interes-]

belast|en beladen; besteuern; beauftragen; **~eren** [-tərə(n)] verleumden

belasting Belastung f, Steuer f; **~ op de toegevoegde** [tu-'ɣə-] **waarde** (Abkr.: BTW) Mehrwertsteuer f; **~aangifte** Steuererklärung f, Jah-

resausgleich m; **~betaler** Steuerzahler m; **~kantoor** n Finanzamt m; **~ontduiking** [-dœyk-] Steuerhinterziehung f; **~opbrengst** Steuereinnahmen f/pl.

be|lazeren [-'la:zərə(n)] F beschummeln; **~ledigen** [-'le:dəɣ-] beleidigen

beleefd höflich; verbindlich; **~heid** Höflichkeit f

belegeren [-'le:ɣər-] belagern

beleg|gen belegen; anberaumen; Geld anlegen; **~sel** n Belag m

be|leid n Takt m, Umsicht f; Politik f; **~lemmeren** [-'lɛmər-] hindern; **~letten** (ver-)hindern an(D)

beleven erleben; **~is** Erlebnis n

Belg Belgier m; **~ië** ['-ɣi-(j)ə]n Belgien n; **~ichamen** verkörpern; **~lichting** Foto: Belichtung f; **~liegen** belügen; **~lieven** belieben; s. a. alstublieft; **~lijdenis** ['-lɛi-dənɪs] Bekenntnis n, Konfession f

bellen klingeln, schellen; **er wordt gebeld** es klingelt

be|lofte Versprechung f, Versprechen n; **~lonen** belohnen; **~lopen** sich belaufen auf(A)

beloven versprechen; (vast) ~ zusichern; **plechtig** ['-təx] ~ geloben

belust [-'ləst] op erpicht
auf(A)

bemanning Mannschaftf

be|mantelen bemänteln,
verschleiern; ~merken
bemerken, verspüren; ~
mesten düngen

bemiddel|aar Vermittler
m; ~en vermitteln

beminnen lieben

bemoeien [-'mu·iə(n)l:
zich ~ met sich abgeben
mit(D), sich einmischen
in(A)

be|moeilijken [-lǝkǝ(n)l
erschweren; ~nadelen
[-de:l-l benachteiligen,
schädigen

benader|en sich nähern;
schätzen; ~ing: bij [bɛil
~ing annähernd

be|naming Bezeichnung
f; ~nard bedrängt;
~nauwd eng; stickig;
schwül; ängstlich

bende Bandef

beneden [-'ne:də(n)l Adv.
unten; prp. unter (A, D),
unterhalb (G); naar ~
her-, hinunter; herab,
hinab; ~dek n Unterdeck
n; ~verdieping Erdge-
schoßn

be|nepen [-'ne:p-l eng;
verlegen; engherzig;
~neveld benebelt; ~ne-
vens nebst(D)

bengel Bengel [spannt]

benieuwd [-'ni·ütl ge-

benijden [-'nɛid-l beneí-
den; ~swaardig [-'va:r-
dǝxl beneidenswert

benodigdheden [-'no:-
dǝxthe:dǝ(n)l pl. Erfor-
dernissen/pl.; Utensilien
f/pl.

benoemen [-'nu·m-l be-
nennen; ernennen, beru-
fen

benul [-'nøl] n: geen ~
hebben keine Ahnung
haben

benutten benutzen, aus-
werten

benzine Benzin n; ~blik n,
~bus [-bəs] Benzinkani-
ster m; ~pomp, ~station
[-stasiònl n Zapfsäule f,
Tankstellef

beogen [bǝ'o:ɣǝ(n)l beab-
sichtigen, bezwecken

beoordelen [-de:l-l beur-
teilen

be|paald bestimmt; ~pa-
len bestimmen; festset-
zen; anordnen

beperken beschränken,
einschränken; zich ~ tot
sich beschränken auf(A)

be|proeven [-'pru·f-l ver-
suchen; ausprobieren;
erproben; ~raadslaging
Beratung f; ~ramen pla-
nen; ~redderen [-'rǝda-
rǝ(n)l ordnen; ~rede-
neerd logisch, überlegt

bereid bereit; ~en (zu)be-
reiten; ~willig [-'oïlǝxl
bereitwillig

bereik n Bereich m;
Reichweite f; ~en errei-
chen

berekenen [-'re:kǝnǝ(n)l
berechnen, kalkulieren

berg Berg *m;* **~achtig** [-tax] bergig; **~af** bergab

berge: te ~ rizzen ['rɛiz-] sich sträuben

berg|en bergen; **~gids** Bergführer *m;* **~hut** ['-hət] Berghütte *f;* **~op** bergan, bergauf; **~pas** Gebirgspaß *m;* **~plaats, ~ruimte** ['-rəymtə] Abstellraum *m;* **~weide** Alm *f*

bericht *n* Nachricht *f,* Meldung *f*

berijdbaar ['-rɛid-] befahrbar

berisp|en tadeln, schelten; **~ing** Tadel *m,* Verweis *m,* Rüge *f*

berk Birke *f*

Berlijn ['-lɛin] Berlin *n*

berm Böschung *f*

beroem|d ['-ru:mt] berühmt; **~en: zich ~en** sich rühmen

beroep *n* Beruf *m;* **een** [ən] **~ doen op** appellieren an *(A);* **in (hoger) ~ gaan** Berufung einlegen; **zich ~en op** sich berufen auf *(A)*

beroer|d ['-ru:rt] erbärmlich; schäbig; **~te** Schlag (-anfall) *m*

berooid verarmt

berouw ['-rəʊl *n* Reue *f;* **~en** bereuen; **~vol** reuevoll, zerknirscht

be|roven ['-roven] berauben; **~rucht** ['-rəxt] berüchtigt, anrüchig, verrufen; **~rusten** beruhen; resignie-

ren, sich abfinden

bes Beere *f*

beschaa|fd gebildet; zivilisiert; **algemeen ~ n** Hochsprache *f*

beschaamd beschämt; verschämt, schamhaft

beschadig|d ['-sxa:dəxt] beschädigt, schadhaft; **~en** beschädigen

be|schamen beschämen; **~schaving** Bildung *f,* Kultur *f;* Zivilisation *f;* **~scheiden** bescheiden, anspruchslos

bescherm|en (tegen) (be)schützen (vor *D);* **~heilige** [-hɛiləʏə] Schutzheilige(r); **~ing** Schutz *m*

beschikbaar verfügbar; **~ stellen** zur Verfügung stellen, bereitstellen

beschikken anordnen; **(over)** verfügen (über *A);* schalten, frei handeln

be|schilderen ['-sxɪldərə(n)] bemalen; **~schimmelen** (ver)schimmeln; **~schonken** betrunken

beschouw|en ['-sxaʊə(n)] betrachten; **~ing: buiten** ['bəʊtə(n)] **~ing laten** außer acht lassen

be|schrijven ['-sxrɛiv·] beschreiben, schildern; **~schroomd** scheu; **~schuit** ['-sxəʏt] Zwieback *m*

beschuldig|d beschuldigt; **zijn** [sɛin] *Jur.* unter Anklage stehen; **~en** beschuldigen; anklagen

beschutt|en (tegen) (be-)schützen (vor *D*); **~ing** Schutz*m*

besef *n* Bewußtsein *n*; Ahnung*f*; **~fen** begreifen

beslaan beschlagen

beslag *n* Beschlag *m*; **~ leggen op, in ~ nemen** beschlagnahmen; sicherstellen; pfänden; beanspruchen

beslechten beilegen, schlichten

beslis|sen (sich) entscheiden; **~send** entscheidend, maßgeblich; **~sing** Entscheidung *f*; Bescheid *m*; **~t** entschieden, bestimmt, unbedingt, durchaus

besluit [-'slœytln] Beschluß *m*, Entschluß *m*; Erlaß *m*; Schluß(folgerung *f*) *m*; **~eloos** [-'tələːs] unschlüssig, unentschlossen; **~en** beschließen; schließen

besmettelijk [-'smɛtələk] ansteckend; **~e ziekte** Infektionskrankheit*f*

besmetten anstecken; verseuchen

be|snoeien [-'snuːˑiə(n)] beschneiden; **~sparen** (er)sparen; einsparen; **~speuren** [-'spøːr-] (ver)spüren; **~spieden** belauschen; **~spioneren** [-'neːr-] bespitzeln; **~spiegeling** Betrachtung *f*; **~spoedigen** [-'spuːdəɣ] beschleunigen

bespott|elijk [-'spɔtələk]

lächerlich; **~en** verspotten

bespreken [-'spreːk-] besprechen; vorbestellen, belegen; **grondig** ['ˈdɔx] durchsprechen

besproeien [-'spruˑiə(n)] begießen; berieseln; sprengen

best best; **het ~** am besten; **het ~e!** alles Gute!; *s. a.* **eerste**

bestaan 1. bestehen, existieren; 2. *Su. n* Dasein*n*, Existenz*f*

bestanddeel *n* Bestandteil*m*; Zutat*f*

besteden [-'steːd-] ausgeben; verwenden

bestek *n* Besteck *n*; Plan *m*; Rahmen*m*

bestel|bon [-bɔn] Bestellschein *m*; **~dienst** Kundendienst *m*, Zubringerdienst*m*

bestelen bestehlen

bestel|len bestellen; austragen, zustellen; **~wagen** Lieferwagen*m*

bestem|men bestimmen; **plaats van ~ing** Bestimmungsort*m*

be|stendig [-'dɔx] beständig, stetig; **~stijgen** [-'stɛiɣ-] besteigen; **~stoken** beschießen; e-m zusetzen; **~stormen** stürmen; **~straffen** bestrafen; **~stralen** bestrahlen; **~straten** pflastern; **~strijden** [-'strɛid-] bekämpfen;

studeren [-sty·'de:r-] studieren

bestur|en [-'sty:r-] lenken; verwalten; **-ing** Steuerung*f*, Lenkung*f*

bestuur *n* Regierung *f*; Behörde *f*; Verwaltung *f*; Vorstand *m*; **-der Fahrer** *m*; Verwalter *m*; Vorsteher*m*

betaal|baar zahlbar, fällig; **-dag** [-dɑx] Zahltag *m*; **-middel** *n* Zahlungsmittel*n*

betalen (be)zahlen

betalings|mandaat*n* Zahlungsanweisung *f*; **-voorwaarden** *pl.* Zahlungsbedingungen*f/pl.*

betamen sich ziemen

beteken|en [-'te:kənə(n)] bedeuten, heißen; **-is** Bedeutung*f*

beter ['be:tər] besser; *des te ~* um so (*od.* desto) besser; *~ worden a.* sich bessern; **-schap** Besserung*f*

be|teugelen [-'tø:ɣələ(n)] zügeln, bändigen; **-terd** verdutzt, *F* verdattert; **-tichten (van)** bezichtigen (*G*); **-timmering** [-'tɪmər-] Täfelung*f*

betog|en darlegen; demonstrieren; **-ing** Demonstration *f*, Kundgebung*f*

be|tonen zeigen; **-toog** *n* Darlegung*f*

betoveren [-'to:vərə(n)] be-, verzaubern; **-d** bezaubernd, zauberhaft

be|trachten erfüllen, **-trappen** ertappen, erwischen; **-treden** betreten

betreff|en betreffen, angehen; *het ~t* es handelt sich um*(A)*; *wat mij* [mɛil] *~t* was mich betrifft; *von mir aus*

betrekkelijk [-kələk] verhältnismäßig, relativ

betrekken beziehen; **(in)** einbeziehen (in*A*)

betrekking Beziehung *f*, Verhältnis *n*; Stellung *f*; *met ~ tot* hinsichtlich(*G*), in bezug auf *(A)*; *aangeboden ~(en pl.)* Stellenangebot*n*

betreuren [-'trø:r-] bedauern; **-swaardig** [-'va:rdəx] bedauernswert, bedauerlich

betrokken bewölkt, trübe **(bij** [bɛil] beteiligt (an*D*)

betrouwbaar [-'trɑu-] zuverlässig, verläßlich; **-heid** Zuverlässigkeit*f*

be|tuigen [-'tœyɣ-] bezeugen, beteuern; **-twijfelen** [-'tʉɛifələ(n)] bezweifeln

betwist strittig, umstritten; *~en* bestreiten

beu [bø:]: *het ~ zijn* [zɛin] es satt haben

beugel Bügel*m*

beuk Buche*f*

beul Henker*m*

beuren heben; *Geld* empfangen

beurs [bø:rs] Börse *f*; Stipendium*n*

beurt [bø:rt] Reihe *f*, Tur-

nus m; aan de ~ zijn [sεln]
an der Reihe sein, dran
sein; aan de ~ komen
['ko:m-] dran-, heran-
kommen; om de ~,
~elings ['-təlɪŋs] der Reihe nach
bevaarbaar schiffbar
beval|len gefallen, zusa-
gen; entbunden werden;
~ig [-ləx] gefällig, graziös;
~ing Entbindung f
bevattelijk [-'vatələk] begreiflich; intelligent
bevatten enthalten, fassen
beveiligen [-'vεilə̆ɣ-] (ab-)
sichern
bevel [-'vεll] n Befehl m;
~en [-'ve:l-] befehlen,
anweisen
bev|en beben, zittern;
~erig ['be:vərəx] zittrig
bevestigen [-tə̆ɣə(n)] befestigen; bestätigen
bevind|en (zich) (sich) be-
finden; ~ing Befund m
bevoegd [-'vu:xt] befugt,
kompetent; zuständig;
~heid Befugnis f, Kom-
petenz f
bevolking Bevölkerung f
~sregister n Ein-
wohnermeldeamt n
bevoor|delen [-de:l-] be-
günstigen; ~oordeeld
voreingenommen; ~ra-
ding Nachschub m, Ver-
sorgung f
be|vorderen [-dərə(n)]
fördern; befördern
~vredigen [-'vre:də̆ɣə(n)]

befriedigen, zufrieden-
stellen; ~vreesd ängst-
lich; ~vriend befreundet;
~vriezen gefrieren; er-
frieren; ~vrijden
[-'vrεid-] befreien;
~vruchting [-'vrəxt-] Be-
fruchtung f; ~vuilen
[-'vœyl-] beschmutzen
bewaar|plaats Aufbewah-
rungsort m; ~school
Kindergarten m
bewak|en [-'va:k-] be-,
überwachen; ~er Bewa-
cher m; Wärter m; Wäch-
ter m; ~ingspersoneel n
Aufsichtspersonal n
bewapenen [-'va:pənə(n)]
bewaffnen;(auf)rüsten
bewar|en bewahren, auf-
heben, aufbewahren, er-
halten, konservieren;
~ing (Auf-)Bewahrung f;
Verwahrung f; verze-
kerde ~ ['ze:kərdə] ~ing
Jur. Schutzhaft f
be|weeglijk [-lək] beweg-
lich; ~wegen (zich) (sich)
bewegen, (sich) regen
be|weren [-'ve:r-] behaup-
ten; ~werken bearbeiten,
aufarbeiten; Feld bestel-
len; bewirken
bewijs [-'vεis] n Beweis m,
Nachweis m; Bescheini-
gung f, Beleg m, Schein
m; ~baar beweisbar,
nachweislich; ~stukken
[-støk-] n/pl. Unterlagen
f/pl., Dokumente n/pl.
bewijzen be-, nach-, erweisen, belegen

bewind n Regime n, Regierung f; **~voerder** [-fu:rdər] Machthaber m

be|wogen bewegt; *Foto:* verwackelt; **~wolking** Bewölkung f

bewonderen bewundern; **~swaardig** [-'va:rdəx] bewundernswert

bewon|en bewohnen; **~er** Bewohner m

bewust bewußt; **~eloos** bewußtlos; **~zijn** [-'sεinln Bewußtsein n

bezem Besen m

bezeren [-'ze:r-] verletzen

bezet besetzt

bezeten [-'ze:t-] besessen

bezett|en besetzen, belegen; **~ing** Besetzung f; *Mil.* Besatzung f

bezichtigen [-'zixtəx̌-] besichtigen

bezien besehen; **~swaardig** [-'va:rdəx] sehenswert

bezig ['be:zəx] beschäftigt; **~en** gebrauchen; **~heid** Beschäftigung f, Tätigkeit f

bezighouden [-hɑ̈uə(n)]: **zich ~ met** sich beschäftigen mit *(D)*, sich befassen mit *(D)*

bezink|en niederschlagen, sich absetzen; **~sel** n Niederschlag m, Bodensatz m

bezinning Besinnung f

bezit n Besitz m, Besitzung f, Habe f; Gut n; **~ten** besitzen; **~ter** Besitzer m, Eigentümer m

bezoek [-'zu:k] n Besuch m; Abstecher m; **~en** besuchen; **~er** Besucher m

be|zoldiging [-dəɣɪŋ] Besoldung f; **~zonnen** besonnen; **~zopen** [-'zo:p-] *F* besoffen

bezorgd besorgt **~ zijn** [sεinl **(voor)** sich sorgen (um *A*); **~heid** Besorgnis f

bezorgen besorgen, beschaffen; zustellen

bezuiniging [-'zœynəx̌-] Einsparung f

bezuipen: zich ~ *F* sich besaufen

bezwaar n Beschwerde f, Bedenken n; **zonder ~** anstandslos; **~lijk** [-lək] beschwerlich

be|zweren [-'zŭe:r-] beschwören; heraufbeschwören; **~zwijken** [-'zŭεik-] erliegen; sterben; **~zwijming** Ohnmacht f

bibberen zittern

bibliotheek Bibliothek f

bidden beten; bitten

biecht Beichte f

bieden bieten, anbieten; *Widerstand* leisten; **hoger ~** überbieten

biefstuk ['-stək] Beefsteak n

bier n Bier n; **~viltje** Bierdeckel m lm }

bieslook n Schnittlauch }

biet n rote Rübe f; **rode ~** rote Bete f

biezen pl. Schilf n

big Ferkel*n*

biggetje *n:* **Guinees** [ɣ̆ü·'-] ~ Meerschweinchen*n*

bij¹ [bɛɪl] Biene*f*

bij² bei*(D),* zu*(D)*

bijbaantje *n* Nebenbeschäftigung*f*

bijbel ['bɛɪbəl] Bibel *f;* ~s biblisch

bij|bestellen nachbestellen; **~betalen** zuzahlen; nachzahlen; *Fahrkarte* nachlösen; **~bouwen** ['-bɑ̆u̯ə(n)] anbauen; **~brengen** beibringen; **~dehand** beibringen

bijdrag|e Beitrag *m;* **~en** beitragen

bijeen [bɛɪ'e:n] beieinander, beisammen, zusammen; **~binden** zusammenbinden; **~brengen** zusammenbringen; **~komst** Zusammenkunft *f;* **~roepen** [-ru·p-] zusammenrufen, versammeln

bijenkorf ['bɛɪə(n)-] Bienenstock*m*

bij|gaand anbei; **~gebouw** [-bɑ̆u̯] *n* Anbau *m;* **~geloof** *n* Aberglaube *m;* **~gelovig** [-'lo:ʋəx] abergläubisch; **~gevolg** [-ʋɔl(ə)x] somit, folglich; **~gieten** aufschütten; **~houden** ['-hɑ̆u̯ə(n)] Schritt halten mit *(D);* **~knippen** stutzen

bij|kom|en ['-kɔ.m-] hinzu-, näherkommen; sich erholen; **~end** zusätzlich;

~stig [-'kɔmstəx] nebensächlich

bijl [bɛɪl] Beil*n,* Axt*f*

bijlage Beilage*f;* Anlage*f*

bijlange: ~ **(na) niet** nie weitem nicht

bij|leggen beilegen; zulegen; **~lessen** *pl.* Nachhilfeunterricht*m* [fast]

bijna ['bɛɪna] beinah(e), |

bij|naam Beiname *m;* Spitzname *m;* **~rivier** Nebenfluß *m;* **~slag** ['-slɑx] Zuschlag *m;* **~smaak** Beigeschmack *m;* **~stand** Beistand *m,* Unterstützung*f*

bijster ['bɛɪstər]**: het spoor** ~ **die** Spur verloren; **auf** dem Holzweg; **niet** ~ nicht sonderlich

bijtachtig [-təx] bissig

bijtanken [-'tɛŋk-] auftanken

bijten beißen; ätzen, beizen

bij|tijds [-'tɛɪts] beizeiten; **~val** Beifall *m;* **~voegen** ['-ʋu·ɣ̆-] beifügen; hinzufügen; zusetzen

bijvoorbeeld [bə'-] zum Beispiel, beispielsweise

bij|vullen ['-bɛɪʋəl-] nachfüllen; **~wonen** beiwohnen; **~zaak** Nebensache *f;* **~ziend** kurzsichtig; **~zin** Nebensatz*m*

bijzonder [bi·'-] besonder; besonders; eigentümlich; **in 't** ~ insbesondere, besonders; **~heid** Besonderheit*f;* Einzelheit*f*

bijzonderheden pl. Nähere(s); in ~ im einzelnen; in Einzelheiten

biljartkeu [-kø:] Billardstock m

biljet [-'jɛt] n Schein m, Zettel m

billen pl. After m, Gesäß n

billijk ['-lək] gerecht; billig

bind|en binden; knüpfen; schnüren; **~end** bindend, verbindlich; **~middel** n Bindemittel n

binnen prp. in (D), innerhalb (G), binnen (D od. G); Adv. innen, drinnen; **~!** herein!; **(naar) ~** herein, hinein; **van ~ uit** [əyt] von innen heraus; s. a. **schieten**

binnen|band (Luft-)Schlauch m; **~dringen** (her)eindringen; **~gann** hereingehen; **~huisarchitect** [-əys] Innenarchitekt m; **~kant** Innenseite f; **~komen** [-'ko:m-] hereinkommen; eingehen; eintreten; **~kort** demnächst, nächstens

binnenland n Inland n; Binnenland n; **~s** inländisch, Binnen-

binnen|laten [-la:t-] (her)einlassen; vorlassen; **~lopen** hereinlaufen; Schiff: einlaufen; **~plats** Hof m; **~reizen** einreisen; **~rijden** [-rɛiə(n)] (her)einfahren; Su. n Einfahrt f; **~sluipen**

[-sləyp-] sich einschleichen

binnenst innere; **~e** n Innere(s)

bio|grafie Biographie f; **~logie** Biologie f

bioscoop Kino n

biscuit [-'kÿi-] n Keks m

bis|dom n Bistum n; **~schop** Bischof m

bits bissig

bitter bitter, herb

blaam Tadel m

blaar, blaas Blase f

blad n Blatt n

blader|deeg ['bla:dər-] n Blätterteig m; **~en** blättern

bladzijde ['-sɛidə] (Buch) Seite f

blaffen bellen [Seite f]

blameren [-'me:r-] (zich) (sich) blamieren

blancocheque [-ʃɛk] Blankoscheck m

blank blank, weiß; **een** [ənl] **~e** ein Weißer

blaten meckern, blöken

blauw blau; **~achtig** [-təx] bläulich; **~ogig** blauäugig

blazen blasen, pusten

bleek 1. Adj. blaß, bleich; 2. Su. Bleiche f; **~heid** Blässe f

blij [blɛi] froh, fröhlich, freudig

blijdschap Freude f

blijk Beweis m, Zeichen n; **~baar** offenbar; **~en** sich herausstellen, sich zeigen; sich ergeben, hervorgehen; **laten ~en** bekunden

blijspel ['blɛispəl] *n* Lustspiel*n*, Komödie*f*

blijven blciben; dableiben; **beneden** [-'ne:d-] iets ~ unterbieten; ~d bleibend; nachhaltig

blik 1.*n* Blech*n*; Büchse*f*, (Blech-)Dose *f*; Blechschaufel *f*; 2. *m* Blick *m*; **ruime** ['rœymə] ~ Weitblick *m*; ~**groente** ['-xru:ntə] Konservengemüse *n*; ~**opener** ['-o:pənər] Büchsenöffner*m*

bliksem Blitz *m*; ~ bliksem-; ~**snel** blitzschnell

blind blind; ~ **worden** erblinden; ~**e** Blinde(r)

blinde|darmontsteking [-stə:k-] Blinddarmentzündung *f*; ~**lings** blindlings

blinken blinken, funkeln; ~d blinkend; blank

blocnote ['blɔknoːt] Notizblock*m*

bloed [blu:t] *n* Blut *n*; ~**druk** ['-drək] Blutdruck *m*

bloeden bluten

bloed|gever ['-xe:ʋər] Blutspender *m*; ~**ig** ['-dəx] blutig; ~**proef** Blutprobe *f*; ~**somloop** Kreislauf *m*; ~**stelpend** blutstillend; ~**transfusie** [-fy·zi·] Bluttransfusion *f*; ~**uitstorting** Bluterguß *m*; ~**vat** Blutgefäß *n*; ~**verwant** Verwandte(r); ~**worst** Blutwurst*f*

bloei [blu·i] Blüte *f*; ~**en** blühen

bloem [blu·m] Blume *f*; ~**bed** *n* Blumenbeet *n*; ~**bol** (Blumen-)Zwiebel*f*; ~**isterij** [-mɪstə'rɛi] Gärtnerei *f*; ~**kool** Blumenkohl *m*; ~**lezing** Anthologie*f*; ~**pot** Blumentopf*m*

bloesem ['blu·səm] Blüte*f*

blok *n* Block *m*; Klotz *m*; Würfel *m*; ~**fluit** Blockflöte*f*

blokk|ade Blockade *f*; ~**eren** [-'ke:r-] blockieren, sperren

blond blond

bloot nackt, bloß; ~ **staan (aan)** ausgesetzt sein(*D*); ~**stellen** aussetzen; bloßstellen

blos [blɔs] (Wangen-)Röte *f*

blouse ['blu·zə] Bluse*f*

blozen erröten

blubber ['blœbər] Matsch *m*

bluf [blœf] Aufschneiderei *f*; ~**fen** aufschneiden, protzen

blunder Dummheit *f*, Schnitzer*m*

blussen löschen

bobbel Kloß*m*

bobine Bobine *f*; Zündspule*f* (lige(r))

bochel Buckel*m*; Buckliger*m*

bocht 1. Kurve *f*, Krümmung *f*; Schleife *f*; ~**scherpe** ~ Kehre *f*, Knick*m*; 2. Schund*m*

bod [bɔt] *n* (An-)Gebot*n*

bode Bote m

bodem Boden m; Sohle f; ~loos bodenlos

boedel ['bu·dəl] Besitztum n, Hab und Gut n; (Konkurs-, Erb-)Masse f

boef Schurke m

boeg [bu·x] Bug m

boei [bu·i] Fessel f; Boje f; ~en fesseln

boek [bu·k] n Buch n; ~deel n Band m; ~en buchen, eintragen

boeket [bu·'kɛt] n Blumenstrauß m

boek|handel Buchhandlung f; ~houder ['-hau·dər] Buchhalter m; ~jaar n Geschäftsjahr n; ~weit Buchweizen m

boel Menge f; Kram m

boen|en bohnern; ~was n Bohnerwachs n

boer [bu·r] Bauer m; Karte: Bube m

boerderij [-də'rɛi] Bauernhof m

boeren F rülpsen

boeren|bedrog n Schwindel m; ~kool Grünkohl m

boerin ['-rɪn] Bäuerin f

boete m·f Bußgeld n, Geldstrafe f, Buße f; Sühne f, Buße f; ~n büßen

boetseren [-'se:r-] modellieren

boeventaal Gaunersprache f [m]

boezem ['bu·zəm] Busen m

bof Med. Mumps m

boffen Glück n (od. F Schwein n) haben

bogen sich rühmen

bok Bock m

bokaal Pokal m

bokking Bückling m

boks|en boxen; ~wedstrijd [-strɛit] Boxkampf m

bolt 1. Kugel f; Blumenzwiebel f; 2. Adj. rund; konvex; ~hoed ['-hu·t] steifer Hut m, Melone f; ~pen ['-pən] Kugelschreiber m

bom Bombe f

bomen plaudern; staken

bommenwerper Bombenflugzeug n, Bomber m

bon [bɔn] Bon m, Gutschein m; Kassenbon m; Marke f

bonbon [bɔm'bɔn] Bonbon m; Praline f

bond Bund m; Bündnis n; Verband m

bondgenoot Bundesgenosse m, Verbündete(r); ~schap n Bündnis n

Bondsrepubliek [-py·bli·k] Bundesrepublik f

bons Schlag m

bont[1] bunt; scheckig

bont[2] n Pelzwaren f/pl.; Pelz m; ~jas Pelzmantel m; ~werker Kürschner m

bonzen schlagen

boodschap Besorgung f; Botschaft f

boodschappen: ~ doen [du·n] einkaufen, Besorgungen machen; ~tas Einkaufstasche f

boog Bogen *m;* **␣lamp** Bogenlampe *f;* **␣schutter** ['sxetər] Bogenschütze *m*

boom Baum *m;* Stange *f;* Schlagbaum *m*

boon Bohne *f*

boor Bohrer *m*

boord Rand *m,* Kante *f;* (Hals-)Kragen *m; Mar.* Bord *m*

boorzalf Borsalbe *f*

boos böse, ärgerlich; übel; **␣aardig** [-'a:rdəx] boshaft, bösartig; **␣doener** ['du·nər] Übeltäter *m*

boot Boot *n;* Dampfer *m;* **␣tocht** Bootsfahrt *f;* Kreuzfahrt *f;* **␣verhuring** [-hy:r-] Bootsverleih *m*

bord *n* Teller *m;* (Wand-)Tafel *f;* Schild *n*

bordeel Bordell *n*

bordpapier *n* Pappe *f*

borduursel [-'dy:rsəl] *n* Stickerei *f*

boren bohren

borg(tocht) Bürgschaft *f,* Kaution *f;* **borg staan** bürgen

borrel (ein Glas) Schnaps *m;* **␣en** einen Schnaps trinken; sprudeln

borst Brust *f;* **de ␣ geven** stillen

borstel Bürste *f;* **␣en** bürsten

borstkas Brustkorb *m*

bos 1. *n* Wald *m;* Forst *m;* 2. Bund *n,* Bündel *n;* Büschel *n;* **␣beheer** *n* Forstverwaltung *f;* **␣bes** ['bɛs] Heidelbeere *f;* Preisel-

beere *f;* **␣brand** Waldbrand *m*

Bosch ['bɔs] *n:* **Den ␣** Herzogenbusch *n*

bos|pad ['-pat] *n* Waldweg *m;* **␣rijk** ['-rɛik] waldig, waldreich; **␣wachter** Förster *m,* Waldhüter *m*

bot¹ Butt *m,* Flunder *f*

bot² *n* Knochen *m*

bot³ stumpf; plump

botanie [-ni·] Botanik *f*

boter ['bo:tər] Butter *f;* **␣ham** Butterbrot *n;* Brotschnitte *f;* **␣vlootje** *n* Butterdose *f*

bots|en zusammenstoßen, -prallen; **␣ing** An-, Aufprall *m,* Zusammenstoß *m,* Kollision *f; fig.* Konflikt *m*

botvieren frönen

boud [baut] dreist [ze *f*]

bougie [bu·'ʒi·] Zündker-

bouillon [bu·(l)'jɔn] Bouillon *f,* Brühe *f;* **␣blokje** *n* Brühwürfel *m*

bout [baut] Bolzen *m; Kochk.* Keule *f*

bouw [bau] Bau *m;* Anbau *m;* **␣en** bauen

bouwkundig [-'kəndəx]: **␣ingenieur** Bauingenieur *m*

bouw|kunst ['-kɔnst] Architektur *f,* Baukunst *f;* **␣spaarkas** Bausparkasse *f;* **␣terrein** [-'tɛrɛin] *n* Baustelle *f;* **␣vakarbeider, ␣vakker** Bauarbeiter *m;* **␣vallig** [-'ʋaləx] baufällig

boven Adv. oben; Prp.
über (A, D), oberhalb (G);
naar ~ herauf, hinauf,
empor; **te** ~ **komen**
['ko:mə] überwinden,
überstehen, verkraften
boven|aan obenan; **~al** vor
allem, zumal; **~arm**
Oberarm m; **~deel** n
Oberteil m od. n; **~dien**
[-'di:n] außerdem, zudem,
darüber hinaus; **~huis**
[-həYs] n Wohnung f im
oberen Stock; **~kant**
Oberseite f; **~kleding**
Oberbekleidung f; **~li-
chaam** n Oberkörper m;
~matig [-'ma:təx] über-
mäßig; ungemein; **~na-
tuurlijk** [-'ty:rlək] übernatürlich; **~staand** obig
bovenste obere, oberste
bovenverdieping Ober-
stock m
boycotten boykottieren
box Box f; Laufgitter n
braadkip Brathähnchen n
braaf brav, bieder, redlich
braakliggend: ~ **land** n
Brachland m
braakneiging Brechreiz m
braambes [-'bɛs] Brombeere f
Brabant ['bra:-] n Bra-
braden braten [bant m
brailleschrift ['bra:jə-
sxrɪft]n Blindenschrift f
braken brechen, sich erbrechen, sich übergeben
brand Brand m, Feuer n;
~baar brennbar; **~blus-
ser** ['brAR**brandemeubewijn** [' dəvɛɪn]
Branntwein m
branding Brandung f
brand|kast Tresor m, Safe
m, Panzerschrank m;
~netel [-'ne:təl] Brennessel f; **~spiritus** [-'təs]
Brennspiritus m; **~stof**
Brennstoff m; **~weer**
Feuerwehr f
brassen prassen, schlemmen
Breda [brə'da:]n Bredan
breed breit; **~geschou-
derd** [-sxaudərt] breit-
schultrig; **~sprakig**
[-'spra:kəx], **~voerig**
[-'fu:rəx] weitschweifig,
weitläufig
breedte Breite f
breek|baar zerbrechlich;
~ijzer ['-ɛizər] n Stemmeisen n
breien ['brɛiə(n)] stricken
brein n Gehirn n
breken ['bre:k-] brechen,
zerbrechen, reißen
brem Ginster m
brengen bringen
bres Bresche f
bretels [brə'tɛls] pl. Ho-
senträger m/pl.
breuk [brø:k] Bruch m
brevet [brə'vɛt] n Diplom
n, Schein m
brief Brief m; **per** ~ brief-
lich; **~je** n Zettel m;
~kaart Postkarte f; **~wis-
seling** Schrift-, Brief-
wechsel m

bries Brise*f*

brieven|besteller Briefträger *m*; **_bus** [-bəs] Briefkasten*m*

brij [brɛi] Brei*m*

bril Brille*f*

briljantSu. Brillant*m*

bril|ledoos Brillenfutteral *n*; **_montuur** [-'ty:r] *n* Brillenfassung *f*, -gestell *n*

brits Pritsche*f*

Brits britisch

brochure [-'ʃy:rə] Broschüre*f*　　　　[ten]

broeden ['bru·də(n)] brü-]

broeder Bruder *m*; **_lijk** [-lək] brüderlich

broei|en ['bru·ə(n)] brüten; gären; schwül sein; **_kas** Treibhaus*n*

broek Hose *f*; **_spijp** ['-pɛip] Hosenbein *n*; **_zak** Hosentasche*f*

broer [bru:r] Bruder*m*

brok Brocken *m*, Stück *n*, **_kelen** ['-kələ(n)] (zer-)bröckeln; **_stukken** ['-stəkə(n)] *n/pl.* Trümmer*pl.*

brom|fiets Moped*n*; **_men** brummen; **_mer** Moped *n*

bron Quelle*f*, Brunnen*m*

brons*n* Bronze*f*

bronstijd ['-tɛit] Brunstzeit*f*

bronwater ['-ʋa:tər] *n* Mineralwasser*n*

brood *n* Brot *n*; **_belegsel** ['-lɛxsəl] *n* Brotbelag *m*, Aufstrich *m*, **_je** *n* Bröt-

chen *n*; **_rooster** Röster *m*, Toaster *m*; **_winning** Broterwerb*m*

broos spröde, zerbrechlich; hinfällig

bros knusp(e)rig; spröde; mürbe

brouwerij [brɑuə'rɛi] Brauerei*f*

brug [brəx] Brücke *f*; Sp. Barren*m*

Brugge ['brøɣələn Brügge]

bruid [brœyt] Braut *f*; **_egom** ['-brœydəɣɔm] Bräutigam *m*; **_sjapon** ['-japɔn] Brautkleid*n*

bruikbaar brauchbar

bruikleen *n*: **in _** leihweise

bruiloft Hochzeit *f*; **zilveren _** Silberhochzeit*f*

bruin [brœyn] braun

bruisen ['brœysə(n)] brausen, tosen

brullen ['brœl-] brüllen

Brussel *n* Brüssel *n*; **_s lof** Chicorée*f*

brut|aal [bry'ta:l] frech, unverschämt, patzig; **_aliteit**[-'tɛit] Frechheit*f*

brutogewicht ['bry'-] *n* Bruttogewicht*n*

bruusk brüsk

bruut [bry:t] brutal

BTW*s.* **belasting**

buffel ['bɛfəl] Büffel*m*

buffer Puffer*m*

buffet [by·'-] *n* Büfett *n*; Schanktisch*m*

bui [bəy] (Regen-)Schauer *m*; Bö*f*; *fig.* Laune*f*

buidel Beutel*m*

buig|en ['bəyɣ-] biegen; sich beugen; sich verbeugen; **~zaam** biegsam, schmiegsam, geschmeidig [nerisch]
buig ['bəyiəx] böig, reg-
buik Bauch m; Leib m; **~pijn** ['-pɛin] Leib-, Bauchschmerzen m/pl.; **~vliesontsteking** [-ste:k-] Bauchfellentzündung f
buil Beule f
buis Röhre f; Rohr n; **~leiding** Rohrleitung f
buiteling Purzelbaum m
buiten ['bəytə(n)] Adv. außen, draußen; Prp. außerhalb (G); außer (D); **van ~** von auswärts, von außen; fig. auswendig; **naar ~** heraus; hinaus; auswärts; ins Freie; **op de ~** im Grünen, auf dem Lande
buitenaf: van ~ von auswärts, von außen
buiten|band (Reifen-)Mantel m; **~boordmotor** ['-bo:rtmo:tər] Außenbordmotor m; **~echtelijk** ['-ɛxtələk] außerehelich; **~gewoon** außerordentlich, außergewöhnlich, **~gooien** hinauswerfen; **~issig** ['-ɪsəx] extravagant; **~kans** Glücksfall m; günstige Gelegenheit f; Extraverdienst m; **~kant** Außenseite f
buitenland n Ausland n; **~er** Ausländer m; **~s** aus-

ländisch, auswärtig; **~sef** Ausländer in f
buiten|shuis auswärts, außerhalb; **~spel** [-spɛl] n Sp. Abseits n; **~sporig** ['-spo:rəx] übermäßig, unmäßig; **~wijk** [-vɛik] Außenviertel n
bukken ['bøk-]: **zich ~** sich bücken
buks Büchse f, Flinte f
bulderen ['bøldərə(n)] poltern; toben
buldog Bulldogge f
bult Buckel m; Beule f
bumper ['bømpər] Stoßstange f
bundel Bündel n; Bund n; Sammlung f
bungalow ['bøŋɡalo:] Bungalow m; **~park** n Feriendorf n
burcht Burg f
bureau [by'ro:] n Büro n; Dienststelle f, Amt n; Schreibtisch m; **~ voor gevonden voorwerpen** Fundbüro n; **~ lamp** Schreibtischlampe f
burgemeester [børɣə'-] Bürgermeister m; **~ en wethouders** ['-hauders] (Abk.: B. en W.) Magistrat m
burger Bürger m; Zivilist m; **in ~** in Zivil; **~bevolking** Zivilbevölkerung f; **~es** [-'rɛs] Bürgerin f; **~kleding** [-'rɛsl] Zivilkleidung [-kle:d-] Zivil n
burgerlijk ['børɣərlək] bürgerlich; zivil; **bureau**

n van de ~e stand Stan-
desamt*m*
bus 1. (Auto-, Omni-)Bus
m; 2. Büchse *f*; Dose *f*;
Kanister *m*; Briefkasten
m; **~chauffeur** [ˈbɛsʃo-
føːr] Busfahrer *m*; **~halte**
Autobushaltestelle *f*;
~kruit [ˈ-krɔyt] *n*
(Schieß-)Pulver*n*
buste [ˈbystə] Büste *f*;
~houder [-houder] Bü-

buur\(man) [ˈbyːr-] Nachbar
m; **~schap** Nachbar-
schaft*f*
buurt Nachbarschaft *f*;
(Stadt-)Viertel *n*; **~en**
beim Nachbar Besuch
machen; **~verkeer** *n*
Nahverkehr*m*
buurvrouw [ˈ-ˀvrɑu] Nach-
barin*f* [meester}
B.W.: B. en W. *s.* burge-}

C

cabaret [-ˈrɛ(t)]*n* Kabarett
n
cabine Kabine*f*
cacao [-ˈkau] Kakao*m*
cactus [ˈ-təs] Kaktee *f*,
Kaktus*m*
cadeau [kaˈdoː] *n* Geschenk*n*
café [kaˈfeːn] Wirtschaft*f*,
Kneipe*f*, Lokal*n*
cafetaria [kafeˈtaːriˈ(j)a]
Schnellimbiß *m*, Erfri-
schungsraum*m*
cahier[kaˈjeːl*n* Heft*n*
calqueerpapier [kalˈkeːr-]
n Pauspapier*n*
camera Kamera*f*
camoufl|age [kamu-
ˈflaːʒə] Tarnung *f*, **~eren**
[-ˈfleːr-] **(zich)** (sich) tar-
nen [ping*n*}
camping [ˈkɛmpiŋ] Cam-}
CAO *s.* arbeidscontract
capaciteit [-siˈtɛit] Kapa-
zitat*f*
cape [keːp] Cape *n*, Umhang*m*

capitonnering [-ˈneːr-]
Polsterung*f*
capituleren [-tyˈleːr-] kapitulieren [f}
capsule [kapˈsyˈlə] Kapsel*f*}
capuchon [-pyˈʃɔn] Kapuze*f*
caravan [ˈkɛrəvən] Wohn-
anhänger *m*, Wohnwa-
gen*m*
carbonpapier [karˈbɔn-]*n*
Kohlepapier*n*
carburator [-byˈˀ-] Vergaser*m*
cardanas [karˈdanas] Kardanwelle*f*
carnaval [ˈkarnaval] *n*
Karneval*m*, Fasching*m*
carrosserie Karosserie*f*
carrousel [karuˈsɛl] Karussell*n*
carte: à la ~ à la carte,
nach der Karte
casino Kasino*n*
cassette Kassette*f*
catalogus [-ˈtaːloˀɣəs] Katalog*m*

catastrofe Katastrophe *f*
causerie [ko·zə'ri·] Plauderei *f* [m]
ceintuur [sɛn'ty:r] Gürtel }
cel [sɛl] Zelle *f*]
celstof Zellstoff *m*]
cement [sə'mɛnt] Zement
m [f]
censuur [sɛn'sy:r] Zensur }
cent [sɛnt] (= 1/100 Gulden) Cent *m*
centiem [sɛn'ti·m] (= 1/100 belgischer Franken) Centime *m*
centimeter ['sɛnti·-] Zentimeter *m*
centraal [sɛn'-] zentral;
centrale verwarming Zentralheizung *f*; **~station** [-'sta·ʃɔn] *n* Hauptbahnhof *m*
central|**e** Zentrale *f*; **~iseren** [-'ze:r-] zentralisieren
centrifuge [sɛntri'fy:ʒə]. Wäscheschleuder *f*
centrum ['sɛntrəm] *n* Zentrum *n*
ceremonie [se·re·'mo:ni·] Zeremonie *f*
certificaat [sɛr-] *n* Zeugnis *n*, Zertifikat *n*
cervelaatworst [sɛrvə'-] Zervelatwurst *f*
champagne [ʃam'panjə] Sekt *m*, Champagner *m*
chantage [ʃɑn'ta:ʒə] Erpressung *f*
chartervlucht [-vlɛxt] Charterflug *m*
chassis [ʃa'si·] *n* Fahrgestell *n*

chauffeur [ʃo·'fø:r] Autofahrer *m*, Chauffeur *m*
chef Chef *m*
cheque [ʃɛk] Scheck *m*, (Zahlungs-)Anweisung *f*
chic [ʃi·k] schick; *Su.* Eleganz *f*, fig. Pfiff *m*
chicane [ʃi·'ka:nə] Schikane *f*
Chinees [ʃi·'-] chinesisch; *Su.* Chinese *m* [urg *m*]
chirurg [ʃi·'rɵr(ə)x] Chir- }
chloor Chlor *n*
chocolade Schokolade *f*
cholera Cholera *f*
choqueren [ʃo·'ke:r-] schockieren
christ|**elijk** [-tələk] christlich; **~en** Christ *m*; **~endom** Christentum *n*
chronometer Chronometer *n*, Stoppuhr *f*
chroom Chrom *n*
cijfer ['sɛifər] *n* Ziffer *f*, Note *f*, Ganzzahl *f*
cilinder [si·'-] Zylinder *m*; **~inhoud** [-hɑut] Hubraum *m*
cirka ['sɪrkɑ] zirka
circulaire [sɪrky·'lɛ:r(ə)] Rundschreiben *n*
circus ['sɪrkɵs] *n* Zirkus *m*
cirkel ['sɪrkəl] Kreis *m*; **~vormig** [-məx] kreisförmig
citaat [si·'-] *n* Zitat *n*
citadel [si·'-] Zitadelle *f*
citeren [-'te:r-] zitieren
citroen [si·'trun] Zitrone *f*; **~limonade** Zitronenlimonade *f*
citrusvruchten ['si·trɵs-

frøxta(n)pl. Zitrusfrüch-te f/pl.

civiel [-si·] zivil

clandestien [-dɛs'ti·n] heimlich, Schwarz-

claxon [klɑ'ksɔn] Hupe f; **.neren** [-'ne·r-] hupen

cliënt [kli·'jɛnt] Kunde m; **.e** Kundin f

closetpapier n Klosett-, Toilettenpapier n

club [klɵp] Klub m

cognac [kɔn'jɑk] Kognak m; Weinbrand m

cokes [ko:ks] Koks m

colbert(jasje) [-'bɛ:r(jɑʃə)] n Jackett n; Jacke f

collekte Kollekte f; Sammlung f

collega Kollege m; **vrouwelijke** ['frɵuələkə] **.** Kollegin f

college [-le:ʒə] n Kollegium n; Kolleg n, Vorlesung f; **.zaal** Hörsaal m

collier [kɔl'je:]n Halsband n, -kette f

colonne Kolonne f

comfort Komfort m [n]

commando n Kommando n

commentaar Kommentar m

commissaris Kommissar m; Aufsichtsrat m; **raad van .sen** pl. Aufsichtsrat m

commissie [-si·] Kommission f, Ausschuß m

communisme [-my·'-] n Kommunismus m

compagnie [-pɑn'ji·] Kompanie f

competent kompetent, zuständig

competitie [kɔmpə'ti·(t)si·] Wettbewerb m; Sp. (Bundes-)Liga f

compleet komplett; regelrecht **.eteren** [-ple·'te:r-] vervollständigen

complicatie [-ka:(t)si·] Komplikation f

compliment [-'mɛnt] n Kompliment n

componist Komponist m

compote [-'pɔt] Kompott n

compromis [-] Kompromiß m

concentratie [-sɛn'tra:(t)si·] Konzentration f; **.kamp** n Konzentrationslager n

concern [-'sɛrn, -'sœ:(r)n] n Konzern m

concert [-'sɛrt] Konzert n

concessie [-'sɛsi·] Konzession f

conciërge [-'siɛrʒə] Hausmeister m

conclu|deren [-kly'de:r-] folgern; schließen; **.sie** [-zi·] (Schluß-)Folgerung f

concreet konkret [f]

con|currentie [-kø'rɛnsi·] Konkurrenz f, Wettbewerb m; **.ditie** [-'di·(t)si·] Kondition f; **.doleren** [-'le:r-] kondolieren

conduct|eur [-dɛk'tø:r] Schaffner m; **.rice** [-'tri·sə] Schaffnerin f

con|fectie [-'fɛksi·] Konfektion f; **.ferentie** [-'rɛnsi·] Konferenz f

confirmatie [-'ma:(t)si·]
Rel. Konfirmation f

conflict n Konflikt m

congres n Kongreß m, Tagung f

conjunctuur [konjɔŋk-
'ty:r] Konjunktur f

consequent konsequent

conserven pl. Konserven
f/pl.

consideratie [-'ra:(t)si·]
Erwägung f; Rücksicht
(-nahme) f

construeren [-stry·'üe:-
rə(n)] konstruieren

consul ['-səl] Konsul m;
_aat n Konsulat m;
_-generaal Generalkonsul m; **_t(atie** [-'ta:(t)si·]f)
n Konsultation f, Beratung f

consumptie [-'sempsi·]
Konsum m, Verbrauch
m; das Verzehrte, Zeche
f; **verplichte** - Getränkezwang m; **_ijs** [-ɛis] n
Speiseeis n

contact n Kontakt m; **-
krijgen** ['krɛiɣ̃-] An-
schluß m finden; **_sleutel**
[-slø:təl] Zündschlüssel
m

contant bar; **_ geld** n Bargeld n; **_en** pl. Barschaft f

con|tinent [-'nɛnt] n Kon-
tinent m; **_tingent** p-
Kontingent n; Zuweisung f

contract n Vertrag m;
_ueel [-ty·'üe:] vertraglich [marke f]

contramerk n Kontroll-

control|e [-'tro:lə] Kon-
trolle f; Bahnsperre f;
_eren [-'le:r-] kontrollieren, nach-, überprüfen;
_eur Kontrolleur m

conventioneel [-'ne:l]
konventionell

convers|atie [-'sa:(t)si·]
Unterhaltung f, Konversation f; **_eren** [-'se:r-]
sich unterhalten

coöperatie [ko·o·pə-
'ra:(t)si·], **coöperatieve**
[-'ti·'ve] vereniging [-'e:-
nəɣ̃-] Genossenschaft f

correspondentie [-'dɛnsi·]
Korrespondenz f

corrigeren [-'ɣ̃e:r-,
-'ɜe:r-] korrigieren

corsage [kor'sa:ɜə] An-
steckblume f

couchette [ku·'ʃɛtə] Liegewagen m

coupe ['ku·p(ə)] Schnitt m

coupé ['ku·'pe:] Abteil n

coupon [ku·'pɔn] Kupon
m

courant [ku·'rɑnt] 1. courant, gangbar; 2. Su. Zeitung f

couvert [-'ve:r] n Briefumschlag m; Gedeck n; Besteck n

crawlen ['krɔ:lə(n)]
(schwimmen) kraulen

crediteren [-'te:r-] kreditieren; gutschreiben

crem|atie [-'ma:(t)si·]
Feuerbestattung f; **_eren**
[-'me:r-] einäschern

crêpepapier ['krɛp-]
Kreppapier n

creperen [-'pe:r-] krepieren

criminaliteit Kriminali-
tätf

crisis Krisef

criticus [-kəs] Kritiker*m*

croquant   [kro·'kant]
knusprig

C.S.*s.* centraalstation

cultuur [kəl'ty:r] Kultur*f*

cursus ['kεrzəs] Kurs(us)
m

curve ['kεrvə] Kurve*f*

cyaankali   [si·(j)a:ŋ'-]
Zyankali*n*

cyclus ['si·kləs] Zyklus*m*

cynisch ['si·ni·s] zynisch

D

daad Tat*f*   [zuvor]

daags: ~tevoren am Tage

daar *Adv.* dort, da; da-,
dorthin; *Konj.* da, weil,
indem

daar|aan daran; ~bij [-'bεi]
dabei; dazu, hinzu; ~bin-
nen (da) drinnen; ~boven
darüber; oben; ~door da-
durch; ~enboven [-'bo:-
və(n)] außerdem, über-
dies; ~entegen [-εn'te:ɣ-]
da-, hingegen; ~heen
dort-, dahin; ~in darin;
darein, dahinein; ~mee
damit; ~na danach, dar-
auf; ~naar danach;
~naast daneben; ~net
['-nεt] vorhin, soeben;
~om darum, deshalb;
~op darauf;
daarafin; ~over dar-
über; davon

daartegen dagegen; ~over
demgegenüber

daar|toe [-'tu·] dazu; ~van
davon; ~uit [-'œyt] daraus;
~voor davor; dafür

dadel ['da:dəl] Dattel*f*

dadelijk ['da:dələk] (so-)
gleich

dader Täter*m*

dag [dɑx] Tag *m*; ~ van
aankomst Ankunfts-,
Anreisetag *m*; ~blad *n*
Zeitung *f*; ~boek ['-bu·k]
n Tagebuch*n*

dagelijks ['da:ɣələks] täglich; ~e pot Hausmanns-
kost*f*; ~leven*n* Alltag*m*

dage|nlang   tagelang;
~raad Tagesanbruch*m*

dag|jesmens (Sonntags)
Ausflügler *m*; ~koers
['dɑxku·rs] Tageskurs *m*;
~licht *n* Tageslicht *n*;
~vaarding (Vor-)Ladung *f*

dahlia Dahlie*f*

dak *n* Dach *n*; ~goot
Dachrinne *f*; ~loos ob-
dachlos; ~pan (Dach-)
Ziegel*m*

dal [dɑl]*n* Tal*n*

dalen sinken, sich sen-
ken; abnehmen; ~d *a.*
rückläufig

dalkom (Tal-)Mulde*f*

dam Damm*m*

dame Dame*f*

dames|kapper Damenfri-
seur *m*; ~ondergoed
[-'ɣu·t]*n* Damenwäsche*f*

dammen Dame spielen

damp Dampf *m*, Dunst *m*, Qualm *m*; **~ig** ['-pəx] dunstig; **~kring** Atmosphäre *f*

dan (als)dann; da; denn; *nach Komp.* als; denn

dancing ['dɛnsɪŋ] Tanzlokal *n*

danig ['da:nəx] ordentlich, tüchtig

dank Dank *m*; **~ zij** [sɛi] dank *(D)*; **~ je wel**, **~ U** ['y·] wel danke schön; **~baar** dankbar; **~betuiging** ['-təvɣ-] Danksagung *f*

danken danken, sich bedanken; **te ~ hebben (aan)** verdanken (j-m *A*); **niet te ~!** keine Ursache!

dans Tanz *m*; **~en** tanzen; **~er**|es (-'rɛs] *f*) Tänzer(in *f*) *m*; **~gelegenheid** Tanzlokal *n*; **~orkest** *n* Tanzkapelle *f*; **~vloer** ['-flu:r] Tanzfläche *f*

dapper tapfer

darm Darm *m*   [ter]

dartel ausgelassen, mun-

das 1. Krawatte *f*, Schlips *m*; 2.*Zo.* Dachs *m*

dashboard ['dɛʃbɔrt] *n* Armaturenbrett *n*

dashond Dackel *m*

dat *Pron.* das; jenes; dieses; *Konj.* daß

dat|eren ['-'te:r-] datieren; **~um** ['-təm] Datum *n*

dauw Tau *m*

daveren ['da:və̀rə(n)] dröhnen

de *Art.* der, die

debat *n* Debatte *f*

debet ['de:bɛt] *n* *Hdl.* Debet *n*, Soll *n*

december [-'sɛmbər] Dezember *m*

decennium [-'sɛni·(j)əm] *n* Jahrzehnt *n*

declareren [-'re:r-] deklarieren, verzollen

decolleté *n* Dekolleté *n*, Ausschnitt *m*

decoreren [-'re:r-] dekorieren

deeg *n* Teig *m*; **~waren** *pl.* Teigwaren *f/pl.*

deel *n* Teil *m* (*u. n*); *Buch* Band *m*; Anteil *m*; **ten ~ vallen** zuteil werden; **~genoot** Teilhaber *m*

deelnemen teilnehmen, sich beteiligen; Anteil nehmen; **~ing** Teilnahme *f*, Beteiligung *f*; Anteilnahme *f*; Beileid *n*

deel|s teils; **~staat** Teilstaat *m*; Bundesland *n*

Deen Däne *m*

deer|lijk [-lək] kläglich; **~nis** Erbarmen *n*

defect defekt, schadhaft; *Su. n* Defekt *m*, Schaden *m*

defensie [-'fɛnsi·] (Landes-)Verteidigung *f*

deficit [-si·t] *n* Defizit *n*

definitief endgültig, definitiv

deftig ['dɛftəx] vornehm, würdig

degelijk ['deɣələk] solide, gediegen

degen Degen *m*

degradatie [-'da:(t)si·] Degradierung f; Sp. Abstieg m

dein|en wiegen; auf- und niederwogen; **~ing** Dünung f; fig. Aufsehen n, Aufregung f   [Deck n

dek n Decke f; (Ver-)

deken ['de:k∂(n)] 1. (Bett-) Decke f; 2. Dekan m

dek|ken decken; **~sel** n Deckel m; **~sels** verteufelt, höllisch; **~zeil** ['-sɛil] n Plane f

dele:ten ~ teils

delen teilen; verteilen; Math. a. dividieren

delfstof Mineral n

delgen tilgen

delicatessenzaak Feinkosthandlung f

delict n Delikt n, Straftat f

delven (aus)graben; (Bgb.) fördern

democratie [-'kra(t)si·] Demokratie f

demonstratie [-'stra:(t)si·] Vorführung f; Kundgebung f

demonteren [-'te:r-] ab-, demontieren

dempen dämpfen; Graben zuschütten

den Kiefer f

denkbaar denkbar

denkbeeld n Idee f; **~ig** [-'be:ld∂x] eingebildet

denken denken; meinen; gedenken, beabsichtigen; **doen** [du·n] **~ aan** erinnern an (A)

denneappel (Tannen-) Zapfen m

de|partement [-'mɛnt] n Ministerium n; **~poneren** [-'ne:r-] deponieren, hinterlegen; **~porteren** deportieren, verschleppen; **~pressie** [-si·] Depression f; Tief (druckgebiet) n; **~railleren** [-rɑ'jɛ:r∂(n)] entgleisen

derde ['dɛrd∂(r)] Su. n Drittel n; **ten ~** drittens

deren [de'r-] 'de:r-] schaden

der|gelijk ['dɛrɣ∂lɛik] derartig, solch; **~halve** deshalb; demnach

der|tien dreizehn; **~tig** ['-t∂x] dreißig (fall m)

derving Verlust m, Aus-

des: ~ te desto, um so

desgewenst auf Wunsch

desinfecteren [-'te:r-] desinfizieren

deskundig [-'kœnd∂x] sachkundig; **~e** Sachverständige(r), Fachmann m

des|niettegenstaande nichtsdestoweniger; **~noods** notfalls; **~ondanks** dessenungeachtet

dessert n Dessert n

dessin [dɛ'sɛ:]n Muster n

destijds ['-tɛits] damals

detailhandel Einzelhandel m

detective [di·'tɛktɪf] Detektiv m; **~film** Kriminalfilm m

deugd [dø:xt] Tugend f; **~doen** [du·n] wohltun

deug|delijkheid ['-d∂l∂khɛit] Tauglichkeit f, Güte

f; ~en taugen; ~niet Taugenichts m

deuk Beule f

deur [dø:r] Tür f; ~ dicht! Tür zu!; ~klink, ~knop Türklinke f, -griff m; ~waarder Gerichtsvollzieher m

deux-pièces Deux-pièces n, zweiteiliges Kleid n

devaluatie [-ly-'üa:(t)si·] Abwertung f

deviezen pl. Devisen pl.

devotie [-(t)si·] Devotion f, Andacht f

deze diese(r) [be(n)]

dezelfde derselbe, diesel-]

dia fragma = Foto: Blende f; ~gnose Diagnose f, Befund m; ~lect = Dialekt m, Mundart f; ~mant Diamant m; ~meter [-'me:tər] Durchmesser m

diarree Durchfall m

dicht dicht; zu, verschlossen; ~bij [-'bɛÿ] nahe (D), dicht an (D); ~doen ['du·n] zumachen

dicht|en dichten (a. Tech.); ~er Dichter m

dicht|erbij [-'bɛÿ] näher (heran); ~houden ['hɑ̈u-ə(n)] zuhalten; ~ing Tech. Dichtung f

dichtkunst ['-kənst] Dichtung f, Dichtkunst f

dichtstbijzijnd [-'bɛÿzɛÿnt] nächste(r, -s)

dictaat n Diktat n

dieet n Diät f; ~kost Schonkost f

dief Dieb m; ~stal ['-stɑl] Diebstahl m

diegene der-, diejenige(n)

dienen dienen

dienovereenkomstig [-'kɔmstəx] dementsprechend

diens dessen

dienst Dienst m; Gefälligkeit f; Amt n, Dienststelle f; ~militaire [-'tɛ:rə] ~ Wehrdienst m; ~bode Dienstbote m; ~er Serviererin f; ~meisje ['-mɛÿʃə] n Dienstmädchen n; ~plicht Wehrpflicht f; ~regeling ['-re:ɣəl-] Esb. Fahrplan m; ~weigeraar ['-ʋɛÿɣə-ra:r] Wehrdienstverweigerer m; ~willig [-'ʋɪləx] dienstbereit

dientengevolge infolgedessen, demzufolge

diep tief; ~gaand tiefgehend, einschneidend; ~gang Tiefgang m; ~te Tiefe f

diepvries Tiefgekühlte(s); ~kast Tiefkühltruhe f; ~kastje [-kɑʃə] n Gefrierfach n

dier n Tier n

dierbaar teuer, wert, lieb

dieren|arts Tierarzt m; ~bescherming Tierschutz m; ~kwelling, ~mishandeling Tierquälerei f; ~riem Tierkreis m; ~tuin [-tœyn] Zoo m

dierlijk ['-lək] tierisch n

dieselolie [-o:li·] Dieselöl n

dievegge [-'vɛ̃ɣ̃ə] Diebin f
differentieel [-'sie:l] n Differentialgetriebe n
difterie Diphtherie f
dij [dɛi] Schenkel m
dijk Deich m, Damm m; **aan de ~ zetten** fig. kaltstellen
dik dick; **~te** Dicke f; Stärke f
dikwijls ['-ŭəls] oft, häufig
dim|licht n Abblendlicht n; **~men** abblenden
ding n Ding n, Sache f
dingen feilschen; **~ naar** sich bewerben um (A), werben um (A)
dinsdag Dienstag m
diploma n Diplom n, Zeugnis n; **~tiek** [-'ti·k] diplomatisch
direct direkt; unmittelbar
directeur [-'tø:r] Direktor m; **~-generaal** Generaldirektor m
directie [-'rɛksi·] Direktion f; Vorstand m
directoire [-'kŏ̃si·] Schlüpfer m
dirigent Dirigent m
discipline [disi'-] Disziplin f
dis|contovoet [-'ŏ̃u·t] Diskontsatz m; **~creet** diskret; **~crimineren** [-'ne:r-] diskriminieren
discuss|ie [-'kŏsi·] Diskussion f, Aussprache f; Auseinandersetzung f; **~iëren** [-'sie:r-] diskutieren, sich auseinandersetzen

distantiëren [-tan'sie:r-]: **zich ~** sich distanzieren
distel Distel f
district n Bezirk m
dit dies(es); **~maal** diesmal
divan Diwan m, Couch f
dividend n Dividende f
dobbel|en würfeln; **~steen** Würfel m
dobberen schaukeln
docent [-'sɛnt] Dozent m; Studienrat m
doch doch; aber
dochter Tochter f
document [-ky'mɛnt] n Dokument n
dode Tote(r); **~lijk** ['-dələk] tödlich; **~n** töten
doek [du'k] Tuch n; Leinwand f; Gemälde n
doel [du'l] n Ziel n, Zweck m; Sp. Tor n; **~bewust** [-'vəst] zielbewußt; **~einde** n Zweck m; Ziel n; **~en** zielen; **~lijn** ['-lɛin] Sp. Torlinie f; **~loos** ziellos; zwecklos; **~man** Torwart m; **~matig** ['-ma:təx] zweckmäßig; **~punt** ['-pənt] n Tor n; **~wit** n Ziel n
doen [du·n] tun; machen; Grüße bestellen, ausrichten; **~ aan** treiben; ausüben; **ik kan er niets aan ~** ich kann nichts dafür; **ik heb met hem te ~** er tut mir leid
dof [dof] dumpf; matt
dog Dogge f
dok n Dock n; **~ken (voor)** F blechen (für A)

dokter

dokter Arzt *m;* **vrouwelijke** ['vrɑuələkə] Ärztin *f*

dol toll; närrisch; **~ op** versessen auf *(A)*

dolfijn [-'fɛin] Delphin *m*

dolk Dolch *m*

dom¹ dumm, blöde, *F* doof

dom², ~kerk [dɔm] Dom *m*

domicilie [-'si·li·] *n* Domizil *n,* Wohnsitz *m*

dominee (evangelischer) Pfarrer *m,* Pastor *m*

dommelen ['-mələ(n)] dösen [kɔpf *m*]

domoor ['dɔm-] Dumm **dompel|aar** Tauchsieder *m;* **~en** tauchen

donder Donner *m*

donderdag [-dax] Donnerstag *m;* **Witte** ♀ Gründonnerstag *m*

donderen donnern

donker dunkel, finster

dons *n* Daunen *f/pl.;* Flaum *m*

dood tot; *Su.* Tod *m,* **~bloeden** ['-blu·d-] verbluten; **~kist** Sarg *m;* **~moe, ~op** todmüde, *F* fix und fertig

doods öde; **~bericht** *n* Todesanzeige *f*

dood|schieten ['-sxi·t-] erschießen; **~sgevaar** *n* Todesgefahr *f;* **~straf** ['-strɑf] Todesstrafe *f;* **~verven** *fig.* (als) abstempeln (zu *D);* **~ziek** sterbenskrank

doof(stom) taub(stumm)

dooi Tauwetter *n;* **~en** tauen

dooier Dotter *m* u. *n;* **~zwam** Pfifferling *m*

doolhof Irrgarten *m*

doop Taufe *f;* **~akte** Taufschein *m;* **~sel** *n* Taufe *f*

door *prp.* durch *(A);* von *(D); Adv.* durch; hindurch; fort

door|boren [-'bo:r-] durchlöchern; **~braak** Durchbruch *m;* **~breken** [-'bre:k-; -'bre:k-] durchbrechen; **~brengen** ['do:r-] verbringen; **~dat** [-'dɑt] dadurch daß, indem; **~draaien** *Tel.* durchwählen; **~drenken** [-'drɛŋk-] tränken

doordrijven [-'drɛiv-]: **zijn** [zən] **wil ~** sich durchsetzen

dooreen [-'e:n] durcheinander

doorgaan hindurchgehen; durchgehen; weitermachen, fortfahren; stattfinden; **~d: ~ verkeer** *n* Durchgangsverkehr *m;* **~s** gewöhnlich, durchweg

door|gang Durchgang *m;* **~halen** hindurchziehen; (durch)streichen; **~heen** hindurch; **~kneed** *fig.* bewandert; **~laatpasje** [-paʃə] *n* Passierschein *m;* **~lichting** Durchleuchtung *f*

doorlopen ['do:r-; -'lo:p-] durchlaufen; *Buch* durchsehen; *Füße* wundlaufen; **~d** (fort)laufend

doorn Dorn m
doornat [ˈdoːr-] durchnäßt
doornig [ˈ-nəx] dornig
doorreis: op ~ auf der Durchreise
door|rijden [ˈ-rɛiə(n)] durchfahren; weiterfahren; durch-, weiterreisen; ~schijnend [ˈ-sxɛin-] durchscheinend
doorslag [ˈ-slɑx] Durchschlag m; fig. Ausschlag m; ~gevend [ˈ-xeːvənt] ausschlaggebend
door|slikken hinunterschlucken; ~smeren [ˈ-smeːr-] abschmieren; ~snede Durchschnitt m; Querschnitt m; ~spekt [ˈ-spɛkt] gespickt; ~staan [ˈ-staːn] ertragen; überstehen; ~strepen durchstreichen; ~tastend [ˈ-tɑst-] energisch; ~tocht Durchzug m, Durchfahrt f; ~trapt [ˈ-trɑpt] gerissen; ~trekken [ˈdoːr-] durchziehen, durchqueren; [ˈtrɛk-] fig. durchdringen; ~voed [ˈvuːt] wohlgenährt; ~voeren [ˈ-vuːr-] durchführen; austragen; ~zichtig [ˈ-zɪxtəx] durchsichtig; ~zien [Schachtel f
doos Dose f, Büchse f;
dop Schale f; Hülse f
dopen taufen; tauchen
doperwt [ˈdopɛrt] junge Erbse f
dor dürr; trocken, öde
dorp n Dorf n

dorpeling Dorfbewohner [m
dorsen dreschen
dorst Durst m; ~ lijden [ˈlɛiə(n)] verdursten; ~ig [ˈ-təx] durstig
dossiernummer [doˈsieːnəmər, doˈsiːr-] n Aktenzeichen n
dot Knäuel m; ~ watten pl. Wattebausch m
douane [duˈʉaːnə] Zoll m; ~ambtenaar [-ɑmtə-] Zollbeamte(r); ~documenten [-kyˈmɛnt-] n/pl. Zollpapiere n/pl.; ~kantoor n Zollamt n
douche [duˈʃ(ə)] Dusche f; Brause f; ~cel [-sɛl] Duschnische f
doven löschen; erlöschen
dozijn [-ˈzɛin] n Dutzend n
d'r = haar
draad Faden m; Draht m; Faser f; Gewinde n
draagbaar¹ (Trag-)Bahre f
draag|baar² tragbar; ~balk Träger m; ~lijk [ˈ-lɛk] erträglich; zumutbar; ~vlak n Tragfläche f; ~wijdte [ˈ-ʋɛitə] Tragweite f
draai Wendung f, Drehung f; Ohrfeige f; ~baar drehbar; ~cirkel [ˈ-sɪrkəl] Kfz. Wendekreis m
draaien drehen; sich drehen; Tel. wählen; Platte abspielen
draai|kolk Wirbel m, Strudel m; ~molen Karussell n; ~orgeltje n Leierkasten m

draak Drache *m; Schauerstück *n; de ~ steken ['ste:k-l met j-n zum besten haben

drab Kaffeesatz *m*

draf [drɑf] Trab *m*

dragen tragen

dralen zaudern; zögern

drama *n* Drama *n*

drang Drang *m*

drank Getränk *n;* **sterke** ~(en *pl.*) Spirituosen *pl.;* **~automaat** Getränkeautomat *m;* **~zucht** ['-sɛxt] Trunksucht *f*

draven traben

dreig|en ['drɛiɣ-] drohen; **~ement** [-'mɛnt] *n* Drohung *f*

drek Dreck *m*

drempel Schwelle *f*

drenkeling Ertrunkene(r); Ertrinkende(r)

dreunen ['drø:n-] dröhnen

drie drei; **~daags** dreitägig; **~ën** *s.* met; **~hoek** ['-hu·k] Dreieck *n;* **~kwart** dreiviertel

driest dreist

drie|voudig [-'ʋaudəx] dreifach; **~wieler** Dreiradn

drift Zorn *m;* Trieb *m;* Eifer *m;* **~ig** ['-təx] hitzig, (jäh)zornig

drijfveer ['drɛife:r] Triebfeder *f*

drijven ['drɛiʋ-] treiben; schwimmen

dringen dringen; drängen; **opzij** [-'sɛi] ~ abdrängen

drink|baar trinkbar; **~en** trinken; *Tier:* saufen; **~water** ['-ʋa:tər] *n* Trinkwasser *n*

droef|enis ['druˑfənis] Betrübnis *f;* **~geestig** [-'xe:stəx] trübsinnig; **~heid** Traurigkeit *f*

droesem ['druˑsəm] Hefe *f*

droevig ['druˑʋəx] traurig

drogen trocknen

drogisterij [-tə'rɛi] Drogerie *f*

drom|en träumen; **~erig** ['-mərəx] träumerisch

drommel: (arme) ~ (armer) Teufel *m*

dronk Trunk *m*, Schluck *m;* **~aard** Trunkenbold *m*, Säufer *m*

dronken betrunken, *F* besoffen, blau; **~schap** Trunkenheit *f*

droog trocken; **~kap** Trockenhaube *f;* **~leggen** trockenlegen; **~te** Trockenheit *f*

droom Traum *m*

drop Lakritze *f*

druif ['drɛyf] Traube *f*

druipen ['drɛyp-] triefen

druive|ntros [-'trɔs] Traube *f*, (Wein-)Trauben *f/pl.;* **~sap** *n* Traubensaft *m*

druk¹ [drɛk] geschäftig, rührig, lebhaft, rege; belebt; stark befahren; vielbesucht

druk² Druck *m; (Typ. a.)* Auflage *f;* **hoge** ~ *Met.* Hochdruck *m;* **lage** ~

Met. Tief *n;* **~cabine** Druckausgleichskabine *f*
drukken drücken; *Buch* drucken; stemmen
drukker Drucker *m;* **~ij** [-'rɛi] Druckerei *f*
drukte Gedränge *n;* Betrieb *m;* Trubel *m;* Rummel *m;* Hetze *f*
drukwerk *n* Drucksache *f*
druppel ['drøpəl] Tropfen *m*
drupp(el)en tropfen
D-trein D-Zug *m*
dubbel ['døbəl] doppelt, zweifach; **~ganger** Doppelgänger *m;* **~tje** *n* Zehncentstück *n;* **~zinnig** [-'zɪnəx] zweideutig
duchten befürchten; **~ig** [-'təx] tüchtig, gehörig
duf [døf] muffig
duidelijk ['dœydələk] deutlich; offenkundig
duif [dœyf] Taube *f*
duik|boot U-Boot *n;* **~elen** ['dœykələ(n)] purzeln; **~en** tauchen
duim Daumen *m;* **~stok** Zollstock *m*
duin Düne *f*
duister ['dœystər] düster, finster; **~nis** Finsternis *f,* Dunkelheit *f*
Duits [dœyts] deutsch; **in het ~** auf deutsch; **~er** Deutsche(r)
duivel Teufel *m;* **naar de ~ lopen** *F* sich zum Teufel scheren; **~s** teuflisch
duizel|en ['dœyzələ(n)] schwindeln; **~ig** [-ləx]

schwindlig; **~igheid, ~ing** Schwindel *m*
duizend tausend; **~ste (deel)** *n* Tausendstel *n*
dulden ['døldə(n)] dulden; zulassen
dun [døn] dünn, schmal
dunk Meinung *f*
duozit ['dy·uo'-] Soziussitz *m*
dupe ['dy·pə] Opfer *n*
duplicaat [dy·pli'-] *n* Duplikat *n*
duren ['dy·r-] dauern
durven ['dørvə(n)] wagen, sich trauen
dus also, somit, demnach
dut|je ['døtiə] *n* Nickerchen *n;* **~ten** dösen
duur¹ [dy·r] teuer
duur² Dauer *f*
duurte hoher Preis *m;* Teuerung *f*
duurzaam dauerhaft
duw ['dy·ul] Stoß *m;* **~en** schieben; stoßen
dwaas töricht, albern; *Su.* Tor *m,* Narr *m*
dwalen irren; sich irren
dwang Zwang *m;* **~buis** ['-bøys] Zwangsjacke *f*
dwarrelen ['-rələ(n)] wirbeln
dwars quer; **~bomen** j-m in die Quere kommen; hintertreiben
dweepziek schwärmerisch
dweil Scheuertuch *n*
dwerg Zwerg *m*
dwepen (met) schwärmen (für *A*)

dwingen zwingen, nötigen

d.w.z. *s.* zeggen

dynamiet [di·'na·]- *n* Dy-

namit *n*

dysenterie [di·sɛntə'ri·]
Med. Ruhr *f*

E

eau de cologne [o:dəko·-
'lɔniəl Kölnischwasser *n*

eb(be) Ebbe *f*

echec [e·'ʃɛkl*n* Mißerfolg

echo Echo *n* [*m*]

echt[1] echt; richtig, regelrecht; wirklich

echt[2] Ehe *f*; **in de ~ verbinden** trauen

echte|lieden *pl.* Eheleute
pl.; **~lijk** ['-tələk] ehelich

echter gerecht, freilich

echt|genoot ['-xəno:t] Gatte *m*; **~genote** Gattin *f*;
~paar *n* Ehepaar *n*

economie [-'mi·] Wirtschaft *f*; Volkswirtschaft *f*; **geleide ~** Planwirtschaft *f*

eczeem [ɛk'se:m]*n* Ekzem *n*

edel edel; **~steen** Edel-
eed Eid *m* [stein *m*]

eekhoorntje *n* Eichhörn-
chen *n*

eelt Schwiele *f*

een [ən] *Art.* ein(e); [e:n]
Zahlw. (a. **één**) ein(e),
eins; **één-nul** [nɛl] eins
zu null; **~ en ander** einiges; **de ~ of ander(e)** irgendeine(r), irgend jemand; **op ~ na de grootste** zweitgrößt; **~** [ən]
(dag) of (twee) etwa (zwei
Tage)

eend Ente *f*

eender gleich, egal

eendracht Eintracht *f*

eengezinswoning [e:nɣ̂ə·-
'zɪns-] Einfamilienhaus *n*

eenheid Einheit *f*

eenjarig ['-ja·rəx] einjährig

eenkamerflat [-flɛt] Ein-
zimmerappartement *n*

een|kennig [-'kɛnəx]
schüchtern; **~ling** Einzelgänger *m*; **~maal** einmal; **~parig** ['-pa·rəx]
einstimmig

eenpersoonskamer Einzelzimmer *n*

eenrichtingsverkeer *n*:
straat met ~ Einbahnstraße *f*

eens [e:ns], *unbetont*:
[ə(n)s] einst; (ein)mal;
einig; **het ~ worden (zijn** [sɛin]) sich einig werden
(sein); **~gezind** einig;
einmütig; **~klaps** plötzlich; **~luidend** ['-lɛydənt]
gleichlautend

eentje ein(e, -r, -s); **op zijn ~** ganz allein

eentonig ['-to:nəx] eintönig

eenvoud ['-ʋ̂aut] Einfachheit *f*; **~ig** ['-ʋ̂audəx] einfach; **~igweg** ganz einfach; schlechthin

een|zaam einsam; **~zijdig** [-'zεɪdəx] einseitig

eer¹ *Konj.* bevor, ehe; *Adv.* eher, früher

eer² Ehre *f*

eerbied Ehrfurcht *f*; Respekt *m*; **~ig** [-'bi·dəx] ehrfurchtsvoll, ehrerbietig; **~igen** achten, respektieren; **~waarding** [-'va:rdəx] ehrwürdig

eer|dat ehe; **~der** eher, früher; **~gisteren** vorgestern; **~lang** bald

eerlijk ['-lək] ehrlich

eerst erst; (het) **~** zuerst; **~daags** [-] in den nächsten Tagen

eerste erste(r, -s); **de ~ de beste** der erste beste; **ten ~** erstens

eertijds ['-tεits] seinerzeit

eer|vol ehrenhaft; **~zucht** ['-zəxt] Ehrgeiz *m*

eet|baar eßbar; **~huis** ['-həys] *n* Gaststätte *f*; **~kamer** Eßzimmer *n*

eetlust ['-ləst] Appetit *m*; **gebrek ~ aan** = Appetitlosigkeit *f*; **~opwekkend** appetitanregend

eetzaal Speisesaal *m*

eeuw [e:ü] Jahrhundert *n*; **~ig** ['e:üəx] ewig

effect *n* Effekt *m*, Wirkung *f*

effen eben; glatt; einfarbig; **~en** ['εfənə(n)] ebnen

eg Egge *f*

egel [gel *m*

egoïstisch [-i·s] egoistisch

Egyptisch [-'ɣɪpti·s] ägyptisch

E.H.B.O. Erste Hilfe; **~post** Unfallstation *f*; *s.a.* **hulp**

ei [εi] *n* **zacht ~(tje)** weiches Ei

eier|dooier Eidotter *m od. n*; **~dopje** *n* Eierbecher *m*; **~koek** [-ku·k] Auflauf *m*

eigen eigen; **~aar** Eigentümer *m*, Inhaber *m*; **~aardig** [-'a:rdəx] eigenartig, seltsam; **~ares** [-'rεs] Eigentümerin *f*; **~dom** Eigentum *n*; **~lijk** [-lək] eigentlich; überhaupt; **~schap** Eigenschaft *f*; **~tijds** [-tεits] zeitgenössisch; **~wijs** [-'vεis] naseweis

eik, eikeboom Eiche *f*

eikel Eichel *f*

eiland ['εi-] *n* Insel *f*

eind *n*; **~weegs** Strecke *f*; **aan 't langste (kortste) ~** am längeren (kürzeren) Hebel; *s. a.* **kide**

einddiploma *n* Abgangs-, Reifezeugnis *n*

einde|n Ende *n*; **ten ~e** zu Ende; *Konj.* um (zu); **te dien ~e** zu diesem Zweck; **~je** *n* Strecke *f*; **~loos** endlos

eindelijk ['εindələk] endlich

eind|examen *n* Abschlußprüfung *f*; Abitur *n*; **~igen** ['εindəɣə(n)] enden, zu Ende sein; **~punt** ['-pənt] *n* Endpunkt *m*; Endstation *f*

eis Forderung *f;* Jur. Klage *f;* ~en fordern; erfordern; *Jur.* klagen; ~er *Jur.* Kläger *m*

eiwit *n* Eiweiß *n*

ekster Elster *f;* ~oog *n Med.* Hühnerauge *n*

elan [e·'lã:] *n* Schwung *m*

elastiek *n* Gummi *n* od. *m;* Gummiband *n*

elders sonst-, anderswo

elektrici [e'lektri·'siẽ:] Elektriker *m;* ~teit [-si·-'teit] Elektrizität *f*

elektrotechniek ['·'ni·k] Elektrotechnik *f*

element *n* Element *n;* ~air [-'tẽ:r] elementar

elf elf; ~tal [-'talln *n* Sp. Elf *f*

elk(e) jede (r, -s)

elkaar [ɛl'ka:r], **elkander** einander; uns; euch; sich; **door ~** durcheinander; kunterbunt

elleboog Ell(en)bogen *m*

ellend|e [ɛ'lɛndə] Elend *n,* Jammer *m;* ~ig [-dəx] elend

emigratie [-'ɣra:(t)si·] Emigration *f,* Auswanderung *f*

emmer Eimer *m*

en und

end *n s.* **eind(e)**

endeldarm Mastdarm *m*

energie Energie *f;* ~k [·'ʒi·k] energisch

enerzijds [-zɛits] einer-

eng eng [seits]

engagement [-'mɛntl] Engagement *n*

engel Engel *m*

Engels englisch; ~e Engländerin *f;* ~man Engländer *m*

engte Enge *f*

enig ['e:nəx] einig; einzig; ~szins [-sms] einigermaßen; irgendwie

enkel¹ *Adj.* einig; einzig; einfach; *Adv.* bloß, nur, lauter

enkel² Knöchel *m*

enkel|ing Einzelne(r); ~voud [-'vout]n Einzahl *f*

enquête [ãŋ'kɛ:tə] Umfrage *f*

Enschede ['ɛnsxədə:] *n* Enschede *n*

entameren [ãnta'me:r-] in Angriff nehmen

enthousiasme [ãntu-'ziɔsmə:n Begeisterung *f*

entrée [ãn'tre:] Eingang *m;* Eintritt(sgeld *n)m*

envelope [ãntə'lɔp(ə)n Briefumschlag *m*

enz.= enzovoort(s) und so weiter (usw.)

epidemie [-də'mi·] Epidemie *f,* Seuche *f*

er da; welche (r, -s); es; ~ *sg.,* ~ **zijn** [zein]*pl.* es gibt; ~ **zijn** dasein; **wat is ~ (gaande)?** was ist los?

erachter dahinter; hinten

erbarmelijk [-lək] erbärmlich

er|bij [-'bɛi] dabei; herbei, heran; dazu, hinzu; ~**door** hindurch

ere|dienst ['e:rə-] Gottesdienst *m;* ~**woord** *n* Ehrenwort *n*

erf n Hof m; Grundstück n; **~elijk** ['-fələk] erblich; **~enis** Erbschaft f, Erbe n; **~genaam** Erbe m; **~gename** Erbin f

erg schlimm; sehr

ergens irgendwo; **~ anders** sonstwo, woanders

erger|en (zich) (sich) ärgern; **~lijk** [lek] ärgerlich; anstößig; **~nis** Ärger m

er|heen (da)hin; hinein; **~in** darin; herein; hinein

erkennen anerkennen; erkennen, eingestehen

er|mee damit; **~naast** daneben

ernst Ernst m; **~ig** ['-təx] ernst; ernsthaft

erom darum (herum); **~heen** rings herum

erotisch [-i-s] erotisch

erover darüber; herüber; davon; **~(heen)** hinüber, herüber

ertoe [-'tu·] dazu

erts n Erz n

eruitzien [ɛ'rəyt-] ausse-

ervandoor weg; **~ gaan** durchbrennen

ervaren erfahren, bewandert; v/t erfahren, erleben

erven erben

erwt [ɛrt] Erbse f

es Esche f

esdoorn Ahorn m

eskader n Geschwader n

estafetteloop Staffellauf m   [sentlich]

essentieel [-'sie-] we-

etage [e'ta:ʒə] Stockwerk

n, Geschoß n; **~kelner** Zimmerkellner m

etalage [-'la:ʒə] Auslage f, Schaufenster n

eten ['e:tə(n)] essen; Tier: fressen; **~stijden** [-tɛɪd-] pl. Essenszeiten f/pl.

ether Äther m

etiket n Etikett n

etsen radieren

ettelijke [ɛtələkə] etliche

etter Eiter m

etui n Etui n

Europ|eaan [ø:ro·pe·'ja:n] Europäer m; **~ees** europäisch

evalueren [-ly·'ũe:r-] auswerten

even ['e:və(n)] genauso; gerade; gleich; einen Augenblick; **om het ~** einerlei

evenaar Äquator m

evenals (so)wie

evenaren gleichkommen

even|eens ['-'e:ns] ebenfalls, gleichfalls; **~min** ebensowenig; **~redig** [-'re:dəx] proportional; **~tjes** ['e:vətjəs] ein Weilchen

eventueel [-ty·'ũe:l] etwaig, eventuell

even|wel erben; **~wel** jedoch; gleichwohl

evenwicht n Gleichgewicht n; **~ig** ['-vixtəx] ausgeglichen, ausgewogen

even|wijdig [-'vɛidəx] parallel; **~zo** ebenso, desgleichen

everzwijn [-zŭɛĭn] *n* Eber *m*, Wildschwein *n*

exam|en *n* Prüfung *f*, Examen *n*; **~ineren** [-'ne:r-] prüfen

excursie [-'kɔrsi·] Exkursion *f*; Ausflug *m*

ex|cuseren [-ky'ze:r-] entschuldigen; **~cuus** [-'ky·s] *n* Entschuldigung *f*

exemplaar *n* Exemplar *n*

expeditie [-'di·(t)si·] Expedition *f*; Spedition *f*

exploitatie [ɛksplŭa-'ta:(t)si·] Betrieb *m*; *Bgb.* Ausbeutung *f*

ex|port Export *m*; **~posant** [-'zant] Aussteller *m*

expres|brief Eilbrief *m*; **~goed** [-xu·t] *n* Eilgut *n*; **~se: per ~se** durch Eilboten; **~trein** Fernschnellzug *m*

extra extra; **~trein** Sonderzug *m*

extreem extrem

ezel 1. Esel *m*; 2. Staffelei *f*

F

fabel Fabel *f*; **~achtig** [-təxl] fabelhaft

fabriek Fabrik *f*, Werk *n*

fabrikaat *n* Fabrikat *n*

façade [fa'sa:də] Fassade *f*

faciliteit [-si·li·'tɛit] Erleichterung *f*; Vergünstigung *f* [tät *f*]

faculteit [-kəl'tɛit] Fakul-

fail|liet [-'ji·t] bankrott; **~issement** [-ji·sə'mɛntl] *n* Konkurs *m*

fakkel Fackel *f*

falen mißlingen; versagen

familiaar [-'ja:r] familiär

familie [-'mi·li·] Familie *f*; **~lid** *n* Familienangehörige(r); **~pension** [-pɛn-'siŏn] *n* Familienpension *f*

fanatiek [-'ti·k] fanatisch

fantasie Phantasie *f*

fase Phase *f*

fatsoen [-'su·n] *n* Anstand *f*; **~lijk** [-lək] anständig

fazant [-'zant] Fasan *m*

februari [fe·bry·'ŭa:ri·] Februar *m*

feest *n* Fest *n*; Feier *f*; **~dag** ['fe:zdɑx] Feiertag *m*; **~elijk** [-'tələk] festlich; feierlich

feit [fɛit] *n* Tatsache *f*

feite: in ~, ~lijk [-lək] faktisch, tatsächlich

fel heftig; leuchtend, grell

feliciteren [-si·'te:r-] gratulieren

ferm kräftig; tüchtig

fiche [fi·ʃə] Spielmarke *f*; Zettel *m*, Karteikarte *f*

fier stolz; trotzig; **~heid** Stolz *m*

fiets Fahrrad *n*; **~en** radfahren; **~er** Radfahrer *m*; **~pad** [-pɑt] *n* Radfahrweg *m*; **~tocht** Radtour *f*

fig|urant [-ɣy'rɑnt] Statist *m*; **~uur** [-'ɣy:r] Figur *f*

fijn [fɛin] fein; zart;

scharfsinnig; **~gevoelig** [-'v̶u·ləx] feinfühlig; **~proever** Feinschmecker *m* [Schlange *f*]

file Kolonne *f, fig.*]

filiaal *n* Filiale *f,* Zweigniederlassung *f*

film Film *m;* **~acteur** [-tø:r] Filmschauspieler *m;* **~actrice** [-tri·sə] Filmschauspielerin *f;* **~journaal** [-ʒu·r-] *n* Wochenschau *f;* **~ster** ['-stər] Filmstar *m;* **~vertoning** Filmvorführung *f*

filter Filter *m;* **~en** [-'tə-rə(n)] filtrieren; **~sigaret** Filterzigarette *f*

fin|aal gänzlich, völlig; **~ale** Finale *n,* Endspiel *n*

finan|cieel [-'sie:l] finanziell; **~ciën** [-si·(j)ə(n)] *pl.* Finanzen *pl.*

Fins finnisch

firma Firma *f* [sung *f*]

fitting (Lampen-) Fas-]

fl.s. gulden

fladderen flattern

flakkeren flackern

flanel *n* Flanell *m*

flank Flanke *f*

flarden *pl.* Fetzen *m/pl.;* **aan ~ scheuren** ['sxɔ:r-] zerfetzen

flat [flɛt] Etagenwohnung *f,* Apartment *n*

flater ['fla:tər] Dummheit *f,* Schnitzer *m*

flauw flau, matt; fade, schal; **~vallen** ohnmächtig werden; **~tjes** schwach

flensje ['flɛnʃəl *n* Kochk. Plinse *f*

fles Flasche *f;* **~sentrekker** Hochstapler *m,* Schwindler *m*

flets fahl, matt

fleurig ['flø:rəx] frisch, munter

flikflooien liebkosen; schmeicheln

flikje *n* Schokoladenplätzchen *n*

flikkeren flimmern, flakkern

flink tüchtig, gehörig; rüstig; energisch; *fig.* selbig

flits|blokje *n* Blitzwürfel *m;* **~en** flitzen; *Foto:* blitzen

fluisteren ['flœystərə(n)] flüstern; tuscheln

fluit Flöte *f,* Pfeife *f;* **~en** pfeifen

fluweel [fly·'üe:l] *n* Samt *m*

foefje [fu·fiə] *F* Trick *m*

foelie [fu·li·] Folie *f;* Muskatblüte *f*

foeteren ['fu·tərə(n)] *F* schimpfen

fokk|en züchten; **~erij** [-'rɛi] (Auf-)Zucht *f*

folder Faltprospekt *m*

folteren foltern

fonds [fɔnts] *n* Fonds *m,* Stiftung *f;* Krankenkasse *f;* **~doktor** Kassenarzt *f*

fonkelen funkeln [*m*]

fonoplaat Schallplatte *f*

fontein [-'tɛin] Fontäne *f,* Springbrunnen *m*

fooi Trinkgeld *n*

fop|pen foppen; **~speen** Schnuller m

forel Forelle f

forenzentrein Vorortzug m

forfaitair [-fɛˈtɛːr]: **~e reis** Pauschalreise f

for|maat n Format n; **~maliteit** [-ˈtɛit] Formalität f; **~meel** formell, förmlich; formal; **~mule** [-ˈmyˈlə] Formel f; **~mulier** [-myˈliːr] n Vordruck m, Formular n; **~nuis** [-ˈnəys] n (Koch-)Herd m

fors stark, kräftig

fortuin [-ˈtəyn] n Vermögen n; Glück n

foto Foto n, (Licht-)Bild n; **~graaf** Fotograf m; **~graferen** [-ˈfeːr-] fotografieren

fout falsch, fehlerhaft; Su. Fehler m; **~ief** [fɑuˈtiˑf] falsch

fraai schön

fractie [-ˈsiˑ] Fraktion f; Bruchteil m

framboos Himbeere f

frame [freːm] Rahmen m, Gestell n

franjes pl. Fransen f/pl.

frank Franken m

frankeren [-ˈkeːr-] frankieren, freimachen

Frankrijk [ˈ-rɛik] n Frankreich n

Frans französisch; **~man** Franzose m

frats Fratze f

fraude [ˈfrɑudə] Betrug m

friemelen F fummeln

friet(en pl.) Pommes frites pl.

frikadel Frikadelle f

fris frisch, kühl

frommelen zerknüllen

fronsen runzeln

front n Front f; **~aal** frontaal

fruit [frœyt] n Obst n; **~sap** n Obstsaft m; **~teelt** Obstbau m

frunniken [ˈfrɵnəkə(n)] F fummeln

fuif [fœyf] Feier f, Party f

fuiven zechen

funct|ie [ˈfɵŋksiˑ] Funktion f; **~ionaris** [-ksioˑˈnaːris] Funktionär m, Amtsperson f

fundament [fɵndaˈmɛnt] n Fundament n; **~eel** grundlegend [Energie f]

fut [fɵt] Schwung m, [

fysica [ˈfiˑziˑka] Physik f

G

gaaf heil; ganz

gaan gehen; werden, anfangen; **van elkaar ~** sich trennen; **het gaat (niet)** es geht (nicht)

gaar gar

gaarne gern(e)

gaas n Gaze f (Stoff)

gadeslaan beobachten

gading Geschmack m

gal Galle f

galant galant, aufmerk-

galg Galgen *m*

galm Schall *m*, Widerhall *m*

galop Galopp *m*

galsteen Gallenstein *m*

gang Gang *m*; Verlauf *m*; Flur *m*, Korridor *m*, Gang *m*; **op ~** in Gang; **~maker** ['-ma:kər] Schrittmacher *m*

gans[1] ganz

gans[2] Gans *f*

gapen ['ɣa:p-] gaffen; gähnen; *Wunde:* klaffen

gaping Öffnung *f*, Lücke *f*

gappen *F* klauen

garage Garage *f*; Autoreparaturwerkstatt *f*

garan|deren [-'de:r-] garantieren; **~tie** [-'ransi] Garantie *f*, Gewähr *f*; **~tiebewijs** [-ʋɛis] *n* Garantieschein *m*

garen Garn *n*, Zwirn *m*

garnaal Garnele *f*, Krabbe *f*

garnizoen [-'zu:n] *n* Garnison *f*

garve Garbe *f*

gas [ɣas] *n* Gas *n*; **~fles** Gasflasche *f*; **~fornuis** ['-fɔrnəʏs] *n* Gasherd *m*; **~meter** ['-me:tər] Gaszähler *m*; **~pedaal** *n* Gaspedal *n*

gast Gast *m*; **betalend ~** zahlender Gast; **~heer** Gastgeber *m*, Wirt *m*

gastronomisch ~restaurant [-to-'rɔ̃:]*n* Feinschmeckerrestaurant *n*

gast|vrij ['-frɛi] gastfrei;

gastfreundlich; ~vrouw ['-fraʊ] Gastgeberin *f*

gat *n* Loch *n*; *F* Hintern *m*

gauw rasch; schnell; bald

gave Gabe *f*

gazon [-'zɔn] *n* Rasen *m*

geaardheid Beschaffenheit *f*

geacht *Brief:* **(zeer) ~e heer** (sehr) geehrter (*od.* verehrter) Herr

gebaar *n* Gebärde *f*

gebabbel *n* Geplauder *n*

gebak *n* Gebäck *n*; **~je** *n* Törtchen *n*

gebarentaal Zeichensprache *f*

gebed [-'bɛt] *n* Gebet *n*

gebergte Gebirge *n*

gebeur|en [-'bøːr-] geschehen, sich ereignen; **~tenis** Geschehnis *n*, Ereignis *n*

gebied *n* Gebiet *n*; Revier *n*

gebit *n* Gebiß *n*

gebladerte [-'bla:dərtə] *n* Laub *n*

geblaf *n* Gebell *n*

gebloemd ['-blu:mt] geblümt

gebod [-'bɔt]*n* Gebot *n*

geboomte Bäume *m/pl.*

geboorte Geburt *f*; **~bewijs** [-ʋɛis] *n* Geburtsurkunde *f*; **~nbeperking** Geburtenbeschränkung *f*; Empfängnisverhütung *f*; **~plaats** Geburtsort *m*; **~streek** Heimat *f*

geboortig [-'təɣ] gebürtig

gebouw [-'bəʊl] *n* Gebäude *n*

gebraad n Braten m

gebrek n Mangel m; Fehler m; Gebrechen n; Not f; ~kig [-kəx] mangelhaft; lückenhaft; gebrechlich

gebruik [-'brœyk] n Gebrauch m; Verwendung f; Brauch m; (Essen) Genuß m; ~elijk [-kələk] gebräuchlich, üblich

gebruiken gebrauchen, benutzen, anwenden; verwerten; einnehmen

gebruiks|aanwijzing [-vɛiz-] Gebrauchsanweisung f; ~klaar gebrauchsfertig

gecompliceerd [-'se:rt] kompliziert

gecondenseerd: ~e melk Kondensmilch f

gedaagde Beklagte(r)

gedaante Gestalt f

gedachte Gedanke m; ~loos gedankenlos

gedachten|is Andenken n; ~streep Gedankenstrich m; ~wisseling Gedankenaustausch m, Aussprache f

gedecolleteerd dekolletiert, ausgeschnitten

gedeelte n Teil m, Partie f, Abschnitt m; ~lijk [-lək] zum Teil, teilweise

gedicht n Gedicht n

gedienstig [-təx] dienstfertig, gefällig

gedijen [-'dɛiə(n)] gedeihen

gedistilleerd destilliert; Su. n Spirituosen pl.

gedoe [-'du·] n Getue n

gedrag [-'drɔx] n Benehmen n, Verhalten n; bewijs [-'vɛis] n van goed [ɣu·t] ~ Führungszeugnis n

gedragen [-'dra·ɣ̌-]: zich ~ sich benehmen, sich verhalten

gedrang n Gedränge n

gedruis [-'drœys] n Geräusch n; Getöse n

geduld [-'dœlt] n Geduld f; ~ig [-dəx] geduldig

gedurende [-'dy·rəndə] während (G)

gedurfd [-'dœrft] gewagt, wagemutig

gedwee gefügig

geel gelb; ~achtig [-təx] gelblich; ~zucht [-'zɛxt] Gelbsucht f

geëmailleerd [-e·ma'je:rt] emailliert

geen kein

geenszins ['ɣ̌e·nsɪns] keinesfalls

geest Geist m

geestdrift Begeisterung f; ~ig [-'drɪftəx] begeistert

geestelijk [-'te·lək] geistig; geistlich; ~e Geistliche(r)

geest|esziek geisteskrank; ~ig [-'təx] geistreich, witzig

geeuwen ['ɣ̌e·ŭə(n)] gähnen

gefeliciteerd: van harte ~! herzlichen Glückwunsch!

gefluister [-'flɛystər] n Geflüster n

gefluit n Pfeifen n; Pfiff m

gegadigde [-'ɣa:dəydə] Interessent *m*

gegevens [-'ɣe:və(n)s] *n/pl.* Daten *n/pl.*

gegoed [-'ɣu·t] wohlhabend

gegrond begründet, triftig

gehaaid *F* gerissen

gehaat verhaßt

gehakt *n* Gehackte(s), Hackfleisch *n*; **balletje** *n* Klops *m*, **bal** Bulette *f*

gehalte *n* Gehalt *m*

geharrewar [-'harəvar] *n* Schereréien *f/pl.*; Trubel *m*

geheel ganz, gesamt; durchaus; **en al** ganz und gar, voll und ganz; **over 't** im ganzen; **onthouder** [-haudər] Abstinenzler *m*

geheim [-'hɛim] geheim; heimlich; *Su. n* Geheimnis *n*

geheimzinnig [-'zɪnəx] geheimnisvoll; **heid** Heimlichkeit *f*; Zwielicht *n*

gehemelte [-'he:məltə] *n* Gaumen *m*

geheugen [-'hø:ɣ·-] *n* Gedächtnis *n*

gehoor *n* Gehör *n*; Zuhörerschaft *f*; **geen krijgen** [-'krɛiɣ·-] *Tel.* keine Verbindung bekommen; **zaam** gehorsam; **zaamheid** Gehorsam *m*; **zamen** gehorchen (*D*)

gehucht [-'hext] *n* Weiler *m*

gehumeurd [-hy·'mø:rt]: **goed** [ɣu·t] (**slecht**) gut-, (schlecht-)gelaunt

gehuwd [-'hy·üt] verheiratet

geintje *n F* Spaß *m*

geit [ɣɛit] Ziege *f*, Geiß *f*; **ebok** Ziegenbock *m*

ge|jubel [-'jy·bəl] *n*, **juich** [-'jəyxt] *n* Jubel *m*

gek toll, verrückt; irre; sonderbar; *Su.* Verrückte(r), Narr *m*, Tor *m*; **voor de houden** [hâûə(n)] zum Narren halten

gekarteld zackig

gekheid Unsinn *m*; Scherz *m*

gekibbel *n* Gezänk *n*

gekkenhuis [-həys] *n* Irrenhaus *n*

geklets [-'klɛts] *n* Geschwätz *n*, Klatsch *m*

ge|konfijt [-'fɛit] kandiert; **kookt** gekocht

ge|krakeel *n* Zänkerei *f*; **krioel** [-kri·'ju·l] *n* Gewimmel *n*

ge|kruid [-'kröyt] würzig; **kruld** [-'krølt] lockig

gelaat *n* Gesicht *n*; **strekken** *pl.* Gesichtszüge *m/pl.*; **suitdrukking** [ə-əydrek-] Miene *f*

gelach *n* Lachen *n*; Gelächter *n*

gelag [-'lax] *n* Zeche *f*; Gelage *n*; **kamer** Wirtsstube *f*

gelanterfant *n* Bummelei *f*

geld *n* Geld *n*; **boete** [-'bu·tə] Geldstrafe *f*

-buße f; ~elijk ['-ələk] finanziell

geld|en gelten; doen [du·n] ~en geltend machen; ~ig ['-dəx] gültig; ~igheid Gültigkeit f; Geltung f

geleden [-'le:də(n)]: (een week) ~ vor (einer Woche); het is lang ~ es ist lange her

geleerd|e Gelehrte(r); ~heid Gelehrsamkeit f

gelegaliseerd beglaubigt

gelegenheid Gelegenheit f

geleide n Geleit n; ~r Phys. Leiter m

geleidelijk [-'lɛidələk] allmählich

gelid n Glied n

geliefd geliebt; beliebt

gelijk[1] [-'lɛik] gleich

gelijk[2] n: ~ hebben recht haben

gelijk|en gleichen; ~enis Ähnlichkeit f; Gleichnis n; ~soortig [-'so:rtəx] gleichartig, ähnlich; ~stroom Gleichstrom m; ~tijdig [-'tɛidəx] gleichzeitig; ~zetten Uhr richtig stellen

gelofte [-'loftə] Gelübde n

geloof n Glaube m; ~waardig [-'va:rdəx] glaubhaft, glaubwürdig

gelov|en glauben; ~ig [-'lo:vəx] gläubig

gelui [-'lɛy]n Geläut n

geluid n Schall m; Laut m; Geräusch n; ~sband

Tonband n; ~sdemper Schalldämpfer m; ~sfilm Tonfilm m; ~smuur [-my:r] Schallmauer f

geluimd [-'ləymd] gelaunt

geluk [-'lœk] n Glück n; ~ken gelingen, glücken; ~kig [-kəx] glücklich; zum Glück

gelukwens Glückwunsch m; ~en beglückwünschen, gratulieren

gelukzaligheid [-'sa:ləxɛit] Glückseligkeit f

gemaakt gekünstelt

gemak n Bequemlichkeit f; Leichtigkeit f; op zijn [sən] ~ gemächlich; ~kelijk [-kələk] leicht, einfach; bequem; ~zucht [-sœxt] Bequemlichkeit f

gemarineerd mariniert; ~ vlees n Sauerbraten m

gematigd [-'ma:təxt] gemäßigt; maßvoll

gember Ingwer m

gemeen gemein, niederträchtig; gemein(sam)

gemeenschap Gemeinschaft f; ~pelijk [-'sxapələk] gemeinsam

gemeente Gemeinde f; ~huis [-həys] n Gemeindeamt n

gemeenzaam vertraulich

gemeubileerd [-mø:bi·'-] möbliert

gemiddeld durchschnittlich; mittlere; ~e n Durchschnitt m

gemis [-'mɪs] n Mangel m

gemoed [-'mu·t] n Gemüt

n; **~elijk** [-dələk] geruhsam; herzlich

gems Gemse *f*

genaamd namens

genade Gnade *f;* **~slag**
[-slɑx] Gnadenstoß *m*

genationaliseerd
[-nɑ(t)sïo-] verstaatlicht

geneesheer Arzt *m;* **con-
trolerend** [-'le:r-] ~ Ver-
trauensarzt *m*

geneeskund|e [-kəndə]
Medizin *f;* **~ig** [-'kendəx]
medizinisch, ärztlich;
~ige Arzt *m;* Heilprakti-
ker *m*

genees|lijk [-lək] heilbar;
~middel *n* Heil-, Arzneimittel *n*

genegen [-'ne:ɣ(ə)n] geneigt, zugetan; **~heid**
Zuneigung *f*

geneigd geneigt, willens

generaal General *m*

generatie [-'ra:(t)si-] Generation *f*

generen [ʒə'ne:r-]: **zich** ~
sich genieren

genezen genesen; heilen;
ausheilen

geniaal genial

geniepig [-'ni:pəx] (heim-)
tückisch

genieten genießen; *Gehalt* beziehen

genoeg [-'nu:x] genug; **het
is** ~ es reicht; **~doening**
Genugtuung *f*

genoeg|en [-'nu:ɣə(n)] *n*
Vergnügen *n;* Gefallen
m; **~en nemen met** sich
begnügen mit *(D);* **~lijk**

[-lək] vergnügt, gemüt-
lich

genot *n* Genuß *m*

genootschap *n* Gesellschaft *f,* Verein *m*

ge|oorloofd zulässig;
~opend [-'o:pənt] geöffnet; **~paneerd** paniert;
~past passend; abgezählt

gepeins [-'pɛins] *n* Grübeln *n*

ge|pensioneerde [-pɛn-
sïo'-] Rentner *m,* Pen-
sionär *m;* **~peperd** [-'pe:-
pərt] gepfeffert

ge|peupel [-'pø:pəl] *n* Pö-
bel *m;* **~plisseerd** plissiert; **~plooid** faltig, ge-
faltet

gepraat *n* Geplauder *n;*
Gerede *n*

geprefabriceerd [-pre'fa-
bri'se:rt]: **~ huis** [hœys] *n*
Fertighaus *n*

ge|prikkeld gereizt;
~raakt getroffen; gereizt

geraamte *n* Gerippe *n*

geraas *n* Getöse *n,* Gepolter *n*
[ten]

geraken gelangen, gera-
gerant [ʒe'rɑ̃:] Geschäfts-
führer *m*

gerecht *n* Gericht *n*

gerecht|elijk [-tələk] ge-
richtlich; rechtlich **~igd**
[-tǝxt], **~vaardigd** ['fa:r-
dəxt] berechtigt

gereed fertig, bereit;
~heid Bereitschaft *f*

gereedmaken: zich ~ sich
fertig machen; sich rü-
sten

gereedschap n Gerät n, Werkzeug n; ~skist Werkzeugkasten m

ge|reformeerd kalvinistisch; ~regeld regelmäßig; ständig; ~reserveerd reserviert; ~riefelijk [-'ri·fələk] bequem; ~rimpeld runz(e)lig, faltig

gering gering; ~schatting Geringschätzung f

gerst Gerste f

gerucht [-'rəxt] n Gerücht n; Lärm m

geruis [-'rəys] n Geräusch n; ~loos geräuschlos

geruit kariert

gerust [-'rəst] ruhig; unbesorgt; ~stellen beruhigen

geschenk n Geschenk n

geschieden geschehen

geschied|enis [-'sxi·dənɪs] Geschichte f; ~kundig [-'kɔndəχ] geschichtlich

geschikt geeignet, tauglich; ~heid Eignung f; Befähigung f

geschil n Konflikt m, Streitigkeit f

geschoold geschult, gelernt; ~werkman Facharbeiter m

ge|schreeuw [-'sxre·ʊ] n Geschrei n; ~schrift Schriftstück n; Schrift f; ~schut n [-'sxɵt] n Geschütz n

gesel ['ɣe·səl] Geißel f

geslacht n Geschlecht n; aankomend ~ Nachwuchs m; ~elijk [-tələk]

geslechtlijk; ~sdaad Geschlechtsakt m

geslepen [-'sle·p-] fig. gerieben

gesp Schnalle f, Spange f

ge|spannen gespannt; ~spierd muskulös; ~spleten gespalten; zerklüftet

ge|sprek [-'sprɛk] n Gespräch n; ~spuis [-'spœys] n Gesindel n; ~stalte Gestalt f; Wuchs m

geste ['ɡɛstə] Geste f

ge|steente n Gestein n; ~stel [-'stɛl] n Konstitution f

gesteld: ~ dat angenommen daß; ~ zijn [sɛɪn] op großen Wert legen auf (A); ~heid Zustand m, Beschaffenheit f, Verfassung f

gesticht n Stift n

gestoffeerd: ~e meubelen [ˈmøˑbələ(n)] n/pl. Polstermöbel n/pl.

gestoofd: ~ vlees n Schmorbraten m

ge|streept gestreift; ~streng streng

getal [-'tɑl] n Zahl f

getand zackig, gezähnt

ge|tij [-'tɛɪ] n Gezeiten f/pl.; ~tjilp [-'tɪl(p)] n Gezwitscher n; ~touw [-'tɑʊ] n Webstuhl m

ge|troffen getroffen; betroffen; ~trouw (ge)treu; ~trouwd verheiratet

getuige [-'tœyɣə] Zeuge m; ~n zeugen; bezeugen; ~nis [-'ɣənɪs], ~nverkla-

ring Aussage f, Zeugnis n
getuigschrift n Zeugnis n
geur [ɣøːr] Geruch m;
Duft m; **.en** duften
gevaar n Fall m; Gefahr f; **.lijk**
[-lək] gefährlich
geval n Fall m; Vorfall m;
in elk (od. **ieder** ['iˑdər]) **.**
jedenfalls; unbedingt;
sowieso; **in geen .** auf
keinen Fall, keinesfalls;
in het gunstigste ['xen-
stəxstə] **.** bestenfalls; **.**
van ernst Ernstfall m
gevangene n Gefangene(r);
.is Gefängnis n
gevarendriehoek [-huˑk]
Warndreieck n
gevat schlagfertig, gewandt   [fecht n]
gevecht n Kampf m; Ge-
gevel ['ɣeˑvəl] Fassade f
geven geben; schenken,
spenden; *Vorrang* ein-
räumen; erteilen; herge-
ben   [m]
gever Geber m; Spender
geverfd: pas . frisch ge-
strichen
gevlekt fleckig, scheckig
gevoel [-ˈvuˑl] n Gefühl n;
.en fühlen, empfinden;
.ig [-ləx] empfindlich,
sensibel; gefühlvoll
gevogelte n Geflügel n
gevolg n Folge f; Gefolge
n; **.trekking** (Schluß-)
Folgerung f
gevolmachtigde [-taɣdə]
Bevollmächtigte(r)
gevorderd fortgeschritten
gewaad n Gewand n

gewaarword|en merken,
verspüren; **.ing** Empfin-
dung f
gewas n Gewächs n
geweer n Gewehr n; Flinte f
gewei [-ˈvɛi] n Geweih n
geweld n Gewalt f; **.dadig**
[-ˈdaˑdəx]   gewalttätig;
gewaltsam; **.ig** [-dəx]
gewaltig, mächtig
gewelf n Gewölbe n
ge|wend gewohnt; **.wenst**
erwünscht
geweten [-ˈveːtə(n)] n Gewissen n; **.sbezwaren**
n/pl. Skrupel m/pl.; **.svol**
gewissenhaft; **.swroe-**
ging [-fruˑɣ̑-] Gewis-
sensbisse m/pl.
gewezen ehemalig
gewicht n Gewicht n
gewichtig [-təx] wichtig;
.doenerij [-ˈrɛi] Wichtig-
tuerei f
gewicht|loos schwerelos
.svermindering Ge-
wichtsabnahme f
gewiekst gerieben
gewillig [-ləx] willig
gewoel [-ˈvuˑl] n Getümmel
n, Gewühl n
gewonde Verwundete(r),
Verletzte(r)
gewoon gewöhnlich ge-
wohnt; einfach; **.lijk**
[-lək] gewöhnlich; **.te**
Gewohnheit f, Brauch m;
slechte . Unsitte f;
.weg [-vɛx] einfach, geradezu   [lenk n]
gewricht [-ˈvrɪxt] n Ge-

gezag [-'zɑx] n Autorität f;
~voerder [-fu:rdər]
Schiffs-, Flugkapitän m

gezang n Gesang m

gezant Gesandte(r);
~schap n Gesandtschaft f

gezapig [-'za:pəx] gemächlich

gezegde n das Gesagte;
Redensart f; Gr. Prädi-
kat n

gezel Geselle m [kat n

gezellig [-'zɛləx] gemütlich; gesellig; ~heid Ge-
mütlichkeit f

gezelschap n Gesellschaft
f; ~sreis Gesellschafts-
reise f

gezet Hefe f; ~n rundlich; regelmäßig

gezicht n Gesicht n, Miene f; Anblick m; Aussicht
f; van ~ kennen vom Se-
hen kennen; op het eer-
ste ~ auf den ersten Blick

gezien Adj. angesehen;
prp. angesichts (G)

gezin n Familie f

gezind gelaunt; ~heid Gesinnung f; ~te Konfes-
sion f

gezond gesund   [sion f

gezwel n Geschwulst f

gids Führer m

giechelen kichern

gier 1. Geier m; 2. Jauche f

gieren sausen; wiehern,
lachen

gierig ['-rəx] geizig; ~aard
Geizhals m; ~heid Geiz
m

gieten gießen, schütten;
~er Gießkanne f; ~ijzer
['-ɛizər] n Gußeisen n

gift[1] Gabe f, Geschenk n,
Spende f

gift[2] n Gift n

giftig ['-təx] giftig

gij [ɣɛi; ɣəl] du; ihr; Sie

gijzelaar(ster) f Geisel m

gil (Auf-)Schrei m [u.f.]

gild(e) n Zunft f, Gilde f

gillen schreien, kreischen

ginder, ~s dort; drüben

girorekening [-re:kən-]
Girokonto n

gissen vermuten

gist Hefe f; ~en gären

gister|**en** gestern; ~(en)-
avond [-a:vˌɔntl] gestern
abend

gitaar Gitarre f

glaceren [-'se:r-] glasieren

glad glatt; ~maken glätten

glans Glanz m

glanzen glänzen, schimmern

glas [ɣlɑs] n Glas n; (Fen-
ster-)Scheibe f; Bier a.
Schoppen m

glazen|**maker** 1. Glaser m;
2. Libelle f; ~wasser Fen-
sterputzer m

gleuf [ɣløːf] Schlitz m,
Spalte f; Rille f

glibberig   ['-bərəx]
schlüpfrig, glatt

glij|**baan** ['ɣlɛi-] Rutsch-
bahn f; ~boot Gleitboot n

glijden ['ɣlɛiə(n)] gleiten;
rutschen

glim|**lach** Lächeln n; ~la-
chen lächeln; ~men
glimmen; glänzen

glinsteren glitzern; schil-
lern

glippen schlüpfen; rutschen

globaal pauschal, global; ungefähr

gloed [ɣlu·t] Glut f; **~nieuw** ['ni·ü] nagelneu

gloei|en [ɣlu·iə(n)] glühen; **~lamp** Glühbirne f

glooiing [ɣlo·ï(j)ɪŋ] Böschung f; Abhang m

gluiper(d) [ɣløyp-] Schleicher m

gluren [ɣly·r-] spähen, schielen

gnuiven [ɣnəyv-] schmunzeln

goal [ɣoːl] Tor n

God Gott m; **2heid** Gottheit f; **2delijk** ['-dələk] göttlich

godsdienst Religion f; **~ig** ['di·nstəx] religiös

godsnaam: in ~! um Gottes willen!

goed [ɣu·t] gut; richtig; wohl; **heel ~** ganz gut, bestens; **te ~** zu gut; zugute; Su. n Gut n, Habe f; Landgut n; Zeug n; Stoff m

goedendag! [ɣu·iə(n)dɑx] guten Tag!

goederen n/pl. Güter n/pl.; **~bureau** [-by·roː] n Güterabfertigung f; **~lift** Lastenaufzug m; **~station** [-staˈsion] n Güterbahnhof m

goed|geefs freigebig; **~geluimd** [-ləymt] gutgelaunt; **~heid** Güte f; **~ig** [-dəx] gütig; **~keuren** ['-kø·r-] gutheißen, billigen; genehmigen; **~koop** ['koːp] billig, preiswert; **~leers** [-'leːrs] gelehrig; **~vinden** gutheißen

golf¹ Welle f; Woge f; Golf m; **korte ~** Kurzwelle f

golf² n, **~spel** n Golf n

golf|bad n Wellenbad n; **~lengte** Wellenlänge f; **~slag** Wellengang m

golven wogen; wallen; **~d** wogend; wellig

gom s. **gum**

gonzen summen

goochel|aar Zauberkünstler m; **~en** zaubern

gooi Wurf m; **~en** werfen, schmeißen

goor schmutzig

goot Gosse f; Rinne f; **~steen** Spülbecken n

gordel Gurt m, Gürtel m

gordijn [-'dɛin] Gardine f, Vorhang m

gorgelen gurgeln

gort(e)pap Grützbrei m

goud [ɣɑut] n Gold n; **~en** [ɣɑuə(n)] golden; **~smid** Goldschmied m

graad Grad m

graaf Graf m

graag gern; **ik zou** [sɑu] **~ (willen)** ich möchte; **~ gedaan!** gern geschehen!

graan n Getreide n, Korn

graat Gräte f

gracht Graben m, Gracht f

gracieus [-'sjø·s] graziös

graf [ɣrɑf] n Grab n

grafiek [-'fi·k] Graphik f

gram n Gramm n

grammofoonplaat
Schallplatte f

granaat Granate f

graniet n Granit m

grap Spaß m, Scherz m;
Posse f; Witz m; **voor de ~
zum Spaß**; **~jas**, **~pen-
maker** Witzbold m,
Spaßvogel m; **~pig** ['-pəx]
drollig, ulkig, lustig

gras [ʁras] n Gras n; **~perk**
n Rasen m; **~sprietje** n
Grashalm m; **~veld** n Rasen m

gratie ['-(t)si·] Grazie f,
Anmut f; Gnade f; **ver-
zoek** [-'zu·k] n om **~** Gna-
dengesuch n; **~ verlenen**
['-le:n-] begnadigen

gratis gratis, umsonst;
gebührenfrei

grauw grau, fahl; trübe

graven graben, F buddeln

Gravenhage: 's-~ n den
Haag m

gravin [-'ʋin] Gräfin f

gravure [-'ʋy·rə] (Kup-
fer-)Stich m

grazen grasen, weiden

greep Griff m

grendel Riegel m

grens Grenze f; fig. a.
Schranke f; **~post**
Grenzposten m, Grenz-
übergang(sstelle f) m

grenze|loos grenzenlos;
~n grenzen

greppel Graben m

gretig ['ʁre·təx] gierig

grief Beschwerde f

Grieks griechisch

griep Grippe f

---

griesmeelpap Grießbrei |

griet F Mädel n [m]

grieven kränken

griezelig ['-zələx] gruselig

grif gern; schnell

griffen einritzen

griffie ['-fi·] Kanzlei f; **~r**
[-'fi·r] Gerichtsschreiber
m; Schriftführer m

grijnzen ['ʁrɛinz-] grinsen

grijpen greifen; ergreifen,
fassen

grijs grau; **~aard** Greis m

grill Grill m, Rost m

grillig ['-ləx] launenhaft

grimeersel [-'me:rsəl] n
Schminke f

grimmig ['-məx] grimmig

grind n (a. **grint**) Kies m

grinniken ['ʁrɪnəkə(n)]
grinsen; kichern

grissen haschen

groef [ʁru·f] Rille f; Furche f

groei [ʁru·i] Wachstum n,
Wuchs m; Zuwachs m;
~en wachsen

groen grün; unreif

groente Gemüse n; **~boer**
[-bu·r] Gemüsehändler m

groep Gruppe f, Schar f,
Trupp m; **~sleider** Grup-
penführer m

groet Gruß m; **~en** grüßen

groeve ['ʁru·və] Grube f;
Gruft f; Furche f

grof grob; derb

grond Grund m; Boden m;
~beginsel n Grundsatz m

gronde: te ~ zugrunde

grond|gebied n Gebiet n;

Territorium n; ~ig ['-dəx] gründlich; ~legger Gründer m, Urheber m; ~personeel n Bodenpersonal n; ~slag Grundlage f; ~stof Rohstoff m; ~vlak n Grundfläche f; ~wet Grundgesetz n, Verfassung f

groot groß; ~brengen groß-, aufziehen; ~handel Großhandel m; Großhandlung f; ~heid Größe f; ~moeder ['-mu-dər] Großmutter f; ~ouders ['-audərs] pl. Großeltern pl.

groots großartig
grootte Größe f
grootvader Großvater m
grot Grotte f

grotendeels größtenteils
grut [ɣrœt] n Grütze f; kleines Zeug n
gruwel ['ɣry·üəl] Greuel m
guit [ɣœyt] Schelm m
gul [ɣœl] freigebig; gastfreundlich
gulden Gulden m
gulp [ɣœl(ə)p] Hosenschlitz m
gulzig ['-zəx] gierig; gefräßig; ~aard Vielfraß m
gum Gummi n od. m; Radiergummi m
gunnen gönnen
gunst Gunst f; ~e: ten ~e van zugunsten (G)
gunstig ['-təx] günstig
guur [ɣy:r] rauh
gymnastiek [ɣɪmnɑs'ti·k] Gymnastik f

H

haag Hecke f
haai Hai m
haak Haken m; Angel f
haal Strich m; Zug m; **aan de ~ gaan** sich davonmachen
haan Hahn m; ~tje-devoorste n Draufgänger m
haar¹ sie; ihr
haar² n Haar n; ~borstel Haarbürste f; ~bos (Haar-)Schopf m
haard Herd m
haar|**kloverij** [-klo:və'rɛi] Schikane f; Haarspalterei f; ~snit Haarschnitt m; ~speld Haarnadel f
haas Hase m

haast¹ fast, beinahe
haast² Eile f; Hast f; **~ hebben** es eilig haben; **er is ~ bij** [bɛi] es eilt
haasten: zich ~ sich beeilen
haastig ['-təx] eilig, hastig
haat Hass m; ~dragend nachtragend
hachelijk ['hɑxələk] heikel, brenzlig [dechse f]
hagedis [ha:'ɣə'dɪs] Ei-hagelen hageln
hak 1. Ferse f; (Schuh-)Absatz m; 2. Hieb m
haken haken; häkeln
hakkelend stotternd, holp(e)rig

hakken hacken, hauen

hal Halle f; Flur m

halen holen; ~ durchkommen

half halb; ~jaar n Halbjahr n; ~rond n Halbkugel f; ~stok [-'stɔk] halbmast; ~time [hɑː'taːiml Halbzeit f; ~weg s. halverwege

hals Hals m; zich op de ~ halen sich zuziehen; ~ over kop kopfüber; ~wijdte [-'ʋɛitə] Kragenweite f; ... f; Station f

halt halt; ~e Haltestelle f

halter Hantel f

halver|en [-'ʋeːr-] halbieren; ~wege [-'ʋeːɣ̞ə] halbwegs, auf halbem Wege

ham Schinken m

hamer [-'hɑːmər] Hammer m; pneumatische [pnøː'mɑːtiːsə] ~ Preßlufthammer m

hamster Hamster m

hand Hand f; voor de ~ liggen auf der Hand liegen; van de ~ wijzen ['ʋɛiz-] zurückweisen; ~bagage [-'bɑːɣ̞ɑːʒə] Handgepäck n; ~bal n Handball m; ~boei [-'buːi] Handschelle f; ~doek ['-duːk] Handtuch n; ~druk ['drɛk] Händedruck m

handel[1] Handel m; Handlung f

handel[2] ['hɛndəl] Kurbel m; Hebel m

handel|aar Händler m; ~drijven [-drɛiˠ-] (met) handeln (mit D); ~en handeln

handels|betrekkingen pl. Handelsbeziehungen f/pl.; ~merk n Warenzeichen n; ~vertegenwoordiging [-te:ʏə̃l'vɔːrdəʏ̃ŋ] Handelsvertretung f

handelwijze [-ʋɛizə] Handlungsweise f, Verfahren n

hand|greep Handgriff m; ~haven behaupten; aufrechterhalten; ~ig ['-dəx] geschickt, behende; handlich; ~langer Helfershelfer m; ~leiding Anleitung f, Leitfaden m; ~palm Handfläche f; ~rem [-'rɛm] Handbremse f; ~schoen ['-sxuːn] Handschuh m; ~schrift n Handschrift f; ~tas Handtasche f; ~tastelijk [-'tɑstələk] tätlich; ~tekening ['-teːkən-] Unterschrift f; ~vat(sel) n (Hand-)Griff m

hang|en hängen; ~klok Wanduhr f; ~mat Hängematte f; ~slot n Vorhängeschloß n

hanteren [-'teːr-] handhaben, hantieren

hap Happen m, Bissen m

haperen stottern; stocken

hap|je n Häppchen n; Imbiß m; ~pen schnappen; beißen

hard hart; schnell; ~dra-
verij [-'rɛɪ] Trabrennen n;
~en (zich) (sich) abhär-
ten; ~handig [-'handəx]
unsanft; ~heid Härte f;
~horig [-'ho:rəx] schwer-
hörig; ~leers begriffs-
stutzig; unbelehrbar;
~nekkig [-'nɛkəx] hart-
näckig; ~op laut; ~voch-
tig [-'foxtəx] hart(herzig)
hare: de (het) ~ der, die
(das) ihrige
haring Hering m
hark Harke f, Rechen m;
~en rechen
harmonika (Zieh-)Har-
monika f
harp Harfe f   [pune f]
harpoen [-'pu·n] Har-
hars Harz n
hart n Herz n; ~elijk ['tə-
lək] herzlich; ~en Karte:
Herz n; ~ig [-'təx] kräftig;
würzig, herzhaft; ~kwaal
Herzleiden n; ~lijdend
[-'lɛɪdənt] herzkrank
hartstocht Leidenschaft f;
~elijk [-'toxtələk] leidenschaftlich
hate|lijk ['ha:tələk] ge-
hässig; ~n hassen
haveloos hablos; zer-
lumpt, schäbig
haven Hafen m; ~kwartier
[-kŭarti:r] n Hafenviertel
n; ~rondvaart Hafen-
rundfahrt f
haver Hafer m; ~mout
[-maut] Haferflocken
f/pl.
havik Habicht m

hazelnoot Haselnuß f
H.B.S. s. hogereburger-
school
hebbelijkheid ['hɛbələk-
hɛɪt] Unsitte f, Unart f
heb|ben haben; ~zucht
['-sɔxt] Habgier f
hecht fest
hechten heften; beimes-
sen
hechtenis ['hɛxtə-] Haft f;
Gefängnisstrafe f; voor-
lopige [-'lo:pəɣə] ~ Un-
tersuchungshaft f; in ~
nemen inhaftieren
hechtpleister Heftpfla-
ster n
hectare [-'ta:rə] Hektar n
heden ['he:də(n)] heute; ~
ten dage heutzutage;
~daags heutig
heel ganz, heil; sehr; ~ wat
mancherlei
heelal [-'lɔl] n (Welt-)All n
heen hin; ~ en weer hin
und her; ~gaan hinge-
hen; weggehen; ~reis
Hinfahrt f; ~ en terug-
reis [tə'rɛx-] f Hin- und
Rückfahrt f; ~weg ['-ʋɛx]
Hinweg m
heer Herr m; Karte: Kö-
nig m; ~ des huizes
['hɔɪzəs] Hausherr m
heerlijk ['-lək] herrlich
heerschappij   [-sxɑ'pɛɪ]
Herrschaft f
heers|en herrschen;
~zuchtig ['-sɔxtəx]
herrschsüchtig, herrisch
hees heiser
heester Strauch m

heet heiß; **~hoofd** n Hitzkopf m

hefboom ['hɛv-] Hebel m

heffen heben; erheben

heftig ['-təx] heftig

heg Hecke f; Zaun m

heide Heide f

heiden Heide m [men]

heien ['hɛiə(n)l (ein)rammen]

heil n Heil n; **Leger** ['le-ɣər] des s Heilsarmee f

heilig ['-ləx] heilig; **~schennis** ['-sxɛnɪs] Sakrileg n

heimelijk ['-mələk] heimlich, verstohlen

heimwee n Heimweh n

heining s. omheining

hek n Zaun m; Gitter n; Gartentor n

hekel ['he:kəl] Abneigung f; **~en** fig. durchhecheln, scharf kritisieren

heks Hexe f

hel Hölle f

helaas leider

held Held m

helder hell, klar; sauber; **~ziende** [-'zi:ndə] Hellseher(in) f m

heldhaftig ['-haftəx] heldenhaft

heleboel ['he:ləbu·l] F: **een** [ənl 2 eine ganze Menge

helemaal ['he:lə-] gänzlich, völlig; ganz; überhaupt; **~ niet** nicht im geringsten, durchaus nicht

heler Hehler m

helft Hälfte f; **voor de ~** zur Hälfte [ber m]

helikopter Hubschrau-

hellen überhängen; sich neigen, abfallen; **~ing** Abhang m, Hang m; Neigung f; Gefälle n; Steigung f

helm Helm m [gung f]

help! zu Hilfe!

helpen helfen; bedienen, abfertigen; **~ aan** verhelfen zu(D)

hels höllisch

hem ihn; ihm

hemd n Hemd n; **~smouw** ['-mau]l Hemdsärmel m

hemel ['he:məl] Himmel m; **~lichaam** n Himmelskörper m; s himmlisch; **~sbreed** in der Luftlinie; himmelweit; 2vaart Himmelfahrt f

hen¹ sie; ihnen

hen² Henne f

hengel Angel f; **~aar** Angler m; **~en** angeln

hengsel n Henkel m; Türangel m

hengst Hengst m

hennep ['hɛnəp] Hanf m

herademen [hɛr'a:dəm-] aufatmen

herberg Herberge f, Wirtshaus n; **~en** beherbergen; **~ier** [-'ɣi:r] Wirt m

herdenk|en gedenken(G); **~ingsdag** [-dax] Gedenktag m

herder Hirt(e) m; **~shond** Schäferhund m

herdruk ['-drɛk] Neudruck m; Neuauflage f

hereniging [-'e:nəɣ-] Wiedervereinigung f

herentoilet ['he:rə(n)- tůa'letln Herrentoilette f

herfst Herbst m

hergroepering ['hɛrɣ́ru- 'pe:r-] Neugruppierung f

her|haaldelijk [hɛr'ha:l- dələk] wiederholt, öfter(s); ~**halen** wiederholen; ~**inneren** erinnern

her|kennen erkennen; wiedererkennen; ~**kies- baar** [-'ki:z-] wieder- wählbar; ~**komst** ['hɛr-] Herkunft f; **leiden** [-'lɛi- da(n)l zurückführen; umrechnen, reduzieren; ~**nieuwen** [-'ni·ůə(n)l er- neuern; ~**openen** [-'o:pə- na(n)l wiedereröffnen

herrie ['hɛri·] Krach m, Radau m; ~ **schoppen** Krach machen; randa- lieren

her|roepen [hɛ'ru·p- widerrufen; ~**scholen** umschulen

hersen|en [...s pl. Ge- hirn n, Hirn n; ~**pan** Schädel(decke f) m; ~**schim** Hirngespinst n; ~**schudding** [-sxœdɪŋ] Gehirnerschütterung f

herstel [hɛr'stɛl] n Wiederherstellung f; Er- holung f, Genesung f; Wiedergutmachung f

herstellen wiederherstel- len; ausbessern, reparie- ren; sich erholen

herstel|lingsoord n Heil- anstalt f; ~**werkplaats** Reparaturwerkstatt f

herstemming Stichwahl f

hert n Hirsch m

hertogdom ['-tɔɣdɔm] n Herzogtum n

Hertogenbosch [-bɔs] n: **'s-~** Herzogenbusch n

her|trouwen [hɛr'trɑůə(n)] wieder heiraten; ~**uit- zending** ['hɛrɛyt-] Wie- derholungssendung f; Übertragung f; ~**vatten** [-'ʋɑt-] wiederaufneh- men; ~**vorming** Reform f; Neuerung f; Rel. Refor- mation f; ~**waardering** ['hɛrʋa:rde:r-] Neubewer- tung f; Aufwertung f; ~**winnen** wiedergewin- nen; ~**zien** revidieren

het Art. das; Pron. es

heten ['he:t-] heißen

het|geen dasjenige; ~**welk** das, welches; was; ~**zelf- de** dasselbe; ~**zij** [-'sɛi-] sei es

heug|en ['hø·ɣ-] sich erin- nern; ~**lijk** [-lək] erfreu- lich; denkwürdig

heup [hø:p] Hüfte f

heus wirklich; höflich

heuvel Hügel m; ~**achtig** [-təx] hügelig

hevig ['he:ʋəx] heftig

hiel Ferse f, Hacke f

hier hier; her; ~**bij** [-'bɛi] hierbei; anbei; dazu; ~**heen** hierher, herbei; hierhin, herüber; ~**me- (d)e** hiermit; ~**naast** hierneben; nebenan

hier|toe [-'tu·] **tot ~** bis hierher

hij [hɛɪ], *nach Verb, Konj. od. Pron.* [i·] er

hijgen ['hɛɪ̌-] keuchen, schnaufen

hijsen hissen

hik Schluckauf *m*

hinder|en hindern; behindern; **dat ~t niet** das macht nichts; **~laag** Hinterhalt *m*; **~lijk** [-lək] hinderlich, lästig

hinken hinken, humpeln

hinniken ['-nəkə(n)] wiehern

hippodroom Pferderennbahn *f*

historisch [-i·s] historisch

hitte Hitze *f*; Schwüle *f*

hobbel|ig ['-bələx] holp(e)rig; **~paard** *n* Schaukelpferd *n*

hoe [hu·] wie; **~ .... je ...** desto; **~ dan ook** wie auch immer, so oder so

hoed [hu·t] Hut *m*; **hoge ~** Zylinder *m*

hoedanigheid [-'da:nəxɛɪt] Beschaffenheit *f*; Qualität *f*

hoede Obhut *f*; **op zijn** [sən] **~ zijn** [zɛɪn] auf der Hut sein, sich vorsehen

hoeden hüten

hoef Huf *m*; **~ijzer** ['-ɛɪzər] *n* Hufeisen *n*

hoek [hu·k] Ecke *f*; Winkel *m*; **~ig** ['-kəx] eckig; **~schop** ['-sxɔp] Eckball *m*

hoelang wie lange

hoen *n* Huhn *n*

hoepel ['hu·pəl] Reifen *m*

hoer [hu·r] Hure *f*

hoes [hu·s] Überzug *m*

hoest Husten *m*; **~en** husten

hoeve ['hu·və] Gehöft *n*

hoeveel wieviel; **~heid** [hu·'-] Menge *f*; **~ste** wievielte

hoeven brauchen

hoever(re) ['-vɛr(ə)]: **(in) ~** wieweit; inwiefern

hoewel ['-vɛl] obwohl, obgleich

hof [hɔf] *n* Hof *m*; Gerichtshof *m*

hoffelijk ['-fələk] höflich, galant

hoger höher

hoge|reburgerschool [-'bɛrɣər-] Oberschule *f*; **~school** ['-sxo:l] Hochschule *f*

hok *n* Stall *m*; Schuppen *m*; Käfig *m*

hokken hocken

hol [hɔl] hohl; *Su. n.* Höhle *f*; **iem. het hoofd op ~ brengen** j-m den Kopf verdrehen

Hollands holländisch

hollen rennen

hommel Hummel *f*

hond Hund *m*; **~ebrood** *n* Hundekuchen *m*

honderd hundert; **~ste** *n* Hundertstel *n*

hondsdolheid Tollwut *f*

honend höhnisch

Hongaars [-'ɣa:rs] ungarisch

honger Hunger *m*; **~ lijden** ['lɛɪə(n)] hungern; **~ig** [-rəx] hungrig

honi(n)g Honig *m;* ~raat Honigwabe *f*

honorarium [-ri-(j)əm] *n* Honorar *n*

hoofd *n* Kopf *m,* Haupt *n;* (Hafen-)Mole *f;* Leiter *m;* **over het** ~ **zien** übersehen; ~**administratie** [-'tra:(t)si·] Hauptverwaltung *f;* ~**artikel** Leitartikel *m;* ~**conducteur** ['-kɔndɛktø:r] Zugführer *m;* ~**doek** ['-du·k] Kopftuch *n*

hoofdelijk ['ho:vdələk] persönlich; namentlich; pro Kopf

hoofd|kussen ['-kəs-] *n* Kopfkissen *n;* ~**letter** Großbuchstabe *m;* ~**pijn** ['-pɛin] Kopfschmerzen *m/pl.;* ~**prijs** Hauptgewinn *m;* ~**rol** Hauptrolle *f;* ~**stad** Hauptstadt *f;* ~**stuk** ['-støk] *n* Kapitel *n;* ~**weg** ['-vɛx] Hauptstraße *f;* ~**zaak** Hauptsache *f;* ~**zakelijk** [-'sa:kələk] hauptsächlich

hoog hoch; ~**achtend** hochachtungsvoll; ~**gebergte** *n* Hochgebirge *n;* ~**hartig** ['-hartəx] hochmütig; ~**moedig** [-'mu·dəx] hochmütig; ~**oven** Hochofen *m;* Hüttenwerk *n;* ~**sprung**en *n* Hochsprung *m*

hoogst höchst; **ten** ~**e**, ~**ens** höchstens; allenfalls

hoogte Höhe *f;* Anhöhe *f;* **op de** ~ **brengen** benach-

richtigen, verständigen, Bescheid sagen; **op de** ~ **zijn** [zɛin] Bescheid wissen, auf dem laufenden sein, sich auskennen

hoogte|punt [-pentl] *n* Höhepunkt *m;* ~**verschil** *n* Höhenunterschied *m*

hoog|uit [-əytl] höchstens; ~**verraad** *n* Hochverrat *m;* ~**vlakte** Hochebene *f;* ~**water** ['-va:tər] *n* Hochwasser *n*

hooi *n* Heu *n;* ~**koorts** Heuschnupfen *m*

hoon Hohn *m*

hoop[1] Hoffnung *f*

hoop[2] Haufen *m,* Masse *f;* Stapel *m*

hoorn Horn *n;* Tel. Hörer *m;* ~**vlies** *n* Hornhaut *f*

hop Hopfen *m*

hope|lijk ['ho:pələk] hoffentlich; ~**loos** hoffnungslos, aussichtslos; ~**n** hoffen

horde Hürde *f*

horeca(sector) ['ho:re·ka·] Hotel- und Gaststättengewerbe *n*

horen hören; gehören; sich gehören, sich schicken; **bij** [bɛil] **elkaar** ~ zusammengehören

horizon ['ho:-] Horizont *m*

horloge [-'lo:ʒə] *n* Uhr *f;* ~**maker** Uhrmacher *m*

hortend stoß-, ruckweise

horzel Hornisse *f*

hospita ['hɔs-] Wirtin *f*

hospitaal *n* Spital *n;* ~**soldaat** Sanitäter *m*

hostie ['-ti-] Hostie f

hotel n Hotel n; **~ier** [-tɛl'je:] Hotelier m; Wirt m; **~kamer** [-ka:mər] Hotelzimmer n; **~lijst** [-lɛıst] Unterkunftsverzeichnis n

houdbaar ['haud-] haltbar

houden ['haũə(n)] (be-, ab)halten; austragen; **~ van** lieben; mögen

hout n Holz n; **~en** hölzern; **~hakker** Holzfäller m; **~skool** Holzkohle f; **~snede** ['-sne:də] Holzschnitt m

houvast ['hau'-] n Halt m; Hacke f; **~en** hauen

houweel ['hou'üe:l] n Hacke f

huichel|aar ['hɛyxə-] Heuchler m; **~en** heucheln

huid Haut f; Fell n

huidig ['hœydəx] heutig

huiduitslag [-slax] Hautausschlag m

huif Haube f; Plane f

huig Zäpfchen n

huilen weinen; heulen

huis [hœys] n Haus n; **eigen ~** Eigenheim n; **naar ~** nach Hause, heim; **~baas** Hauswirt m; **~eigenaar** [-ɛıɣəna:r] Hausbesitzer m; **~elijk** ['hœysələk] häuslich; **~gezin** n Familie f

huishoud|elijk [-'haudə-lək] häuslich; **~en** ['-haũə(n)] haushalten, wirtschaften; hausen

Su. n. (a. **~ing**) Haushalt m; **~ster** Haushälterin f

huis|huur ['-hy:r] Miete f; **~kamer** [-ka:mər] Wohnzimmer n; **~knecht** Hausdiener m; **~reglement** ['-mɛnt] n Hausordnung f; **~vesten** unterbringen, beherbergen; **~vrouw** ['-frɑu] Hausfrau f; **~vuil** [-fəyl] n Müll m; **~werk** n Haus-, Schularbeiten f/pl.

huiver|en ['hœyvər-] schaudern, frösteln; **ik ~ voor** mir graut vor (D); **~ingwekkend** ['-vɛkənt] schauderhaft

huld|e, **~iging** ['hœldəɣıŋ] Huldigung f

hulp [hɛl(ə)p] Hilfe f, Beistand m; Gehilfe m, Gehilfin f, Hilfskraft f; **eerste ~ bij** [bɛı] **ongevallen** Erste Hilfe; **post voor eerste ~** Unfallstation f

hulp|behoevend ['-hu'vənt] hilfsbedürftig; **~betoon** Hilfeleistung f; **~eloos** ['hɛlpə-] hilflos; **~middel** n Hilfsmittel n; **~vaardig** [-'fa:rdəx] hilfsbereit; **~verlening** [-le:n-] Hilfeleistung f; Hilfsaktion f

huls [hɛls] Hülse f

humeur [hy'mø:r] n Laune f; **~ig** launenhaft

humor ['hy:mor] Humor m

hun [hən] ihnen; ihr; **de ~ne** ihrige

huppelen ['həpələ(n)]

huren ['hy:r-] mieten

hurken ['hɔrk-] hocken, kauern [bine f

hut Hütte f; Kajüte f, Ka-

huur Miete f; Miet f; **~auto** Mietwagen m; **~contract** n Mietvertrag m; **~der** Mieter m; **~ling** Söldner m; **~prijs** [-'preis] Mietpreis m; Leihgebühr f

huwelijk ['hy·ŭələk] Hei-

ratf; Ehef

huwelijks|aanzoek [-zu·k] n Heiratsantrag m; **~reis** Hochzeitsreise f; **~voltrekking** Trauung f

huwen heiraten, sich vermählen

hygiëne [hi'-] Hygiene f

hypnose [hip'no:zə] Hypnose f [hysterisch

hysterisch [his'te:ri·s]

I

ideaal ideal

idee f u. n Idee f

ident|iek [-'ti·k] identisch; **~ificeren** [-'se:r-] identifizieren; **~iteitskaart** (Personal-)Ausweis m

idioot idiotisch, blöde; Su. Idiot m

ie: ~s. hij

ieder ['i'dər] jede(r, -s); **~een** [-'e:n] jedermann

iemand jemand, einer

Iers irisch

iets etwas, einiges

ijdel ['eidəl] eitel; **~heid** Eitelkeit f

ijkmaat Eichmaß n

ijl [eil] dünn; leer; **~en** eilen; irre reden; **~gesprek** [-sprεk] n Blitzgespräch n

ijs n Eis n; **~blokje** n Eiswürfel m; **~kast** Kühlschrank m; **~korst** Eisdecke f; **~koud** [-kaud] eiskalt; **~salon** [-lɔn] Eisdiele f; **~schol**, **~schots** ['-sxɔts] Eisscholle f

ijselijk ['eisələk] schauerlich

IJssel: de ~ die Yssel f

ijver Eifer m; **~ig** [-rəx] fleißig, eifrig, emsig

ijzel ['eizəl] Glatteis n; Reif m; **~en: het ~t** es ist Glatteis

ijzen schaudern

ijzer n Eisen n; **~en** eisern; **~houdend** [-haudənt] eisenhaltig

ijzig ['-zəx] eisig;

ik ich [schrecklich]

illusie [-'ly·zi·] Illusion f

imitatie [-'ta:(t)si·] Imitation f

imker Imker m

immers ja; doch [m]

immigrant Einwanderer

immoreel unmoralisch

immuun [-'my·n] immun

impasse Sackgasse f

impopulair [-py·'lε:r] unbeliebt

importeren [-'te:r-] importieren

in in (A, D); s. a. **Duits**

in|achtneming [-ne:m-]
Berücksichtigung *f*,
Rücksicht *f*; **~beelding**
Einbildung *f*; **~begrepen**
⟨-ɣre:p-⟩inbegriffen

inbegrip *n*: **met ~ van** ein-
schließlich(*G*), samt(*D*)

in|beslagneming Be-
schlagnahme *f*; **~bewa-
ringneming** Lagerung *f*,
Aufbewahrung *f*; **~bin-
den** *fig.* zurückstecken;
~boedel ['-bu·dəl] Mobiliar *n*; Inventar *n*; **~boe-
zemen** ['-bu·zəmə(n)]
einflößen; **~boorling**
Eingeborene(r)

inbraak Einbruch *m*; **~vrij**
⟨-frɛi⟩einbruchsicher

inbrek|en ['-bre:k-] ein-
brechen; **~er** Einbrecher
m

in|brengen hereinbrin-
gen; einbringen; vor-
bringen; einbringen;
~breuk ['-brø:k] Eingriff
m, Übergriff *m*; **~casse-
ren** ⟨-kɑ'se:r-⟩ kassieren,
einstecken; **~cident**
⟨-si'dɛnt⟩ *n* Zwischenfall
m; **~cluis** ['-klœys], **~clu-
sief** ⟨-kly'zi·f⟩ ein-
schließlich, inklusive;
~delen ['-de:l-] einteilen;
gliedern

inder|daad in der Tat, tat-
sächlich; **~tijd** ['-tɛit] seinerzeit, damals

indeuken ['-dø:k-] ein-
beulen

indien ⟨-'di·n⟩wenn, falls

indienen einreichen;

Klage erheben

indiensttreding ['-'di·n-
stre:d-] Dienst-, Amtsan-
trittm

Indiër ['-di·(j)ər] Inder *m*

indijken ['-dɛik-] eindei-
chen

in|direct indirekt, mittel-
bar; **~discreet** indiskret;
~dividueel ⟨-dy·ü̆:el⟩ in-
dividuell

indopen eintauchen

indruk ['-drœk] Eindruck
m; **~maken** ['ma:k-] op
beeindrucken; **onder de
~ zijn** ⟨sɛin⟩ beeindruckt
sein; **globale ~** Gesamt-
eindruck *m*; **~wekkend**
⟨'-ʋekənt⟩ eindrucksvoll;
stattlich

industr|ie [-dəs-] Indu-
strie *f*; **~ieel** ⟨-tri·'je:l⟩ in-
dustriell, gewerblich

ineen ⟨-'e:n⟩ ineinander,
zusammen

ineens auf einmal

ineenzakken zusammen-
brechen

inenten impfen

inenting Impfung *f*; **preventieve ~** Schutzimp-
fung *f*; **~sbewijs** ⟨-ʋɛis⟩ *n*
Impfschein *m*

in|fecteren ['-te:r-] infizie-
ren; **~flatie** ['-fla:(t)si·] Inflation *f*

informatie ⟨-'ma:(t)si·⟩ Information *f*; Auskunft *f*;
~bureau ⟨-by·ro:⟩ *n* Aus-
kunftsbüro *n*, **-stelle** *f*;
~verwerking *f* Datenver-
arbeitung *f*

informeren [-'me:r-] sich erkundigen

ingaan hineingehen; **~ op** eingehen auf(A)

ingang Eingang m; **met ~ van** vom ... an

ingenaaid Buch: geheftet, broschiert

ingenieur Ingenieur m

inge|sloten [-slo:t-] anbei; **~val** [-'ɣə'ʋal] falls; **~volge** infolge (G); **~wanden** pl. Eingeweide n/pl.; **~wikkeld** kompliziert

ingrediënten [-di-'jɛntə(n)]/pl. Zutaten f/pl.

in|greep Eingriff m; **~haalverbod** [-botl -n] Überholverbot n; **~halen** (her)einholen; aufholen; überholen; **~ham** Bucht f, Einbuchtung f; **~heems** einheimisch

inhoud [-haut] Inhalt m

inhoud|en [-həu̯ə(n)] enthalten; zurückhalten; einbehalten; **zich ~en** sich zurückhalten, sich beherrschen; **~sopgave** Inhaltsverzeichnis n

initiatief [-(t)siɑ'ti:f] n Initiative f[tion f]

injectie [-'jɛksi-] n Injek-\

inklaren verzollen

inkomen [-'ko:m-] (her-) einkommen; eingehen; Su. n Einkommen n

inkomstenbelasting Einkommensteuer f

inkoop Einkauf m

inkorten kürzen

inkt Tinte f; **~vis** Tinten-

fisch m

in|laden ein-, verladen; **~lands** inländisch, einheimisch; **~lassen** einfügen; **~leg** Einsatz m; Einlage f; **~leiden** einleiten, einführen

inlicht|en Auskunft geben; benachrichtigen, aufklären; **~ing** Bescheid m; Erkundigung f; **~ing(en)** pl.) Auskunft f

in|lijsten [-'lɛɪst-] einrahmen; **~lossen** einlösen; **~maken** ['-ma:k-] einmachen; **~menging** Einmischung f; **~middels** ['-mɪd-] inzwischen

innemen einnehmen; **~ing** Einnahme f

inn|en einziehen, kassieren; **~erlijk** [-lək] innerlich; inner; **~ig** ['nəx] innig; inbrünstig; zärtlich

inpak|ken (ein)packen; **~papier** n Einwickelpapier n

in|pikken sich aneignen, stibitzen; **~prenten** einprägen; **~rekenen** ['-re:kənə(n)] verhaften

inricht|en einrichten; **~ing** Einrichtung f; Vorrichtung f; Einrichtung f

in|rijden ['-rɛɪə(n)] **(op)** auffahren (auf A); **~rit** Einfahrt f; **~ruimen** ['-rəym-] einräumen; **~schakelen** ['-sxa:kəl-] einschalten; **schenken** einschenken

inschep|en ['-sxe:p-] einschiffen; **_ingskaart** Bordkarte f

in|schieten einbüßen, zusetzen; *Mil.* einschießen; einfallen; **_schikkelijk** [-'sxıkələk] nachgiebig; **_schrijven** ['-sxrɛi̯v-] einschreiben, eintragen; zeichnen

insekt n Insekt n

insgelijks [ınsxə'lɛiks] gleichfalls

insigne [-'si·niə] n Abzeichen n

in|slaan einschlagen; einbiegen in; *fig.* zünden; **_slapen** einschlafen; **_slikken** ein-, ver-, hinunterschlucken; **_sluipen** ['-slœy̯p-] sich einschleichen; **_sluiten** einschließen; **_snijding** ['-snɛid-] Einschnitt m

insolvent [-sol'vɛnt] zahlungsunfähig

inspann|en anspannen, anstrengen; **_ing** Anstrengung f, Strapaze f

inspec|teur [-'tø·r] Inspektor m; **_tie** [-si·] Inspektion f

in|spuiten ['-spœyt-] einspritzen; **_staan (voor)** haften (für A), sich verbürgen (für A)

in|stallatie [-'la:(t)si·] f Installation f; Anlage f; Vorrichtung f; **_stantie** ['-stansi·] f Instanz f

instappen einsteigen

instellen einsetzen; einführen; einstellen; **een**

[ənl] **onderzoek** ['ondər-zu·k] n _ eine Untersuchung durchführen; *Jur.* ermitteln

instemmen (met) beipflichten (D)

instinct n Instinkt m

instituut [-'ty·t] n Institut n, Anstalt f

in|storten ein-, zusammenstürzen; zusammenbrechen; **_ing** Einsturz m; Zusammenbruch m; Rückfall m

instructeur [-strøk'tø·r] Lehrer m; Ausbilder m

instructie ['-strøksi·]; **rechter van _** Untersuchungsrichter m

instrument [-stry·-] n Instrument n

integendeel [-'te:'ɣən-] im Gegenteil

intekenen ['-te:kənə(n)] subskribieren

intelligent intelligent

intens(ief) intensiv; äußerst

intercommunaal [-my·'na:ll: **_ telefoongesprek** n Ferngespräch n

interes|sant interessant; aufschlußreich; **_se** Interesse n

int(e)rest ['ın-] Zinsen m/pl.

intern intern; **_e geneeskunde** [-kəndə] innere Medizin f

internationaal [-na(t)si̯o-'na:l] international

interruptie [-'rɛpsi·] Unterbrechung f; Zwischenruf m

interzon|aal [-zo-'na:ll] **.ale trein** Interzonen-

intiem [zug m)

intimideren [-'de:r-] einschüchtern

in|tocht Einzug m; **.trede** ['tre:də] Eintritt m; **.trekken** einziehen; widerrufen; zurücknehmen; **.troduceren** [-dy-'se:r-] einführen; **.tussen** [-'tøsə(n)] inzwischen, unterdessen; jedoch; **.val** Einfall m

invalide Invalide m, Körperbehinderte(r)

invallen einfallen; einstürzen

in|vasie [-'va:zi-] Invasion f; **.ventarisatie** [-'za:(t)si-] Inventur f; **.vestering** [-'te:r-] Investition f; **.viteren** [-'te:r-] einladen

invloed [-'vlu:t] Einfluß m; **.rijk** [-'rɛik] einflußreich

invoer [-'vu:r] Einfuhr f; **.en** einführen; **.rechten** n/pl. Einfuhrzoll m; **.vergunning** [-ɣən-] Einfuhrgenehmigung f

invrijheidstelling ['-vrɛihɛit-] Freilassung f

in|vullen ['-vøl-] ausfüllen; **.wendig** ['-ʋɛndəx] inwendig; innerlich; inner-; **.wijden** ['-vɛid-] einweihen; **.wikkelen** einwickeln, einhüllen; **.winnen** Erkundigungen einziehen, einholen

inwon|en wohnen (bei); **.er** Einwohner m

inworp Sp. Einwurf m

inzage: ter zur Kenntnisnahme; Buch: zur Ansicht

inzamel|en einsammeln; sammeln; **.ing** Sammlung f, Kollekte f

inzet Einsatz m; **.ten (zich)** (sich) einsetzen

in|zicht n Einsicht f, Erkenntnis f; Ansicht f; **.zien** einsehen; **.zinking** Rückfall m; Zusammenbruch m; **.zittende** Insasse m

ironisch [-i-s] ironisch

irrigatie [-'ɣa:(t)si-] Bewässerung f [lamisch)

islamitisch [-'mi·ti-s] is-

isoleren [-'le:r-] isolieren

Israëlisch [-i-s] israelisch

Italiaan Italiener m; **.s** italienisch

ivoor n Elfenbein n

J

ja ja

jaar n Jahr n; **.beurs** ['-bø:rs] Messe f; **.gang** Jahrgang m; **.getij(de)** ['-ɣətɛi(də)] n Jahreszeit

f; **.lijkes** ['-ləks] jährlich

jacht Jagd f; Hetze f

jacht n Jacht f

jacht|ig ['-tax] hektisch; **.akte** Jagdschein m;

~reservaatn Jagdschutz-gebiet n; **~terrein** ['-tɛ-rɛin]n Jagdrevier n

jagen jagen; hetzen

jager Jäger m

jakkeren ['jɑkərə(n)] het-zen, schuften

jaloers [-'lu:rs] eifersüch-tig, neidisch; **~heid** Eifersucht f

jaloezie [ʒɑlu'zi-] 1. Eifer-sucht f; 2. Jalousie f

jam [ʒɛm] Marmelade f

jammer schade; **~en** jammern, wimmern, **~lijk** [-lǝk] jämmerlich

janken heulen, winseln; plärren [nuar m]

januari [-ny-'ůa:ri-] Ja-

Japans [-'pɑns] japanisch

japon [-'pɔn] Kleid n

jarenlang jahrelang

jarig ['ja:rǝx]: **~ zijn** [sɛin] Geburtstag haben

jarretel(le) [ʒarǝ'tɛl(ǝ)] Strumpfhalter m

jas Jacke f, Mantel m

jatten F klauen

jawel [-'ʋɛl] jawohl

je 1. du; dir; dich; ihr; euch; man; 2. dein; euer

jegens ['je:ɣǝns] gegen(A)

jenever [jǝ'ne:vǝr] Wa-cholder m; Schnaps m; Korn(branntwein) m

jeugd [jø:xt] Jugend f; **~herberge** f, **~ig** ['-dǝx] jugend-lich

jeuk [jø:k] Juckreiz m; **~en** jucken

jicht Gicht f

jij [jɛi, jǝ] du

jodintinctuur ['-di-(j)ǝm-tɪŋkty:r]Jodtinktur f

Joegoslavisch [ju-ɣo-'sla:vi-s] jugoslawisch

jokken lügen, schwindeln

jolig ['jo:lǝx] lustig

jong jung; *Su.* n Junge(s)

jonge | **ling, ~man** ['-mɑn] Jüngling m; Bursche m

jongen 1. Junge m, Knabe m, Bube m; 2. v/i jungen

jong | **eren** ['jɔŋǝrǝ(n)] *pl.* Jugendliche(n) *pl.*; Nachwuchs m; **~mens** ['-mɛns]n Jüngling m

jood Jude m; **~s** jüdisch

jou [jɑu] dich; dir

journ | **aal** [ʒu:r'-]n Journal n; Wochenschau f; Fern-sehen: Tagesschau f, Nachrichtensendung f, **~alist** Journalist m

jouw [jɑu] dein

jubelen ['jy-] jubeln

jubileum [jy-bi-'le:iǝm] n [lein n]

juffrouw ['jǝfrɑu] Fräu-

juichen ['jœyxǝ(n)] jauch-zen, jubeln

juist richtig, recht; *Adv.* gerade, eben; **~heid** Richtigkeit f

juk [jœk]n Joch n

jukebox ['dʒu:gbɔks] Mu-sikbox f

juli ['jy-li-]Juli m

jullie ['jǝli·] 1. ihr; euch; 2. euer(e)

juni ['jy-]Juni m

juridisch [jy-'ri·di-s] juri-stisch, rechtlich

jurist Jurist *m*
jurk [´jər(ə)k] Kleid *n*
jury [´ʒy:ri·] Jury *f;* Schwurgericht *n*
jus [ʒy´] Soße *f*, Tunke *f*

justitie [jəs´ti·(t)si·] Justiz *f*
juwel|en [jy·´üe:lə(n)] *n/pl.* Juwelen *n/pl.;* **~ier** [jy·üə´li:r] Juwelier *m*

K

kaai Kai *m*
kaak Kiefer *m;* **aan de ~ stellen** anprangern
kaal kahl; *fig.* schäbig; **~ hoofd** *n* Glatze *f*
kaars Kerze *f*
kaart Karte *f;* **~en** Karten spielen; **~tje** *n* Visitenkarte *f;* Fahrschein *m*, -karte *f*
kaas Käse *m;* **zachte ~** Quark *m*   [dau *m*]
kabaal *n* Lärm *m*, *F* Ra-
kabbelen [´-bələ(n)] plätschern
kabel Kabel *n;* Seil *n*
kabeljauw [kabəl´jaʊ] Kabeljau *m*
kabelspoor *n* Seilbahn *f*
kabinet *n* Kabinett *n;* Büro *n*
kabouter [-´baʊtər] Zwerg *m*, Kobold *m*
kachel Ofen *m;* **~pijp** [-pɛip] Ofenrohr *n*
kade Kai *m*
kader *n* Rahmen *m;* Kader *m*   [chen *n*]
kadetje [-´dɛtjə] *n* Bröt-
kaf *n* Spreu *f*
kaft Umschlag *m*
kajuit [-´jəʏt] Kajüte *f*
kakelen [´ka:kəl-] schnattern

kalender Kalender *m*
kalf *n* Kalb *n*
kalfslapje *n:* gepaneerd **~** Wiener Schnitzel *n*
kalfs|oester [´-u·stər] Kalbsschnitzel *n;* **~vlees** *n* Kalbfleisch *n*
kalk Kalk *m;* Mörtel *m;* **~houdend** [´-haʊdənt] kalkhaltig
kalkoen [´-ku·n] Truthahn *m*, Pute *f*
kalm ruhig, gefaßt
kalmer|en [-´me:r-] beruhigen, besänftigen; **~ingsmiddel** *n* Beruhigungsmittel *n*
kalmte Ruhe, *f*, Fassung *f*
kam Kamm *m*
kameel Kamel *n*
kamer [´ka:mər] Zimmer *n*, Stube *f*, Raum *m;* Kammer *f;* **~ van koophandel** Handelskammer *f;* **de ~ doen** das Zimmer (rein) machen; **donkere ~** Dunkelkammer *f*
kameraad Kamerad *m*, Genosse *m*, Genossin *f;* **~schap** Kameradschaft *f*
kamer|meisje *n:* Zimmermädchen *n;* **~muziek** [-my·-] Kammermusik *f;* **~sleutel**

[-slø:təl] Zimmerschlüssel m

kamfer Kampfer m

kamille Kamille f

kammen kämmen

kamp n Lager n

kampeer|paspoort n Campingausweis m; **~terrein** [-tɛrɛɪn] n Camping-, Zeltplatz m

kamperen kampieren, lagern, zelten

kampioen [-pi·'ju·n] Meister m; **~schap** n Meisterschaft f

kan Kanne f, Krug m; Kanister m, Behälter m

kanaal n Kanal m

kanarievogel [-'na:ri·-] Kanarienvogel m

kandij [-'dɛi] Kandis m

kaneel Zimt m

kanker Krebs m; **~en** F stänkern, meckern

kano Paddelboot n, Kanu n

kanon [-'nɔn] Kanone f

kans Chance f

kansel Kanzel f {m}

kanselier [-'li:r] Kanzler m

kant¹ Seite f; Kante f; Rand m; **van de ~ van** seitens (G); **aan deze ~ van** diesseits (G); **aan de andere ~ van** jenseits (G, von D); **van zijn** [zɛɪn] **~** seinerseits; **van ~ maken** ['ma:k-] umbringen

kant² Spitzen f/pl.

kant en klaar fix und fertig; **~-menu** [mə'ny·] n Fertiggericht n

kantelen ['-tələ(n)l (um-)kippen

kantine Kantine f

kanton [-'tɔn] n (Land-)Kreis m; **~gerecht** n Amtsgericht n

kantoor n Kontor n, Büro n; **~bediende** kaufmännische(r) Angestellte(r); Büroangestellte(r)

kanttekening ['-te:kən-] Randbemerkung f

kap Kappe f; (Lampe) Schirm m; Haube f; Mütze f, Kapuze f

kapel Kapelle f; **~aan** [kapə'la:n] Kaplan m

kapitaal n Kapital n

kapitein [-'tɛɪn] Kapitän m; Hauptmann m

kaplaarzen pl. Schaftstiefel m/pl.

kapot kaputt

kappen frisieren; kappen, schlagen; **~er** Friseur m

kapseizen ['-sɛɪz-] kentern

kap|sel n Frisur f; **~ster** Friseuse f; **~stok** Kleiderständer m; Kleiderhaken m

kar Karre(n m) f

karaat n Karat n

karaf Karaffe f

karakter n Charakter m; **~istiek** [-'ti·k] charakteristisch [len pl.]

karamels pl. Karamel~

karavaan Karawane f

karig ['ka:rəx] karg, spärlich

karikatuur [-'ty:r] Karikatur *f*

karnemelk Buttermilch *f*

karper Karpfen *m*

karpet [-'pɛt] *n* Teppich *m*

karton *n* Karton *m*, Pappe *f*

karwei [-'vɛi] Arbeit *f*

kas(sa) Kasse *f*

kassabon [-bɔn] Kassenzettel *m*

kassier(ster *f*) Kassierer(in *f*) *m*

kast Schrank *m;* **ingebouwde** [-bɑudə] ~ Einbauschrank *m*

kastanje Kastanie *f*

kasteel *n* Schloß *n*

kastrol Kasserolle *f*

kat Katze *f*

kater Kater *m*

kathedraal Kathedrale *f*

katholiek [-'li·k] katholisch; *Su.* Katholik *m*

katoen [-'tu·n] Baumwolle *f*

katrol [-'rɔl] Flaschenzug *m*

katt|ekwaad *n* Schelmerei *f;* Unfug *m;* **~ig** [-tax] scharf, bissig

kauw|en kauen; **~gom** Kaugummi *m*

kaviaar [-'ja:r] Kaviar *m*

kazerne Kaserne *f*

keel Kehle *f*, Hals *m*, Gurgel *f;* **~holte** Rachen(höhle *f*) *m;* **~ontsteking** [-ste:k-] Halsentzündung *f*

keep Kerbe *f*

keeper ['ki:pər] Torwart *m*

keer Mal *n;* Wendung *f;* **deze** ~ diesmal; **drie** ~ dreimal; **voor de eerste** ~ zum ersten Mal, erstmalig; **elke** ~ jedesmal

keer|kring Wendekreis *m;* **~zijde** ['-zɛidə] Kehr-, Rückseite *f*

keertje *n:* **een** [ən] ~ mal

keet Schuppen *m;* Lärm *m*

kegel Kegel *m*

kei Stein *m;* **~hard** steinhart; *fig.* stur

keizer Kaiser *m;* **~snede** [-sne:də] Kaiserschnitt *f*

kelder Keller *m*   [*m*

kelk Kelch *m*

kelner(in [-'rɪn] *f*) Kellner(in *f*) *m*

kenmerk *n* Kennzeichen *n*, Merkmal *n;* **~end** bezeichnend

kennelijk ['-nələk] sichtlich, offenbar

kennen kennen, wissen; können; **te** ~ **geven** zu erkennen geben

kennis¹ Kenntnis(se *pl.*) *f*, Wissen *n;* **~ van zaken** Sachkenntnis *f;* ~ **geven van** anzeigen; **in** ~ **stellen** in Kenntnis setzen, verständigen; **buiten** ['bəyt-] ~ **raken** das Bewußtsein verlieren

kennis² Bekannte(r); **~sen** *pl.* Bekanntschaft *f*

kennisgeving Anzeige *f;* Bekanntmachung *f*

kenschetsen kennzeichnen

kenteken ['-te:k-] Kennzeichen n; **~bewijs** [-vɛɪs] n Kraftfahrzeugschein

kenteren kentern [m]

keramiek [-'mi·k] Keramik f

kerel ['ke:rəl] Kerl m

keren kehren, fegen; wenden; abwenden

kerf Kerbe f

kerk Kirche f; **~elijk** ['-kələk] kirchlich; **~hof** ['-hof] n Friedhof m

kermen wimmern, winseln

kermis Kirmes f; **~kraam** [-kra:m], **~tent** Kirmesbude f; **~terrein** [-tɛrɛɪn] n Rummelplatz m

kern Kern m; **~achtig** [-təx] markig; **~energiecentrale** [-sən-] n Kernkraftwerk n

kers Kirsche f

kerst|avond [-'a·vənt] Heiligabend m; **~boom** n Weihnachtsbaum m; **~brood** n Weihnachtsstollen m; **2emis** ['kɛrsmɪs] Weihnachten n

kervel Kerbel m

ketel ['ke:təl] Kessel m

keten ['ke:tə(n)] Kette f; El. Stromkreis m

ketter Ketzer m

ketting Kette f; **~botsing** Auffahrunfall m, Massenkarambolage f; **~roker** [-ro:k-] Kettenraucher m

keuken ['kø:kə(n)] Küche f; **~gerei** [-ɣərɛɪ] n Küchengeschirr n; **~zout** [-zaut] n Kochsalz n

Keulen ['kø:l-] n Köln n

keuren prüfen; untersuchen; Fleisch beschauen; Mil. mustern

keurig ['-rəx] sauber; tadellos; hübsch

keus, keuze Wahl f; Auswahl f, Auslese f; **naar ~** nach freier Wahl, wahlweise

kever ['ke:vər] Käfer m

kibbelen [-'bələ(n)] sich zanken, sich streiten

kiek Foto: knipsen; **~je** n Foto n

kiel 1. Kittel m; 2. Kiel m

kiem Keim m; **~en** keimen

kier Spalte f, Spalt m; **de deur** [dø:r] **staat op een ~** die Tür ist angelehnt

kies¹ Backenzahn m

kies² taktvoll, einfühlig; **~heid** Zartgefühl n; **~keurig** ['-kø:rəx] wählerisch

kiespijn ['-pɛɪn] Zahnschmerzen m/pl.

kiesrecht n Wahlrecht n

kiet: ~zijn [si·n] quitt sein

kietel|achtig [-təx] kitzlig; **~en** kitzeln

kieuw [ki·ŭl] Kieme f

kievit Zo. Kiebitz m

kiezel Kiesel m; Kies m

kiez|en wählen; **~er** Wähler m

kijk|en ['kɛɪk-] gucken, schauen; **~er** Zuschauer m; Fernglas n

kijven schimpfen
kik|ker, ~vors Frosch *m*
kil naßkalt, kühl
kilo|(gram) *n* Kilo
(-gramm) *n*; **~meter** Kilometer *m*; **~watt** Kilowatt *n*
kin Kinn *n*
kind *n* Kind *n*
kinder|achtig [-təx] kindisch; **~bijslag** [-bɛɪsláx] Kindergeld *n*; **~lijk** [-lək] kindlich **~tehuis** [-həʏsln] Kinderheim *n*; **~verlamming** Kinderlähmung *f*
kinds kindisch; **~heid** Altersschwäche *f*; Kindheit *f*
kinine Chinin *n*
kinkel Rüpel *m*
kinkhoest [´-huˑst] Keuchhusten *m*
kip Huhn *n*, Henne *f*; *Kochk.* Hähnchen *n*
kippe|bouillon [-bu-(l)-ˈjən] Hühnerbrühe *f*; **~nhok** *n* Hühnerstall *m*; **~vel** *n* Gänsehaut *f*
kist Kiste *f*; Truhe *f*; Kasten *m*; Sarg *m*
klaar klar; fertig; bereit; **~blijkelijk** [-kələk] offenbar; **~leggen** bereit-, zurechtlegen; **~maken** fertigmachen; zubereiten; **~spelen** [´-speˑl-] fertigbringen, schaffen; **~zetten** bereitstellen
klacht Klage *f*; Beschwerde *f*; Strafanzeige *f*; **een ~ indienen** klagen;

anzeigen; **~enboek** [-buˑk] *n* Beschwerdebuch *n*
kladden klecksen, schmieren
klag|en klagen; **~er** Kläger *m*
klandizie [-ˈdiˑziˑ] Kundschaft *f*
klank Klang *m*, Ton *m*, Schall *m*, Laut *m*
klant Kunde *m*; **vaste ~** Stammkunde *m*
klap Schlag *m*; Klaps *m*; Knall *m*; **~loper** Schmarotzer *m*; **~pen** klatschen
klappen klappern
klaproos Mohn *m*
klas(se) Klasse *f*; **eerste ~** erste Klasse *f*; erstklassig, Spitzenklasse *f* **~lokaal** *n* Klassenzimmer *n*
klassiek [-ˈsiˑk] klassisch
klauteren klettern
klauw Klaue *f*; Kralle *f*; Tatze *f*
klaver Klee *m*; **~en** *pl. Karte:* Kreuz *n*
klavier Klavier *n*
kleden (be-, an-)kleiden; **~d: goed ~d** [ɣuˑt] **~d** kleidsam
kled|erdracht (Kleider-) Tracht *f*; **~ij** [-ˈdɛil̯, **~ing** Kleidung *f*
kleed *n* Kleid *n*; Teppich *m*; Decke *f*; **~hokje** *n* An-, Umkleidekabine *f*
kleer|kast Kleiderschrank *m*; **~maker** Schneider *m*; *s. a.* **kleren**

klei Lehm m, Ton m; fetter Boden: Klei m
klein klein; **~dochter** Enkelin f; **~geestig** [-təx] kleinlich, engherzig; **~geld** n Kleingeld n; **~handel** Einzelhandel m; **~igheid** ['-nəxɛit] Kleinigkeit f; **~kind** n Enkelkind n; **~maken** zerkleinern; **~zielig** [-'zi·ləx] kleinlich; **~zoon** Enkel m
klem Falle f; Klemme f; Klammer f; met ~ nachdrücklich; **~men** klemmen; **~toon** Betonung f
klep Klappe f; Schirm m; Ventil m [gel m]
klepel ['kle·pəl] Schwengel m
klepperen klappern
kleren n/pl. Kleider n/pl.; **~hanger** Kleiderbügel m
klerk Schreiber m
klets|en klatschen; **~koek** ['-ku·k] F Quatsch m; **~kous** ['-kaus], **~majoor** F Schwätzer m; **~praat** F Quatsch m, dummes Zeug n
kletteren prasseln; plätschern
kleur [klø·r] Farbe f; een ~ krijgen ['krɛɪ̯-] erröten; **~echt** farbecht
kleuren färben; tönen; erröten **~blind** farbenblind; **~televisie** Farbfernsehen n
kleur|ig ['-rəx] farbig; **~ling** Farbige(r); **~potlood** n Buntstift m

kleuter ['klø·tər] Knirps m; Kleinkind n; **~school** Kindergarten m
klev|en kleben; haften; **~erig** [-'-ɣərəx] klebrig
kliek Clique f
klier Drüse f
klikken klatschen; petzen
klimaat n Klima n
klimmen steigen; klet- [tern]
klimop Efeu m
kliniek [-'ni·k] Klinik f
kling Klinge f
klink Klinke f
klinken klingen, tönen; nieten; (m. den Gläsern) anstoßen
klinker Vokal m
klinkklaar: ~are onzinbarer Unsinn m
klinknagel Niet m
klip Klippe f
klis, klit Klette f
kloek [klu·k] stramm; herzhaft
klok Uhr f; Glocke f; **~huis** ['-høys] n Kerngehäuse n; **~slag** [-slɑx] (twee uur [y·r]) Punkt (zwei Uhr)
klomp Klumpen m; Holzschuh m
klont(er) Klumpen m
klontje n Zuckerwürfel m; Klümpchen n; **~ssuiker** [-səykər] Würfelzucker m
kloof Kluft f; Schlucht f; Spalte f
klooster n Kloster n
kloot F Hoden m; Idiot m
klop|jacht Treibjagd f; **~partij** [-tɛi] Rauferei f

kloppen klopfen, pochen; schlagen, besiegen; stimmen, zutreffen, aufgehen; **er werd geklopt** es hat geklopft

klos [klɔs] Spule *f*; Garn-|

kloven spalten [rolle *f*|

klucht [klɛxt] Posse *f*

kluis [klœys] Klause *f*, Zelle *f*; Tresor *m*

kluit Klumpen *m*; Schol-|

kluiven abnagen [le *f*|

kluizenaar Einsiedler *m*

kluts [klœts]: **de ~ kwijt** [kœsit] **zijn (raken)** *F* den Kopf verloren haben (verlieren)

klutsen quirlen; schlagen

kluwen ['klyˑʉə(n)] *n* Knäuel *m*

knaagdier *n* Nagetier *n*

knaap Knabe *m*, Bursche *m*

knabbelen knabbern [*m*|

knagen nagen

knak|ken knicken; **~worst** Knackwurst *f*

knal Knall *m*; **~len** knallen, krachen; **~pot** Auspufftopf *m*

knap hübsch, schmuck; tüchtig, gescheit; sauber

knappend knusprig

knarsen knirschen; krächzen; knarren

knecht Knecht *m*; Geselle *m*; Diener *m*

kneden kneten

kneep Kniff *m*

knellen klemmen, kneifen; *fig.* drücken

knetteren knattern, knistern

kneuzen ['knøˑzˑ-] quetschen|

knie Knie *n* [schen|

knielen knien

knieschijf [-sxɛif] Kniescheibe *f*

kniesoor Griesgram *m*

knijpen ['knɛip-] kneifen, zwicken

knikken nicken; knicken

knikker Murmel *m*

knip (*Tür*) Schieber *m*

knipogen zwinkern, blinzeln

knippen schneiden; zuschneiden; knipsen; lochen

knipper|en ['-pərə(n)] *Kfz.* blinken; **~licht** *n* Blinker *m*, Blinklicht *n*

knobbel Wulst *f*; Knoten *m*

knoei|en ['knuˑiə(n)] pfuschen; mogeln; **~er** Pfuscher *m*, Stümper *m*

knoflook Knoblauch *m*

knokkel Knöchel *m*

knol 1. Knolle *f*; Rübe *f*; 2. Gaul *m*; **~raap** Kohlrabi *m*

knook Knochen *m*

knoop Knopf *m*; Knoten *m*; **~punt** ['-pɛnt] *n* Knotenpunkt *m*; **~sgat** *n* Knopfloch *n*

knop Knopf *m*, Taste *f*; Knospe *f*

knopen knöpfen, knüpfen

knorr|en knurren, grunzen; **~ig** ['-rəx] mürrisch

knots Keule *f*

knuffelen ['knøfələ(n)] *F* knutschen, hätscheln

knuist [knœyst] Faust *f*

knuppel ['knəp-] Knüppel *m*

knul Lümmel *m*; Kerl *m*

knus(jes ['knøʃəs] gemütlich, behaglich

knutselaar ['-səla·r] Bastler *m*

koddig ['-dəx] drollig

koe [ku·] (*pl.* **koeien**) Kuh *f*

koek Kuchen *m*; ~je *n* Plätzchen *n*

koekoek Kuckuck *m*

koel kühl, kalt; ~**bloedig** ['blu·dəx] kaltblütig; ~**kast** Kühlschrank *m*; ~**te** Kühle *f*

koen kühn

koepel Kuppel *f*

koers Kurs *m*

koesteren ['ku·stərə(n)] wärmen; hegen, pflegen

koeterwaals [ku·tər'-] *n* Kauderwelsch *n*

koets Kutsche *f*; ~**ier** ['-'si·r] Kutscher *m*

koffer Koffer *m*; Truhe *f*; ~(**ruimte** [-rœymtə]) *Kfz.* Kofferraum *m*

koffie Kaffee *m*; ~ **verkeerd** Milchkaffee *m*; ~**dik** *n* Kaffeesatz *m*; ~**kan** Kaffeekanne *f*

kogel Kugel *f*; ~**lager** *n* Kugellager *n*

kok Koch *m*; ~**en** ['ko·k-] kochen, sieden

koker Köcher *m*; Behälter *m*, Futteral *n*

koket kokett

kokhalzen würgen

kokkin [ko·kɪn] Köchin *f*

kokosnoot Kokosnuß *f*

kolen *pl. s.* **steenkool**

kolf Kolben *m*

kolom [ko·'lɔm] Pfeiler *m*, Säule *f*; *Typ.* Spalte *f*

kolonel [-'nɛl] Oberst *m*

kolonie [-'lo:ni·] Kolonie *f*

kolossaal kolossal, ungeheuer

kom Schale *f*; Tasse *f*; Napf *m*; Zentrum *n*

komedie [-'me:di·] Komödie *f*

komen ['ko:mə(n)] kommen; herkommen; gelangen

kom|iek [ko·'mi·k] ulkig; ~**isch** ['-i·s] komisch

komkommer Gurke *f*; ~**sla** Gurkensalat *m*

kompres *n* Kompresse *f*

komst Ankunft *f*, Kommen *n* [chen *n*]

konijn [-'nɛin] *n* Kaninchen *n*]

koning König *m*; ~**in** [ko·nə'nɪn] Königin *f*

konink|lijk [-lək] königlich; ~**rijk** [-rɛik] *n* Königreich *n*

kont *F* Arsch *m*

kooi Käfig *m*; Koje *f*

kook Kochen *n*; ~**gerei** ['-xərɛi] *n* Kochgeschirr *n*; ~**hoek** ['-hu·k] Kochnische *f*; ~**pan** Kochtopf *m*; ~**stel** ['-stɛl] *n* Kocher *m*

kool 1. Kohle *f*; 2. Kohl *m*; ~**rode** ~ Rotkohl *m*; ~**zuur** ['-zy:r] *n* Kohlensäure *f*

koop Kauf *m*; Einkauf *m*; **op de** ~ **toe** [tu'] außerdem; **te** ~ zu verkaufen; verkäuflich

koop|je n Gelegenheitskauf m; billiger Einkauf m; **~man** Kaufmann m; **~vaardijvloot** [-'dɛɪ-] Handelsmarine f; **~waar** Handelsware f

koorn Korn n

koord Schnur f, Leine f, Seil n, Strick m

koorts Fieber n; **~achtig** [-tǝx] fiebrig; fieberhaft

kop Kopf m; Tasse f; Schlagzeile f; Spitze f; **over de ~ slaan** sich überschlagen

kopen kaufen, erstehen

koper¹ Käufer m

koper² Kupfer n; **~gravure** [-ˠy:rǝ] Kupferstich m [ren]

kopiëren [-'pi:r-] kopie-

kop|je n Tasse f; **~lamp** Kfz. Scheinwerfer m

koppeling Kupplung f

koppig [-pǝx] dickköpfig, trotzig, stur; **~heid** Trotz m

koptelefoon Kopfhörer m

koraal Koralle f

kordaat [-'da:t] unverzagt, tapfer; energisch

koren ['ko:rǝ(n)]n Korn n, Getreide n

korf Korb m; **~bal** n Korbball m

korporaal Gefreite(r)

korrel Korn n, Körnchen n; **~ig** [-'rǝlǝx] körnig

korset n Korsett n, Mieder n

korst Rinde f; Kruste f, Schorf m

kort kurz; **~af** kurz angebunden, wortkarg

kort|en kürzen, abziehen; **~ing** Rabatt m; Skonto m n; Abzug m; **~sluiting** ['-slœyt-] Kurzschluß m; **~wieken** die Flügel stutzen; **~zichtig** [-'sɪxtǝx] kurzsichtig

kost Kost f, Verpflegung f; **~ en inwoning** Unterkunft und Verpflegung; **ten ~e van** auf Kosten (G); **~baar** kostbar

koste|lijk [-tǝlǝk] köstlich; **~loos** kostenlos, gebührenfrei

kosten 1. pl. (Un-)Kosten pl., Gebühr f; 2. kosten

koster Kirchendiener m

kost|huis ['-hǝys] n Pension f; **~school** Internat n

kostuum [-'ty:m] n Anzug m, Kostüm n

kotelet Kotelett n

kou(de) ['kau-] Kälte f; **~ vatten** sich erkälten

koud kalt; **het ~ hebben** frieren

kous Strumpf m

kouten plaudern

kouwelijk [-'kŭwǝlǝk] fröstelig

kozijn [-'zɛɪn] n (Fenster-)Rahmen m

kraag Kragen m

kraai Krähe f; **~en** krähen

kraak|been n Knorpel m; **~zindelijk** [-dǝlǝk] blitzsauber

kraal Koralle f

kraam Bude f; **~bed** n Wochenbett n; ~inrichting Entbindungsanstalt f

kraan Kran m; Hahn m

krab 1. Krabbe f; 2. Kratzer m, Schramme f

krabb|elen ['-bələ(n)] kraulen; kritzeln; ~en kratzen; scharren

kracht Kraft f; Wucht f; ~dadig [-'da:dəx] kräftig, tatkräftig; ~eloos kraftlos; ~ens kraft (G); ~ig ['-təx] kräftig, energisch

krakeling ['kra:kəl-] Brezel f

kraken ['kra:k-] krachen; knarren; knacken

kramp Krampf m; ~achtig [-'oxtəx] krampfhaft

kranig ['kra:nəx] tüchtig, zackig

krankzinnig [-'sɪnəx] geisteskrank, verrückt; ~engesticht n Irrenanstalt f

krans Kranz m [stalt f

krant Zeitung f

kranten|papier n Zeitungspapier n; ~stalletje [-stɔlətiə] n Zeitungskiosk m

krap knapp, eng

kras kraß; rüstig; dat is ~ F das ist stark

krassen kratzen; ritzen; krächzen

krat (bier) Kasten m (Bier)

krauwen kraulen

krediet n Kredit m; ~ verlenen [-'le:n-] Kredit gewähren; ~kaart Kreditkarte f

kreeft Krebs m; Hummer [m

kreet Schrei m

krekel ['kre:kəl] Grille f

krenken kränken

krent Korinthe f; ~erig ['-tərəx] knauserig; kleinlich

kreuk|(el)en ['krø:k(əl)ə (-n)] knittern; ~vrij [-'frɛɪ] knitterfrei

kreunen ächzen, stöhnen

kreupel ['krø:pəl] lahm; ~hout [-hout] n Gestrüpp n

kribbig ['-bəx] mürrisch

krijgen ['krɛɪɣ-] bekommen, erhalten, F kriegen

krijgsgevangene Kriegsgefangene(r)

krijsen ['krɛɪsə(n)] kreischen

krijt n Kreide f [schen

krik Wagenheber m

krimpen eingehen, schrumpfen

kring Kreis m; Zirkel m; ~loop Kreislauf m

krioelen [kri'ju·lə(n)] wimmeln

kriskras kreuz und quer

kristal n Kristall m od. n

krit|iek kritisch; Su. Kritik f; ~isch ['-i·s] kritisch

kroeg [kru·x] Schenke f, Kneipe f

kroes kraus

krokodil [-'dɪl] Krokodil n

krom krumm; ~me Kurve f; ~men krümmen

kroniek [-'ni·k] Chronik f

kronkelen sich winden, sich schlängeln

kroon Krone f; **_luchter** ['-løxtər] Kronleuchter m

kroost n Nachkommenschaft f, Kinder n/pl.

krop Kropf m; Kopf m; **_sla** Kopfsalat m

krot(woning) Elendswohnung f

kruid [krœyt] n Kraut n

kruiden würzen; **_ier** [-də'ni:r] Kolonialwarenhändler m; **_thee** Kräutertee m

kruidnagel Gewürznelke f [päckträger m|

kruier ['krœyiər] Ge-|

kruik Krug m

kruimel ['krœyməl] Krümel m, Brosamen f/pl.

kruin Scheitel m; Gipfel m; Wipfel m

kruip|en kriechen; **_pakje** n Strampelhöschen n

kruis n Kreuz n; **een _ slaan** sich bekreuzigen; **pijn** [pɛin] **in het _** Kreuzschmerzen m/pl.; **_bes** ['-bɛs] Stachelbeere f

kruisen (elkaar) (sich) kreuzen

kruis|er Kreuzer m; **_punt** ['-pɔnt] n (Straßen-) Kreuzung f; **_snelheid** Reise-, Dauergeschwindigkeit f; **_tocht, _vaart** Kreuzfahrt f; **_woordraadsel** n Kreuzworträtsel n

kruit n (Schieß-)Pulver n

kruiwagen ['krœyva:ɣə-] Schubkarre f

kruk [krœk] Krücke f; Schemel m, Hocker m; Griff m; Kurbel f; **_as** Kurbelwelle f

krul Locke f; Hobelspan m; Schnörkel m; **_len** locken, kräuseln; **_speld** Lockenwickler m

kubiek [ky'-]: **_e meter** Kubikmeter m

kubus ['ky·bəs] Würfel m, Kubus m

kuchen ['kœx-] hüsteln

kudde Herde f; Rudel n

kuieren ['kœyiərə(n)] (langsam) spazieren

kuif [kœyf] Stirnlocke f

kuiken n Küken n

kuil Loch n, Grube f

kuip Wanne f; Kübel m; Bottich m

kuis keusch

kuit 1. Rogen m; 2. Wade f

kul [kœl]: **flauwe _** F Quatsch m [m|

kummel ['kœm-] Kümmel

kunnen können; mögen; **_ tegen** ['te:ɣ-] ertragen, vertragen

kunst [kœnst] Kunst f

kunsten|aar ['-təna:r] (**_ares** [-'rɛs] Künstler (-in f) m

kunst|gebit n Zahnersatz m, Prothese f; **_handel** Kunsthandlung f; **_ig** ['-təx] kunstvoll; **_matig** ['-ma:təx] künstlich; **_mest** Kunstdünger m; **_nijverheid** ['-nɛivər-] Kunstgewerbe n; **_stof**

Kunststoff m; ~tand(en $pl.$) Zahnersatz m; ~vezel ['-fe:zəl] Kunst-, Chemiefaser f

kurk [kœr(ə)k] Korken m, Pfropfen m; Stöpsel m; ~etrekker Korkenzie-\} her m\}

kus Kuß m [her m\}

kussen[1] **(elkaar)** (sich) küssen

kussen[2] n Kissen n; Polster n; ~sloop Kissenbezug m

kust Küste f

kuur [ky:r] 1. Laune f, Grille f; 2. Kur f; ~oord n Kurort m

kwaad böse, zornig; schlimm, übel; $Su. n$ Böse(s), Übel n; iem. doen [du·n] j-m et. zuleide tun; ~spreken van verleumden; ~willig [-'υɪləχ] böswillig

kwaal Übel n, Leiden n

kwadraat n Quadrat n

kwajongen ['kŭa:'-] Lausbub m

kwaken quaken

kwal Qualle f

kwalijk ['kŭa:lək] schlecht, übel; ~ nemen übelnehmen; ~ neem me niet ~ entschuldigen Sie

kwaliteit Qualität f

kwart n Viertel n; ~ over twee Viertel nach zwei; ~aal n Quartal n, Vierteljahr n

kwartet n Quartett n [ln \}

kwartfinale Viertelfinale \}

kwartier [-'ti:r] n Viertelstunde f; Stadtviertel n; Quartier n

kwartje n $1/4$ Gulden

kwarts n Quarz m

kwast Quaste f; Pinsel m; Narr m

kwe|**keling** ['kŭe:kəl-] Zögling m; ~ züchten ziehen; $Su. n$ Aufzucht f; ~rij [-'rɛi] (Auf-)Zucht f; Gärtnerei f

kwekken quaken

kwell|**en** quälen, plagen; ~ing Quälen n; Qual f, Plage f

kwestie ['kŭɛsti·] Frage f; Zank m; in ~ fraglich, erwähnt

kwets|**en** verletzen; ~uur [-'sy:r] Verletzung f

kwijlen ['kŭɛil-] geifern

kwijnen verkümmern, dahinsiechen

kwijt te los, weg; iets ~ zijn et. verloren haben

kwijten: zich ~ van een taak ~ sich e-r Aufgabe entledigen

kwijt|**raken** verlieren, loswerden; ~schelding Erlaß m

kwik(zilver) n Quecksilber n

kwispel|**en**, ~staarten wedeln

kwistig ['-təχ] verschwenderisch, sparsam

kwit|**antie** [-'tansi·] Quittung f; ~eren [-'te:r-] quittieren

L

la(de) (Schub-)Lade f

laad|perron ['-pɛrɔn] n (Lade-)Rampe f; Verladebahnsteig m; **~ruimte** ['-rœymtə] Laderaum m; **~vloer** ['-flu:r] Kfz. Pritsche f

laag¹ Schicht f, Lage f; Überzug m

laag² niedrig; tief, nieder; **~hartig** ['-hɑrtəx] niederträchtig; **~heid** Niedrigkeit f; Niedertracht f; **~ste** untere, unterste; **~te** Tiefe f; Vertiefung f; Niederung f; **~vlakte** Tiefebene f; **~water** ['-ʋaːtərln Ebbe f

laaien lodern

laan Allee f

laars Stiefel m

laat spät

laatst letzt; Adv. neulich, jüngst; **het ~** zuletzt; **op zijn** lʃənl **~** spätestens

laboratorium ['-toːriː-(j)ɔmln Labor n

lach|en lachen; **~wekkend** ['-ʋɛkənt] Lachen erregend; lächerlich

lacune ['-kyˑnə] Lücke f

ladder Leiter f; Laufmasche f

lade s. la

laden laden

laf feige; fade, schal; schwül; **~aard** Feigling m; **~hartig** ['-hɑrtəx] feige

lager niedriger nieder

lagerwal ['-ʋɑl. aan ~ ge-**

raken herunter-, verkommen

lak Lack m

laken n Tuch n; Bettuch n, Laken n

lam¹ [lɑm] lahm; gelähmt; dumm, verflixt

lam² Lamm n

lambrizering ['-zeːr-] Täfelung f

lamlendig ['-lɛndəx] schlaff, fig. lahm

lamp Lampe f; (Glüh-)Birne f; Rdf. Röhre f

lampekap Lampenschirm m

land n Land n; Acker m; **het ~ hebben aan** Widerwillen empfinden gegen (A)

landbouw ['-bɔu̯] Landwirtschaft f; **~er** Landwirt m

landelijk ['-dələk] ländlich

landen landen; **op het water ~** wässern

landenwedstrijd [-strɛit] Länderkampf m, -spiel n

land|genoot Landsmann m; **~goed** ['-xuˑtln Gut n

landingsgestel [-xəstɛl] n Flgw. Fahrwerk n

land|kaart Landkarte f; **~loper** Landstreicher m; **~schap** n Landschaft f

lang lang; Adv. lange; **(nog) ~ niet** bei weitem nicht; **~dradig** ['-draːdəx] weitschweifig; **~**

[-'dy:rəx] länger; lang-
wierig

langs entlang *(A, D),* längs
(G), vorbei an*(D)*

lang|speelplaat Lang-
spielplatte *f;* **~werpig**
[-pəx] länglich

~langzaam langsam;
~aan-actie [-aksi-]
Bummelstreik *m*

langzamerhand allmäh-
lich

lantaarn Laterne *f*

lanterfanten herumlun-
gern, bummeln

lap Lappen *m*

lappen ausbessern, flik-
ken

larve Larve *f,* Made *f*

lassen schweißen

last Last *f;* Ladung *f;*
Steuer *f,* Abgabe *f;* Mühe
f; Unannehmlichkeiten
f/pl., Ärger *m;* **op ~ van**
im Auftrag von*(D)*

laster Verleumdung *f;* **~en**
verleumden; lästern

lastig ['-təx] schwierig,
schwer; lästig, beschwer-
lich, mühsam; hinder-
lich; **~ vallen** bemühen;
belästigen

lat Latte *f*

laten ['la:tə(n)] lassen

later später, nachher

Latijns ['-tɛins] lateinisch

laurier [-'ri:r] Lorbeer *m*

lauw lau

lavement [lavə'mɛnt] *n*
Med. Einlauf *m*

lawaai [-'ʋa:i] Lärm *m;* **~
maken** lärmen

lawine Lawine *f*

laxeermiddel [-'kse:r-] *n*
Abführmittel *n*

lectuur [-'ty:r] Lektüre *f*

ledematen ['le:də-] *n/pl.*
Gliedmaßen *pl.*

led| er *s.* leer; **~ig** *s.* leeg

ledigen ['le:dəx-] leeren

ledikant [-'kɑnt] *n* Bett *n*

leed *n* Leid *n,* Kummer *m;*
~vermaak *n* Schaden-
freude *f;* **~wezen** *n* Bedauern *n*

leeftijd ['-tɛit] Alter *n*

leeg leer; **~te** Leere *f*

leek Laie *m*

leem Lehm *m*

leemte Lücke *f*

leen: **te ~** leihweise

leep schlau, pfiffig

leer 1. *n* Leder *n;* 2. Lehre
f

leer|boek ['-bu:k] *n* Lehr-
buch *n;* **~jongen** Lehrling
m; **~ling(e** *f)* Schüler(in *f)*
m; **~tijd** ['-tɛit] Lehre *f*

leerwaren *pl.* Lederwaren
f/pl.

leerzaam lehrreich, auf-
schlußreich; gelehrig

lees|baar leserlich; les-
bar; **~zaal** Lesesaal *m*

leeuw [le:ü] Löwe *m*

leeuwerik ['le:üərik] Lerche *f*

legaliseren [-'ze:r-] legali-
sieren; beglaubigen

legatie [-'ɣa:(t)si·] Gesandtschaft *f*

legen leeren

leger ['le:ɣ·] *n* Armee *f,*
Heer *n;* Lager *n; s. a.* **heil**

leggen legen

legitimatie [-'ma:(t)si] f Ausweis m

legitimeren [-'me:r-]: **zich** ~ sich ausweisen

lei 1. n Schiefer m; 2. Schiefertafel f

leiden leiten, führen; anführen; lenken; **~er** Leiter m, Führer m; Anführer m

leidraad Leitfaden m

lek leck, undicht; **~ke band** Reifenpanne f; Su. n. Leck n, Loch n; **~ken** lecken

lekker lecker, schmackhaft; angenehm; wohl; **~nij** [-'nɛi] Leckerbissen m

lelie ['le:li] Lilie f [m]

lelijk ['le:lək] häßlich; übel

lemme|r ['lɛmər] n, **~t** n Klinge f

lende Lende f

lenen ['le:nə(n)] leihen, borgen; **zich** ~ sich hergeben; sich eignen

lengte Länge f

lenig ['le:nəx] gelenkig, geschmeidig

lenigen ['-nəɣ-] lindern

lening Anleihe f, Darleh(e)n n

lens Linse f

lente Frühling m

lepel ['le:pəl] Löffel m

leperd Schlauberger m

ler|aar m Lehrer m; Studienrat m; **~ares** [-'rɛs] Lehrerin f; Studienrätin f

leren¹ ledern [tin f

leren² lernen; lehren

les Lektion f, Aufgabe f; (Schul-)Stunde f; Lehre f; Unterricht m

lessen löschen, stillen

lessenaar ['-sənaːr] Pult n

les(sen)rooster Stundenplan m [zung f]

letsel ['lɛtsəl] n Verletzung f

letten (op) achtgeben (auf A), aufpassen (auf A); beachten, berücksichtigen

letter Buchstabe m; Type f; Lit. Literatur f; Philologie f; **~greep** Silbe f; **~kunde** [-kəndə] Literatur f; **~lijk** [-lək] buchstäblich, wörtlich

leugen ['lø:ɣə(n)] Lüge f; **~aar** Lügner m; **~achtig** [-təx] unwahr; verlogen

leuk reizend, nett; hübsch; gelungen

leun|en (sich) lehnen; sich stützen; **~ing** Lehne f; Geländer n, Brüstung f; **~(ing)stoel** [-stu'l] Lehnstuhl m, -sessel m

leus Losung f, Schlagwort n [wen n]

Leuven ['lø:və(n)] n Löwen n

leuze s. **leus**

leven leben; Su. n Leben n; Gewühl n; Lärm m

levend leben, lebendig; **~wezen** n Lebewesen n; **~ig** ['le:vəndəx] lebhaft; lebendig, rege

levenloos leblos

levens|lang lebenslänglich; **~middelen** n/pl. Lebensmittel n/pl.

levensonderhoud [-hɑut] n: kosten pl. van ~ Lebenshaltungskosten pl.

levens|standaard Lebensstandard m; ~vatbaar lebensfähig

lever Leber f

lever|ancier [-'si:r] Lieferant m; ~baar lieferbar; ~en [-'le:və̃ra(n)] liefern; ~ingstermijn [-termsi:n], ~tijd Liefertfrist f

leverworst Leberwurst f

lexicon n Lexikon n

lez|en lesen; ~er(es [-'rɛs] f) Leser(in f) m; ~ing Vorlesung f, Vortrag m

liberaal liberal

licentie [-'sɛnsi·] Lizenz f

lichaam ['lɪ-] n Körper m; Körperschaft f

lichaams|oefening [-u-fən-] Leibesübung f; ~verzorging Körperpflege f

lichamelijk [-'xa:mələk] körperlich; ~e opvoeding Leibeserziehung f

licht¹ hell; leicht; leise

licht² n Licht n; Leuchte f; Beleuchtung f; Helligkeit f; groot ~ Kfz. Fernlicht n

lichtblauw hellblau

lichten leuchten; hell werden; wetterleuchten; lichten; rekrutieren; leeren

licht|gelovig [-'lo:və̃x] leichtgläubig; ~geraakt [-'ra:kt] reizbar, empfindlich; ~reclame

Leuchtreklame f; ~signaal [-'si·ni̯a:l] n

Lichthupe f; ~vaardig [-'fa:rdəx] leichtfertig; ~zinnig [-'sɪnəx] leichtsinnig

lid n Glied n; Gelenk n; Lid n; Mitglied n; ~woord n Artikel m

lied n Lied n

lieden pl. Leute pl.

liederenavond [-a-və̃nt] Liederabend m

liederlijk [-lək] liederlich

lief lieb, artig, liebenswürdig; nett; niedlich; ~dadig ['da:dəx] wohltätig

liefde Liebe f; ~loos lieblos; ~rijk [-rɛik] liebevoll; ~sbrief Liebesbrief m

liefelijk ['-fələk] lieblich

liefhebben lieben; ~er Liebhaber m

liefkoz|en liebkosen; ~ing Liebkosung f, Zärtlichkeit f

liefst liebst; het ~ am liebsten

lieftallig [-'tɑləx] hold, anmutig

liegen lügen

lier Winde f

liesbreuk ['-brø:k] Leistenbruch m

lieveling Liebling m

liever lieber; eher

lift Aufzug m, Fahrstuhl m

liften trampen, per Anhalter reisen

lig|gen liegen; gaan ~gen

loffelijk

sich (hin)legen; ~ger
Tech. Balken m, Träger
m; ~ging Lage f; ~stoel
['-stul] Liegestuhl m

lijdelijk ['lɛidələk] passiv,
untätig

lijden ['lɛidə(n)] leiden, dulden, erleiden, ertragen;
het lijdt geen twijfel es
unterliegt keinem Zwei-
fel

lijf [lɛif] n Leib m [chef]
lijk n Leichnam m, Lei-|
lijken scheinen; (op) gleichen (D), ähneln (D)

lijk|enhuis [-həys] n Leichenhalle f; ~verbranding Feuerbestattung f;
~wagen Leichenwagen f

lijm [lɛim] Leim m [m]
lijn Linie f; Leine f, Seil n;
Strich m; Esb. Strecke f;
~bus [-bɔs] Linienbus m;
~recht schnurgerade

lijntje n: aan 't ~ houden
['hɑuə(n)] hinhalten, vertrösten

lijnzaad n Leinsamen m
lijst Liste f, Verzeichnis n;
Rahmen m; Leiste f;
~aanvoerder [-ʋu:rdər]
Spitzenkandidat m

lijster Drossel f
lijvig ['lɛiʋəx] beleibt, dick
likdoorn Hühnerauge n
likeur [-'kø:r] Likör m
likken lecken
limonade Limonade f
linde Linde f
lingerie [lɛ:ʒə'ri:] Da-
menwäsche f

liniaal Lineal n

linie ['li·ni·] Linie f
link F schlau
linker Linke; ~hand Linke
f; ~zijde [-zɛidə] linke
Seite f; Pol. Linke f

links [lɪŋs] linke; links;
linkisch; linkshändig;
~af (nach) links; ~handige [-'hɑndəɣə] Links-
händer m

linnen leinen, aus Leinen;
Su. n Leinen n, Lein-
wand f; ~kast Wäsche-
schrank m

lint n Band m

linzensoep [-su·p] Linsen-
suppe f

lip Lippe f
lippenstift Lippenstift m
lispelen lispeln
list List f; ~ig ['-təx] listig
liter Liter m od. m
literatuur [-'ty:r] Literatur
f

lits-jumeaux [li·ʒy·'mo:] n
Doppelbett n

litteken ['-te:k-]n Narbe f
loco-burgemeester [-bər-
ɣə-] stellvertretender
(Ober-)Bürgermeister m

locomotief Lokomotive f
loden[1] leinen
loden[2] Lodenmantel m
loef [lu·f] Luvseite f; iem.
de ~ afsteken ['-ste:k-]
j-m den Rang ablaufen

loeien ['lu·iə(n)] muhen,
blöken; heulen, tosen

loep Lupe f
loeren ['lu:r-] lauern, spähen

lof [lɔf] Lob n; ~felijk

['-fələk], ~waardig [-'va:r-dəx] lobenswert

log [lɔx] schwerfällig, plump [buch n]

logboek ['-bu·k] n Log-

loge ['lo:ʒə, 'lɔ:-] Loge f

log|é(e f) [lo:'ʒe:] Gast m (zum Übernachten); **~eerkamer** [-'ʒe:rka:mər] Fremdenzimmer n; **~ement** [-'mɛnt] n Gasthof m; **~eren** [-'ʒe:r-] wohnen (als Gast)

logies [-'ʒi·s] n Logis n; **~inlichtingendienst** Zimmernachweis m

logisch ['-i·s] logisch, folgerichtig

lok Locke f

lokaal n Lokal n, Raum m; Diele f; Adj. lokal; ~ (telefoon)gesprek [-sprɛk] n Tel. Ortsgespräch m

lokaas n Köder m

loket [-'kɛt] n Schalter m; Fahrkartenschalter m; **~beambte** [-amtə] Schalterbeamte(r)

lokken locken; ködern

lol Spaß m, Jux m; **~lig** ['-ləx] lustig

lolly ['lɔli] Lutscher m

lommerd Pfandhaus n

lomp¹ plump; ungeschickt; grob

lomp² Lumpen m

lomperd Tölpel m

long Lunge f; **~ontsteking** [-ste·k-] Lungenentzündung f [l f]

lont Lunte f, Zündschnur

loochenen ['-xənə(n)] leugnen, abstreiten

lood n Blei n; Lot n; **~gieter** Klempner m; **~je** n Plombe f; **~recht** senkrecht

loods¹ Lotse m

loods² Schuppen m

loodsdienst Lotsen- [dienst m]

loof n Laub n

loog Lauge f

looien gerben

loom matt, träge; schwül

loon n Lohn m; **~afhoudingen** [-haud-]/pl. Lohnabzüge m/pl.; **~belasting** Lohnsteuer f; **~staat** Lohnliste f; **~sverhoging** Lohnerhöhung f

loop m Lauf m, Gang m; Verlauf m; op de ~ gaan ausreißen, F durchbrennen; in de ~ van im Laufe (G); **~baan** Laufbahn f; **~jongen** Laufbursche m; **~plank** Laufsteg m

loos los, schlau; blind; taub

loot Bot. Trieb m

lopen gehen; laufen; erin ~ fig. hereinfallen; iem laten ~ fig. hereinlegen

loper Läufer m; Bote m; Dietrich m

los [lɔs] lose, locker, los; **~werkman** Gelegenheitsarbeiter m; **~bandig** [-'bandəx] zügellos, liederlich; **~binden** losbinden; **~gaan** aufgehen, sich lockern; **~geld** n Lösegeld n; **~laten** ['-la:t-] loslassen; **~maken**

['-ma:k-] lösen, lockern; auftrennen; **.raken** loskommen

lossen lösen; einlösen; *Ladung* löschen; *Schuß* abfeuern

lostornen (auf)trennen

lot [lɔt] *n* Los *n*; Schicksal *n*

lot|en ['lo:t-] losen; **.erij** [-tə'rɛɪl] Lotterie*f*

lotgevallen *n/pl.* Erlebnisse *n/pl.*, Schicksal *n*

lotje *n:* **van - getikt zijn** [sɛɪn] *F* spinnen, übergeschnappt sein

louche [luːʃ] unzuverlässig; widerwillig

louter ['lautər] lauter

loven loben; **- en bieden** feilschen

lozen abführen, ableiten; ausstoßen

lucht [lœxt] Luft *f*; Himmel *m*; Duft *m*; Geruch *m*; **in de open** ['o:pə(n)] **-** im Freien; **.bel** *f* ['-bɛl] Luftblase *f*; **.bus** ['-bəs] Airbus *m*; **.dienstregeling** [-re:ʒd-] Flugplan *m*; **.druk** ['-drøk] Luftdruck *m*

luchten (durch)lüften; ausstehen [*m*

luchter (Kron-)Leuchter[*m*

lucht|haven Flughafen *m*; **.ig** ['-təx] luftig; leicht, locker, unbesorgt; **.kuuroord** ['-kyːr-] *n* Luftkurort *m*; **.ledig** ['-le:dəx] luftleer; **.lijn** ['-lɛɪn] Luft-, Fluglinie

f; **.macht** Luftwaffe *f;* **.vaartmaatschappij** [-sxa'pɛɪl] Flug-, Luftfahrtgesellschaft *f;* **.verkeer** *n* Flugverkehr *m;* **.verversing** Ventilation*f*

lucifer ['lyːsiˑfər] Streichholz *n*

lui[1] [lœɪ] faul, träge

lui[2] *pl.* Leute *pl.*

luiaard Faulenzer *m*

luid [lœɪt] laut

luiden lauten; läuten

luid|keels aus vollem Halse; **.ruchtig** ['-rœxtəx] laut; **.spreker** ['-spreːkər] Lautsprecher *m*

luier ['lœɪ'ər] Windel*f*

lui|eren faulenzen; **.heid** Faulheit*f*

luik *n* Luke *f;* Fensterladen *m*

Luik *n* Lüttich *n*

lui|lakken faulenzen; **.lekkerland** [ləʔ'-] *n* Schlaraffenland *n*

luis [lœɪs] Laus*f*

luister Pracht*f,* Glanz *m*

luister|aar Zuhörer *m*; Rundfunkhörer *m*; **.bijdrage** [-bɛɪ-] Rundfunkgebühr*f*

luisteren ['lœɪstərə(n)] zuhören; horchen; lauschen; **- naar** zuhören *(D),* sich anhören; hören auf*(A),* gehorchen*(D)*

luister|rijk [-rɛɪk] prunkvoll; **.spel** [-spɛl] *n* Hörspiel*n;* **.vink** Horcher *m*; Rundfunkhörer *m*

luitenant ['ləytənɑnt]
Leutnant *m*

luk|ken gelingen, glük-
ken; **~raak** ['lǝk-] aufs
Geratewohl, planlos

lummel ['lǝməl] Lümmel
m, Tölpel *m*

lunapark ['ly-] *n* Rummelplatz *m*; Vergnü-
gungspark *m*

lunch [lønʃ] Lunch *m*;

~room Café *n*, Konditorei *f*

lus Schlinge *f*; Schleife *f*;
Kleid. Aufhänger *m*; Öse
f

lust [lœst] Lust *f*

lusten mögen, gern essen

luxe ['ly-ksǝl] Luxus *m*;
~hotel *n* Luxushotel *n*

lyceum [li'se:ǝm] *n*
Oberschule *f*

M

maag Magen *m*; **~pijn**
['-pɛɪn] Magenschmerzen
m/pl.

maagd Jungfrau *f*

maaien mähen, schnei-
den

maakloon *n* Arbeitslohn
m

maal¹ *n* Mahl *n*, Mahlzeit
f, Gelage *n*

maal² mal; *Su.* Mal *n*; *s. a.*
keer

maalstroom Strudel *m*

maaltijd ['-tɛɪt] Mahlzeit *f*;
lichte ~ Imbiß *m*; **~bon**
[-bɔn] Mahlzeitengut-
schein *m*

maan Mond *m*; **nieuwe**
['ni-ǔǝ] Neumond *m*;
volle ~ Vollmond *m*

maand Monat *m*

maandag ['-dɑx] Montag
m; **~s** montags

maand|elijks ['-dǝlǝks]
monatlich; **~kaart** Mo-
natskarte *f*; **~verband** *n*
Damenbinde *f*

maansverduistering
[-dǝystǝr-] Mondfinster-
nis *f*

maar aber, sondern; nur,
bloß; **al ~ door** immerfort, immerzu

maart März *m*

maas Masche *f*

maat¹ Kamerad *m*

maat² Maß *n*; Takt *m*;
Größe *f*; **~houden** ['-hǎu-
ǝ(n)] maßhalten; *s. a.*
mate

maatjesharing Matjeshering *m*

maatregel ['-re:ɣǝl] Maß-
nahme *f*

maatschappelijk ['-sxa-
pǝlǝk] gesellschaftlich,
sozial; **~werkster** (So-
zial-)Fürsorgerin *f*

maatschappij ['-pɛɪ] Gesellschaft *f* [*m*]

maatstaf ['-stɑf] Maßstab

macaroni Makkaroni *pl.*,
Nudeln *f/pl.*

machin|aal [-ʃi·-] ma-
schinell; mechanisch; **~e**
Maschine *f*; **~ist** Maschi-

nist *m;* Lokomotivführer *m*

macht Macht *f*, Gewalt *f*, Kraft *f;* Math. Potenz *f;* **.eloos** ['-tǝlo:s] machtlos, ohnmächtig; **.hebber** Machthaber *m;* **.ig** ['-tǝx] mächtig, gewaltig; **.igen** ermächtige

made Made *f*

madeliefje *n* Gänseblümchen *n*

maga|zijn [-'zɛin] *n* Lager *n*, Magazin *n;* Laden *m;* **.zine** Magazin *n*, Zeitschrift *f*

mager mager, hager

magistraal meisterhaft

magneet Magnet *m*

mahonie(hout [-ɦɑutl] *n* Mahagoniholz *n*

mailboot ['me:l-] Postdampfer *m*

mais Mais *m*

majesteit ['ma:iǝstɛit] Majestät *f*

majoor Major *m*

mak zahm

makelaar ['ma:kǝ-] Makler *m*

maken ['ma:kǝ(n)] machen; herstellen; **hoe** [ɦu·] **maakt U** [y·] **het?** wie geht es Ihnen?; **het iem. niets te .. hebben** mit j-m nichts zu schaffen haben

maker Hersteller *m*

makkelijk ['-kǝlǝk] bequem, leicht

makker Gefährte *m*, Genosse *m*

makreel Makrele *f*

mal töricht, verrückt

malen mahlen

maling: daar heb ik .. aan ich pfeife darauf; **in de .. nemen** verulken

mals saftig; weich

man Mann *m*

manchetknoop [-'ʃɛt-] Manschettenknopf *m*

mand Korb *m*

mandarijntje [-'rɛintiǝ] *n* Mandarine *f*

manen¹ *pl.* Mähne *f*

manen² mahnen

maneschijn [-sxɛin] Mondschein *m*

manicure [-'ky:r(ǝ)l] Maniküre *f*

manier Weise *f*, Art *f*, Manier *f;* Art und Weise

manifestatie [-'ta:(t)si-] Veranstaltung *f;* Kundgebung *f*

manne|lijk ['-nǝlǝk] männlich; **.tje** *n* Männchen *n*

manoeuvre [-'nɶ·vrǝl] Manöver *n*

manschappen *pl.* Mannschaft(en *pl.*) *f*

mantel Mantel *m;* **.pak (-je)** *n* Jackenkleid *n*, (Damen-)Kostüm *n*

map Mappe *f*

marchanderen [-ʃɑn-'de:r-] feilschen

marcheren [-'ʃe:r-] marschieren

marxisme *n* Marxismus *m*

marechausse [mare'ʃo-'se:l] Gendarmerie *f*

margarine Margarine f
marge ['mɑrʒə] Rand m, Marge f; Hdl. Spanne f
marine Marine f
mark Mark f
markering [-'ke:r-] Markierung f
markt Markt m; ~plein ['-plɛɪn] n Marktplatz m
marmer n Marmor m
marmot [-'mɔt] Murmeltier n; Meerschweinchen n
mars¹ Marsch m
mars² Warenkorb m
marsepein ['-səpɛɪn] Marzipan n
marskramer Hausierer m
martelaar Märtyrer m
marter Marder m
masker n Maske f; ~en [-'ke:r-] maskieren
massa Masse f, Menge f; ~aal [-'sa:l] massig
massage Massage f
mast Mast m
mat¹ matt, flau
mat² (Fuß-)Matte f
match [mɛtʃ] Wettspiel n
mate Maß n; Grad m; in hoge ~ in hohem Maße; ~loos maßlos
materiaal n Material n; ~ie [-'te:ri] Materie f; ~ieel [-te·r'je:l] materiell; Su. n Material n
matig ['ma:təx] mäßig; ~en mäßigen
matras Matratze f
matrijs [-'trɛɪs] Matrize f
matroos Matrose m
mavoschool Realschule f

maximum [-məm] maximal, Höchst-; Su. n Maximum n
mayonaise Mayonnaise f
mazelen ['-zələ(n)] pl. Masern pl.
me [mə] mich; mir
me|canicien [-kani'siɛ̃:] Mechaniker m; ~chanica [-'xa:-] Mechanik f; ~chanisme n Mechanismus m
me(d)e ['me:də, me:] mit
mede|burger [-bœrʁər] Mitbürger m; ~deling [-de:l-] Mitteilung f; Durchsage f; ~dinging Wettbewerb m, Konkurrenz f; ~gebruik [-brœyk] n Mitbenutzung f; ~klinker Konsonant m; ~leven [-le:v̄-] n Mitgefühl n; ~lijden [-leɪd-] n Mitleid n; ~plichtig [-'plɪxtəx] mitschuldig; ~speler [-spe:l-] Mitspieler m; ~stander Mitkämpfer m; ~werking Mitarbeit f, Mitwirkung f; ~weter [-ve:tər] Mitwisser m; ~zeggenschap [-sxɑp] Mitbestimmung f
med|icament [-'mɛntl] n Medikament n, Arzneimittel n; ~icijn [-'sɛin] Medizin f, Arznei f; ~isch ['-is] medizinisch
mee = mede
mee|brengen mitbringen; ~delen [-'de:l-] mitteilen; ~doen ['-du:n] mitmachen, sich beteiligen;

~dogenloos [-'do:ɣə(n)-] erbarmungslos; schonungslos; ~gaand [-'ɣa:nt] nachgiebig, gefügig; ~geven mitgeben; nachgeben

meel n Mehl n

meelij s. medelijden

mee|loper Mitläufer m; ~maken ['-ma:k-] mitmachen

meer¹ mehr; zonder ~ ohne weiteres; onder ~ unter anderem

meer² n See m

meerdaags mehrtägig

meerdere mehrere; Su. Vorgesetzte(r)

meerder|heid Mehrheit f; ~jarig [-'ja:rəx] volljährig

meerij|centrale ['-rɛisən-] Mitfahrerzentrale f; ~der Mitfahrer m

meer|maals, ~malen mehrmals

meervoud ['-ʋaut] n Mehrzahl f; ~ig [-dəx] mehrfach; im Plural stehend

mees Meise f

meeslepen ['-sle:p-] mitschleppen; fig. hinreißen

meest meist; meistens; het ~ am meisten; ~al meistens

meester Meister m, Herr m; Lehrer m; ~ in de rechten, (Mr.) Doktor m der Rechte; ~es [-'rɛs] Herrin f; ~lijk [-lək] meisterhaft; ~schap n Meisterschaft f

meet|baar meßbar; ~kun-de ['-kəndə] Geometrie f; ~lint n Meßband n

meeuw [me:ü] Möwe f

mee|vallen die Erwartung(en) übertreffen, besser sein als erwartet; ~varen (Schiff) mitfahren; ~werken mitarbeiten, mitwirken

mei [mɛi] Mai m

meid Dienstmädchen n, Magd f; F Mädchen n; Dirne f

mei|kever Maikäfer m; ~klokje n Maiglöckchen n

meineed Meineid m

meisje ['mɛiʃə] n Mädchen n

Mej. = mejuffrouw [mə'jefroü] Fräulein n

mekaar einander; s. a. elkaar

melaats aussätzig

melden melden

melding Meldung f, Bericht m; ~ maken van erwähnen

melk Milch f; ~boer ['-bu:r] Milchmann m; ~en melken; ~erij [-kə-'rɛi] Molkerei f; ~fles 'rɛi] Milchflasche f; ~poeder ['-pu·iər]n Trockenmilch f; ~tand Milchzahn m

melodie Melodie f

meloen [-'lu·n] Melone f

man man

meneer Herr m

menen meinen, glauben; het is ~ ist ernst

meng|eling, ~ing Mischung f; **~sel** n Mischung f, Gemisch n

menig ['me:nəχ] manche(r, -s); **~een** manche(r); **~maal** öfters; **~te** Menge f, Masse f

mening Meinung f, Ansicht f; **van ~ zijn** [zɛ|n] der Meinung sein; **~sverschil** n Meinungsverschiedenheit f

mens Mensch m; Person f; **~dom** ['-dɔm] n Menschheit f; **~elijk** ['-sələk] menschlich

mensen pl. Leute pl.; **~schuw** [-sxy·ül] menschenscheu

mens|heid Menschheit f; **~lievend** [-'li·v̂ənt] menschenfreundlich; **~onwaardig** [-dəx] menschenunwürdig

menstruatie [-stry·'üa:-(t)si] Menstruation f

menu [-'ny·] n Menü n; Speisekarte f

mep Schlag m

merel ['me:rəl] Amsel f

meren Schiff: festmachen

merendeel n Mehrzahl f; **voor 't ~** zum größeren Teil

merg n Mark n

merk n Marke f; **~artikel** n Markenartikel m

merk|baar bemerkbar; merklich; **~en** (be)merken; bezeichnen; **niets laten ~en** sich nichts anmerken lassen

merkwaardig [-'va:rdəχ]

merkwürdig

merrie ['-ri·] Stute f

mes n Messer n

mest Mist m; Dünger m; **~en** düngen; mästen; **~hoop**, **~vaalt** Misthaufen m

met mit (D); **~ Kerstmis** zu Weihnachten; **~ zijn** [sən] **tweeën** ['tüe:ə(n)] (**drieën**) zu zweit (dritt)

metaal n Metall n; **~bewerker** Metallarbeiter m

meteen [mɛ'te:n] (so-) gleich; zugleich

meten ['me:t-] messen; vermessen

meter[1] Meter m; (Person) Vermesser m; Zähler m

meter[2] Patin f [fährte m

metgezel ['-xəzɛl] Ge-

methode Methode f, Verfahren n

metro U-Bahn f

metselaar ['-səla:r] Maurer m

metterdaad in der Tat, wirklich

metworst Mettwurst f

meubel ['mø:bəl] n Möbel n

Mevrouw [mə'v̂rɑ́ü] Frau f; (Anrede) gnädige Frau

microfoon Mikrophon n

microscoop Mikroskop n

middag ['-dɑx] Mittag m; Nachmittag m; **goede ~** ['ɣu·iə] Mahlzeit!; **~eten** [-e:tə(n)] n, **~maal** n Mittagessen n; **'s ~s** (nach-)mittags; **~uur** [-y:r] n Mittagszeit f

middel n 1. Mittel n; door
~ van mittels(G); 2. Taille
f

middelbare mittlere; ~
school Ober-, Mittel-
schule f

middel|eeuwen [-e:ũa(n)]
pl. Mittelalter n; **~groot**
mittelgroß; **2landse Zee**
Mittelmeer n; **~lijn** [-lɛĩn]
Durchmesser m; **~matig**
[-'ma:təx] mittelmäßig;
~punt [-pənt] n Mittel-
punkt m; **~ste** mittlere

midden mitten; **te ~ van**
inmitten (G); **~berm** Mitte
f; **~berm** Mittelstreifen
m; **~door** mittendurch,
entzwei; **~golf** Mittelwel-
le f; **(er) ~in** mittendrin;
~oorontsteking [-ste:k-]
Mittelohrentzündung f;
~rif n Zwerchfell n;
~stand Mittelstand m

middernacht [-'naxt] Mitternacht f

mier Ameise f

mierik(swortel) Meerret-
tich m

mieters F dufte, toll

migraine [-'ɣrɛːnə] Migräne f

mij [mɛi, mə] mich; mir

mijden ['mɛid-] (ver)mei-
den

mijl Meile f   [den]

mijmeren ['mɛimər-] sinnen, nachdenken

mijn[1] [mɛin, mən] mein(e)

mijn[2] [mɛin] Bergwerk n,
Zeche f; **~bouw** [-bɑu̯]
Bergbau m; **~gang** Stol-
len m

mijnheer [mə'ne:r] Herr
m

mijnwerker Bergmann m

mik|ken zielen; **~punt**
['-pəntln Zielscheibe f

mild mild; freigebig

milicien [-'siɛ̃:] Wehr-
pflichtige(r)

milieu [-'lĩø:] n Umwelt f,
Milieu n; **~bescherming**
Umweltschutz m

militair [-'tɛ:r] militärisch;
Su. Soldat m

mil|joen [-'juˑn] n Million
f; **~limeter** Millimeter n
od. m

milt Milz f; **~vuur** ['-fy:r] n
Milzbrand m

min minus; winzig, gering; niederträchtig; **~ of
meer** mehr oder weni-
ger; **~achten** gering-
schätzen

minder weniger, minder,
schlechter; **~en** Unter-
gebene(r); **~heid** Min-
derheit f; **~jarig** [-ja'rəx]
minderjährig; **~waardig**
[-'va:rdəx] minderwertig

miner|aal mineralisch;
Su. n Mineral n; **~ale
bron** Mineralquelle f

mi|niem [-'nĩm], **~nimaal** mini-
mal

minimum [-məm] Min-
dest-; Su. n Minimum n

minister Minister m; **eerste ~** Ministerpräsident m

ministerie [-'ste:ri-] n Ministerium n; **~ van buitenlandse** ['bəytə(n)-] za-

ken Außenministerium *n*

minn|aar Liebhaber *m;* Geliebte(r); **~ares** [-'rɛs] Geliebte *f*

minnelijk ['-nələk] gütlich

minst wenigst-, mindest-; **het ~** am wenigsten; **op zijn** [sən] **~, ~ens** mindestens, wenigstens, zumindest

minus ['-nəs] minus

minuut [-'ny·t] Minute *f*

mis¹ verfehlt; **het ~ hebben** sich irren

mis² Messe *f*

mis|bruik ['-brøyk] *n* Mißbrauch *m;* **~daad** Verbrechen *n*

misdadig|er [-'da·dəɣər] Verbrecher *m;* **~heid** Kriminalität *f*

mis|deeld [-'de·lt] schlecht bedacht, benachteiligt; **~drijf** [-'drɛif] *n* Verbrechen *n;* Vergehen *n;* **~handelen** mißhandeln; **~kennen** verkennen; **~kraam** ['mɪs-] Fehlgeburt *f;* **~leiden** irreführen, täuschen; **~lopen** ['mɪs-] sich verirren; schiefgehen

mislukk|en [-'løk-] mißlingen; **~ing** Fehlschlag *m,* Mißerfolg *m*

mis|maakt [-'ma·kt] verkrüppelt, verunstaltet; **~moedig** [-'mu·dəx] mißmutig; **~noegd** [-'nu·xt] verstimmt, unmutig; **~plaatst** [mɪs'-]

unangebracht; **~prijzen** [-'prɛiz-] mißbilligen

misrekenen ['mɪs-] falsch rechnen; **zich ~** [-'re·kənə(n)] sich verrechnen

misschien [ma'sxi·n] vielleicht; etwa

misselijk [-'sələk] übel; widerlich; **ik word ~** mir wird übel (*od.* schlecht)

missen vermissen; entbehren; (ver)fehlen; verpassen

missie [-'si-] Mission *f;* **~hotel** *n* Hospiz *n*

misstap Fehltritt *m*

mist Nebel *m,* Dunst *m;* **~en: het ~** es ist neblig; **~ig** ['-təx] dunstig, neblig; **~lamp** Nebelscheinwerfer *m*

mis|troostig [-'tro·stəx] mißmutig; **~verstand** *n* Mißverständnis *n;* **~vormen** entstellen

mits vorausgesetzt, daß

mobilisatie [-'za·(t)si·] Mobilmachung *f*

modder Schlamm *m;* Kot *m;* **~bad** [-'bɑt] *n* Moorbad *n;* **~en** pfuschen

mode Mode *f*

model Modell *n;* Muster *n;* Zuschnitt *m* [mäß]

modern modern; zeitge-

mode|show [-'ʃo·u] Mode(n)schau *f;* **~snufje** [-'snøfiə] *n* letzter Modeschrei *m*

modieus [-'diø·s] modisch

moe [mu] müde; **het ~ zijn** [zɛi]n] es satt haben

moed Mut m

moeder Mutter f; ~lijk [-lək] mütterlich; ~taal Muttersprache f; ~vlek Muttermal n

moedig ['muˑdəx] mutig; ~willig [-ʋɪləx] mutwillig

moeheid Müdigkeit f

moeilijk ['muˑɪlək] schwierig, schwer; mühsam; ~heid Schwierigkeit f

moeite Mühe f; Bemühung f; Aufwand m; ~te doen sich bemühen; ~zaam mühsam

moer [muːr] (Schrauben-) Mutter f

moeras [muˈrɑs] n Morast m, Sumpf m

moerbeiboom Maulbeerbaum m

moes [muːs] n Mus n; ~tuin ['-tən] Gemüsegarten m

moeten müssen; sollen

Moezel: de ~ die Mosel f

mof (Schimpfwort) Deutsche(r)

mogelijk ['moˑɣələk] möglich; möglicherweise; zo (veel) ~ möglichst (viel); zo ~ womöglich; wenn möglich; ~heid Möglichkeit f

mogen dürfen; mögen

mogendheid: grote ~ Großmacht f

mohammedaan Mohammedaner m

mokken schmollen, F maulen

mol [mɔl] Maulwurf m

molen Mühle f; ~aar Müller m

mollig ['-ləx] mollig

moment n Moment m; ~eel [-ˈteːl] momentan

mompelen murmeln

mond [mɔnt] Mund m; ~eling [-dəl-] mündlich; ~ig ['-dəx] mündig; ~ing f Mündung f

monnik Mönch m

monopolie [-'poːliˑ] Monopol n

monster n Muster n, Probe f; Scheusal n, Ungeheuer n; ~achtig [-təx] scheußlich; ~en ['-stərə(n)] mustern

monteren [-'teːr-] montieren; ~eur [-'tøːr] Monteur m; Schlosser m; ~uur [-'tyːr] n Brillenfassung f

monument [-ny'mɛnt] n Denkmal n, Monument n; ~enzorg Denkmalschutz m

mooi schön, hübsch

moord Mord m

moordenaar Mörder m

moot Stück n Fisch

mop Witz m; ~penblaadje n Witzblatt n

mopperen ['-pərə(n)] murren, nörgeln

moraal Moral f

moreel moralisch; Su. n Moral f, Stimmung f

morfine Morphium n

morgen morgen; Su. n Morgen m; ~avond [-a·vənt]

(ˌvroeg ⟨ˈvruˑxl⟩ morgen abend (früh); **'s ˌs morgens**

morren murren

mors|en kleckern, schmieren, verschütten; **ˌig** [-səx] schmutzig, fleckig

mortel Mörtel m

mos [mɔs]n Moos n

mossel Muschel f

mosterd Senf m

mot Motte f

motel n Motel n

mo|tie [ˈ(t)si·] Antrag m; **ˌtief** n Motiv n; **ˌtiveren** [-ˈʋe:r-] begründen

motor [ˈmo:tɔr] Motor m; **ˌ(fiets)** Motorrad n; **ˌbrandstof** Treib-, Kraftstoff m; **ˌkap** Motorhaube f; **ˌ(spoor)wagen** Triebwagen m; Schienenbus m; **ˌvoertuig** [-ˈʋuˑrtəʏx] n Kraftfahrzeug n

motregen [ˈˌ-re:ɣə(n)] Sprühregen m; **ˌen: het ˌt** es nieselt

mousseren [mu·ˈse:r-] Wein: schäumen

mout [maut] Malz n

mouw [mɔʊ] Ärmel m

mozaïek n Mosaik n

Mr. s. **meester**

muf [mœf] muffig

mug [mœx] Mücke f; **ˌge-**

beet Mückenstich m

muil [məʏl] Maul n, Rachen m; s. **ˌtje**; **ˌezel** Maulesel m; **ˌkorf** Maulkorb m; **ˌtje** n Pantoffel m

muis Maus f　　　[m]

muiterij [məʏtəˈrɛi] Meuterei f

muizeval Mausefalle f

mul [mœl] locker

muloschool [ˈmy·loˑ-] Realschule f

munitie [my·ni·ˈ(t)si·] Munition f

munt [mœnt] Münze f; Währung f

murw [mœr(ə)ʊl] mürbe

mus Spatz m

museum [my·ˈze:iəm] n Museum n

musi|ceren [my·zi·ˈse:r-] musizieren; **ˌcus** [-kəs] Musiker m

muts [mœts] Mütze f, Haube f

mutualiteit [my·ty·ɑli·ˈtɛit] Krankenkasse f

muur [my:r] Mauer f, Wand f; **ˌkast** Wandschrank m; **ˌkrant** Wandzeitung f

muziek [myˈ-] Musik f

muzi|kaal musikalisch; **ˌkant** Musikant m

mysterieus [mi·ste·ˈrɪø:s] mysteriös

N

na nach (D); nahe; **op één ˌ bis auf einen**; s. a. **een**

naad Naht f

naaf Nabe f

naai|en nähen; **ˌgerei** [ˈ-ɣərɛi] n Nähzeug n;

~machine ['~maʃi·nə] Nähmaschine f; **~ster** ['~stər] Schneider in f

naakt nackt; *Su. n Mal.*

naald Nadel f   [Akt m

naam Name m; **~dag** ['~dɑx] Namenstag m; **~loos** s. vennootschap

naar¹ [na·r] zufolge (D od. D); zu (D); in (A); *Konj.* wie

naar² traurig; unheimlich, widerwärtig, widrig; übel **naar(gelang): (al)** ~ je nachdem

naargeestig [-'ɣe·stəx] trübselig

naast neben (A, D); nächst

naasten verstaatlichen

nabestaanden pl. Hinterbliebene(n) pl.; Angehörige(n) pl.

nabij [-'bɛi] nahe (D), in der Nähe (G); *Adj.* **~(gelegen)** nahe, benachbart, umliegend; **~heid** Nähe f

na|bootsen nachahmen, -bilden; **~burig** [-'by·rəx] nahe, benachbart

nacht Nacht f; **~club** ['~klɛp] Nachtlokal n

nachtegaal Nachtigall f

nacht|japon [-pɔn] Nachthemd n; **~merrie** ['~mɛri·] Alptraum m; **~ploeg** ['~plu·x] Nachtschicht f; **~portier** [-ti·r] Nachtportier m

nachts: 's [snɑxs] nachts

nacht|vorst Nachtfrost m; **~wacht** Nachtwächter m; Nachtwache f; **~waker**

['~va·kər] Nachtwächter m

nadat nachdem   [m

na|deel Nachteil m, Schaden m; **ten ~dele van** zuungunsten (G), auf Kosten (G); **~delig** [-'de·ləx] nachteilig, schädlich

nadenken nachdenken, sich überlegen; **~d** nachdenklich

nader näher; **~(bij)** [-'bɛi] (näher) heran; **~en** ['~dərə(n)] sich nähern, herankommen; **~hand** nachher, später

nadien [-'di·n] seitdem

nadoen ['~du·n] nachahmen; nachmachen

nadruk [-'drɛk] Nachdruck m; Betonung f; **de ~ leggen op** betonen; **~kelijk** [-'drɛkələk] eindringlich; nachdrücklich

na|gaan nachgehen; prüfen; **~gedachtenis** Andenken n

nagel Nagel m

nagenoeg [-'nu·x] fast, nahezu

na|gerecht ['~ɣərɛxt] n Nachtisch m; **~geslacht** n Nachkommenschaft f; Nachwelt f

naïef naiv

na|ijver ['-ɛivər] Eifersucht f; **~jaar** n Spätjahr n, Herbst m; **~kijken** nachsehen; **~komeling** ['-ko·məl-] Nachkomme m, m; **~komer** Nachzügler m; **~laten** ['-la·t-] unterlassen

nalat|en ['-la:t-] hinterlassen; unterlassen; **~en|schap** [-'la:tə(n)sxap] Hinterlassenschaft f, Nachlaß m; **~ig** [-'la:təx] nachlässig

na|maak Nachahmung f; **~maken** ['-ma:k-] nachmachen

name: met ~ namentlich; **~lijk** ['na:mələk] nämlich

namens im Namen (2)

namiddag [-'mɪdax] Nachmittag m; **'s ~s** nachmittags

naoorlogs [-'o:rlɔxsl **~e jaren** n/pl. Nachkriegszeit f

narcis [-'sɪs] Narzisse f

narigheid ['na:rəxɛɪt] Unannehmlichkeit f, Ärger m

na|slagwerk [-'slax-] n Nachschlagewerk n; **~smaak** Nachgeschmack m; **~sturen** ['-sty:r-] nachschicken

nat naß

natellen ['-tɛl-] nach-, durchzählen

nat(tig)heid ['natəxɛɪt] Nässe f

natie ['na:(t)si·] Nation f

nationali|seren [na(t)sio-nali·'ze:r-] nationalisieren, verstaatlichen; **~teit** Nationalität f, Staatsangehörigkeit f; **~teitsletter** Nationalitätszeichen n

natmaken be-, anfeuchten

natuur [-'ty:r] Natur f;

~bescherming Naturschutz m; **~reservaat** n Naturschutzpark m; **~getrouw** [-trul] naturgetreu; **~kunde** [-kəndə] Physik f; **~lijk** [-lək] natürlich; **~onderzoeker** [-zu·kər] Naturforscher m; **~verschijnsel** [-sxɛin-səl] n Naturereignis n

nauw eng, knapp; **in 't ~ brengen** bedrängen, zusetzen

nauwelijks ['nɔuələks] kaum

nauw|gezet ['-ɣəzɛt] gewissenhaft, pünktlich; **~keurig** [-'kø·rəx] genau; **~lettend** [-lɛt] aufmerksam; **~sluitend** ['-slət-tənt] eng anliegend

navel Nabel m

navolgen nachfolgen; nachahmen, nacheifern; **~d** nachstehend

navors|en nachforschen; **~ing** Forschung f

na|zien nachsehen, nachüberprüfen; **~zomer** ['-zo:mər] Spätsommer m

neder s. neer

nederig ['ne:dərəx] bescheiden, demütig

nederlaag Niederlage f, F Schlappe f

Nederland n Niederlande n/pl.; **~s** niederländisch

nederzetting Siedlung f

neef Neffe m; Vetter m

nee(n) nein

neer nieder; her-, hinunter; her-, hinab

neer|komen herunter- | nerts n Nerz m
kommen; niedergehen; | ner|veus [-'v̈ø:s] nervös;
(op) hinauslaufen (auf | ~vositeit Nervosität f
A); ~laten ['-la:t-] herun- | nest n Nest n
terlassen, senken | nestelen ['-tələ(n)] nisten
neerleggen niederlegen; | net¹ nett; sauber; gerade,
hinlegen; zich ~ bij [bɛɪ] | eben, vorhin; knapp; ~ zo
sich abfinden mit (D), re- | genauso
signieren | net² n Netz n
neer|ploffen aufschlagen; | netelig [-'tələx] heikel,
~schieten abschießen; | verfänglich
erschießen; ~slaan | netelroos ['ne:təl-] Nessel-
niederschlagen; ~slach- | fieber n
tig ['-slɑxtəx] niederge- | netjes nett, säuberlich,
schlagen; mißmutig; | anständig
~slag ['-slɑx] Nieder- | net|kaart Netzkarte f;
schläge m/pl.; ~storten | ~nummer ['-nəmər] n
abstürzen; ~vallen hin- | Vorwählnummer f
ab-, hinunterfallen; hin- | netto netto
fallen; ~zetten niederset- | netvlies n Netzhaut f
zen; absetzen; ~zien her- | neus [nø:s] Nase f; ~bloe-
ab-, hinabsehen | ding ['-blu·d-] Nasenblu-
negatief negativ; Su. n | ten n; ~gat n Nasenloch
Negativ n | n; ~hoorn Nashorn n
negen ['ne:ɣ̈-] neun; ~de | neutraal [nø:'-] neutral
neunte; ~tig ['ne:ɣ̈ətəx] | nevel Nebel m; ~ig [-læx]
neunzig | neblig
neger(in [-'rɪn] f) Neger | nicht Nichte f; Kusine f
(-in f) m | nicotine Nikotin n
neigen neigen | niemand niemand, keiner
nek Nacken m, Genick n | nier Niere f; ~steen Nie-
nemen nehmen; Fahrkar- | renstein m
te lösen; Wort ergreifen; | niet¹ nicht
op zich ~ auf sich neh- | niet² n Niete f
men, übernehmen | nieten nieten
neonbuis [-bəys] Neon- | nietig ['-təx] nichtig; win-
röhre f | zig, unscheinbar
nergens ['nɛrɣ̈ə(n)s] nir- | niet-roker Nichtraucher
gends, nirgendwo | m [sonst]
neringdoende [ne:rɪŋ- | niets nichts; voor ~ um-
'du·ndə] Gewerbetrei- | nietsnut ['-nət] Müßig-
bende(r) | gänger m; Gammler m

niet|tegenstaande [-te:-
ɣə(n)-] ungeachtet *(G)*,
trotz *(G)*; **~temin** nichts-
destoweniger, trotzdem
nieuw [niˑ·ûl] neu
nieuw|eling ['niˑûə-] Neu-
ling *m;* **~igheid** ['-əxɛît]
Neuheit *f;* Neuerung *f;*
~jaar *n* Neujahr *n*
nieuws *n* Neue(s); Nach-
richt(en *pl.*) *f;* **~berichten**
n/pl. Nachrichten *f/pl.;*
~gierig [-'xi:rəx] neugierig, gespannt; **~uit-
zending** *f* [-əyt-] Nachrich-
tensendung *f*
nieuwtje *n* Neuigkeit *f;*
Neuheit *f*
niezen niesen
nijd [nɛît] Neid *m;* **~ig**
['-dəx] grimmig, böse,
verbissen
nijgen sich verbeugen
nijlpaard *n* Nilpferd *n*
Nijmegen ['nɛîˑme:ɣ̌ə(n)] *n*
Nimwegen *f*
nijptang Kneifzange *f*
nijverheid Gewerbe *n;*
Industrie *f*
niks *F* nichts
nimmer nie, nimmer
nippertje: op het ~ knapp,
im letzten Augenblick;
glimpflich
nis Nische *f*
n. l. s. namelijk
noch ... noch weder ...
noch
nochtans [-'tans] gleichwohl, trotzdem
nodeloos ['no:də-] unnötig
nodig ['-dəx] nötig, not-

wendig **~ hebben** benöti-
gen, brauchen
noemen ['nuˑm-] nennen;
~swaardig [-'va:rdəx]
nennenswert
nog noch; **~ eens** [ə(n)s]
nochmals
noga Nougat *m*
nog|al [nɔ'ɣ̌al] ziemlich;
~maals nochmals, abermals
nok First *m;* Nocken *m;*
~kenas Nockenwelle *f*
non Nonne *f*
nonchalant [-ʃa'lant]
nachlässig, ungezwun-
gen
nonsens ['-sɛns] Unsinn *m*
Not Not *f;* **~gedwongen**
notgedrungen; **~landing**
Notlandung *f*
noodlot *n* Schicksal *n,*
Verhängnis *n;* **~tig**
[-'lɔtəx] verhängnisvoll
nood|situatie [-ty·ûa:(t)si·]
Zwangslage *f;* **~uitgang**
['-əyt-] Notausgang *m;*
~verband *n* Notverband
m; **~weer** 1. Notwehr *f;* 2.
n Unwetter *n;* **~zaak**
Notwendigkeit *f;* **~zake-
lijk** [-'sa:kələk] notwendig, unerläßlich
nooit nie(mals) [nördlich]
noordelijk ['-dələk]
noorden *n* Norden *m;* **ten**
~ van nördlich von *(D)*;
~wind Nordwind *m*
noord|erlicht *n* Nordlicht
n; **~kant** Nordseite *f;*
~pool Nordpol *m;* ♀**zee**
Nordsee *f*

Noors norwegisch
noot Nuß *f*; Note *f*; Anmerkung *f*; **~muskaat** [-mes'-] Muskatnuß *f*
nopen zwingen, nötigen
nopens betreffend
norm Norm *f*
nors unwirsch, mürrisch
nota Note *f*; *Hdl.* Rechnung *f*; **~ nemen** zur Kenntnis nehmen
notaris Notar *m*
note|boom ['no:tə-] Nußbaum *m*; **~kraker** [-kra:-kər] Nußknacker *m*
not|eren [-'te:r-] notieren; vormerken; **~itie** [-'ti·(t)si·] Notiz *f*
nou [nɑu] nun, jetzt
november November *m*
nozem ['no:zəm] Halbstarke(r), Gammler *m*
nu [ny·] nun, jetzt; **(en)** ~ *a.* nunmehr; **~ en dan** dann und wann, ab und zu; **tot**

~ toe [tu·] bis jetzt; **van ~ af** von nun an   [tern]
nuchter ['nəxtər] nüchtern|
nudist [ny·'-] Nudist *m*
nukkig ['nøkəx] launisch
nul null
numeriek [ny·me·'-] zahlenmäßig
nummer ['nəmər] *n* Nummer *f*; **~en** [-'mə-re(n)] numerieren; **~plaat** *Kfz.* Nummernschild *n*
nut *n* Nutzen *m*; **van ~ zijn** [sɛɪn] nützen; **van algemeen ~** gemeinnützig
nutte: zich iets ten ~ maken sich et. zunutze machen
nutt|eloos ['-tələ:s] nutzlos; **~ig** ['-təx] nützlich; **~ige last** Nutzlast *f*
N.V. *s* vennootschap
nylonkousen ['nɛɪlɔŋ-kousə(n), 'naɪlɔŋ-] *pl.* Nylonstrümpfe *m/pl.*

O

ober Ober *m*
object *n* Objekt *n*; **~ief** objektiv
obsceen [-'se:n] obszön
oceaan [o·se·'ja:n] Ozean *m*
ochtend Morgen *m*
octrooi *n* Patent *n*
oefenen ['u·fənə(n)] üben
oester Auster *f*
oer|oud ['u:rɑut] uralt; **~sterk** strapazierfähig; sehr stark
oerwoud *n* Urwald *m*

oever Ufer *n*; **buiten** ['bəɪt-] **de ~s treden** über die Ufer treten
of oder; ob; **~(wel)** . . . . entweder . . . oder
offensief *n* Offensive *f*
offer *n* Opfer *n*
officieel [-'sïe:l] offiziell, amtlich
officier [-'si:r] Offizier *m*; **van justitie** [jəs'ti·(t)si·] Staatsanwalt *m*
ofschoon obgleich, obschon

ogenblik n Augenblick m;
op het ~ augenblicklich,
zur Zeit; ~**kelijk** ['blɪkə-
lək] augenblicklich

ogenschijnlijk [-'xɛɪnlək]
scheinbar; anscheinend

oksel Achsel f

oktober Oktober m

olie f ~; ~**en-**
-azijnstelletje [-azεɪnstə-
lətjə] n Essig- und Öl-
ständer m

oliën ['o:li·(j)ə(n)](ein)ölen
olie|peil n Ölstand m;
~**stook** Ölheizung f; ~**verf**
Ölfarbe f

olifant ['o:li·] Elefant m

olijf lɔ'lɛɪf] Olive f; ~**olie**
Olivenöl n

om um (A); wegen (G);
Adv. herum; vorbei, um

om|armen (elkaar) (sich)
umarmen; ~**brengen**
umbringen

omdat [-'dɑt] weil, da

omdraaien (her)umdre-

omelet Omelett n lhen|

omgaan umgehen; her-
umgehen; sich ereignen;
vergehen; ~**de: per ~de**
umgehend, postwendend

omgang Umgang m, Ver-
kehr m; Prozession f;
~**staal** Umgangssprache f

om|gekeerd umgekehrt;
~**gespen** umschnallen;
~**geving** Umgebung f

omhaal: zonder ~ ohne
Umschweife

om|heining Einzäunung f,
Zaun m; ~**helzen (elkaar)**
(sich) umarmen

omhoog [-'ho:x] empor,
aufwärts, hoch; herauf;
hinauf

om|hulsel [-'hɛlsəl] n
Umhüllung f, Hülle f;
Gehäuse n; ~**kantelen**
['-kɑntələ(n)] umkanten;
~**keer** Umkehr f; Um-
schwung m; Wende f; ~**-
kiep(er)en** F umkippen;
~**kijken** ['-kɛɪk-] sich umsehen; ~**komen** [-'ko:m-]
umkommen; ~**koopbaar**
[-'ko:bar] bestechlich;
~**kopen** ['om-] bestechen;
~**koperij** [-ko:pə'rɛɪ] Be-
stechung f

omlaag [-'la:x] abwärts;
herab, hinab; herunter,
hinunter

om|leiden umleiten; ~**lij-
sten** [-'lɛɪst-] umrahmen

omme- s. **om-**

ommezijde [-zɛɪdə] Rück-
seite f [m]

omnibus [-bəs] Omnibus

om|praten [-'pra:t-] über-
reden, umstimmen; ~**re-
kenen** ['-re:kənə(n)] um-
rechnen

omroep ['-ru·p] Rundfunk
m, Funk m; Rdf. An-
sager m, Sprecher m;
~**station** [-stɑsiɔn] n
Rundfunksender m;
~**ster** Ansagerin f

om|ruilen ['-rəyl-] um-
tauschen; ~**schakelen**
['-sxa:kəl-] umschalten;
~**schrijven** [-'sxrεɪv̄-]
umschreiben

omslaan umschlagen; bei

hoek [hu·k] _ um die Ecke biegen; **een blad _** umblättern

om|slachtig [-'sloxtəx] umständlich; **_slag** ['sloх] Umschlag m

omstand|er Umstehende(r); **_igheid** [-'standəxeit] Umstand m; Verhältnis n

omstreden [-'stre·d-] umstritten, strittig

omstreeks ungefähr, um (A)

omtrek Umgebung f; Umkreis m; Umrisse m/pl.; Umfang m

omtrent [-'trɛnt] gegen (A), ungefähr, um (A); über (A)

omvang Umfang m, Ausmaß n; **_rijk** [-'ʋaŋrɛik] umfangreich; umfassend

omvatten umfassen; umklammern

omver [-'ʋɛr] um, über den Haufen

om(ver)|trekken umziehen; **_werpen** umwerfen, umstürzen [sturz m]

omverwerping fig. Um-

om|weg ['-ʋɛx] Umweg m; **_wenteling** [-'ʋɛntəl-] (Um-)Drehung f; Umwälzung f; **_werken** umarbeiten, überarbeiten, **_wille** s. wille; **_zeilen** fig. umgehen; **_zet** Umsatz m; **_zichtig** [-'zɪxtəx] umsichtig; **_zien** sich umsehen

onaangenaam [-'a:n-] un-

angenehm, ärgerlich; **_heid** Unannehmlichkeit f, Ärger m

onaan|geroerd [-'a:nɣə-ru:rt] unberührt; **_nemelijk** [-'ne·mələk] unannehmbar; **_zienlijk** [-'zi:nlək] unansehnlich

onaardig [-'a:rdəx] unfreundlich; **niet _** nicht übel

onachtzaam [-'oxt-] unachtsam, fahrlässig

onaf [-brɔk] _ununterbrochen; **_hankelijk** [-'hɑŋkələk] unabhängig; **_scheidelijk** [-'sxɛidələk] unzertrennlich; **_wendbaar** unabwendbar

on|baatzuchtig [-'sɛxtəx] uneigennützig, selbstlos; **_barmhartig** [-'hartəx] unbarmherzig

onbe|duidend [-'dəydənt] unbedeutend, geringfügig; **_grensd** unbegrenzt; **_grijpelijk** [-'ɣrɛipələk] unbegreiflich, unverständlich, schleierhaft; **_haaglijk** [-'ha:xlək] unbehaglich; **_heerd** herrenlos; **_holpen** unbeholfen; **_houwen** [-hɑ·uə(n)] fig. plump; **_kend** unbekannt; **_kwaam** unfähig; **_langrijk** [-rɛik] unwichtig, unwesentlich, belanglos; **_last** unbesteuert, steuerfrei; **_leefd** ['le:ft] unhöflich; **_mand** unbemannmannt; ~**middeld** unbemittelt, mittellos; ~**mind** [-'mɪnt] unbeliebt; ~**nullig** [-'nələx] unbedeutend; albern; ~**paald** unbestimmt; ~**perkt** unbeschränkt, uneingeschränkt; ~**raden** unbesonnen; ~**redeneerd** [-bərə:da'ne:rt] unüberlegt; ~**reikbaar** unerreichbar; ~**rijdbaar** [-'rɛid-] unbefahrbar; ~**rispelijk** [-lək] tadellos, einwandfrei; ~**schaafd** ungebildet, roh; ~**schaamd** unverschämt, frech; ~**schermd** schutzlos; ~**schoft** [-sxɔft] frech, grob; ~**schrijfelijk** ['sxrɛifələk] unbeschreiblich; ~**slist** unentschieden; ~**staanbaar** [-'sta:mba:r] unvereinbar; unmöglich; ~**stendig** [-dəx] unbeständig; ~**suisd** [-'səystd] unbesonnen; ~**tamelijk** [-'ta:mələk] ungebührlich; ~**tekenend** [-'te:kənənt] unbedeutend, bedeutungslos; ~**trouwbaar** [-trou-] unzuverlässig; ~**voegd** [-'Ɣu·xt] unbefugt; ~**vooroordeeld** [-'o:r-] vorurteilsfrei, unbefangen; ~**vredigend** ['Ɣre:dəɣənt] unbefriedigend; ~**vreesd** furchtlos; ~**weeglijk** [-lək] unbeweglich, regungslos; ~**wust** [-ʋəst] unbewußt; ~**zonnen** un-

besonnen; ~**zorgd** unbesorgt, unbekümmert
on|billijk [-'bɪlək] ungerecht; ~**blusbaar** [-'blɛs-] unlöschbar, unauslöschlich; ~**breekbaar** unzerbrechlich; ~**bruikbaar** [-'brɑyɡ] unbrauchbar; ~**danks** trotz (G), unbeachtet (G); ~**deelbaar** unteilbar; ~**denkbaar** undenkbar
onder unter (A, D); unterhalb (G); während (G); Adv. ~**(aan)** unten; helemaal ['heləma:ll] ~**aan** zuunterst
onder|arm Unterarm m; ~**belicht** unterbelichtet; ~**bewustzijn** [-ʋəstsɛin] n Unterbewußtsein n; ~**breken** ['bre:k-] unterbrechen; ~**broek** [-bru·k] Unterhose f; ~**daan** Untertan m; ~**dak** n Unterkunft f, Quartier n; ~**danig** [-'da:nəx] untertänig, unterwürfig; ~**delen** [-de:lə(n)] n/pl. Maschinenteile m/pl., Zubehör n; ~**doen** [-du·n] **(voor)** unterliegen (D), unterstehen (D); ~**dompelen** [-pələ(n)] untertauchen; ~**drukken** ['drɛk-] unterdrücken; ~**duiken** [-dɐyk-] untertauchen; ~**gaan** untergehen; [-'Ɣa:n] erleiden, erfahren; ~**gang** Untergang m; ~**geschikt** untergeordnet; ~**getekende** ['te:-

kəndəl Unterzeichnete(r); ˏgoed [-ˈ$\widehat{g}$uˑt] n (Unter-)Wäsche f

ondergronds unterirdisch; ˏe U-Bahn f; Illegalität f

onder|handelen verhandeln; ˏhands unterderhand

onderhevig [-ˈheːv̇əx]; ˏzijn [sɛɪn] **aan** unterliegen (D), ausgesetzt sein (D)

onderhoud [-hɑut] n Unterhalt m; Unterhaltung f; Unterredung f; Pflege f, Wartung f; ˏen unterhalten; ernähren; pflegen, warten

onder|huurder [-hyˑrdər] Untermieter m; ˏkomen [-koˑm-] n Unterkunft f; ˏkruiper [-krɔypər] Intrigant m; Preisverderber m; Streikbrecher m; ˏlegd [-ˈlɛxt] vorgebildet, geschult; ˏlegger Unterlage f

onderling gegenseitig, untereinander

ondermijnen [-ˈmɛɪnə(n)] untergraben, zersetzen

onderneme|en [-ˈneːmə(n)] unternehmen; ˏend unternehmungslustig; ˏer Unternehmer m; ˏing Unternehmen n

onder|officier [-siːr] Unteroffizier m; ˏontwikkeld** [-ʋɪkəlt] unterentwickelt; ˏrichten unterrichten, belehren;

ˏschatten unterschätzen

onderscheid [-sxɛɪt] n Unterschied m; ˏen 1. unterscheiden; auszeichnen; 2. Adj. verschieden; ˏingsteken [-teː-k-] n Abzeichen n

onderspit n: het ˏ delven unterliegen

onder|staand nachstehend; ˏstand Unterstützung f, Beistand m

onderste untere(r, -s), unterste(r); ˏboven [-ˈboˑv̇ə(n)] das Unterste zuoberst, über den Haufen

onder|stel [-stɛl] n Untergestell n; ˏstelling [-ˈstɛl-] Voraussetzung f, Annahme f; ˏsteunen [-ˈstøˑn-] unterstützen; ˏstrepen [-ˈstreˑp-] unterstreichen; ˏtekenen [-ˈteˑkənə(n)] unterzeichnen, ˏschreiben; ˏtrouw Aufgebot n; ˏtussen [-ˈtøsə(n)] inzwischen, unterdessen; ˏvinden [-ˈv̇ɪnd-] erfahren, erleben; ˏvoed [-ˈv̇uˑt] unterernährt; ˏvragen [-ˈv̇rɑˑɣ-] befragen; ausfragen; vernehmen, verhören; ˏwatermassage [-ˈʋɑːtər-] Unterwassermassage f; ˏweg [-ˈʋɛx] unterwegs

onderwerp [ˈɔndər-] n Thema n; Gr. Subjekt n; ˏen [-ˈʋɛrp-] unterwerfen; **zich ˏen aan** sich unterziehen (D)

onderwij|s [-ʋɛɪs]n Unterricht m; **~zen** unterrichten, lehren; **~zer(es** [-'rɛs] f) Lehrer(in f)m

onderzeeër [-'ze:ər] n U-Boot m

onderzoek [-'ondərzu·k] n Untersuchung f, Prüfung f; Forschung f; **~er** [-'zu·kər] Untersucher m; Forscher m

ondeug|d ['-dø:xt] 1. Taugenichts m; 2. Untugend f, Laster m; **~end** [-'dø:ɣəntl ungezogen; verschmitzt

ondiep seicht, untief

ondoor|dacht unüberlegt; **~dringbaar** [-'drɪŋ-] undurchdringlich, undurchlässig; **~grondelijk** [-'ɣrondələkl unergründlich; **~zichtig** [-'zɪxtəx] undurchsichtig

on|draaglijk [-'dra:xləkl unerträglich, untragbar; **~dubbelzinnig** [-'døbəlzɪnəx] unzweideutig, eindeutig; **~duidelijk** [-'dœydələk] undeutlich, unklar; **~echt** unecht; unehelich; **~eens** uneinig; **~effen** uneben; **~eindig** [-'ɛɪndəx] unendlich

onenig [-'e:nəx] uneinig, **~heid** Uneinigkeit f, Zerwürfnis n

on|even ['-e:və(n)] ungerade; unsterblich; **~fatsoenlijk** [-'su·nlək] unanständig, **~feilbaar** unfehlbar; **~fortuinlijk** [-'tœynlək]

unglücklich; **~gaarne** ungern, **~gebruikelijk** [-'brøykələk] ungebräuchlich

ongedaan ['-da:nl: **~maken** ['ma:k-] rückgängig machen

onge|deerd unversehrt, **~dierte** n Ungeziefer m; **~duldig** [-'døldəxl ungeduldig; **~durig** [-'dy:rəx] unbeständig, unruhig; **~dwongen** ungezwungen; zwanglos; **~évenaard** [-'ɣəe:vən-] beispiellos, unvergleichlich; **~geneerd** [-'ɣəɣə-] ungeniert; **~grond** unbegründet; **~hoord** unerhört; **~huwd** [-hy·ûtl unverheiratet

ongeldig [-dəx] ungültig

ongelijk [-lɛɪk] n: **~ hebben** unrecht haben

onge|lofelijk [-'lo:fələk] unglaublich, **~lovig** [-'vəx] ungläubig

ongeluk [-lək] n Unglück n, Unfall m; **per ~** aus Versehen, versehentlich; **~kig** [-'lɔkəx] unglücklich; unglücklicherweise

ongemak ['oŋ·əmak] n Unbequemlichkeit f, **~kelijk** [-kələk] unbequem

onge|manierd unmanierlich; **~meen** überaus, ungemein; **~merkt** unbemerkt; **~naakbaar** unnahbar; **~neeslijk** [-'ne:slək] unheilbar; **~noegen**

[-nu·ÿ-] *n* Mißfallen *n;*
Schererei *f;* **~oorloofd**
unerlaubt; **~past** unpas-
send; **~permitteerd** unerlaubt; **~remd** hem-
mungslos; **~rept** unbe-
rührt

ongerust [-'rəst] besorgt;
zich ~ maken sich beunruhigen, sich Sorgen
machen

onge|schikt ungeeignet,
untauglich; **~schonden**
unversehrt; **~steld** un-
wohl; **~trouwd** [-'tru̇tl] s.
huwd; ~twijfeld [-'tu̇ɛi-
fəlt] zweifellos

ongeval *n* Unfall *m;* **~len-
verzekering** [-ze:kər-]
Unfallversicherung *f*

ongeveer ungefähr, etwa

onge|voelig [-'vu·ləx] un-
empfindlich; **~voerd**
[-'vu·rt] ungefüttert; **~**
vraagd ungebeten;
~wenst unerwünscht; **~**
woon ungewöhnlich;
ungewohnt; **~zellig** [-'zɛ-
ləx] ungemütlich; **~zond**
ungesund

on|gunstig [-'ÿɑnstəx] un-
günstig, widrig; **~guur**
[-'ÿy:r] widerlich; rauh;
~handig [-'hɑndəx] ungeschickt; **~hebbelijk**
[-'hɛbələk] unartig, grob

onheil *n* Unheil *n;* **~spel-
lend** [-'spɛl-] unheilver-
kündend

onher|roepelijk [-ru·pə-
lək] unwiderruflich; **~**
stelbaar [-'hɛr'-] uner-

setzlich irreparabel; un-
heilbar

on|heus [-'hø:s] unhöflich,
unfreundlich; **~juist**
['-jøyst] unrichtig; **~ken-
baar** [-'kɛn-] unkenntlich

onkosten *pl.* (Un-)Kosten
pl., Spesen *pl.;* **~vergoe-
ding** [-'ÿu·d-] Aufwands-
entschädigung *f*

on|kruid ['-krœyt] *n* Un-
kraut *n;* **~kuis** unkeusch;
~kunde ['-kɔndə] Un-
kenntnis *f*

onlangs neulich, unlängst,
vor kurzem

on|ledig [-'le:dəx] be-
schäftigt; **~leesbaar** un-
leserlich; unlesbar; **~lus-
ten** [-'lɛst-] *pl.* Unruhen
f/pl.; **~macht** Unvermö-
gen *n,* Ohnmacht *f;* **~**
meedogend [-'do:ÿ-]
schonungslos; **~merk-
baar** unmerklich; **~mete-
lijk** [-'me:tələk] uner-
meßlich

onmiddellijk [-'mɪdələk]
unmittelbar; sofort; so-
fortig

onmis|baar [-'mɪz-] un-
entbehrlich, unabkömm-
lich; **~kenbaar** [-'kɛn-
unverkennbar, unüber-
hörbar

on|mogelijk [-'mo:ÿələk]
unmöglich; **~mondig**
[-'mɔndəx] unmündig;
~nadenkend [-'dɛŋk-]
unüberlegt; **~natuurlijk**
[-'ty:rlək] unnatürlich;
~nauwkeurig [-'kø:rəx]

ungenau; **~noemelijk**
[-'nu·mələk] unsagbar;
~nozel [-'no·zəl] einfältig;
albern; harmlos

on|omstotelijk [-'sto·tə-
lək] unumstößlich;
~onderbroken [-bro:k-]
ununterbrochen, pau-
senlos

onont|beerlijk [-lək] unent-
behrlich; **~koombaar**
unentrinnbar; unab-
weislich; **~wikkeld** un-
entwickelt; ungebildet

onooglijk [-'o:xlək] un-
scheinbar, unansehnlich

onop|houdelijk [-'houdə-
lək] unaufhörlich, unab-
lässig; **~lettend** [-'let-]
unaufmerksam; **~los-
baar** [-loz-] unlöslich, un-
auflöslich; **~vallend** un-
auffällig

onover|komelijk [-ko:mə-
lək] unüberwindlich;
~winnelijk [-lək] un-
schlagbar, unbesiegbar

on|partijdig [-'tɛidəx] un-
parteiisch; **~passelijk**
[-'pasələk] unpäßlich;
~persoonlijk [-lək] un-
persönlich; **~recht** n Unrecht n; **~rechtstreeks**
mittelbar, indirekt;
~rechtvaardig [-'fa:rdəx]
ungerecht; **~redelijk**
[-'re:dələk] unbillig; irra-
tional

onroerend ['-ru·rənt] un-
~goederen n/pl. Immobi-
lien pl.

onrust ['-rəst] Unruhe f;

~barend [-'rəzd-] beun-
ruhigend; **~ig** [-'rəstəx]
unruhig

ons¹ uns; unser

ons² n hundert Gramm

on|schadelijk [-'sxa·də-
lək] unschädlich;
~scheidbaar untrennbar;
~schendbaar unverletz-
lich; **~schuldig** [-'sxɛldəx]
unschuldig, harmlos;
~smakelijk [-'sma:kələk]
unschmackhaft; unappe-
titlich; **~stuimig** [-'stœy-
məx] ungestüm; **~stuit-
baar** [-'stəyd-] unaufhalt-
sam

ont|aarden aus-, entarten;
~beren entbehren

ontbijt [-'bɛit] n Frühstück
n; **~en** frühstücken;
~koek [-ku·k] Honigku-
chen m

ont|binden zersetzen;
auflösen; **~branden** zünden; **~breken** [-'bre:k-]
fehlen, ausstehen; **~cijfe-
ren** [-'sɛifərə(n)] entziffern; **~daan** bestürzt;
~dekken entdecken

ontdoen [-'du·n] befreien;
zich ~ van sich entledigen (G); ablegen

ont|dooien (auf)tauen;
~duiken [-'dəyk-] umgehen; hinterziehen; **~ei-
genen** enteignen

on|telbaar [-'tɛl-] unzählig,
unzählbar; **~tevreden**
[-'vre:d-] unzufrieden

ontfermen: zich ~ sich er-
barmen

ont|futselen [-'fətsələ(n)] entwenden; **~gaan** entgehen; **~ginnen** urbar machen; abbauen; **~glippen** entwischen; **~halen** bewirten; **~haren** enthaaren; **~heemde** Heimatvertriebene(r); **~heffing** Enthebung *f*; Erlaß *m*

onthouden [-'hɑuə(n)] behalten; vorenthalten; **zich ~ (van)** sich enthalten(*G*)

ont|hullen [-'həl-] enthüllen; **~hutst** bestürzt, verdutzt; **~kennen** vereinen; leugnen; **~ketenen** [-'ke:-tənə(n)] entfesseln; **~koppelen** auskuppeln; **~kurken** [-'kərk-] entkorken; **~lasting** Entlastung *f*; Med. Stuhlgang *m*; **~leden** zerlegen, zergliedern, analysieren; sezieren; **~luiken** [-'ləyk-] aufblühen, sich entfalten; **~luisteren** [-'ləys-tər-] den Glanz nehmen; **~manteling** (*Fabrik*) Demontage *f*; **~maskeren** [-'mɑskər-] entlarven; **~moeten** [-'mu:t-] begegnen, treffen; **~nemen** nehmen; entnehmen; **~nuchtering** [-'nəx-tər-] Ernüchterung *f*; Ausnüchterung *f*

ontoe|gankelijk [-tu-'ɣɑŋkələk] unzugänglich; **~rekenbaar** [-'re:kə(n)-] unzurechnungsfähig

ontploff|en explodieren; **~ing** Explosion *f*

ont|plooien entfalten; **~redderen** [-'redər-] zerrütten; zum Chaos machen; **~roerd** [-'ru:rt] gerührt

ontrouw ['trɑu] untreu; *Su.* Untreue *f*

ont|ruimen [-'rəym-] räumen; **~roven** rauben; **~schieten** *Wort:* entfallen; **~sieren** verunzieren; **~slaan** entlassen; **~slag** [-'slɑx] *n* Entlassung *f*; **~sluiten** [-'sləyt-] erschließen; **~smetten** desinfizieren; **~snappen** entwischen

ontspann|en entspannen; **zich ~** sich entspannen, sich erholen, ausspannen; **~er** *Foto:* Auslöser *m*

ont|sporen entgleisen; **~staan** entstehen; *Su. n* Entstehung *f*; **~steking** [-'ste:k-] Entzündung *f*; *Tech.* Zündung *f*

ontstel|d bestürzt; **~tenis** [-tənis] Bestürzung *f*

ont|stemd verstimmt; **~trekken** entziehen

ontucht ['-tɛxt] Unzucht *f*

ontvallen entfallen

ontvang|en empfangen, bekommen, einnehmen; beziehen; **~er** Empfänger *m*

ontvangst Empfang *m*; **~hal** Empfangshalle *f*

ont|vangtoestel [-tu·stɛl] *n*

Rdf. Empfänger *m;*
~vankelijk [-kələk] emp-
fänglich

ontvlambaar brennbar;
licht ~ feuergefährlich

ont|vluchten [-'floxt-] ent-
fliehen; ~voeren [-'fu:r-]
entführen; ~volking
Entvölkerung *f;* ~vreem-
den entwenden; ~waken
[-'ʋa:k-] auf-, erwachen;
~wapenen [-'ʋa:pən-]
entwaffnen; abrüsten;
~wenning Entwöhnung
f; Entziehung *f*

ontwerp *n* Entwurf *m;* ~en
entwerfen

ontwijken [-'ʋɛik-] aus-
weichen; entweichen

ontwikkel|d entwickelt;
gebildet; ~en entwickeln,
ausbauen; bilden

ontwrichten verrenken;
fig. zerrütten

ontzag [-'sɑx] *n* Respekt
m; ~lijk [-lək] ungeheuer,
kolossal

ontzeggen verweigern;
absprechen, aberkennen

ontzetten entsetzen; absetzen; entmachten; ~d
entsetzlich

ontzien schonen; scheuen

onuit|puttelijk [-əyt'pɛtə-
lək] unerschöpflich;
~sprekelijk [-'spre:kələk]
unsäglich; ~staanbaar
unausstehlich

on|vatbaar unempfäng-
lich; ~veilig [-'vɛiləx] unsicher

onverantwoord verant-

wortungslos; ~elijk [-də-
lək] unverantwortlich

onver|beterlijk [-be:tər-
lək] unverbesserlich;
~biddelijk [-'bɪdələk] un-
erbittlich

onverdraag|lijk [-lək] un-
erträglich; ~zaam un-
duldsam, intolerant

onver|droten [-dro:t-] un-
verdrossen; ~enigbaar
[-e:nəy-] unvereinbar;
~geflijk [-lək] unver-
zeihlich; ~getelijk [-ɣe:-
tələk] unvergeßlich;
~hoeds unversehens;
~hoopt unverhofft;
~klaarbaar unerklärlich;
~koopbaar unverkäuf-
lich; ~kwikkelijk [-kələk]
unerfreulich; ~mijdelijk
[-mɛidələk] unvermeid-
lich, unumgänglich,
zwangsläufig; ~moei-
baar [-'mu'i-] unermüd-
lich; ~schillig [-sxɪləx]
gleichgültig; ~schrokken
unerschrocken; ~staan-
baar unverständlich;
~standig [-dəx] unver-
nünftig; ~teerbaar un-
verdaulich; ~vaard
furchtlos; ~vangbaar un-
ersetzlich; ~wacht(s) un-
erwartet; ~wijld [-vɛild]
unverzüglich; ~zadig-
baar [-'za:dəy-] unersätt-
lich; ~zettelijk [-tələk]
unerschütterlich; ~zorgd
ungepflegt

onvindbaar unauffindbar

onvol|daan unbefriedigt;

_doende [-'du·ndə] ungenügend, mangelhaft; _ledig ['le:dəx] unvollständig, lückenhaft; _maakt unvollkommen

onvoor|delig [-de:ləx] unvorteilhaft; _waardelijk [-dələk] unbedingt; bedingungslos; _zichtig ['zɪxtəx] unvorsichtig

onvoorzien unvorhergesehen; _s unversehens

on|vriendelijk [-'vri·ndələk] unfreundlich; _waardig [-dəx] unwürdig

onwaar|heid Unwahrheit f; _schijnlijk [-'sxɛi̯nləkl unwahrscheinlich

onweer n Gewitter n; _achtig [-təx] gewittrig

on|weerstaanbaar [-'sta:m-] unwiderstehlich; _wel [-'vɛl] unwohl, übel; _welvoeglijk [-'vu·xlək] unanständig; _wetendheid [-'ve·tənthɛit] Unwissenheit f; _wettig [-'vɛtəx] ungesetzlich; unehelich; _willig [-ləx] widerwillig; _wrikbaar [-'vrɪg-] unerschütterlich

onze iemand(e)

on|zedelijk [-'ze:dələk] unsittlich; _zeker [-'ze:kər] unsicher, ungewiß; _zijdig [-'zɛi̯dəx] neutral; Gr. sächlich; _zin Unsinn m; _zindelijk [-'zɪndələk] unsauber

oog n Auge n; (Nadel-)Öhr

n; Öse f; met het _ op im Hinblick auf (A), mit Rücksicht auf (A); _arts Augenarzt m; _getuige ['-xətəi̯ɣ̯ə] Augenzeuge m

oogluikend [-'lək-]: _ toelaten ['tu·-] ein Auge zudrücken

oogmerk n Ziel n

oogst Ernte f; _en ernten

oogwenk: in een [ən] _ im Nu

ooievaar ['o:iəva:r] Storch m

ooit je (mals)

ook auch, ebenfalls

oom Onkel m

oor n Ohr n; Henkel m

oord n Ort m, Stelle f; Gegend f

oor|deel n Urteil n; Ansicht f; _delen urteilen; verurteilen; _konde Urkunde f

oorlog [-'lɔx] Krieg m

oorlogs|invalide Kriegsbeschädigte(r); _schip [-'sxɪp] Kriegsschiff n

oor|sprong Ursprung m; _spronkelijk [-'sprɔŋkələk] ursprünglich

oor|vervovend ohrenbetäubend; _vijg ['-vɛix] Ohrfeige f

oorzaak Ursache f

oosten n Osten m; ten _ van östlich von (D); het Nabije [-'bɛi̯ə] (Verre) 2 Naher (Ferner) Osten

Oostenrijks [-'rɛiks] österreichisch

oostenwind Ostwind m

oosters orientalisch
op auf(A, D); an(D); ~ **zijn**
  [sɛln] alle sein
op|bellen anrufen; ~**bergen** aufräumen; aufheben; ~**beuren** [ɔbø:r-] aufheben; fig. ermutigen; ~**blazen** aufblasen; aufbauschen; sprengen
opbod n: verkoop per ~ Versteigerung f
op|borrelen [ɔbɔrəl-] aufbrodeln; sprudeln; ~**bouw** [ɔbɔu] Aufbau m; ~**breken** [ɔbre:k-] aufbrechen; aufreißen; aufstoßen; ~**brengst** Ertrag m; Erlös m; Ausbeute f; ~**centen** [ɔ'sent-] pl. Zuschlag m; ~**dat** damit, daß
op|dienen auftragen, servieren; ~**dissen** auftischen; ~**doen** [ɔ'du·n] einkaufen; auftragen; aufgabeln; sich zuziehen; ~**donderen** [ɔ·dɔrə(n)] F abkratzen, sich zum Teufel scheren
opdracht Auftrag m; Widmung f; ~**gever** [-xe:ʋər] Auftraggeber m
opdragen hinauftragen; beauftragen; widmen; Kleid abtragen
opdringen vordringen; aufdringen, aufzwingen ~**erig** [-'drɪŋərəx] zudringlich
opdrinken austrinken
opeen [ɔ'e:n] aufeinander, zusammen; ~**s** auf einmal

opeisen [ɔ'ɛɪs-] einfordern
open [ɔ'o:pə(n)] offen, geöffnet; auf; fig. aufgeschlossen
open|baar öffentlich; ~**baren** offenbaren; ~**breken** [-bre:k-] aufbrechen; ~**doen** [-du·n] öffnen
open|en [ɔ'o:pənə(n)] öffnen; eröffnen; ~**er** Öffner m; ~**hartig** [-'hartəx] offenherzig; ~**hartigheid** Offenheit f
openingsuren [-y:rə(n)] n/pl. Öffnungszeiten f/pl.
open|laten [-la:t-] offen-, auflassen; ~**lijk** [-lək] offen; öffentlich
openlucht|theater [-'lɔxt-] n Freilichtbühne f; ~**zwembad** [-bat] n Freibad n
open|maken [-ma:k-] aufmachen; ~**slaan** aufschlagen, aufklappen; ~**staan** offen-, aufstehen
op-en-top ganz und gar
opera Oper f
oper|atie [-'ra:(t)si·] Operation f; ~**eren** [-'re:r-] operieren
op|eten [-'e:t-] aufessen, verzehren; auffressen; ~**frissen** auffrischen;
opgang Aufgang m; ~ **maken** Erfolg haben
opgave Aufgabe f; Angabe f; Verzeichnis n
opge|dirkt F aufgedonnert; ~**knapt** munter, erholt; repariert; ~**let!** Ach-

tung!; ~lucht [-lǝxt] erleichtert; ~past! Achtung!; ~ruimd [-rǝymt] aufgeräumt, heiter; ~togen entzückt; ~ven aufgeben; angeben

opgewassen: niet ~ zijn [zɛɪn] tegen et. (D) nicht gewachsen sein

opge|wekt lebhaft, munter; ~wonden aufgeregt; ~zwollen aufgedunsen

op|graven ausgraben; ~groeien ['-xru·iǝ(n)] auf-, heranwachsen

ophalen hoch-, aufziehen; abholen; de schouders ['sxɑudǝrs] pl. ~ mit den Achseln zucken

ophanden: ~ zijn [zɛɪn] bevorstehen

op|hangen auf-, anhängen; erhängen; ~hebben aufhaben; sehr schätzen

ophef: veel ~ maken van viel Aufhebens machen von(D)

op|heffen aufheben, heben; ~helderen [-dǝrǝ(n)] (auf)klären; ~hitsen (auf)hetzen; ~hoepelen ['-hu·pǝl-] F abhauen; ~hogen aufschütten; erhöhen

ophopen auf-, anhäufen; zich ~ sich häufen

ophouden [-hɑuǝ(n)] aufhören; aufhalten; aufrechterhalten [nung f]

opinie [o:'pi:ni:] Mei-

opium ['o:pi·(j)ǝm] Opium n

op|jagen hetzen; aufwirbeln; ~kijken ['-kɛɪk-] aufblicken; (van) staunen (über A)

opklap|bed n (Wand-)Klappbett n; ~pen hoch-, zusammenklappen

op|klaring Aufklärung f; Met. Aufheiterung f; ~knappen ordnen; instand setzen, überholen; sich erholen; auf die Beine bringen; ~komen (voor) fig. eintreten (für A); ~komst Aufkommen n; Aufschwung m; Besuch m, Teilnahme f; ~lage Auflage f; ~laten ['-la:t-] auflassen; steigen lassen; ~leggen auferlegen; auflegen; ~leiden ausbilden, anleiten; ~letten achtgeben, aufmerksam sein; ~leveren ['-le·vǝr-] liefern, einbringen; übergeben

oplicht|en aufheben; beschwindeln, prellen; ~er Schwindler m, Hochstapler m

oploop Auflauf m

oplos|baar lösbar; löslich; ~sen auflösen; lösen

op|luchting ['-lɛxt-] Erleichterung f; ~maak Aufmachung f

opmaken ['-ma:k-] (zu-recht)machen; verschwenden; schließen, folgern; aufmachen; zich ~ sich auf-, zurechtmachen

opmars Vormarsch *m*

opmerk|elijk [-'mɛrkələk] bemerkenswert, beachtlich; **~en** bemerken

op|meten ['-me:t-] vermessen; **~monteren** ['-mɔntər-] aufmuntern, erheitern; **~name** Aufnahme *f*; Aufzeichnung *f*; **~nemen** aufnehmen; aufzeichnen; vermessen; *Zeit* abstoppen; *Geld* aufnehmen, abheben

opnieuw [-'ni·ŭ] erneut, von neuem

op|noemen nennen, hersagen; **~onthoud** [-hautl*n* Aufenthalt *m*

oppass|en aufpassen; versorgen; sich hüten; **pas op!** Vorsicht!; **~er** Wärter *m*

opperbest vorzüglich, bestens

opperen ['ɔpərə(n)] äußern, vorbringen

opper|hoofd *n* Häuptling *m*; **~machtig** [-təx] allmächtig

opperste oberste(r, -s)

oppervlak *n*, **~te** Oberfläche *f*; **~kig** [-'v̆lakəx] oberflächlich

oppompen aufpumpen

oppositie [-'zi·(t)si·] Opposition *f*

op|potten zusammensparen; hamstern; **~prikken** aufspießen; **~rakelen** ['-ra:kəl-] *fig.* aufwärmen; **~raken** ausgehen, zur Neige gehen; **~rapen**

aufheben; **~recht** [-'rɛxt] aufrichtig

opricht|en aufrichten; errichten, gründen; **~er** Gründer *m*

op|rijzen ['-rɛiz-] aufragen, sich erheben; **~rispen** rülpsen; **~rit** Auf-, Zufahrt *f*; **~roepen** ['-ru·p-] aufrufen; einberufen; heraufbeschwören; **~roer** ['-ru:r] *n* Aufruhr *m*; **~ruien** ['-rəyiə(n)] aufwiegeln

opruim|en ['-rəym-] aufräumen; erledigen; **~ing** Schlußverkauf *m*; Räumungsausverkauf *m*

op|rukken ['-rɔk-] vor-, aufrücken; **~scheppen** *fig.* aufschneiden, angeben; **~schieten** aufschießen; vorangehen, vorwärtskommen; auskommen, sich vertragen; sich beeilen; **~schik** Schmuck *m*; **~schorten** zurückstellen; aussetzen; **~schrift** *n* Auf-, In-, Überschrift *f*; **~schrijven** ['-sxrɛi̯v̆-] aufschreiben, notieren; **~schrikken** aufschrecken; **~schudding** ['-sxœd-] *fig.* Aufregung *f*; **~schuiven** ['-sxœy̆v̆-] in die Höhe schieben; rücken; zusammenrücken; aufschieben

op|slaan aufschlagen; speichern, lagern; **~slag** Aufschlag *m*, Erhöhung *f;* **~sluiten** ['~slœyt-] einsperren; einschließen; **~snorren** *F* auftreiben; **~sommen** aufzählen; **~spelden** aufstecken; **~sporen** fahnden; ermitteln; **~spraak** Gerede *n;* **~springen** aufspringen; **~staan** aufstehen, sich erheben

opstand Aufstand *m;* **in ~ komen** sich erheben, sich empören, sich auflehnen; **~eling** [-dəlɪŋ] Aufständische(r); **~ig** [-'stɑndəx] aufsässig

op|stapelen ['-sta:pəl-] (auf)stapeln, (auf)häufen; **~stappen** hinaufgehen; einsteigen; aufbrechen, fortgehen; **~steken** [-'ste:k-] aufstecken, in die Höhe stecken; anstecken; sich erheben; lernen

opstel ['-stɛl] *n* Aufsatz *m;* **~len** aufstellen; verfassen, aufsetzen

op|stijgen ['-stɛɪɣ̧-] aufsteigen; **~stootje** *n* Krawall *m;* **~stopping** (Verkehrs-)Stauung; **~strijken** bügeln; *Geld* einstreichen; **~sturen** ['-sty:r-] schicken; nachschicken; **~tekenen** ['-te:kənə(n)] aufzeichnen; **~tellen** aufzählen; *Math.* addieren

opticien [-'siɛ̃-] Optiker *m*

optie ['ɔpsi·] Option *f;* Reservierung *f* mit Vorbehalt

optillen (auf)heben

optimist Optimist *m*

optocht Auf-, Umzug *m*

optreden auftreten; vorgehen; *Su. n* Auftritt *m*

optrekken auf-, hochziehen; beschleunigen, anfahren; sich lichten

opvallen auffallen

opvarenden *pl.* Schiffsmannschaft *f*

op|vatting Auffassung *f;* Anschauung *f;* **~vegen** (zusammen)fegen, aufwischen; **~vliegend** ['fli-ɣ̧ənt] jähzornig

opvoed|en ['-fu:d-] erziehen; **~kunde** [-kəndə] Pädagogik *f*

op|voeren ['-fu:r-] steigern, hinauftreiben; *Thea.* aufführen; **~volgen** nachfolgen; befolgen; **~vouwen** zusammenfalten, -klappen; **~vragen** zurückfordern; abheben; **~vrolijken** [-'fro:lək-] erheitern; **~vullen** ['-fœl-] ausstopfen; (aus)füllen

opwaarts aufwärts, hinauf; *Adj.* steigend

opwekken aufwecken; anregen; **~d** [-'vɛkənt] anregend, belebend; heiter

opwerken: zich ~ sich hocharbeiten

opwerpen aufwerfen; einwenden

opwinden aufwickeln; (her)aufziehen; erregen; **zich ~** sich aufregen op|wrijven ['-frɛɪ̆v-] polieren; ~zeggen hersagen; kündigen

opzet 1. Entwurf m, Plan m; 2. n Vorsatz m, Absicht f; ~telijk ['-sɛtələk] absichtlich, vorsätzlich; ~ten aufsetzen; aufwiegeln; schwellen; aufrichten, aufziehen; ausstopfen

opzicht n Aufsicht f; Hinsicht f; ten ~e van bezüglich (G); ~er Aufseher m; ~ig auffällig

opzien aufsehen; staunen; tegen iem. ~ verehren; tegen iets ~ sich scheuen vor (D), zurückschrecken vor (D); Su. n Aufsehen n; ~baren Aufsehen erregen

opzij ['-sɛi] beiseite; ~dringen zur Seite drängen, abdrängen; ~leggen beiseite, ~zurücklegen

opzoeken ['-su·k-] aufsuchen; nachschlagen

oranje [o'rɑniə] orange

orde Ordnung f; Orden m; in strijd [strɛit] met de (goede ['ɣu·iə] ~ ordnungswidrig

ordelijk ['-dələk], ordentelijk ['-dəntələk] ordentlich

order Weisung f; Hdl. Order f, Auftrag m; tot nader ~ bis auf weiteres

ordinair ['-nɛ:r] ordinär

orgaan n Organ n

organis|atie [-'za:(t)si·]

Organisation f; Veranstaltung f; ~eren [-'ze:r-] organisieren, veranstalten

orgel Orgel f [stalten]

origineel [-ʒi'ne:l] originell; original; Su. n Original n

orkest n Orchester n

os Ochse m; ~sestaart-soep [-su·p] Ochsenschwanzsuppe f

otter Otter f

oud [aut] alt; even ['e:ʋə(n)] ~ gleichaltrig; ~bakken altbacken

oudejaarsavond [-'a:rɑ̈ʔənt] Silvesterabend m

ouder|dom [ɑu̯d-] Alter n; ~s pl. Eltern pl.; ~wets [-'ʋɛts] altmodisch, altertümlich [tikef]

oudheid Altertum n, An-

ouds(her [-'hɛr]: van ~ von (od. seit) jeher

outsider ['autsaɪdər] Außenseiter m

ouwelijk [ɑu̯ələk] ältlich

ovaal oval

oven Ofen m

over prp. über (A, D); Adv. über; übrig; vorbei

overal überall

over|belasten überbelasten; überlasten; ~bezet überbelegt; überlaufen; ~blijven [-blɛɪ̆v-] übrigbleiben; ~bluffen ['-blɛf-] bluffen; überbluffen; ~bodig [-'bo:dəx] überflüssig; ~boeken [-bu·k-] umbuchen; overbreng|en ['o:ʋər-] übertragen, übertragen, überführen; bestellen, übermitteln; hinterbringen; **~ing** *Tech.* Übersetzung *f*

over|bruggen [-'brœ¥-] überbrücken; **~dadig** [-'da:dəx] überschwenglich; unmäßig; **~dag** [-'dαx] am Tage, tagsüber; **~doen** [o:'ərdu'n] noch einmal tun (*od.* machen); übergeben

overdracht [o:'ər-] Übertragung *f*; **~elijk** [-'drαxtələk] übertragen, figürlich

over|drijven [-'drεɪ̈v-] übertreiben; **~duidelijk** [o:'ərdœydələk] überdeutlich, eindeutig

overeenkom|en [-'e:n-ko:m-] übereinkommen, vereinbaren; übereinstimmen; **~st** [-komst] Abkommen *n*, Vereinbarung *f*, Übereinstimmung *f*, Ähnlichkeit *f*; **~stig** [-'komstəx] übereinstimmend, entsprechend; gemäß *(D)*

overeenstemm|en [-'e:n-] übereinstimmen; **~ing** Übereinstimmung *f*, Einklang *m*

overeind [-'εint, -'εntl] aufrecht

over|gaan [-'a:n-] übergehen; vorübergehen; versetzt werden; **~gang** Übergang *m*, Übertritt *m*; Versetzung *f*; **~gave** Übergabe *f*; Hingabe *f*

overgeven [o:'ər-] über-

geben; sich übergeben, sich erbrechen; **zich ~** sich ergeben

over|gevoelig [-¥u'la x] überempfindlich; **~gooier** [-¥o:iər] *Kleid.* Hänger *m*; **~grootmoeder** [mu'dər] Urgroßmutter *f*; **~haast** [-'ha:st] übereilt; **~halen** [o:'ər-] herüberziehen; überreden; ziehen; **~handigen** [-'handəx-] überreichen

overheid Behörde *f*, Obrigkeit *f*; **gemeentelijke ~** [-'me:ntələkə] Kommunalbehörde *f*

over|heersen [-'he:rs-] be-, vorherrschen; **~hellen** [o:'ər-] überhängen; neigen; **~hemd** *n* Oberhemd *n*; **~hoop** [-'ho:p] über den Haufen, durcheinander; **~houden** [-'hαũə(n)l übrigbehalten

overig [o:'ərəx] übrig; **~ens** übrigens

over|ijld [-'εɪlt] übereilt; **~jas** Überzieher *m*, Mantel *m*; **~kant** gegenüberliegende Seite *f*; **aan de ~** drüben

over|kapping [-'kαp-] Überdachung *f*, Halle *f*; **~koken** [-ko:k-] überkochen; **~komen** [o:'ər-] herüber-, hinüberkommen; [-'ko:m-] passieren, zustoßen; **~laten** [o:'ərla:t-] übriglassen; überlassen; **~leden** [-'le:də(n)l ge-, verstorben

overleg [-'lɛx] n Überlegung f; Rücksprache f; ~gen ['o:vər-] vorlegen; [-'lɛɣ-] überlegen
overleven überleben; ~dauern
overlijden [-'lɛid-] verscheiden, sterben; ~sakte Totenschein m [m]
overloop Treppenabsatz
overmaat: tot ~ van ramp zu allem Unglück
over|**macht** Übermacht f; höhere Gewalt f; ~maken ['o:vərma:k-] übermitteln; Geld überweisen; ~moedig [-'mu:dəx] übermütig; ~morgen übermorgen; ~nachten übernachten ['o:vər-] versetzen; ~reden überreden; ~rijden [-'rɛiə(n)] überfahren; ~rompelen überrumpeln; ~schieten übrigbleiben; ~schot ['o:vərsxot] n Überschuß m, Rest m; ~schrijden [-'sxrɛid-] überschreiten; überziehen; ~schrijven ['o:vərsxrɛi'v-] abschreiben; umschreiben; überweisen; ~slaan ['o:vər-] übergehen, überschlagen; ~spanning [-'span-] Überanstrengung f; ~spel [-spɛl] n Ehebruch m
overstap(kaart)je n Umsteigefahrschein m; ~pen umsteigen
over|**steken** ['o:vərste:k-] überqueren; ~stelpen

überhäufen, -schütten; ~stroming Überschwemmung f; ~tikken abtippen; noch einmal tippen; ~tocht Überfahrt f; ~tollig [-'tolǝx] überflüssig
overtred|**en** [-'tre:d-] übertreten, verletzen; ~ing Übertretung f, Verstoß m, Vergehen n
over|**treffen** übertreffen, -steigen, -bieten; ~trek ['o:vər-] Bezug m, Überzug m; ~tuigen [-'tœyɣ-] überzeugen; ~uur [y:r]n Überstunde f; ~vallen überfallen; ~varen ['o:vər-] Schiff: überfahren; ~vleugelen [-'vlø:ɣəl-] überflügeln
overvloed [-'vlu:t] Überfluß m; **in ~** in Hülle und Fülle; ~ig [-'vlu:dǝx] reichlich, üppig, ergiebig; ~vol ['o:vər-] überfüllt [übergang m]
overweg ['o:vər-] Bahn-
overweg? [-'vɛx]: **~ kunnen met elkaar** sich vertragen
over|**wegen** [-'ve:ɣ-] erwägen; überwiegen; ~weldigen [-də'ɣ(n)] überwältigen
overwerken ['o:vər-] Überstunden machen; **zich ~** [-'vɛrk-] sich überanstrengen
overwicht n Übergewicht n
overwinn|**aar** [-'vɪn-] Sie-

ger *m*; ~en (be)siegen; overwinden; ~ing Sieg *m*; Überwindung*f*

overzees [-'ze:s] überseeisch

overzicht *n* Übersicht *f*, -blick *m*; ~elijk [-'zixtə-

lək] übersichtlich

over|zien ['o:vər-] durchsehen; [-'zi·n] übersehen, -blicken; . . . is niet te ~zien [-'zi·n] . . . ist nicht abzusehen; ~zijde [-zɛɪ̯-dəls. ~kant

P

paaien vertrösten

paal Pfahl *m*

paar paar; gerade; *Su. n* Paar *n*

paard *n* Pferd *n*, Roß *n*; Schach: Springer *m*

paarde|haar *n* Roßhaar *n*; ~kracht Pferdestärke*f*

paardrijden ['-rɛɪ̯ə(n)] *n* Reiten *n*

paarlemoer [-'mu:r] *n* Perlmutt *n*

paars violett, lila

paartje *n* Pärchen *n*

paasei *n* Osterei *n*

pacht|en pachten; ~er Pächter *m*

pact *n* Pakt *m*

pad¹ [pɑt] *n* Pfad *m*

pad² Kröte*f*

paddestoel [-stu·l] Pilz *m*, Pfifferling *m*

padvinder Pfadfinder *m*

pagaaien [-'ɤ̯a:ɪ̯ə(n)] paddeln

pagina ['pa:ɣ̞i·-] Seite*f*

pak *n* Paket *n*, Bündel *n*, Päckchen *n*, Packung *f*; Anzug *m*; ~huis ['-həys] *n* Lagerraum *m*, Speicher *m*

pakken fassen, packen,

greifen; (ein)packen; schnappen, ergreifen

pakket [-'kɛt] *n* Paket *n*; Päckchen *n*; ~post (-dienst) Paketannahme *f*

pakpapier *n* Packpapier *n*

pal [pɑl] fest, unbeweglich

paleis [-'lɛɪ̯s] *n* Palast *m*

paling Aal *m*; gerookte ~ Räucheraal *m*

palm Palme *f*; ♀zondag [-'zɔndɑx] Palmsonntag *m*

pamflet [-'flɛt] *n* Pamphlet *n*; Flugblatt *n*

pan Pfanne*f*; (Koch-)Topf *m*; (Dach-)Ziegel *m*

pand *n* Pfand *n*; Haus *n*; ~verbeuren [-bø:r-] *n* Pfänderspiel *n*

paneermeel *n* Paniermehl *n*

panharing Brathering *m*

paniek [-'ni·k] Panik *f*

panne Panne *f*

pannekoek [-ku·k] Pfannkuchen *m*

pantalon [-'lɔn] Hose*f*

pantoffel Pantoffel *m*, Hausschuh *m*

pantser *n* Panzer *m*

panty ['pɛnti·] Strumpfhose f

pap Brei m

papaver [-'pa:vər] Mohn m

papegaai Papagei m

paperclip ['pe:pər-] Büroklammer f

papier n Papier n; ~klem Büro-, Heftklammer f; ~tje n Zettel m

parachute [-'ʃy·t] Fallschirm m

paradijs [-'dɛis] n Paradies n

paragraaf Paragraph m

parallel [-'lɛl] parallel; Su. Parallele f

paraplu [-'ply·] (Regen-) Schirm m

parasol [-'sɔl] Sonnenschirm m

pardon [par'dɔ:l: ~! Entschuldigung!, Verzeihung!; gestatten Sie?; ~? wie bitte?

parel Perle f; ~en perlen; ~moer [-mu:r]n Perlmutt n

parfum [-'fœ̃:, -'fəm] n Parfüm n

park n Park m

parkeer|garage [-ra:ʒə] Park(hoch)haus n; ~geld n Parkgebühr f; ~licht n Standlicht n; ~meter [-me:tər] Parkuhr f; ~plaats, ~terrein [-tɛrɛin] n Parkplatz m

parkeren [-'ke:r-] parken

parket n Parkett n; Jur. Staatsanwaltschaft f

parkiet [-'ki·t] Wellensittich m

parlement n Parlament n

parochie [-'rɔxi·] (Pfarr-) Gemeinde f

part (An-)Teil m; voor mijn [mɛin] ~ meinetwegen, von mir aus

parterre [-'tɛ:rə] Parterre f

particulier [-ky·'li:r] privat; Su. Privat-, Einzelperson f

partij [-'tɛi] Partei f; Partie f; Posten m, Menge f; Party f; ~genoot Parteigenosse m

partizaan Partisan m

pas¹ Schritt m; (Gebirgs-) Paß m; Ausweis m, Paß m

pas² n: te ~ komen ['ko:m] zustatten kommen

pas³ (so)eben, erst

Pasen Ostern n

pasfoto Paßbild n

pasgehuwd [-'hy·ût] neuvermählt

paskamer [-ka:mər] Anprobenraum m

paspoort n Paß m

passagierr [-'ʒi:r] Passagier m, Fahrgast m, Fluggast m

passen passen; sich schicken; Kleid anprobieren; bij [bɛi] elkaar zusammenpassen; ~d passend; angemessen, angebracht

passer Zirkel m

passeren [-'se:r-] passie-

ren; überholen; überge-
hen, -springen
passief passiv, tatenlos
passietijd ['-si·teit] Pass-
sionszeit f
pastei [-'teil] Pastete f
pastille [-'ti·(j)ε] Dragée n,
Pastille f
pastoor [-'to:r] (katholi-
scher) Pfarrer m
patat F, ~es frites [pə'tat
fri'tⱼə] Pommes frites pl.
patent n Patent n
patiënt(e [-'siεntə] f) Pa-
tient(in f) m
patrijs [-'treis] Rebhuhn n
patroon 1. Schutzheili-
ge(r); 2. Mil. Patrone f; 3.
n Muster n, Schablone f
patrouille [pa'tru·(l)ɪə]
Streife f
paus Papst m; ~elijk
['-sələk] päpstlich
pauw Pfau m
pauz|e Pause f, Rast f;
~eren [-'ze:r-] Rast ma-
chen, rasten
paviljoen [-'ju·n] n Pavil-
pech Pech n   [lon m
pedaal Pedal n
pedagogie(k)   [-'ɣi·(k)]
Pädagogie f
pedant pedantisch
pedicure [-'ky:r(ə)] Pediküre f
peen Möhre f
peer Birne f
pees Sehne f; ~verrekking
Sehnenzerrung f
peettante Patin f
peignoir [pεɲ'ŭa:r] Mor-
genrock m

peil n Pegel m; fig. Stufe f;
Niveau n; ~en peilen
peinzen sinnen, nach-
denken
pek Pech n
pekelen ['pe:kəl-] pökeln
pelgrim Pilger m; ~stocht
Pilgerfahrt f
pellen schälen, pellen
pels Pelz m
pen (Schreib-)Feder f;
Pflock m
pendelen pendeln
penning Pfennig m; Ge-
denkmünze f; ~meester
Schatzmeister m
penseel [-'se:l] n Pinsel m
pensioen [-'si̯u·n] n Pension f, Ruhegehalt n;
Ruhestand m
pension [pεn'si̯on] n Pension
sion f, Fremdenheim n;
half ~ Halbpension f;
volledig [-'le:dəx] ~ Voll-
pension f; ~sgast Pen-
sionsgast m
peper ['pe:pər] Pfeffer m;
~koek [-ku·k] Pfefferku-
chen m; ~munt [-'mənt]
Pfefferminze f
per per (A); pro, je
perceel [-'se:l] n Grundstück n, Parzelle f
percent [-'sεnt] n Prozent
n; ~age [-'ta:ʒə] n Pro-
zentsatz m   [men]
perfect perfekt, vollkom-
perforeermachine Locher
m
period|e Periode f; ~iek
[-'di·k] periodisch, Su. n
Zeitschrift f

perk *n* Schranke *f*, Grenze *f*; Beet *n* [n |]

perkament *n* Pergament

permanent permanent; *Su.* Dauerwelle *f*

permitteren erlauben; zich ~ sich leisten

perron [pɛ'rɔn] *n* Bahnsteig *m*; ~kaartje *n* Bahnsteigkarte *f*

pers Presse *f*; se pressen; ~klaar druckfertig

person|age [-'na:ʒə] Person *f*; Persönlichkeit *f*; ~alia *pl.* Personalien *pl.*; ~eel persönlich; *Su.* *n* Personal *n*, Belegschaft *f*

personenauto Personenkraftwagen *m*

persoon Person *f*; ~lijk [-lək] persönlich; ~sbewijs [-uɛis] *n* Personalausweis *m*

perzik Pfirsich *m*

pest Pest *f*; de ~ hebben aan *F* nicht ausstehen können; ~en *F* piesakken, schikanieren

pet Mütze *f*, Kappe *f*

pete|kind ['pe:tə-] *n* Patenkind *n*; ~r Pate *m*

peterselie [-'se:li·] Petersilie *f*

petieterig [pə'ti·tərəx] winzig

petroleum [-le·iəm] Petroleum *n*, Erdöl *n*; ~(toe)stel [-(tu·)stɛl] *n* Petroleumkocher *m*

peukje ['pø·kiə] *n* Stummel *m*

peul Schote *f*, Hülse *f*

peuter Knirps *m*

peuteren ['pø:tərə(n)] (herum)stochern

piano Klavier *n*

pick-up [-'əp] Plattenspieler *m*

piek *fig.* Spitze *f*

piekeren [-'kərə(n)] grübeln

pienter gescheit, klug

piepen piepen; quietschen

piepjong blutjung

pier 1. (Regen-)Wurm *m*; 2. Mole *f*; ~enbad [-batl] *n* Planschbecken *n*

pij [pɛi] (Mönchs-)Kutte *f*

pijl [pɛil] Pfeil *m*

pijler Pfeiler *m*

pijn Schmerz(en *pl.*) *m*, Qual *f*; ~ doen [du·n] wehtun, schmerzen;

pijn|igen ['pɛinəx-] quälen; martern; ~lijk ['-lək] schmerzhaft; peinlich; ~loos schmerzlos; ~stillend schmerzstillend

pijp Pfeife *f*; Röhre *f*, Rohr *n*; ~leiding Rohrleitung *f*

pik Pech *n*

pikant pikant

pik(donker stock-)

pikken picken [dunkel]

pil Pille *f*

pilaar Pfeiler *m*, Säule *f*

piloot Pilot *m*, Flugzeugführer *m*

pin Pflock *m*, Stift *m*, Zwecke *f*, Zapfen *m*

pincet [-'sɛt] Pinzette *f*

pingelen ['pɪŋəl-] feilschen

pink der kleine Finger
Pinksteren ['pɪŋstərə(n)]
Pfingsten n
pion [pi·'jon] *Schach*:
Bauer m; *fig.* Werkzeug n
pionier Pionier m
piramide Pyramide f
pistool n Pistole f
pit Docht m; (Obst-)Stein
m, Kern m; Flamme f;
fig. Schneid m; **-tig** ['-təx]
kernig, rassig; würzig
pk = paardekracht
plaag Plage f, Qual f
plaat Platte f; Bild n;
Schild n; Sandbank f; **de
~ poetsen** ['pu·ts-] F
Reißaus nehmen
plaatijzer ['-ɛizər] n: gegolfd ~ Wellblech n
plaats Platz m; Ort m;
Stelle f; Hof m; in ~ van
(an)statt (G); **in (op) de
eerste ~** an erster Stelle;
in ~ daarvan statt dessen; **niet in de laatste ~**
nicht zuletzt; **-bespre-
king** [-spre:k-] (Platz-)
Reservierung f; **-bewijs**
[-vɛis] n Platzkarte f;
Fahrkarte f

plaatse: ter ~ an Ort und
Stelle; **-lijk** ['-sələk] örtlich, lokal
plaatsen setzen, stellen;
anbringen
plaats|gebrek [-brɛk] n
Platzmangel m; **-ver-
vanger** Stellvertreter m;
-vinden stattfinden,
vonstatten gehen
plafond [-'fon(t)] n Decke f

plagen plagen, quälen;
necken
plak Scheibe f, Schnitte f
plakband n Klebestreifen
m
plaket Plakette f
plakkaat n Plakat n
plakken kleben
plan [plɑn] n Plan m, Vorhaben n; **van ~ zijn** [zɛin]
vorhaben, beabsichti-
gen; **volgens ~** planmäßig
planeet Planet m
plank Brett n; Diele f,
Bohle f; Bord n; Planke f;
-enkoorts Lampenfieber
n
plannen ['plɛn-] planen
plant Pflanze f, **-en** pflan-
zen; **-kunde** [-kɛn-] Botanik f; **-soen** [-'su·n]
n Grünanlage f
plas Pfütze f; Pfuhl m;
Tümpel m; Lache f
plassen plätschern; planschen; urinieren
plasticzak ['plɛstɪk-] Pla-
stikbeutel m, -tüte f
plat platt, flach; **-drukken**
['-drɛk-] zerdrücken
platform n Plattform f
platte|grond [-'ɣront]
Grundriß m, Plan m;
-land ['-lɑnt] n Land n
(Ggs. Stadt)
platzak F blank, pleite
plaveisel [-'vɛisəl] n Pflaster n
plechtig ['-təx] feierlich;
eidesstattlich; **-heid**
Feier f, Zeremonie f;
Feierlichkeit f

pleegouders ['-auđərs] pl. Adoptiveltern pl.

plegen pflegen; begehen, verüben

pleidooi [plɛi'-]n Plädoyer n

pleinn Platzm

pleister[1]n Gipsm, Putzm

pleister[2] Med. Pflaster n

pleiten plädieren; **(voor)** befürworten; sprechen (für A)

plek Fleckm; Stellef

pletter: te — slaan zerschmettern, zerschellen

pletterij [-'rɛi] Walzwerk n

plezier [plə'ziːr] n Freude f, Spaß m, Lust f, Vergnügen n; Gefallen m; **-ig** [-rəx] lustig, amüsant; **-reis** Vergnügungs-, Erholungsreise f; **-tocht** Vergnügungs-, Spazierfahrt f

plicht Pflicht f; **-plegingen** pl. Komplimente n/pl.; Umständen pl.

ploeg [pluːx] Pflug m; Gruppe f; Schicht f; Sp. Mannschaft f; **-baas** Werkmeister m; **-en** pflügen

ploert [pluːrt] Lumpm

ploeteren ['-tərə(n)] planschen; sich abrackern

plof [plɔf] (Auf-)Schlag m; **-fen** aufprallen, -schlagen

plomberen [-'beːr-] plombieren [fällig]

plomp plump, schwer-]

plonzenF plumpsen

plooi Faltef; Runzelf; **-en** falten; runzeln

plots(eling) ['plɔtsə-] plötzlich, jäh, schlagartig

plug [plɛx] Dübel m, Zapfenm; Stiftm

pluim [plœym] Feder f; **-vee**n Geflügel n

plukken ['plœk-] pflücken; zupfen; rupfen

plunderen plündern

plunje ['plœniə] Kleider n/pl.

plus plus

p.o.s. omgaande: per-

pochen pochen; prahlen

pocket(boek ['pɔkədbuːk] n) Taschenbuch n

podium ['-diˑ(j)əm] n Podium n

poedel ['puˑdəl] Pudelm

poeder, poeier ['puˑiər] Pulver n, Puder m; **-doos** Puderdosef

poel Pfuhlm, Lachef

poelier [puˑliːr] Geflügelhändlerm

poen F Pinkepinkef, Geld n

poes F (Mieze-)Katzef

poëtisch [-iˑs] poetisch

poets [puˑts] Streich m, Possef

poetsen putzen

poffen F sich pumpen

poging Versuchm

poken stochern

pokken pl. Pocken f/pl.

polijsten [-'lɛist-] polieren

polis ['poː-] Policef

politicus [-kəs] Politiker m

politie [-'li·(t)si·] Polizei *f*;
~**agent** [-a͡ɣεntl] Polizist
m, Schupo*m*

pop Puppe*f*

politi(on)eel polizeilich

popelen ['po:pələ(n)l zittern, pochen

politiek [-'ti·kl politisch;
Su. Politik*f*

poppenkast Puppenthea-
ter*n*

politie|patrouille [-tru·-
(l)iə] Polizei-)streife *f*;
~**post** (Polizei-)Wache *f*,
Polizeirevier *n*; ~**spion**
[-spi·(j)onl Spitzel*m*

populair [-py·'lε:r] populär; volkstümlich

populier [-'li:rl Pappel*f*

poreus [-'rø:sl porös

porie ['-ri·l Pore*f*

pollepel ['-le:pəl Kochlöf-
fel*m*, Kelle*f*

porren stochern; (an)trei-
ben

pols Puls *m*; ~**en** sondieren; ~**horloge** ['-horlo:ʒəl
n Armbanduhr *f*; ~**stok-
hoogspringen** *n* Stab-
hochsprung*m*

porselein [-sə'lεɪn] *n* Porzellan*n*

port Portwein*m*

port(o)(Brief-)Porto*n*

portaal *n* Portal *n*; Flur *m*,
Vestibül*n*

pomp Pumpe*f*; *Kfz.* Zapfsäule *f*; ~**bediende**
Tankwart*m*

porte|feuille [-'fœiəl
Brieftasche *f*; ~**monnee**
Portemonnaie*n*

pompelmoes [-mu·sl
Pampelmuse*f*

portie ['-si·l Portion*f*

pompen pumpen

portier [-'ti:rl 1. Portier *m*,
Pförtner *m*; 2. *n* Wagen-
schlag*m*

pompernikkel [-'nɪk-l
Pumpernickel*m*

pond*n* Pfund*n*

porto *s.* port(o)

pons|en stanzen; lochen;
~**kaart** Lochkarte*f*

portret [-'trεtln Porträt*n*

Portugees [-ty·'-] portugiesisch; *Su.* Portugiese
m

pont Fähre*f*

pony Pony*n*

portvrij [-'frεɪl portofrei

pooier Lump *m*; Zuhälter
m

poseren [-'ze:r-l posieren

positie [-'zi·(t)si·l Position
f, Stellung *f*; Lage *f*; ~**bepaling** Ortsbestimmung
f; ~**stellungnahme** *f*

pook Schüreisen *n*; *Kfz.*
Schaltknüppel*m*

positief positiv

Pool Pole*m*; ~**s** polnisch

positie|japon [-japonl Um-
standskleid*n*

pool Pol *m*; ~**cirkel** ['-sɪr-
kəll Polarkreis*m*

post¹ Pfosten *m*; *Mil., Hdl.*
Posten*m*

poort Tor*n*; Pforte*f*

poos Weile *f*; ~**je** ['po:ʃəln
Weilchen *n*   (Bein*n*

poot Pfote *f*; Tatze *f*;

post² Post *f*; ~**bestelling**

Postzustellung f; **~bode** Postbote m, Briefträger m; **~box, ~bus** ['-bɔs] Postfach n; **~cheque- en girodienst** ['-ʃɛk-] Postscheckamt n

poste: **~ restante** postlagernd; **~n** Brief einwerfen, auf die Post tragen

post|kantoor n Postamt n; **~nummer** ['-nəmər] n Postleitzahl f; **~orderbedrijf** [-bədrɛif] n Versandhaus n; **~papier** n Briefpapier n; **~rekening** ['-re:kən-] n Postscheckkonto n; **~wissel** Postanweisung f; **~zegel** ['-se:ɣəl] Briefmarke f

pot [pɔt] Topf m; Kanne f; Krug m; Schoppen m

potlood n Bleistift m

pottenbakker Töpfer m

praal Pracht f

praat Gerede n, Geschwätz n; **~je** n Plauderei f; Gerücht n, Gerede n; **~paal** Notrufsäule f; **~ziek** geschwätzig

pracht Pracht f; **~ig** ['-təx] prächtig, prachtvoll; herrlich, wunderbar, **~voll**

practicum [-kəm] n Praktikum n

prakt|ijk ['-tɛik] Praxis f; Praktik f; **~isch** ['-ti·s] praktisch

praktizeren [-'ze:r-] praktizieren; **~d arts** praktischer Arzt m

pralen prahlen

prat [prɑt]: **~ gaan op** stolz

sein auf (A)

praten reden; plaudern

pre|cies [prə'si·s] genau; pünktlich; eben; **~cisie** [pre'si·zi·] Präzision f, Genauigkeit f

predi|kant [-'kɑnt] Prediger m; (evangelischer) Pfarrer m; **~katie** [-'ka:(t)si·] Predigt f; **~ken** predigen

preek Predigt f; **~stoel** ['-stu·l] Kanzel f

prefereren [pre·fe·'re:r-] vorziehen, bevorzugen

prei [prɛi] Porree m

preken predigen

premie ['-mi·] Prämie f

premier [prə'mie:] Premier(minister) m, Ministerpräsident m

première [prə'mjɛ:r] Premiere f, Uraufführung f

prent Bild n **~briefkaart** Ansichtskarte f

presenteerblad n Tablett n

president Präsident m

prest|atie [-'ta:(t)si·] Leistung f; **~eren** [-'te:r-] leisten

pret [prɛt] Vergnügen n, Spaß m; **~tig** [-'təx] vergnügt, angenehm

preuts [prø:ts] prüde, zimperlich

prevelen ['pre·vəl-] murmeln

prieel [pri·'je:l] n Laube f

priem Pfriem m; Stricknadel f

priester Priester m

prijs [prɛis] Preis *m;* Belohnung *f;* Gewinn *m;* **op ~ stellen** schätzen; **~geven** preisgeben; **~opgave** Preisangabe *f;* **~verhoging** Preiserhöhung *f;* **~verlaging** Preismäßigung *f,* **~senkung** *f;* **~vraag** Preisausschreiben *n,* Wettbewerb *m*

prijzen loben, preisen; *Hdl.* den Preis angeben

prikkel Stachel *m;* Ansporn *m;* Reiz *m;* **~baar** reizbar; **~draad** Stacheldraht *m;* **~en** prickeln; reizen; **~ing** Prickeln *n;* Reiz *m*

prikken stechen

primitief primitiv

princip|e [-'si·pəl *n* Prinzip *n,* Grundsatz *m;* **~ieel** [-'pi·l] prinzipiell, grundsätzlich

prins Prinz *m*

prinses [-'sɛs] Prinzessin *f*

pri|vaat, **~vé** privat

proberen [-'be·r-] probieren, versuchen

probleem *n* Problem *n*

procédé [-se'de:] *n* Verfahren *n* [zent *n*]

procent [-'sɛnt] *n* Pro-

proces [-'sɛs] *n* Prozeß *m;* Gerichtsverhandlung *f*

processie [-'sɛsi-] Prozessionf

proces-verbaal *n* Protokoll *n;* (Straf-)Anzeige *f*

procureur [ky·'rø·r] Prozeßbevollmächtigte *m;* *(in Belgien)* Staatsanwalt

m; **~-generaal** Generalstaatsanwalt *m*

produ|cent [-dy·'sɛnt] Produzent *m,* Hersteller *m;* **~ceren** [-'se·r-] herstellen, produzieren

produkt [-'dəkt]*n* Produkt *n,* Erzeugnis *n;* **~ie** [-'dəksi-] Produktion *f,* Herstellung *f*

proef [pru·f] Probe *f,* Versuch *m;* **op ~** probeweise; **~je** *n* kleine Probe *f;* Kostprobe *f;* **~neming** ['-ne·m-] Experiment *n,* Versuch *m;* **~ondervindelijk** [-'vɪndələk] experimentell; **~rit** Probefahrt *f;* **~schrift** *n* Dissertation *f*

proesten ['pru·st-] prusten

proeven kosten, schmecken; probieren; prüfen

profeet Prophet *m*

professional [-'fɛʃənəl] *Sp.* Profi *m*

professor Professor *m*

profiel *n* Profil *n*

pro|fijt [-'fɛit] *n* Profit *m,* Vorteil *m;* **~fiteren** [-'te·r-] profitieren; **(van)** ausnutzen

program(ma) *n* Programm *n*

progressief progressiv

project *n* Projekt *n;* **~iel** *n* Projektil *n,* Geschoß *n;* **~or** Projektor *m*

prolong|atie [-'ɣa:(t)si·] Verlängerung *f;* **~eren** [-'ɣe·r-] verlängern

pro|millage [-'la:ʒə] *n*

Promille *n*; ~moveren
[-'ve:r-] promovieren

prompt prompt

prooi Beute*f* [m]

prop Pfropfen*m*, Knäuel*n*

propaangas [-ɣɑs] *n* Propangas*n*

propaganda Propaganda*f*

propeller Propeller*m*

proper ['pro:pər] sauber, reinlich

prop|pen pfropfen, stopfen; ~vol gedrängt voll

prospectus [-təs] Prospekt *m*

prostituée [-ty'üe:] Prostituierte*f*

protest *n* Protest *m*, Einspruch *m*; ~ants protestantisch, evangelisch; ~eren [-'te:r-] protestieren, Einspruch erheben

pro|these Prothese *f*; ~tocol *n* Protokoll *n*; ~viand Proviant *m*; ~vincie [-'vɪnsi-] Provinz*f*; ~visie [-'vi:zi-] Provision *f*; ~visoir [-'zủa:r] provisorisch

provo|catie [-'ka:(t)si-] Provokation *f*; ~ceren [-'se:r-] provozieren

proza*n* Prosa*f*

pruik [prœyk] Perücke*f*

pruilen schmollen

pruim Pflaume *f*; Priem *m*; ~engelei [-ʒəlɛi] Pflaumenmus*n*

prul [prœl] *n* Plunder *m*; F Schmöker *m*; Stümper *m*; ~lenmand Papierkorb *m*

prutsen pfuschen; basteln

pruttelen ['prøtəl-] brodeln; nörgeln

psych|isch ['psi·xi·s] psychisch, seelisch; ~olo-gisch [-i·s] psychologisch

publiceren [py·bli·'se:r-] veröffentlichen

publiek [py·'-] öffentlich; *Su. n* Publikum *n*; Öffentlichkeit*f* [m]

pudding ['pød-] Pudding

puffen ['pøf-] schnaufen; tuckern

puik [pœyk] ausgezeichnet

puin *n* Schutt *m*; Trümmer *pl.*; Schotter *m*; ~hoop Trümmer-, Schutthaufen*m*

puistje ['pœyʃə] *n*, pukkel ['pøk-] Pickel*m*, Pustel*f*

punaise [py·'nɛ:zə] Reiß-, Heftzwecke*f*

punt [pønt] 1. Spitze*f*, Zipfel *m*, Zinke*f*; 2.*n* Punkt *m*; op het ~ staan im Begriff sein, dabeisein; dubbele ~ Doppelpunkt *m*; ~gevel ['-xe:vəl] (Spitz-)Giebel *m*; ~ig ['-təx] spitz, scharf

pupil [py·'-] Pupille *f*; Mündel*n*

puree Püree*n*

purgeermiddel [pər'-] *n* Abführmittel*n*

put (Zieh-)Brunnen *m*; Grube *f*; Loch *n*; ~ten schöpfen

puur [py:r] pur

pyjama [pi·'ja:-, pi·'dʒa:-] Pyjama *m*, Schlafanzug *m*

Q

quarantaine [-'tɛːnə] Quarantäne f; [quitt sein
quitte [kiˑt]: ∼ zijn [sɛin]

quiz Quiz n
quotiënt [koˑ'siɛnt] n Quotient m

R

raad Rat m; ∼(geving) ['-xeˑv̆-] Rat(schlag) m; ∼ geven raten; ∼gever Ratgeber m; ∼plegen zu Rate ziehen, befragen, konsultieren; nachschlagen

raadsel n Rätsel n; ∼achtig [-təx] rätselhaft

raads|kelder Ratskeller m; ∼lid n Stadtverordnete(r); ∼man Ratgeber m

raaf Rabe m

raak getroffen; treffend; ∼ zijn [sɛin] treffen, sitzen

raam n Rahmen m; Fenster n

raap Rübe f

raar seltsam, merkwürdig

rabarber Rhabarber m

race [reːs] (Wett-)Rennen n; ∼auto Rennwagen m

racket ['rɛkət] n Tennis: Schläger m

rad[1] [rɑt] schnell, flink

rad[2] n Rad n; ∼braken ['-braːk] radebrechen

radeloos [-'loːs] ratlos

raderen [-'deːr-] radieren

raden raten; erraten

radia|teur [-'tøːr] Kfz. Kühler m; ∼tor Heizkörper m; Kfz. Kühler m

radicaal radikal

radisje [-'dɛiʃə] n Radieschen n

radio Radio n, (Rund-, Hör-)Funk m; ∼actief radioaktiv; ∼omroep [-ruˑp] Rundfunk m

radiotoestel [-tuˑstɛl] n Rundfunkgerät n; ∼draagbaar ∼ Kofferradio n

radio|uitzending [-əyt-] Rundfunksendung f; ∼zender Rundfunksender m

rafelen ['raːfəl-] fasern

ragfijn ['-fɛin] hauchdünn

rail [reːl] Schiene f

rakelings ['raːkəl-] hart, dicht, haarscharf

raken berühren; treffen; (in) geraten (in A)

raket [-'kɛt] Rakete f

rally ['rɛli'] Rallye f, Sternfahrt f

ram [rɑm] Widder m

ramen veranschlagen, schätzen

rammelen ['-mələ(n)] rattern; rütteln; klappern; klirren

rammen rammen [m]

rammenas [-'nɑs] Rettich m

ramp Katastrophe f, Unheil n; ∼zalig [-'saːləx] unglückselig

rand Rand *m*; Kante *f*;
Leiste*f*; Saum*m*, Borte*f*

rang Rang *m*; **~eren**
[rɑŋˈʒeːr-] rangieren

rang|orde Rangordnung*f*;
~schikken ordnen

rank rank; *Su.* Ranke*f*

ransel Ranzen *m*; Prügel
pl.

rantsoeneren [-suˈneːr-]
rationieren

ranzig [ˈ-zəx] ranzig

rap flink, behende

rapen sammeln, aufheben

rapport *n* Bericht *m*; Gut-
achten *n*; Zeugnis*n*

ras *n* Rasse*f*

rasp Raspel*f*, Reibeisen*n*

rasterwerk *n* Gitterwerk *n*

rat Ratte*f*

ratelen [ˈraːtəl-] rasseln;
rattern; plappern

rationaliseren [-ˈzeːr-] ra-
tionalisieren

rauw rauh; rauh; **~kost**
Rohkost*f*

ravijn [-ˈʋɛin]*n* Schlucht*f*

razen rasen, tosen, toben

razernij [-ˈnɛi] Raserei*f*

rea|ctie [reˈjɑksi-] Reak-
tion *f*; **~geren** [-ˈɣeːr-]
reagieren

realistisch [-i·s] realistisch

rebelleren [-ˈleːr-] rebellieren

recensie [-ˈsɛnsi-] Rezen-
sion*f*

recent [-ˈsɛnt] kürzlich
geschehen, neuerlich;
jüngst, neu

recept [-ˈsɛpt]*n* Rezept*n*

recep|tie [-ˈsɛpsi-] Rezep-
tion *f*, Empfang *m*; Annahme *f*; **~tioniste**
[-sɛpsioˈ-] Empfangs-
dame*f*

recherch|e [-ˈʃɛrʃə] Kri-
minalpolizei *f*; **~eur**
[-ˈʃøːr] Kriminalbeam-
te(r)

recht gerade; recht, richtig; **~stuk** [stɛk]*n.* **~e lijn**
[lɛin] Gerade *f*; *Su.* *n*
Recht *n*; Anrecht *n*; Be-
rechtigung *f*; **~vast**
Grundgebühr *f*; **~ geven**
tot berechtigen zu (D);
~bank Gericht*n*

rechtdoor geradeaus

rechter- recht-

rechter Richter *m*

rechter|hand rechte Hand
f, Rechte*f*; **~zijde** [-zɛidə]
Pol. Rechte*f*

rechthoek [ˈ-huˑk] Rechteck *n*; **~ig** [-kəx] recht-
eckig

rechtmatig [-ˈmaːtəx]
rechtmäßig

rechtop aufrecht

rechts recht-; rechts

recht|sgeldig [-ˈxɛldəx]
rechtskräftig; **~schapen**
[-ˈsxaːp-] rechtschaffen;
~geding [-xədɪŋ]*n* Prozeß *m*, Verfahren *n*;
~spraak Rechtsprechung
f

rechtstreeks gerade(n)-
wegs, direkt

rechtszaak Prozeß *m*

rechtuit [ˈ-əyt] geradeaus;
fig. geradeheraus

rechtvaarig [-'fa:rdəx] gerecht; **_en** rechtfertigen; **_heid** Gerechtigkeit f

rechtzetten richtigstellen

reclam|atie [-'ma:(t)si·] Reklamation f; **_e** Reklame f, Werbung f; **_efilm** Werbefilm m; **_eren** [-'me:r-] reklamieren; **_ezuil** [-zəvl] Litfaßsäule f

record [rə'ko:r, -'kɔrt] n Rekord m; **_tijd** [-tɛit] Rekord-, Bestzeit f

recreatiecentrum [re·kre··'ja:(t)si·sɛntrəm] n Erholungszentrum n

reçu [rə'sy·] n (Einlieferungs-, Gepäck-)Schein m

redac|teur Redakteur m; **_tie** [-'dɑksi·] Redaktion f; Fassung f

redd|en retten; **zich _en** sich zurechtfinden; **_er** Retter m; **_ingsboot** Rettungsboot n

rede[1] Rede f

rede[2] Reede f

redelijk ['re:dələk] vernünftig; angemessen; ziemlich, leidlich

reden ['re:də(n)l] Grund m, Ursache f; Verhältnis n; **om deze** (od. **die**) **_** aus diesem Grund

redeneren [-'ne:r-] argumentieren; überlegen

rederij [-'rɛi] Reederei f

rede|twisten sich streiten; **_voering** [-'vu:-] Rede f

reductie [-'dɛksi·] Hdl.

Preisermäßigung f

ree Reh n

reeds schon, bereits

reëel [re··'je:l] reell; real

reeks Reihe f; Serie f

reep Streifen m; (Schokolade) Riegel m

reet Riß m, Spalte f; F Arsch m

regel Regel f; Zeile f; **_aar** Regler m; **_en** regeln, ordnen; anordnen; **_matig** ['ma:təx] regelmäßig

regen Regen m; **_achtig** [-təx] regnerisch; **_bui** [-bəʋ] Regenschauer m; **_en** regnen; **_jas** Regenmantel m

regeren [-'ɣe:r-] regieren

regie Regie f

regiment n Regiment n

regisseur Regisseur m

registr|atie [-'tra:(t)si·] Registrierung f; Registratur f; **_eren** [-'tre:r-] registrieren

reglement [re·ɣlə'mɛnt] n Reglement n, Satzung f; Geschäftsordnung f

rei Reigen m

reiger Reiher m

reiken reichen

reikhalzen sich sehnen, ausschauen

reinheid Reinheit f

reinig|en [-'nəɣə(n)l] reinigen, säubern; **_ingsdienst** Reinigungsdienst m; Müllabfuhr f

reis Reise f, Fahrt f; **enkele** ['ɛŋkələ] **_** einfach, Hinfahrt f; **op _**

gaan verreisen; **~beurs** ['-bø:rs] Reisestipendium n; **~biljet** [-jɛt] n Fahrkarte f; **~bureau** ['-by·ro:] n Reisebüro n; **~cheque** ['-ʃɛk] Reisescheck m; **~doel** ['-du·l] n Reiseziel n; **~gezelschap** ['xəzɛlsxap]n Reisegesellschaft f; **~gids** Reiseführer m; **~leider** Reiseleiter m; **~organisator** Reiseveranstalter m; **~pas** Reisepaß m; **~route** Reiseroute f, Reiseprogramm n

reiz|en ['reizə(n)] reisen; **~iger** ['-zəɣər] Reisende(r)

rek n Reck n; Gestell n; Regal n; **~baar** dehnbar

rekenen ['re:kən-] rechnen

rekening Rechnung f; Konto n; **~ houden** ['haûə(n)] met berücksichtigen, Rücksicht nehmen auf (A); **~houder** Kontoinhaber m

reken|schap Rechenschaft f; **~som** Rechenaufgabe f

rek|ken dehnen, strecken, recken; **~verband** n Streckverband m

rel [rɛl] Krawall m

relaas n Bericht m, Beschreibung f

rela|tief relativ; **~ties** [-'la:(t)si·sl] pl. Beziehungen f/pl., Verbindungen f/pl.

reli|gie [-ɣi·] Religion f; **~gieus** [-'ɣïø:s] religiös; **~kwie** ['-kûi·] Reliquie f

rem Bremse f; Hemmung f

rembours [ram'bu·rs] n Nachnahme f

remedie [-'me:di·] Heilmittel n

rem|men bremsen; hemmen; **~spoor** n Bremsspur f; **~voering** ['-ʋu:r-] Bremsbelag m

renbaan Rennbahn f

rendement [rɛndə'mɛnt] n Rendite f, Ertrag m; Tech. Nutzeffekt m

renderen [-'de:r-] sich rentieren, sich bezahlt machen

rendez-vous [rã:nde·'vu·] n Rendezvous n, Stelldichein n

rennen rennen

rente Zins(en pl.) m; Rente f; **~nier** [-'ni:r], **~trekker** Rentner m

repar|atie [-'ra:(t)si·] Reparatur f; **~eren** [-'re:r-] reparieren

repet|eren [-'te:r-] Thea. proben; **~itie** [-'ti·(t)si·] Thea. Probe f

report|age Reportage f; **~er** Reporter m

reproduktie [-'dœksi·] Reproduktion f

republiek [-py·'-] Republik f

reputatie [-py·'ta:(t)si·] Ruf m, Leumund m

reserve Reserve f; **~onderdeel** n Ersatzteil n

rijst

reser|veren [-'ve:r-] reservieren, vorbestellen; ~voir [-'vûa:r] n Behälter m; Sammelbecken n

respect n Respekt m

respectievelijk [-'ti-vələk] (resp.) beziehungsweise (bzw.)

rest Rest m

restant [-'tɑnt] n Restbestand m, -posten m

restaur|ant [-tu:'rã:] n Restaurant n, Gaststätte f; ~ateur [-'tø:r] (Gast-)Wirt m; ~atiewagen [-'ra:(t)si-] Speisewagen m

resterend [-'te:rɛnt]: ~ bedrag [-'drɔx] n Restbetrag m

resultaat [-zəl'-] n Resultat n, Ergebnis n; Erfolg m

retour|biljet [-'tu:rbɪljɛt] n, ~kaartje n, ~tje n Rückfahrkarte f

reuk [rø:k] Geruch m; ~loos geruchlos; ~zin Geruchssinn m; Witterung f

reuma [rø:ma] n Rheuma n

reus Riese m; ~achtig [-'ɑxtəx] riesig

reutelen [rø:təl-] röcheln

reuze f fabelhaft

reuzel Schmalz n

revaluatie [-ly-'ûa:(t)si] Aufwertung f

revolver Revolver m

revolutie [-'ly-(t)si] Revolution f

revue Revue f, Schau f

rib Rippe f

richt|en richten; ~kijker ['-kɛikər] Zielfernrohr n; ~lijnen pl. Richtlinien f/pl.; ~snoer ['-snu:r] n Richtschnur f, Norm f

ridderlijk [-lək] ritterlich

riem Riemen m; Gürtel m

riet n Schilf n, Rohr n; ~en aus Rohr; ~je n Trink-, Strohhalm m

rij [rɛi] Reihe f; Schlange f; in de ~ gaan staan sich anstellen; in de ~ staan Schlange stehen, anstehen

rijbewijs ['-bəvɛis] n Führerschein m

rijden ['rɛia(n)] fahren; reiten

rijgen reihen; schnüren; heften

rijinstructeur ['rɛinstrøktø:r] Fahrlehrer m

rijk reich; reichhaltig; Su. n Reich n; ~dom ['-dom] Reichtum m; ~elijk ['-kələk] reichlich

rijks- Staats-, staatlich

rijks|daalder [-'rɛigz'-] 2½ Gulden; ~wacht ['rɛiks-] Gendarmerie f

rij|laarzen pl. Reitstiefel m/pl.; ~les [-'lɛs] Kfz. Fahrstunde f

rijmen (sich) reimen

Rijn [de ~ der Rhein m

rijp reif; reiflich

rijpaard n Reitpferd n

rijpen reifen

rijschool Reitschule f; Fahrschule f

rijst [rɛist] Reis m

rij|strook Fahrspur f; **_tuig** ['-təvxl n Wagen m; **_weg** ['-ʋɛxl Straße f; Fahrbahn f

rijwiel ['rɛiviˑl n Fahrrad n; **_pad** [-pɑtl n Radfahrweg m

rijzen steigen; erwachsen, entstehen

rill|en zittern, schau(d)ern, frösteln; **_ing** Schau(d)er m; Schüttelfrost m

rimpel Runzel f, Furche f, Falte f

ring Ring m; Reifen m; **_weg** ['-ʋɛxl Umgehungs-, Ringstraße f

rinkelen ['-kələ(n)] klirren; klingeln

rioleren [-'leˑr-] kanalisieren

riool [riˑ'joˑll Kanal m, Abfluß m

risico n Risiko n

riskeren [-'keˑr-] riskieren

rit Ritt m; Fahrt f

ritme n Rhythmus m

ritselen ['-sələ(n)] rascheln; knistern

ritssluiting ['-slɛyt-] Reißverschluß m

rivaal Rivale m

rivier [-'ʋiːr] Fluß m; Strom m

rob Robbe f

robijn [-'bɛin] Rubin m

robuust [-'byˑst] robust

rochelen röcheln

roddelen lästern

roede ['ruˑdə] Rute f

roei|boot ['ruˑiˑ-] Ruderboot n; **_en** rudern; **_riem**, **_spaan** Ruder n, Ruderriemen m

roekeloos ['ruˑkə-] unbesonnen; tollkühn, waghalsig

roem Ruhm m

Roemeens [ruˑ'-] rumänisch

roemen rühmen

roep|en rufen; **_ing** Berufung f; Beruf m

roer [ruːr] n Ruder n, Steuer n

roer|en rühren; **_loos** bewegungslos, regungslos

roes [ruˑsl Rausch m

roest Rost m; **_en** rosten; **_vrij** ['-frɛil rostfrei

roestwerend ['-ʋeːrənt]: **_middel** n Rostschutzmitteln

roet n Ruß m

roffel (Trommel-)Wirbel m; Rüffel m

rogge Roggen m; **_brood** n Roggen-, Schwarzbrot n

rok Rock m; Frack m

roken rauchen; räuchern

roker Raucher m; **_ig** ['-kərəxl rauchig

rol [rol] Rolle f; Walze f

rollade Roulade f, Rollbraten m

rollen rollen; wälzen

rol|luik ['-lœykl n Rolladen m; **_mops** Rollmops m; **_prent** Film m; **_schaats** Rollschuh m; **_trap** Rolltreppe f

roman [-'mɑnl Roman m

romantisch [-i·s] romantisch   [misch]
Romeins [-'mɛins] rö-
rommel Kram m, Zeug n,
Plunder m, F Mist m; **_ig**
[-ləx] unordentlich; **_ka-**
mer [-ka:mər] Rumpel-
kammer f
romp Rumpf m
rompslomp Scherereien
f/pl.; Kram m
rond rund; geradeheraus;
Prp. um (A); **_(om)** umher, rings-, rund(herum);
Prp. rund um (A), um (A)
... herum
rond|achtig [-təx] rund-
lich; **_borstig** [-'bɔrstəx]
offen(herzig); **_brengen**
herumtragen; austragen;
_dartelen [-'dartələ(n)]
sich tummeln; **_dienen**
herumreichen; **_draaien**
herumdrehen; kreisen;
_dwalen herumirren
ronde Runde f
rond|gaan herum-, um-
gehen; **_hangen** herum-
lungern, -stehen, -sitzen;
_kijken [-kɛik-] sich um-
sehen, umherblicken;
_komen [-ko:m-] aus-
kommen; **_leiding** Füh-
rung f, Rundgang m; **_lo-**
pen herumlaufen; **_neu-**
zen [-'nø:z-] herum-
schnüffeln; **_om** s. **_(om)**;
_reis Rundreise f; **_rij-**
den [-rɛiə(n)] herumfah-
ren; herumreiten; **_rit**
Rundfahrt f; **_slenteren**
herumschlendern, bum-

meln; **_uit** [-'əytl] rund-,
geradeheraus; geradezu;
_vaart (Schiffs-)Rund-
fahrt f; **_vraag** Umfrage
f; **_weg** [-'vɛx] Umge-
hungsstraße f; **_zwerven**
umherstreifen, -wan-
dern, -irren
ronken schnarchen; brüllen
röntgenen ['-xənə(n)]
röntgen
rood rot; **_vonk** Scharlach m
roof Raub m [lach m
rooien ['ro:iə(n)] roden;
ausgraben; schaffen
rook Rauch m; **_coupé**
[-'ku·pe:] Raucherabteil
n; **_pluim** [-'pləym]
Rauchfahne f; **_vlees** n
Rauchfleisch n
room Rahm m, Sahne f
rooms römisch-(katho-
lisch)
roomsoes [-'su·s] Wind-
beutel m
roos 1. Rose f; 2. (Haar-)
Schuppen f/pl.; **_kleurig**
['-klø·rəx], fig. [-'klø:-]
rosig
rooster Rost m; **_en** rösten
ros n Roß n
ros(sig [-'sɔx]) rötlich
rosbief Roastbeef n
rot [rɔt] faul, verdorben; F
elend; F ärgerlich
rotonde Verkehr: Kreis m
rots [rɔts] Felsen m; **_ach-**
tig [-təx] felsig
rot|ten (ver)faulen; **_zooi**
F Scheiße f, Schweinerei
f

route Route *f*

rouw [rɑ̄u] Trauer *f*; ~en trauern; ~plechtigheid [-təxɛ̄it] Trauerfeier *f*

rov|en rauben; ~er Räuber *m*

royaal [rŭɑ'jɑːl] großzügig, spendabel

roze [rɑː'zə, 'roː-] rosa

rozenkrans Rosenkranz *m*

rozijn [-'zɛ̄in] Rosine *f*

rubber ['rəbər] Gummi *m* od. *n*; ~boot Schlauchboot *n*; ~laarzen *pl.* Gummistiefel *m/pl.*

rug [rəx] Rücken *m*

rugge|graat Rückgrat *n*; ~merg *n* Rückenmark *n*; ~spraak Rücksprache *f*; ~steun [-stø:n] Rückhalt *m*

rug|leuning Rückenlehne *f*; ~zak Rucksack *m*

ruig [rəɣx] rauh; struppig

ruiken riechen; wittern

ruiker (Blumen-)Strauß *m*

ruil (Aus-)Tausch *m*; ~en tauschen; um-, austauschen

ruim geräumig; weit; reichlich, mehr als; *Su. n* (Schiffs-)Raum *m*; ~en räumen

ruimte Raum *m*; ~vaart Raumfahrt *f*; ~vlucht [-ɣ̄lext] Weltraumflug *m*

ruïne [ry'ŭiˑnə] Ruine *f*

ruisen ['rœys-] rauschen; rieseln

ruit (Fenster-, Glas-) Scheibe *f*; Karo *n*; *Math.* Raute *f*; ~en *Karte:* Karo *n*

ruiter Reiter *m*; ~pad [-pɑt]*n* Reiterweg *m*

ruitewisser Scheibenwischer *m*

ruk [rək] Ruck *m*; ~ken ziehen, zerren; reißen; rupfen; ~wind Windstoß *m*

rum Rum *m* [*m*]

rumoer [ry'muːr] *n* Lärm

rund [rənt] *n* Rind *n*; ~vlees *n* Rindfleisch *n*

rups Raupe *f*; ~wagen Raupenfahrzeug *n*

Rus Russe *m*; ~sisch ['-i-] russisch

rust Ruhe *f*; Rast *f*, Pause *f*; *Sp.* Halbzeit *f*; met ~ laten ['lɑːt-] in Ruhe lassen; ~eloos ['-tələ:s] ruhelos; rastlos

rusten ruhen, rasten; rüsten; wel te ~! gute Nacht!

rust|ig ['-təx] ruhig; ~pauze Ruhepause *f*; ~plaats Rastplatz *m*; Ruhestätte *f*; ~verstoring Ruhestörung *f*

ruw [ry'ŭ] rauh; roh, grob, brutal

ruzie ['ry'ziˑ] Streit *m*, Zank *m*

S

saai [sa:i] langweilig, öde

sabel Säbel *m*

sabotage Sabotage *f*

sacrament *n* Sakrament *n*; ⚥**sdag** [-'mɛndzdax] Fronleichnam *m*

safe Safe *m*; Schließfach *n*

saffier [-'fi:r] Saphir *m*

sage Sage *f*

salaris [-'la:rɪs] *n* Gehalt *n*, Bezüge *m/pl.*

saldo *n* Saldo *m*

salon [sɑ'lɔn] Salon *m*

salto Salto *m*

saluut [sɑ'ly·t] *n* Salut *m*

samen ['sa:mə(n)] zusammen, miteinander; ⚥**met** mitsamt(*D*)

samengesteld: ⚥ **zijn** [sɛĭn] sich zusammensetzen

samenkomst Zusammenkunft *f*, Treffen *n*; **plaats van** ⚥ Treffpunkt *m*

samen|leving Zusammenleben *n*; Gesellschaft *f*; ⚥**loop** Zusammenlauf *m*; Zusammentreffen *n*

samen|persen zusammenpressen; ⚥**geperste lucht** [lɛxt] Preßluft *f*

samen|scholen sich zusammenrotten; ⚥**smelting** Verschmelzung *f*; ⚥**spannen** sich verschwören; ⚥**spel** *n* Zusammenspiel *n*; ⚥**spraak** Unterredung *f*, Dialog *m*; ⚥**stellen** zusammen-

stellen; ⚥**vallen** zusammenfallen; ⚥**vatten** zusammenfassen; ⚥**werken** zusammenarbeiten; ⚥**zweerder** Verschwörer *m*; ⚥**zwering** [-'zŭe:r-] Verschwörung *f*

sanatorium [-'to:ri·(j)əm] *n* Sanatorium *n*, Heilanstalt *f*

sandaal Sandale *f*

sandwich ['sɛntŭrtʃ] Sandwich *n*

sap *n* Saft *m*; ⚥**pig** ['-pəx] saftig

sar|dine [-'di:nə], ⚥**dien** Sardine *f*

sarren quälen, schikanieren

satelliet Satellit *m*

satire Satire *f*

saus Soße *f*, Tunke *f*

savooiekool [sɑ'vo:iə-] Wirsing(kohl) *m*

scene ['sɛ:nə] Szene *f*

schaaf [sxa:f] Hobel *m*

schaak|bord *n* Schachbrett *n*; ⚥**mat** Schachmatt; ⚥**spel** *n* Schach(-spiel) *n*

schaal Schale *f*, Schüssel *f*; Skala *f*; Maßstab *m*

schaamte Scham *f*; ⚥**loos** schamlos

schaap *n* Schaf *n*; ⚥**herder** Schäfer *m*

schaar Schere *f*; Scharf *f*

schaars knapp, spärlich, rar; ⚥**te** Knappheit *f*

schaats Schlittschuh *m*

~en(rijden) [-rɛiə(n)l)] Schlittschuh laufen

schacht Schaft *m*; Schacht *m*

schade Schaden *m*; **stoffelijke** ['-fələkəl] ~ Sachschaden *m*; **~aanmelding** Schadensanzeige *f*; **~lijk** ['sxa:dələk] schädlich; **~loosstellen** entschädigen; **~vergoeding** [-ɤʉ-d-] Schadenersatz *m*

schaduw ['sxa:dy·ʉl] Schatten *m*; **~rijk** [-rɛik] schattig

schakel ['sxa:kəl] (Ketten-, Binde-)Glied *n*; **~aar** Schalter *m*; **~en** aneinanderreihen; schalten

schaken entführen; Schach spielen

schakering [sxɑ'ke:r-] Schattierung *f*, Nuance *f*, Tönung *f*

schalk Schalk *m*, Schelm *m*; **~s** schelmisch, neckisch

schamel ['sxa:məl] dürftig, ärmlich

schamen: zich ~ sich schämen

schampen streifen

schamper höhnisch, scharf

schan|daal *n* Skandal *m*; **~dalig** [-'da:ləx] schändlich, skandalös

schande Schande *f*; **~lijk** ['-dələk] schändlich

schans Schanze *f*

schapevlees *n* Schaf-, Hammelfleisch *n*

schappelijk mäßig, ziemlich, leidlich

scharnier *n* Scharnier *n*, (Tür-)Angel *f*

scharrelen ['-rələ(n)] wühlen; scharren; schachern; eine Liebelei haben

schat Schatz *m*

schater [en ['sxa:tər-], **~lachen** aus vollem Halse lachen

schat|kist Staatskasse *f*; **~rijk** ['-rɛik] schwer-, steinreich; **~ten** schätzen; **~tig** ['-təx] niedlich, *F* süß

schaven hobeln

schavuit [sxa'vɤytl] Schuft *m*

schede ['sxe:də] Scheide *f*

schedel Schädel *m*

scheef schief

scheel: ~ zien schielen

scheenbeen *n* Schienbein *n*

scheep|sreis Schiffsreise *f*; **~vaart** Schiffahrt *f*

scheer|apparaat *n* Rasierapparat *m*; **~kwast** Rasierpinsel *m*; **~mesje** ['-mɛʃəln] Rasierklinge *f*

scheid|en ['sxɛid-] scheiden, trennen; sich trennen; **~ing** Scheidung *f*, Trennung *f*; Scheitel *m*; Scheide *f*, Grenze *f*; **~(ing)smuur** [-my:r] Trennwand *f*

scheids|gerecht *n* Schiedsgericht *n*; **~rechter** Schiedsrichter *m*

scheikund|e ['-kəndə

Chemie f; ~ige [-'kən-dəɣə] Chemiker m

schel¹ grell; schrill

schel² Schelle f, Klingel f

scheld|en schelten; ~woord n Schimpfwort n

schelen ['sxe:l-] verschieden sein; wat scheelt (er) U [y·l? was fehlt Ihnen! . . . kan mij [msɛi, mə] niets ~ . . . ist mir einerlei (od. F egal)

schellen ['sxɛl-] schellen

schelm Schelm m

schelp Muschel f, Schale f

schelvis Schellfisch m

schema ['sxe:ma] n Schema n

schemer|ing ['sxe:mər-] Dämmerung f, Zwielicht n; ~lamp Dämmerlampe f

schenden schänden; verletzen

schenk|en schenken; spenden, stiften; ~er Spender m; Stifter m

schep voller Löffel m; Schaufel f

schep|pen schaffen; schöpfen; schaufeln; ~per Schöpfer m; ~sel n Geschöpf n

scheren ['sxe:r-] rasieren; scheren; streifen (im Flug)

scherf Scherbe f

scherm n Schirm m; Kino: Leinwand f

schermen fechten

scherp scharf; ~te Schärfe f; ~zinnig [-'sɪnəx] scharfsinnig

scherts Scherz m, Spaß m

schertsend scherzhaft

schets [sxɛts] Skizze f, (Grund-)Riß m; ~en skizzieren; beschreiben

schetteren　　　['-tərə(n)] schmettern

scheur [sxø:r] Riß m; Spalte f; ~en (zer)reißen; zerren; ~kalender Abreißkalender m

scheut Sproß m, Trieb m; Schuß m

schichtig ['-təx] scheu, schreckhaft

schiereiland ['sxi:rɛi-] Halbinsel f

schieten schießen; laten ~ entschlüpfen lassen; te binnen ~ einfallen

schiet|partij [-tɛi] Schießerei f; ~schijf ['-sxɛif] Zielscheibe f; ~wapen ['-ʋa:pə(n)] n Schußwaffe f

schijf Scheibe f; ~rem Scheibenbremse f

schijn [sxɛin] Schein m; Anschein m; ~baar scheinbar; ~en scheinen; leuchten; ~sel ['-səl] n Schein m

schik: in zijn [zən] ~ munter, vergnügt

schikk|en ordnen; zich ~en sich fügen; ~ing Anordnung f; Maßnahme f; Vereinbarung f

schil Schale f

schild n Schild m

schilder Maler m; Anstreicher m; ~achtig

[-təxl] malerisch; **~en** malen; anstreichen; schil-
dern; **~es** [-'rɛsl] Malerin*f*

schilderij [-'rɛi] Gemälde
n; **~ententoonstelling**
Gemäldeausstellung*f*

schild|erkunst [-kɔnst]
Malerei*f*; **~klier** Schild-
drüse*f*; **~pad** Schildkröte*f*

schilfers *pl.* Schuppen
f/pl.; Splitter*m/pl.*

schillen schälen

schim Schatten*m*

schimmel Schimmel*m*

schimp Spott*m*

schip *n* Schiff*n*

schipbreuk ['sxɪbrøːk]
Schiffbruch *m*; **~** lijden
['lɛiə(n)] Schiffbruch erleiden; scheitern

schipper Schiffer*m*

schitteren ['sxɪtər-] glänzen, leuchten, strahlen

schmink Schminke*f*

schoen [sxuˑn] Schuh *m*;
~borstel Schuhbürste*f*;
~crème [-krɛːm] Schuhkrem*f*; **~lapper**, **~maker**
['-maːkər] Schuster *m*,
Schuhmacher*m*; **~smeer**
Schuhkrem *f*; **~veter**
['-veːtər] Schnürsenkel
m

schoft [sxoft] Schuft*m*

schok Stoß *m*; Erschütterung *f*; Schock *m*; **~bre-
ker** ['-breːkər] Stoß-
dämpfer *m*; **~ken** er-
schüttern; stoßen, rüt-
teln; schockieren; zer-

schol Scholle*f*

schol|en ['sxoːl-] schulen;
~ier ['-liːr] Schüler*m*

schommel Schaukel *f*;
~en schaukeln; schwingen; schwanken

schoof Garbe*f*

schooier ['sxoːiər] Bettler
m; Strolch*m*

school Schule *f*; *(Fische)*
Schwarm *m*; **~ lagere** ['la-
ɣərəl] Volksschule*f*; *s. a.*
middelbaar; **~bord** *n*
Wandtafel *f*; **~hoofd** *n*
Schulleiter*m*; **~rapport** *n*
(Schul-)Zeugnis *n*; **~va-
kantie** [-kɑnsi] Schulfe-
rien *pl.*; **~werk** *n* Schularbeiten*f/pl.*

schoon rein, sauber;
schön; *Su. n* Schönheit*f*;
~dochter Schwiegertoch-
ter *f*; **~heid** Schönheit*f*;
~maken ['-maːk-] reinemachen, sauber machen,
putzen; **~ouders** ['-ou-
dərsl *pl.* Schwiegereltern
pl.; **~zus(ter)** ['-zəs(tər)]
Schwägerin*f*

schoornsteen Schorn-
stein *m*; Kamin *m*; **~ve-
ger** Schornsteinfeger*m*

schoot Schoß*m*

schop 1. Schaufel *f*, Spaten *m*; 2. (Fuß-)Tritt *m*;
vrije ['vrɛiə] ~ *Sp.* Frei-
stoß*m*

schoppen[1] treten, stoßen

schoppen[2] *Karte:* Pik*n*

schor [sxor] heiser, rauh

schors [sxors] Borke*f*, Rinde*f*

schorsen unterbrechen;
suspendieren

schorseneren [-'ne:r-] pl. Schwarzwurzeln f/pl.

schort Schürze f

schot [sxɔt] n Schuß m; (Bretter-)Verschlag m

schotel ['sxo:təl] Schüssel f; Platte f; **~(tje)** n Untertasse f

Schots schottisch

schouder ['sxaudər] Schulter f, Achsel f; **~ophalen** n Achselzucken n

schouw [sxɑu] Kamin m

schouw|burg ['-bər(ə)x] Theater n; **~spel** ['-spɛl] n Schauspiel n

schraag [sxra:x] Bock m, Gestell n

schraal dürr, mager; dürftig

schragen stützen; unterstützen

schram Schramme f

schrander ['sxrandər] klug, findig

schrap [sxrɑp]: **zich ~ zetten** sich stemmen

schrapen ['sxra:p-] schaben, scharren; **de keel ~** sich räuspern [chen]

schrappen (durch)strei-

schrede ['sxre:də] Schritt m

schreeuw [sxre:ʋ] Schrei m; **~en** schreien

schreien ['sxrɛiə(n)] weinen

schrift n Schrift f; Heft n; **~elijk** ['sxrɪftələk] schriftlich

schrijden ['sxrɛid-] schrijten

schrijf|lint n Farbband n; **~machine** [-ʃi'nə] Schreibmaschine f; **~tafel** Schreibtisch m

schrijlings rittlings

schrijnwerker ['sxrɛinʋərkər] Tischler m, Schreiner m

schrijv|en schreiben; verfassen; **~er** Schriftsteller m, Dichter m; Verfasser m; Schreiber m

schrik Schreck(en) m; Angst f; **van ~** vor Schreck, vor Angst; **~barend** [-'ba:rənt] erschreckend

schrikkel|dans Damenwahl f; **~jaar** n Schaltjahr n

schrikken erschrecken; **doen [du·n] ~** erschrekken

schril [sxrɪl] schrill, grell

schrobben schrubben

schroef [sxru·f] Schraube f; Propeller m; **~draad** Gewinde n

schroeien ['sxru·iə(n)] sengen

schroev|edraaier Schraubenzieher m; **~en** schrauben

schrokken fressen

schromelijk ['-mələk] arg, gewaltig

schrompelen ['-pələ(n)] schrumpfen

schroom Scheu f

schroot Schrot n; Schrott m

schub [sxəp] Schuppe f

schuchter schüchtern, kleinlaut

schudden ['sxœd-] schütteln, rütteln; *Karten* mischen

schuifdak ['sxœyv-] *n* Schiebedach *n*

schuilen Schutz suchen, sich unterstellen; **~hoek** ['-hu·k] Schlupfwinkel *m*; **~naam** Pseudonym *n*; **~plaats** Versteck *n*, Unterschlupf *m*

schuim [sxœym] *n* Schaum *m*, Gischt *m*; Abschaum *m*; **~en** schäumen; **~rubber** ['-rœbər] Schaumgummi *m*

schuin(s) schräg; schief; quer; abschüssig; schlüpfrig

schuit Kahn *m*, Boot *n*

schuiven schieben; rükken; rutschen

schuld Schuld *f*; **~bekentenis** ['-bəkəntənɪs] Schuldbekenntnis *n*; Schuldschein *m*; **~eiser** ['-ɛisər] Gläubiger *m*; **~enaar** ['-dənɑ·r] Schuldner *m*

schuldig ['-dəx] schuldig; schuld; **zich ~ maken aan** sich et. zuschulden kommen lassen

schunnig ['-nəx] schäbig

schuren ['sxy·r-] scheuern, schaben

schurft [sxœr(ə)ft] Krätze *f*; Schorf *m*

schurk Schurke *m*

schutting Zaun *m*

schuur [sxy:r] Scheune *f*; **~papier** *n* Schmirgelpapier *n*

schuw [sxy·ü] scheu; **~en** scheuen

scooter ['sku·tər] (Motor-) Roller *m*

scrupule [skry·'py·lə] Skrupel *m*

sculptuur [skøl(ə)p'ty:r] Skulptur *f*

seconde Sekunde *f*

secretaresse [-'rɛsə] Sekretärin *f*; **~is** [-'ta·rɪs] Sekretär *m*

sedert ['se:dərt] seit *(D)*; seitdem

sein [sɛin] Signal *n*, Zeichen *n*; **~en** signalisieren; blinken; telegrafieren; funken

seizoen [sɛi'zu·n] *n* Saison *f*; Jahreszeit *f*

seksueel [-sy·'üe:l] sexuell

selderie, ~ij ['sɛldərɛi] Sellerie *f*

selectie [-'lɛksi] Auslese *f*, **~wahl** *f*

seminarie [-'na·ri·] *n* Seminar *n*

sensatie [-'sa:(t)si·] Sensation *f*

sentimenteel sentimental

september September *m*

serie ['se:ri·] Serie *f*, Reihe *f*, Satz *m*

serieus [-'rɪø:s] seriös, ernsthaft

sering [sə'rɪŋ] Flieder *m*

serre ['sɛːrə] Glasveranda *f*; Treibhaus *n*

serum ['-rəm] Serum *n*

ser|veerster Serviererin f;
~veren [-'ve:r-] servieren;
~vet [-'vεt]n Serviette f

service ['sœ:(r)vi·s] Service m, Kundendienst m; Tennis: Aufschlag m

servies n Service n

set [sεt] Satz m

sfeer Sphäre f; Atmosphäre f; **~vol** stimmungsvoll

shock [ʃɔk] Schock m

sidderen ['sɪdərə(n)] zittern

sier|aad n Zierde f; Schmuck m; **~en** schmücken; **~lijk** ['-lək] zierlich, elegant

sifon [-'fɔn] Siphon m

sigaar Zigarre f

sigaret Zigarette f

signaal [sɪ'nia:l] n Signal n

sijpelen ['sεipəl-] sickern

sikje n Spitzbärtchen n

sikkel Sichel f

simpel einfach, simpel; einfältig

simuleren [-my'le:r-] simulieren

sinaasappel Apfelsine f

sinds seit (D); seit(dem);
~dien seitdem, seither

sintelbaan Aschenbahn f

siroop [-'ro:p] Sirup m

sissen zischen; fauchen

situatie [-ty-'üa:(t)si] Lage f, Situation f

sjaal [ʃa:l] Schal m

sjofel [-'-] f rol schäbig

sjouwen ['ʃɑuə(n)] schleppen; sich abrackern

skelet n Skelett n

ski Schi m   [laufen]

skiën ['ski·(j)ə(n)] Schi

sla Salat m

slaaf Sklave m

slaag: ~ pak n ~ (Tracht f) Prügel pl.

slaags: ~ raken aneinandergeraten

slaan schlagen, hauen; Münze prägen; ~ op fig. sich beziehen auf(A)

slaap Schlaf m; Schläfe f; **~coupé** ['-ku·pe] Schlafabteil n; **~dronken** verschlafen; **~kamer** ['-ka:mər] Schlafzimmer n; **~wagen** Schlafwagen m

slacht schlachten; **~erij** [-ta'rεi], **~huis** ['-hœys] n Schlachthof m; **~offer** n Opfer n, Todesopfer n

slag [slaχ] 1. Schlag m, Hieb m; Schlacht f; Knall m; Karten: Stich m; 2. n Art f, Sorte f; **~ader** Arterie f, Schlagader f; **~boom** Schlagbaum m, Schranke f

slagen Erfolg haben; gelingen, glücken; Prüfung bestehen

slager Schlächter m, Fleischer m, Metzger m; **~ij** [-'rεi] Fleischerei f, Metzgerei f

slag|room Schlagsahne f; **~vaardig** [-'fa:rdəx] schlagfertig; **~werk** n Schlagzeug n; **~woord** n Stichwort n; Schlagwort n slak 1. Schnecke f; 2. Schlacke f

slalom Torlauf m

slang Schlange f; Schlauch m

slank schlank

slaolie ['sla:-o:li·] Speiseöl n

slap schlaff, schlapp, schwach; flau; dünn

slap|eloos ['sla:pəlo:s] schlaflos; ~en schlafen; ~erig ['-pərəx] schläfrig, verschlafen

slapte Schlaffheit f; Hdl. Flaute f

slecht schlecht, böse, übel

slechten schleifen; schlichten

slechts [slɛxs] nur, lediglich

sle(d)e [sle:, 'sle:də] Schlitten m

sleeën ['sle:ïə(n)] rodeln

sleep Schleppe f; Schleppzug m; ~touw ['-tauˡ] n (Ab-)Schleppseil n

sleet Verschleiß m

slenteren schlendern

slepen ['sle:p-] schleppen, schleifen

slet [slɛt] F Nutte f

sleuf [slø:f] Rille f; Schlitz m; Schneise f

sleuren schleppen, zerren

sleutel Schlüssel m; valse ~ Dietrich m, Nachschlüssel m; ~been n Schlüsselbein n; ~bos Schlüsselbund n; ~gat n Schlüsselloch n

slib n, slijk [slɛik] n Schlamm m

slijm n Schleim m; ~erig ['-mərəx] schleimig; ~vlies n Schleimhaut f

slijpen schleifen; (an-) spitzen

slijtage ['slɛi'ta:ʒə] Abnutzung f, Verschleiß m

slijten abnutzen; verkaufen; verbringen; vorübergehen

slikken schlucken; einstecken

slim schlau, klug; listig; ~merd(ik) Schlauberger m

slinger Schleuder f; Pendel n; Girlande f; Schwengel m; ~en schwingen, pendeln, baumeln; schleudern; schlingern; sich schlängeln; laten ~en herumliegen lassen

slinken abnehmen

slip Zipfel m

slip|pen (aus)rutschen; schlüpfen; ~pertje n Seitensprung m

sloddervos Schlampe f

sloep [slu·p] Schaluppe f

sloffen F latschen, schlurfen

slogan Schlagwort n

slok Schluck m; ~darm Speiseröhre f, Schlund m

slon|s [slons] Schlampe f; ~zig ['-zəx] schlampig

sloom träge

sloop Kissenbezug m

sloot Graben m

slop [slop]n Sackgasse f

slopen ['slo:p-] schleifen, abreißen; verschrotten; aufreißen

slordig ['slordəx] nachlässig, schlampig

slot n Schloß n, Burg f; Schluß m

slotenmaker ['slo:tə(n)-ma:kər]Schlosser m

slotsom Schlußfolgerung f; Ergebnis n

sluier['slœyiər]Schleier m

sluimeren schlummern

sluipen ['slœyp-] schleichen

slui|s Schleuse f; **∼ten** schließen; abschließen, eingehen; sperren

sluiting Schließung f; Verschluß m; Schluß m; Abschluß m; **∼suur** [-y:r] n Ladenschlußzeit f; Polizei-, Sperrstunde f

slurf [slœr(ə)f] Rüssel m

slurpen schlürfen

sluw[slœyü]schlau, listig

smaad [sma:t] Schmach f, Schmähung f

smaak Geschmack m; **∼vol** geschmackvoll

smachten schmachten

smadelijk ['sma:dələk] schmählich

smak (Auf-)Schlag m

smakelijk ['-kələk] schmackhaft, appetitlich; herzlich; **∼ (eten)!** guten Appetit!, Mahlzeit!

smakeloos geschmacklos

smaken schmecken

smakken schmettern

smal [smal] schmal

smart Schmerz m, Kummer m; **∼elijk** ['-tələk] schmerzlich; **∼lap** Schnulze f

smeden schmieden

smeer|kaas Streichkäse m; **∼lap** F Schmierfink m; F Schwein n; **∼olie** ['-o:li·] Schmieröl n

smeken flehen

smelten schmelzen; zergehen; auslassen

smeren schmieren; ölen; streichen; **hem** [əm] **∼** F türmen, verduften

smerig ['sme:rəx] schmierig, schmutzig; unflätig

smet [smɛt] Fleck(en) m; Makel m

smeulen ['smø:l-] schwelen

smid Schmied m

smijten ['smɛit-] schmeißen

smoel [smu·l] F Schnauze f

smoesjes ['smu·ʃəs] n/pl. F Flausen pl.

smoezen schmusen, tuscheln

smokkelen schmuggeln

smoren ersticken; schmoren; drosseln, abwürgen

smullen ['smœl-] schmausen

snaak Witzbold m

snaar Saite f

snackbar ['snɛgba:r] Schnellimbiß m

snakken schmachten, sich sehnen

snappen schnappen; F kapieren

snateren ['snaːtər-] schnattern

snauwen anschnauzen

snavel Schnabel m

sne(d)e ['sneːdə, sneː] Schnitt m; Schneide f; Schnitte f

snedig ['-dəx] gewandt

sneeuw [sneːü] Schnee m; ~bal Schneeball m; ~en schneien; ~jacht Schneegestöber n; ~ketting Schneekette f; ~modder Schneematsch m; ~wit schneeweiß

snel schnell, rasch; ~buffet ['-byˈfet] n Schnellimbißm

snelheid Schnelligkeit f; Geschwindigkeit f; ~sbeperking Geschwindigkeitsbegrenzung f; ~smeter Tachometer n

snellen eilen, stürzen

sneltrein Schnell-, Eil-, D-Zug m

sneuvelen ['snøːvəl-] Mil. fallen

snibbig ['-bəx] spitz

snij|bloemen ['snɛiblüˈm-] pl. Schnittblumen f/pl.; ~boon Schnittbohne f; ~brander Schneidbrenner m

snijden ['snɛiə(n)] schneiden; schnitzen

snijwond(e) Schnittwunde f

snik: niet goed [xuˈt] ~ F übergeschnappt; ~heet erstickend heiß

snikken schluchzen

snipper F Schnippel m u. n; ~dag [-dax] Wahurlaubstag m; ~koek [-kuˈk] Streuselkuchen m

snit Schnitt m, Fasson f

snoeien ['snuˈiə(n) stutzen

snoek Hecht m; ~baars Zander m

snoep [snuːp] Süßwaren f/pl.; ~en naschen f/pl.; ~goed n Süßigkeit en f/pl.

snoer [snuːr] n Schnur f; Draht m; ~en schnüren

snoeshaan: rare ~ sonderbarer Kauz m

snoet Schnauze f

snoeven aufschneiden

snoezig ['-zəx] reizend, F süß

snor Schnurrbart m

snorkel Schnorchel m

snorren surren, schnurren

snuffelen ['snøfəl-] schnüffeln, schnuppern; stöbern

snufje n (Mode-)Neuigkeit f

snugger klug, gescheit

snuifje ['snøyfiəln Prise f

snuisterijen [snøystə-ˈrɛiə(n)] pl. Nippsachen f/pl.

snuit Schnauze f, Maul n; Rüssel m; ~en schneuzen, putzen

snuiven schnauben; schnupfen [schnarchen]

snurken ['snœrk-]

speculaas

sober ['so:bər] schlicht; genügsam

sociaal [-'sĭa:l] sozial, **_democratisch** [-i·s] sozialdemokratisch

soci|alistisch [-i·s] sozialistisch; **_ologie** [-sĭo·lo·'-] Soziologie f

soda Soda n

soep [su·p] Suppe f

soepel geschmeidig, schmiegsam, biegsam, gelenkig

soepgroente Suppengrün n

soezen dösen

sok [sok] Socke f

soldaat Soldat m; **_ maken** aufessen, austrinken

solderen [-'de:r-] löten

soldij [-'dɛĭ] Sold m

solidair [-'dɛ:r] solidarisch

solist(e)f) Solist(in f) m

solli|citant [-si·'tɑnt] Bewerber m; **_teren** [-'te:r-] sich bewerben

solvent [-'ʋɛnt] zahlungsfähig

som [sɔm] Summe f, Betrag m; Rechenaufgabe f

somber düster, trübe

sommige ['-mə̃ɣə] pl. manche pl.

soms [sɔms] zuweilen, mitunter, manchmal; etwa, vielleicht

soort Sorte f; Gattung f, Art f

sop n Brühe f; Lauge f

sorteren [-'te:r-] sortieren

soufflé [su·'fle:] Auflauf m

souper n Souper n

souteneur [su·tə'nø:r] Zuhälter m

souvenir n Souvenir n, (Reise-)Andenken n

Sowjetrussisch [-rəsi·s] sowjetisch

spaak [spa:k] Speiche f

Spaans spanisch

spaar|boekje [-'bu·kĭə] n Sparbuch n; **_der** Sparer m; **_geld** n Ersparnisse n/pl.; **_pot** Sparbüchse f

spade Spaten m

spalk Schiene f

span n Gespann n; **_doek** ['-du·k] n Spruchband n

spang Spange f

span(ne) spannen

spannen spannen

spar Tanne f, Fichte f

sparen sparen; (ver)schonen

spartelen zappeln

spat Fleck m; Spritzer m; **_ader** Krampfader f; **_bord** n Kotflügel m, Schutzblech n

spatel ['spa·təl] Spachtel f

spatie ['-(t)si·] Zwischenraum m

spatten spritzen; sprühen

specerij [spe:sə'rɛĭ] Gewürz n

specht Specht m

speci|aal [-'sĭa:l] speziell, Sonder-; eigens; **_alist** Spezialist m; Facharzt m; **_aliteit** [-sĭali·'tɛĭt] Spezialität f; **_fiek** [-'fi·k] spezifisch [kulatius m|

speculaas [-ky·'-] Spe-

speeksel n Speichel m

speel|goed ['ʃpeːˈʃu·tl] n Spielzeug n; **_plaats**, **_plein** n Spielplatz m

speels spielerisch, verspielt

speer Speer m

spek n Speck m

spel [spɛl] n Spiel n; **gelijk** [ˈɣəˈlɛik] _ Sp. Unentschieden n

speld Stecknadel f

spel|en n spielen; **_er** Spieler m

spell|en buchstabieren; **_ing** Rechtschreibung f

spelonk Spelunke f

sperziebonen pl. Brechbohnen f/pl.

speuren ['ʃpøˈr] spüren

spieden spähen

spiegel Spiegel m; **_ei** n Spiegelei n; **_en** spiegeln

spier Muskel m; **_pijn** ['pɛin] Muskelkater m; **_verrekking** (Muskel-) Zerrung f; **_wit** schneeweiß; kreideblass

spijbelen ['spɛibəl] schwänzen

spijker Nagel m

spijs [spɛis] Speise f; **_kaart** Speisekarte f; **_vertering** [-teːr-] Verdauung f

spijt Bedauern n; Verdruß m; **_en: het _ mij** [mɛi, məl] es tut mir leid, ich bedauere; **_ig** ['-təx] schade, verdrießlich

spiksplinternieuw [-ˈniˈuːl] (funkel)nagelneu

spin(nekop) Spinne f

spinazie [-ˈnaːziˈ] Spinat m

spinne|n spinnen; schnurren; **_web** [-vɛp] n Spinngewebe n

spion [spiˈjɔn] Spion m; Spitzel m

spiraal Spirale f

spiritus(toe)stel [-tɔs-(tuˈ)stɛl] n Spirituskocher m

spit n Spieß m; Hexenschuß m

spits spitz; Su. Spitze f; **_uur** ['-yˈrln Stoßverkehr m; **_vondig** [-ˈfɔndəx] spitzfindig

spitten graben

spleet Spalte f, Spalt m; Riß m; Schlitz m

splijten ['splɛit-] spalten

splinter Splitter m; **_nieuw** [-ˈniˈuːl] (funkel)nagelneu

split Schlitz m

splitsen spalten

spoed [spuˈt] Eile f; **_ig** ['-dəx] bald(ig)

spoedigste: ten _ schleunigst

spoel Spule f

spoelen spülen

spoken spuken

sponning Fuge f

spons Schwamm m

spook n Gespenst n

spoor¹ n Spur f; Fährte f; Gleis n; (Eisen-)Bahn f; Bahnhof m

spoor² Sporn m

spoor|boekje ['-buˈkiəl n

Fahrplan m, Kursbuch n; ~kaartje n Fahrkarte f

spoorloos spurlos

spoorweg f ['-vɛx] Eisenbahn f; ~man Eisenbahner m; ~overgang Bahnübergang m; ~viaduct [-dɛkt] Bahnüberführung f

sport Sprosse f; Sport m; aan ~ doen [du'n] Sport treiben; ~beoefenaar (-ster f) Sportler(in f) m; ~ief [-'ti'f] sportlich; ~terrein ['-tərɛin] n, ~veld n Sportplatz m

spot Spott m; ~goedkoop ['-xu't] spottbillig

spotten spotten; ~d spöttisch

spraak Sprache f; ~gebrek f ['-xəbrɛk] n Sprachfehler m; ~kunst ['-kənst] Grammatik f; ~zaam gesprächig, redselig

sprake Rede f; ter ~ zur Sprache; ~loos sprachlos

spreek beurt ['-bø:rt] Vortrag m; ~kamer ['-ka:mər] Sprechzimmer n; ~uur ['-y:r] n Sprechstunde f; ~woord n Sprichwort n

spreeuw [spre:ül] Star m

sprei Bettdecke f

spreiden ausbreiten; spreizen

sprek en ['spre:k-] sprechen, reden; ~er Sprecher m; Redner m

sprenkelen ['-kələ(n)] sprengen

spreuk [sprø:k] Spruch m

springconcours ['-kɔŋku:r(s)] Reitturnier n

springen springen; hüpfen; platzen; laten ~ sprengen

spring/plank Sprungbrett n; ~stof Sprengstoff m

sprinkhaan Heuschrecke f

sproei en ['spru'iə(n)] sprengen; gießen; ~er Zerstäuber m; Brause f; Düse f

sproet [spru't] Sprosse f

sprong Sprung m, Satz m

sprookje n Märchen n; ~achtig [-təx] märchenhaft

sprot Sprotte f

spruit [sprœyt] Sproß m, Sprößling m; ~jes n/pl. Rosenkohl m

spugen ['spy-ɣ-] speien, spucken; sich übergeben

spuit Spritze f; ~bus ['-bəs] Sprühdose f; ~en spritzen; ~water ['-va:tər] n Sprudelwasser n

spullen ['spœl-] n/pl. F Zeug n, Sachen f/pl., Habseligkeiten f/pl.

spuwen ['spy-ɥə(n)] s. spugen

staaf Stab m; (Gold-)Barren m

staal n Stahl m; Probe f, Muster n

staan stehen; gaan ~ aufstehen; laat ~ geschweige denn, ~ op fig. bestehen auf (D); iem. staat er

goed [ɣuˑt] **(slecht) voor** es steht gut(schlecht) um e-n

staanplaats Stehplatz m
staar Star m
staart Schwanz m
staat Staat m; Zustand m; Liste f, Verzeichnis n; **in ~ tot** imstande (in der Lage, fähig) zu (D); **in ~ stellen** instand setzen; **iem. in ~ achten tot iets** j-m et. zutrauen; **in kennelijke** ['kɛnələkə] ~ betrunken; **~ van beleg** [bə'lɛx] n Belagerungs-, Ausnahmezustand m
staatsie Staat m, Pomp m
staatsgreep Staatsstreich m; **~man** Staatsmann m
stabiel stabil
stad Stadt f; **~huis** [-'hœys] n Rathaus n
stadion n Stadion n
stadstram ['-trɛm] Stadtbahn f; **~wijk** ['-ʋɛik] Stadtteil m, -viertel n
staf [stɑf] Stab m
staken einstellen, aufhören; streiken; **~ing** Streik m, Ausstand m
stakker(d) armer Teufel
stal Stall m [m]
stalen stählern
stallen unter-, abstellen
stalletje [-'lɛtjə] n (Verkaufs-)Stand m
stam Stamm m
stamelen ['sta:məl-] stammeln
stamgast Stammgast m
stammen stammen

stampen stampfen; stoßen; **~pot** Eintopf m; **~voeten** ['-fuˑtə(n)] aufstampfen; **~vol** gedrängt voll
stand Stand m; Stellung f; [stɛnt] (Verkaufs-, Messe-)Stand m; **tot ~ brengen** zustande bringen
stand|beeld n Statue f, Standbild n; **~er** Ständer m; **~houden** ['-hɑʊə(n)] standhalten; **~plaats** Standort m; **~punt** ['-pɔnt] n Standpunkt m; **~vastig** [-'fɑstəx] standhaft [haft]
stang Stange f
stank Gestank m
stap Schritt m, Tritt m; **op ~ gaan** sich auf den Weg machen; **~ voor ~** schrittweise
stapel¹ Stapel m, Haufen m, Stoß m; **van ~ lopen** vom Stapel laufen; fig. vonstatten gehen
stapel² total verrückt; **(op)** versessen (auf A)
stapel|bed n Etagenbett n; **~en** stapeln; **~geks.** ~²
stap|pen schreiten, marschieren; **~voets** ['-fuˑts] im Schritt
star star; **~en** ['staˑr-] starren
start Start m; **~baan** Flgw. Rollbahn f; **~en** starten; Motor anlassen; **~er** Anlasser m; **~klaar** startbereit
statiegeld ['staˑ(ti)si-] n (Flaschen-)Pfand n

statig ['sta·təx] würdevoll
station [sta'sĩon] n Bahnhof m; Station f; **~car** ['ste·fənkɑr] Kombiwagen m
stations|chef [-ʃɛf] Bahnhofvorsteher m; **~restauratie** [-to·ra:(t)si·] Bahnhofsrestaurant n
statistiek [-'ti·k] Statistik f
statuut [-'ty·t]n Statut n
staven begründen
stede|bouw ['ste·dəbɑu] Städtebau m; **~lijk** ['-də-lək] städtisch; **~ling** Städter m'
steeds¹ stets, immer
steeds² städtisch
steeg Gasse f
steek Stich m; Masche f; **~ (onder water)** (Seiten-)Hieb m; **in de ~ laten** ['la:t-] im Stich lassen; **~houdend** ['-hɑudənt] stichhaltig; **~proef** ['-pru·f] Stichprobe f
steel Stiel m, Heft n; Stengel m
steen Stein m; **~bakkerij** [-'rɛi] Ziegelei f; **~groeve** ['-ɣru·və] Steinbruch m; **~kool** Steinkohle f; **~slag** ['-slɑx] n Schotter m; Steinschlag m; **~puist** ['-pøyst] Furunkel m
steiger (Bau-)Gerüst n
steigeren sich bäumen
steil steil, schroff
stekel ['ste·kəl] Stachel m; **~varken** n Stachelschwein n
steken ['ste:k-] stechen;

stecken
stekker Stecker m
stel [stɛl] n Garnitur f; Satz m; Paar n
stelen stehlen
stell|en stellen; setzen; verfassen; **~ig** [-ləx] gewiß, sicherlich; **~ing** Stellung f; Gerüst n; Lehrsatz m, These f
stelpen stillen
stelsel n System n; **~matig** ['-ma:təx] planmäßig, systematisch
stem Stimme f; **~bureau** ['-by·ro:] n Wahllokal n; **~bus** ['-bəs] Wahlurne f; **~gerechtigd** [-təxt] stimmberechtigt
stemmen stimmen; abstimmen
stemmig ['-məx] sittsam
stempel Stempel m
stem|recht n Stimmrecht n; **~wisseling** Stimmbruch m
stencil ['-sɪl] (Papier-)Matritze f
stenen steinern
stengel Stengel m; **zoute ~** ['zautə]· Salzstange f
steno|graferen [-'fe:r-] stenographieren; **~typiste** [-ti·'pɪstə] Stenotypistin f
step [stɛp] Roller m
step-in Hüfthalter m
ster Stern m, Gestirn n; **vallende ~** Sternschnuppe f
stereo-installatie [-'la:(t)-si·] Stereoanlage f

sterf|elijk ['-fələk] sterblich; **.te** Sterblichkeit *f*

steriel steril

sterk stark, kräftig; ranzig; alkoholisch, hochprozentig; **.te** Stärke *f*

sterren|beeld *n* Sternbild *n*; **.wacht** Sternwarte *f*

sterven sterben

steun [stø:n] Stütze *f*; Unterstützung *f*; **.en** stützen; unterstützen; sich stützen; stöhnen; **.punt** ['-pønt] *n* Stützpunkt *m*; Anhaltspunkt *m*; **.zool** (Schuh-)Einlage *f*

steur [stø:r] Stör *m*

stevig [ste:vəχ] fest, kräftig; stark; handfest

sticht *n* Stift *n*; **.elijk** ['-tələk] erbaulich; **.en** gründen, stiften; erbauen; **.er** Gründer *m*, Stifter *m*

stiefvader Stiefvater *m*

stiekem ['sti·k-] F heimlich; hinterhältig

stier Stier *m*, Bulle *m*; **.egevecht** *n* Stierkampf *m*

stierlijk ['-lək] furchtbar

stift Stift *m*; Mine *f*

stijf [stεif] steif, starr; **.hoofdig** [-'ho:vdəχ] starrköpfig; **.sel** *n* Stärke *f*; Kleister *m*

stijg|beugel ['-bø:ɣəl] Steigbügel *m*; **.en** (an-, auf-)steigen; zunehmen; **.ing** Steigung *f*; Auf-, Anstieg *m* [*m*|

stijl [stεil] Stil *m*; Pfosten |

stijven stärken; bestärken

stik|donker stockdunkel; **.ken** ersticken; steppen; **.stof** Stickstoff *m*

stil still, ruhig; lautlos

stilaan allmählich

stil|houden ['-haŭə(n)] anhalten; halten; **.len** stillen; **.stand** Stillstand *m*; **.te** Stille *f*

stimuleren [-my'le:r-] stimulieren, anregen

stinken stinken

stip Tupfen *m*, Punkt *m*

stipt pünktlich

stoeien ['stu·iə(n)] sich tummeln, albern

stoel [stu·l] Stuhl *m*; **.gang** Stuhlgang *m*

stoep Bürgersteig *m*

stoer [stu·r] stämmig

stoet (Auf-)Zug *m*

stof[1] Stoff *m*, Materie *f*

stof[2] *n* Staub *m*; **.bril** Schutzbrille *f*; **.doek** ['-du·k] Wisch-, Staubtuch *n*

stoffelijk ['-fələk] stofflich, materiell

stof|f(er)ig ['-f(ər)əχ] staubig; **.zuiger** ['-səɣər] Staubsauger *m*

stok Stock *m*

stok|en ['sto·k-] heizen; *Schnaps* brennen; aufwiegeln; **.er** Heizer *m*

stok|ken stocken; **.paardje** *n* Steckenpferd *n*

stollen gerinnen

stom stumm; dumm, F doof

stomen dampfen

stommelen ['-mələ(n)] poltern

stommiteit Dummheit f

stomp stumpf; Su. Stumpf m, Stummel m; Stoß m; ~zinnig [-sənəx] stumpfsinnig

stookolie ['-o:li·] Heizöl n

stoom Dampf m; ~boot Dampfer m

stoot Stoß m

stop Stöpsel m, Pfropfen m; ~contact n Steckdose f; ~licht n Bremslicht n; Rotlicht n; ~naald Stopfnadel f

stoppels pl. Stoppeln f/pl.

stop|pen (an)halten, stoppen; stopfen; stecken; ~plaats Haltestelle f; Zwischenaufenthalt m; ~trein Personenzug m; ~verbod [-bɔt] n Halteverbot n; ~verf Kitt m; ~zetten stoppen

storen stören

storm Sturm m; ~achtig [-tǝx] stürmisch; ~en stürmen; ~waarschuwing [-sxy·ʋɪŋ] Sturmwarnung f

stort|bad ['-bɑt] n Dusche f; ~bui ['-bǝy] (Regen-)Guß m; ~en stürzen; abladen, schütten

storting Einzahlung f; ~biljet [-jɛt] n Zahlkarte f

stort|plaats Ablade-, Müllplatz m; ~regen Platzregen m

stoten stoßen; stampfen

stotteren stottern

stout [stɑut] kühn; unartig, ungezogen; ~moedig ['-mu·dǝx] kühn

stoven schmoren, dämpfen

straal Strahl m; Halbmesser m, Radius m; ~motor ['-mo:tɔr] Strahl-, Düsentriebwerk n; ~vliegtuig [-tǝxl] n Düsenflugzeug n

straat Straße f; doodlopende ~ Sackgasse f; ~je n Gasse f; ~schenderij [-sxɛndǝ'rɛi] Unfug m; ~steen Pflasterstein m; ~verlichting Straßenbeleuchtung f

straf[1] straff

straf[2] Strafe f; ~baar strafbar; ~fen strafen; ~inrichting Strafanstalt f; ~port Straf-, Nachporto n; ~proces [-sɛs] n Strafverfahren n

strafschop ['-sxɔp] Strafstoß m, Elfmeter m; ~gebied n Strafraum m

strafwetboek [-bu·k] n Strafgesetzbuch n

strak straff; stramm, prall; starr

straks bald, nachher; (daar) ~ vorhin; tot ~! bis nachher!

stralen strahlen

stram starr, steif

strand n Strand m; ~en stranden; ~stoel ['-stu·l] Strandkorb m

streek 1. Strich *m*; Region *f*; 2. Streich *m* [*m*]

streep Streifen *m*; Strich [

strekk|en strecken, dehnen; dienen; **~ing** Zweck *m*, Tendenz *f*

strelen streicheln, tätscheln; schmeicheln

streng¹ streng

streng² Strang *m*; Strähne *f*

streven streben, sich bemühen

striem Strieme *f*

strijd [streit] Kampf *m*; Streit *m*, Zank *m*; **in ~ met** zuwider (D); **om ~** um die Wette; **~en** kämpfen, streiten; **~krachten** *pl.* Streitkräfte *f/pl.*

strijk|en streichen; streifen; bügeln; **~ijzer** *n* Bügeleisen *n*; **~stok** Mus. Bogen *m*

strik Strick *m*; Schleife *f*; Schlinge *f*; **~(das)** Krawatte *f*

strikt strikt; streng

strikvraag Fangfrage *f*

stro *n* Stroh *n*

stroef [struˑfl] rauh; abweisend, trotzig; schwerfällig, zähflüssig

stroken entsprechen

stromen strömen, fließen

strompelen stolpern

stront *F* Scheiße *f*

strooien streuen

strook Streifen *m*; Besatz *m*; Abschnitt *m*

stroom Strom *m*; Fluß *m*; **~afwaarts** stromabwärts

~verbruik [-brøyk] *n* Stromverbrauch *m*

stroop Sirup *m*

strop Strang *m*, Strick *m*; Reinfall *m*, Pleite *f*; **~das** Binder *m*, Schlips *m*

stroper [ˈstroːp-] Wilddieb *m*

strot [strɔt] Gurgel *f*, Kehle *f*; **~tenhoofd** *n* Kehlkopf *m*

struik [strøyk] Strauch *m*, Busch *m*

struikelen straucheln, stolpern

struikgewas [-ˈxəɵas] *n* Gebüsch *n*, Gestrüpp *n*

struisvogel Strauß *m*

student(e *f*) [styˈ-'] Student(in *f*) *m*

studenten|(te)huis [-təhøʏs] *n* Studentenheim *n*; **~restaurant** [-restoˈrɑ̈] *n* Mensa *f*; **~uitwisseling** Studentenaustausch *m*

studeren [styˈdeːr-] studieren

studie [ˈ-diˑ] Studium *n*; Studie *f*; **~beurs** [-bøˑrs] Stipendium *n*; **~reis** Studienreise *f*

studio Studio *n*

stug [stəx] störrisch, trotzig, spröde

stuip [stœyp] Krampf *m*; **~trekking** Zuckung *f*

stuiten hemmen, aufhalten; zurückprallen; zuwider sein; **(op)** stoßen (auf *A*); **~d** empörend

stuiven stauben, stäuben; sausen, rasen

stuiver Fünfcentmünze f

stuk [støk] entzwei, kaputt; *Su. n* Stück *n*, Teil *m u. n*, Brocken *m*; Schriftstück *n*, Unterlage f; Artikel *m*; **een** [ən] ~ **of** ungefähr, etwa; **~breken** ['bre:k-] zerbrechen

stukjes *n/pl.*: **bij** [bεi] ~ **en beetjes** stückweise, nach und nach; **~slaan** zusammen-, zerschlagen; **~werk** *n* Akkordarbeit f

stumper(d) armer Schlukker *m*

stuntelig ['støntələx] ungelenk

sturen ['sty:r-] schicken, senden; lenken; steuern

stut [støt] Stütze f

stuur [sty:r] *n* Lenkrad *n*, Lenkung f, Steuer *n*; **~boord** *n* Steuerbord *n*; **~man** Steuermann *m*

stuurs unwirsch

stuw [sty·ŭ] Wehr *n*; **~dam** Staudamm *m*, Talsperre f

subsidie [søp'si:di·] Zuschuß *m*, Subvention f

succes [sək'sεs] *n* Erfolg *m*; **~nummer** *n* Schlager *m*

suf [søf] dus(e)lig

suiker ['søykər] Zucker *m*; **~biet** Zuckerrübe f; **~goed** [-ɣu·t] *n* Konfekt *n*; **~klontjes** *n/pl.* Würfelzucker *m*, **~pot** [-pɔt] Zuckerdose f; **~riet** *n* Zuckerrohr *n*; **~ziekte**

Zuckerkrankheit f; **~zoet** [-zu·t] zuckersüß

suizen säuseln; sausen

sukkel(aar) ['søkəl-] Tropf *m*, Trottel *m*; Stümper *m*; kränklicher Mensch *m*; **~en** kränkeln; *f* wursteln

sul Tropf *m*

super(benzine) ['sy·-] Super(benzin *n*) *m*

super|ieur [sy·pe·'rïø:r] hervorragend, überlegen; *Su.* Vorgesetzte(r); **~ioriteit** Überlegenheit f

supersonisch [-'so:ni·s] **~e snelheid** Überschallgeschwindigkeit f

supplement [søplə'mεnt] *n* Zuschlag *m*; Nachtrag *m*

supporter *Sp.* Anhänger *m*

surveilleren [sy·rvεi'je:r-] überwachen, beaufsichtigen

s.v.p. *s.* alstublieft

syfilis ['si'-] Syphilis f

sym|bolisch [sim'bo:li·s] symbolisch; **~fonie** Sinfonie f

sympathie Sympathie f; **~k** [-'ti·k] sympathisch

symptoom [sim'to:m] *n* Symptom *n*

syn|dicalistisch [sindi·ka'listi·s] gewerkschaftlich; **~thetisch** [-i·s] synthetisch

sys|teem [si·s'te:m] *n* System *n*; **~tematisch** [-i·s] systematisch

T

't = het es; das

taai zäh(e); zähflüssig; langweilig

taai-taai Lebkuchen m

taak Aufgabe f

taal Sprache f; vreemde ~ Fremdsprache f; ~fout ['foutl Sprachfehler m; ~kennis Sprachkenntnisse f/pl.; ~kunde ['kəndəl Sprachwissenschaft f, Linguistik f

taart Torte f; Kuchen m

tabak ['bɑk] Tabak m; ~spijp [-pɛip] Tabak(s)pfeife f; ~winkel Tabakladen m

tabel [-'bɛl] Tabelle f, Tafel f

tablet Tablette f (Schokoladen-)Tafel f

tachtig ['-təxl achtzig

tact Takt m; ~iek [-'ti·kl Taktik f; ~loos taktlos

tafel Tisch m; Tafel f; aan ~ bei Tisch; aan ~ gaan zu Tisch gehen; ~tennis Tischtennis n; ~laken Tischtuch m

tafereel [tɑfə're:ll n Bild n; Szene f

taillemaat ['taiə-] Taillenweite f

tak Ast m, Zweig m

takel|en takeln; ~wagen Abschleppwagen m

taks Taxe f, Steuer f

tal [tɑl] n (An-)Zahl f; van zahlreiche; ~: een [ənl (tien) ungefähr (zehn)

talenpracticum [-kəm] n Sprachlabor n

talent n Talent n

talk Talg m

talloos zahllos

talmen zaudern, zögern

talrijk ['tɑlrɛik] zahlreich

tam [tɑm] zahm

tamelijk ['ta:mələk] ziemlich, leidlich

tampon [tɑm'pɔn] Tampon m

tand Zahn m; Zacke f; Zinke f; ~arts Zahnarzt m

tanden|borstel Zahnbürste f; ~stoker [-sto:kər] Zahnstocher m

tand|pasta Zahnpasta f; ~pijn ['-pɛin] Zahnschmerzen m/pl.; ~radbaan Zahnradbahn f; ~technicus [-kəsl Zahntechniker m; ~vulling ['-fəl-] Plombe f, Zahnfüllung f; ~wiel n Zahnrad n

tanen abnehmen

tang Zange f

tank [tɛŋk] Tank m, Behälter m; Panzer(wagen) m; ~en tanken

tante Tante f

tap Zapfen m

tapijt [-'pɛit] n Teppich m

tap|kast Büfett n; ~pen zapfen, abfüllen; reißen; erzählen; ~temelk ['tɑptə-] Magermilch f

tarief n Tarif m, Satz m, Gebühr f

tartare: biefstuk ['-stǝk]
à la ˌTatarbeefsteak n
tarten herausfordern,
trotzen
tarwe Weizen m
tas Tasche f; Mappe f
tast|baar greifbar, spür-
bar; ˌen (be)tasten, füh-
len; tappen
taxeren [-'kse:r] taxieren,
werten
taxi Taxi n; ˌchauffeur
[-ʃoˈøːr] Taxifahrer m;
ˌstandplaats Taxistand
m
te zu; prp. zu(D), in(D)
tech|nicus [-kǝs] Techni-
ker m; ˌniek [-'niˑk]
Technik f; ˌnisch ['-niˑs]
technisch
teder ['teːdǝr] zärtlich
teef Hündin f
teelbal Hode(n) m
teelt Zucht f; Anbau m
teen Zehe f
teer¹ zart; schwächlich,
zerbrechlich
teer² Teer m
teerling Würfel m
tegel ['teːɣǝl] Kachel f;
Fliese f
tegelijk(ertijd) [tǝɣǝ'lɛik-
(ǝrtɛit)] zugleich, zur
gleichen Zeit, gleichzei-
tig
tegemoet [teɣǝ'muːt] ent-
gegen (D); ˌkomen
[-koˑm-] entgegenkom-
men
tegen ['teːɣǝ(n) gegen (A),
wider (A); zu (D); entge-
gen(D)

tegen|aanval Gegenan-
griff m; ˌdeel n Gegen-
teil n; ˌgaan begegnen,
sich widersetzen, steu-
ern; ˌgesteld entgegen-
gesetzt; ˌ(ge)wicht n
Gegengewicht n; ˌgif(t)
n Gegengift n; ˌhou-
den [-hȣ̃ǝ(n)] aufhalten,
hemmen; anhalten,
stoppen; verhüten;
ˌkanting Widerstand m;
ˌkomen [-koˑm-] begeg-
nen; ˌliggers pl. Gegen-
verkehr m
tegenover [-'oˑvǝr] gegenüber; ˌgesteld entgegen-
gesetzt
tegen|partij [-tɛi] Gegen-
seite f; ˌslag [-slɑx] Miß-
geschick m; Rückschlag
m; ˌspartelen [-tǝlǝ(n)]
sich sträuben; ˌspoed
[-spuˑt] Widerwärtigkeit
f, Unglück n; ˌspraak
[-spra:k] Widerspruch m; Demen-
ti n; ˌspreken [-spreˑk-]
widersprechen; leugnen;
ˌsputteren [-spøtǝrǝ(n)]
sich widersetzen, mur-
ren; ˌstaan zuwider sein
tegenstand Widerstand
m; ˌer Gegner m
tegen|stelling Gegensatz
m; ˌstribbelen [-bǝlǝ(n)]
sich sträuben
tegenstrijdig [-'strɛidǝx]
sich widersprechend,
entgegengesetzt; ˌheid
Widerspruch m
tegen|vallen enttäuschen;
ˌwaarde Gegenwert m;

~werping Einwand m; **~wicht** n s. **~gewicht**

tegenwoordig [-'vo:rdəx] gegenwärtig; Adv. a. heutzutage; **~e tijd** [tɛit] Gegenwart f; **~heid** Gegenwart f, Anwesenheit f

tegenzin Widerwille m; **met** ~ widerwillig

te|goed [tə'ɣu·t] n Guthaben n; **~huis** [-'həys] n Heim n

teint [tɛ̃:] Teint m

teisteren ['tɛistərə(n)] heimsuchen

teken ['te:kə(n)] n Zeichen, (Merk-)Mal n; Anzeichen n; **~aar** Zeichner m; **~en** zeichnen; **~film** Zeichenfilm m; **~plank** Reißbrett n; **~potlood** n Zeichenstift m

tekort [tə'kort] n Defizit n, Fehlbetrag m; Mangel m, Unzulänglichkeit f

tekst Text m

teldag ['tɛldax] Stichtag m

telefon|eren [-'ne:r-] telefonieren, anrufen; **~iste** Telefonistin f

telefoon Telefon n; **~automaat** Münzfernsprecher m; **~boek** [-bu·k] n Fernsprechbuch n; **~cel** [-sɛl] Fernsprech-, Telefonzelle f; **~centrale** [-sɛn-] Fernsprechamt n; Vermittlung f; **~gids** s. **~boek**; **~nummer** [-nə-mər] n Telefon-, Ruf-

nummer f; **~tarief** n Fernsprechgebühr f; **~tje** n Anruf m; **~toestel** [-tu·stɛl] n Fernsprechapparat m

tele|graferen [-'fe:r-] telegrafieren; **~gram** n Telegramm n; **~lens** Teleobjektiv n; **~scoop** Teleskop n

teleurstellen [-'lø:r-] enttäuschen

televisie [-'vi·zi-] Fernsehen n; **~kijker** [-kɛikər] Fernsehzuschauer m; **~scherm** n Bildschirm m; **~toestel** [-tu·stɛl] n Fernsehapparat m

telex Fernschreiber m

telg Sproß m, Sprößling m

telkens ['tɛlkə(n)s] jedesmal; je(weils)

tel|len zählen, rechnen; **~ler** Zähler m; **~machine** ['-maʃi·nə] Addiermaschine f; Zählwerk n; **~woord** n Zahlwort n

temmen zähmen

tempel Tempel m

tempera|ment n Temperament n; **~tuur** [-'ty:r] Temperatur f

temperen ['-pərə(n)] mäßigen; dämpfen

tempo n Tempo n; **~,** tur, zur; s. **te**

tenden|s, **~tie** [-'dɛnsi-] Tendenz f; **~tieus** [-'si:ø:s] tendenziös

tenger zart, schmächtig

tengevolge [tənɣə'-] infolge (G)

tenietdoen [tə'ni·du·n] zunichte machen, annullieren, rückgängig machen

tenminste wenigstens; zumindest

tennis n Tennis n; **~racket** [-rɛkət] Tennisschläger m; **~veld** n Tennisplatz m; **~sen** Tennis spielen

tenslotte schließlich, zum Schluß, zuletzt, abschließend

tent Zelt n; Bude f; **~enkamp** n Zeltlager n; **~enverhuur** [-hy·r] Zeltverleih m

tentoonstellen ausstellen

tentoonstelling Ausstellung f, Schau f; **reizende ~** Wanderausstellung f

tepel ['te·pəl] (Brust-)Warze f; Zitze f

ter zu, zur, zum

teraardebestelling Beerdigung f

terecht mit Recht; **~komen** [-ko·m-] landen, (an)kommen; sich finden; **~stellen** hinrichten; **~wijzen** [-vɛi̯z-] zurechtweisen

tergen reizen, quälen

tering ['te·r-] Schwindsucht f

terloops [-'lo·ps] beiläufig, nebenbei

term Ausdruck m, Terminus m

termijn [-'mɛi̯n] Termin m; Frist f; Rate f; **op korte (lange) ~** kurz- (lang-)

fristig; **maandelijkse** ['-dələksə] **~** Monatsrate f; **betaling** Raten-, Abschlagszahlung f

ternauwernood [-'nɑu̯ər-] kaum, mit knapper Not; **~neergeslagen** niedergeschlagen

terras n Terrasse f

terrein [-'rɛin] n Gelände n, Terrain n; Gebiet n

terreur [-'rø·r] Terror m

territori|aal [ˈva·təra(n)] n/pl. **~ale wateren** Hoheitsgewässer n/pl.

terstond sofort, auf der Stelle

terug [tə'rɣx] zurück; wieder; **~bellen** Tel. zurückrufen

terugbetal|en zurückzahlen; **~ing** Rückzahlung f

terug|blik Rückblick m; **~brengen** zurückbringen; **~deinzen** zurückschrecken; **~dringen** zurückdrängen; **~gaan** zurückgehen; **~gave** Rückgabe f, Rückerstattung f; **~geven** zurück-, wiedergeben; erstatten; hergeben; **~houdend** [-'hɑudənt] zurückhaltend; **~kaatsen** zurück-, abprallen; reflektieren; **~komen** [-ko·m-] zurückkommen; **~komst** [-komst] Rück-, Heimkehr f; **~krijgen** [-krɛi̯ɣ-] wieder-, zurückbekommen; **~leiden** zurückführen; **~reis** Rückfahrt f, -reise f, Heimfahrt f; **~slag** [-slɑx] Rückschlag m; **~sturen** [-sty:r-] zurückschicken, -senden; **~tocht** Rückzug m; **~trekken (zich)** (sich) zurückziehen; **~vinden** wiederfinden; **~vragen** zurückfordern; **~weg** [-ʋɛx] Rückweg m

terugwerkend: met ~e kracht rückwirkend

terugzetten zurück-, nachstellen

terwijl [-'ʋɛil] während; indem

terzijde [-'zɛidə] abseits; seitwärts, beiseite

test Test m

testamentair [-'tɛ:r] testamentarisch

testen testen

teug [tø:x] Schluck m; Trunk m

teugel Zügel m; **~loos** zügellos

tevens ['te:ʋ(ə)ns] gleichzeitig, ebenfalls

tevergeefs [təʋər'-] vergebens, umsonst

tevoren [tə'ʋo:rə(n)] zuvor, vorher; **van ~** zuvor, vorher; im voraus; von vornherein

tevreden [tə'ʋre:də(n)] zufrieden, befriedigt; **~stellen** zufriedenstellen

tewerkstelling Beschäftigung f

textiel Textilien pl.

thans [tɑns] jetzt

theater n Theater n

thee Tee m; **~kop** Teetasse f; **~lepel** ['le:pəl] Teelöffel m

thema n Thema n; (Übersetzungs-)Aufgabe f

theologie Theologie f

theoretisch [-i·s] theoretisch

ther|mometer Thermometer n; **~mosfles** Thermosflasche f

thuis [tœys] zu Hause, (da)heim; nach Hause; heimisch; **~haven** Heimathafen m; **~komst** Heimkehr f

ticket ['tɪkət] n Ticket n, Fahr-, Flugkarte f

tien zehn; **~de** zehnte; Su. n Zehntel n

tiendelig ['-de:ləx] **~ stelsel** [-'stɛlsəl] n Dezimalsystem n

tien|kamp Zehnkampf m; **~tje** n zehn Gulden; **~voudig** ['-ʋaudəx] zehnfach (toben)

tieren üppig wachsen;

tij [tɛi] n: **hoog ~** Flut f

tijd [tɛit] Zeit f; Weile f; **vrije ~** Freizeit f, Muße f; **op ~** rechtzeitig; **over ~** zu spät, überfällig; **~aanduiding** [-dɔyd-] Zeitangabe f; **~elijk** [-'dələk] zeitweilig, vorübergehend, befristet; **~ens** während (G)

tijdig ['-dəx] zeitig; rechtzeitig; **~ing** Nachricht f; **~opname** Zeitaufnahme f; ~perk n Zeitalter n, Époche f; Zeitraum m; ~sbestek ['-bəstɛk] n Zeitraum m; ~schrift n Zeitschrift f; ~sein ['-sɛin] n Zeitzeichen n; ~stip n Zeitpunkt m; ~vak n Zeitalter n; ~verdrijf n Zeitvertreib m; ~verlies n Zeitverlust m

tijger ['tɛiɣər] Tiger m

tik Klaps m; ~ken ticken; klopfen; tippen

tillen heben

timmerman Zimmermann m, Tischler m

tin n Zinn n

tint (Farb-)Ton m, Schattierung f; Teint m

tintelen funkeln, leuchten; prickeln

tip Tip m, Hinweis m; ~pen tippen

tiran Tyrann m

titel Titel m

tjilpen ['tɪilp-] zwitschern

tjirpen zirpen

tobben grübeln, brüten; sich abquälen

toch doch, jedoch, dennoch; ~ al sowieso; en ~ a. gleichwohl

tocht Fahrt f, Tour f; Zug(luft f) m; ~ met onbekende bestemming Fahrt ins Blaue

tocht|en: het ~ es zieht; ~ig ['-təx] zugig

toe [tu·] zu, geschlossen; ~ maar! nur zu!

toe|behoren n Zugehö-

rigkeit f; Zubehör n; ~bereiden zubereiten; ~brengen zufügen; ~delen zuteilen; ~dienen versetzen, verpassen; verabreichen; ~doen n Zutun n, Veranlassung f; ~dracht Sachverhalt m, Vorgang m; ~eigenen ['-ɛiɣənə(n)] aneignen; ~gaan zugehen

toegang Zu-, Eintritt m, Einlaß m, Zugang m; Zufahrt f; ~skaart(je n) Eintritts-, Platzkarte f; ~sprijs [-prɛis] Eintrittsgeld n; ~sweg [-ʋɛx] Zubringer-, Zufahrtstraße f

toegankelijk [-'ɣaŋkələk] zugänglich; ~ voor alle leeftijden ['-tɛida(n)] jugendfrei

toe|gedaan zugetan; ~geeflijk [-'ɣe:flək] nachgiebig; nachsichtig

toegev|en zugeben, einräumen; nachgeben; ~endheid [-'ɣe:vənthɛit] Nachgiebigkeit f; Nachsicht f; ~ing ['tu·-] Zugeständnis n, Konzession f

toe|gift Zugabe f; ~happen zuschnappen; ~hoorder Zuhörer m; ~juichen ['-jəɣx-] zujubeln; ~kennen zuerkennen, zubilligen; ~kijken ['-kɛik-] zuschauen

toekomen ['tu·ko:m-] zukommen; zustehen; auskommen; ~de: de ~ tijd [tɛit] Futur n

toekomst Zukunft *f*; **~ig** [-'komstəx] zukünftig

toe|lage Zulage *f*; Zuschuß *m*; **~laten** ['-la:t-] zulassen; **~latingsexamen** *n* Aufnahmeprüfung *f*; **~leg** ['-lɛx] Absicht *f*

toeleggen zulegen, draufzahlen; **zich ~** sich widmen

toe|lichten erläutern; **~loop** Zulauf *m*, Andrang *m*

toen [tu:n] *Adv.* dann, da; damals; *Konj.* als

toe|nadering ['-na:der-] Annäherung *f*; **~nemen** zunehmen; **~malig** ['-ma:ləx] damalig; **~passen** anwenden

toer Tour *f*, Fahrt *f*

toerekenbaar [tu:'re:kə(n)-] zurechnungsfähig

toerental [-tal] *n* Drehzahl *f*

toeris|me *n* Tourismus *m*; **~t(e)f** Tourist(in *f*) *m*

toeristen|gids Fremdenführer *m*; **~klas(se)** Touristenklasse *f*; **~visum** [-'vi:zəm] *n* Touristenvisum *n*

toeristisch [-i:s]: **~e brochure** [bro'ʃy:rə] Reiseprospekt *m*

toernooi [tu:r'-] *n* Turnier *n*

toeroepen zurufen

toertje [tu:rtʃə] *n* Spazierfahrt *f*

toe|schouwer ['tu:sxɑuər] Zuschauer *m*; **~schrijven** ['-sxrɛiv-] zuschreiben; **~slag** ['-slɑx] Zuschlag *m*, Aufpreis *m*; **~snauwen** anbrüllen; **~snellen** herbeieilen; **~snoeren** zuschnüren; **~speling** ['-spe:l-] Anspielung *f*; **~spraak** Ansprache *f*; **~spreken** ['-spre:k-] anzureden; eine Ansprache halten; bewilligen; **~staan** gewähren, bewilligen; **~stand** Zustand *m*, Lage *f*, Befinden *n*; **~stel** ['-stɛl] *n* Gerät *n*, Vorrichtung *f*; Flugzeug *n*; **~stemmen** zustimmen; einwilligen; **~stromen** zuströmen, -fließen; **~takelen** ['-ta:kəl-] zurichten; **~tasten** zugreifen

toeter ['tu:tər] Tuthorn *n*; *Kfz.* Hupe *f*; **~en** tuten; hupen

toetreden [-'tre:d-] beitreten

toets Taste *f*; Probe *f*, Test *m*; **~en** prüfen, testen

toeval *n* Zufall *m*; **~len** zufallen; **~lig** [-'vɑləx] zufällig

toe|vertrouwen [-trɑuə(n)] anvertrauen; **~vloed** Zufluß *m*; **~vlucht** ['-vlɛxt] Zuflucht *f*

toevoeg|en hinzufügen, zuordnen; **~sel** *n* Zusatz *m*, Nachtrag *m*

toevoer ['tu:vu:r] Zufuhr *f*; **~leiding** *El.* Zuleitungs-

schnur f
toe|wijding ['-vɛĩd-] Hingabe f; **~wijzen** zuteilen, zuweisen; **~wuiven** ['-vəɣʋ-] zuwinken; **~zegging** Zusage f
toezicht n Aufsicht f; **~ houden** ['hɑ̈ə(n)], **~ uitoefenen** ['əytu·fən-] beaufsichtigen
tof |tɔf| f dufte, prima
toilet [tũɑ'lɛt] n Toilette f; **~papier** n Toilettenpapier n
tol [tɔl] 1. Zoll m; 2. Kreisel m
tolk Dolmetscher m
tollen kreiseln; wirbeln; torkeln
tomaat Tomate f
ton Tonne f, Faß n
toneel n Bühne f; Theater n; Schauplatz m; Szene f; **~speler,** (**~speelster** f) Schauspieler(in f n) m; **~stuk** [-stək] n Schauspiel n, Bühnenstück n; **~voorstelling** Theatervorstelling f
tonen (vor)zeigen
tong Zunge f; **~val** Mundart f
tonijn [-'nɛĩn] Thunfisch f
toog Theke f [m]
tooien schmücken
toom Zaum m, Zügel m
toon Ton m; **ten ~ spreiden** auslegen, entfalten; **~bank** Ladentisch m, Theke f
toon|der Hdl. Inhaber m, Überbringer m; **~kamer,**

~zaal Schau-, Vorführungsraum m
toorn Zorn m; **~ig** ['-nəx] zornig
toost Toast m
top Gipfel m; Wipfel m; Spitze f; Scheitel m; **~drukte** ['-drəktə] Hochbetrieb m; **~klas(se)** Spitzenklasse f; **~prestatie** [-ta:(t)si·] Spitzenleistung f; **~punt** ['-pɔnt] n Gipfel(punkt) m; **~seizoen** ['-sɛĩzu·n] n Hochsaison f
tor [tɔr] Käfer m
toren ['to:r-] Turm m; **~gebouw** [-bɑ̈] n Hochhaus n [teln]
tornen auftrennen; rüt-
torpedojager Zerstörer m
torsen schleppen
tortelduif [-dəyf] Turteltaube f
tot [tɔt] zu (D) bis; **~ (aan)** bis (zu D) (A); **~ en met** bis einschließlich; **~ nu toe** [tu·] bisher
totaal total, völlig, gesamt; Su. n Gesamtbetrag m; **in ~** insgesamt
totdat bis
toupet [tu·'pɛ] Toupet n
touw [tɑ̈] n Seil n, Tau n; **op ~ zetten** veranstalten, in Angriff nehmen; **~ladder** Strickleiter f; **~(tje)** n Bindfaden m, Strick m
tovenaar ['to:vən-] Zauberer m
tover|achtig zauberhaft; **~en** zaubern

traag träge

traan 1. Träne f; 2. Tran m; ~gas ['-ɣɑs] n Tränengas n

trachten versuchen; trachten

tractor ['trɛktɔr, 'trɑk-] Trecker m, Zugmaschine f

tradi|tie [-'di·(t)si·] Tradition f; ~tioneel [-(t)sio·-'ne:ll traditionell, herkömmlich

trag|edie [-'ɣe:di·] Tragödie f; ~isch [-'-i·s] tragisch

train|en ['trɛ:nə(n)] trainieren; ~ingspak n Trainingsanzug m

traject [trɑ'jɛkt] n Strecke f, Abschnitt m

trakteren [-'te:r-] bewirten; spendieren; ausgeben

tralie ['tra:li·] Gitter n

tram [trɛm] Straßenbahn f; ~men mit der Straßenbahn fahren

transfer [-'fœ:r] Transfer m

transistor(radio) Transistorradio n

transitoverkeer n Transitverkehr m

tran|smissie [-'mısi·] Getriebe n; ~spireren [-'re:-rə(n)] schwitzen

transport n Transport m, Beförderung f; ~eren [-'te:r-] transportieren, befördern

trant Art f, Stil m

trap 1. Treppe f; 2. (Fuß-)

Tritt m, Stoß m; Stufe f; Grad m

trappelen trampeln; strampeln

trappen treten

trap|pe(n)huis [-həys] n Treppenhaus n; ~per Pedal n; ~sgewijze ['-xəʋɛi-zəl stufenweise

trechter Trichter m

tred Tritt m, Schritt m; ~e ['tre:dəl Stufe f; = a. ~

treden treten

tredmolen ['trɛt-] Tretmühle f

treeplank Trittbrett n

tref|fen treffen; ~woord n Stichwort n

trein Zug m; ~conducteur ['-kɔndœktø:r] Zugschaffner m; ~kaartje n Fahrkarte f; ~verbinding Zugverbindung f

treiteren ['trɛitər-] schikanieren

trek Zug m; Neigung f; Appetit m; in ~ beliebt

trekken ziehen; reißen; zupfen; wandern; zuk-ken; zücken; beziehen

trek|ker Abzug m; Schlepper m; Wanderer m; ~kracht Zugkraft f; ~tocht Wanderfahrt f; ~vogel Zug-, Wandervogel m

treur|en ['trø:r-] trauern; ~ig [-'rəx] traurig; ~spel ['-spɛl] n Trauerspiel n; ~wilg Trauerweide f

treuzelen ['trø:zəl-] trödeln

tribune [-'by·nə] Tribüne f
tricot n Trikot n
triest traurig, trist
trillen zittern; schwingen
triomf Triumph m
triplex Sperrholz n
triptiek [-'ti·k] Triptyk n
troebel ['tru·bəl] trübe
troef [tru·f] Trumpf m
troep Trupp m, Truppe f; Schar f, Rudel n
troetelkind n Hätschelkind n
troffel (Maurer-)Kelle f
trog [trox] Trog m; Mulde f
trom Trommel f
trommel Trommel f; Dose f; ∼vlies n Trommelfell n
trompet [-'pɛt] Trompete f
troon Thron m
troost Trost m; ∼en trösten; ∼prijs [-'prɛis] Trostpreis m
tropen pl. Tropen pl.
tros [trɔs] Büschel m, Traube f; Trosse f; Troß m
trots [trɔts] stolz; Su. Stolz m; ∼eren [-'se:r-] trotzen
trottoir [-'tŭa:r] n Bürgersteig m; ∼rand Bordstein m
trouw [traŭ] treu; Su. Treue f; ∼akte Heiratsurkunde f; ∼dag ['dax] Hochzeitstag m; ∼eloos ['traŭəlo:s] treulos; ∼en heiraten, sich verheiraten
trouwens ['traŭə(n)s] übrigens, freilich
trouw|getuige [-'ɣətəɣəl

Trauzeuge m; ∼ring Trau-, Ehering m
truc [try·k] Trick m
truffel ['trɛfəl] Trüffel f
trui [traŭ] Trikot n
truweel [try·'üe:ll n (Maurer-)Kelle f
Tsjechisch ['-i·s] tschechisch
tube ['ty·bə] Tube f
tuberculose [ty·bɛrky·'-] Tuberkulose f
tucht [tɛxt] Disziplin f, Zucht f; ∼huis ['-həʏs] n Zuchthaus n
tuig [taɥx] n Zeug n, Gerät n; Takelage f; Schund m; Gesindel n
tuil [taɥl] Strauß m
tuimelen ['təʏməl-] purzeln; stürzen; kippen
tuin Garten m; om de ∼ leiden hinters Licht führen; ∼bouw [-'baŭl Gartenbau m; ∼ier [-'ni:rl] Gärtner m; ∼slang Gartenschlauch m
tuk [tɛk] op) erpicht (auf A)
tulp [tɛl(ə)p] Tulpe f
tumult [ty·'mɛlt] n Tumult m
tunnel ['tɛnəl] Tunnel m, Unterführung f
turbine [tɛr'-] Turbine f
turen ['ty·r-] spähen; starren
turf [tɛr(ə)f] Torf m
Turkije [tɛr'kɛiəl Türkei f
turkoois Türkis m
Turks türkisch

turn|en turnen; ~er Turner *m*; ~pak *n* Turnanzug *m*; ~ster Turnerin *f*

tussen ['tøsə(n)] zwischen (D, A), unter(D, A)

tussenbeide [-'bɛidə].~komen ['ko:m-] einschreiten

tussen|dek *n* Zwischendeck *n*; ~door [-'do:r] zwischendurch; ~landing Zwischenlandung *f*; ~persoon Mittelsperson *f*, Vermittler *m*; ~ruimte [-rœymtə] Zwischenraum *m*; ~tijd [-tɛit] Zwischenzeit *f*; ~zetsel [-zɛtsəl] *n* Einsatz *m*

tutoyeren [ty'tûa'je:r-] duzen

T.V. = televisie

twaalf zwölf

twee zwei; ~baansweg [-vɛx] zweispurige Straße *f*

tweede zweite; ~ten zweitens; ~handsauto Gebrauchtwagen *m*

tweedelig ['-de:ləx] zweiteilig

tweederangs [-'raŋs]

zweitrangig

twee|dracht Zwietracht *f*; ~ën *s.* mee; ~gevecht *n* Zweikampf *m*; ~jarig [-rəx] zweijährig; ~ling Zwillinge *m/pl.*; ~persoonskamer [-ka:mər] Doppel-, Zweibettzimmer *n*; ~tal *n* (etwa) zwei; Paar *n*; ~talig [-'ta:ləx] zweisprachig; ~voudig ['-ûudəx] zweifach; ~zijdig [-'zɛidəx] zweiseitig

twijfel ['tûɛifəl Zweifel *m*; ~achtig [-təx] fraglich, zweifelhaft; ~en zweifeln

twijg [tûɛix] Zweig *m*

twintig ['-təx] zwanzig

twist Zwist *m*, Zank *m*, Streit *m*; ~appel Zankapfel *m*; ~en (sich) streiten, sich zanken; ~ziek zänkisch, streitsüchtig

tyfus ['tifəs] Typhus *m*

type ['ti:pə]*n* Typ *m*

typen ['ti:pə(n)] tippen, maschineschreiben

typisch ['ti:pi:s] typisch, bezeichnend; merkwürdig

U

u, U[y'] Sie; Ihnen

ui [əy] Zwiebel *f*

uier ['əyiər] Euter *n*

uil Eule *f*

uit aus (D); Adv. aus, vorbei; hinaus, heraus; de stad ~ verreist

uit|barsten ausbrechen;

~besteden [-ste:d-] verdingen; in Pflege geben; ~blazen ausblasen; sich verschnaufen; ~braak Ausbruch *m*

uitbrand|en ausbrennen; ~er Rüffel *m*, Verweis *m*

uit|breiden ['əydbrɛid-]

ausbreiten, erweitern, ausdehnen; **~breken** ['~bre:k-] ausbrechen; **~brengen** heraus-, hinausbringen; *Bericht* erstatten; **~buiten** ausbeuten, ausnutzen; **~bundig** ['~bəndəx] überschwenglich; **~dagen** herausfordern; **~delen**['~de:l-] ausverteilen, **~doen** ['~du·n] ausmachen, löschen; ausziehen; **~doven** erlöschen; löschen

uitdrukk|elijk ['~drøkələk] ausdrücklich; **~en (zich)** ['~øydrek-] (sich) ausdrücken; **~ing** Ausdruck *m*

uiteen ['~e:n] auseinander; **~lopend** verschieden(artig); **~spatten** (zer)platzen; **~vallen** zerfallen; **~zetten** darlegen, auseinandersetzen

uiteinde ['~øytɛində] *n* Ende *n*; **een** [ən] **zalig** ['za:ləx] **~** ein glückliches Jahresende!

uiten äußern, vorbringen

uiteraard ['~a:rt] naturgemäß

uiter|lijk ['~øytərlək] äußerlich, äußer-; **~**stens; *Su. n* Äußeres *n*, Aussehen *n*; **~st** äußerst

uit|gaan ausgehen; **~gang** Ausgang *m*; *Gr.* Endung *f*; **~gave** Ausgabe *f*; Aufwendung *f*

uitge|breid ausgedehnt; **~laten** [~la:t-] ausgelas-

sen; **~put** ['~xəpət] erschöpft; **~slapen** gerissen; **~strekt** ausgedehnt, weitläufig

uitgev|en ausgeben; *Buch* herausgeben, verlegen; **~er** Verleger *m*, Herausgeber *m*; **~erij** ['~rɛi] Verlag *m*

uit|gezonderd ausgenommen; **~gommen** (aus)radieren; **~halen** herausziehen; ausnehmen; anstellen, tun; ausholen; *Kfz.* ausscheren; **~hangbord** *n* Aushängeschild *n*; **~heems** ausländisch; **~hollen** aushöhlen; **~horen** aushorchen; **~houdingsvermogen** ['~øythaud-]*n* Ausdauer *f*

uiting Äußerung *f*

uit|keren auszahlen; ausschütten; **~kienen** ausklügeln; **~kiezen** aus(er)wählen

uitkijk|en ['~kɛik-] ausschauen; *fig.* sich umsehen; **kijk uit!** Vorsicht!; **~toren** [~to:rə(n)] Aussichtsturm *m*

uitkleden (zich) (sich) ausziehen

uitkomen ['~ko:m-] herauskommen; sich treffen, passen; sich erfüllen, stimmen; wirken, sich abheben; **doen** [du·n] **~** hervorheben

uit|komst Ergebnis *n*; (Ab-)Hilfe *f*, **~laat** Auspuff *m*; **~lachen** auslachen; **_laten** ['-la:t-] aus-, heraus-, hinauslassen; **_leenbibliotheek** Leih- bücherei f; **_leggen** her- auslegen; fig. auslegen, erklären; **_lenen** ausleihen; **_leveren** ['-le:vər-] ausliefern; **_lokken** provozieren, hervorrufen; **_lopen** auslaufen; hin- auslaufen, münden; **_loven** aussetzen; **_monden** münden; **_muntend** [-'mœntənt] vorzüglich; **_nodigen** ['-no:də̆ɣ-] einladen; auffordern; **_oefenen** ['-u·fənə(n)] aus- üben, (be)treiben; **_pakken** auspacken; **_puilen** ['-pœyl-] hervorquellen; **_putting** [-'pœt-] Erschöpfung f; **_reiken** aus-, verteilen; verabreichen; **_reisvergunning** ['-rɛis- fərɣœn-] Ausreiseerlaubnis f; **_rekenen** ['-re:- kən-] ausrechnen; **_rit** Ausfahrt f; **_roeien** ['-ru·iə(n)] ausrotten

uitroep ['œytru·p] Ausruf m; **_teken** [-te:kə(n)] n Ausrufungszeichen n

uit|rusten ['-rœst-] (sich) ausruhen; ausrüsten, ausstatten; **_schakelen** ['-sxa:kəl-] aus-, abschalten; **_scheiden** ausscheiden; aufhören; **_schelden** aus-, beschimpfen; **_scheuren** ['-sxœ:r-] (her)ausreißen; **_slag** ['-slɑx] Ausschlag m; Er-

gebnis n

uitsloven: zich **_** sich abquälen

uitsluit|en ausschließen; **_end** ausschließlich; **_ing** Ausschluß m; Aussperrung f

uit|smijter ['-smɛit-] Rausschmeißer m; **_spraak** Aussprache f; Ausspruch m; **_spreiden** ausbreiten; **_staan** ausstehen

uitstal|len zur Schau stellen; **_raam** n Schaufenster n

uitstap|je n Ausflug m, Abstecher m; **_pen** aussteigen

uitstek n: bij [bɛi] **_** ganz besonders; schlechthin **uitsteken** ['-ste:k-] ausstechen; Hand ausstrecken; Flagge heraushängen; heraus-, emporragen; **_d** [-'ste:k-] fig. ausgezeichnet, hervorragend

uitstel ['œytstɛl] n Aufschub m, Frist f; **_len** auf-, hinausschieben

uit|storting Erguß m; Ausschüttung f; **_strekken (zich)** (sich) ausstrecken; (sich) ausdehnen; (sich) erstrecken; **_tocht** Ab-, Auszug m

uittred|en ['-tre:d-] austreten; ausscheiden; **_ing** Austritt m

uittrek|ken (her)ausziehen; **_sel** n Auszug m

uit|vaardigen ['-fa:rdə̆ɣ-]

erlassen; ~vaart Ausfahrt f; Leichenbegängnis n

uitval Ausfall m; Vorstoß m; ~len ausfallen;(tegen) anfahren; ~sweg [-vɛx] Ausfallstraße f

uit|varen ausfahren; (tegen) anschnauzen; ~vegen ausfegen; Tonband löschen

uitver|kocht ausverkauft; vergriffen; ~koop Ausverkauf m; ~koren auserwählt

uit|vinden erfinden; ~vlucht ['-flɛxt] Ausflucht f, Ausrede f

uitvoer ['aʏtfu:r] Ausfuhr f, Export m; ~en ausführen; durchführen; anstellen, tun; ~ig [-'fu:rəx] ausführlich; ~vergunning [-ɣən-] Ausfuhrgenehmigung f

uit|wasemen ['-va:səm-] ausdünsten; ~wedstrijd ['-vɛtstrɛit] Auswärtsspiel n; ~weg ['-vɛx] Ausweg m; ~weiden sich verbreiten; ~wendig [-dəx] äußerlich

uitwerk|en ausarbeiten; auswirken; ~ing Wirkung f; Ausarbeitung f

uit|werpselen ['-vɛrpsələ(n)] n/pl. Kot m; ~wijken ['-vɛik-] ausweichen; auswandern; ~wisseling Austausch m; ~wissen

aus-, verwischen; ~zenden aussenden; Rdf. senden; ~zet ['-sɛt] Aussteuer f; ~zetten aussetzen; ausweisen, hinauswerfen; ausdehnen

uitzicht n Aussicht f; ~loos aussichtslos

uitzien aussehen; sich umsehen; er ~ aussehen

uit|zinnig ['-sɪnəx] wahnsinnig; ~zitten Strafe verbüßen; ~zoeken ['-su·k-] aussuchen

uitzonder|ing Ausnahme f; bij [bɛi] (wijze van) ~ing ausnahmsweise; ~lijk [-'sɔndərlək] außerordentlich

ultrakort ['əl-]: ~e golf Ultrakurzwelle f (UKW)

unie ['y·ni·] Union f

uniek [y·ni·-] einzigartig

uniform [y·ni·-] einheitlich; Su. Uniform f

universi|tair [-'tɛːr] akademisch; ~teit [-'tɛit] Universität f

urine [y·-] Urin m, Harn m; ~eren [-'ne:r-] harnen

urn [ɛr(ə)n] Urne f

utopisch [y·'to:pi·s] utopisch

uur [y:r]n Stunde f; Uhr f; ~loon n Stundenlohn m; ~werk n Uhr f

Uw [y·-]n dɛl; de (het) ~e der, die (das) Ihrige

uwent ['y·ʋəntl]: ten ~ bei Ihnen

V

vaag verschwommen; }
vaak oft, häufig [vage] }
vaal fahl

vaardig ['də·l] geschickt, gewandt; **~heid** Geschick n

vaar|geul ['-ɣø:l] Fahrrinne f; **~t** Fahrt f; Kanal m; Geschwindigkeit f; Schwung m; **~tuig** ['-tœyx] n Fahrzeug n, Schiff n; **~wel!** [-'vɛl] lebe wohl, leben Sie wohl!

vaas Vase f

vaat Auf-, Abwasch m; **~doek** ['-du·k] Wischtuch n, Abwaschlappen m; **~werk** n Geschirr n

vacci|natiebewijs [vaksi-'na:(t)si·bəvɛis] n Impfschein m; **~neren** [-'ne:r-] impfen

vacht Fell n

vader Vater m; **~land** n Vaterland n; **~lands** vaterländisch, heimatlich; **~lijk** [-lək] väterlich

vadsig ['vɑtsəx] träge

vak n Fach n

vakantie [-'kɑnsi·] Ferien pl.; **~ganger** Urlauber m, Feriengast m; **~geld** n Urlaubsgeld n; **~huis** [-hœys] n Ferienhaus n; **~reis** Ferienreise f; **~verblijf** [-blɛif] n Ferienaufenthalt m

vakbond Gewerkschaft f; **~slid** n Gewerkschaft(l)er m

vak|man Fachmann m; **~vereniging** ['-fəre:nəɣ-] Gewerkschaft f

val 1. Falle f; 2. Fall m, Sturz m; **ten ~ brengen** zu Fall bringen, stürzen; **~helm** Sturzhelm m

valk Falke m

vallen fallen, stürzen; hinfallen; **(op)** fig. entfallen (auf A)

vals falsch, unecht; böse; tückisch [m]

valscherm n Fallschirm [m]

valuta [-'ly·-] Valuta f

van von (D); **~... af, ~af** ab; von ... an

van|avond [-'a:vɔnt] heute abend; **~daag** heute; **~daan** her; **waar ~daan** woher; **waar ~daar** daher; **~een** [-'e:n] voneinander

vang|en fassen, fangen; **~rail** ['-re:l] Leitplanke f

vangst Fang m, Beute f

vanille [-'ni·(l)jə] Vanille f

van|morgen (**~nacht**) heute morgen (nacht); **~uit** [-'œyt] von (D) . . . aus; **~wege** ['-ʋe:ɣə] wegen (G); seitens (G)

vanzelf ['-'zɛl(ə)f] von selbst, von allein; **~sprekend** ['-spre:kənt] selbstverständlich

varen[1] Farnkraut n

varen[2] fahren, schiffen

varken n Schwein n

varkens|gebraad n Schweinebraten m;

~pootje n Schweinshaxe f; Eisbein n; ~vlees n Schweinefleisch n

vaseline Vaseline f

vast fest; ständig; Adv. sicher, gewiß; vorläufig; inzwischen; ~ en zeker ['ze:kər] ganz gewiß, bombensicher; ~beraden entschlossen; ~binden fest-, anbinden

vasteland [-'tə'lant] n Festland n

vasten fasten; ~avond [-'ta:vənt] Fastnacht f

vast|gespen anschnallen; ~hechten (an)heften, befestigen

vastklampen: zich ~ aan sich klammern an(A)

vast|klinken Verkehr: sich stauen; ~maken ['-ma:k-] festmachen, befestigen; ~pakken packen, anfassen; ~steken anstecken; ~stellen festsetzen, bestimmen; feststellen; ermitteln

vat [vat] 1. n Faß n, Tonne f, Gefäß n; 2. Griff m

vatbaar empfänglich

vatten fassen; s. a. kou

vecht|en kämpfen; sich raufen; ~er Kämpfer m; ~ersbaas Raufbold m; Schläger m

vechtpartij [-tɛi] Schlägerei f, Handgemenge n

veders veer [arzt...]

vee n Vieh n; ~arts Tierarzt m

veel viel; ~belovend viel-versprechend; ~eer vielmehr; ~eisend [-'ɛisəntl] anspruchsvoll; ~voud ['-ʋaut] n Vielfache(s); ~voudig [-dəx], ~vuldig ['-ʋəldəx] vielfach, -fältig; ~zeggend [-'zɛ-] vielsagend; ~zijdig [-'zɛidəx] vielseitig

veen n Moor n

veer[1] Feder f

veer[2] n Fähre f

veerkrachtig [-'kraxtəx] elastisch

veerpont Fähre f

veer|tien vierzehn; ~tig ['fe:rtəx] vierzig

vee|stapel Viehstand m; ~teelt Viehzucht f

vegen fegen, wischen, kehren

vegetariër Vegetarier m

veilig ['ʋɛiləx] sicher

veiligheids|gordel Sicherheitsgurt m; ~halve sicherheitshalber; ~speld Sicherheitsnadel f

veiling Versteigerung f

veinzen simulieren, sich verstellen

vel n Fell n, Haut f; (Papier-)Bogen m

veld n Feld n; ~ winnen Boden gewinnen, überhandnehmen; ~loop Geländelauf m; ~slag ['-slax] Schlacht f; ~tocht Feldzug m

veler|hande, ~lei vieler-, mancherlei

velg Felge f

vellen fällen; erschlagen

vennootschap: naamloze
~ Aktiengesellschaft f

venster n Fenster n;
~**bank** Fensterbrett n

vent Kerl m

venter Hausierer m

ventiel n Ventil n

ventila|teur [-'tø:r] s. ~**tor;**
~**tie** [-'la:(t)si'] (Be-)Lüftung f

ventilator Ventilator m;
~**riem** Keilriemen m

ver fern, weit; *Verwandter:* weitläufig; *s. a.* **verre**

veracht|elijk [-tələk] verächtlich; ~**en** verachten

verademing [-'a:dəm-]
Aufatmen n; Erholung f

veraf [vɛr'ɑf] weit entfernt

ver|afschuwen [-'ɑf-
sxy·ʋə(n)] verabscheuen;
~**algemenen** [-'me:n-]
verallgemeinern

verander|en (ver)ändern;
ver-, umwandeln; sich
(ver)ändern, sich ver-
wandeln; ~**ing** (Ver-)Än-
derung f; Wandel m; ~**lijk**
[-lək] veränderlich

verantwoordelijk [-'ʋo:r-
dələk] verantwortlich;
~**heid** Verantwortung f

verantwoording [-'ɑnt-]
Verantwortung f; ter ~
roepen ['ru·p-] zur Rechenschaft ziehen

verbaasd erstaunt; **~
staan** staunen

verband n Med. Verband
m, Binde f; Zusammen-
hang m; ~**middelen** n/pl.
Verbandzeug n; ~**trom-**

mel Verbandkasten m

verbannen verbannen,
ausweisen

verbazen erstaunen; **zich
~** staunen; ~**d** erstaunlich

verbazing Erstaunen n

verbeeld|en: zich ~en sich
einbilden, sich vorstel-
len; ~**ing** Einbildung f;
Phantasie f

ver|bergen verbergen;
~**beten** [-'be:t-] verbissen;
~**beteren** [-'be:tər-] ver-
bessern; sich bessern

verbeur|dverklaren
[-'bø:rt-] einziehen, konfiszieren; ~**en** einbüßen,
verwirken

ver|bieden verbieten, un-
tersagen; ~**bijstering**
[-'bɛistər-] Bestürzung f

verbind|en verbinden;
zich ~en sich verpflichten; ~**ingsweg** [-vɛx] Zu-
bringerstraße f

ver|bintenis [-'bɪntənɪs]
Verbindung f; Verbind-
lichkeit f; ~**bitterd** ver-
bittert; erbittert; ~**bleken**
erblassen; verblassen

verblijf [-'blɛif] n Aufenthalt m; ~**plaats** Aufent-
haltsort m; ~**svergun-
ning** [-'ʋɛr-] Aufent-
haltsgenehmigung f;
~**taks** Kurtaxe f

ver|blijven sich aufhal-
ten; ~**blinden** blenden;
fig. verblenden; ~**bloe-
men** [-'blu·m-] bemän-
teln; ~**bluft** [-'blœft] ver-
blüfft

verbod [-'bɔt] n Verbot n;
~sbord n Verbotsschild n
ver|bond n Verband m;
Bündnis n; Bund m;
~bouwen [-'bɑʊə(n)] umbauen; anbauen; **~bouwereerd** [-'bɑʊə'-] verdutzt; **~bouwing** Umbau m

verbrand|en verbrennen;
~ingsgassen n/pl. Abgase n/pl.

ver|breden verbreitern;
~breken [-'breːk-] (ab-)brechen; unterbrechen;
~brijzelen [-'brɛɪzəl-] zertrümmern, zerschmettern; **~brokkelen** zerbröckeln

verbruik [-'brœyk] n Verbrauch m, Konsum m, Verzehr m; **~en** verbrauchen

verbuiging Verbiegung f; Gr. Deklination f

verdacht verdächtig; **~ worden van** im Verdacht stehen; **~e** Beschuldigte(r); Angeklagte(r); **~making** Verdächtigung f

ver|dagen vertagen;
~dampen verdampfen, verdunsten

verdedig|en [-'deːdəɣ-] verteidigen; vertreten;
~er Verteidiger m

ver|deeldheid Zwietracht f; **~delen** (ver-, auf)teilen; **~delgen** vertilgen

verdenk|en ver~dächtigen; **~ing** Verdacht m

verder weiter, ferner; fort;

weiterhin
verderf n Verderben n
verdien|en verdienen;
~ste Verdienst m u. fig. n
ver|dieping Vertiefung f;
Etage f, Stock(werk n) m;
~doemen [-'duːm-] verdammen; **~doezelen**
[-'duːzəl-]vertuschen
verdonker|emanen [-dɔŋkərə'-] unterschlagen;
~en verdunkeln
verdoven betäuben; **~d:** ~d **middel** n Betäubungsmittel n; Droge f
ver|draagzaam tolerant; verträglich; **~draaien** verdrehen
verdrag [-'drɔx] n Vertrag m; **~en** [-'draːɣ-] vertragen; ertragen
verdriet n Kummer m; **~doen** [duːn] schmerzen;
~ig [-təx] traurig; verdrießlich [treiben]
verdrijven [-'drɛɪ̌-] verdrängen; verdrängen
elkaar [-] sich drängen
ver|drinken ertrinken;
Geld vertrinken, **~drogen** vertrocknen; **~drukking** [-'drœk-] Bedrückung f; Unterdrückung f;
~dubbelen [-'dœbəl-] verdoppeln; **~duidelijken**
[-'dœydələk-] verdeutlichen; **~duisteren** verdunkeln; Geld veruntreuen; **~dunnen** [-'dœn-] verdünnen, panschen; **~duren** [-'dyːr-] erdulden; leiden; **~dwalen** sich ver-

irren, sich verlaufen;
~dwijnen [-'dœin-] verschwinden
vereen|voudigen [-'vau-
də̞-] vereinfachen; **~zel-
vigen** [-'zəlvə̞-] identifi-
zieren
ver|eerder Verehrer m;
~effenen [-'ɛfən-] be-,
ausgleichen
vereis|en [-'ɛisə(n)] erfor-
dern; **~te** Erfordernis n
veren v/i federn
verenig|en [-'e:nə̞-] (ver-)
einigen; **~ing** Verein m;
Vereinigung f; **~ing voor
Vreemdelingenverkeer**
(Fremden-)Verkehrsver-
ein m, -amt n
ver|eren verehren; **~erge-
ren** [-'ɛrɣə̞r-] verschlim-
mern
verf Farbe f; Anstrich m
ver|filmen verfilmen;
~flauwen nachlassen;
abflauen; **~foeien** [-'fu·i-]
verabscheuen; **~fraaien**
verschönern; **~frissen** er-
frischen; **~frommelen**
[-'froməl-] zerknittern;
~gaan vergehen; unter-
gehen; vermodern
vergader|en [-'ɣa:dər-]
sich versammeln; tagen;
~ing Versammlung f; Tagung f; Sitzung f
ver|gallen verleiden;
~gankelijk [-'ɣɑŋkələk]
vergänglich; **~garen**
sammeln; **~gasten** bewirten; auftischen
vergeefs vergebens, um-

sonst; Adj. vergeblich
vergeet|achtig [-təx] ver-
geßlich; **~mij-nietje**
[-mə-] n Vergißmein-
nicht n
vergelding Vergeltung f
vergelijk [-ɣə'lɛik] n Ver-
gleich m; **~en** vergleichen; **~ing** Vergleich m;
Gleichung f
vergemakkelijken [-ɣə-
'makələk-] erleichtern
vergen fordern, verlangen; zumuten; **veel ~**
strapazieren
vergenoegen [-'nu·ɣ-]:
zich ~ sich begnügen
ver|geten [-'ɣe:t-] verges-
sen; **~geven** verzeihen;
vergiften
vergewissen: zich ~ sich
vergewissern
verge|zellen [-'zɛl-] be-
gleiten; **~zicht** [ˈvɛr-]
Fernsicht f, Aussicht f
ver|giet n Durchschlag m;
~giffenis [-'ɣɪfən-] Verzeihung f
vergif(t) n Gift n; **~tigen**
[-tə̞ɣ-] vergiften
vergiss|en: zich ~en sich
irren; **~ing** Irrtum m,
Versehen n; **bij** [bɛi] ~ing
versehentlich, irrtümlich
ver|goeden [-'ɣu·d-] ver-
güten, entschädigen, er-
setzen; **~goelijken** [-'ɣu-
lək-] beschönigen
vergrijp [-'ɣrɛip] n Verstoß m; zich **~en:** an sich
vergehen an (D)
ver|grootglas [-xlɑs] n

Lupe f; **groten** vergrößern; erweitern; **guld** [-'ɣǫlt] vergoldet; **gunning** Erlaubnis f, Genehmigung f; Schankkonzession f

verhaal n Erzählung f, Geschichte f; Bericht m; Ersatzanspruch m; kort ~ Kurzgeschichte f; **ver|handeling** Verhandlung f; Abhandlung f, **heffen** erheben; **helpen** abhelfen, beheben

verheugen [-'hø-ɣ-] (er-)freuen; **d** erfreulich

ver|heven erhaben; **hinderen** (ver)hindern; **hitten** erhitzen; **hogen** erhöhen, steigern; **hongeren** verhungern; **hoor** n Verhör n; **horen** verhören, vernehmen

verhoud|en [-'haud-]: zich **en** sich verhalten; **ing** Verhältnis n

verhuiswagen [-'hǫys-] Möbelwagen m

verhuiz|en umziehen; ausziehen; übersiedeln; **ing** Umzug m; Auszug m; Übersiedelung f

verhur|en [-'hy:r-] vermieten; verleihen; **ing** Vermietung f; Verleih m; **ver|huurder** Vermieter m; **ijdelen** [-'ɛidəl-] vereiteln

vering ['ve:r-] Federung f

verjaardag [-dux] Geburtstag m; Jahrestag m; **ver|jagen** verjagen; **ja-**

ring Verjährung f; **jongen** verjüngen

verkeer n Verkehr m; **rondgaand** ~ Kreisverkehr m; s. a. **doorgaand**

verkeerd verkehrt, falsch

verkeers|agent [-aɣɛnt] Verkehrspolizist m; **bord** n Verkehrsschild n; **licht** n (Verkehrs-)Ampel f; **ongeluk** [-lǝk] n, **ongeval** n Verkehrsunfall m; **opstopping** Verkehrsstockung f; **reglement** [-mɛnt] n Straßenverkehrsordnung f; **teken** [-te:kǝ(n)] n Verkehrszeichen n, -schild n

ver|kennen aufklären, erkunden; **keren** verkehren; sich befinden; **kiezen** (auser)wählen; bevorzugen, vorziehen

verkiezing Wahl f; **sstrijd** [-strɛit] Wahlkampf m

ver|klaarbaar erklärlich; **klappen** ausplaudern; **klaren** erklären

verkleden: zich ~ sich umziehen; sich verkleiden

ver|kleinen verkleinern, schmälern; **kleumd** [-'kløːmt] erstarrt; **kleuren** sich verfärben

verklikk|en denunzieren, F verpfeifen; **er** Denunziant m; Kontrollgerät n

verkneukelen [-'knø:kǝl-],
verkneuteren: zich ~

sich ins Fäustchen la-
chen, schmunzeln
ver|knocht verbunden;
~knoeien [-'knu·iə(n)]
verpfuschen, verderben;
~kondigen [-'kɔndəɤ-]
verkünden
verkoop Verkauf m; Vertrieb m; **~ster** Verkäuferin f
verkop|en verkaufen; ver-
treiben; **~er** Verkäufer m
verkorten (ver)kürzen
verkoud|en [-'kaʊə(n)] er-
kältet; **~heid** Erkältung f,
Schnupfen m
ver|krachten vergewalti-
gen; **~kreuk(el)en** [-'krø:-
kəl-] zerknittern
verkrijg|baar [-'krɛiɤ-]
erhältlich; **~en** bekommen, erlangen; erzielen;
erwerben
verkruimelen [-'krœymə-
lə(n)] zerkrümeln, zer-
bröckeln
verkwisten vergeuden,
verschwenden; **~d** ver-
schwenderisch
ver|lagen niedriger ma-
chen; erniedrigen; sen-
ken; **~lammen** lähmen
verlang|en verlangen;
sich sehnen; Su. n Ver-
langen n; Sehnsucht f;
~lijstje [-lɛiʃə]
Wunschzettel m
verlaten [-'la:t-] verlassen;
Adj. verlassen, men-
schenleer; **zich ~** sich
verspäten
verleden [-'le:d-] vergan-

gen, vorig; **~ (dinsdag)**
am letzten (Dienstag);
Su. n Vergangenheit f
verleg|en verlegen, betre-
ten; **~gen** verlegen; um-
leiten
verleid|elijk [-'lɛidələk]
verführerisch; **~en** ver-
führen, verleiten
verlenen [-'le:n-] verlei-
hen, gewähren
verleng|en verlängern;
~snoer [-snu:r] n Ver-
längerungsschnur f
ver|lept [-'lɛpt] welk; **~le-
ren** verlernen; **~levendi-
gen** [-'le:vəndəɤ-] bele-
ben; **~lichting** Beleuchtung f; Aufklärung f; Er-
leichterung f; Illumina-
tion f
verliefd verliebt; **~ worden
op** sich verlieben in (A)
ver|lies n Verlust m; **~lie-
zen** verlieren; einbüßen
verlof [-'lɔf] n Erlaubnis f;
Urlaub m; **betaald ~** bezahlter Urlaub
verloofde Verlobte(r);
Bräutigam m; Braut f
ver|loop n Verlauf m; Ver-
fall m; **~lopen** verlaufen;
abnehmen; verkommen;
ablaufen
verlos|kunde [-kɔndə] Ge-
burtshilfe f; **~sen** erlösen
ver|loten ver-, auslosen;
~loven (zich) (sich) ver-
loben; **~luchten** [-'lœxt-]
lüften; Buch illustrieren;
~maak n Vergnügen n;
~maard berühmt

vermager|en abmagern, abnehmen; **~ingskuur** [-ky:r] Schlankheitskur f

vermak|elijk [-'makələk] belustigend; **~en** (ver)ändern; vermachen; **(zich) ~en** (sich) amüsieren, sich vergnügen

vermanen ermahnen

vermannen: zich ~ sich zusammennehmen

vermeend vermeintlich; angeblich

vermeerder|d: ~d met zuzüglich (G); **~en** vermehren, steigern

ver|melden erwähnen; **~mengen** (ver)mischen

vermenigvuldig|en [-me:-nəx'fœldəÿ-] vervielfältigen; multiplizieren; **~ing: tafel van ~ing** Einmaleins n

vermetel [-'me:təl] vermessen, verwegen, keck

vermicelli [-'sɛli·] Nudeln f/pl.

vermijden [-'mɛid-] (ver-)meiden

ver|minderen vermindern, verringern, schmälern, kürzen; nachlassen; ermäßigen; abnehmen; **~minken** verstümmeln; **~missen** vermissen

vermits weil

vermoed|elijk [-'mu·də-lək] vermutlich, voraussichtlich; **~en** vermuten; *Su. n.* Vermutung f

vermoeid [-'mu·it] müde, ermüdet; **~heid** Müdig-

keit f

vermoeien ermüden; **~d** anstrengend; **~is** Ermüdung f; Strapaze f

ver|mogen n Vermögen n; **~molmd** morsch; **~mommen (zich)** (sich) tarnen; **~moorden** ermorden; **~morzelen** [-zələ(n)] zermalmen

vermout [-'mu·t] Wermut m

ver|murwen [-'mœruə(n)] erweichen; zermürben; **~nederen** [-'ne:dər-] erniedrigen, demütigen; **~nemen** erfahren, vernehmen; **~nielen** zerstören, zertrümmern

vernietigen [-'ni·təÿ-] vernichten; aufheben, annullieren

vernieuwen [-'ni·uə(n)] erneuern; auswechseln; renovieren

vernis [ʋər'nɪs] Firnis m

vernuft [-'nəft] n Geist m, Scharfsinn m

veronachtzamen vernachlässigen

veronderstellen voraussetzen, annehmen

veronge|lijken [-lɛik-] zurücksetzen, benachteiligen; **~lukken** [-lək-] verunglücken

veront|reinigen [-'rɛinəÿ-] verunreinigen, beschmutzen; **~rusten** [ˈrəst-] beunruhigen; **~schuldigen** [-'sxəldəÿ-] (zich) (sich) entschuldi-

gen; ~waardiging [-'üa:r-
dəᵹ-] Entrüstung f, Em-
pörung f
veroordelen verurteilen
veroordeling Verurtei-
lung f; **vroegere** ['vru-
ᵹərəl ~ Vorstrafe f
veroorloven erlauben, gestatten; **zich** ~ sich leisten
ver|oorzaken verursa-
chen; hervorrufen, erre-
gen; **~orberen** [-'orbər-]
verzehren; **~ordenen**
verordnen
ver|ouder|d [-'audərt] ver-
altet, überholt; **~en** altern
ver|overen erobern;
~pachten verpachten
verpakk|en verpacken;
~ing Verpackung f; Pak-
kung f
ver|panden verpfänden;
~pesten verpesten, verseuchen
verplaatsen ver-, umstellen, versetzen, verlegen;
zich ~ sich (fort)bewegen
ver|planten ver-, um-
pflanzen; **~pleegster**
Pflegerin f, Kranken-
schwester f; **~plegen**
pflegen; **~pletteren**
[-'pletər-] zerdrücken,
zerquetschen
verplichten verpflichten
verpozing Erholung f
verraad Verrat m
verrad|en [-'ra:-] verraten; **~er-**
lijk [-lək] verräterisch;
heimtückisch

verrassen überraschen
verre ['vɛrə]: **van** ~ (von)
weither; weithin; **op** ~ **na**
niet bei weitem nicht; s.
a. **ver**; **~gaand** weitge-
hend
verreikend ['vɛr-] weitrei-
chend
verrekenen [-'re:kən-]
(zich) (sich) verrechnen
verre|kijker [-kɛïkər]
Fernglas n; **~weg** [-vɛx]
bei weitem, weitaus
verrichten verrichten, leisten
verrijken [-'rɛïk-]: **zich** ~
sich bereichern
verrijzen sich erheben;
auferstehen
verroeren [-'ru:r-] bewegen; **zich** ~ sich rühren
ver|roesten [-'ru:st-] ver-
rosten; **~rotten** verfaulen
verrukk|elijk [-'rөkələk]
entzückend; **~en** entzük-
ken, begeistern
vers¹ frisch
vers² [vɛrs]n Vers m
ver|schaald [-'sxa:lt]
schal; **~schaffen** (ver-)
schaffen; **~schalken**
überlisten
verscheiden|(e) [-'sxɛï-
dən(ə)] mehrere, ver-
schiedene; **~heid** Ver-
schiedenheit f, Mannig-
faltigkeit f
ver|schepen [-'sxe:p-] ver-
schiffen; **~scherpen** ver-
schärfen; **~scheuren**
[-'sxø:r-] zerreißen, zer-
fleischen

verschijn|en [-'sxɛĭn-] erscheinen; **.sel** n Erscheinung f, Phänomen n

verschil n Unterschied m, Differenz f; **.len** sich unterscheiden; **.lend** mehrere, verschiedene; verschieden(artig)

verschonen reine Wäsche anziehen; Bett frisch überziehen; Kind trokkenlegen; verschonen

verschrikk|elijk [-'sxrĭkə-lək] schrecklich, fürchterlich; **.en** erschrecken

ver|schroein [-'sxru·ĭə(n)] versengen; **.schrompelen** [-'sxrompəl-] (zusammen)schrumpfen

verschuilen [-'sxeyl-]: zich **.** sich verstecken

ver|schuiven verschieben; **.schuldigd** [-'sxəldəxt] schuldig

versier|en schmücken; einrichten; **.ing** Schmuck m

ver|slaafd süchtig, verfallen; **.slaan** schlagen

verslag [-'slɑx] n Bericht m; **.uitbrengen** ['əyd-] berichten, Bericht erstatten; **.gever** [-xe:vər] Berichterstatter m

ver|slagenheid Niedergeschlagenheit f; **.slapen** verschlafen; **.slechteren** (sich) verschlechtern; **.slijten** [-'slɛĭt-] (sich) abnutzen

verslikken: zich **.** sich

verschlucken

ver|slinden verschlingen; **.smaden** verschmähen; **.snapering** [-'sna:pər-] Leckerbissen m

versnelling Beschleunigung f; Kfz. Gang m; **.sbak** Getriebe n

verspelen [-'spe:l-] verspielen

ver|sperren (ver)sperren, verstellen; **.ing** Sperre f; Verhau m; Schranke f

verspillen verschwenden

versplinteren zersplittern

verspreiden (zich) (sich) verbreiten; sich verlaufen

verspreken [-'spre:k-]: zich **.** sich versprechen

verspringen ['vər-] n Weitsprung m

verstaan verstehen

verstaanbaar verständlich; zich **.maken** sich verständigen

verstand n Verstand m, Vernunft f; met dien **.e** in dem Sinne; **.elijk** [-dələk] intellektuell; rational

verstandhouding [-hɑud-] Einverständnis n, Verständigung f; in goede ['ɣu·iə] **.leven** sich vertragen

verstandig [-dəx] vernünftig; intelligent, gescheit, klug; einsichtig

verstek [-'stɛk] n; bij **.** veroordelen in Abwesenheit verurteilen

versteld: ~ **staan** staunen; stutzen

ver|stellen flicken; ~**sterken** (ver)stärken; ~**stijven** [-'stɛiˑvˑ] erstarren; ~**stikken** ersticken; ~**stoken** *Adj.* entblößt, beraubt; ~**stommen** verstummen

verstoppen verstopfen; **(zich)** (sich) verstecken

verstor|en stören; ~**ing:** ~**ing van de openbare orde** (grober) Unfug *m*

ver|stoten verstoßen; ~**stouwen** [-'stɑuə(n)] verstauen; ~**strekken** erteilen, verschaffen; ~**strengelen** [-'strɛŋələ(n)] verschlingen; ~**strijken** [-'strɛik-] verstreichen; ~**strooid** zerstreut; ~**strooien** zerstreuen; ~**stuiken** [-'støyk-] verstauchen; ~**stuiver** Zerstäuber *m*; ~**suft** [-'søft] benommen; stumpfsinnig; ~**talen** übersetzen

verte Ferne *f*

vertedering [-'teˑdər-] Rührung *f*

verteerbaar verdaulich

vertegenwoordig|en [-'teˑɣə(n)'voˑrdəɣ-] vertreten; ~**er** Vertreter *m*

vertellen erzählen; nachsagen; **zich** ~ sich verzählen ~ [zählung *f*]

vertel|ling, ~ **ing** *n* Erzählung *f*; **ver|teren** verdauen; verzehren; ~**tier** *n* Verkehr *m*, Betrieb *m*

vertikken *F:* 't ~ sich weigern

ver|toeven [-'tuˑvˑ] sich aufhalten; ~**tolken** dolmetschen; darstellen, wiedergeben

vertonen (vor)zeigen; aufführen; darstellen; **zich** ~ sich zeigen, sich blicken lassen

vertragen verlangsamen; verzögern

vertraging Verzögerung *f*; Verspätung *f*; ~ **ondervinden** sich verzögern

vertrappen zertreten

vertrek *n* Raum *m*, Zimmer *n*; Abreise *f*; Abfahrt *f*; Abflug *m*

vertrekken abreisen, aufbrechen; ab-, fortfahren; abfliegen; verzerren

vertroetelen [-'truˑtəl-] hätscheln

vertrouw|d [-'trɑut] vertraut; ~**elijk** [-'trɑuələk] vertraulich; zutraulich; ~**en** (ver)trauen; **(op)** sich verlassen (auf *A*); *Su. n* Vertrauen *n*, Zuversicht *f*

ver|twijfeld [-'tœifəlt] verzweifelt; ~**vaard** bange, furchtsam; ~**vaardigen** [-də ɣə(n)] an-, verfertigen; ~**vaarlijk** [-lək] furchtbar

verval *n* Verfall *m*; ~**dag** [-dax] Verfallsdatum *n*; ~**len** verfallen; erlöschen; entfallen; verkommen; ~**sen** fälschen; verfälschen; panschen

vervangen vertreten; ersetzen; auswechseln

vervel|en langweilen; **~end** langweilig; dumm, ärgerlich; **~ing** Langeweile f; Überdruß m

verven färben; anstreichen; s. a. **geverfd**

verversen er-, auffrischen; **olie** ['o:li·] ~ Öl ~ wechseln

ver|vloeien [-'vlu·iə(n)] zerfließen; **~vloeken** verfluchen; **~voeging** Konjugation f

vervoer [-'vu:r] n Transport m; **~baar** transportfähig; **~en** transportieren, befördern

vervolg n Fortsetzung f, Folge f; **in het** ~ weiterhin, künftig

vervolgen verfolgen, hetzen; fortsetzen

vervolgens darauf, weiter

vervol|ledigen [-'le:dəɣ-] vervollständigen; **~maken** vervollkommnen

ver|vroegd [-'vru·xt] vorzeitig; **~vuilen** [-'vœyl-] verschmutzen; **~vullen** [-'vœl-] erfüllen; Wehrpflicht ableisten; **~waand** eingebildet, überheblich; **~waarlozen** vernachlässigen; verwahrlosen

verwachten erwarten; vertrauen

verwachting: in (blijde ['blɛɪdə] ~ in anderen Umständen; **aan de ~en beantwoorden** den Erwartungen entsprechen

verwant verwandt; **~schap** Verwandtschaft f

verward verwirrt, wirr, verworren; zerzaust

verwarmen (er)wärmen; heizen

verwarming: centrale [sɛn'-] Zentralheizung f; **~skussen** [-kəs-] n Heizkissen n

verwarr|en verwirren; verwechseln; **~ing** a. Durcheinander n

ver|wekken erzeugen; zeugen; erregen; **~welken** (ver)welken; **~welkomen** [-'vɛlkɔ·m-] begrüßen; **~wennen** verwöhnen; **~wensen** verwünschen

verweren: zich ~ sich wehren

verwerken verarbeiten; verwerten

verwerp|elijk [-pələk] verwerflich; **~en** verwerfen, ablehnen

verwezenlijken [-'ve:zə(n)lək-] verwirklichen

ver|wijderen [-'vɛidər-] entfernen; **~wijfd** weibisch

verwijt n Vorwurf m; **~en** verwerfen; **~end** vorwurfsvoll

verwijzen (naar) ver-, hinweisen auf (A), sich beziehen auf (A)

ver|wikkelen verwickeln; **~wisselen** auswechseln; verwechseln; **~woed**

[-'ʊu·t] grimmig; leidenschaftlich; **~woesten** verwüsten, demolieren; **~wonden** verletzen

verwonder|d erstaunt; **~en: zich ~en** sich wundern

ver|worvenheid Errungenschaft f; **~wrongen** [-'vrɔŋə(n)] verzerrt; **~zachten** lindern, mildern

verzadigd [-'za:dəxt] satt; gesättigt

verzak|en im Stich lassen, untreu werden; **~ken** einsinken, sich senken

verzamel|en [-'za:məl-] (ver)sammeln; **~plaats** Sammelstelle f

verzegelen versiegeln

verzekeren [-'ze:kər-] versichern; zusichern, beteuern; sichern

verzekering: sociale [so-'sja:lə] ~ Sozialversicherung f; **verplichte ~** Pflichtversicherung f

verzekerings|kaart Versicherungskarte f; **~maatschappij** [-sxɑpɛi] Versicherungsgesellschaft f

verzend|en verschicken, versenden; **~ing** Versand m

verzet n Widerstand m; **~(je)** n Erholung f; **~sstrijder** [-strɛidər] Widerstandskämpfer m

verzetten ver-, umsetzen; **zich ~** sich auflehnen,

sich widersetzen

verziend [ˈvɛr-] weitsichtig

verzinken versinken

verzin|nen erfinden, erdenken; **~sel** n Erfindung f, Erdichtung f

verzoek [-'zu·k] n Bitte f, Anliegen n, Gesuch n, Antrag m; **~en** bitten, ersuchen; in Versuchung führen; **~schrift** n Bittschrift f

verzoenen versöhnen; **~d** versöhnlich

verzolen besohlen

verzorgen versorgen; betreuen, pflegen

verzuim [-'zœym] n Versäumnis n; **~en** versäumen, unterlassen

ver|zuipen er-, absaufen; **~zwakken** (ab)schwächen; schwach werden; **~zwijgen** [-'zŵɛi̯ǧ-] verschweigen; **~zwikken** verrenken

vest n Weste f

vestiaire [vɛs'tɪɛːrəl Garderobe f; **~juffrouw** [-jəfrɑu̯l Garderobenfrau f

vestibule [-'by·lə] Eingangs-, Vorhalle f, Vestibül n

vestigen ['vɛstəǧ-] gründen, errichten; richten; aufstellen; **zich ~** sich niederlassen, sich ansiedeln

vesting Festung f

vet fett; fettig: *Su. n* Fett *n*
veter ['ve:tər] Schnürsenkel *m*
vet|mesten mästen; **~tig**
['-təx] fettig
veulen ['vø:l-] *n* Fohlen *n*
vezel ['ve:zəl] Faser *f*
viaduct [-'dəkt] Viadukt
m, Überführung *f*
vice- ['vi:səl]*in Zssg.* Vize-
vier vier; **~de** *n* Viertel *n*;
~deurs ['-dø:rs] viertürig
vieren feiern, begehen
vierhoek ['-hu:k] Viereck
n; **~ig** [-kəx] viereckig
vierkant quadratisch,
viereckig; *Su. n* Quadrat
n; **~e meter** Quadratme-
ter *m*
viervoudig ['-vɑudəx] vier-
fach
vies dreckig, unappeti-
lich; unflätig; ekelhaft
vierzerik Schmutzfink *m*
vijand ['vɛiɑnt] Feind *m*;
~elijk [vɛi'jɑndələk]
feindlich; **~ig** [-'jɑndəx]
feindlich, feindselig;
~schap Feindschaft *f*
vijf [vɛif] fünf; **~de** *n* Fünf-
tel *n*; **~tig** ['fɛiftəx] fünfzig
vijg [vɛix] Feige *f*
vijl Feile *f*; **~en** feilen
vijver Teich *m*, Weiher *m*
villa Villa *f*
villen (ab)häuten
vilt *n* Filz *m*
vin Flosse *f*
vind|en finden; **~ingrijk**
[-rɛik] erfinderisch;
~loon *n* Finderlohn *m*
vinger Finger *m*; door de

~s zien nachsehen;
~hoed [-hu:t] Fingerhut
m
vink (Buch-)Fink *m*; **blinde ~** Roulade *f*
vinnig ['-nəx] heftig
violet violett
viool ['vi:'jo:l] Geige *f*, Violine *f*; **~tje** *n* Veilchen *n*
vis Fisch *m*; **gebakken ~**
Bratfisch *m*; **~gerecht** *n*
Fischgericht *n*; **~haak**
Angelhaken *m*
visie ['vi:zi-] Sicht *f*
visite Besuch *m*; **~kaartje**
n Visitenkarte *f*
viss|en fischen; angeln;
~er Fischer *m*; Angler *m*;
~erij [-sə'rɛi] Fischerei *f*
visum ['-zəm] *n* (Einrei-
se-)Visum *n*, Sichtver-
merk *m*
viswinkel Fischgeschäft *n*
vitamine Vitamin *n*
vitten bemängeln, nörgeln
vla Krem(pudding *m*) *f*
vlaag Schauer *m*; Bö *f*; *fig.*
Anfall *m*
Vlaams flämisch
Vlaanderen *n* Flandern *n*
vlag [vlax] Fahne *f*
vlak eben, flach; gerade;
nahe, dicht; **~ bij** [bɛi]
ganz nahe, dicht an (D); **~
daarna (daarvoor)** un-
mittelbar danach (davor,
vorher); *Su. n* Fläche *f*,
Ebene *f*; **~gom** [-'xɔm]
Radiergummi *m*
vlakte Ebene *f*, Fläche *f*
vlam Flamme *f*

Vlaming Flame m
vlas n Flachs m
vlecht Zopf m
vlechten flechten
vleermuis ['-məys] Fledermaus f
vlees n Fleisch n; gesneden ~ Aufschnitt m; ~balletje n Fleischklößchen n
vleet: bij [bɛi] de ~ in Hülle und Fülle
vlegel Flegel m
vleien ['vlɛiə(n)] schmeicheln; ~d schmeichelhaft
vlek Fleck m, Mal n; Klecks m; Makel m; ~keloos ['-kelo:s] fig. makellos
vleugel ['vlø:ɣəl] Flügel m; ~moer [-mu:r] Flügelmutter f
vlieg Fliege f
vliegbiljet [-jɛt] n Flugkarte f; ~dekschip n Flugzeugträger m
vliegen fliegen; ~ier [-'ni:r] Flieger m
vlieger Flieger m; (Papier-)Drachen m; ~tuig ['-tərx] n Flugzeug n; ~veld n Flugplatz m
vlier Flieder m, Holunder m
vlies n Haut f, Häutchen n
vlijen ['vlɛiə(n)]: zich ~ tegen sich anschmiegen an (A)
vlijmscherp ['vlɛimsxer(ə)p] haarscharf; fig. beißend [fleißig]
vlijt Fleiß m; ~ig ['-təx]

vlinder Schmetterling m, Falter m; ~dasje [-dɑʃə]n Fliege f, Querbinder m
vlo Floh m
vloed ['vlu:t] Flut f; Strom m
vloeibaar ['vlu·i-] flüssig
vloeien fließen, rinnen; ~stof Flüssigkeit f; ~ing Med. Ausfluß m; ~papier n Löschpapier n, -blatt n
vloek Fluch m; ~en fluchen; Farben: schreien
vloer ['vlu:r] Fußboden m; ~bedekking Bodenbelag m
vlok Flocke f [lag m]
vloot Flotte f
vlot flott, keck; zügig; Su. n Floß n
vlotten flößen; vorankommen; in Fluß kommen; ~er Tech. Schwimmer m
vlucht ['vlext] Flucht f; Flug m; hoge ~ Aufschwung m
vluchteling Flüchtling m
vluchten flüchten, fliehen
vluchtheuvel ['-hø:vəl] Verkehrsinsel f
vluchtig ['-təx] flüchtig
vluchtmisdrijf [-drɛif] n Fahrerflucht f
vlug ['vlex] schnell, rasch; flink; klug
vocaal Vokal m
vocht n Feuchtigkeit f; Flüssigkeit f; ~ig ['-təx] feucht; ~igheid Feuchtigkeit f
vod ['vɔt] Lumpen m, Lappen m; ~denmarkt Trö-

delmarkt *m*

voeden ['vu·də(n)] (er)nähren; speisen

voe(de)r ['vu·dər, vu:r] *n* Futter *n*

voeding Ernährung *f;* Verpflegung *f;* Nahrung *f;* **~smiddelen** *n/pl.* Nahrungsmittel *n/pl.*

voed|sel *n* Nahrung *f,* Speise *f;* **~zaam** nahrhaft

voeg [vu:x] Fuge *f*

voegen fügen; *fig.* passen; *Tech.* fugen; **(bij)** [bɛi] fügen zu *(D),* hinzufügen

voel|baar fühlbar, spürbar; **~en** fühlen; (ver)spüren, empfinden

voer|en [vu:r-] führen, leiten; füttern; **~ing** Futter *n;* **~tuig** ['-tɵyx] *n* (Kraft-) Fahrzeug *n*

voet [vu:t] Fuß *m;* **op staande** ~ fristlos; **te** ~ zu Fuß

voetbal Fußball *m;* **~ploeg** Fußballmannschaft *f*

voet|bank Schemel *m;* **~ganger** Fußgänger *m;* **~licht** *n* Rampe *f;* **~mat** Abtreter *m,* Fußmatte *f;* **~noot** Fußnote *f;* **~pad** *n* Fußweg *m;* Gehsteig *m;* **~stap** Schritt *m;* **~stuk** ['-stɵk] Sockel *m*

vogel Vogel *m;* **~kooi** Vogelkäfig *m,* Bauer *n;* **~verschrikker** Vogelscheuche *f;* **~vlucht** [-vlɛxt] Vogelflug *m;* Luftlinie *f;* **~voer** [-vu:r] *n* Vogelfutter *n*

vol voll; prall; **~automatisch** [-i·s] vollautomatisch

vol|brengen vollbringen; **~daan** [-'da:n] zufrieden, befriedigt; *Rechnung:* Betrag erhalten

voldoen ['vɔl-] füllen; [-'du·n] befriedigen, genügen; sich bewähren; entsprechen; **~de** [-'du·ndə] genügend, ausreichend; **~ing** Befriedigung *f,* Genugtuung *f*

volgeboekt ausgebucht

volgeling Anhänger *m*

volgen folgen; verfolgen; nachgehen; nachrücken; **(zo)als volgt** wie folgt, folgendermaßen; **~de** nächste(r, -s)

volgens zufolge *(G od. D),* nach *(D),* gemäß *(D),* laut *(G)*

volgorde Reihenfolge *f,* (Rang-)Ordnung *f*

volhard|en [-'hard-] ausharren, durchhalten; **~ing** Ausdauer *f*

volheid Fülle *f*

volhouden ['-hɑuə(n)] durchhalten; beharren

volk *n* Volk *n*

volkomen [-'ko:m-] vollkommen; gänzlich, restlos, durchaus

volkslied *n* Volkslied *n*

volle|dig [-'le:dəx] vollständig; **~maan** [vɔlə-'ma:n] Vollmond *m*

vol|maakt [-'ma:kt] vollkommen; ~macht Vollmacht f; ~mondig [-dəx] offenherzig; ~op reichlich; ~slagen [-'sla:ɣ̌ə(n)] völlig; ~smeren ['sme:r-] verschmieren; ~staan [-'sta:n] genügen; ~strekt [-'strɛkt] absolut, unbedingt, schlechterdings

volt Volt n

vol|tallig [-'taləx] vollzählig; ~tanken ['-tɛŋk-] volltanken; ~tooien ['to:i-ə(n)] vollenden; ~trekken [vɔl'-] vollstrecken; ~uit [-'œyt] in Worten

volume [-'ly·mə] n Volumen n

vol|waardig [-'va:rdəx] vollwertig; ~wassen erwachsen

vondeling ['vɔndə-] Findling m; te ~ leggen aussetzen

vondst Fund m

vonk Funke(n) m; ~en funken, sprühen

vonnis n Urteil n, (Urteils-)Spruch m; ~sen verurteilen, richten

voogd Vormund m

voor¹ prp. vor (A, D); für (A); zwecks (G); Adv. vorn; Konj. ~(dat) ehe, bevor; voor~ vorder-

voor² Furche f, Rille f

vooraan vorn, voran; ~staand [-'a:n-] prominent, führend

vooraf [-'ɑf] vorher, im voraus, zuvor

voorafgaan vorangehen

~d vorhergehend, vorherig

vooral [-'ɑl] vor allem, besonders, zumal; ja

vooralsnog [-'nɔx] fürs erste, einstweilen

voor|arrest ['vɔ·r-] n Untersuchungshaft f; ~as Vorderachse f

vooravond ['-a:vənt]: op de ~ am Vorabend m

voorbaat: bij [bɛɪ] ~ im voraus

voorbarig [-'ba:rəx] voreilig, verfrüht

voorbedacht: met ~en rade vorsätzlich

voorbeeld n Beispiel n; Vorbild n; Muster n, Vorlage f; ~ig [-'be:ldəx] vorbildlich, mustergültig

voorbe|hoedmiddel [-'hu·t-] n Verhütungsmittel n; ~houd [-hɑut] n Vorbehalt m; ~reiden vorbereiten

voorbij [-'bɛɪ] vorbei, vorüber; Adj. vergangen

voorbijgaan vorbeigehen, passieren; d vorübergehend

voorbij|ganger Passant m; ~rijden [-rɛɪə(n)] vorbeifahren; vorbeireiten

voordat bevor, ehe; bis

voor|deel n Vorteil m, Nutzen m; Vergünstigung f; ~delig [-'de:ləx] vorteilhaft; preiswert; ~deur [-'dø·r] Haustür f

voordoen ['-du·n] vorbinden; vormachen; zich ~

auftreten; sich gebär-
den

voor|dracht Vortrag m;
Vorschlag m; **~dragen**
vortragen; vorschlagen;
~eerst [-'e:rst] vorerst

voorgaan vorangehen;
vorgehen; **laten ~** den
Vortritt lassen

voor|ganger Vorgänger
m; **~gerecht** n Vorgericht
n, ~spiese f; **~gevel**
['-ɣe:vǝl] Fassade f, Front
f; **~gevoel** [-'ɣu:l] n Ahnung f; **~goed** [-'ɣu:t]
endgültig; auf (od. für)
immer; **~grond** Vorder-
grund m; **~heen** [-'he:n]
früher, ehemals; **~hoofd**
n Stirn f

voorin vorn; **~genomen**
[-no:mǝ(n)] voreinge-
nommen, befangen

voor|jaar n Frühling m;
~kant Vorderseite f

voorkeur ['-kø:r] Vorzug
m; f **bij** [bǝjl -]
vorzugsweise

voorko|nen ['vo:r-] vor-
kommen; [-'ko:m-] zu-
vorkommen, vorbeugen,
verhüten; Su. n [-'ko:m-]
Vorkommen n; Äußer-
e(s); **~d** [-'ko:mǝnt] zu-
vorkommend

voor|laatste vorletzte;
~leggen vorlegen; **~lei-
den** vorführen; **~lezen**
vorlesen; **~liefde** Vorlie-
be f

voorlop|en ['vo:r-] Uhr:
vorgehen; **~ig** [-'lo:pǝx]

vorläufig, provisorisch,
einstweilig; Adv. einst-
weilen, zunächst, vorläu-
fig

voor|malig [-'ma:lǝx] ehe-
malig; **~man** Vorder-
mann m; Vorarbeiter m

voormiddag [-'mɪdɑx]
Vormittag m; **~s** am
Vormittag, vormittags

voornaam¹ Vor-, Rufna-
me m

voornaam² [-'na:m] vornehm; wichtig; **~st**
hauptsächlich, wichtigst

voor|naamwoord ['vo:r-] n
Pronomen n; **~namelijk**
[-'na:mǝlǝk] vornehm-
lich, namentlich

voornemen: 1. zich ~ sich
vornehmen; 2. Su. n Vor-
haben n

voor|onderstellen vor-
aussetzen; **~oordeel** n
Vorurteil n

vooroorlogs [-loxs]: **~e tijd**
[teit] Vorkriegszeit f

voorop vorn, voran; **~gaan**
vorangehen; **~rijden**
[-'rɛiǝ(n)] vorausfahren

v.orouders ['-oudǝrs] pl.
Ahnen m/pl., Vorfahren
m/pl.

voor|over vornüber, kopf-
über; **~portaal** n Vor-
halle f; **~pret** Vorfreude
f; **~proefje** ['-pru:fiǝ] n
Kostprobe f

voorraad Vorrat m, Bestand m; **in ~** vorrätig

voor|rang Vorrang m,
Vortritt m; Vorfahrt f;

~recht *n* Vorrecht *n;* ~ruit ['-rəyt] Windschutz-scheibe *f;* ~schieten *Geld* auslegen, vorstrecken

voorschijn ['-sxɛinl]: te ~ hervor, zum Vorschein

voor|schip *n* Vorschiff *n;* ~schot *n* Vorschuß *m,* Vorauszahlung *f;* Anzahlung *f;* ~schrift *n* Vorschrift *f,* Verordnung *f;* ~schrijven ['-sxrɛivˋ-] vorschreiben; verordnen, verschreiben; ~smaakje *n* Vorgeschmack *m;* ~sorteren [-'te:r-] *Verkehr:* sich einordnen; ~spel *n* Vorspiel *n;* ~spellen ['-spɛl-] prophezeien, voraussagen; ~spoed ['-spu·t] Glück *n;* Wohlstand *m;* ~spraak Fürsprache *f;* ~sprong Vorsprung *m;* ~staan ['vˋo:r-] verfechten; sich erinnern; ~stad Vorstadt *f,* Vorort *m;* ~(stad)station [-stasiɔn] *n* Vorortbahnhof *m;* ~stander Verfechter *m*

voorste vordere

voorstel ['-stɛl] *n* Vorschlag *m;* Antrag *m;* ~len vorstellen; vorschlagen; beantragen; darstellen; ~ling *Thea.* Aufführung *f*

voort fort, vorwärts, weiter; ~aan künftig, weiterhin, nunmehr

voort|bestaan fortbestehen; ~bewegen fortbe-wegen

voortbreng|en herstellen, hervorbringen, schaffen; ~sel *n* Erzeugnis *n*

voortdurend ['-dy:rənt] (an)dauernd, fortwäh-rend, immerfort

voor|teken ['-te:k-] *n* Vorzeichen *n;* ~tijdig ['-tɛi-dəx] vorzeitig

voort|komen ['-ko:m-] weiterkommen; ~maken sich beeilen

voor|treffelijk ['-trɛfələk] (vor)trefflich; ~trekken vorziehen

voorts ferner, weiter

voort|varend ['-fa:rənt] energisch; ~vloeien ['-flu·iə(n)] sich ergeben; ~vluchtig ['-flɛxtəx] flüchtig; ~zetten fortsetzen

vooruit voran; voraus, vorwärts; im voraus; ~! los! ~betaling Voraus-zahlung *f;* ~gang Fort-schritt *m;* ~komen [-ko:m-] vorwärts-, weiterkommen; ~lopen vorauslaufen; vorweg-nehmen; ~schuiven ['-sxəyf-] vorschieben, vorrücken; ~steken [-ste:k-] (her)vorragen; ~strevend ['-stre:vˋənt] fortschrittlich; ~zicht *n* Aussicht *f*

vooruitzien vorher-, voraussehen; ~d weitsichtig

voor|val *n* Vorfall *m,* Vorgang *m;* ~verkoop Vorverkauf *m;* ~waarde Bedingung f; Voraussetzung f

voorwaardelijk [-'va:rdələk] bedingt; **~e veroordeling** Bewährung f

voorwaarts vorwärts

voorwend|en vorgeben; **~sel** n Vorwand m

voorwerp n Gegenstand m, Objekt n

voorwiel n Vorderrad n; **~aandrijving** [-drɛɪ̆'-] Frontantrieb m

voor|woord n Vorwort n; **~zeker** [-'ze:kər] gewiß, sicherlich; **~zet** Sp. Vorlage f

voorzichtig [-'zɪxtəx] vorsichtig; **~heid** Vorsicht f

voorzien [-'zi·n] voraussehen; vorsehen, planen; **(van)** versehen, ausstatten, versorgen (mit D); **(in)** Abhilfe schaffen; **~igheid** [-'zi·nəxəɪt] Vorsehung f

voor|zijde ['-zɛɪdə] s. **~kant**

voorzitter Vorsitzende(r) m; **~schap** n Vorsitz m

voorzorg Vorsorge f; **~smaatregel** Vorbeugungsmaßnahme f, Vorkehrung f

voos morsch; mürbe, schwammig

vorder|en verlangen, fordern; vorrücken, vonstatten gehen, vorankommen

voren vorn; **naar ~** nach vorn; hervor; s. a. **tevoren**

vorig ['vo:rəx] vorig; **~jaar** n Vorjahr n

vork Gabel f

vorm Form f, Gestalt f; **~en** formen, gestalten; bilden

vorst 1. Fürst m; 2. Frost m; **~endom** n Fürstentum n; **~in** [-'tɪn] Fürstin f

vos [vos] Fuchs m

vouw [vɑu̯] Falte f; Bügelfalte f; **~en** falten, knikken; **~fiets** Klappfahrrad n; **~stoel** ['-stu·l] Klappsitz m, -stuhl m

vraag Frage f; Bitte f; Hdl. Nachfrage f; **~gesprek** ['-xəsprɛk] n Interview n; **~stuk** ['-stək] n Problem n, Frage f; **~teken** ['-te:kə(n)] n Fragezeichen n

vraatzuchtig [-'sɛxtəx] gefräßig

vracht Fracht f, Ladung f, Last f; **~schip** n Frachtschiff n

vrachtvrij ['-frɛɪ] **~e bagage** [-'ɣa·ʒə] Freigepäck n

vrachtwagen Last(kraft)wagen m

vragen fragen; bitten; auffordern; **~lijst** [-lɛɪst] Fragebogen m

vrede ['vre:də] Frieden m; **~sverdrag** [-drɑx] n Friedensvertrag m

vredig ['-dəx], **vreedzaam** friedlich

vreemd fremd; seltsam, merkwürdig; **~e** Fremde f; **~eling** Fremde(r) m

vrees Furcht f, Befürchtung f

vrek Geizhals *m*

vreselijk ['vre:sələk] furchtbar, fürchterlich, schrecklich

vreten fressen

vreugde ['vrø:ɣdə] Freude *f*

vrezen (be)fürchten

vriend Freund *m*; ~elijk ['-dələk] freundlich, liebenswürdig; ~in ['-dɪn] Freundin *f*

vriendschap Freundschaft *f*; ~ sluiten ['slœyt-] *a.* sich anfreunden; ~pelijk ['-sxapələk] freundschaftlich

vries|punt ['-pœnt] *n* Gefrierpunkt *m*; ~weer *n* Frostwetter *n*

vriezen frieren

vrij frei; *Adv.* ziemlich; ~af ['-ɑf] frei; ~biljet ['-jɛt] *n* Freikarte *f*; Freifahrtschein *m*; ~blijvend freibleibend, unverbindlich

vrijdag ['-dɑx] Freitag *m*; Goede ['ɣu-·iə] 2 Karfreitag *m*; ~s freitags

vrijetijdsbesteding ['-'tɛidzbəstə:d-] Freizeitgestaltung *f*

vrij|geleide ['-ɣəlɛidə] *n* freies Geleit *n*; ~gevig ['-ɣe:vəx] freigebig; ~gezel(lin ['-lɪn] *f*) ['-ɣə'zɛl] Junggeselle *m* (Junggesellin *f*); ~haven Freihafen *m*

vrijheid ['-hɛit] Freiheit *f*; ~sstrijd ['-strɛit] Befrei-

ungskampf *m*

vrij|kaart Freikarte *f*; ~laten ['-la:t-] freilassen; ~loop Frei-, Leerlauf *m*; ~maken ['-ma:k-] freimachen; ~moedig ['-mu-dəx] freimütig; ~postig ['-postəx] dreist, frech; ~spraak Freispruch *m*; ~spreken ['-spre:k-] freisprechen; ~waren sicherstellen, sichern; ~wel ['-ʋɛl] nahezu

vrijwillig ['vrɛi'ʋiləx] freiwillig; ~er Freiwillige(r) *m*

vroedvrouw ['vru·tfrɑu] Hebamme *f*

vroeg ['vru·x] früh, zeitig; ~er früher, ehemals

vroegst: op zijn [sən] ~ frühestens

vroegtijdig ['-tɛidəx] frühzeitig

vrolijk ['vro:lək] fröhlich, lustig, munter, heiter; ~heid Fröhlichkeit *f*

vroom fromm

vrouw ['vrɑu] Frau *f*; *Karte:* Dame *f*; ~elijk ['vrɑu-ələk] weiblich; ~enarts Frauenarzt *m*

vrucht ['vrɛxt] Frucht *f*; ~baar fruchtbar; ~eloos ['-təlo:s] fruchtlos, vergeblich

vruchten|ijs [-ɛis] *n* Fruchteis *n*; ~taart Obstkuchen *m* [*m*|

vruchtesap *n* Fruchtsaft|

vuig ['vœyx] gemein

vuil schmutzig, dreckig;

waarschijnlijk

schlüpfrig; gemein; *Su. n* Schmutz *m*, Dreck *m*, Kot *m*; ~igheid ['-lǝxɛit] Schmutz *m*, Dreck *m*; ~ik ['-lɪk] Schmutzfink *m*

vuilnis Kehricht *m*, Müll *m*; ~bak Mülltonne *f*; ~belt Müllplatz *m*; ~emmer Mülleimer *m*

vuilop|haaldienst, ~haling Müllabfuhr *f*

vuist Faust *f*; voor de ~ aus dem Stegreif

vulcanisieren [vɵlkani·-'ze:r-] vulkanisieren

vulgair [-'ɣɛ:r] vulgär

vulkaan [vɵl'-] Vulkan *m*

vul|len füllen; ~ling *Med.* Plombe *f*; ~pen ['-pɛn] Füll(feder)halter *m*

vuns, vunzig ['vɵnzǝx] muffig; garstig

vurig ['vy:rǝx] feurig, hitzig; sehnsüchtig, inbrünstig

vuur *n* Feuer *n*; ~ vatten Feuer fangen, zünden; ~toren Leuchtturm *m*; ~vast feuerfest; ~werk *n* Feuerwerk *n*

V.V.V. *s.* Vereniging voor Vreemdelingenverkeer

W

waag|halzig [-'hɑlzǝx] waghalsig; ~stuk ['-stɵk] *n* Wagnis *n*, Unterfangen *n*

waaien wehen

waakzaam wachsam

waan Wahn *m*; ~zin Wahn-, Irrsinn *m*; ~zinnig [-'zɪnǝx] irre, wahn-]

waar¹ wo   [sinnig]

waar² wahr

waar³ Ware *f*

waarachtig [-tǝx] wahr (-haftig)

waarbij [-'bɛi] wobei

waarborg Garantie *f*, Gewähr *f*; ~en gewährleisten, sicherstellen, verbürgen, garantieren

waard¹ wert

waard² (Gast-)Wirt *m*

waarde Wert *m*; aangegeven ~ Wertangabe *f*;

~loos wertlos

waarderen [-'de:r-] werten, schätzen, würdigen

waardevast wertbeständig

waardig ['-dǝx] würdig; ~achten würdigen, ~heid Würde *f*

waardin [-'dɪn] Wirtin *f*

waar|door wodurch; wovon; ~heen wohin

waarheid Wahrheit *f*

waar|in worin; ~mee womit; ~na, ~naar wonach

waarnem|en wahrnehmen, beobachten; versehen, erfüllen; ~er Beobachter *m*; Stellvertreter *m*

waarom warum, weshalb, wozu; worum

waarschijnlijk [-'sxɛɪnlǝk] wahrscheinlich

waarschuw|en ['-sxy·ŭ-
ə(n)] warnen; melden,
benachrichtigen; **~ing**
Warnung f; Verwarnung
f; Mahnung f; Ansage f
waarschuwings|schot n
Warnschuß m; **~teken** n
Warnzeichen n
waar|toe [-'tu·] wozu;
~voor wofür; wovor;
wozu
waarzegster Wahrsagerin
f
waas n Hauch m, Duft m
wablief? F (wie) bitte?
wacht Wache f
wachten warten; **zich ~**
sich hüten
wacht|er Wächter m; Wär-
ter m; **~kamer** ['-ka·mər]
Wartezimmer n, -saal m;
Vorzimmer n; **~lijst**
['-lɛistl] Warteliste f;
~woord Losung f
waden waten
wafel ['va·fəl] Waffel f
wagen¹ wagen
wagen² Wagen m; **~wijd**
[-vɛitl sperrangelweit
waggelen wackeln,
schwanken, torkeln
wagon [-'ʏͅɔn] Waggon m
waken ['va·k-] wachen
wakker wach; **~ maken**
wecken; **~ worden** auf-,
erwachen
wal Wall m; Ufer n; **van ~
steken** ['ste·k-] fig. los-
legen
walg|elijk ['-ʏͅəlǝk] ekel-
haft; **~en** (an)ekeln; **~(ing)**
Ekel m

walm Qualm m
wals Walzer m; Walze f
walvis ['val-] Wal m
wanbeheer ['van-] n Miß-
wirtschaft f
wand Wand f
wandaad Frevel-, Untat f
wandel|aar Spaziergän-
ger m; **~en** ['-dǝlǝ(n)] spazieren; **~gangen** pl. Wan-
delhalle f; **~ing** Spazier-
gang m, Bummel m;
~kaart Wanderkarte f;
~tocht [-toxtl Wander-
fahrt f; **~wagen** (Kinder-)
Sportwagen m
wand|luis ['-lœys] Wanze f;
~tapijt [-pɛitl n Wandtep-
pich m
wanen wähnen
wang Wange f, Backe f
wan|gedrag ['vanʏͅǝdraxl n
schlechtes Benehmen n;
~hoop Verzweiflung f
wanhopen verzweifeln;
~ig [-'ho·pǝxl verzweifelt
wankel wack(e)lig; **~en**
wanken, schwanken,
taumeln
wanklank Mißklang m
wanneer wann; wenn
wanorde Unordnung f;
~lijk ['-ɔrdǝlǝk] unordentlich
wanstaltig [-'staltǝx] mon-
strös
want denn
wantoestand ['vantu·-]
Mißstand m
wantrouw|en ['-troŭǝ(n)]
mißtrauen; Su. n Miß-
trauen n; **~ig** [-'troŭǝx]

miβtrauisch, stutzig

wanverhouding Miβverhältnis n

wapen ['va:pə(n)] n Waffe f; Wappen n; ~stilstand Waffenstillstand m; ~vergunning [-ɣən-] Waffenschein m

wapperen flattern

war [var] in de ~ verwirrt; in Unordnung

warboel ['-bu·l] Wust m

ware: als het ~ gleichsam

warenhuis [-həys] n Waren-, Kaufhaus n

warhoofd n Wirrkopf m

warm warm; ~en (er)wärmen

warmpjes warm; **er ~ in zitten** vermögend sein

warm|te Wärme f; ~waterkruik ['-va:tər-krøyk] Wärmflasche f

warrelen wirbeln

wars [vars] abgeneigt, abhold

was¹ Wachs n; **in de ~ zetten** wachsen

was² Wäsche f; ~baar waschbar

wasem ['va:səm] Dunst m

was|goed ['-xu·t] n Wäsche f; ~handje n Waschhandschuh m; ~knijper ['-knɛɪpər] Wäscheklammer f; ~lapje n Waschlappen m; ~machine [-ʃi·nə] Waschmaschine f; ~mand Waschkorb m; ~poeder ['-pu·iərn] n Was hpulver n

wassen¹ Adj. aus Wachs m

wassen² wachsen

was|sen³ waschen; ~serij [-sə'rɛɪ] Wäscherei f

wastafel: (vaste) ~ Waschbecken n

wat was; etwas, ein wenig

water ['va:tər] n Wasser n; zout [zaut] ~ Salzwasser n

water|bak Wasserbehälter m; ~dicht wasserdicht; ~en harnen, urinieren; Su. n/pl. Gewässer n/pl.; ~golf Wasserwelle f; ~ig [-tərəx] wässrig; ~koeling [-ku·l] Wasserkühlung f; ~kraan Wasserhahn m; ~krachtcentrale [-sɛn-] Wasserkraftwerk n; ~leiding Wasserleitung f; ~pas waagerecht; Su. n; ~waterwaage f; ~polo n Wasserball m; ~pot Nachtgeschirr n; ~put [-pɛt] Ziehbrunnen m; ~reservoir [-ˈvŭa:r] n Wassertank m; ~schuw [-sxy·f] wasserscheu; ~ski's pl. Wasserschi m/pl., -ski m/pl.

waterstof Wasserstoff m; ~peroxyde [-pɛroksi·dəln] n Wasserstoffsuperoxyd n

water|tanden das Wasser läuft nach (D); ~tank [-tɛŋk] Wassertank m; ~verf Wasserfarbe f; ~vliegtuig [-təxl] n Wasserflugzeug n; ~voorziening Wasserversorgung f

watt Watt n

watten pl. Watte f

wauwelen ['ʋɑũǝlǝ(n)] schwatzen

wazig [ʋɑːzǝx] dunstig; *fig.* verschwommen

W.C. [ʋeˑˈseˑ] Toilette *f*, Klosett *n*

we [ʋǝ] wir

wedden wetten; **schap** Wette *f*

weder(-) *s. a.* weer(-)

wederkerig [-ˈkeˑrǝx] gegenseitig; **opbouw** [-bɑu̇l] Wiederaufbau *m*; **rechtelijk** [-tǝlǝk] widerrechtlich; **zijds** [-ˈzɛits] gegenseitig; beiderseitig

wedijveren ['-ɛivǝr-] wetteifern; **loop** Wettlauf *m*, Rennen *n*; **ren** (Wett-)Rennen *n*; Pferderennen *n*; **strijd** [-strɛit] (Wett-)Kampf *m*, Wettbewerb *m*

weduwe ['ʋeˑdyˑʋǝ] Witwe *f*; **naar** Witwer *m*

weegs *s.* eind

weeën ['ʋeˑlǝ(n)] *n/pl.* Wehen *n/pl.*

weefsel *n* Gewebe *n*; **stoel** ['-stuˑl] Webstuhl *m*

weegschaal Waage *f*

week[1] weich

week [ʋeˑk] Woche *f*; **goede** ['ɣuˑǝ] ~ Karwoche *f*; **door de** ~ werktags

weekblad *n*: geïllustreerd ~ [-lǝsˈ-] Illustrierte *f*

weekdag ['-dɑx] Wochentag *m*; **einde** ['-ɛindǝ] *n* Wochenende *n*

weekend ['ʋiˑkɛnt] *n* Wochenende *n*; **huisje** [-ˈhǝyʃǝ] *n* Wochenendhaus *n*; **uitstapje** *n* Wochenendausflug *m*

weeklagen wehklagen

weelde Luxus *m*, Aufwand *m*; **rig** ['-dǝrǝx] üppig, luxuriös

weemoedig [-'muˑdǝx] wehmütig

weer[1] wieder, von neuem

weer[2] *n* Wetter *n*

weer[3] Wehr *f*; **druk** [drǝk] **in de ~ zijn** [zɛin] sehr beschäftigt sein

weerbarstig [-'barstǝx] widerspenstig, trotzig

weerbericht *n* Wetterbericht *m*; **dienst** Wetterdienst *m*

weerga: zonder ~, **loos** beispiellos, sondergleichen

weergalm Widerhall *m*; **gave** Wiedergabe *f*; **haak** Widerhaken *m*; **houden** [-ˈhɑudǝ(n)] zurückhalten; **kaatsen** [-ˈkaːts-] reflektieren; **klank** *fig.* Anklang *m*; **klinken** [ʋeˑrˈ-] (wider-)hallen; **leggen** widerlegen

weerloos wehr-, schutzlos

weersgesteldheid Wetterlage *f*

weerskanten: van (aan) ~ beiderseitig

weer|spannig [-'spɑnəx]
widerspenstig; aufsäs-
sig; ~**staan** widerstehen
weerstand Widerstand *m*;
~**svermogen** *n* Wider-
standsfähigkeit *f*
weer(s)voorspelling Wet-
tervorhersage *f*
weerwil: in ~ van trotz(*G*)
weerzien wiedersehen;
tot ~s auf Wiedersehen
weerzinwekkend [-'vɛk-
əntl widerlich
wees Waise *f*
weg¹ [ʋɛx] Straße *f*; Weg *m*
weg² weg, fort hin; ~**blijven** [-'blɛiˠ-] weg-, fern-,
ausbleiben; ~**brengen**
wegbringen; abführen
wegen wiegen/*fig.* wägen
wegen|bouw [-bɑuˠ Straßen-
bau *m*; ~**informatie**
[-ma:(t)si·] Straßenzu-
standsbericht *m*; ~**kaart**
Straßenkarte *f*
wegens wegen(*G*)
wegen|tol Straßen-, Autoa-
bahngebühr *f*; ~**wacht**
Straßenwacht *f*, Pannen-
hilfe *f*
weggaan weggehen
weggebruiker [-'xəbrɐykər] Verkehrsteilnehmer
m
weg|geven vergeben, ver-
schenken; ~**kruipen**
[-'krɐyp-] sich verkrie-
chen; ~**kwijnen** ['-kʉin-]
verkümmern; ~**laten**
[-'la:t-] weg-, auslassen;
~**lopen** weg-, davonlau-
fen; ~**moffelen** ['-mɔfə-

lə(n)] verschwinden las-
sen; ~**nemen** wegneh-
men; **dat neemt niet weg
dat** das ändert nichts
daran, daß
weg|omlegging Umlei-
tung *f*; ~**restaurant**
[-to·rō:] *n* (Autobahn-)
Raststätte *f*
weg|rijden ['-rɛiə(n)] weg-,
fortfahren; wegreiten;
~**slepen** wegschleppen
Kfz. abschleppen; ~**sterven** verhallen; ~**trekken**
weg-, fortziehen
weg|verkeer *n* Straßen-
verkehr *m*; ~**wedstrijd**
[-strɛit] Straßenrennen
n; ~**werken** *n/pl.* Stra-
ßenarbeiten *f/pl.*
wegwerken *v/t* wegschaf-
fen   [weiser *m*]
wegwijzer [-'vɛizər] Weg-]
weg|zakken versinken;
~**zetten** weg-, abstellen
wei(de) Wiese *f*, Weide *f*
weids stattlich; weit aus-
greifend
weifelen ['vɛifələ(n)]
schwanken
weiger|achtig [-təx] able-
hnend; ~**en** verweigern,
ablehnen; versagen; sich
weigern
weiland *n* Weideland *n*
weinig ['vɛinəx] wenig
wekelijks ['ʋe:kələks] wöchentlich
weken (auf)weichen
wekenlang wochenlang
wekk|en wecken; erre-
gen; ~**er** Wecker *m*

wel wohl, gut; zwar; **dat .!** das schon!

wel|behagen n Wohlbehagen n; **.bewust** [-vəst] wissentlich; **.daad** Wohltat f

weldoen|d ['-du·nt] wohltuend; **.er** Wohltäter m

weldra bald, nächstens

weledel... .e heer (Brief) Herr(n); Sehr geehrter Herr

weleens ['vɛlə(n)s] (schon) mal

weleer [-'-e:r] ehemals

welgesteld wohlhabend

welgevallen: zich laten . sich gefallen lassen; **Su.** n (Wohl-)Gefallen n

welhaast alsbald; fast

welig ['-ləx] üppig

weliswaar zwar, freilich

welk welche(r, -s)

welkom [vɛl-] willkommen

welletjes ['vɛlətɪəs] genug

wel|levend [-'le:vənt] höflich; **.licht** vielleicht; **.lust** ['-lɛst] Wollust f; **.riekend** ['-ri·k-] wohlriechend; **.slagen** ['vɛl-] n Gelingen n; **.sprekend** [-'spre:k-] beredt; **.stand** Wohlstand m

welving Wölbung f

wel|vaart Wohlstand m; **.varend** [-'vɑ·rənt] gesund, wohlauf; blühend; **.voeglijkheid** ['-vu·xlək-hɛɪt] Anstand m

welwillend [-'vɪlənt] wohlwollend; gütig;

.heid Wohlwollen n

welzijn [-'zɛɪn] n Wohl n

wemelen ['ve:məl-] wimmeln

wend|baar Kfz. wendig; **.en (zich)** (sich) wenden; **.ing** Wendung f, Wende f

Wenen ['ve:nə(n)] n Wien [n]

wenen weinen

wenk Wink m

wenkbrauw Augenbraue f

wenken winken

wennen (sich) gewöhnen

wens Wunsch m; **naar .** nach Wunsch, wunschgemäß; **.droom** Wunschtraum m; **.elijk** [-'sələk] wünschenswert; **.en** wünschen

wentel|en ['vɛntələ(n)] wälzen; **.ing** Umwälzung f, Umdrehung f; **.trap** Wendeltreppe f

wereld [-'re:rəlt] Welt f; **.beroemd** [-ru·mt] weltberühmt; **.beschouwing** [-sxɑ̃ʊɪŋ] Weltanschauung f; **.deel** n Erdteil m; **.kampioen** [-pi·(j)u·n] Weltmeister m; **.oorlog** [-lox] Weltkrieg m; **.record** n Weltrekord m; **.reis** Weltreise f

werelds weltlich

weren abwehren; ausschließen; **zich .** sich wehren; sich behaupten

werf Werft f

werk n Arbeit f; Beschäftigung f, Tätigkeit f; Werk n; **. geven** beschäftigen; **te . gaan** verfah-

ren, vorgehen; **~dag** [ˈdɑx] Werktag m
werkelijk [ˈkələk] wirklich; **~heid** Wirklichkeit f
werkeloos s. **werkloos**
werken arbeiten; wirken; **~d** werk-, berufstätig
werkgever Arbeitgeber m
werking: buiten [ˈbəyt-] **~** außer Betrieb; außer Kraft
werk|loos arbeitslos; untätig, tatenlos; **~lozensteun** [-stə:n] m Arbeitslosenunterstützung f; **~man** Arbeiter m; **~nemer** Arbeitnehmer m; **~plaats** Arbeitsstätte f; Arbeitsplatz m; Werkstatt f; **~ster** Arbeiterin f; Putz-, Aufwartefrau f; **~tijd** [ˈ-tɛit] Arbeitszeit f; **~tuig** n Werkzeug n; **~woord** n Verb n; **~zaam** arbeitsam; tätig; wirksam
werpen werfen
wervel Wirbel m; **~en** wirbeln; **~kolom** Wirbelsäule f; **~storm** Wirbelsturm m; **~wind** Wirbel(wind) m
werven werben
wesp Wespe f
westelijk [ˈ-tələk] westlich
westen n Westen m; **ten ~ (van)** westlich (von D)
westers abendländisch, westlich, West-
wet Gesetz n; **in strijd** [strɛit] **met de ~** gesetzwidrig
weten [ˈve:tə(n)] wissen; **te**

~ komen [ˈko:m-] herausbekommen, erfahren
wetenschap Wissenschaft f; **~pelijk** [-ˈsxapələk] wissenschaftlich; **~sman** Wissenschaftler m
wetenswaardig [-ˈva:rdəx] wissenswert
wet|geving Gesetzgebung f; **~telijk** [ˈ-tələk] gesetzlich
wetten wetzen, schärfen
wettig [ˈ-təx] legal, gesetzlich; **~en** legitimieren; rechtfertigen; berechtigen
weven weben
wezel Wiesel n
wezen sein; Su. n Wesen n; **~lijk** [-lək] wirklich; **~loos** besinnungslos; entgeistert; **~ staren** glotzen
wicht n Gewicht n; (Kind) kleines Ding n; Mädchen n
wie wer; wem; wen; **van ~** wessen; dessen
wiebelen [ˈ-bələ(n)] wakkelen
wieden jäten
wieg|elen (sich) wiegen, schaukeln; **~en** wiegen
wiek Flügel m
wiel n Rad n; **~dop** Radkappe f; **~erwedstrijd** [-strɛit] Radrennen n
wielrennen n Radrennen n; **~er** Rennfahrer m
wielrijder [ˈ-rɛidər] Radfahrer m

wiens wessen; dessen
wier n Tang m
wierook Weihrauch m
wig Keil m
wij [vɛi̯, vəl] wir
wijd [vɛi̯t] weit, geräumig;
~ **en zijd** weit und breit
wijden weihen; widmen
wijf n Weib n; ~**je** n Weib-
chen n
wijk (Stadt-)Viertel n;
(Polizei-)Revier n
wijken weichen
wijl weil, da
wijlen verstorben
wijn [vɛi̯n] Wein m; **witte** ~
Weißwein m; **mousse-
rende** [muˈseːrəndə]
Schaumwein m
wijnbouw [ˈ-bou̯] Weinbau
m; ~**er** Winzer m
wijn|druiven [ˈ-drœy̯-] pl.
Weintrauben f/pl.; ~**glas**
[ˈ-ɣlɑs] n Weinglas n;
~**handel** Weinhandel m;
Weinhandlung f; ~**huis** n
Weinlokal n, ~ausschank
m; ~**kaart** Weinkarte f;
~**kelder** Weinkeller m;
~**oogst** Weinlese f; ~**pers**
Kelter f; ~**rank**, ~**stok**
(Wein-)Rebe f
wijs [vɛi̯s] weise, klug; Su.
Weise f; **zich niet van de**
~ **laten brengen** sich
nicht beirren lassen; **niet
goed** [xuˈt] ~ F nicht ganz
bei Trost
wijs|begeerte Philosophie
f; ~**gerig** [ˈ-xeːrəx] philo-
sophisch; ~**heid** Weisheit
f; ~**maken** [ˈ-maːk-] vor-

machen; ~**neus** [ˈ-nøːs]
Naseweis m; ~**vinger**
Zeigefinger m
wijten zuschreiben
wijwater n Weihwasser n
wize Weise f; Weise(r)
wijzen weisen, zeigen
wijzer (Uhr-)Zeiger m;
~**plaat** Zifferblatt n
wijzigen [ˈvɛi̯zəɣ-] (ab)än-
dern
wikkelen (ein)wickeln
wil Wille m; **tegen** ~ **en
dank** wider Willen
wild wild; Su. n Wild n;
~**ernis** Wildnis f; ~**le(d)er**
n Wildleder n; ~**reservaat**
n Wildschutzgebiet n
wilg Weide f
wille: ter ~ **van um** . . . (G)
willen, (D) zuliebe
willekeur [-køːr] Willkür f;
~**ig** [-rəx] willkürlich;
(x-)beliebig
willen wollen
wimper Wimper f
wind Wind m; Blähungen
f/pl.; ~ **in de rug** [rəx]
Rückenwind m
wind|as Winde f; ~**en** win-
den
wind|erig [ˈ-dərəx] win-
dig; ~**kracht** Windstärke
f; ~**molen** Windmühle f;
~**pokken** pl. Windpocken
pl.
windsel n Wickelbinde f
wind|stilte Windstille f,
Flaute f; ~**vlaag** Windstoß m, Bö f
winkel Geschäft n, Laden
m; ~**centrum** [-sɛntrəm] n

Einkaufszentrum n; ~juffrouw [-jəfrəu] Verkäuferin f; ~sluiting [-sləyt-] Geschäfts-, Ladenschluß m

winnaar Gewinner m; Sieger m

winnen gewinnen; **trachten te ~** werben um (A)

winst Gewinn m; ~gevend einträglich; ~marge ['-marʒə] Gewinnspanne f

winter Winter m; ~dienst Winterfahrplan m; ~gast Wintergast m; ~kuuroord [-ky:r-] n Winterkurort m; ~s winterlich; **'s ~** im Winter

winter|sport Wintersport m; ~tuin [-təyn] Wintergarten m

wip Wippe f; **in een** [ən] ~ im Nu; ~neus [-'nø:s] f Stupsnase f

wippen wippen; aufspringen; stürzen, ausschalten

wis gewiß; ~kunde ['-kəndə] Mathematik f

wispelturig [-'ty:rəx] launenhaft, unbeständig

wissel Esb. Weiche f; Hdl. Wechsel m; ~en wechseln; ~geld n Wechselgeld m; ~ing Wechsel m; Austausch m; ~kantoor n Wechselstube f; ~koers [-kurs] Wechselkurs m; ~vallig [-'ɔ̆uləx] wechselhaft

wissen wischen

wit weiß; ~lof [-'lɔf] n Chicorée f

wittebrood n Weißbrot n; ~sweken [-ʋe:kə(n)] pl. Flitterwochen f/pl.

woede ['ʋu·də] Wut f; **in ~ ontsteken** [-'ste:k-] wütend werden, sich empören; ~n wüten

woekeren wuchern

woel|en wühlen; ~ig ['ʋu·ləx] turbulent; unruhig

woensdag ['-dax] Mittwoch m

woest wüst, öde; wild; ~enij [ʋu·stə'nɛi] Einöde f; ~ijn [-'tɛin] Wüste f

wol Wolle f

wolf Wolf m

wolk Wolke f; ~breuk ['-brø:k] Wolkenbruch m; ~enkrabber Wolkenkratzer m

wond(e) n Wunde f

wonder n Wunder n; ~lijk [-lək] wunderlich; ~olie [-o:li] Rizinusöl n

wonen wohnen

woning Wohnung f; ~blok n Wohnblock m

woon|achtig [-'axtəx] wohnhaft; ~plaats Wohnort m; ~ruimte ['-rəymtə] Wohnraum m; ~wagen Wohnwagen m

woord n Wort n; Vokabel f; vreemd~ Fremdwort n

woordelijk [-'dələk] wörtlich; ~e inhoud [' hautl Wortlaut m

woorden|boek [-bu·k] L-

Wörterbuch *n*; ~schat
Wortschatz *m*; ~wisse-
ling Wortwechsel *m*

woord|speling ['-spe:-l]
Wortspiel *n*; ~voerder
['-fu:rdər] Wortführer *m*

word|en werden; ~ing
Werden *n*, Entstehen *n*

worgen würgen

worm Wurm *m*

worp Wurf *m*

worst Wurst *f*

worstel|aar Ringer *m*; ~en
['-tələ(n)] ringen; ~ing,
~wedstrijd [-strɛit] Rin-
gen *n*, Ringkampf *m*

worstje ['vɔrʃə] *n* Würstchen *n*

wortel Wurzel *f*; Karotte *f*,
Möhre *f*

woud *n* Forst *m*, Wald *m*

wraak [vra:k] Rache *f*

wrak *n* Wrack *n*

wrang herb

wrat Warze *f*

wreed grausam; ~heid
Grausamkeit *f* [chen]

wreken (zich) (sich) rä- ⌋

wrevel [vre:vəl] Unmut *m*

wrijfdoek [vrɛivdu·k]
Frottier-, Putz-, Polier-
tuch *n*

wrijven reiben; polieren

wrikken rütteln

wringen ringen; wringen

wroeging ['vru·ɣ-] Gewis-
sensbisse *m/pl.*

wroeten wühlen

wrok [vrɔk] Groll *m*; ~
koesteren ['ku·stər-] (tegen) grollen *(D)*

wuft [vœft] leichtsinnig,
frivol

wuiven ['vœyv-] winken;
schwenken

wulps [vœl(ə)ps] üppig;
wollüstig

wurgen (er)würgen

X, Y

xylofoon [ksi·-] Xylophon
n

yoghurt ['joxərt] Joghurt
m

Z

zaad *n* Same(n) *m*; Saat *f*

zaag Säge *f*

zaagsel *n* Sägemehl *n*

zaaien säen

zaak Sache *f*; Angelegenheit *f*; ~geschäft *n*; ~gela-
stigd~ ['-təstəɣdə] Bevoll-
mächtigte(r); Ge-
schäftsträger *m*

zaal Saal *m*; Zuschauer-

raum *m*

zacht sanft, weich; mild;
leise; ~aardig ['-a:rdəx]
sanft; ~gekookt weich-
gekocht; ~jes leise; langsam

zadel ['za:dəl] *n* Sattel *m*;
~en satteln

zagen sägen

zak Sack *m*; Tasche *f*;

Tüte f; Beutel m; **op ~ steken** einstecken; **~doek** ['-du·k] Taschentuch n

zake:ter ~ zur Sache; **~lijk** [-lǝk] sachlich

zaken|man Geschäftsmann m; **~reis** Geschäftsreise f; **~relaties** [-la:(t)si·s] pl. Geschäftsbeziehungen f/pl.

zakgeld n Taschengeld n

zakken sinken, sich senken, fallen; (Prüfung) durchfallen

zakkenroller Taschendieb m

zak|lantaarn Taschenlampe f; **~mes** n Taschenmesser n

zalf Salbe f

zalig ['za:lǝx] selig; herrlich, himmlisch

zalm Lachs m

zand n Sand m; **~grond** Sandboden m

zang Gesang m

zanger(es [-'rɛs] f) Sänger(in f) m

zang|vereniging ['-v̂ǝre:nǝx-] Gesangverein m; **~vogel** Singvogel m

zaniken ['za:nǝk-] F quengeln, meckern

zat satt; F betrunken; **het ~ zijn** [sɛin] es satt haben

zaterdag [-dɑx] Samstag m, Sonnabend m

ze sie; ihr; ihnen

zeprapad [-pɑt] n Fußgängerüberweg m, Zebrastreifen m

---

zede Sitte f; **~lijk** ['-dǝlǝk] sittlich; **~nmisdrijf** [-drɛif] n Sittlichkeitsverbrechen n

zedig [ze:dǝx] sittsam, schamhaft

zee Meer n, See f; **~ëngte** Meerenge f

zeef Sieb n

zee|hond Seehund m, Robbe f; **~macht** Marine f; **~man** Seemann m

zeemlap Fensterleder n

zeep Seife f; **groene ~** ['ɣ̂ru·nǝ] Schmierseife f

zeer sehr; überaus; schmerzhaft; Su. n Leiden n; **ten ~ste** zutiefst

zee|reis ['-rɛis] Seereise f; **~tong** Seezunge f; **~waterkuur** [-ky:r] Meerwasserkur f; **~wier** n Alge f/pl.; **~ziek** seekrank

zege Sieg m

zegel 1. Marke f; 2. n Siegel n; Stempel m

zegen Segen m; **~en** segnen

zegevieren ['ze:ɣ̂ǝ-] siegen; **~d** siegreich

zeggen sagen, sprechen; **dat wil ~** das heißt

zegs|man Gewährsmann m; **~wijze** [-vɛizǝ] Redensart f

zeil [zɛil] n Segel n; Decke f; Plane f; **~en** segeln; **~schip** n Segelschiff n

zeis Sense f

zeker ['ze:kǝr] gewiß, sicher, bestimmt; **wel ~**

maar ~ freilich; **op** ~**e dag**
[dɑx] eines Tages

zeker|heid Gewißheit *f*,
Sicherheit *f*; ~**ing** Siche-
rung *f*

zelden selten

zeldzaam selten, rar;
~**heid** Seltenheit *f*

zelf selbst, selber; **von
sich aus;** *s. a.* **vanzelf**

zelf|bediening Selbstbe-
dienung *f*; ~**bestuur**
[-sty:r] *n* Selbstverwal-
tung *f*; ~**bewust** [-'vɛst]
selbstbewußt; ~**moord**
Selbstmord *m*; ~**ont-
spanner** Selbstauslöser|

zelfs selbst, sogar |*m*|

zelf|standig [-'stɑndəx]
selbständig; ~**strijkend**
['-strɛikənt] bügelfrei;
~**vertrouwen** [-traüə(n)]
n Selbstvertrauen *n*; op ~
voldaan selbstgefällig;
~**zuchtig** [-'sɛxtəx] selbst-
süchtig

zelve = **zelf**

zend|en senden; ~**er** Sen-
der *m*; ~**ing** Sendung *f*;
Mission *f*

zengen sengen

zenuw ['ze:ny·ül] Nerv *m*

zenuwachtig [-təx] nervös;
~**heid** Nervosität *f*

zenuw|crisis Nervenzu-
sammenbruch *m*; ~**schok**
[-sxɔk] (Nerven-)Schock
m; ~**ziek** nervenkrank

zerk Grabstein *m*

zes sechs; ~**daagse** [-'da:x-
sə] Sechstagerennen *n*;
~**de** sechste; *Su. n* Sechs-

tel *n*; ~**tig** ['sɛstəx] sechzig

zet Satz *m*; *Spiel:* Zug *m*;
Einfall *m*; Kniff *m*; ~**(je)n**
Schubs *m*

zetel ['ze:təl] Sessel *m*; *fig.*
Sitz *m*; ~**en** seinen Sitz
haben

zetpil Zäpfchen *n*

zetten setzen, stellen; **koffie** ~ Kaffee kochen; **in
elkaar** ~ zusammenset-
zen, -bauen

zeug [zø:x] Sau *f*

zeuren *F* quengeln, mek-
kern

zeven 1. (durch)sieben; 2.
(Zahl) sieben; ~**daags**
siebentägig; ~**tig** ['se:-
və(n)təx] siebzig

zich sich

zicht *n* Sicht *f*; **op** ~ zur
Ansicht; ~**baar** sichtbar

zichzelf sich selbst; **op** ~
(beschouwd [-'sxaütl] an
(und für) sich

ziedaar siehe (da)

zieden sieden

ziek krank; ~ **worden** er-
kranken; ~ **verklaren**
krankschreiben

zieke Kranke(r) *m*; ~**lijk**
[-lək] kränklich; *fig.*
krankhaft

zieken|auto Krankenwa-
gen *m*; ~**fonds** [-fonts] *n*
Krankenkasse *f*; ~**huis**
[-hœys] *n* Krankenhaus *n*;
~**verpleegster** Kranken-
schwester *f*

ziekte Krankheit *f*; ~**verzekering** [-'ze:kar-]
Krankenversicherung *f*

ziel Seele f; **~ig** ['-ləχl] kläglich, traurig; **~sblij** ['-blɛi] froh, vergnügt; **~zorg** Seelsorge f

zien sehen, schauen; **tot ~s!** auf Wiedersehen!; **laten ~** zeigen; vorzeigen

zienderogen zusehends

zienswijze ['-vɛizə] Ansicht f

ziezo so

zigeuner [zi'ɣøːnər] Zigeuner m

zigzag ['zɪχzaχ] Zickzack n

zij [zɛi, zəl] sie [m]

zij(de) ['zɛi-] 1. Seide f; 2. Seite f

zijdelings ['-dəlɪŋs] seitlich; indirekt

zijgen sinken

zijn 1. [zɛin] sein; s. a. er; 2. [zɛin, zən] sein(e)

zij|rivier ['zɛi] Zufluß m; **~span** Motorrad: Beiwagen m; **~spoor** n Nebengleis n; Abstellgleis n; **~straat** Neben-, Seitenstraße f; **~uitgang** ['-ɛyt-] Seitenausgang m; **~waarts** seitwärts; **~wind** Seitenwind m

zilt salzig

zilver n Silber n; **~en** silbern

zin m Sinn; Lust f, Neigung f; Gr. Satz m; **~ hebben in** Lust haben zu (D)

zindelijk ['-dələk] reinlich, sauber

zingen singen

zink n Zink n

zinken zinken; **doen**

[du'n] **~, laten ~** sinken lassen; versenken

zinloos sinn-, zwecklos

zinne|beeld n Sinnbild n; **~lijk** ['-nələk] sinnlich

zin|spelen anspielen, andeuten; **~tuig** ['-tœyx] n Sinn(esorgan n) m; **~vol** sinnvoll

zit|bad ['-bɑt] n Sitzbad n; **~plaats** Sitz m

zitten sitzen; sich befinden, stecken; **gaan ~** sich (hin)setzen

zit|ting Sitz m; Sitzung f; **~vlak** n Gesäß n

zo so; also; wie; gleich, sofort; soeben; **~als** (so)wie

zodanig [zo'da:nəχ] solch, derart(ig); **als ~** an sich

zodat so daß

zode (Gras-)Scholle f

zo|doende ['-'du:ndə] auf diese Weise; folglich; **~dra** ['-'dra:] sobald

zoek [zu:k] weg, verloren; **op ~** auf (die od. die) Suche; **~raken** verlorengehen, abhanden kommen; **~en** suchen; Su. n Suche f; **~er** Sucher m; **~licht** n Scheinwerfer m

zoemen ['zu:m-] summen

zoen Kuß m; **~en** küssen

zoet süß; brav, artig; **~igheden** ['-təχe:də(n)] pl. Süßigkeiten f/pl.; **~middel** n Süßstoff m; **~sappig** ['-sɑpəχ] süßlich

zo|even [zo:'e:və(n)] soeben, vorhin; **~genaamd** sogenannt; angeblich

_juist [-'jəʏst] soeben;
_lang solange

zolder Dachboden m; _ing ['-dərɪŋ] Decke f

zomen säumen

zomer ['zo:mər] Sommer m; _dienst Sommerfahrplan m; _opruiming [-rəʏm-] Sommerschlußverkauf m; _s sommerlich; im Sommer

zomer|sproeten [-sprutə(n)] pl. Sommersprossen f/pl.; _verblijf [-blɛif] n Sommeraufenthalt m; Sommerwohnung f

zomim [zo·'-] ebensowenig

zo'n [zo:n] = zo een [zo: ən] so ein

zon Sonne f

zondag ['-dax] Sonntag m; _s am Sonntag, sonntags; sonntäglich

zonde Sünde f, Laster n; _ van schade um(A)

zonder ohne(A)

zonderling sonderbar; Su. Sonderling m

zondigen [-də𝔤ə(n)] sündigen; (tegen) a. verstoßen(gegen A)

zone ['zo:nə, 'zo:-] Zone f

zonne|bloem [-blu·m] Sonnenblume f; _brand Sonnenbrand m; _bril Sonnenbrille f; _n sonnen; _schijn [-sxɛin] Sonnenschein m; _steek Sonnenstich m; _wijzer Sonnenuhr f

zonnig ['-nəx] sonnig

zons|ondergang Sonnenuntergang m; _verduistering [-dəʏstər-] Sonnenfinsternis f

zoogdier n Säugetier n

zool Sohle f

zoom Saum m, Rand m

zoon Sohn m

zopas ['-pas] soeben

zorg Sorge f, Besorgnis f; Sorgfalt f; Fürsorge f

zorge|lijk [-'𝔤oələk] bedenklich; sorgenvoll; _loos sorglos

zorgen sorgen

zorg|vuldig [-'fəldəx] sorgfältig; _wekkend [-'vɛkənt] besorgniserregend

zot [zot] närrisch

zou [zaul: (ik) _ (ich) würde; s. zullen

zout salzig; Su. n Salz n; _arm salzarm; _en salzen

zoveel soviel

zover [-'vɛr] soweit; tot _ bis dahin; in _(re) (in)sofern

zo|wat etwa; _wel [-'vɛl] sowohl

zucht [zɛxt] 1. Sucht f, Hang m; 2. Seufzer m; diepe _ Stoßseufzer m; _en seufzen; _je n Hauch m, Lüftchen n

zuidelijk ['zəʏdələk] südlich

zuiden n Süden m; ten _ van südlich von (D); _wind Südwind m

zuid|oosten n Südosten m; _pool Südpol m; _vruchten ['-frøxt-] Südfrüchte f/pl.

zuig|eling ['zəy̆əl-] Säugling m; **~en** saugen; lutschen; **~er** Tech. Kol-
zuil Säule f; [ben m]
zuinig ['zœynəx] sparsam; wirtschaftlich
zuip|en saufen; **~lap** Säufer m
zuivel|fabriek Molkerei f; **~produkten** [-dək-] n/pl. Molkereiprodukte n/pl.
zuiver ['zœyvər] rein; **~en** reinigen; klären
zulk [zɛl(ə)k] solch
zullen werden; (mit Nachdruck) sollen
zus(ter) Schwester f
zuur [zy:r] sauer, herb; Su. n Säure f; Sodbrennen n; Saure(s); **in het ~** in Essig; **~heid** Säure f; **~kool** Sauerkraut n; **~stof** Sauerstoff m; **~tjes** n/pl. Drops m/pl.
zwaai Schwung m; **~ing** Schwenkung f; **~en** schwingen; schwenken; torkeln; **~licht** n Blaulicht n
zwaan Schwan m
zwaar schwer; wuchtig
zwaard n Schwert n
zwaarlijvig [-lɛiˠʌx] beleibt, korpulent
zwaarte|kracht Schwerkraft f; **~punt** [-pənt] n Schwerpunkt m
zwaarwegend schwerwiegend
zwachtel Wickel m; Mullbinde f
zwager Schwager m

zwak schwach; flau; Su. n Schwäche f; **~heid** Schwäche f; **~stroom** Schwachstrom m; **~te** Schwäche f; **~zinnig** [-'smax] schwachsinnig
zwaluw ['zŭa:ly·ŭ] Schwalbe f
zwam Schwamm m
zwammen F faseln
zwanger schwanger
zwart schwarz
zwavel Schwefel m
Zweeds schwedisch
zweefvliegtuig [-təyx] n Segelflugzeug n
zweem Anflug m, Schimmer m
zweep Peitsche f
zweer Geschwür n
zweet n Schweiß m
zwelgen schwelgen
zwellen schwellen; quellen
zwembad ['-bat] n Schwimmbad n; **overdekt ~** Hallenbad n
zwem|broek ['-bru·k] Badehose f; **~men** schwimmen; **~mer** Schwimmer m; **~vest** n Schwimmweste f
zwendel Schwindel m, Schiebung f; **~aar** Schwindler m, Schieber m
zwengel Kurbel f [m]
zwenken schwenken, drehen
zweren schwören; schwären
zwerm Schwarm m; **~en** schwärmen

zwerv|en umherstreifen;
wandern; **~end** wan-
dernd; heimatlos; **~er**
Wanderer *m*; Landstrei-
cher *m*

zweten schwitzen

zweven schweben

zwichten nachgeben, unterliegen

zwiepen schwingen

zwier Schwung *m*, Grazie
f; **~en** schwingen,
schleudern; **~ig** ['-rəx]
schwungvoll

zwijg|en ['zŭĕĭ̈y̆-] schwei-

gen; **~zam** schweigsam,
verschwiegen

zwijm Ohnmacht *f*; **~elen**
['-mələ(n)] schwindlig
werden

zwijn [zŭĕĭn]*n* Sau *f*

zwikken verstauchen

Zwitser|land *n* die
Schweiz *f*; **~s** schweize-
risch

zwoegen ['zŭu·y̆-] *F* schuften, sich plagen

zwoel schwül; sinnlich,
wollüstig; **~heid** Schwüle
f

A

Aachen n Aken n
Aal m paling ['pa:-]
Aas n (het) aas, (het) kreng
ab af; ~ **heute** vanaf heden; ~ **Berlin** van Berlijn [-'lɛin] af; ~ **acht Uhr** na acht uur [y:r]
Abbau m vermindering; *Bgb.* ontginning [-'xɪn-]
abbestellen afbestellen; **Qung** f afbestelling
abbiegen afslaan
Abbildung f afbeelding
ab|binden afbinden; **~blättern** afbladeren ['-bla:dər-]
abblenden dimmen; **Qlicht** n (het) dimlicht
ab|brechen afbreken ['-bre:k-]; **~brennen** v/t afsteken ['-ste:k-]; v/i afbranden; **~bringen** (j-n von D) afbrengen (van); **~bröckeln** afbrokkelen
Abbruch m afbraak; *(Schaden)* afbreuk ['-brø:k]; *(Beendigung)* (het) afbreken
ab|bürsten afborstelen; **~decken** afdekken; **~drängen** opzij ['-sɛi] dringen; **~drehen** *(ab-schalten)* afsluiten ['-slœyt-]
Abdruck m afdruk [' drɛk]

abdrücken *(schießen)* afschieten ['-sxi·t-]
Abend m avond ['a:ɣəntl]; **am** ~ 's avonds ['sa:-ɣənt)s]; **heute** Ω vanavond; **guten** ~! goeien ['ɣu·iə(n)l avond]
Abend|brot n, **~essen** n (het) avondeten [-e:tə(n)l]; **~dämmerung** f avondschemering [-sxe:mər-]; **~kleid** n avondjapon [-japon]; **Qländisch** westers; Ωs 's avonds ['sa:-ɣən(t)s]
Abenteuer n (het) avontuur [aɣon'ty:r]; **Qlich** avontuurlijk [-lək]
aber maar
Aber|glaube m (het) bijgeloof ['bɛiɣə-l]; **Qgläubisch** bijgelovig [-'lo:ɣəx]
aberkennen ontzeggen [-'sɛɣə(n)l]
abermals nogmaals
abfahren vertrekken; Ωt f (het) vertrek; **Qtszeit** f vertrektijd [-tɛit]
Abfälle m/pl. afval
ab|fallen afvallen; *Gelände:* hellen; **~fällig** afkeurend ['-kø:rənt]; **~fangen** onttrekken; **~fassen** *Werk* opstellen; **~feilen** afvijlen ['afɛil-]

abfertig|en *Kunden* helpen; ♀**ung** *f* (het) afhandelen

abfind|en: sich ~en mit (*D*) zich neerleggen bij [bɛɪ]; ♀**ung** *f* schadeloosstelling [¹sxa:dəlo:s-]

ab|flauen verflauwen, afnemen; **~fliegen** vertrekken; **~fließen** afvloeien [¹aflu·iə(n)]

Abflug *m* (het) vertrek; **~zeit** *f* vertrektijd [-tɛɪt]

Abfluß *m* riool [ri·¹jo:l]; **~rohr** *n* afvoerpijp [¹afu:r-]

abführ|en (*j-n*) wegbrengen; (*ableiten*) lozen; *Med.* purgeren [pər-¹ɣe:r-]; **~mittel** *n* (het) laxeermiddel [lak¹se:r-]

abfüllen tappen

Abgabe *f* afgifte

Abgangszeugnis *n* (het) einddiploma

Abgase *n/pl.* verbrandingsgassen [-xasə(n)] *n/pl.*

abgeben afgeven; **sich ~ mit** (*D*) zich bemoeien [-¹mu·iə(n)] met

abge|droschen afgezaagd; **~legen** afgelegen; **~macht!** afgesproken!; **~neigt** (*D*) afkerig [-¹ke:rəx] (van); **~nutzt** versleten [-¹sle:t-]

Abgeordnete(r) afgevaardigde [-dəɣ̊da]

abge|sehen von (*D*) afgezien van; **~spannt** uitgeput [¹əytxəpɛt]; **~standen**

bedorven; **~wöhnen** (*j-m A*) afleren; **~zählt** gepast

Abgott *m* afgod

abgrenzen afgrenzen

Abgrund *m* afgrond

ab|hacken afhakken, afkappen; **~halten** afhouden [¹-hɑu̯ə(n)]; *Sitzung* houden

abhanden: ~ kommen zoek [zu·k] raken

Ab|handlung *f* verhandeling; **~hang** *m* helling

abhängig afhankelijk [-¹hɑŋkələk]; ♀**keit** *f* afhankelijkheid

ab|härten (sich) (zich) harden; **~hauen** *fig.* F ophoepelen [¹-hu·pələ(n)]; **~häuten** villen; **~heben** *Geld* opnemen; *Karte* afnemen

Abhilfe *f* hulp [hɛl(ə)p], uitkomst [¹əyt-]; **~schaffen** (ver)helpen, voorzien [-¹zi·n] in

abhold (*D*) wars (van)

ab|holen afhalen; **~hören** afluisteren [¹-lɔystər-]

Abitur *n* (het) eindexamen

Abkommen *n* overeenkomst, (het) akkoord

ab|kühlen afkoelen [¹-ku·l-]; **sich ~en** zich verfrissen; ♀**ung** *f* afkoeling

abkürz|en afkorten; ♀**ung** *f* afkorting

ab|laden afladen; **~lassen** aflaten [¹-la:t-]; ♀**lauf** *m* (*Verlauf*) afloop; **~legen** afleggen [¹-lɛɣ̊-]; (*nicht*

mehr tragen) afdanken
ablehn|en verwerpen,
weigeren ['ʊɛˈjər-]; **ℒung**
f verwerping, weigering
ab|leisten vervullen
[-'ʋəl-]; **.leiten** afleiden;
.lenken afleiden
abliefer|n afleveren; **ℒung**
f aflevering
ablösen (sich) (elkaar)
aflossen
Abmachung *f* overeenkomst
abmagern vermageren
Abmarsch *m* afmars
abmeld|en (sich) (zich)
afmelden; **ℒung** *f* afmel-
ding; *(zur Abfahrt)* melding van vertrek
ab|messen opmeten
[-'me:t-]; **.montieren**
demonteren
abmühen: sich ～ zich aftobben
Abnahme *f* vermindering;
Hdl. afname
abnehm|en afnemen; *v/i*
a. verminderen; *Mensch.*:
vermageren; **ℒer** *m* af-
nemer
Abneigung *f* afkeer, hekel
['he:kəl]
abnorm abnormaal
abnutz|en (sich) verslijten
[-'slɛɪt-]; **ℒung** *f* slijtage
[-'taːʒə]
Abonn|ement *n* (het)
abonnement [-'mɛnt];
.ent *m* abonnee; **ℒieren**
abonneren
Abordnung *f* afvaardiging
[-dəɣ̍ɪŋ]

abprallen terugkaatsen
[tə'rɛx-], afstuiten
['-stəyt-]
abrackern: sich ～ zich afbeulen [-'bøːl-]
abrechn|en afrekenen
['-rekə(n)(n)]; **ℒung** *f*
afrekening
abreiben afwrijven ['af-
rɛɪ̯̄-]
Abreise *f* (het) vertrek; **ℒn**
vertrekken
abreiß|en afscheuren
['-sxøːr-]; afrukken
['-rɵk-]; *Haus* afbreken;
ℒkalender *m* scheurka-
lender [braak]
Abriß *m* (*Abbruch*) af-
abrunden afronden
abrüst|en ontwapenen
[-'ʋaːpən-]; **ℒung** *f* ont-
wapening [afzeggen]
Absage *f* afzegging; **ℒn**
absägen afzagen
Absatz *m* *Schuh:* hak;
Typ. alinea; *Hdl.* afzet,
aftrek
absaufen *F* verzuipen
[-'zəyp-]
abschaff|en afschaffen
['-sxaf-]; **ℒung** *f* afschaf-
fing
abschalten uitschakelen
['əɪtsxaːkələ(n)]
Abscheu *m* afschuw
['-sxyˈ̃ul, (het) afgrijzen
['-sxrɛɪ̯zə(n)]; **ℒlich** afschuwelijk ['-sxyˈ̃üʊ̈ələk]
abschicken afzenden
Abschied *m* (het) afscheid
['-sxɛɪ̯t]; **～ nehmen** af-
scheid nemen

abschießen afschieten; *Wild, Flugzeug* neerschieten

Abschlag *m Sp.* de eerste slag [slɑx]; ♀en afslaan; ~(s)zahlung *f* termijnbetaling [-'mɛɪn-]

abschlepp|en wegslepen ['-sle:p-]; ♀seil *n* (het) sleeptouw [-'tɑʊl]; ♀wagen *m* takelwagen

abschließ|en afsluiten ['-sløɪt-]; *(beenden)* beëindigen [bəˈɛɪndəɣ-]; *Vertrag* sluiten; ~end tenslotte

Abschluß *m* (het) einde; ~prüfung *f* (het) eindexamen

ab|schmieren *Auto* doorsmeren; ~schneiden afsnijden ['-snɛɪdə(n)]

Abschnitt *m* (het) gedeelte;*(Strecke)* (het) traject; *(Formular ♀)* strook

ab|schrecken afschrikken; ~schreiben overschrijven [-sxrɛɪṽ-]

Abschrift *f* (het) afschrift; *beglaubigte ~* (het) gelegaliseerd afschrift

ab|schüssig hellend; ~schweifen afdwalen ['-dũːəl-]

abseh|bar afzienbaar [-'si·nl]; ~en (von *D*) afzien (van); *... ist nicht abzusehen* ... is niet te overzien [-'zi·nl]

abseits terzijde [tɛrˈzɛɪdəl]; ♀ *n Sp.* (het) buitenspel [bəɣt-]

absend|en afzenden; ♀er *m* afzender

absetzen neerzetten; *(verkaufen)* afzetten

absichern beveiligen ['-ṽɛɪləɣ-]

Absicht *f* bedoeling ['-du·l-]; *ohne ~* zonder opzet; ♀lich opzettelijk [-'sɛtələk]

absinken (af)zakken

absolut absoluut [-'ly·t], volstrekt [-'strɛkt]

ab|solvieren *Studium* afmaken; ~sondern afzonderen

abspenstig: ~ machen afhandig ['-hɑndəx] maken, aftroggelen

absperr|en afsluiten ['-slœɪt-]; ♀ung *f* afsluiting

abspielen *Platte* draaien ['dra:ɪə(n)]; **sich ~** zich afspelen

Ab|sprache *f* afspraak; ♀springen omlaagspringen; ~sprung *m* sprong; ♀spülen afspoelen ['-spu·l-]; ♀stammen (von *D*) afstammen (van)

Abstand *m* afstand; *in Abständen* nu [ny·] en dan

ab|statten *Besuch* afleggen; ~stauben afstoffen

Abstecher *m* (het) uitstapje ['ɑyt-], (het) bezoek ['-zu·k]

absteigen afstappen;*(Hotel)* aankomen

abstell|en afzetten; wegzetten; ♀gleis n (het) zij-spoor ['zɛi-]; ♀raum m bergruimte ['-rǝym-]

Abstieg m afdaling; Sp. degradatie [-'da:(t)si·]

abstimmen stemmen; aufeinander ⸗ met elkaar in overeenstemming brengen

Abstinenzler m geheelonthouder [-'he:lont-haudǝr]

abstoppen Zeit opnemen

abstoßen afstoten; ⸗d afstotelijk ['-'sto:tǝlǝk]

ab|stottern afbetalen; ⸗streiten loochenen

Abstrich m Med. (het) afstrijksel ['-strɛik-]

Ab|sturz m val; ♀stürzen neerstorten

absurd absurd [ɑp'sǝrt]

Abszeß m (het) abces [ɑp'sɛs]

ab|tasten aftasten; ⸗tau⸗en ontdooien [-'do:ɪǝ(n)]

Abtei f abdij [-'dɛi]

Abteil n coupé [ku·'pe:]; ⸗ung f afdeling

ab|tippen overtikken, aftikken; ⸗tragen Kleid opdragen; Schuld aflossen, aanzuiveren ['-zǝy-vǝr-]

Abtreibung f Med. abortus [-'tǝs]

abtrennen (af)scheiden ['-sxɛid-]; Genähtes afknippen

abtret|en (j-m et.) afstaan; ♀er m voetmat ['vu·t-]

ab|trocknen (sich) (zich)

afdrogen; ⸗trünnig afvallig [ɑ'fɑlǝx]; ⸗wägen afwegen; ⸗warten afwachten; ⸗wärts naar beneden [-'ne:d-], omlaag [-'la:x]

Abwasch m afwas, vaat; ⸗becken n gootsteen; ♀en afwassen

Abwässer n/pl. (het) afvalwater [-'va:tǝr]

abwechseln afwisselen; sich ⸗ elkaar aflossen

Abwechslung f afwisseling; ♀s·reich vol afwisseling

Abwehr f verdediging ['de:dǝ̆x-]; ♀en afslaan; ⸗spieler m verdediger

abweich|en afwijken ['-vɛik-]; ♀ung f afwijking

ab|wenden afwenden; ♀wertung f devaluatie [-ly·'ūa:(t)si·]

abwesen|d afwezig [-'ve:-zǝx]; ♀heit f afwezigheid

ab|wimmeln afschepen ['-sxe:p-]; ♀wurf m (het) afwerpen; ⸗würgen smoren; ⸗zahlen afbetalen; ⸗zählen Geld afpassen; ♀zahlung f afbetaling

Abzeich|en n (het) onderscheidingsteken ['-sxɛi-dŋste:k-], (het) insigne ['-si·niǝ]; ♀nen aftekenen; (unterschreiben) ondertekenen

ab|ziehen aftrekken; ♀zug m Waffe: trekker; Foto: afdruk ['-drǝk]; ♀züge pl. (v. Lohn) (loon)afhoudin-

gen [-haud-] *pl.;* 2**zwei-
gung** f aftakking
Achse f as
Achsel f oksel; *(Schulter)*
schouder ['sxɑu-]; **unter
der ~** onder de oksels;
~zucken n (het) schou-
derophalen
acht acht; **außer ~ lassen** buiten ['bǝyt-] be-
schouwing [-'sxɑuŋ] la-
ten ['la:t-l; **sich in acht nehmen** zich in acht nemen;
~e achtste; 2**el** n (het)
achtste (deel)
achten achten, eerbiedi-
gen [-'bi·dǝɣ-l; **(auf** A)
letten (op), acht slaan (op)
Achter m *(Boot)* acht-
riemsgiek; **~deck** n (het)
achterdek
acht|geben opletten **(auf**
A) letten (op), **~los** achteloos
acht|mal achtmaal;
2**stundentag** m acht-
urendag ['y:rǝ(n)dɑx]
Achtung f achting; **~!** op-
gepast!, opgelet!
achtzig tachtig ['-tǝx]
ächzen kreunen ['krø:n-l
Acker m akker
Adamsapfel m adams-l
addieren optellen [appel]
Adel m adel
Ader f ader; **~laß** m ader-
lating
Adler m arend ['a:rǝntl
adlig adellijk [-lǝk]
Admiral m admiraal
adop|tieren adopteren;
2**tiveltern** pl. pleegou-

ders *pl.;* 2**tivkind** n (het)
aangenomen kind
Adreßbuch n (het) adres-
boek [-bu·k]
Adres|se f (het) adres;
2**sieren** adresseren
Advent m advent
Affäre f affaire[a'fɛ:rǝl
Affe m aap
Afrikan|in f) m Afri-
kaan(se f); 2**isch** Afri-
kaans
After m (het) achterste,
billen*pl.,* anus['a:nǝsl
Agent m agent; **~ur** f (het)
agentschap
Aggression f agressie
[a'ɣrɛsi·l
ägyptisch Egyptisch
[e-'ɣɪpti·sl
ähneln (D) lijken ['lɛɪk-l
(op)   [pl.l
Ahnen m/pl. voorouders
ähnlich gelijksoortig
[-lɛɪk-]; **~ sehen, ~ sein**
(D) lijken (op); 2**keit** f ge-
lijkenis
Ahnung f (het) voorgevoel
[-ⱴu·ll; **er hat keine ~ davon** hij [hɛɪl heeft er geen
benul [bǝ'nʊl] van; 2**slos**
argeloos ['arɣǝ-l
Ahorn m esdoorn
Ähre f aar
Airbus m luchtbus
['lǝɣdbʊsl
Akadem|ie f academie
[-'de:l; **~iker** m academi-
cus [-kǝsl; 2**isch** academisch
akademisch universi-
tair [y·ni·ⱴɛrsi·'tɛ:rl,
academisch [-i·sl
Akazie f acacia ['a:-l

si·(j)al
Akkordarbeit *f* (het) stukwerk l'stɔk-] [deon]
Akkordeon *n* (het) accor-
Akkumulator *m* accu ['aky·]
Akne*f* acne
Akrobat *m* acrobaat
Akt *m* Thea. (het) bedrijf [-'drεifl;Mal. (het) naakt
Akte*f* akte
Akten|mappe*f* aktenmap; ~zeichen *n* (het) dossier-nummer [dɔ'si:-, dɔ-'si:r-]
Aktie *f* (het) aandeel; ~ngesellschaft *f* naamloze vennootschap (N.V.)
Aktion*f* actie l'aksi·]
aktiv actief; Qität *f* activiteit
aktuell actueel [ɑkty·'üe:l]
akut acuut[a'ky·t]
Akzent *m* (het) accent [a'ksεnt]
akzeptieren accepteren [aksεp'-]
Alarm *m* (het) alarm; ~bereitschaft *f* staat van alarm; ~vorrichtung *f* alarminstallatie [-'la:(t)-si·]
Alaun*m* aluin [a'lœyn]
albern dwaas, gek, onnozel [-'no:zəl]
Album *n* (het) album ['albɛm]
Algen *f*/pl. algen *pl.*, (het) zeewier l'ze:-]
Alibi *n* (het) alibi
Alkohol*m* alcohol [-hɔl]
All*n* (het) heelal [-'al]

all al; ~es Gute! het beste!;
vor ~em vooral [-'al]; ~abendlich elke avond ['a:ʋənt]
alle: . . . ist ~ . . . is op; ~ (zusammen) allemaal (samen)
Allee*f* laan
allein alleen; von ~ vanzelf; ~stehend alleenstaand
allenfalls hoogstens
allergisch allergisch [-i·s]
aller|hand allerlei [-leї]; Qheiligen *n* Allerheiligen; Qseelen *n* Allerzielen
alles alles, het allemaal
allgemein algemeen; im ~en in het algemeen
all|jährlich jaarlijks ['-lәks]; ~mächtig almachtig [-'maxtəx], oppermachtig; ~mählich geleidelijk [-'lεidələk]
  Adv. a. stilaan; Qtag *m* (het) dagelijks l'da:ʏə-ləks] leven; ~täglich alledaags
allzu al te
Alm*f* bergweide
Almosen *n* aalmoes ['-mu·s]
Alpen*pl.* Alpen*pl.*
Alphabet *n* (het) alfabet ['alfabɛt] [nisme]
Alpinismus *m* (het) alpi-
Alptraum *m* nachtmerrie ['-mεri·]
als (wie) als; Komp. dan, als;Konj. toen [tu·n]; ~ ob alsof

also dus [dəs]

alt oud [aʊt]; ich bin . . .
Jahre ~ ik ben . . . jaar
(oud)

Altar m (het) altaar [ʹal-]

alt|backen oudbakken;
2bau m (het) oud huis
[hɔʏs]

Alter n leeftijd [ʹ-teːit];(das
Altsein) ouderdom

älter ouder [aʊər]

altern verouderen

Altersheim n (het) be-
jaardentehuis [-tǝhɔʏs]

Alter|tum n oudheid
[ʹoutheːit]; 2tümlich ou-
derwets [-ʹvɛts]

altmodisch ouderwets

Aluminiumfolie f alumi-
niumfoelie [aly-ʹmi-
niəmfu·li·]

am s. an; ~ Sonntag zon-
dags [sondaxs]

Amateur m amateur
[-ʹtøːr]

Amboß m (het) aambeeld

Ameise f mier

Amerikan|er(in f) m Ame-
rikaan(se f); 2isch Ame-
rikaans

Amnestie f amnestie

Ampel f (Verkehrs2) (het)
verkeerslicht

Ampulle f ampul [-ʹpǝl]

amputieren amputeren
[-py·ʹ-]

Amsel f merel [ʹme:rəl]

Amt n (het) ambt [amt];
(Dienststelle) dienst;
2lich ambtelijk [ʹamtǝ-
lək], officieel [-ʹsie:l]

Amtsperson f functiona-

ris [fǝŋksio·ʹna:-]

amüs|ant amusant
[-my·ʹ-]; ~ieren (sich)
(zich) amuseren [-ʹze:r-]

an (A, D) aan; (zeitl.) op;
Licht ~! licht aan!

Ananas f ananas

anatomisch anatomisch
[-ʹmi·s]

Anbau m teelt; Arch. (het)
bijgebouw [ʹbɛiɣǝbaʊl;
2en verbouwen; Arch.
bijbouwen

anbehalten Kleid aan-
houden [ʹ-hɑʊǝ(n)]

anbei hierbij [-ʹbɛil, inge-
sloten, bijgaand

anbeten aanbidden [-ʹbɪd-
ǝ(n)]

Anbetracht f: in ~(G) met
het oog op

an|bieten aanbieden;
~binden vastbinden;
2blick m aanblik

an|brechen aanbreken
[ʹ-bre:k-l; ~brennen aan-
branden; ~bringen aan-
brengen; 2bruch m (het)
aanbreken; ~brüllen
toesnauwen [ʹtu·snaʊ-
ǝ(n)]

Anchovis f ansjovis [-ʹʃo:-]

Andacht f devotie
[-ʹʋo:(t)si·]

Andenken n (het) aan-
denken; (het) souvenir
[suʋǝʹ-]; zum ~ an(A) ter
herinnering aan

andere andere; alles ~ als
allesbehalve; unter ~m
onder andere

ander(er)seits aan de andere kant, anderzijds [-zeïts]

ändern (sich) veranderen, (zich) wijzigen ['vɛɪ-zəɣ̊ə(n)]

anders anders; **~wo** elders, ergens anders

anderthalb anderhalf

Änderung f verandering

andeut|en zinspelen op; **2ung** f toespeling ['tu-]

Andrang m toeloop

aneignen: sich ~ zich toeëigenen ['tu-ʔɛɪɣ̊ən]

aneinander aan elkaar [-'ka:r], aaneen [-'e:n]; **~fügen** samenvoegen ['sa:mə(n)fu-ɣ̊-]; **~geraten** slaags raken

anekeln: ...ekelt mich an ik walg van

anerkenn|en erkennen, (schätzen) appreciëren [-'sïe:r-]; **2ung** f erkenning

an|fachen aanwakkeren ['-vakər-]; **~fahren** v/t aanrijden ['-raɪdə(n)]; (schimpfen) uitvallen ['aɤt-] tegen; v/i optrekken

Anfall m Med. aanval

Anfang m (het) begin, aanvang; **am ~, zu ~** in het begin; **2en** beginnen

Anfäng|er m beginneling; **2lich** aanvankelijk [-'fɑŋkələk]

an|fassen (vast)pakken; **~fertigen** vervaardigen [-'vairdəɣ̊-]; **~feuchten** natmaken; **~feuern** aan-

vuren ['-fy:r-]

anforder|n aanvragen; **2ung** f aanvraag; (Forderung) eis [ɛɪs]

Anfrage f (aan)vraag

anfreunden: sich ~ vriendschap sluiten ['slɛɪt-]

anführ|en leiden ['lɛɪd-]; (zitieren) aanhalen; **2er** m leider, aanvoerder ['-fu:r-]; **2ungszeichen** n/pl. aanhalingstekens n/pl.

Angabe f opgave

angeb|en v/t opgeven; v/i opscheppen ['-sxɛp-]; **~lich** zogenaamd [zo:'ɣ̊ə'-]

ange|boren aangeboren, **2bot** n (het) aanbod ['-bot]; **~bracht** passend; **~heitert** aangeschoten ['-ɣ̊əsxo:t-] **~hen** (betreffen) aangaan

Ange|hörige(n) pl. nabestaanden pl.; **~klagte(r)** verdachte, beklaagde

Angel f hengel; (Tür2) (het) scharnier [sxar'ni:r]

Angelegenheit f aangelegenheid ['-le:'ɣ̊ənhɛɪt]

Angel|haken m vishaak; **2n** hengelen, vissen

ange|messen passend; **~nehm** aangenaam, prettig ['-tɛx]; **~sehen** gezien; **~spannt** gespannen

Angestellte(r) bediende; **kaufmännische(r) ~** kantoorbediende

ange|strengt ingespannen; **~trunken** aangeschoten ['-ɣ̊əsxo:t-]

angewöhnen *(j-m et.)* aanleren; **sich** ~ zich aan-
wennen

Angina *f* angina

angleichen gelijk [-'lɛik]
maken [ser]

Angler *m* hengelaar, vis-
angreif|en aanvallen; **2er**
m aanvaller

angrenzen aangrenzen

Angriff *m* aanval; **2s·lustig**
agressief; **~s·spieler** *m*
aanvaller

Angst *f* angst, schrik
[sxrɪk]; **vor** ~ van schrik;
~ **haben** bang zijn [zɛin]

ängstlich bang, angstig
['-stəx]

anhaben aanhebben

anhalt|en *v/t* aanhouden
['-hôüə(n)], tegenhouden;
v/i stoppen, stilhouden;
(dauern) aanhouden; **2er**
m: **per 2er reisen** liften;
2s·punkt *m* (het) aan-
knopingspunt [-pɵnt]

Anhang *m* (het) aanhangsel; *(Gefolgschaft)* aanhang

anhäng|en *v/t* ophangen;
2er *m* *(Person)* aanhan-
ger; *(Wagen)* aanhang-
wagen; **~lich** aanhankelijk [-lək]; **2sel** *n* (het)
aanhangsel

Anhieb: **auf** ~ van het begin af

anhören (sich) luisteren
['ləyst-]naar

Anis *m* anijs [ɑ'nɛis]

Ankauf *m* aankoop

Anker *m* (het) anker

Anklage *f* aanklacht; **unter** ~ **stehen** beschuldigd
zijn [bə'sxɵldəxt sɛin]; **2n**
aanklagen

Anklang *m* weerklank

ankleben aanplakken

Ankleide|kabine *f* (het)
kleedhokje; **2n** (aan)kle-
den

an|klopfen aankloppen;
~knipsen *Licht* aandoen
['-du·n]; **~knüpfen** aan-
knopen; **~kommen** aan-
komen['-ko:m-]

ankündig|en aankondi-
gen ['-kondəɣ-]; **2ung** *f*
aankondiging

Ankunft *f* (aan)komst;
~s·tag *m* dag van aankomst

ankurbeln *fig.* op gang
brengen

Anlage *f* *(das Anlegen)*
aanleg ['-lɛx]; *(Werk)*
(het) gebouwencomplex
['-bôü-]; *(Beilage)* bijlage ['bɛila:ɣə]; **natürliche** ~
aanleg

Anlaß *m* aanleiding

anlass|en *Motor* starten;
2er *m* starter

anläßlich *(G)* naar aanleiding van

Anlauf *m* aanloop; **2en**
Hafen aandoen['-du·n]

anlegen aanleggen; *Geld*
beleggen

anlehnen aanleunen
['-lo:n-]; *Tür* op een [ən]
kier laten staan; **sich** ~
an*(A)* aanleunen tegen

Anleihe *f* lening

anleit|en (op)leiden
['-leɪd-]; ♀ung f leiding;
handleiding
anlernen aanleren
anlieg|en aanliggen; ♀en
n (het) verzoek [-'zu·k];
♀er m aanwonende
anmachen aanmaken
['-ma·k-]; (befestigen)
vastmaken
Anmarsch m: im~ in aan-
tocht
anmaß|en: sich et. ~en
zich aanmatigen [-tə-
ᵞə(n)]; ♀ung f aanmati-
ging
Anmeld|eformular n (het)
aanmeldingsformulier
[-my·li·r]; ~efrist f aanmeldingstermijn [-mɛ̃ln];
♀en aanmelden; ~e-
pflicht f verplichting tot
aanmelding; ~ung f
aanmelding
anmerk|en: sich nichts
~en lassen niets laten
merken; ♀ung f opmer-
king
Anmut f bekoorlijkheid
[-lɔkhɛɪt]
annäher|nd bij [bɛɪ] bena-
dering; ♀ung f (toe)nade-
ring['tu·na·dər-]
Annahme f aanvaarding
[a:n'-], aanneming ['a:-
ne:m-]; (Vermutung)
veronderstelling; ~stelle
f (het) ontvangkantoor
annehm|bar aannemelijk
['ne:mələk]; ~en aanne-
men, aanvaarden [a:n'-]
annektieren annexeren

[anɛk'se:r-]
annullieren annuleren
[any·'le:r-]
anonym anoniem
Anorak m anorak
anordn|en bepalen; ♀ung f
bepaling
anpacken aanpakken
anpass|en aanpassen;
♀ung f aanpassing;
~ungsfähig in staat zich
aan te passen
An|prall m botsing;
♀prangern aan de kaak
stellen
Anprob|e f (het) passen;
~eraum m paskamer;
♀ieren passen
anpumpen F lenen ['le:n-]
An|recht n (het) recht;
♀reden aanspreken, toe-
spreken['tu'-]
anreg|en opwekken, sti-
muleren '[-my·']-]; ~end
animerend [-'me:-]; ♀ung
f aansporing
Anreise f aankomst; ~tag
m dag van aankomst
Anrichte f aanrecht; ♀n
aanrichten
anrüchig berucht [-'rɛxt]
Anruf m (het) telefoontje;
♀en telefoneren, opbel-
len
anrühren aanraken [len
ans = an das
Ansage f aankondiging
['-kɔndəᵞ-]; ♀n aankon-
digen; ~r m omroeper
['-ru·p-]; ~rin f omroep-
ster
Ansatz m (het) aanzetstuk
[-stɔk]; (het) begin

anschaff|en aanschaffen ['-sxaf-]; Qung f aanschaffing

anschau|en aankijken ['-skɛɪ-]; _lich aanschouwelijk [-'sxɔuələk]; Qung f opvatting

Anschein m: allem _ nach naar alle schijn; Qend blijkbaar l'blɛɪg-l

Anschlag m (Plakat) affiche lɑ'fi:ʃəl; (Attentat) aanslag; Qen v/t aanslaan; aanplakken

anschließen aansluiten ['-sləyt-l; sich _ (D) zich aansluiten (bij); _d direct daarna l-'na:l

Anschluß m aansluiting; fig. _ finden (suchen) contact krijgen (zoeken l'zu·kɑ(n)l)

anschmieg|en: sich _en (an A) zich vlijen lʋlɛiə(n)l (tegen); _sam aanhalig l-'ha:ləxl

anschnall|en (sich) (zich) vastgespen; Qgurt m veiligheidsgordel l'vɛilə xɛits-l

anschnauzen uitvaren l'əyt-l tegen

Anschovis f ansjovis l-'ʃo:-l

anschrauben aanschroeven l'-sxru·ʋə(n)l

An|schrift f (het) adres lɑ'drɛsl; Qschwemmen aanspoelen

anseh|en bekijken l-'kɛɪk-l, aanzien; Qen n (het) aanzien; _nlich aanzienlijk l-'zi·nləkl

ansetzen v/t aanzetten

Ansicht f (het) gezicht; (Meinung) mening; zur _ op zicht

Ansichts|karte f prentbriefkaart, ansichtkaart; _sache f: das ist _sache daarover kan men van mening verschillen l-'sxɪl-l

ansiedeln (sich) (zich) vestigen l'vɛstɑ ̨ɑ(n)l

anspannen inspannen

anspiel|en auf (A) zinspelen op l'-spe:l-l; Qung f toespeling l'tu·spe:l-l

anspitzen slijpen l'slɛɪpə(n)l

Ansporn m aansporing

Ansprache f toespraak l'tu·-l

ansprechen aanspreken; (gefallen) bevallen

anspringen Motor: aanslaan

Anspruch m aanspraak; in _ nehmen in beslag nemen

anspruchs|los bescheiden [-'sxɛɪd-]; _voll veeleisend l-'ɛisənd]

An|stalt f (het) instituut l-'ty·tl, inrichting; _stand m (het) fatsoen lfat-'su·nl; Qständig fatsoenlijk [-lək], behoorlijk; Qstandslos zonder bezwaar; Qstarren aanstaren l'-sta:r-l

anstatt (G) in plaats van

ansteck|en aansteken

['-steːk-l, opsteken; vaststeken; *Med.* besmetten; **sich _en** zich besmetten; **_end** besmettelijk [-lək], ℚ*ung f* besmetting

anstehen nach (*D*) in de rij staan voor

ansteigen stijgen ['stɛiɡ̑-]

anstell|en s. **einstellen, einschalten, anrichten;** ['-stɛl; *Pol.* motie ['moː(t)siˑl; **_en stellen** *m* aanvrager **sich _en nach** (*D*) in de rij gaan staan voor; ℚ*ung f* aanstelling, benoeming [-'nuːm-]

Anstieg *m* stijging

anstiften aanstichten

Anstoß *m Sp.* aftrap; **_ nehmen an** (*D*) zich ergeren an; ℚ**en auf** (*A*) klinken op

an|stößig ergerlijk [-lək]; **_streben** streven naar

anstreich|en s. schilderen ['sxɪldər-], verven; (*m. Strichen*) aanstrepen; ℚ**er** *m* schilder

anstreng|en (sich) (zich) inspannen; **_end** *m* vermoeiend [-'muˑiənt]; ℚ*ung f* inspanning

Anstrich *m* verf

Anteil *m* (het) aandeel; **_ nehmen an** (*D*) deelnemen in; **_nahme** *f* deelneming

Antenne *f* antenne

Anti|babypille *f* anti-babypil; **_biotikum** *n* (het) antibioticum [-kem]

antik antiek; ℚ**e** *f* oudheid [auˈthɛit]

Anti|quariat *n* (het) anti-

quariaat; **_quitätenladen** *m* antiquair [antiˈkɛːr]

Anti|semitismus *m* (het) antisemitisme; ℚ**septisch** antiseptisch [-iˑs]

Antrag *m* (het) verzoek [-ˈzuˑk], aanvraag; (*Vorschlag*) (het) voorstel

an|treffen aantreffen; **_treiben** aandrijven ['-drɛiv̑ə(n)l; **_treten** *v/i* aantreden; *v/t* beginnen

Antrieb *m Tech.* aandrijving

antun aandoen ['-duːn]

Antwerpen *n* Antwerpen ['ant-ln

Antwort *f* (het) antwoord; ℚ**en** antwoorden

anvertrauen toevertrouwen ['tuˑv̑ərtraũˑə(n)l

An|walt *m* advocaat; **_wärter** *m* aspirant [aspiˈrant]

anweis|en (*j-n belehren*) instrueren [-stryˈeːr-]; (*anordnen*) bevelen [-ˈv̑eːl-]; ℚ*ung f Hdl.* postwissel, cheque [ʃɛk]

anwend|en gebruiken ['-brøyk-], toepassen ['tuˑ-]; ℚ*ung f* (het) gebruik, toepassing

anwerben in dienst nemen

anwesen|d aanwezig [-ˈv̑eːzəxl; ℚ**heit** *f* aanwezigheid

Anzahl *f* (het) aantal ['-tall; ℚ**en** een gedeelte

vooruit [-'rǝyt-] betalen;
~ung f aanbetaling, (het)
voorschot

Anzeichen n (het) teken
['tse:k-]

Anzeige f kennisgeving;
(Zeitung) advertentie
[-'tɛnsi-]; (Polizei) bekeuring [-'kø:r-], (het) proces-verbaal [pro:'sɛs fǝr-
'ba:l]; ~ erstatten aangifte doen; 2n kennis geven
van;(j-n) aangeven

anzieh|en aantrekken;
Schraube aandraaien;
sich ~en zich aankleden;
~end aantrekkelijk
[-'tʀɛkǝlǝk]; 2ungskraft f
aantrekkingskracht

Anzug m (het) kostuum
[-'ty:m], (het) pak

an|züglich scherp [sxɛr-
(ǝ)p]; ~zünden aan-
steken['-ste:k-]

Apartment n (het) appartement [-'mɛnt], flat [flɛt]

apathisch apathisch [-']

Apfel m appel; ~mus n ap-
pelmoes [-mu:s]

Apfelsine f sinaasappel
['si:na:s-]

Apostel m apostel

Apotheke f apotheek; ~r
m apotheker

Apparat m (het) apparaat

appellieren an(A) een (an)
beroep ['ru:p] doen op

Appetit m eetlust ['-løst],
trek; guten ~! smakelijk
['-kǝlǝk] (eten ['e:tǝ(n)])!;
2anregend eetlustop-
wekkend; 2lich lekker,

smakelijk; ~losigkeit f
(het) gebrek aan eetlust

Applaus m (het) applaus

Aprikose f abrikoos

April m april; ~scherz m
aprilmop

Aqua|rell n aquarel; ~ri-
um n (het) aquarium
[a'kŭa:ri'(j)ǝm]

Äquator m evenaar ['e:-
vǝn-]

Araber(in f) m Arabier m,
Arabische [-i-]sǝf

Arbeit f (het) werk, arbeid;
2en werken; ~er m ar-
beider; 2geber m werk-
gever; ~nehmer m werk-
nemer; 2sam werkzaam

Arbeits|amt n (het) ar-
beidsbureau [-by:ro:];
2fähig in staat tot wer-
ken; 2los werkloos;
~losenunterstützung f
werklozensteun [-stø:n];
~platz m (Ort) werk-
plaats; (Beschäftigung)
arbeidsplaats; ~tag m
werkdag ['-dɑx], ~zeit f
werktijd ['-tɛıt]

Archäologie f archeologie

Architekt m architect; ~ur
f architectuur ['-ty:r],
bouwkunst ['bɑŭkǝnst]

Archiv n (het) archief

Ärger m ergernis; (Unannehmlichkeit) narigheid
['na:rǝxɛıt], last; 2lich
(verärgert) boos; (unan-
genehm) onaangenaam
['-a:nɣǝ-], vervelend
[-'ve:lǝnt]; 2n (sich) (zich)
ergeren

arg|los argeloos [ˈɑrɣə-l];
  ℒwohn m argwaan,
  achterdocht; ˌwöhnisch
  achterdochtig[-ˈdɔxtəx]
Arie f aria[ˈaːri-(j)ɑ]
aristokratisch aristocra-
  tisch[-i·s]
arm arm
Arm m arm
Armaturenbrett n (het)
  dashboard[ˈdɛʃbɔrt]
Armband n armband;
  ˌuhr f (het) polshorloge
  [-lo:ʒə]
Armbinde f band (om de
  arm)
Armee f (het) leger [ˈle:-
  ɣər]
Ärmel m mouw [mɑʊl];
  ℒlos zonder mouwen
Armenviertel n achter-
  buurt [-byːrt]
ärmlich schamel [ˈsxa:-
  məl]
arm|selig armzalig [-ləx];
  ℒut f armoede [ˈmu·-]
Arnheim n Arnhem
  [ˈɑrnɛm]n
Aroma n (het) aroma
arrogant arrogant [aro·-
  ˈɣɑnt]
Arsch m F (het) achterste,
  (het) gat, kont
Art f manier; (Wesen)
  aard;(Gattung) soort
Arterie f slagader
artig lief, aardig[ˈ-dəx]
Artikel m (het) artikel;Gr.
  (het) lidwoord
Artillerie f artillerie
Artischocke f artisjok
  [ɑrti·ˈʃɔk]

Artist(in f) m artiest(e f)
Arzneimittel n (het) ge-
  neesmiddel, (het) medi-
  cament[-kaˈmɛnt]
Arzt m arts, dokter, ge-
  neesheer
Ärzt|in f vrouwelijke
  [ˈvrɑʊələkə] arts; ℒlich
  geneeskundig[-ˈkəndəx]
As n (Karte) aas
Asch|e f as; ˌen-bahn f
  sintelbaan; ˌen-becher m
  asbak; ˌer-mittwoch m
  aswoendsdag [-ˈʊuˈnz-
  dax]
asiatisch Aziatisch[-i·s]
asozial asociaal [aso·ˈsia:l]
Asphalt m (het) asfalt
Aspirin n aspirine
Assistent(in f) m assi-
  stent(e f)
Ast m tak; ˌer f aster
Asthma n astma
Astro|naut m astronaut;
  ˌnomie f astronomie
Asyl n (het) asiel [aˈziˈl]
Atem m adem; außer ˌ
  buiten adem; ℒlos adem-
  loos
Äther m ether
Athlet m atleet; ˌik f atletiek [-leˈtiˈk]
Atlas m atlas
atmen ademen [aˈdə-
  mə(n)]
Atmosphär|e f (atmo-)
  sfeer; (Luft) atmosfeer;
  ℒisch atmosferisch [-i·s]
Atmung f ademhaling
Atom|energie f atoom-
  energie; ˌkraftwerk n
  atoomcentrale [-sɛn-]

Atten|tat n aanslag; ~täter m aanslagpleger, dader

Attest n (het) attest

ätzen bijten ['bɛt-]

auch ook

auf (A, D) op; ~ deutsch in het Duits [dɔʏtsl]; ~ einmal opeens; (in einem Mal) ineens, in één [e:n] keer

auf|arbeiten bewerken; ~atmen herademen [hɛr'a:dəmə(n)]

Aufbau m opbouw ['ɔbaʊ]; Qen opbouwen

aufbewahr|en bewaren; Qungsort m bewaarplaats

auf|bleiben (wachen) opblijven ['ɔblɛĭ˅-]; (offen bleiben) openblijven; ~blenden weer vol licht laten schijnen ['sxɛĭn-]; ~blicken opkijken

aufbrechen (öffnen) openbreken ['ɔ:pə(n)bre:k-]; (weggehen) opbreken, opstappen, vertrekken

auf|drehen opendraaien; ~dringlich opdringerig [-'drɪŋərəχl]; Qdruck m opdruk ['ɔbdrøk]; ~einander op elkaar [-'ka:r]

Aufenthalt m (het) verblijf ['-blɛĭf]; Esb. (het) oponthoud ['ɔpɔnthaʊtl]; ~s genehmigung f verblijfsvergunning [-ʂ˅ɣənɪŋ]; ~s ortm verblijfplaats

auf|erlegen opleggen; ~essen opeten ['-e:t-]

auffahr|en auf(A) inrijden

['-rɛĭə(n)] op; Qt f oprit; Qunfall m (ketting)bot

auffallen opvallen [sing

auffass|en opvatten; Qung f opvatting

aufforder|n uitnodigen ['əʏtno:dəx-]; aanmanen; Qung f uitnodiging; aanmaning

auffrischen opfrissen

aufführ|en Thea. opvoeren ['ɔpfu:rə(n)]; s. auf zählen; Qung f opvoering, voorstelling

Auf|gabe f opgave, taak; ~gang m opgang

aufgeben opgeven

Aufge|bot n ondertrouw; Qdunsen opgezwollen

aufgehen Gestirn: opgaan; Tür: opengaan; Naht: losgaan; Rechnung: kloppen

aufge|regt opgewonden; ~schlossen fig. open ['ɔ:pə(n)]

auf|gießen opgieten; ~haben Hut ophebben; (geöffnet sein) open hebben

aufhalten (anhalten) ophouden ['-hɑʊə(n)];(offen halten) openhouden; sich ~ verblijven ['-blɛĭvə(n)]

aufhäng|en ophangen; Qer m (ophang)lus [-ləsl]

aufheben (vom Boden) oprapen; (aufbewahren) bewaren; opheffen; Qs: viel Qs machen von(D) veel ophef maken van

Aufheiterung f Met. opklaring

auf|hetzen ophitsen; **~holen** inhalen; **~hören** ophouden ['-hø:ə(n)]; **~klappen** openslaan

aufklär|en {j-n über A} voor-, inlichten (over); Mord ophelderen ['-hɛldərə(n)]; Mil. verkennen; **2ung** f voorlichting

auf|kleben opplakken; **2kleber** m (het) etiket ['-kɛt]; **~knöpfen** losknopen; **~kommen** opkomen; **~laden** opladen

Auflage f (Buch) oplage, druk [drɛk]; verplichting

auf|lassen (offen lassen) openlaten; **2lauf** m (Menge) oploop; Kochk. soufflé [su'fle:]

auflehnen: sich ~ zich verzetten, in opstand komen

auf|leuchten oplichten; **~lösen** oplossen; Versammlung ontbinden

aufmach|en openmaken; Rechnung opmaken; **sich ~en** zich opmaken; **2ung** f opmaak

aufmerksam aandachtig [-'dɑxtəx]; galant; **~machen auf**(A) de aandacht vestigen op ['vɛstəgə̯ə(n)]; **2keit** f (attentie) aandacht [ɑ'tɛnsi-]; (galant) attentie [ɑ'tɛnsi·]; aardigheid ['-dəxɛit]

aufmuntern opmonteren ['-montərə(n)]

Aufnahme f opname;

~prüfung f (het) toelatingsexamen ['tu·la:-]

auf|nehmen opnemen; **~passen auf**(A) letten op

Auf|prall m botsing; **~preis** m toeslag ['tu·slɑx]

auf|pumpen oppompen; **~ragen** oprijzen ['-rɛiz-]; **~räumen** opruimen ['-rɔym-]

aufrecht rechtop, overeind [-'ɛint]; **~erhalten** handhaven

aufreg|en (sich) (zich) opwinden; **2ung** f̌ opwinding

aufreißen Fenster openrukken ['o:pə(n)rɛk-]; Straße opbreken ['o-bre:k-]

aufricht|en (sich) oprichten; **~ig** oprecht [-'rɛxt]; **2igkeit** f oprechtheid [-'rɛk-]

aufrücken oprukken

Auf|ruf m oproep ['-ru·p]; **~ruhr** m (het) oproer

auf|runden naar boven afronden; **~rüsten** bewapenen ['-bə·p-]

aufsässig weerspannig ['-spɑnəx], opstandig ['-dəx]

Aufsatz m (het) opstel ['opstɛl], (het) artikel

auf|scheuchen opjagen; **~schieben** uitstellen

Aufschlag m (Aufprall) smak; (Tennis) service ['sœ.ʋi·s], (Ärmel2) omslag; (Preis2) opslag ['-slɑx]; **2en** v/t Buch

openslaan, *Zelt* opslaan;
v/i (neer)ploffen
auf|schließen openen l'oː-
pən-l; **~schlußreich** in-
teressant, leerzaam;
~schneiden opsnijden
l-snεia(n)l; *fig.* opschep-
pen l'-sxεp-l, bluffen
l'blœf-l; 2**schnitt** *m*
Kochk. (het) gesneden
vlees; **~schrecken** op-
schrikken; 2**schrei** *m*
kreet, gil; **~schreiben**
opschrijven l'-sxrεiv̆-l;
2**schrift** *f* (het) opschrift;
2**schub** *m* (het) uitstel
l'aɤtstεll; **~schütten** op-
hogen; 2**schwung** *m* hoge
vlucht l'vlext̆l, bloei l'blu·il

Aufseh|en *n*: **~en erregen**
opzien baren; **~er** *m* op-
zichter

aufsetzen *v/t* opzetten;
Text opstellen; *v/i Flgw.*
landen

Aufsicht *f* (het) toezicht
l'tu·l

Aufsichts|beamte(r) in-
specteur l-'tøːrl *m*, in-
spectrice l-'triˑsəl *f*; **~per-
sonal** *n* (het) bewakings-
personeel; **~rat** *m* raad
van toezicht; *Hdl.* raad
van commissarissen

auf|spannen (op)spannen;
~sperren opensperren;
~spießen opprikken;
~springen opspringen;
(*sich öffnen*) openspin-
gen; 2**stand** *m* opstand;
2**ständische(r)** opstande-
ling

auf|stecken *Haar* opspel-
den; **~stehen** opstaan;
Tür: openstaan; **~steigen**
(op)stijgen l'-stεiɤ̆-l

aufstell|en opstellen; *Re-
kord* vestigen l'vˑεstəɤ̆-l;
2**ung** *f* opstelling

Auf|stieg *m* stijging;
~strich *m* (*Brot*) (het)
broodbelegsel l'-bələx-
səl; 2**suchen** opzoeken
l'-su·k-l

auf|tanken bijtanken
l'bεitəŋk-l; **~tauchen** op-
duiken l'-dɔɤk-l; **~tauen**
ontdooien; **~teilen** verdelen l-'deː-l-l

Auftrag *m* opdracht; *Hdl.*
order; **im ~ von (D)** op
last van; 2**en** *Farbe,
Schminke* aanbrengen;
Speisen opdienen; **~ge-
ber** *m* opdrachtgever

auf|treiben *F (beschaffen)*
opsnorren; **~trennen**
losmaken; **~treten** optreden; 2**tritt** *m* (het) optreden; **~wachen** wak-
ker worden, ontwaken
l-'va:k-l; **~wachsen** opgroeien l'-xruˑia(n)l

Aufwand *m* (*Einsatz*)
moeite, inzet l'-zεtl; (*Luxus*) weelde, luxe l'lyˑk-
səl; **~sentschädigung** *f*
onkostenvergoeding

auf|wärmen opwarmen;
2**wartefrau** *f* werkster;
~wärts omhoog l-'hoːxl,
opwaarts; 2**waschschüs-
sel** *f* afwasbak; **~weichen**
weken; 2**wendungen** *f/pl.*

uitgaven ['ɑytxa:ʋə(n)]
pl.; 2wertung f revaluatie
[-ly·'ũa:(t)si-], herwaar-
dering ['hɛrʋa:rde:r-];
_wiegeln opruien ['-rɑyi-
ə(n)]; _wirbeln opjagen;
_wischen opvegen; _zäh-
len optellen, opsommen
aufzeichn|en optekenen
['-te:kənə(n)], aanteke-
nen; 2ung f aantekening
auf|ziehen optrekken
(öffnen) opentrekken
['o:pə(n)-]; Uhr opwin-
den; Kind grootbrengen;
2zug m stoet [stɔrl, op-
tocht; (Fahrstuhl) lift;
Thea. (het) bedrijf
[-'drɛif]; _zwingen(j-m Å)
opdringen
Auge n (het) oog [o:xl
Augen|arzt m oogarts;
_blick m (het) ogenblik,
2blicklich (gegenwärtig)
op dit ogenblik; (sofort)
onmiddellijk [-'mɪdələk],
ogenblikkelijk [-'blɪka-
lək]; _braue f wenk-
brauw; _leiden n oog-
ziekte; _zeuge m oogge-
tuige['-xətə:rɣ̈əl

August m augustus
[-'ʋɛstəsl
Auktion f veiling
aus (D) uit [ɑytl; ...ist _s
uit, is afgelopen
aus|arbeiten uitwerken;
_arten ontaarden; _at-
men uitademen ['-a:də-
mə(n)]; _bauen (vergrö-
ßern) uitbreiden, ont-
wikkelen; _bessern her-

stellen [hɛr'-]
Ausbeut|e f opbrengst;
2en uitbuiten; _ung f uit-
buiting; Bgb. exploitatie
[ɛksplɔy'ta:(t)si-]
aus|bilden opleiden; 2er
m opleider, instructeur
['-strɛk'tɔ:rl; 2ung f opleiding
aus|bleiben uitblijven
['-blɛiv-], wegblijven;
2blick m (het) uitzicht;
_brechen uitbreken
['-brɛk-]; _breiten uit-
spreiden ['-sprɛid-]; fig.
uitbreiden; _brennen
uitbranden; 2bruch m
(het) uitbreken
Ausdauer f volharding,
(het) uithoudingsvermo-
gen ['ɑythaud-]; 2nd vol-
hardend['-hardəntl
ausdehn|en (sich) zich
uitstrekken; Phys. uit-
zetten; fig. (sich dehnen)
(zich) uitbreiden; 2ung f
uitgestrektheid; uitzet-
ting; uitbreiding
Ausdruck m uitdrukking
['-drɛk-], term
ausdrück|en (sich) zich
uitdrukken; 2lich uit-
drukkelijk ['-drɛkələk]
aus|drucksios uitge-
drukking; 2dünstung f
uitwaseming ['-va:səm-];
_einander uit elkaar
[-'ka:r], uiteen[əytˈe:n]
auseinandersetz|en (sich
eenzetten; sich _en
mit (j-m) discussiëren
[-kə'sje:rə(n)]; 2ung f

bespreking, discussie [-'kǝsi]

auser|lesen, **.sehen**, **.wählen** verkiezen, uitkiezen

ausfahr|en v/t gaan rijden ['rɛiǝ(n)]; v/i naar buiten rijden; Schiff: uitvaren; Qt∫ uitrit

Ausfall m uitval; **Qen** uitvallen; **.straße** f uitvalsweg [-vɛx]

ausfindig: **.** machen opsporen

Aus|flucht f uitvlucht ['-flɛxt]; **.flug** m (het) uitstapje, excursie [-'kǝrsi-]; **.flügler** m dagjesmens ['daxjǝsmɛns], deelnemer aan een excursie; **.fluß** m Med. vloeiing ['vlu-iŋ]; **.fuhr** f uitvoer ['aytfu:r]; **Qführen** uitvoeren; **.fuhrgenehmigung** f uitvoervergunning [-ˈɣǝn-]

aus|führlich uitvoerig [-'fu:rǝx]; **.führen** (op)vullen ['-vǝl-]; Formular invullen; **Qgabe** f uitgave ['ɑytxɑːvǝl]

Ausgang m uitgang; (Ende) afloop;(Ergebnis) (het) resultaat [-zǝl-]; **.s·punkt** m (het) uitgangspunt [-pɛnt]

aus|geben uitgeven; **.gebucht** (voll besetzt) volgeboekt [-bu·ktl; **.gehen** uitgaan;(enden) aflopen; (alle werden) opraken

ausge|lassen uitgelaten [-la:tǝ(n)l; **.nommen** uit-

gezonderd, behalve; **.schlossen** uitgesloten [-slo:tl; **.schnitten** Kleid: gedecolleteerd; **.wogen** evenwichtig [-'vɪxtǝx]; **.zeichnet** uitstekend [ǝyt'ste:k-], puik [pǝyk]

ausgiebig uitvoerig [-'fu:rǝx]

Ausgleich m (het) evenwicht; **Qen** gelijk [-'lɛik] maken

Aus|grabungen f/pl. opgravingen pl.; **Qhalten** uithouden ['-hɑūǝ(n)]; **.hang** m (het) ophangen; (Bekanntmachung) affiche [ɑ'fi·∫ǝ]; **.hängeschild** n (het) uithangbord; **Qharren** volharden [-'hɑr-]; **Qheilen** genezen; **Qhelfen** (j-m mit D) helpen (met)

Aushilf|e f hulp [hǝl(ǝ)p]; **Qs·weise** als tijdelijke ['tɛidǝlǝkǝ] hulp

aus|höhlen uithollen; **.horchen** uithoren

auskennen: sich .. in (D) op de hoogte zijn [zɛinl van

aus|klügeln uitkienen; **.kommen** (Geld) rondkomen [-ko:m-l; (sich vertragen) opschieten

Auskunft f inlichtingen pl., informatie [-'mɑ:(t)si-]; **.s·büro** n, **.s·stelle** f (het) informatiebureau [-by·ro:l]

aus|kuppeln ontkoppelen; **.lachen** uitlachen; **Qlage**

f (Schaufenster) etalage [e·tɑ'la:ʒə]; ²**land** *n* (het) buitenland [ˈbəytə(n)-]
Ausländ|er(in *f)* *m* buitenlander *m* (buitenlandse *f)*; ²**isch** buitenlands
Auslands|aufenthalt *m* (het) verblijf [-ˈblɛif] in het buitenland; **~gespräch** *n* Tel. (het) buitenlands telefoongesprek [-ˈɣəsprɛk]; **~reise** *f* buitenlandse reis [rɛis]

aus|lassen weglaten; *Butter* smelten; *Kleid* uitlaten; **~laufen** uitlopen; *Schiff:* uitvaren; **~legen** *Waren* toon spreiden; *Geld* voorschieten; *(deuten)* uitleggen; **~leihen** uitlenen; ²**lese** *f* keuze [ˈkøːzəl], selectie [seˈlɛksi]

aus|liefern uitleveren [-ˈi:-]; **~lösen** verloten; **~lösen** ontketenen; ²**löser** *m* Foto: ontspanner
aus|machen uitmaken; *(verabreden)* afspreken; ²**maß** *n* omvang; **~merzen** uitroeien [ˈaytruˑiˑə(n)]; **~messen** opmeten [-ˈme:t-]

Ausnahme *f* uitzondering; **~ezustand** *m* staat van beleg [-ˈlɛx]; ²**s·los** zonder uitzondering; ²**s·weise** bij wijze [ˈvɛizə] van uitzondering
Ausnüchterung *f* ontnuchtering [-ˈnəx-]
aus|nutzen profiteren

van; **~packen** uitpakken; **~plaudern** verklappen; **~probieren** beproeven [-ˈpruˑ-]
Auspuff *m* uitlaat; **~topf** *m* knalpot
aus|radieren uitgommen; **~rechnen** uitrekenen [ˈ-rɛk-]; ²**rede** *f* uitvlucht [ˈøytflɛxt]
ausreichend voldoende [-ˈduˑndə], genoeg
Ausreiseerlaubnis *f* uitreisvergunning [-ˈɣən-]
aus|reißen *v/t* uitscheuren [ˈ-sxøːr-]; *v/i* op de loop gaan; **~richten** uitrichten; *Grüße* doen, overbrengen; **~rotten** uitroeien [ˈ-ruˑiˑə(n)]
Ausruf *m* uitroep [ˈaytruˑp]; **~ungszeichen** *n* (het) uitroepteken [-te·k-]
aus|ruhen (sich) uitrusten [ˈ-rəst-]; **~rüsten** uitrusten
Aussage *f* Jur. getuigenis [-ˈtəyɣənis]; ²**n** *Jur.* getuigen
ausschalten uitschakelen [ˈsxɑːkələ(n)]
Ausschank *m (Kneipe)* kroeg [kruˑxl, (het) café [kɑˈfe:]
ausschauen (nach *D)* uitkijken [ˈ-kɛik-l(naar)
ausscheid|en *v/t* afscheiden; *v/i (aus e-m Amt)* aftreden [ˈ-tre:d-]; ²**ungsspiel** *n* afvalwedstrijd [-vɛtstrɛit]
aus|scheren *v/i (aus e·r*

Kolonne) de rij verlaten, uithalen; **~schimpfen** uitschelden; **~schlafen** uitslapen

Ausschlag *m Med.* uitslag; *fig.* doorslag ['~slax]; ℚ**en** uitslaan; *Bitte* afslaan; ℚ**gebend** doorslaggevend

ausschließen uitsluiten; **~lich** uitsluitend; *prp. (G)* zonder, behalve [l'bəhal-və]

Ausschluß *m* uitsluiting; **unter ~ der Öffentlichkeit** met gesloten deuren ['dø:rə(n)]

Ausschnitt *m Kleid:* (het) decolleté [de'kɔl'te:]

aus|schreiben (uit)schrijven; ℚ**schuß** *m (Komitee)* commissie; **~schütten** uitgieten; *Hdl.* **Dividende ~schütten** dividend uitkeren

aussehen: (gut) ~ er (goed) uitzien; ℚ**n** (het) uiterlijk [-lək]

aussein *F* uit zijn

außen buiten ['bəytə(n)]; ℚ**bordmotor** *m* buitenboordmotor [-'mo:tɔr]; ℚ**handel** *m* buitenlandse handel; ℚ**ministerium** *n* (het) ministerie van buitenlandse zaken

Außenseite *f* buitenkant; **~rm** outsider ['autsaɪdər], buitenstaander

außer *(prp.)* behalve [bə-'halvə]; **~ Betrieb** buiten werking; **~ Dienst** buiten dienst; **~dem** bovendien

[bo:v̩'v̩ə(n)'di·nl, daarenboven

äußere uiterlijke [-ləkəl]; ℚ**(s)n** uiterlijk

außer|ehelich onwettig [-'v̩e:əxlɪx], buitenechtelijk [-'ɛxtələk]; **~gewöhnlich** buitengewoon; **~halb** *(G)* buiten ['bəytə(n)]

äußer|lich uitwendig; uitwendig [-'v̩ɛndəxl]; ℚ**n** uiten

außerordentlich buitengewoon, uitzonderlijk [-'sɔndərlək]

äußerst uiterst ['əytərst]

außerstande: ~ sein (zu *D)* niet in staat zijn (tot)

Äußerung *f* uiting

aussetzen *Belohnung* uitloven; *Kind* te vondeling ['v̩ɔndəl-] leggen; *der Sonne, Gefahr usw.:* blootstellen aan; *Strafe, Kampf* opschorten; *v/i Motor:* haperen ['ha:-pər-l, afslaan; **et. auszusetzen haben an** *(D)* iets aan te merken hebben op

Aussicht *f* (het) uitzicht; *fig.* (het) vooruitzicht; ℚ**s·los** hopeloos ['ho:pə-lo:sl; **~s·turm** *m* uitkijktoren ['-kɛɪkto:rə(n)]

aus|spannen *v/t* uitspannen; *v/i (sich erholen)* zich ontspannen; ℚ**sperrung** *f* uitsluiting, lockout[lɔk'autl

Aus|sprache *f* uitspraak; gedachtenwisseling, discussie [-'kəsi-]; **₂sprechen** uitspreken; **~spruch** m uitspraak; **~stand** m staking ['sta:k-]

ausstatt|en (mit D) voorzien (van); **₂ung** f uitrusting ['-rəs-]

aus|stehen (erleiden) uitstaan; (fehlen, a. Hdl.) ontbreken [ɔnd'bre:k-l]; **~steigen** uitstappen

ausstell|en tentoonstellen [tən'to:n-]; (schriftl.) schrijven ['sxrɛiˀðə(n)]; **₂er** m tentoonsteller, exposant [ɛkspo·'zɑnt]; **₂ung** f tentoonstelling

Aus|steuer f uitzet; **₂stopfen** opvullen ['ɔpfəl-]; **₂stoßen** uitstoten; **₂strecken (sich)** (zich) uitstrekken; **₂suchen** uitzoeken ['əytsu·k-]

Austausch m ruil [rəyl], uitwisseling ['-ʋɪsəlɪŋ]

austeilen uitdelen

Auster f oester ['u·stər]

austragen Post rondbrengen, bestellen; Spiel, Kampf uitvechten [ˈhuͤə(n)], doorvoeren ['-ˀvu:r-]

australisch Australisch [-iˀs]

aus|treten (aus e-r Partei usw.) uittreden; **F** ich **muß ~treten** ik wil de W. C. opzoeken; **~trinken** uitdrinken; **₂tritt** m uittreding; **~üben** uitoefenen ['-u·ˀtənə(n)]

Ausverkauf m uitverkoop; **₂t** uitverkocht

Aus|wahl f keuze ['kø:zəl; **₂wählen** uitkiezen

auswander|n emigreren; **₂ung** f emigratie [-'ɣ̇ra:(t)si·]

auswärt|ig buitenlands; **~s** (wohin?) naar buiten; (wo?) buiten; **₂s·spiel** n uitwedstrijd ['əytʋɛtstrɛit]

auswechseln vernieuwen [-'ni·ˀuͤə(n)], vervangen

Ausweg m uitweg ['-ʋɛx; **₂los** uitzichtloos

ausweich|en (D) ontwijken, uitwijken voor; **~end** ontwijkend [-'ʋɛik-]

Ausweis m legitimatie [-'ma:(t)si·], pas, identiteitskaart; **₂en** (j-n) het land uit zetten, uitwijzen; **sich ₂en** zich legitimeren; **~papiere** n/pl. legitimatiepapieren n/pl.

aus|wendig van buiten; **~werten** benutten [bə·'nɐt-]; evalueren [e:ˀʋa·ly·'üe:rə(n)]

aus|zahlen uitbetalen; **~zeichnen (sich)** (zich) onderscheiden

ausziehbar uittrekbaar; **~en** v/t uittrekken; v/i (aus e-m Haus) verhuizen ['-həyz-]; **sich ~en** zich uitkleden

Auszug m uittocht; (Teil) (het) uittreksel ['əytrɛksəll [-'ti·k]

authentisch authentiek

Auto n auto ['auto·, 'o:to:]

Auto- in Zssg. mst. auto-

Autobahn f autosnelweg [-snɛlʋɛxl]; **~gebühr** f wegentol [-'ʋe:ɣə(n)tɔll; **~raststätte** f (het) weg-restaurant [-'rɛsto·'rãː]

Autobus m autobus [-bəsl; **~haltestelle** f bushalte

Auto|fähre f (het) auto-veer; **~fahrer** m automo-bilist, chauffeur [ʃoˈføːr]

Automat m automaat; **~en restaurant** n auto-matiek [-'tiˑkl; **Qisch** automatisch [-iˑsl]

Automobilklub m auto-mobielclub [-kløp]

Autor m auteur [auˈtøːr, oːˈtøːr]

Auto|reifen m autoband; **~reisezug** m autoslaap-trein; **~rennen** n autora-ce [-reːsl; **~reparatur-werkstatt** f garage [ɣaˈraːʒəl]

Autorit|ät f (het) gezag [-'zɑxl]; **Qär** autoritair [-'tɛːr]

Auto|straße f autoweg [-ʋɛxl; **~vermietung** f autoverhuring [-hyːrː]; **~zubehör** n autoacces-soires [-aksəˈsŭaːrslpl.

Axt f bijl [bɛill

Azalee f azalea [aˈzaːleˑiɑl

B

Baby n baby; **~ausstat-tung** f babyuitzet [-əytsɛtl]

Bach m beek

Backe f wang

backen bakken

Backenzahn m kies

Bäcker m bakker; **~rei** f bakkerij [-'rɛill

Back|hähnchen n braad-kip; **~ofen** m bakoven

Bad n (het) bad [bɑtl]

Bade- in Zssg. mst. bad-

Bade|anstalt f badinrich-ting; **~anzug** m (het) bad-pak; **~hose** f zwembroek [-'bruːkl]; **~kappe** f bad-muts [-mɛtsl]; Qen baden

Bade|ort m badplaats; **~strand** m (het) bad-strand; **~wanne** f bad-kuip [-ˈkəypl]

Bagger m bagger

Bahn f baan; Esb. spoor-weg [-ʋɛxl]; Qen banen; **~hof** m (het) station [sta-'sionl]; **~hofs-** in Zssg. mst. stations-

Bahnhofs|halle f sta-tionshal; **~restaurant** n stationsrestauratie [-rɛs-toˑraː(t)siˑl]; **~vorsteher** m stationschef

Bahnpolizei f spoorweg-politie [-poˑliˑ(t)siˑl]

Bahnsteig m (het) perron [pɛˈrɔnl]; **~karte** f (het) perronkaartje;' **~sperre** f controle [-ˈtrɔːləl]

Bahn|überführung f spoorwegviaduct [-døktl]; **~übergang** m spoorwegover-gang, overweg

Bahre f (draag)baar

Bajonett n bajonet

Bakterien f/pl. bacteriën [-'te:ri·(j)ə(n)lpl.

bald gauw, weldra; **so ~ wie möglich** zo gauw mogelijk [-lək]; **~ig** spoedig ['spu·dəx]

Balken m balk

Balkon m (het) balkon

Ball m bal;(Tanz) (het) bal

ballen ballen; ♀ m (Waren♀) baal

Ballett n (het) ballet

Ballon m ballon

banal banaal

Banane f banaan

Band 1. m (het) (boek)deel ['bu·g-]; 2. n (Kleid) (het) lint

Bande f bende

Bandit m bandiet

Bank f bank

Bank- in Zssg. mst. bank-

Bank|anweisung f bankwissel; **~konto** n bankrekening [-re:kəniŋ]; **~note** f (het) bankbiljet [-jɛt]

bankrott bankroet [-'ru·t], failliet [fa'ji·t]

bar contant [kɔn'tɑnt]; **~er: ~er Unsinn** m klinklare onzin

Barf bar

Bär m beer

Baracke f barak

barbarisch barbaars

Bardame f (het) barmeisje ['mɛiʃə]

barfuß barrevoets [bɑ-rə'vu·ts]

Bargeld n (het) contant geld; **♀los:** **♀loser Zahlungsverkehr** m (het) gi-

roverkeer

Barhocker m barkruk ['-krøk]

barmherzig barmhartig [-təx]

Barometer n barometer

Barren m (Gold♀) baar, staaf;Sp. brug [brøx]

barsch bars; ♀m baars

Barschaft f contantenpl.

Bart m baard; snor

Barzahlung f contante betaling

Basar m bazaar

bas|ieren baseren [-'ze:r-]; ♀is f basis

Baß m bas

Bast m bast, schors [sxɔrs]

bast|eln knutselen ['knɛt-sələ(n)]; ♀ler m knutselaar

Batist m (het) batist

Batterie f batterij [-'rɛi]

Bau m bouw [bau]; (Gebäude) (het) gebouw; **im ~** in aanbouw

Bau- in Zssg. mst. bouw-

Bauarbeiter m bouwvakarbeider, bouwvakker

Bauch m buik [bøyk]

Bauch|fellentzündung f buikvliesontsteking [-ste:k-]; **~schmerzen** m/pl. buikpijn ['-pɛin]

bauen bouwen

Bauer[1] m boer [bu·r]; Schach: pion [pi·'jɔn]

Bauer[2] n vogelkooi

Bäuer|in f boerin [-'rɪn]; **♀lich** landelijk [-dələk]

Bauernhof m boerderij [-'rɛi]

bau|fällig bouwvallig
[-'ʋalək]; ⚥**gerüst** n steiger; ⚥**ingenieur** m bouwkundig [-'kendǝl] inge-
nieur

Baum m boom

baumeln slingeren

bäumen: sich ⚥ steigeren
['stɔɪɣər-]

Baumwolle f (het) katoen
[-'tuːn]

Bau|sparkasse f bouw-
spaarkas; ⚥**stelle** f (het)
bouwterrein [-rɛɪn]

Bayer m Beier; ⚥**isch**
Beiers

beabsichtigen van plan
zijn [zɛɪn], beogen

beacht|en (wahrnehmen)
letten op; (befolgen) na-
komen; ⚥**lich** opmerke-
lijk [-kǝlǝk]

Beamt|e(r) beambte [-'am-
tǝl, ambtenaar ['amtǝ-];
⚥**in** f vrouwelijke ['ʋraʊǝ-
lǝkǝl, beambte, ambte-
nares [-'rɛs]

beängstigend angstaan-
jagend

be|anspruchen (fordern)
aanspraak maken op;
Platz, Zeit in beslag ne-
men; ⚥**anstanden** kriti-
seren [-'zeːr-]; ⚥**antragen**
aanvragen; (vorschlagen)
voorstellen; ⚥**antworten**
beantwoorden; ⚥**arbei-
ten** bewerken

Beatmung f: **künstliche ⚥**
kunstmatige [kǝnst'maː-
tǝɣǝl ademhaling

beauf|sichtigen toezicht

uitoefenen ['ɐʏtu·fǝnǝ(n)]
op; ⚥**tragen** belasten

bebauen bebouwen
[-'baʊǝ(n)]

beben beven

Becher m beker ['beːkǝr]

Becken n (het) bekken

bedächtig bedachtzaam

bedanken: sich ⚥ danken

Bedarf m behoefte ['huːf-
tǝl

bedauerlich betreurens-
waardig [bǝtrø·rǝns-
'vaːrdǝl; ⚥**erweise** helaas [heˑ'laːs]

bedauern: ich
bedau(e)re het spijt mij
[spɛɪt mǝl; **zu meinem ⚥**
tot mijn spijt

bedecken bedekken

bedenk|en bedenken; ⚥**en**
n bedenking, (het) be-
zwaar; ⚥**lich** bedenkelijk
[-kǝlǝk]

bedeut|en betekenen
[-'teːkǝnǝ(n)]; ⚥**end** belangrijk [-rɛɪk]; ⚥**ung** f
betekenis; ⚥**ungslos** on-
betekenend

bedien|en bedienen; ⚥**ung**
f bediening; ⚥**ung (nicht)**
inbegriffen (zonder)
bediening; ⚥**ungsanlei-
tung** f gebruiksaanwij-
zing ['brœksaːnʋɛɪzɪŋ]

Bedingung f voorwaarde;
⚥**slos** onvoorwaardelijk
[-'vaːrdǝlǝk]

be|drängen in 't nauw
brengen; ⚥**drohen** be-
dreigen [-'drɛɪˣ-]; ⚥**drük-
ken** bedrukken [-'drœk-]

Bedürf|nis n behoefte [-'hu·f-]; **~nisanstalt** f W. C. [ve:'se:l]; **2tig** behoeftig [-təx]

Beefsteak n biefstuk ['-stɛk] [ten|

beeilen: sich ~ zich haas-

beeindruck|en indruk ['-drɛk] maken op; **~t sein** onder de indruk zijn [sɛln]

beein|flussen beïnvloeden [ba'nvlu·da(n)|; **~trächtigen** afbreuk ['-brø:k] doen aan

beenden beëindigen [ba-'ɛɪndə§a(n)|

beerdig|en begraven; **2ung** f begrafenis

Beere f bes [bɛs]

Beet n (het) (bloem)bed

Befähigung f geschikt-heid

befahr|bar berijdbaar [-'rɛɪd-]; **~en: stark ~en** druk |drɛk|

Befangenheit f verlegen-heid; vooringenomen-heid

befassen: sich ~ mit (D) zich bezighouden ['be:-zəxhũ§(n)|] met

Befehl m (het) bevel ['-§ɛl|; **2en** bevelen [-'§e:l-|

be|festigen bevestigen [-'§ɛstə§-|, vastmaken ['-ma:k-|; **~festen** nat-maken

befind|en (sich) (zich) be-vinden; **2en** n toestand ['tu·-]

befolgen opvolgen

beförder|n vervoeren [-'§u:r-|; (im Rang) be-vorderen; **2ung** f (het) vervoer, (het) transport; bevordering

befragen raadplegen ['-ple:§-|

befrei|en bevrijden [-'vrɛɪd-|; **2ung** f bevrij-ding; **2ungskampf** m vrijheidsstrijd

befreund|en: sich ~en mit (D) vriendschap sluiten ['slɔvt-| met; **~et** bevriend

befriedig|en bevredigen; **~t** tevreden [tə'vre:də(n)|; **2ung** f voldoening [-'du·n-|

befristet tijdelijk ['tɛɪdə-lək]

Befruchtung f bevruch-ting [-'vrɔx-]

Befugnis f bevoegdheid [-'§u·xthɛɪt]

Befund m bevinding; Med. diagnose

befürcht|en vrezen ['vre:z-], duchten ['dɔxt-|; **2ung** f vrees

befürworten pleiten voor

Begabung f begaafdheid

Begebenheit f gebeurte-nis [-'bø:r-]

begegn|en ontmoeten ['-mu·t-], tegenkomen ['te:§a(n)-|; **2ung** f ont-moeting

begehen Fest vieren; Mord begaan

begehrenswert begerenswaardig [-'va:rdəx]

begeister|n verrukken

[-'rək-]; **sich ~n für** (A) geestdriftig [-'drɪftəxl] worden voor; **Qung** f geestdrift

Begier|de f begeerte; **Qig** begerig [-'rəx]

Beginn m (het) begin; **Qen** beginnen

beglaubig|en (amtlich) legaliseren [le-'ɣali:'ze:rə(n)]; **~t** gelegaliseerd

begleichen Rechnung vereffenen [-'efənə(n)]

begleit|en begeleiden [bəɣə'lɛidə(n)]; **Qer** m begeleider

beglückwünschen geluk-wensen [-'lœkʊənsə(n)]

begnadigen gratie [ɣra:(t)si:] verlenen aan

begnügen: sich ~ mit (D) zich vergenoegen [-'ɣə-'nu'ɣə(n)] met

begraben, Begräbnis s. **beerdigen** usw.

begreif|en begrijpen [-'ɣrɛip-]; **~lich** begrijpe-lijk [-lək]

Begriff m (het) begrip; **im ~ sein** zu op het punt [pɔnt] staan

begründ|en oprichten; motiveren [-'ve:rə(n)]; **Qung** f oprichting; motivering

be|grüßen begroeten [-'ɣru:t-]; verwelkomen [-'ʋɛlko:m-]; **~günstigen** bevoordelen [-'vo:rdə-lə(n)]; **~haart** behaard [-'ha:rt]; **~haglich** behaaglijk [-lək], knus [knəs]

be|halten (be)houden [-'haʊə,n]; fig. onthou-den; **Qhälter** m (het) reservoir [-'ʋua:r], bak, kan

behand|eln behandelen; **Qung** f behandeling

beharrlich standvastig [-'fastəx]

behaupt|en beweren [-'ve:r-]; **sich ~en** zich handhaven; **Qung** f bewering

beheben Schaden verhelpen

behelfen: sich ~ mit (D) zich behelpen met

be|hende behendig [-dəx]; **~herbergen** herbergen

beherrsch|en (sich) (zich) beheersen; **Qung** f beheersing

be|hilflich behulpzaam [-'hɛl)əp-l]; **~hindern** hinderen; **Qhörde** f overheid, (het) bestuur [-'sty:r]; **~hutsam** behoedzaam [-'hu't]

bei (D) bij [bɛi]; **~behalten** behouden [-'haʊə(n)]; **~bringen** bijbrengen

Beichte f biecht

beide beide(n) [-'bɛidə(n)], allebei; **~rseitig** weder-zijds [ʋe:dər'zɛits]

bei|einander bij elkaar [-'ka:r], bijeen [bɛi'e:n]; **Qfall** m bijval, (het) applaus; **~fügen** bijvoegen ['-vu'ɣ-]; **Qgeschmack** m bijsmaak; **~hilfe** f Jur. medeplichtigheid [me:-də'plɪxtəxɛit]

Beil n bijl [beɪl]
Bei|lage f bijlage; ℓ**läufig** terloops [ter'-]; ℓ**legen** bijleggen; **_leid** n deelneming
beim s. bei
Bein n (het) been; *Tisch:* poot
beinah(e) bijna ['beɪna:], haast
Beiname m bijnaam
Beinbruch m beenbreuk ['-brɔ:k]
beipflichten (D) instemmen (met)
beirren: sich nicht _ lassen zich niet van de wijs [veɪs] laten ['la:t-] brengen
bei|sammen bijeen [beɪ-'e:n], bij elkaar [-'ka:r]; ℓ**schlaf** m s. Geschlechtsverkehr; **_seite** opzij [op'seɪ]
Beispiel n (het) voorbeeld; **zum _ (z. B.)** bijvoorbeeld [bə'ʋo:r-] (b. v.); ℓ**los** weergaloos ['-ɣa:lo:s], ongeëvenaard ['-ɣəe:-ʋə-na:rt]
beißen bijten ['beɪt-]
Bei|stand m bijstand, hulp [həl(ə)p], **_trag** m bijdrage; ℓ**tragen** (zu D) bijdragen (tot); ℓ**treten** (D) toetreden ['tu'-] (tot); **_wagen** m zijspan; ℓ**wohnen** (D) bijwonen; ℓ**zeiten** bijtijds [beɪ'-]
be|jahen bevestigen [-'ʋes-tə'ɣə(n)]; **-jahrt** bejaard
bekämpf|en bestrijden

[-'streɪd-]; ℓ**ung** f bestrijding
bekannt bekend; ℓ**e(r)** kennis; ℓ**gabe** f bekendmaking; **_geben** bekendmaken; **_lich** zoals men weet; ℓ**machung** f bekendmaking, kennisgeving; ℓ**schaft** f (*Bekannte*) kennissen
bekenn|en bekennen; ℓ**tnis** n bekentenis [-'kɛntənɪs]
geklagte beklaagde
be|kleiden bekleden; **_klemmend** beklemmend
bekommen krijgen ['kreɪ'ɣ-]; **j-m gut (schlecht) _** iem. goed (ʃu·tl) (slecht) bekomen [-'ko:m-]
be|kömmlich goed bekomend, gezond; **_köstigen** bekostigen [-tə'ɣə(n)]; **_kräftigen** bekrachtigen [-tə'ɣə(n)]
bekreuzigen: sich _ een kruis [kreɪs] slaan
bekunden laten blijken ['bleɪk-]
Belag m bedekking; *Brot:* (het) belegsel [-'lɛx-]
belagern belegeren [-'le:-ɣərə(n)]
belanglos onbelangrijk [-'laŋrɛɪk]
belasten belasten
belästig|en lastig ['-təx] vallen; ℓ**ung** f (het) lastig vallen

Belastungf belasting

belaufen: sich ~ auf (A) bedragen, belopen

be|lauschen afluisteren [-'lauʃ-]; **~leben** verlevendigen [-'le:vəndə-ɣə(n)]; **~lebend** opwekkend; **~lebt** druk [drɛk]

Beleg m (het) bewijs [-'e:isl; **~en** beleggen; (beweisen) bewijzen; Platz bespreken [-'ʃpre:k-], bezetten; **~schaft** f (het) personeel; 2t Brötchen: belegd [-'lɛxt]

be|lehren onderrichten; **~leibt** (zwaar)lijvig [-'laɪvəx]; **~leidigen** beledigen [-'le:dəɣə(n)]; 2**leuchtung** f belichting, verlichting

Belg|ien n België ['bɛlɣ·i-(j)ə] n; **~ier(in** f) m Belg m (Belgische [-i-sə] f); 2**isch** Belgisch [-i-s]

belicht|en Foto: belichten; 2ung f belichting

beliebig willekeurig [-'kø:rəx], **~t** geliefd, in trek

beliefern (mit D) voorzien [-'zi-nl(van)

bellen blaffen

belohn|en belonen; 2ung f beloning

Belüftung f ventilatie [-'la:(t)si·]

be|lügen beliegen; **~lustigend** vermakelijk [-ləkl], **~malen** beschilderen [-'sxıl-]; **~mängeln** vitten

op; **~mannt** bemand; **~mänteln** verbloemen [-'blu:m-]

bemerk|bar merkbaar; **sich ~bar machen** zich vertonen [-'to:n-l; **~en** bemerken; (sagen) opmerken; **~enswert** opmerkelijk [-'mɛrkələkl

bemitleiden medelijden ['me:dəlɛɪdə(n)] hebben met

bemüh|en lastig ['-təx] vallen; **sich ~en um** (A) moeite ['mu·itəl doen voor; 2ung(en pl.) f moeite

benachbart naburig [-'by:-rəx]

benach|richtigen op de hoogte brengen, inlichten, waarschuwen ['-sxy·ü-l; **~teiligen** benadelen [bə'na:də:l-]

benebelt beneveld

benehm|en: sich ~en zich gedragen; 2**en** n (het) gedrag [-'drax]

beneiden (j-n um A) benijden [-'nɛɪd-] (om); **~swert** benijdenswaardig [-'va:rdəxl

Bengel m bengel

be|nommen versuft [-'sɔftl; **~nötigen** nodig ['no:dəxl hebben

benutz|en gebruiken [-'brøyk-]; 2ung f (het) gebruik

Benzin n benzine [-'zi·nəl, **~kanister** m (het) benzineblik, benzinebus [-'bəs]

beobacht|en gadeslaan ['ča:də-], waarnemen; **2er**m waarnemer

bequem (ge)makkelijk ['makələk]; **2lichkeit** f (het) gemak; (Faulheit) gemakzucht [-søxt]

Berat|er m raadgever, adviseur ['-'zə:r]; **.ung** f beraadslaging; Arzt: consultatie ['-ta:(t)si·], (het) consult

be|rauben beroven; **.rauschen (sich)** (zich) bedwelmen

berechn|en berekenen ['-'re:kən-]; **2ung** f berekening

berechtig|en (zu D) recht geven (tot); **(nicht) .t** (on)gerechtigd [-təxt]; (niet) gerechtvaardigd ['-fa:rdəxt]; **2ung** f (het) recht

beredt welsprekend ['-'spre:kənt]

Bereich m (het) bereik ['-'rɛîk]

bereichern: sich . (an D) zich verrijken ['-'rɛîk-] (aan)

Bereifung f banden pl.

bereit (gewillt) bereid; **(fertig)** gereed, klaar; **.en** bereiden

bereits al, reeds

Bereitschaft f gereedheid; **.sdienst** m dienst

bereit|stellen klaarzetten; Geld beschikbaar stellen; **.willig** bereidwillig ['-'vɪləx]

bereuen berouwen ['-'raü-ə(n)]

Berg m berg

Berg- in Zssg. mst. bergberg|**ab** bergaf; **.an, .auf** bergop; **2bau** m mijnbouw ['mɛînbaû]

bergen bergen

Berg|führer m berggids; **.hütte** f berghut ['-hɛt]; **2ig** bergachtig [-təx]; **.mann** m mijnwerker; **.werk**n mijn

Bericht m (het) verslag ['-slax]; **2en (über** A) verslag uitbrengen ['ɔrd-] (over); **.erstatter** m verslaggever

be|richtigen verbeteren ['-be:tərə(n)]; **.rieseln** besproeien ['-'spru:ïə(n)]

Berliner m Berlijner [bɛr'leînər]

bersten barsten

berüchtigt berucht ['-rɛxt]

berücksichtigen rekening houden ['re:kənɪŋ 'haü-ə(n)] met

Beruf m (het) beroep ['-ru:p]; **2en** benoemen; bijeenroepen [bɛî'ɛ:n-]; **sich 2en auf** (A) zich beroepen op; **2lich** van het beroep, beroeps-

berufstätig werkend

Berufung f roeping; benoeming; **. einlegen** Jur. in (hoger) beroep gaan

beruhen (auf D) berusten ['-rɛst-](op)

beruhig|en geruststellen [-stɛ-]; **(sich) .en** beda-

ren, (zich) kalmeren
[-'me:r-]; ℒungsmittel *n*
(het) kalmeringsmiddel
be|rühmt beroemd [-'ru:mt]
be|rühr|en aanraken;
ℒung *f* aanraking
be|sänftigen kalmeren
[-'me:r-]
Besatzung *f* bezetting
be|saufen: *F* sich ~ zich
bezuipen [-'zɔyp-]
be|schädig|en beschadi-
gen [-'ʃxa:də ɣ̯ə(n)l]; ℒung
f beschadiging
be|schaffen *v/t* bezorgen;
ℒheit *f* gesteldheid, aard
be|schäftig|en werk geven;
sich ~en mit (*D*) zich bezighouden ['be:zəx 'hɔü-
ə(n)l met; ~t bezig; ℒung *f*
bezigheid, (het) werk;
(von Personal) tewerk-
stelling [ta'ver(ə)k-]
be|schämen beschamen
Bescheid *m* (*Antwort*)
(het) antwoord, beslis-
sing; *(Auskunft)* inlichting; ~ wissen (sagen)
über (*A*) op de hoogte
zijn [zein] (brengen) van
be|scheiden *Adj.* bescheie-
den [-'sxeid-]
be|scheinig|en attesteren,
schriftelijk [-lək] verklaren; ℒung *f* (het) attest,
verklaring, (het) bewijs
[-'veis]
be|schimpfen uitschelden
[ˈɔʏt-]; ~schlagen beslaan
ℒschlagnahme *f* inbe-
slagneming [-'slɔx-]
beschleunig|en versnel-

len; ℒung *f* *Auto*: (het)
optrekken, acceleratie
[ɑksə·lə'ra:(t)si·]
be|schließen besluiten
[-'slɔyt-]; ℒschluß *m* (het)
besluit; ~schmutzen be-
vuilen; ~schneiden be-
snijden [-'sneid-]; *fig.*
besnoeien [-'snu·i-];
~schönigen vergoelijken
[-'ɣu·ləkə(n)l]
be|schränk|en beperken;
sich ~en auf (*A*) zich beperken tot; ℒung *f* beperking
be|schreib|en beschrijven
[-'sxreiv̯-]; ℒung *f* be-
schrijving
be|schuldig|en beschuldi-
gen [-'sxɔldəɣ̯ə(n)l]; ℒung
f beschuldiging
be|schummeln *F* be-
donderen [-'dondər-];
~schützen (vor *D*) be-
schermen(tegen)
Beschwer|de *f* klacht,
grief, (het) bezwaar; ~den
pl. Med. klachten *pl.*; ℒen:
sich ℒen (über *A*) zich
beklagen (over); ℒlich
bezwaarlijk [-lək], lastig
['-təx]
be|schwichtigen kalme-
ren [-'me:r-]; ~schwipst *F*
aangeschoten [-sxo:t-];
~schwören bezweren;
~sehen bezien; ~seitigen
uit [ɐyt] de weg [vɛx] ruimen
Besen *m* bezem
besessen bezeten [-'ze:-
tə(n)l]

besetz|en bezetten; **.t be-zet**; ♀**ung** f bezetting

besichtig|en bezichtigen [-tə̆ɣə(n)]; ♀**ung** f bezichtiging

besiegen overwinnen

besinn|en: sich .en auf (A) nadenken over; ♀**ung** f bezinning; **.ungslos** bewusteloos [-'vəsta-]; (von Sinnen) onbeheerst

Besitz m (het) bezit; ♀**en** bezitten; **.er** m bezitter; **.tum** n (het) bezit

be|soffen F dronken, bezopen [-'zo:p-]; **.sohlen** verzolen; ♀**soldung** f bezoldiging [-'zoldə̆ɣ͡m]

besonder Adj. bijzonder [bi'-]; ♀**heit** f bijzonderheid; **.s** (in 't) bijzonder, vooral [-'al]

besonnen Adj. bezonnen

besorg|en bezorgen; ♀**nis** f bezorgdheid, zorg; **.niserregend** zorgwekkend [-'vɛk-]; **.t** bezorgd, ongerust [-'rɛst]; ♀**ung** f boodschap ['-sxap]; ♀**ungen** pl. **machen** boodschappen pl. doen [du·n]

bespitzeln bespioneren [-'ne:r-]

besprech|en bespreken [-'spre:k-]; ♀**ung** f bespreking

besser beter ['be:tər]; **um so** (od. **desto**) **.** des te beter; **.n** verbeteren; **sich .n** beter worden; **gute ♀ung!** veel beterschap!

best- besl, **am .en** 't best;

der erste .e de eerste de beste; **zum .en halten** de draak steken met

Bestand m (Waren) voorraad

beständig bestendig [-dəx]

Bestandteil m (het) be-standdeel

bestätig|en bevestigen [-tɛ̆ɣə(n)]; ♀**ung** f bevestiging

bestatt|en begraven; ♀**ungsinstitut** n begrafenisonderneming

bestech|en omkopen; **.lich** omkoopbaar [-'ko:-ba:r]; ♀**ung** f omkoperij [-'rɛı̆]

Besteck n (het) bestek

bestehen (existieren) be-staan; v/t Prüfung slagen in; **. auf**(D) staan op

be|stehlen bestelen; **.steigen** bestijgen [-'stɛı̆ɣ-]; beklimmen; **.stellen** bestellen; Feld bewerken; Grüße doen [du·n], overbrengen

Bestell|schein m bestelbon [-'stɛlbɔn]; **.ung** f bestelling

besten|falls in het gunstigste ['xɛnstəxstə] geval; **.s** heel goed [ɣu·t], opperbest

besteuern belasten

best|ialisch beestachtig [-taxl]; ♀**ie** f (het) beest

bestimm|en bepalen; **.t** zeker ['zɛı̆kər], bepaald; (sicher) beslist; ♀**ung** f bepaling

Bestimmungs·ort m plaats van bestemming

be|strafen bestraffen; **~strahlen** bestralen

Bestreben n (het) streven [-'ʃtreːß-]

bestreiten bestrijden [-'ʃtreɪd-]

bestürz|t ontsteld [-'ʃtɛlt], ontdaan; **₰ung** f ontsteltenis

Bestzeit f recordtijd [rə'kɔrtsɪt]

Besuch m (het) bezoek [-'zuːk]; **₰en** bezoeken; **~er** m bezoeker

betätigen hanteren [-'teːr-]; Masch. bedienen; **sich ~** werkzaam zijn [zɛɪn]

betäub|en verdoven; **₰ungs·mittel** n (het) verdovingsmiddel

Bete f: rote **~** rode biet

beteilig|en: sich ~en (an D) deelnemen (aan); **~t (an D)** betrokken (bij [bɛɪl]); **₰ung** f deelneming

beten bidden

beteuern betuigen [-'tœɣ-], verzekeren [-'zeːkər-]

beton|en de nadruk [-'drɛk] leggen op; **₰ung** f (het) accent [ak'sɛnt], klemtoon; beklemtoning

Betracht m: **in ~ ziehen (kommen)** in aanmerking nemen (komen); **₰en (als)** beschouwen [-'sxɑⱨa(n)l](als)

beträchtlich aanmerke-

lijk [-'mɛrkələk], aanzienlijk [-'ziːnlək]

Betrachtung f beschouwing

Betrag m (het) bedrag [-'drɑx], **₰en** bedragen; **sich ₰en** zich gedragen

betreffen betreffen; **was ... betrifft** wat ... betreft

betreiben (ausüben) uitoefenen [ˈæɥtuˑfənə(n)]

betreten v/t betreden; Adj. verlegen

betreu|en verzorgen; **₰ung** f verzorging

Betrieb m (Werk) (het) bedrijf [-'dreɪf], **(starker) ~** drukte [ˈdrɛktəl]; **in ~ sein** in werking zijn [zɛɪn]

Betriebs|ferien pl. bedrijfsvakantie [-kɑnsiˑ], **~rat** m bedrijfsraad; **~unfall** m (het) bedrijfsongeval   [fen (door)]

betroffen (von D) getroffen

Betrüb|nis f droefenis [ˈdruˑfəˑl]; **₰t** bedroefd

Betrug m (het) bedrog [-'drɔx]

betrüg|en bedriegen; **₰er** m bedrieger; **~erisch** bedrieglijk [-lək]

betrunken dronken, beschonken

Bett n (het) bed, **~decke** f deken [ˈdeːk-]; bedsprei [-'spreɪ]

betteln bedelen [ˈbeːdəl-]

Bettlaken n (het) (bedde)laken

Bettler(in f)m bedelaar m, bedelares f [-rɛsl]

Bettwäsche f (het) bedde-
goed-[ˈɣuˑt]
beugen (sich) (zich) buigen[ˈbøyɣ-]
Beule f Haut: buil; Material: deuk[døˑk]
beunruhigen verontrusten [-ˈrəst-]; sich ~ zich ongerust maken
beurteil|en beoordelen; 2ung f beoordeling
Beute f buit[bøytl], prooi
Beutel m zak, buidel; (Geld 2) beurs[bøˑrs]
Bevölkerung f bevolking
Bevollmächtigte(r) gevolmachtigde [-təɣdə]
bevor voor(dat), eer, alvorens; ~munden de baas spelen over
bevorstehen voor de deur [døˑr] staan; ~d aanstaand
bevorzugen verkiezen, prefereren [preˑfeˑˈreˑra(n)]
bewach|en bewaken [-ˈvaːk-]; 2erm bewaker
bewachsen Adj. begroeid [-ˈɣruˑit]
Bewachung f bewaking
bewaffn|et gewapend [-ˈvaˑpənt], 2ung f bewapening
bewahren bewaren
bewähr|en: sich (gut) ~en voldoen [-ˈduˑn], aan de verwachtingen beantwoorden; 2ung f Jur. voorwaardelijke [-ˈvaˑrdələkə] veroordeling
bewältigen aankunnen

[ˈkən-]
bewandert ervaren, doorkneed [-ˈkneːt]
Bewässerung f irrigatie [-ˈɣaˑt]si-]
beweg|en (sich) (zich) bewegen; ~lich beweeglijk [-lək], ~t bewogen; 2ung f beweging; ~ungslos roerloos[ˈruˑr-]
Beweis m (het) bewijs [-ˈveɪs]; 2en bewijzen
bewerb|en: sich ~en um (A) kandideren [-ˈdeˑr-] voor, solliciteren [-siˑˈteˑr-] naar; 2er m sollicitant, kandidaat
be|willigen toestaan [ˈtuˑ-]; ~wirken veroorzaken, bewerken; ~wirten onthalen, trakteren [-ˈteˑr-]
bewohn|en bewonen; 2er m bewoner
Bewölkung f bewolking
bewunder|n bewonderen; ~ns·wert bewonderenswaardig [-ˈvaˑrdəx]; 2ung f bewondering
bewußt [-ˈvəst]; sich ~ sein (G) zich bewust zijn (van); ~los bewusteloos; 2sein n (het) bewustzijn[-seɪn]
bezahl|en betalen; 2ung f betaling
bezaubern betoverend
bezeichn|en aanduiden [ˈdəyd-], kenmerken; ~end kenmerkend[ˈkən-] typisch [ˈtiˑpiˑsl]; 2ung f aanduiding; benaming

bezeugen ge-, betuigen [-'tǝɣɘ]

bezichtigen (j-n G) betichten (van)

beziehen betrekken; *Rente, Gehalt* ontvangen; **sich ~ auf** (A) slaan op; verwijzen [-'vɛiz-] naar

Beziehung|en f/pl. relaties [-la:(t)si·s] pl.; **℮s·weise** (bzw.) respectievelijk [-la:kl (resp.)

Bezirk m (het) district

Bezug m (Bett) overtrek; **in ℮ auf** de betrekking tot; **Bezüge** pl. (het) salaris

be|zwecken beogen [bǝ'o:ɣǝ(n)]; **~zweifeln** betwijfelen [-'tʊsifǝlǝ(n)]

Bibel f [bibl] bijbel

Bibliothek f bibliotheek

biblisch bijbels

bieder braaf

bieg|en v/t. buigen ['bǝɣ-]; v/i **um die Ecke ~en** de hoek [hu·k] omslaan; **~sam** buigzaam

Biene f bij [bɛi]; **~n·stock** m bijenkorf

Bier n (het) bier; **~deckel** m (het) bierviltje

Biest F [bi:st] beest, (het) [kreng]

bieten bieden

Bikini m bikini

Bilanz f balans

Bild n (het) beeld; *Foto:* foto; **℮en** vormen; **sich ℮en** zich ontwikkelen; **~hauer** m beeldhouwer ['-hɑʊǝr]; **℮schön** beeldig ['-dǝxl]; **~ung** f vorming

ontwikkeling

Billardstock m biljartkeu [-kø:]

billig goedkoop [ɣu·t'ko:pl; **~en** goedkeuren ['-kø:r-]

Binde f band; verband; **~glied** n schakel ['sxa:kǝl]; **~mittel** n (het) bindmiddel

bind|en binden; **℮er** m (Schlips) (strop)das; **℮faden** m (het) touwtje ['tɑʊtlǝl; **℮ung** f binding; band

binnen (D od. G) binnen; **℮land** n (het) binnenland

Bio|graphie f biografie; **~logie** f biologie

Birke f berk

Birne f peer; El. lamp

bis tot; **~ dahin** tot zover [zu·'vɛr]; **... einschließlich** tot en met; **~ auf (einen)** op (een e:nl) na

Bischof m bisschop ['bɪsxɔp]

bisher tot nu toe [ny·tu·l; **~ig** tot nu toe geldend

Biß m beet

biß chen: ein ~ een beetje, [wat]

Bissen m beet, hap [wat]

bissig bijtachtig [-tǝxl; fig. bits

Bistum n (het) bisdom

bisweilen soms

bitte (sehr!) (beim Siezen) alstublieft [alsty'bli·ftl; (beim Duzen) asjeblieft ['aʃǝ-l; **(wie) bitte?** pardon? [par'dɔ:l, wat zegt U? [y·l; (beim Duzen) zeg je?

Bitte f vraag, (het) verzoek [-'zu·k]; 2n (um A) vragen (om), verzoeken (om)

bitter bitter

Bittschrift f (het) verzoekschrift

Blähungen f/pl. wind

blamieren (sich) (zich) blameren [-'me:r-]

blank blank, blinken; F platzak

Blankoscheck m blancocheque [-ʃεk]

Blase f blaas; Fuß: blaar; (Luft2) bel

blasen blazen

blaß bleek; fig. flauw

Blässe f bleekheid

Blatt n (het) blad

blätter|n (in D) bladeren ['bla:dərə(n)] (in); 2teig m (het) bladerdeeg

blau blauw; fig. F dronken; **äugig** blauwogig ['o·ɔyɔx]

bläulich blauwachtig [-tɔx]

Blaulicht n blauwe lamp, (het) zwaailicht

Blech n (het) blik; **dose** f (het) blik; 2en F (für A) dokken (voor)

Blei n (het) lood

bleiben blijven ['blεɪvə(n)]

bleich bleek

Bleistift m (het) potlood

Blende f Foto: (het) diafragma; 2n verblinden

Blick m blik; **auf den ersten** ~ op het eerste gezicht; **sich 2en lassen** zich vertonen [-'to:n-]

blind blind; 2darment-

zündung f blindedarmontsteking [-'stε:k-]; 2en-**schrift** f (het) brailleschrift ['braɪəsxrɪft]

Blinde(r) blinde

blindlings blindelings

blink|en blinken; Auto: knipperen ['knɪpərə(n)]; **er** m, **licht** n (het) knipperlicht

blinzeln knipogen

Blitz m bliksem ['-səm]; 2en bliksemen; Foto: flitsen; **gespräch** n (het) ijlgesprek ['εɪlɣəsprεk]; **lampe** f (Birne) flitslamp; **schnell** bliksemsnel; **würfel** m Foto: (het) flitsblokje

Block m (het) blok; **ade** f blokkade; **flöte** f blokfluit ['-fløyt]; 2ieren blokkeren [-'ke:r]

blöd(e) dom, idioot; 2sinn m onzin; **sinnig** idioot

blöken Kalb: loeien ['lu·iə(n)]; Schaf: blaten

blond blond

bloß bloot; (nur) alleen, maar, enkel; **stellen** compromitteren [-'te:r-]; blootstellen

bluffen overbluffen [-'blœf-]

blühen bloeien ['blu·iə(n)]

Blume f bloem [blu·m]

Blumen|kohl m bloemkool; **strauß** m ruiker ['rœykəl], (het) boeket [bu·'kεt]; **topf** m bloempot

Bluse f blouse ['blu·zə]

Blut n (het) bloed [blu·t]

Blutdruck *m* bloeddruk ['-drɛk]

Blüte *f* bloesem ['blu·səm]; *(das Blühen)* bloei [blu·'i]

blut|**en** bloeden; **2erguß** *m* bloeduitstorting ['-ʌɣt-]; **2gefäß** *n* (het) bloedvat ['-fɑt]; **_ig** bloedig ['-dəx]; **2probe** *f* bloedproef; **2spender** *m* bloedgever; **_stillend** bloedstelpend ['-stɛlpənt]; **2transfusion** *f* bloedtransfusie [-fy·zi·]; **2ung** *f* bloeding; **2wurst** *f* bloedworst

Bö *f* bui [bøy], vlaag

Bock *m* bok; *(Gestell)* schraag [sxra·x]

Boden *m (Grund)* grond; *(Erde a.)* bodem; **_belag** *m* vloerbedekking ['vlu·r-]; **2los** bodemloos; **_personal** *n* (het) grondpersoneel

Bogen *m* boog; *Mus.* strijkstok ['strɛik-]; *(Papier2)* (het) vel; **_lampe** *f* booglamp; **_schütze** *m* boogschutter ['-sxɛtər]

Bohle *f* plank

Bohne *f* boon; *Mus.* **2n·kaffee** *m* bonenkoffie

bohner|**n** boenen ['bu·n-]; **2wachs** *n* boenwas

bohr|**en** boren; **2er** *m* boor

Boje *f* boei [bu·'i]

Bolzen *m* bout [bʌut]

Bombe *f* bom

Bomben|**flugzeug** *m* bommenwerper; **2sicher** *fig.* vast en zeker

Bon *m* bon [bɔn]

Bonbon *m* bonbon [bɔm'bɔn]

Boot *n* boot; **_s·fahrt** *f* boottocht; **_s·verleih** *m* bootverhuring [-hy·r-]

Bord 1. *m* boord; 2. *n* plank

Bordell *n* (het) bordeel

Bordstein *m* trottoirrand [trɔ'tûa·r-]

borgen (sich) lenen

Borke *f* schors [sxɔrs]

borniert bekrompen *(van geest)*

Borsalbe *f* boorzalf

Börse *f* beurs [bœrs]

bösartig boosaardig [-'a·r-dəx]

Böschung *f* glooiing ['ɣlo·iŋ], berm

böse kwaad, boos; *(schlimm)* slecht

boshaft boosaardig [-'a·r-dəx]

böswillig kwaadwillig [-'ʋɪləx]

Botanik *f* botanie [bo·ta·'ni·], plantkunde ['-kən-də]

Bote *m* bode

Botschaft *f* boodschap; *(Amt)* ambassade

Bottich *m* kuip [kœyp]

Bouillon *f* bouillon [bu·(l)-'jɔn]

box|**en** boksen; **2kampf** *m* bokswedstrijd ['-ʋɛtstrɛit]

boykottieren boycotten ['bɔi-]

Brabant *n* Brabant ['bra·-] *n*

Brachland *n* (het) braak-

liggend land
Brand m brand; ‿ung f
branding
Branntwein m brandewijn [-ʋɛin]
brat|en braden, bakken; ℓen m (het) gebraad; ℓfisch m gebakken vis; ℓhering m panharing; ℓkartoffeln f/pl. gebakken aardappelen pl.
Brauch m (het) gebruik [-'brɔʏk]; ℓbar bruikbaar; ℓen nodig [-dəx] hebben; **nicht** ℓen niet hoeven ['hu-], niet nodig hebben
Brauerei f brouwerij [brɑʊəˈrɛi]
braun bruin [brœyn]
Brause f sproeier ['spruːiər]; (Bad) douche ['duːʃə]
brausen bruisen ['brœys-]
Braut f bruid [brœyt]; verloofde
Bräutigam m bruidegom; verloofde
Brautkleid n bruidsjapon ['-japɔn]
brav braaf, zoet [zuːt]
Brechbohnen f/pl. sperziebonen ['spɛrziː-]pl.
brech|en breken ['breːk-l; Med. braken; ℓreiz m braakneiging
Bred|an Breda [brə'daːn]
Brei m pap, brij [brɛi]
breit breed; **weit und** ‿ wijd en zijd [vɛit ɛn zɛit]; ℓe f breedte; ℓschultrig breedgeschouderd ['-sxaʊdərt]

Brems|belag m remvoering ['-ʋuːr-l; ‿e f rem; ℓen remmen; ‿licht n (het) stoplicht; ‿spur f (het) remspoor
brenn|bar brandbaar; ‿en branden; brand in vuur
Brennessel f brandnetel ['-neːtəl]
Brenn|holz n (het) brandhout ['-hɑʊtl; ‿spiritus m brandspiritus [-təs], ‿stoff m brandstof
brenzlig fig. hachelijk [-ləkl
Bresche f bres
Brett n plank
Brezel f krakeling ['kraː-kə-l
Brief m brief; ‿kasten m brievenbus [-fən-l; per brief; ‿marke f postzegel ['-seːɣəl]; ‿papier n (het) postpapier; ‿tasche f portefeuille [pɔrtə-'fœiəl; ‿träger m postbode; ‿umschlag m enveloppe [ɑ̃vəˈlɔp(ə)l
Brillant m briljant
Brille f bril; ‿nfassung f (het) (bril)montuur [-'tyːr]; ‿nfutteral n brilledoos
bringen brengen
Brise f bries
britisch Brits
bröckeln verbrokkelen [-'brɔkələ(n)l
Brocken m brok, (het) stuk [stək]
brodeln pruttelen ['prətələ(n)l

Brombeere f braambes
Bronchitis f bronchitis
Bronze f (het) brons
[bronl]
Broschüre f brochure
[-'ʃy:rə]
Brot n (het) brood
Brot- in Zssg. mst. brood-
Brötchen n (het) broodje,
(het) kadetje [-'dɛtiəl]
Brotschnitte f boterham
['bo:tərəm]
Bruch m breuk [brø:k]
Bruch|stück n (het) frag-
ment; **_teil** m fractie
['fraksi·], (het) klein gedeelte
Brücke f brug [brɤx]
Bruder m broer [bru:r]
brüderlich broederlijk
[-lək]
Brügge n Brugge ['brɤɣəl]
Brüh|e f bouillon [bu·(l)-
'jonl, jus [ɜy·]; **_en** het
heet water begieten;
_würfel m (het) bouillon-
brüllen brullen [blokje]
brummen brommen
Brunnen m bron, put [pət]
Brunstzeit f bronsttijd
['-tɛit]
Brüssel n Brussel ['brɔs-]
n
brüsk bruusk [bry·sk]
Brust f borst; **_korb** m
borstkas
Brüstung f leuning ['lø:n-]
brutal ruw [ry·ù], bruut
[bry·t]
brüten broeden ['bru·d-];
fig. (**über** A) tobben (over)

Bruttogewicht n (het) brutogewicht ['bry·to·-]
Bube m jongen; (Karte)
boer [bu:r]
Buch n (het) boek [bu·k]
Buche f beuk [bø:k]
buchen boeken
Buch|fink m vink; **_halter**
m boekhouder ['-haudər];
_haltung f boekhouding;
_handlung f boekhandel
Büchse f (het) blik, bus
[bɔs];(Flinte) buks [bɔks]
Büchsen|öffner m blik-
opener ['-o:pənər]
Buch|stabe m letter; **_sta-
bieren** spellen; **2stäblich**
letterlijk [-lək]
Bucht f inham, baai
Buchweizen m boekweit
Buckel m bochel ['bɔxəl],
bult [bult]
bücken: sich _ zich bukken ['bɔk-]
Bückling m Kochk. bokking
buddeln F graven, woelen
['u·l-]
Bude f kraam; kermistent
[-tɛntl; keet
Büfett n (het) buffet [by·-
'fɛtl; **kaltes _** (het) koud
[kautl buffet
Büffel m buffel ['bøfəl]
Bug m boeg [bu·x]
Bügel m beugel ['bø:ɣəl];
_eisen n (het) strijkijzer
['strɛiksɛizər]; **2frei** zelf-
strijkend; **2n** strijken
Bühne f (het) toneel;
_n-stück n (het) toneel-
stuk [-stək]

Bulette f gehaktbal, frikadel [-'dɛl]

Bull|dogge f buldog ['bʊldɔx]; **~em** stier

Bummel m wandeling; **~ei** f (het) gelanterfant [-'lɑntər-]; **Qn** (schlendern) rondslenteren [-'slɛntər]; (trödeln) lanterfanten; **~streik** m langzaam-aan--actie [-aksi·]

Bund 1. n bundel ['bɛndəl, bos [bɔs], 2. m (het) verbond, bond; Kleid: band

Bündel n bundel, (het) pakje

Bundes|genosse m bondgenoot; **~land** n deelstaat; **~republiek** f Bondsrepubliek [-py·bli·k]

bündig bondig [-'dəx], beknopt

Bündnis n (het) bondgenootschap

Bungalow m bungalow ['bɛŋɡalo]

bunt bont; **Qstift** m (het) kleurpotlood ['klø·r-]

Burg f burcht [bər(ə)xt], (het) slot

bürgen (für A**)** borg staan (voor)

Bürger|(in f**)** m burger ['bər-] m, burgeres [-'rɛs] f; **Qlich** burgerlijk [-lək]; **~meister** m burgemeester [-'me:stər]; **~steig** m stoep [stu·p]; **~tum** m burgerij [-'rɛi]

Bürgschaft f borg

Büro n (het) bureau [by·'ro:]; **~klammer** f papierklem, paperclip ['pe:pər-]

Bursche m knaap, jongeman [-'mɑn]

Bürste f borstel; **Qn** bor-

Bus m bus [bɛs]

Büschel n (het) bosje ['bɔʃə]

Busen m boezem ['bu·zəm]

Busfahrer m buschauffeur ['bɛsʃo·fø:r]

Buße f boete ['bu·tə]

büßen boeten; bekopen

Bußgeld n boete

Büste f buste ['by·stə]; **~nhalter** m bustehouder [-hɑudər], BH

Butter f boter ['bo:tər]

Butter|brot n boterham ['bo:tərɑm]; **~dose** f (het) botervlootje; **~milch** f karnemelk ['kɑrnə-]

C

Café n lunchroom ['lɛnʃ-ru:m]

Camping n camping ['kɛmpɪŋ]; **~ausweis** m (het) kampeerpaspoort; **~platz** m (het) kampeerterrein [-'pɛrtərɛin]

Champagner m champagne ['pagne]

Chance f kans

Charakter m karakter; **Qistisch** karakteristiek [-tɛrɪs'ti·k]

Charterflug m chartervlucht [-'tlɛxt]

Chef m chef
Chemie f scheikunde ['sxɛikəndə], ~faser f kunstvezel ['kɔnstfe:zəl]
Chemiker m scheikundige[-'kəndəɣə]
Chicorée f (het) witlof, (het) Brussels ['brœsəls] lof
Chinese|e m Chinees [ʃi-'ne:s]; ~in f Chinese; ~isch Chinees
Chinin n kinine

Chirurg m chirurg [ʃi-'rœr(ə)x]
Chlor n chloor
Cholera f cholera
Chor m (het) koor
Christ m christen; ~entum n (het) christendom; ~lich christelijk [-lək]
Chrom n (het) chroom
Chronik f kroniek [-'ni·k]
Clique f kliek
Couch f divan ['di·ʋan]

D

da (dort) daar, er; (dann) dan, toen [tu·n]; (als) toen; (weil) daar, omdat [-'dɑt]
dabei daarbij, erbij [-'bɛi], ~sein (anwesend) erbij zijn; (im Begriff) op het punt [pœnt] staan, bezig ['be:zəx] zijn
dableiben blijven ['blɛi-ʋə(n)]
Dach n (het) dak; ~boden m zolder ['zɔldər]; ~rinne f dakgoot
Dachs m das
Dackel m dashond
da|**durch** daardoor; ~für daarvoor, ervoor, **ich kann nichts** ~**für** ik kan er niets aan doen [du·n]; ~**gegen** daartegen, ertegen; daarentegen; ~heim thuis [tœys], ~her (von dort) vandaar; ~hin daarom, dus [dœs], ~hin daarheen, erheen; (vergangen) voorbij [-'bɛi]

da|**hinter**|**kommen** erachter komen ['kɔ·m-]; ~stecken erachter steken
Dahlie f dahlia
damal|**ig** toenmalig [tu·n-'ma:ləx]; ~s toen, destijds [dɛs'tɛits]
Dame f dame; Karte: vrouw [ʋrɑu], ~ **spielen** dammen
Damen|**binde** f (het) maandverband, ~friseur m dameskapper; ~wahl f schrikkeldans ['sxrɪkəl-]; ~wäsche f (het) damesondergoed [-'ɣu·t]
damit daarmee, ermee; (auf daß) opdat
Damm m dam, dijk [dɛik]
Dämmerung f schemering ['sxe:mər-]
Dampf m stoom, damp; ~en dampen, stomen
dämpfen dempen; Kochk. stoven
Dampfer m stoomboot
danach (nach et.) daar-

naar, ernaar; (*hierauf*) daarna, erna

Däne m Deen [naast]

daneben daarnaast, er-**dank** *(D)* dank zij [sɛı]

Dank m dank; **2bar** dankbaar; **2en** *(D)* danken, bedanken; **2e schön!** *(beim Siezen)* dank U [y·] wel; *(beim Duzen)* dank je wel; merci

dann dan, toen [tu·n]; **- und wann** af en toe, nu [ny·] en dan

dar|an daaraan, eraan; **nahe _an** op het punt [pønt]; **_auf** daarop, erop; **_aufhin** daarop; **_aus** daaruit, eruit [-'əytl]; **_in** daarin, erin

darleg|en uiteenzetten, betogen; **2ung** f uiteenzetting, [het] betoog

Darleh(e)n n lening

Darm m darm

darstell|en vertonen; *Thea.* voorstellen; **2er(in** f*)* m acteur [-'tø:r] m, actrice [-'tri·səl f

darüber daarover, erover; daarboven, erboven; **_ hinaus** bovendien [-'di·n]

darum daarom, erom

darunter daaronder, er-onder

das *Art.* het; *Pron.* dat, het; **- heißt (d. h.)** dat is, dat wil zeggen (d. w. z.)

dasein *(vorhanden sein)* er zijn [zɛın], aanwezig [-'ʋe·zəx] zijn; **2** n (het) bestaan

daß dat; **so _** zodat

dasselbe hetzelfde

Daten n/pl. gegevens [ɣə'ɣə·və(n)s] n/pl.; **_verarbeitung** f informatieverwerking [-'ma:(t)si·-]

datieren dateren [-'te:r-]

Dattel f dadel ['da:-]

Datum n datum ['-təm]

Dauer f duur [dy:r]; **_geschwindigkeit** f kruissnelheid ['krɜys-]; **2haft** duurzaam; **2n** duren; **2nd** duurzaam; voortdurend; **_welle** f permanent [-'nɛnt]

Daumen m duim [dɐym]

Daunendecke f donzen deken ['de·k-]

davon daarvan, ervan; *(darüber)* daarover, er-over; **_laufen** weglopen

davonmachen: sich _ aan de haal gaan

davor daarvoor, ervoor

dazu *(überdies)* daarbij, erbij; *(zu diesem Zweck)* daartoe, ertoe [-'tu·l; **_hören** erbij [-'bɛıl horen

dazwischen daartussen [-'tøs-], ertussen

Debatte f debat

Deck n (het) dek

Decke f *Arch.* zoldering ['zoldər-], (het) plafond [-'fõ(t)l;*s.* Bettdecke

Deckel m (het) deksel

deck|en dekken; **2ung** f dekking

defekt defect

Defizit n (het) defizit ['-fi·si·t]

Degen *m* degen
dehn|bar rekbaar; **~en** rekken
Deich *m* dijk [dɛik]
dein (jøul, je; **~er-seits** van jouw kant
Dekan *m* deken
deklarieren declareren
Deklination *f* verbuiging [-'bəɣ̃-]
Dekolleté *n* (het) decolleté [-kɔl'te:]
Dekorateur *m* decorateur
dekorieren decoreren [-'re:r-]
Delegation *f* delegatie [-'ɣ̃a:(t)si-]
delikat delicaat
Delphin *m* dolfijn [-'fɛin]
dem|entsprechend dienovereenkomstig [-'kɔmstəx]; **~gegenüber** daartegenover [-te:ɣ̃an'o:vər]; **~nach** dus [dəs], derhalve; **~nächst** binnenkort
demokratisch democratisch [-i·s]
de|molieren verwoesten [-'vu·st-]; **~monstrieren** demonstreren, betogen [-'to:ɣ̃-]; **~montieren** demonteren [-'te:r-]
demütig nederig ['ne:də-rəx]; **~en** vernederen
demzufolge dientengevolge
denk|bar denkbaar; **~en** denken; **Qmal** *n* (het) monument [-ny·'mɛnt]; **Qmalschutz** *m* monumentenzorg; **~würdig** heuglijk ['hø:xlək]

denn *(begründend)* want; *(als)* dan, als
dennoch toch
denunzieren verklikken
der *Art.* de; *(pl. u. sg. f G)* van de, der; *Pron.* die
derart zodanig [-'da:nəx]; **~ig** dergelijk ['dɛrɣ̃əlɛik], zulk [zɛl(ə)k]
derb grof
der|gleichen dergelijk; **~jenige** diegene [-'ɣ̃e:nə]; **~selbe** dezelfde; **~zeit** *(jetzt)* nu [ny·]; *(früher)* toen(maals) [tu·n-]
des|gleichen evenzo; **~halb** daarom
Desinfektionsmittel *n* (het) ontsmettingsmiddel
dessen *Rel. Pron.* wiens, van wie; *Dem. Pron.* diens; **~ungeachtet** desondanks ['dɛzɔndaŋks]
Dessert *n* (het) dessert
destilliert gedistilleerd
desto de te; **~ mehr** des te meer
deswegen daarom
Detektiv *m* detective [di·-'tɛkti·f]
deut|en uitleggen ['əyt-]; **(auf** *A)* aanwijzen ['-vɛiz-]; **~lich** duidelijk [-lək]
deutsch Duits [dœyts]; **auf ~** in het Duits; **sprechen Sie ♀?** spreekt U [y·] Duits?; **Qe(r)** Duitser
Devisen *pl.* deviezen *pl.*
Dezember *m* december [-'sɛm-]

Dezimalsystem *n (het)* tiendelig stelsel [´-de:lǝx ´stɛlsǝl]

Dialekt *m (het)* dialect

Diamant *m* diamant

Diapositiv *n* dia

Diät *f (het)* dieet

dich jou [jaul, je

dicht dicht; ~ **an** *(D)* dichtbij [´-bɛıl, vlakbij

dicht|en dichten; 2er *m* Poesie: schrijver; Prosa: schrijver [´sxrɛı-], auteur [o:´tø:r, au´-]; ~erisch dichterlijk [-lǝk]; 2ung *f* dichtkunst [´-kǝnst]; *Tech.* dichting

dick dik; 2e *f* dikte; ~köpfig stijfhoofdig [stɛıf-´ho:vdǝxl, koppig [´-pǝx]

die *Art.; Pron.* die

Dieb *m* dief; ~in *f* dievegge [-´ʋǝǝl; ~stahl *m* diefstal [´-stɑll

Diele *f* hal; *(Brett)* plank; *(het)* lokaal

dien|en dienen; 2er(in *f*) *m* bediende

Dienst *m* dienst; **im ~ sein** in dienst zijn [sɛı]n

Dienstag *m* dinsdag [´-dɑx]

dienst|bereit dienstwillig [-´vɪlǝxl; 2bote *m* dienstbode; 2leistung *f* dienst; 2mädchen *n (het)* dienstmeisje [´-mɛı̯ʃǝl, 2stelle *f (het)* bureau [by´ro:]

Dieselkraftstoff *m* dieseolie [-o:li:]

dieselbe(n) dezelfde

dies|er, ~e deze; ~(es) dit; ~mal ditmaal, deze keer; ~seits *(G)* aan deze kant van

Dietrich *m* loper, valse sleutel [´slø:tǝll

Differentialgetriebe *n (het)* differentieel [-rɛn-´sie:ll

Differenz *f (het)* verschil

diktieren dicteren [-´te:r-]

Ding *n (het)* ding; **vor allen ~en** voor alles, vooral [´-ǝll

Diphtherie *f* difterie

Diplom *n (het)* diploma; 2atisch diplomatiek [-´ti:kl; ~ingenieur *m* ingenieur met diploma van een technische [-´i:sǝ] hogeschool

dir jou [jaul, je

direkt direct, rechtstreeks; 2ion *f* directie [-´rɛksi-]; 2or *m* directeur [-´tø:r]; 2übertragung *f* rechtstreekse uitzending [´ǝɣt-]

Dirigent *m* dirigent

Diskontsatz *m* discontovoet [-´ʋu:t]

diskret discreet [neren]

diskriminieren discrimi-

Dis|kussion *f* discussie [-´kǝs-], 2kutieren discussiëren [-kǝ´sie:rǝ(n)]; ~sertation *f* dissertatie [-´ta:(t)si-], (het) proefschrift [´pru:fsxrɪft]

Distanz *f* afstand; 2ieren; **sich** 2ieren zich distantiëren [-´sie:r-]

Distel f distel

Distel f distel

Disziplin f discipline [drsi·'-], tucht [txext]

dividieren delen ['de:l-]

Diwan m divan ['-ɑn]

doch toch, nochtans; ~! toch (wel)!

Dock n (het) dok

Dogge f dog

Doktor m doctor; (Arzt) dokter

Dokument n (het) document [-ky·'mɛnt]

Dolch m dolk

Dolmetscher m tolk

Dom m dom (kerk) ['dom-]

Donner m donder; 2n donderen; ~s·tag m dondersdag [-dɑx]

doof F dom, stom

Doppel|bett n (het) lits-jumeaux [li·ʒy·'mo:]; ~gänger m dubbelganger ['dɐbəl-]; ~punkt m (het) dubbele punt [pɛnt]; ~stecker m dubbele stekker; 2t dubbel; das ~te het dubbele; ~zimmer n tweepersoonskamer [-'ka:mər]

Dorf n (het) dorp

Dorn m doorn; 2ig doornig ['-nəx]

Dorsch m dors, jonge kabeljauw ['-jɑʊl]

dort daar, ginds, ginder; ~hin daarheen

Dose f (het) blik; doos

dösen dommelen ['-məl-ə(n)], soezen ['su·z-]

Dotter m od. n dooier

Dozent m docent [-'sɛnt]

Drachen m draak; (Papier 2) vlieger

Dragée n Med. pastille [-'ti·(j)ə]

Draht m draad, (het) snoer [snu:r]; 2los draadloos; ~zaun m afrastering ['-rɑstər-]

Drama n (het) drama; 2tisch dramatisch [-i·sl]

dran s. daran; jetzt bin ich ~ nu [ny·] ben ik aan de beurt [bø·rt]

Drang m drang

drängen dringen; **sich ~** elkaar verdringen

drauf s. darauf; 2gänger m (het) haantje-de-voorste; ~zahlen toeleggen ['tu·leʒ-]op

draußen buiten ['bœytə(n)]

Dreck m (het) vuil [ʋɐyl], drek; 2ig vuil, vies

dreh|bar draaibaar; ~en (sich) draaien; 2ung f draai, draaiing, omwenteling ['-ʋɛntəl-]; 2zahl f (het) toerental [-tɑl]

drei drie; 2eck n driehoek ['-hu·k]; ~eckig driehoekig [-kəx]; ~fach drievoudig ['-fɑʊdəx]; ~mal driemaal, drie keer; ~rad n driewieler

dreißig dertig ['-təx]

dreist driest, vrijpostig [ʋrɛi'postəx]

dreistöckig met drie verdiepingen; ~tägig driedaags; ~viertel driekwart; ~zehn dertien

dreschen dorsen

drin *s.* darin
dringen dringen; ~ (auf *A*) aandringen (op); ~d dringend
drinnen binnen
dritt|e(r) derde; 2el *n* (het) derde (deel); ~ens ten derde
Drog|e *f* (het) verdovend middel; ~erie *f* drogisterij [-'rɛi]
drohen dreigen ['dreiɣ̃-]
dröhnen dreunen ['drø:n-], daveren ['da:ʋər-]
Drohung *f* bedreiging, (het) dreigement [-'mɛnt]
drollig koddig ['-dəx], grappig ['-pəx]
Drops *m/pl.* zuurtjes ['zy:rtjəsl*n/pl.*
Drossel *f* lijster ['lɛistər]; 2n *Motor* gas minderen
drüben aan de overkant
Druck *m* druk [drœk]; ~ausgleichskabine *f* drukcabine; 2en drukken
drücken drukken; sich ~ (vor *D*) aan iets trachten te ontsnappen
Druck|er *m* drukker; ~erei *f* drukkerij [-'rɛi]; ~sache *f* (het) drukwerk
Drüse *f* klier
du jij [jɛi], jə], jə
Dübel *m* plug [plœx]
Duft *m* geur ['ɣø:r]; 2e tof [tɔf]; mieters; 2en (nach *D*) geuren (naar); 2ig, 2ig geurig ['-rəx]
dulden dulden ['dɛl-]
dumm dom; (unange-

nehm) vervelend [-'ʋe:l-]; 2heit *f* domheid; (*Fehler*) stommiteit, flater, blunder ['blɛndər]; 2kopf *m* domoor ['dom-]
dumpf dof [dɔf]; *Luft:* muf [mœf]
Düne *f* duin [dœyn]
düngen (be)mesten
dunkel donker; 2heit *f* duisternis ['dœystər-]; 2kammer *f* donkere kamer ['ka:mər]
dünn dun [dœn]
Dunst *m* damp, wasem ['va:səm], 2ig wazig ['-zəx], dampig ['-pəx]; *Met.* mistig ['-təx]
Duplikat *n* (het) duplicaat [dy·pli·'ka:t]
durch *A* door; ~ die Post per post; ~aus geheel, volkomen [-'ko:m-]; (*unter allen Umständen*) beslist; ~aus nicht helemaal [he:lə-'-]niet
durch|brechen *v/t* doorbreken [-'bre:k-]; *v/i* (*einbrechen*) doorbreken ['do:r-] ~brennen doorbranden; *fig.* ervandoor gaan; 2bruch *m* doorbraak; ~dringen doordringen
durcheinander door elkaar [-'ka:r], overhoop [-'ho:p]; 2n verwarring
durchfahr|en doorrijden ['-ridə-]; 2t *f* doortocht
Durch|fall *m Med.* diarree [di·(j)a're:l]; 2fallen *fig.* mislukken [-'lœk-]; (*Prü-

fung) zakken; **2führen** doorvoeren [-'vu:rə(n)]

Durchgang *m* doorgang; **2s-verkehr** *m* (het) doorgaand verkeer

durch|gehend geöffnet de hele dag geopend ['he:lə dax 'ɡəʔ̩o:pn̩t]; **halten** volhouden ['-hʊə(n)]; **kommen** *fig.* het halen; **laufen** doorlopen [-'lo:p-]; **stuklopen** ['stʊk-]

Durchleuchtung *f Med.* doorlichting ['do:r-]

durch|löchern doorboren; **lüften** luchten ['lext-]; **2messer** *m* middellijn [-'leɪn], diameter [-'me:-tər]; **näßt** doornat ['do:rnat]; **queren** dwars doortrekken

Durchreise *f:* **auf der** op doorreis

Durch|sage *f* mededeling ['me:dədə:l-]; **2schauen** *fig.* doorzien [-'zi:n]; **scheinend** doorschijnend ['-sxeɪnənt]

Durch|schlag *m (Kopie)* doorslag [-'slax]; *(Sieb)* (het) vergiet; **schnitt** *m* doorsnede; *(Mittelwert)* (het) gemiddelde; **2schnittlich** gemiddeld

durchsetzen: sich zijn wil doordrijven [-'dreɪ-]

durch|sichtig doorzichtig [-'zɪxtəx]; **sprechen**

grondig ['-dəx] bespreken [-'spre:k-]; **streichen** schrappen ['sxrap-], doorstrepen ['do:r-stre:p-]; **wählen** *Tel.* in één [e:n] keer doordraaien; **weg** doorgaans

durch|zählen natellen ['na:tɛlə(n)]; **2zug** *m* doortocht

dürfen mogen; **darf ich ...?** mag [max] ik ...?

dürftig schraal [sxra:l], armzalig ['-za:ləx]

dürr *(trocken)* dor; *(mager)* schraal

Durst *m* dorst; **2ig** dorstig; **2ig sein** dorst hebben

Dusche *f* douche ['du:ʃ(ə)], (het) stortbad; **2en** douchen; **nische** *f* douchecel [-sɛl]

Düse *f* sproeier ['spru:iər]; **n|flugzeug** *n* (het) straalvliegtuig [-'təxl]; **n|triebwerk** *n* straalmotor ['-mo:tər]

dus(e)lig suf [sef]

düster duister ['dəystər], somber

Dutzend *n* (het) dozijn [do'zeɪn]

duzen: j-n iem. tutoyeren [ty'tûa'je:rə(n)]

Dynamit *n* (het) dynamiet [di'-]

D-Zug *m* D-trein [tre:n], sneltrein

E

Ebbe f eb(be)

eben *(flach)* vlak, effen ['ɛfə(n)]; *(genau das)* juist [jøystl, precies [prə'si·sl; ~ **(erst)** net, juist; ~**bürtig** gelijkwaardig [-lɛik-'va:rdəx]

Ebene f vlakte

eben|falls eveneens; ~**so** (alt) **wie** even (oud) als; ~**soviel** evenveel; ~**soweg** even weinig ['vɛinəxl, evenmin

Eber m (het) everzwijn [-zuɛin]

ebnen effenen

Echo n echo

echt echt

Eck|ball m hoekschop ['huksxopl; ~**e** f hoek; ~**ig** hoekig [-kəxl, ~**lohn** m (het) basisloon; ~**zahn** m hoektand

edel edel; 2**stein** m edelsteen

Efeu m klimop

effektvoll vol effect

egal: ... ist mir ... kan mij [mɛi, məl niets schelen ['sxe:lə(n]

Egge f eg [ɛx]

egoistisch egoïstisch [-i·s]

ehe voor(dat), eer(dat)

Ehe f (het) huwelijk ['hy·üələk]; ~**bruch** m (het) overspel [-spell; ~**frau** f. ɛ. Gattin; ~**leute** pl. echtelieden pl.; 2**lich** echtelijk ['-tələk]

ehemalig voormalig

[-'ma:ləx]; ~**s** vroeger ['vru·ɣər]

Ehe|mann m. s. Gatte; ~**paar** n (het) echtpaar

eher eerder

Ehering m trouwring ['truü-]

Ehre f eer; 2n eren

ehren|haft eervol; ~**wert** achtbaar; 2**wort** n (het) erewoord

ehr|erbietig eerbiedig [-'bi·dəx]; 2**furcht** f eerbied; 2**geiz** m eerzucht ['-zɔxt]

ehrlich eerlijk ['-ləkl]; 2**keit**f eerlijkheid

ehrwürdig eer(bied)waardig ['-dəx]

Ei n (het) ei [ɛil; weiches ~ (het) zacht(gekookt) eitje

Eich|e f eik; ~**el** f eikel; ~**hörnchen** n (het) eekhoorntje

Eichmaß n ijkmaat ['ɛik-]

Eid m eed; **an ~es statt** plechtig ['-təxl]

Eidechse f hagedis ['-dɪs]

eidesstattlich plechtig ['-təx]

Eidotter n eierdooier

Eier|becher m (het) eierdopje; ~**likör** m advocaat

Eifer m ijver ['ɛi-]; ~**sucht** f jaloezie [jalu·'zi·]; 2**süchtig** jaloers

eifrig ijverig [-fər]

eigen eigen ['ɛiɣə(n)]; ~**artig** eigenaardig [-'a:rdəx]; 2**heim** n (het) eigen huis [həysl]; ~s speciaal [spe-ˈsiaːl]; ₂schaft *f* eigenschap [-sxap]; ₂sinn *m* eigenzinnigheid [-ˈzɪnə-xɛit]; ~tlich eigenlijk [-lək]; ₂tum *n* eigendom [-dəm]; ₂tümer(in *f*) *m* eigenaar *m* (eigenares [-ˈrɛslf]

eign|en: sich ~en (zu *D*, für *A*) geschikt [-ˈsxikt] zijn (voor); ₂ung *f* geschiktheid

Eilbote *m*: durch ~n per expresse

Eilbrief *m* expresbrief

Eile *f* haast; in ~ sein haast hebben

eil|en zich haasten; es eilt er is haast bij [bɛsl; ₂gut *n* (het) expresgoed [-xuˑt]

eilig haastig [ˈ-taxl; es ~ haben haast hebben

Eilzug *m* sneltrein

Eimer *m* emmer

ein: ~e, ~er, ~(es) *Art.* een [ənl; *(Zahl)* één [eːnl; ~e eentje; ~ander mekaar, elkaar [ɛlˈkaːr]

ein|äschern cremeren [-ˈmeːr-]; ~atmen inademen [ˈ-aˑdəmə(n)

Einbahnstraße *f* straat met eenrichtingsver-keer; ~bauschrank *m* ingebouwde [-bäüdəl kast; ~berufung *f* oproeping [ˈ-ruˑp-]; ~bettzimmer *n* eenpersoonskamer [-kaˑmər]; ~beziehen (in *A*) betrekken (in)

einbiegen: in eine Straße

~ een straat inslaan

einbild|en: sich ~en zich verbeelden; ₂ung *f* in-beelding

einbrechen *n* inbreken [ˈ-breːk-]; ₂er *m* inbreker

einbringen *Gewinn* opleveren [ˈ-leˑvər-]

Einbruch *m* inbraak; ₂sicher inbraakvrij [-frɛil

einbüßen verliezen; ~deutig ondubbelzinnig [-dəbəlˈzɪnəxl, overduidelijk [-dəydələk]; ~dringlich nadrukkelijk [ˈ-drøkələk]

Eindruck *m* indruk [ˈ-drøk]; ~svoll indruk-wekkend [ˈ-ʋɛkəntl

einer|lei een het even; ~seits enerzijds [-zɛitsl

einfach eenvoudig [ˈ-vaü-dəx], gewoon; *(nicht dop-pelt)* enkel; *Reise:* enkel; ₂heit *f* eenvoud [ˈeˑn-]

Einfahrt *f* (het) binnenrij-den [-reiə(n)l; *(Eingang)* inrit

Einfall *m* inval; ₂en (in *A*) binnenvallen; *fig. (j-m A)* te binnen schieten [ˈsxiˑt-]; *(einstürzen)* invallen

einfältig eenvoudig [-ˈnoˑzəll

Einfamilienhaus *n* een-gezinswoning [eˑnɣ̃əˈzɪns-]

ein|farbig effen; ~flößen ingieten; *fig.* inboezemen [ˈ-buˑzəmə(n)

Einfluß m invloed ['-∜lu·t];
2reich invloedrijk [-rɛık]

einfügen invoegen, inlassen

Ein|fuhr f invoer ['-∜u:r];
2führen invoeren; inleiden

Einfuhr|genehmigung f invoervergunning ['-ɣən-]; **.zoll** m invoerrechten n/pl.

Eingang m ingang; (e-r Sendung) aankomst

einge|bildet verwaand; (Phantasie) denkbeeldig [-'bɛ:ldɑx]; **2borene(r)** inboorling

eingehen binnengaan; Vertrag, Ehe sluiten ['slɔrt-]; Risiko aangaan; Sendung: binnenkomen; Pflanze: afsterven; Stoff: krimpen; **.auf**(A) ingaan op; **.d** grondig ['-dəx]

eingeschrieben Brief: aangetekend [-te:kənt]

Einge|ständnis n bekentenis [-'kɛntənɪs]; **.weide** n/pl. ingewanden pl.

ein|gleisig m enkel spoor; **.gliedern** opnemen (in 't verband); **2griff** m ingreep; **.halten** v/t Versprechen usw. zich houden ['hɑʊ̯ə(n)] aan; **.heimisch** inheems

Einheit f eenheid; **2lich** uniform [y·ni·'fɔr(ə)m]

ein|holen inhalen; Rat, Auskunft inwinnen; (einkaufen) boodschappen ['-sxɑp-] doen [du·n];

.hüllen inwikkelen ['-∜ıkələ(n)]

einig eensgezind [-xə-'zınt]; **sich ~ werden** (sein) het eens worden (zijn [sɛın]); **.e** pl. enige ['e:nəɣə] pl., enkele ['ɛŋ-kələ]pl.

einigen verenigen [-nə'ɣ-]; **sich ~ über**(A) het eens worden (over)

einiger|maßen enigszins ['e:nəxsıns]; **.es** een en ander, iets; **2keit** f eensgezindheid [-'zınthɛıt]

einjährig eenjarig ['-ja:rəx]

Ein|kauf m inkoop; **~ käufe machen**, **2kaufen** boodschappen doen [du·n]

Einkaufs|tasche f boodschappentas; **.zentrum** n (het) winkelcentrum [-sɛntrəm]

Einklang m overeenstemming

Einkommen n (het) inkomen ['-kɔ:m-]; **.steuer** f inkomstenbelasting

einladen m inladen; Gäste uitnodigen ['ʌy̯tno:də-ɣə(n)]; **2ung** f uitnodiging

Ein|lage f (Schuh 2) steunzool ['stø:n-]; (Spar 2) inleg; **.laß** m toegang ['tu·-] **2lassen** binnenlaten ['-la·t-]

Einlauf m Med. (het) lavement [la·və'-]; **2en** Schiff: binnenlopen

einlei|ten inleiden; **2ung** f inleiding

einleuchten duidelijk
['dəydəlɛk] zijn [sɛɪn]

**einliefern: in ein Kran-
kenhaus** ~ naar een zie-
kenhuis [-hœys] brengen

ein|lösen inlossen; **~ma-
chen** Früchte inmaken

einmal eens [e:ns]; (mal)
eens [ə(n)s];s. auf ~; **nicht**
~ niet eens [e:ns]; **2eins** in
tafel van vermenigvuldi-
ging [-me:nəx'fœldəɣɪŋ],
~ig uniek [y'-']

einmischen: sich ~ (in A)
zich mengen (in), zich
bemoeien [-'mu'iə(n)]
(met)

Ein|mischung f inmen-
ging; **~mündung** f (Stra-
ßen-) uitmonding ['ɑrt-];
2mütig eensgezind [-xə-
'zɪnt]

Ein|nahme f inneming;
Hdl. ontvangst; **2nehmen**
innemen; Geld ontvan-
gen; Mahlzeit gebruiken
[-'brœyk-]; **~öde** f woeste-
nij [uu'stə'nɛɪ]

einordnen: sich ~ Kfz.
voorsorteren ['-sortə:r']

ein|packen inpakken,
~prägen (sich) (zich) in-
prenten; **~rahmen** inlij-
sten [-'lɛɪst-]

einräumen Sachen in-
ruimen ['-rœym-]; Recht,
Vorrang geven ['ɣe:v-];
(zugeben) toegeven ['tu'-]

einreichen indienen

Einreise f (het) binnen-
reizen; **~visum** n (het) visum ['vi·zəm]

einricht|en inrichten;
2ung f inrichting

einritzen griffen

Eins f één [e:n]

einsam eenzaam; **2keit** f
eenzaamheid

Einsatz m inzet ['-zɛt];
(eingesetztes Stück) (het)
tussenzetsel ['tʊs-]

ein|schalten inschakelen
['-sxa:kəl-]; **~schenken**
inschenken; **~schiffen
(sich)** (zich) inschepen
['-sxe:p-]; **~schlafen** in-
slapen; **~schlagen** in-
slaan

einschleichen: sich ~
binnensluipen [-slœyp-]

einschließ|en insluiten;
~lich (G) met inbegrip
van, inclusief [-kly·'zi·f]

ein|schneidend diep-
gaand; **2schnitt** m in-
snijding ['-snɛɪd-]

einschränk|en beperken;
2ung f beperking

Einschreibe|brief m aan-
getekende [-te:kəndə]
brief; **2n** (sich) (zich) in-
schrijven [-'sxrɛɪ̆v-]; **per
~n!** aangetekend

ein|schreiten tussenbeide
[tʊsə(n)'bɛɪdə] komen;
~schüchtern intimideren
[-'de:r-]; **~sehen** inzien;
~seitig eenzijdig [-zɛɪ-
dəx]; **~setzen (sich)** (zich)
inzetten

Einsicht f (het) inzicht; **2ig**
verstandig [-dəx]

Ein|sparung f besparing,
bezuiniging [-'zœynəɣ-];

Ǫsperren opsluiten ['-sləɪt-]; Ǫspritzen inspuiten

Einspruch m (het) protest; ~ erheben protesteren [-'ʃte:r-]

einst eens

ein|stecken (mitnehmen) op zak steken ['ste:k-]; (hinnehmen) slikken; ~steigen instappen

einstell|en (aufhören) staken; Personal aanstellen, aannemen; (regulieren) afstellen, instellen; sich ~ en auf (A) zich instellen op; Ǫung f (Ansicht) houding ['haʊd-]

einstig vroeger ['ʃvru·ɣər]

einstimmig eenparig [-'pa:rəx]

ein|streichen Geld opstrijken ['-strɛɪk-]; Ǫsturz m instorting ['-]; ~stürzen instorten, invallen

einstweilen Adv. voorlopig ['-lo:pəxl, ondertussen [-'təsə(n)], vooralsnog [-'nɔxl; ~ig voorlopig

ein|tauchen v/t indopen ['-do:p-]; ~teilen indelen; ~tönig eentonig ['-to:-nəx]; Ǫtopf(gericht n) m stamppot, eenpansmaaltijd [-'tɛɪt]

Ein|tracht f eendracht; Ǫtragen inschrijven ['-sxreɪ̃‍-]; Ǫträglich winstgevend

ein|treffen (sich erfüllen [-'ko:m-]; uitkomen ['əɪt-]; ~treten binnenkomen; (für A) opkomen (voor)

Eintritt m intrede ['-tre:-də]; (Zugang) toegang ['tu'-]; ~s'geld n toegangsprijs [-'prɛɪs]

einver|standen akkoord; Ǫständnis n verstandhouding [-haʊd-]; (het) akkoord

Ein|wand m tegenwerping; ~wanderer m immigrant; Ǫwandfrei onberispelijk [-'pələk]; Ǫweihen inwijden ['-vɛɪd-]

ein|wenden opwerpen, inbrengen; ~werfen Brief posten; Ǫwickelpapier n (het) inpakpapier; ~willigen toestemmen ['tu'-]

Einwohner m inwoner; ~meldeamt n (het) bevolkingsregister

Einwurf m (Schlitz) gleuf [ɣlə:fl; Sp. inworp

Ein|zahl f (het) enkelvoud [-ৃvaʊtl; Ǫzahlen betalen, storten; ~zäunung f omheining

Einzel|gänger m eenling, individualist [-dy·ûa'-]; ~handel m kleinhandel, detailhandel; ~heit f (de) detail

einzeln afzonderlijk [-lək], apart; im ~en in bijzonderheden [bi'-']; Ǫe(r) (het) individu ['-dy·], enkeling ['ɛŋkəl-]

Einzelzimmer n eenpersoonskamer [-ka:mər]

einziehen intrekken; *Erkundigungen* inwinnen; *(konfiszieren)* verbeurd [-'bø:rt] verklaren; *(kassieren)* innen

einzig enig ['e:nəx]; **₂artig** uniek [y'ni·k]

Ein|zimmerappartement n éénkamerflat [-flɛt]; **₂zug** m intocht

Eis n (het) ijs [ɛis]

Eis|bein n (het) varkenspootje; **₂decke** f ijskorst; **₂diele** f ijssalon

Eisen n (het) ijzer ['ɛizər]

Eisenbahn f spoorweg ['ʊex]; **₂er** m spoorwegman

eis|enhaltig ijzerhoudend [-haud-]; **₂ern** ijzeren

eis|gekühlt met ijs gekoeld [-'ku:lt]; **₂ig** ijzig ['ɛizɪx]; **₂kalt** ijskoud ['-kaut]; **₂würfel** m (het) ijsblokje

eitel ijdel ['ɛidəl]; **₂keit** f ijdelheid

Eiter m etter; **₂n** etteren

Eiweiß n (het) eiwit

Ekel m walg(ing), afkeer; **₂haft** walgelijk [-lək], vies

Ekzem n (het) eczeem [ɛk'se:m]

Elefant m olifant [o:li·'-]

elegant elegant

Elektri|ker m elektricien [e'lɛktri·'si̇:ʒ]; **₂sch** elektrisch [-i·'sl]; **₂zität** f elektriciteit [-i·'tɛit]

Elektro|geschäft n elektrotechnische [-i·'sə] winkel; **.technik** f elek-

trotechniek [-'ni·k]

Element n (het) element; **₂ar** elementair [-'tɛ:r]

elend ellendig [ɛ'lɛndəx]; **₂** n ellende [ɛ'lɛndə]; **₂s·wohnung** f krot (woning)

elf elf; **₂** f Sp. (het) elftal ['-tɑl]

Elfenbein n (het) ivoor

Elfmeter m strafschop ['strɑfsxɔp]

Ell(en)bogen m elleboog

Elster f ekster

Eltern pl. ouders ['au-] pl.

emailliert geëmailleerd [-'je:rt]

Empfang m ontvangst; *(Rezeption)* receptie [-'sɛpsi·]; **₂en** ontvangen

Empfäng|er m ontvanger; *Rdf.* (het) ontvangtoestel [-'tu·stɛl]; **₂lich** ontvankelijk [-lək], vatbaar; **.nisverhütung** f geboortenbeperking

Empfangs|dame f receptioniste [rɛ·sɛpsio:'nɪstə]; **.halle** f ontvangsthal

empfehl|en aanbevelen; **sich .en** afscheid nemen; **.enswert** aanbevelenswaardig [-va:rdəx]; **₂ung** f aanbeveling

empfind|en voelen ['ʊu·l-]; **.lich** gevoelig [-'ʊu·ləx]; **₂ung** f gewaarwording

empor omhoog, naar boven

empören: sich . in woede ['ʊu·də] ontsteken [-'ste:k-]; in opstand ko-

279   **enträtseln**

men; ~d stuitend ['stəyt-]
emporragen uitsteken
['əytste:k-] boven
Empörung f verontwaardiging ['va:rdəɣ-]
emsig ijverig ['ɛivərəx]
Ende n (het) einde ['ɛındə].
am ~ tenslotte; **zu ~ sein**,
2n eindigen ['-dəɣ-]
endgültig definitief
Endivie f andijvie [-'dɛivi·]
end|lich eindelijk [-'lɪk].
~los eindeloos; 2spiel n
Sp. finale; 2station f (het)
eindpunt ['-pɔntl; 2ung f
uitgang ['əyt-]
Energie f energie; 2isch
krachtig ['-təx], energiek
[-'ʒi'k], vinnig ['-nəx],
kordaat [-'da:t]
eng eng, nauw [nɑːl], 2e f
engte
Engel m engel
Eng|länder(in f) m En-
gelsman m (Engelse f);
2isch Engels
Enkel(in f) m kleinzoon
m (kleindochter f)
Enschede n Enschede
['ɛnsxədeːln
entbehr|en missen, ontberen; **~lich** ontbeerlijk
[-lək]
Entbindung f Med. bevalling; **~s-anstalt** f kraaminrichting
entdeck|en ontdekken
[ɔn'dɛk-]; 2ung f ont-
Eute f cond [dekking]
ent|eignen onteigenen;
~erben onterven; **~fallen**
ontvallen; **(auf** A) vallen

(op); (ausfallen) verval-
len; **~falten (sich)** (zich)
ontplooien
entfern|en (sich) (zich)
verwijderen [-'vɛɪd-];
2ung f afstand
ent|fesseln ontketenen
[-'kɛːt-]; **~fliehen** ont-
vluchten [-'flɛxt-]; **~füh-
ren** ontvoeren [-'fuːr-],
schaken ['sxaːk-]
entgegen (D) tegemoet
[təɣə'muːt]; tegen ['teː-
ɣə(n)]; **~gesetzt** tegen-
(over)gesteld; **~kommen**
tegemoetkomen [-koːm-]
ent|gehen (D) ontgaan;
~geistert wezenloos;
~gleisen ontsporen;
2haarungsmittel n (het)
ontharingsmiddel
enthalt|en bevatten; **sich**
~en (G) zich onthouden
[-'hɑud-van]; **~sam** matig
['maːtəx]; 2ung f onthou-
ding
ent|hüllen onthullen
[-'høl-]; **~kommen** (D)
ontkomen [-'koːm-] aan;
~korken ontkurken
[-'kɔrk-]; **~lang** langs
entlarven ontmaskeren
[-'maskərə(n)]
ent|lassen ontslaan; 2ung
f (het) ontslag [-'slɑx]
entlasten ontlasten
entledigen: sich ~ (G) zich
ontdoen[-'duːnl(van)
ent|legen afgelegen;
~nehmen ontnemen; fig.
concluderen [-klyˈdeːr-]
ent|rätseln ontraadselen

~reißen ontrukken [-'rɛk-]; **~rüstet** verontwaardigd [-'va:rdəxt]

entschädigen schadeloosstellen ['sxa:də-]

entscheid|en (sich) beslissen; **♀ung** f beslissing

entschieden beslist

entschließen: sich ~ besluiten [-'sləyt-]

ent|schlossen vastberaden; **♀schluß** m (het) besluit [-'sləyt-]

entschuldig|en (sich) (zich) verontschuldigen [-'sxɔldəɣ̊-]; **♀ung** f verontschuldiging; **♀ung!** pardon [-'dɔ:]!

Entsetz|en n ontzetting; **♀lich** ontzettend, vreselijk ['vrɛːsələk]

entspann|en (sich) (zich) ontspannen; **♀ung** f ontspanning

entsprech|en (D) beantwoorden aan, **~end** overeenkomstig [-'kɔmstəx]

entsteh|en ontstaan; **♀ung** f (het) ontstaan

entstellen misvormen

enttäusch|en teleurstellen [tə'lø:r-]; tegenvallen; **♀ung** f teleurstelling

entwaffnen ontwapenen [-'va:p-]

entweder . . . oder of(wel) . . . of

ent|wenden ontvreemden, ontfutselen [-'fɛtsələ(n)]; **~werfen** ontwerpen

entwick|eln (sich) (zich) ontwikkelen; **♀lung** f

ontwikkeling

ent|wischen ontsnappen, ontglippen; **♀wurf** m (het) ontwerp

entzieh|en (sich) onttrekken; **♀ungskur** f ontwenningskuur [-ky:r]

entziffern ontcijferen [-'sɛif-]

entzück|end verrukkelijk ['-rɛkələk], prachtig ['-tɛxl]; **~t** opgetogen, verrukt

Entzündung Med. ontsteking [-'stɛ:k-]

entzwei stuk [stək], kapot [-'pɔt]

Epidemie f epidemie

Epoche f (het) tijdperk ['tɛit-]

er hij [hɛil, nach Verb, Konj. od. Pron. [iː]

erbärmlich erbarmelijk [-ləkl, beroerd [-'ru:rt]

erbarmungslos meedogenloos ['-do:ɣ̊ən-]

erbauen fig. stichten

Erb|e 1. n erfenis; 2. m erfgenaam; **♀en** erven; **~inf** erfgename

er|bittert verbitterd; **~blassen** verbleken

erblich erfelijk ['-fələk]

erblinden blind worden

erbrechen: sich ~ braken

Erbschaft f erfenis

Erbse f erwt [ɛrt]; **junge ~** doperwt

Erd|beben n aardbeving; **~beere** f aardbei ['-bɛi], **~e** f aarde; (Fußboden) grond; **~geschoß** n benedenverdieping [bə'ne:-də(n)-]

erdichten verzinnen

Erd|kunde f aardrijkskunde [-'rɛikskəndə]; **.nüsse** f/pl. aardnoten pl., apenootjes ['a:pə-n/pl./, **.öl** n aardolie ['-o:li-], petroleum [-le'iɛm]; **.stoß** m aardschok ['-sxɔk]; **.teil** m (het) werelddeel ['ve:rəld-]

erdulden verduren [-'dy:r-]

Erdung f (het) aarden

ereign|en: sich .en gebeuren [-'bør:r-]; **.is** n gebeurtenis

erfahr|en v/t ondervinden; Nachrichten vernemen; Adj. ervaren; **.ung** f ervaring

erfassen (aan)grijpen ['-fɛsə-]; (begreifen) begrijpen

erfind|en uitvinden ['-ərt-]; (lügen) verzinnen; **.e-risch** vindingrijk [-rɛik]; **.ung** f uitvinding; (Lüge) (het) verzinsel

Erfolg m (het) succes [sɛk'sɛs]; **.los** zonder resultaat; **.reich** succesrijk [-rɛik]

erforder|lich noodzakelijk ['-sa:kələk]; **.n** vereisen [-'ɛisə(n)]; **.nis** n vereiste

erfreu|en (sich) (zich) verheugen [-'hø:ɣ-]; **.lich** verheugend

erfrieren bevriezen

erfrisch|en (sich) (zich)

verfrissen; **.ungsraum** m cafetaria [-'ta:ri-(j)ɑ], kantine

erfüllen vervullen [-'vəl-]; **sich .** uitkomen ['ərt-]

ergänzen aanvullen

ergeb|en leiden tot; **sich .en** (folgen aus) blijken ['blɛik-], voortvloeien ['-flu·iə(n)]; Mil. zich overgeven; **.nis** n (het) resultaat [-zəl'-], uitslag ['ərtslɔx]; **.nislos** zonder resultaat

ergiebig overvloedig ['-ɣlu·dəx]

er|greifen pakken, grijpen ['ɣrɛip-]; fig. Gelegenheit aangrijpen; Wort nemen; **.griffen** ontroerd ['-'ru:rt]

Erguß m uitstorting ['ərt-]

erhaben fig. verheven [-'he:v̇ə(n)]

erhalten krijgen ['krɛɪɣ-]; (bewahren) bewaren; **gut - Adj.** in goede ['ɣu·iə] staat

er|hältlich verkrijgbaar; **.hängen (sich)** (zich) ophangen

erheben Zoll, Gebühr heffen; Klage indienen; **sich .en** (revoltieren) opstaan; **.lich** aanzienlijk ['-zi·nlək]

er|heitern opvrolijken ['-fro:ləkə(n)]; **.hitzen** verhitten; **.höhen** verhogen

erhol|en: sich .en bijkomen ['bɛiko:m-], opknap-

pen; *(entspannen)* zich
ontspannen; ⚫ung *f* (het)
herstel [hɛr'stɛl]; *(Entspannung)* ontspanning,
(het) verzet(je)

Erholungs|reise *f* plezierreis [plə'zi:rɛisl]; ⚫zentrum *n* (het) recreatiecentrum [re'kre·'ja:(t)si·sɛntrəml]

erinner|n (sich) (an *A)*
(zich) herinneren (aan);
⚫ung *f* herinnering

erkält|en: sich ⚫en kou
[kaul] vatten; ⚫et verkouden [-'kauə(n)l]; ⚫ung *f*
verkoudheid

erkenn|en herkennen
[hɛr'-]; *(einsehen)* beseffen, erkennen; **zu ⚫en
geben** te kennen geven;
⚫tnis *f* (het) inzicht

erklär|en verklaren; uitleggen [ʼɛyt-]; ⚫lich verklaarbaar; ⚫ung *f* verklaring

er|kranken ziek worden;
⚫kunden verkennen

**erkundig|en: sich ⚫en
(nach** *D)* informeren
(naar); ⚫ung *f* inlichting

erlangen verkrijgen
[-'krɛiɣ-]

Er|laß *m* kwijtschelding
[ʼkʋɛitsxɛl-]; *(Beschluß)*
(het) besluit [-'slœyt];
⚫lassen *(anordnen)* uitvaardigen [-'fa:rdəɣ-]

erlaub|en veroorloven;
⚫nis *f* toelating [ʼtu·-],
(het) verlof [-'lɔfl

erläutern verklaren, toe-

lichten

erledig|en afdoen [ʼ-du·nl,
afmaken; ⚫t afgedaan;
(erschöpft) doodop

erleichter|n verlichten,
vergemakkelijken[-'mak-
ələka(n)l; ⚫t *fig.* opgelucht [-lɛxtl; ⚫ung *f* vergemakkelijking; *fig.* opluchting

er|leiden lijden [ʼlɛiə(n)l,
ondergaan [-'ɣa:nl; ⚫liegen** *(D)* bezwijken
[-'zʋɛik-l *(vor; Krankheit* aan); ⚫lös *m* opbrengst; ⚫löschen uitgaan; *(ungültig werden)*
vervallen; ⚫lösen *(von D)*
verlossen (van); ⚫mächtigen** machtigen [ʼ-tə-
ɣ̥ə(n)l; ⚫mahnen vermanen

ermäßig|en verminderen;
⚫ung *f* vermindering

ermittel|n vaststellen,
achterhalen [ʼha:l-]; *Jur.*
een onderzoek [ʼondər-
zu·kl instellen

er|möglichen mogelijk
[-lək] maken; ⚫morden**
vermoorden; ⚫müden *v/t*
vermoeien [-'mu·iə(n)l;
v/i moe worden; ⚫muntern, ⚫mutigen aanmoedigen [ʼ-mu·dəɣə(n)l
⚫nähren** voeden [ʼvu·-l,
onderhouden [ʼhauə(n)l;
sich ⚫en zich voeden;
⚫ung *f* voeding

er|nennen benoemen;
⚫neuern** vernieuwen
[-'ni·ʼuə(n)l; ⚫neut op-

nieuw; ~niedrigen vernederen [-'ne:dər-], verlagen

ernst ernstig ['-təx]; ♀ m ernst; ♀fall m (het) geval van ernst; ~haft, ~lich ernstig, serieus [se-'rïø:s]

Ernte f oogst; ♀n oogsten

Ernüchterung f ontnuchtering [-'nəxtər-]

erober|n veroveren; ♀ung f verovering

eröffn|en openen ['o:pə-nə(n)]; ♀ung f opening

erotisch erotisch [-i·s]

erpicht auf (A) belust [-'ləst] op, tuk op

erpress|en afpersen; ♀ung f afpersing

er|proben op de proef [pru·f] stellen; ~raten raden

erreg|en opwinden; (verursachen) veroorzaken; ♀ung f opwinding

er|reichen bereiken; ~richten oprichten; ~ringen behalen; ~röten blozen; ♀rungenschaft f verworvenheid

Ersatz m (Vergütung) vergoeding [-'ɣu·d-]; (Austausch) vervanging; ~teil n (het) reserveonderdeel

erschein|en verschijnen [-'sxɛïn-]; ♀ung f verschijning; (Phänomen) (het) verschijnsel

er|schießen doodschieten ['-sxi·t-], neerschieten; ~schließen Gegend ontsluiten [-'slərt-]

erschöpf|en uitputten ['əytpøt-]; ~t uitgeput; ♀ung f uitputting

erschrecken v/t doen [du·n] schrikken ['sxrïk-]; v/i schrikken; ~d schrikbarend [-'ba:rənt]

erschütter|n schokken; ♀ung f schok [sxɔk]

erschweren bemoeilijken [-'mu·ïlək-]; ~setzen (vergüten) vergoeden [-'ɣu·d-]; (austauschen) vervangen

erspar|en (be)sparen; ♀nisse f/pl. (het) spaargeld　　　　[eerst

erst eerst; (soeben) pas, ~starren verstijven [-'stɛïv-]; ~statten Auslagen teruggeven [tə'rexe:ʋə(n)]; Anzeige aangifte doen [du·n]; Bericht uitbrengen [-'əyd-]

Erstaufführung f première

Erstaun|en n verbazing; ♀lich verbazend; ♀t verbaasd, verwonderd

erste|e, ~er, ~es eerste; ♀e Hilfe eerste hulp ['hø(ə)p] bij [bɛï] ongevallen (E.H.B.O.); ~ens eerste　　　　[stikken

ersticken v/t smoren; v/i ~erst|klassig eerste klas; ~malig voor de eerste keer

erstrecken: sich ~ zich uitstrekken ['əyt-]

er|suchen (um A) verzoeken [-'zu·k-] (om);

~**tappen** betrappen; ~**teilen** geben, verstrekken

Ertrag m opbrengst; 2**en** verdragen

erträglich draaglijk ['-lǝk]

ertrinken verdrinken; 2**de(r), Ertrunkene(r)** drenkeling ['drɛŋkǝl-]

er|wachen wakker worden; ~**wachsen** Adj. volwassen; ~**wägen** overwegen [-'ve:ɣ-]; ~**wähnen** vermelden; ~**wärmen** verwarmen

erwart|en verwachten; 2**ung** f verwachting

erweisen bewijzen [-'vɛiz-]; **sich ~ als** blijken

erweitern uitbreiden ['ǝydbrɛid-]

Erwerb m verdienste; (Kauf) aankoop; 2**en** verkrijgen ['-krɛiɣ-]; (kaufen) aankopen; 2**s fähig** in staat tot werken; ~**ung** f(Erworbenes) aanwinst

er|widern antwoorden; ~**wischen** betrappen; ~**wünscht** gewenst; ~**würgen** wurgen ['vʊrɣ-]

Erz n (het) erts

Erz- (bei Personen) in Zssg. aarts-

erzähl|en vertellen; 2**ung** f (het) verhaal

erzeug|en verwekken; (produzieren) produceren [-dy'se:r-]; 2**nis** n (het) produkt ['dɛkt], (het) voortbrengsel

erzieh|en opvoeden ['-fu·d-]; 2**ung** f opvoeding

er|zielen verkrijgen ['-krɛiɣ-], behalen; ~**zwingen** afdwingen

es het; s. a. geben

Esche f es

Esel m ezel

eßbar eetbaar

essen eten [e:tǝ(n)]

Essen n (het) eten; ~**s zeiten** f/pl. etenstijden [-tsid-]pl.

Essig m azijn [a'zɛin]; ~**und Ölständer** m (het) olie-en-azijnstelletje

Etag|en|bett n (het) stapelbed; ~**wohnung** f flat [flɛt], (het) appartement [-'mɛnt]

Etat m begroting

Etikett n (het) etiket

etliche ettelijke ['ɛtǝlǝkǝ]

Etui n (het) etui

etwa (vielleicht) misschien [mǝ'sxi·n]; (ungefähr) zowat, ongeveer; ~ **(zwei Tage)** een (dag) of (twee); ~**ig** eventueel [-ty·'üe:ll]

etwas iets; (ein wenig) een beetje, iets, wat

euch jullie ['jɐli]; (einander) elkaar [-'ka:r]

euer jullie

Eule f uil [ɐyl]

Europä|er m Europeaan [-pe·'ja:n]; 2**isch** Europees

Euter n uier ['ǝyǝr]

evangelisch protestants

eventuell eventueel [-tyˈ-ˈüeːll]

ewig eeuwig [ˈeːüəx]

Exemplar n (het) exemplaar

Exil n ballingschap

Ex|pedition f expeditie [-ˈdiˈ(t)siˑ]; **~periment**

(het) experiment

explo|dieren ontploffen; **2sion** f ontploffing

Export m export, uitvoer [ˈaytfuːr]; **2ieren** uitvoeren, exporteren [-ˈteːr-]

extra, Extra- extra, extra-

extrem extreem

F

Fabel f fabel; **2haft** fantastisch [-iˑsl, fabelachtig [-təx], **f** reuze [ˈrøːzə]

Fabrik f fabriek; **~arbeiter** m fabrieksarbeider; **~at** n (het) fabrikaat

Fach n (het) vak; **~arbeiter** m geschoold [-ˈsxoːlt] werkman; **~arzt** m specialist [-siˈɑˈlɪst]; **~geschäft** n speciale zaak; **~mann** m deskundige [-ˈkɔndəɣ̆əl, vakman

Fackel f fakkel

fade flauw

Faden m draad

fähig bekwaam, in staat; **2keit** f bekwaamheid

fahl vaal, grauw

fahnd|en (nach D**)** opsporen; **2ung** f opsporing

Fahne f vlag

Fahrbahn f rijweg [ˈrɛivɛx]

Fähre f (veer)pont

fahren rijden [ˈrɛiə(n)]; *Schiff:* varen

Fahr|er m bestuurder [ˈstyːrdər], *(Auto a.)* chauffeur [-ˈføːr]; **~erflucht** f (het) vluchtmisdrijf [ˈvləxtmɪzdrɛifl]

~gast m passagier [-ˈʒiːr]; **~gestell** n (het) chassis [ʃɑˈsiˑ]

Fahrkarte f (het) kaartje, (het) plaatsbewijs [-vɛisl; **~nschalter** m (het) loket [loˈkɛt]

fahrlässig onachtzaam

Fahr|lehrer m rijinstructeur [ˈrɛinstrœktøːr]; **~plan** m dienstregeling; (het) spoorboekje [-buˈkiəl; **~preis** m (het) tarief; **~rad** n fiets; **~rinne** f vaargeul [ˈɣøːll; **~schein** m (het) kaartje; **~schule** f rijschool [ˈrɛisxoːl]; **~spur** f rijstrook; **~stuhl** m lift; **~stunde** f rijles

Fahrt f reis, rit, vaart, tocht; **~ ins Blaue** tocht met onbekende bestemming

Fahr|wasser n (het) vaarwater [-uaˈtər]; **~werk** n *Flgw.* (het) landingsgestel; **~zeug** n (het) voertuig [ˈvuːrtəyx]

faktisch feitelijk [ˈfɛitaˈlək], in feite

Fakultät f faculteit [-kəlˈtɛit]

Falke m valk
Fall m (Angelegenheit)
(het) geval; **auf keinen ~**
in geen geval
Falle f val
fallen vallen
fällen veilen
fällig betaalbaar
falls ingeval [-'ϝall, als, indien [-'di·n]
Fallschirm m (het) valscherm ['-sxɛr(ə)m]
falsch (unrichtig) verkeerd, fout [fautl; (un-
echt) vals
fälsch|en vervalsen; **2ung**
f vervalsing
Falt|e f vouw [ϝaᵘl, plooi;
(Runzel) rimpel; **2en**
vouwen, plooien; **~er** m
vlinder; **2ig** geplooid; ge-
rimpeld; **~prospekt** m
folder
famil|iär familiaar [-'ja:r];
2ie f familie [-'mi·li·]; (Eltern u. Kinder a.) ge-
zin
Familien|angehörige(r)
(het) familielid; **~name** m
familienaam; **~pension** f
(het) familiepension
[-pɛnsiōn]
fanatisch fanatiek [-'ti·k]
Fang m vangst; **2en** vangen; **~frage** f strikvraag
Farb|band n (het) schrijf-
lint ['sxrɛif-]; **~e** f kleur
[klø·rl; (Lack) verf; **2echt**
kleurecht
färben kleuren, verven
farb|enblind kleuren-
blind; **2fernsehen** n

kleurentelevisie; ~**ig**
kleurig ['-rəxl; **2ige(r)**
kleurling; **~los** kleurloos
Färbung f tint
Farn(kraut n) m varen
['ϝa:r-]
Fasan m fazant [-'zantl
Fasching m (het) carnaval
['kar-]
faseln fantaseren, bazelen ['ba:zələ(n)]
Faser f vezel ['ϝe:zəll,
draad; **2n** rafelen
['ra:fəl-]
Faß n (het) vat, ton
Fassade f (voor)gevel
[-'ϝe:ϝəll, façade [-'sa:də]
fassen v/t vatten, vangen;
(Raum bieten) kunnen
['kən-] bevatten
Fasson f snit
Fassung f kalmte; El. fitting; (Text) redactie
[-'daksi·]; **2s-los** sprakeloos ['spra:kə-]
fast bijna ['bɛi-], haast
fasten vasten
faul (träge) lui [ləyl; (verdorben) rot; ~**en** rotten
faulenz|en luieren ['lə-
yərə(n)], luilakken; **2er** m
luiaard
Faulheit f luiheid
Faust f vuist [ϝaʸstl
Februar m februari
[-bry·'ūa:ri·]
fechten schermen ['sxɛr-]
Feder f veer, pluim
[pløym]; (Schreib2) pen;
(Spiral2) veer; **2n** v/i
veren; ~**ung** f vering
fegen vegen

Fehl|betrag m (het) tekort [tǝ'kɔrt]; ℒen ontbreken [-'breːk-]; **was ℒt Ihnen?** wat scheelt [sxeːlt] (er) U? [yˑ]

Fehler m fout [faut]; ℒhaft verkeerd, fout

Fehl|geburt f miskraam ['mɪs-]; ℒschlag m mislukking [-'lǝk-]; ℒtritt m misstap

Feier f (het) feest; plechtigheid ['-taxɛɪt]; ℒabend m rust [rɛst] (na het werk); ℒlich plechtig ['-tǝx], feestelijk [-lǝk]; ℒn vieren; ℒtag m feestdag ['feːzdɑx]

Feige f vijg [vɛɪx]

feig|e laf; ℒheit f lafheid; ℒling m lafaard

Feile f vijl

feilschen (um A) marchanderen [-ʃɑn'deːrǝ(n)] (om), pingelen ['pɪŋǝl-] (om)

fein fijn [fɛɪn]

Feind m vijand ['vɛɪɑnt]; ℒlich vijandig [-'jɑndǝx]; Mil. vijandelijk [-dǝlǝk]; ℒschaft f vijandschap ['vɛɪɑntsxɑp]; ℒselig vijandig

fein|fühlig fijngevoelig [-'fuˑlǝx], kies; ℒkosthandlung f delicatessenzaak; ℒschmecker m fijnproever

Feld n (het) veld; ℒzug m veldtocht

Felge f velg

Fell n (het) vel, huid [hɑyt]

Fels|en m rots; ℒig rotsachtig [-tǝx]

Fenster n (het) venster, (het) raam; ℒbrett n vensterbank; ℒleder n zeemlap; ℒscheibe f ruit [rǝyt]

Ferien pl. vakantie [-'kɑnsiˑ]

Ferien- in Zssg. mst. vakantie-

Ferien|aufenthalt m (het) vakantieverblijf [-blɛɪf]; ℒdorf n (het) bungalowpark ['bɛŋɡalo:-]; ℒgast m vakantieganger

Ferkel n big

fern ver; ℒbleiben (D) wegblijven [-'blɛɪv-]; ℒe f verte; ℒer verder, voorts

Fern|fahrer m chauffeur voor lange afstanden; ℒgespräch n (het) intercommunaal [-myˑˈnaːl] telefoongesprek; verrekking ['vɛrǝkɛɪkǝr]; ℒlicht n Kfz. (het) groot licht; ℒschnellzug m exprestrein; ℒschreiber m telex

Fernseh|apparat m (het) televisietoestel [-ˈviˑziˑtuˑstɛl]; ℒen n televisie (T.V. [teːˈveːl]); ℒzuschauer m televisiekijker [-kɛɪk-]

Fernsprech|amt n telefooncentrale [-sɛn-]; ℒapparat m (het) telefoontoestel; ℒbuch n (het) telefoongids; ℒgebühr f (het) telefoontarief; ℒzelle f telefooncel [-sɛl]

Ferse f hiel, hak
fertig klaar, gereed; ₂ge-
richt n (het) kant-en-
klaar-menu [mə'ny·l];
₂haus n (het) geprefabri-
ceerd ['se:rtl huis [həys]
fertigmachen (sich) (zich)
klaarmaken ['-ma:k-]
Fessel f boei [bu·i]; ₂n
boeien
fest vast, stevig ['ste·√əxl,
hecht
Fest n (het) feest; ~igkeit f
stevigheid ['ste·√əxiïtl;
~land n (het) vasteland
['-lɑntl; ₂lich feestelijk
[-lək]
festmachen vastmaken
['-ma:k-l; Schiff: meren
['me:r-l
Fest|nahme f arrestatie
[-'ta:(t)si·l; ₂nehmen arresteren [-'te:r-l; ₂setzen
vaststellen, bepalen
['-pa:l-l
Festspiele n/pl. (het) fes-
tival
feststellen vaststellen,
constateren [-'te:r-l
Festung f vesting
fett vet; ₂ n (het) vet; ~ig
vettig ['-təxl
Fetzen m/pl. flarden pl.
feucht vochtig ['-təxl; ₂ig-
keit f vochtigheid
Feuer n (het) vuur [√y·r];
(Brand) brand; ~bestat-
tung f lijkverbranding
['leik-l, crematie [-'ma:(t)-
si·l; ₂fest vuurvast;
₂gefährlich licht ont-
vlambaar; ₂löscher m

brandblusser ['-bləs-]
feuerfig. ontslaan
Feuer|wehr f brandweer;
~werk n (het) vuurwerk
['√y:r-l; ~zeug n aanste-
ker ['-ste:k-l
feurig vurig ['-rəx]
Fichte f spar [spɑr]
Fieber n koorts; ₂erhaft,
₂rig koortsig [-səxl; fig.
koortsachtig
Figur f figuur [-'√y:r]
Filiale f (het) filiaal
Film m film
Film|schauspieler(in f) m
filmacteur [-'tø:r] m
(filmactrice [-'tri:sə] f);
~vorführung f filmver-
toning
Filter m filter; ~zigarette f
filtersigaret
filtrieren filteren ['-tə-
rə(n)],filtreren [-'tre:r-]
Filz m (het) vilt
Finale n finale
Finanz|amt n (het) belas-
tingkantoor; ₂iell finan-
cieel [-'sie:ll, ₂ieren fi-
nancieren [-'si:r-l
find|en vinden; ₂er m vin-
der; ₂erlohn m (het)
vindloon; ~ig schrander
['sxrɑnd-l
Finger m vinger; der
kleine ~ pink; ~hut m
vingerhoed [-hu·tl
Fink m vink
finnisch Fins
finster duister ['dəystərl,
donker; fig. dreigend
['drei√ɑntl; ₂nis f duis-
ternis

Firma f firma

Firnis m vernis [və̄r'nıs]

Fisch m vis

fisch|en vissen; **2er** m visser; **2erei** f visserij [-sə'rɛil]; **2gericht** n (het) visgerecht; **2geschäft** n viswinkel

fix und fertig kant en klaar; F (erschöpft) doodop, bekaf ['bɛkaf]

flach vlak, plat

Fläche f (het) vlak; vlakte

Flachland n (het) vlak land

Flachs m (het) vlas

flackern flakkeren, flikkeren

Flame m Vlaming

flämisch Vlaams

Flamme f vlam

Flandern n Vlaanderen n

Flanell m (het) flanel

Flanke f flank

Flasche f fles; **-n öffner** m flesopener ['-o:pənər]; **-n zug** m katrol [-'rɔl]

flattern fladderen; wapperen

flau flauw, zwak, mat

Flaum m (het) dons

Flaute f windstilte; Hdl. slapte

flechten vlechten

Fleck m vlek; (Stelle) plek; **2ig** gevlekt; (schmutzig) morsig ['-səx]

Fledermaus f vleermuis ['-məys]

Flegel m vlegel

flehen smeken ['sme:k-]

Fleisch n (het) vlees; **-er** m slager; **-erei** f slagerij [-'rɛi]; **-klößchen** n (het) vleesballetje

Fleiß m vlijt [vlɛitl]; **2ig** vlijtig['-taxl, ijverig

flennen F grienen

flicken verstellen, lappen

Flieder m vlier, sering [sə'-]

Fliege f vlieg; (Querbinder) das (het) vlinderdasje [-dɑʃə]

flieg|en vliegen; **2er** m vlieger, vliegenier [-'ni:r]

fliehen vluchten ['vlɛxt-]

Fliese f tegel ['te:ɣ-]

Fließ|band n lopende band; **2en** vloeien ['vlu-iə(n), stromen; **2end** stromend; fig. vloeiend

flimmern flikkeren, glinsteren

flink vlug [vlɛxl, behendig [-'hɛndəx]

Flinte f (het) geweer

Flirt m flirt [flœ:(r)t, flɪrt]

Flitterwochen f/pl. wittebroodsweken [-ve:k-]pl.

flitzen flitsen

Flocke f vlok

Floh m vlo

Floß n (het) vlot

Flosse f vin

Flöte f fluit [flœyt]

flott vlot

Flotte f vloot

Fluch m vloek [vlu·k]; **2en** vloeken

Flucht f vlucht [vlɛxt]

flücht|en vluchten; **-ig**

vluchtig ['-təx]; *(auf der Flucht)* voortvluchtig [-'flextəx]; ⏁ling m vluchteling

Flug m vlucht; ⏁blatt n (het) pamflet [-'flɛt]

Flügel m vleugel ['vløː-ɣ̊-]; ⏁mutter f vleugelmoer [-mu:r]

Flug|gast m passagier; ⏁gesellschaft f luchtvaartmaatschappij ['lɛxtfaːrtmaːtsxɔpɛi]; ⏁hafen m luchthaven; ⏁kapitän m gezagvoerder [ɣ̊ə'zɑxfuːr-]; ⏁karte f (het) vliegbiljet [-jɛt], (het) ticket ['tɪkət]; ⏁linie f lucht(vaart)lijn [-'lɛin]; ⏁plan m luchtdienstregeling; ⏁platz m (het) vliegveld; ⏁verkehr m (het) luchtverkeer

Flugzeug n (het) vliegtuig ['-təʏxl], (het) toestel ['tuːstɛl]; ⏁führer m piloot; ⏁träger m (het) vliegdekschip [-sxɪp]

Flunder f bot

Flur m gang, hal

Fluß m rivier, stroom; ⏁abwärts stroomafwaarts

flüssig vloeibaar ['vluˑi̯-]; ⏁keit f vloeistof, (het) vocht

flüstern fluisteren ['flœʏstərə(n)]

Flut f vloed ['vluˑtl], (het) hoog tij ['tɛi]

Fohlen n (het) veulen ['vøː-l]

Folge f (het) gevolg; (het) vervolg; ⏁n *(D)* volgen; ⏁ndermaßen als volgt, op de volgende wijze ['vɛizə], aldus ['-dʏs]; ⏁richtig logisch ['-i·s], consequent; ⏁rn *(aus D)* afleiden (uit); ⏁rung f gevolgtrekking, conclusie [-'klyˑzi·]

folglich zodoende [-'duˑn-də], bijgevolg [bɛiɣ̊ə-'vɔl(ə)x]

Folie f foelie ['fuˑli·]

foltern folteren

Fontäne f fontein [-'tɛin]

foppen foppen

fordern eisen ['ɛisə(n)]

fördern bevorderen; *Bgb.* delven

Forderung f eis

Forelle f forel

Form f vorm; ⏁al formeel; ⏁alität f formaliteit; ⏁at n (het) formaat; ⏁el f formule ['myˑlə]; ⏁ell formeel; ⏁en vormen; ⏁ular n (het) formulier [-myˑ-'liːr]

forsch|en onderzoeken [-'zuˑk-l]; ⏁er m onderzoeker; ⏁ung f (het) onderzoek, navorsing

Forst m (het) woud [ʋɑʊtl], (het) bos

Förster m boswachter

fort *(weiter)* voort, verder ['vɛrdər], door; *(weg)* weg; ⏁bestehen voortbestaan

fortbewegen: sich ⏁ zich voortbewegen

fort|fahren wegrijden ['-rɛiə(n)], vertrekken

fig. doorgaan; ~geschrit-
ten gevorderd; ~laufend
doorlopend [-'lo:p-]
Fortschritt *m* vooruitgang
[-'ʃʏt-]; 2lich vooruitstre-
vend [-'ʃtre:vənt]
fortsetz|en   vervolgen,
voortzetten; 2ung *f* (het)
vervolg
fort|während voortdurend
[-'dy:rənt]; ~ziehen weg-
trekken
Foto *n* foto, *F* (het) kiekje
Fotograf *m* fotograaf; 2ie-
ren fotograferen [-'fe:r-]
Fracht *f* vracht; ~schiff *n*
(het) vrachtschip
Frack *m* (heren)rok
Frage *f* vraag; *(Problem)*
kwestie [ˈkʏesti-]; ~bogen
m vragenlijst [-leːstl]; 2n
(nach 2) vragen (naar);
sich 2n zich afvragen;
~zeichen *n* (het) vraagte-
ken [-'te:k-]
fraglich   twijfelachtig
[ˈtuːiːfalˈaxtəx]; *(erwähnt)*
bedoeld [-'du:lt], in kwestie
Franken *m* frank
frankieren   frankeren
[-'ke:r-]
Frankreich *n* Frankrijk
[-'reːkln]
Fransen *f/pl.* franjes *pl.*
Fran|zose *m* Fransman;
~zösin *f* Française [frɑ̃-
'seːzə]; 2zösisch *f* Frans
Fratze *f* frats
Frau *f* vrouw [vrau]; ~. X.
Mevrouw [maˈ-] X. (Mevr.
X.); gnädige~ Mevrouw
[maˈ-]; 2enarzt *m* vrouwen-

arts
Fräulein *n* juffrouw [ˈjøf-
rɑũl; *Brief:* Mejuffrouw
[mə-](Mej.)
frech brutaal [bry'-]; 2heit
f brutaliteit,   onbe-
schaamdheid [-'sxa:mt-
heıt]
frei vrij [Vreıl; 2bad *n*
(het) openluchtzwembad
[-'lɛxtsũɛmbadl; 2e *n:* ins
2e naar buiten [ˈbɑʏt-];
im 2en in de open lucht;
2fahrschein *m* (het) vrijbiljet [-jɛtl; 2gebig vrij-
gevig [-'ɡeːvəxl, gul, [ˈɡøll,
goedgeefs [ɡuˈt'-]; 2ge-
päck *n* vrachtvrije bagage [-'ɡaːʒəl; 2hafen *m*
vrijhaven; ~karte *f* vrij-
kaart, (het) vrijbiljet
Freiheit *f* vrijheid [ˈVreı-
heıtl
Freiheitskampf *m* vrij-
heidsstrijd
frei|lass|en   vrijlaten
[-'la:t-]; 2ung *f* vrijlating
Frei|lauf *m* vrijloop; 2lich
(einräumend) weliswaar,
echter; *(bejahend)* wel
zeker [ˈzeːkarl; ~licht-
bühne *f* openlucht-
theater [oːpə(n)'ɛxt-]
freimachen *Brief* frankeren [-'ke:r-]; sich ~ *(ausziehen)* zich vrijmaken
[-'ma:k-]
frei|mütig   vrijmoedig
[Vreıˈmuˈdxl; ~sprechen
[-'spre:k-]; 2stoß *m* *Sp.* vrije schop
[sxɔpl

Freitag *m* vrijdag ['vʀɛɪ-daxl]; **am ~** vrijdags

freiwillig vrijwillig [-'vɪl-əxl]; **℮e(r)** vrijwilliger

Freizeit *f* vrije tijd ['vʀɛɪə tɛɪt]; **~gestaltung** *f* vrijetijdsbesteding [-ste:d-]

fremd vreemd; **℮e** *f* vreemde; **℮e(r)** vreemdeling

Fremden|führer *m* toeristengids [tu'-]; **~verkehrsamt** *n* Vereiniging [-'e:nəx-] voor Vreemdelingenverkeer (V.V.V.); *(in Belgien a.)* Dienst voor Toerisme; **~zimmer** *n* logeerkamer [lo'-'ʒe:rka:mər]

Fremd|sprache *f* vreemde taal; **~wort** *n* (het) vreemd woord

Frequenz *f* frequentie [-'kʉɛnsi-]

fressen vreten; *Tier:* eten ['e:t-]

Freud|e *f* (het) plezier [plə'zi:r], vreugde ['vʀɔʏ-ɣ-dəl]; **℮ig** blij [blɛɪ]

freuen: sich ~ (über/auf A) zich verheugen [-'hø:-ɣ̊-] (over/op)

Freund *m* vriend; **~in** *f* vriendin [-'dɪnl; **℮lich** vriendelijk [-ləkl]

Freundschaft *f* vriendschap ['-sxap]; **℮lich** vriendschappelijk [-ləkl]

Frevel *m* misdaad

Frieden *m* vrede ['vʀe:dəl]

Fried|ensvertrag *m* (het) vredesverdrag [-draxl];

~hof *m* (het) kerkhof [-hofl]; **℮lich** vreedzaam

frier|en het koud [kaut] hebben; **es ~t** het vriest

frisch *(neu)* vers; *(kühl)* fris

Fris|eur *m* kapper; **~euse** *f* kapster; **℮ieren** kappen

Frist *f* termijn [-'mɛɪnl; *(Aufschub)* (het) uitstel ['ɐʏtstɛll; **℮los: ℮los kündigen** op staande voet [vu·t] ontslaan

Frisur *f* (het) kapsel

froh blij [blɛɪ]

fröhlich vrolijk ['-ləkl]

fromm vroom

Fronleichnam *m* Sacramentsdag [-'mɛndzdaxl]

Front *f* (het) front; *Arch.* voorgevel [-'ɣ̊e:-vəll; **℮al** frontaal; **~antrieb** *m* voorwielaandrijving [-drɛɪ̯-]

Frosch *m* kikker, kikvors

Frost *m* vorst

frösteln rillen

Frost|schutzmittel *n* (het) anti-vriesmiddel; **~wetter** *n* (het) vriesweer

Frottee *n* badstof ['batstofl]; **~tuch** *n*, **Frottiertuch** *n* badhanddoek [-du:kl]

Frucht *f* vrucht [vʀɔxtl]; **℮bar** vruchtbaar; **~eis** *n* (het) vruchtenijs [-ɛɪsl]; **℮los** vruchteloos; **~saft** *m* (het) vruchtesap

früh vroeg [vʀu·xl]; **~er** vroeger; **℮estens** op zijn [sən] vroegst; **℮ling** *m*

(het) voorjaar, lente;
~morgens vroeg in de

Frühstück n (het) ontbijt
[-'bɛit]; **2en** ontbijten

frühzeitig vroegtijdig
[-'tsidəx]

Fuchs m vos

Fuge f Mus. fuga ['fyˑɣ̊a];
Tech., Arch. voeg,
sponning

fügen voegen ['fyˑɣ̊-]; **sich**
~ (D) zich schikken
['sxɪk-]naar

fühl|bar voelbaar ['fyˑuˑl-];
~en (sich)(zich) voelen

führ|en voeren ['fyˑuːr-],
leiden; **2er** m leider;
(Fremden2) gids; **2er-
schein** m (het) rijbewijs
['rɛibəʋɛis]

Führung f (Leitung) leiding; (Rundgang) rond-
leiding; (Benehmen)
(het) gedrag [-'drɑx];
~s·zeugnis n (het) bewijs
[-'ʋɛis] van goed [ɣ̊uˑt] gedrag

Füll|e f volheid; **in Hülle
und ~** in overvloed
[-'vluˑt]; bij de vleet;
2en vullen ['vəl-];
~(feder)halter m vulpen
['-pɛn]; **~ung** f vulling

fummeln f friemelen,
frunniken ['frønəkə(n)]

Fund m vondst

Fundament n (het) fundament[fuˑ-]

Fundbüro n (het) bureau
[by·'roː] van gevonden
voorwerpen

fünf vijf [vɛif]; **2tel** n (het)
vijfde (deel); **~zig** vijftig
['fɛiftsəx]

Funk m (draadloze) omroep ['-ruˑp], radio; **2eln**
fonkelen, tintelen, blin-
ken; **2elnagelneu** (spiksplinternieuw [-'niˑuˑl];
~e(n) m vonk; **2en** seinen
['sɛin-]; **~taxi** n taxi met
mobiolefoon

Funktion f functie ['fəŋk-
si·]; **~är** m functionaris
[-ksio·'naːrɪs]; **2ieren**
functioneren [-'neːr-]

für(A) voor; **an und ~ sich**
op zichzelf (beschouwd
[-'sxɑut])

Furche f voor; groef
[ɣruˑf]

Frucht f vrees; **2bar** ont-
zettend, vreselijk ['vreː-
sələk]

fürchten vrezen; **sich ~
(vor D)** bang zijn [zɛin]
(voor)

fürchterlich verschrikke-
lijk [-'sxrɪkələk], vreselijk

furcht|los onbevreesd;
~sam bang(elijk [-lək])

Fürsorge f: **soziale ~** sociale [-'siɑːlə] zorg; **~in** f
maatschappelijk [-'sxɑp-
ələk]werkster

Fürsprache f voorspraak

Fürst m vorst; **~entum** n
(het) vorstendom; **~in** f
vorstin [-'tɪn]

Furunkel m steenpuist
['-pøyst]   [voet]

Fuß m voet [vuˑt]; **zu ~ te**

Fußball m voetbal;
~mannschaft f voetbal-
ploeg [-plu·xl]
Fußboden m vloer [vlu·r]
Fußgänger m voetganger;
~überweg m (het) zebrapad ['ze·brapatl]
Fuß|note f voetnoot; **~tritt**

m (Stoß) schop [sxɔpl],
trap; **~weg** m (het) voetpad
Futter n (het) voe(de)r;
Kleid: voering
füttern voeren
Futur n toekomende tijd
[tu·'ko·məndə tɛit]

G

Gabe f gift; (Begabung)
gave
Gabel f vork
gaffen gapen ['ɣa·p-]
gähnen geeuwen ['ɣe·ü-
ə(n)l, gapen
galant galant, hoffelijk
[-lak]
Galerie f galerij [-'rɛi]
Galgen m galg
Galle f gal; **~nsteine** m/pl.
galstenen pl.
Galopp m galop
Gammler m nozem ['no:-
zəml, nietsnut ['-nətl
Gang m gang; Auto: versnelling; in **~ kommen** op
gang komen ['kɔ·m-l;
~bar gangbaar
Gans f gans
Gänse|blümchen n (het)
madeliefje; **~füßchen** n
(het) aanhalingsteken
[-te·k-l; **~haut** f ['-ɣ kip-
pevel
ganz (ge)heel; Adv.
helemaal ['he·lə-l; (un-
beschädigt) heel; **~** vlak
vlak bij [bɛil; **im ~en** over
't geheel; **~ und gar** geheel en al

gänzlich volkomen
[-'ko·m-l, totaal
gar Speise: gaar; Adv. helemaal ['he·lə-l
Garage f garage
Garantie f garantie
[-'ransi·]; **Qren** garan-
deren [-'de·r-]; **~schein**
m (het) garantiebewijs
[-vɛil]
Garbe f garve, schoof
Garderobe f garderobe,
vestiaire [vɛs'tiɛ·rəl;
~nfrau f vestiairejuf-
frouw [-jəfrəul
Gardine f gordijn [-'dɛin]
gären gisten
Garn n (het) garen ['ɣa·r-l]
Garnele f garnaal
garnieren garneren
[-'ne·r-]
Garnison f (het) garnizoen [-'zu·n]
Garnitur f (het) garnituur
[-'ty·r]
Garten m tuin [tœyn]
Garten- in Zssg. mst. tuin-
Garten|bau m tuinbouw
['-bəül, **~schlauch** m
tuinslang
Gärtner m tuinman, tui-

nier [-'ni:r]; **_ei** f bloe-
misterij [blu·mɪstə'rɛɪl,
kwekerij [kŭe:kə'rɛɪl

Gas n (het) gas [ɣɑs]
Gas|flasche f gasfles;
_herd m (het) gasfornuis
[-'fɔrnəʏsl; **_pedal** n (het)
gaspedaal

Gasse f steeg, (het) straat-
je

Gast m gast; *(zum Über-
nachten)* logé [lo·'ʒe:];
zahlender _ betalend
gast; **zu _ sein (bei D)** te
gast zijn [sɛɪn] (bij); **_ar-
beiter** m gastarbeider;
Qfrei, Qfreundlich gast-
vrij [-'frɛɪl, gul [ɣøll;
_freundschaft f gastvrij-
heid; **_geber(in** f **)** m
gastheer m, gastvrouw
[-'frɑʊl f; **_hof** m (het)
logement [lo·ʒə'mɛntl;
_stätte f (het) restaurant
[-to·'rɑ:l, (het) eethuis
[-'həʏsl; **_wirt** m waard

Gas|werk n gasfabriek;
_zähler m gasmeter
[-'me:tərl

Gatt|e m echtgenoot
[-'xəno:tl, man; **_in** f
echtgenote, vrouw [vrɑʊl;
_ung f soort, (het) genre
['ʒɑːrəl

Gaul m (het) paard, knol

Gaumen m (het) gehemelte [ɣə'he:məltə]

Gauner m schurk
[sxœr(ə)kl; **_sprache** f
boeventaal [bu·Və(ıı)-l

Gaze f (het) gaas

Gebäck n (het) gebak

Gebärde f (het) gebaar;
_n: sich Qn zich voordoen
[-'du·nl

gebär|en baren; **Qmutter** f
baarmoeder ['-mu·dl

Gebäude n (het) gebouw
[-'bɑʊl

Gebell n (het) geblaf

geben geven; **es gibt** sg. er
is; pl. er zijn [sɛɪn]

Gebet n (het) gebed [-'bɛtl

Gebiet n (het) gebied

gebildet ontwikkeld, be-
schaafd [-'sxa:ftl

Gebirge n (het) gebergte

Gebiß n (het) gebit

geblümt gebloemd
[-'blu·mtl

geboren geboren; **_e
...** met meisjesnaam
['mɛɪʃəs-l

Gebot n (het) gebod [-'bo·tl

Gebrauch m (het) gebruik
[-'brəʏkl; **Qen** gebruiken

gebräuchlich gebruikelijk [-kələkl

Gebrauchs|anweisung
f gebruiksaanwijzing
[-vɛɪz-l; **Qfertig** gebruiks-
klaar

Gebrauchtwagen m twee-
dehandsauto

gebräunt gebruind
[-'brɔʏntl

Gebrech|en n (het) ge-
brek [-'brɛkl; **Qlich** gebrekkig
[-kəxl

Gebühr f (het) tarief, kosten pl.; **Qenfrei** gratis,
kosteloos

Geburt f geboorte

gebürtig: _ aus *(D)* ge-

boortig [-təx] uit [ərtl, afkomstig [-'kɔmstəx] uit

Geburts|datum n geboor-
tedatum [-təml; **.hilfe** f
verloskunde [-'lɔskəndə].
.ort m geboorteplaats

Geburtstag m verjaardag
[-dɑx]. **.haben** jarig zijn
['jaːrəx sɛin]

Geburtsurkunde f (het)
geboortebewijs [-vɛis]

Gebüsch n (het) struikgewas ['strœyk-]

Gedächtnis n (het) geheugen [-'hɛ-ɣ̆-]

Gedanke m gedachte;
2nlos gedachteloos;
.nstrich m gedachten-
streep

Gedeck n (het) couvert
[kuˈv̆ɛːr]

gedeihen gedijen [-'dɛi-
ə(n)]

gedenken (G) herdenken,
(beabsichtigen) denken,
van plan [plɑn] zijn [zɛin]

Gedenktag m herden-
kingsdag [-dɑx]

Gedicht n (het) gedicht

gediegen degelijk ['de:ɣ̆ə-
ləkl

Gedränge n (het) gedrang

Geduld f (het) geduld
[-'dɛlt], 2en: sich 2en geduld hebben, 2ig gedul-
dig [-dəx]

geehrt Brief: (sehr) **.er
Herr** (zeer) geachte Heer

geeignet geschikt [-'sxɪkt]

Gefahr f (het) gevaar: **auf
eigene** op eigen risico

gefähr|den in gevaar

brengen; **.lich** gevaarlijk
[-lək]

gefahrlos gevaarloos

Gefährte m makker, metgezel [-'xazɛl]

Gefälle n helling

gefallen bevallen; **sich .
lassen** zich laten welgevallen ['vɛlɣ̆ə-]

Gefallen m (het) genoegen
[-'nuˈɣ̆-], (het) plezier
[plɛˈziːr]

gefällig gedienstig [-təx],
(ansprechend) bevallig
[-ləx]

Gefangen|e(r) gevangene,
2nehmen gevangenne-
men; **.schaft** f gevangen-
schap [-sxɑp]

Gefängnis n gevangenis

Gefäß n (het) vat, bak

gefaßt (ruhig) kalm, bedaard

Gefecht n (het) gevecht

Geflügel n (het) gevogelte,
(het) pluimvee ['plœym-];
.händler m poelier [pu-
'liːr]

Geflüster n (het) gefluister [-'flœyst-]

Gefolge n (het) gevolg

gefräßig gulzig ['ɣ̆ɛlzəx],
vraatzuchtig [-'sɛxtəx]

Gefreite(r) soldaat eerste
klasse, korporaal

gefrier|en bevriezen,
2fach n (het) diepvries-
kastje [-kɑʃəl, 2punkt m
(het) vriespunt ['-pɛnt]

gefügig gedwee, meegaand

Gefühl n (het) gevoel
[-'v̆uˑl]; 2los gevoelloos

2voll gevoelig [-ləx]
gegebenenfalls eventueel [-ty·'üe:l]
gegen (A) tegen; 2**angriff** m tegenaanval
Gegend f streek
gegen|einander tegen elkaar, tegen mekaar; 2**gewicht** n (het) tegen(ge)wicht; 2**gift** n (het) tegengif(t); 2**satz** m tegenstelling; 2**seite** f tegenpartij [-ʃ-partɛi]; keerzijde ['-zɛidə]; ~**seitig** wederzijds [ve:dər'zɛits], wederkerig [-'ke:rəx]; 2**stand** m (het) voorwerp
Gegenteil n (het) tegendeel; im ~ integendeel
gegenüber tegenover; ~**liegend**: ~**liegende Seite** f overkant
Gegen|verkehr m tegenliggers pl.; ~**wart** f tegenwoordige [-'vo:rdəʝə] tijd [tɛit]; (*Anwesenheit*) tegenwoordigheid; 2**wärtig** tegenwoordig; ~**wert** m tegenwaarde
Gegner m tegenstander
Gehackte(s) (het) gehakt
Gehalt 1. m (het) gehalte; 2. n (het) salaris
gehässig hatelijk ['ha:-tələk]
Gehäuse n (het) omhulsel [-'həlsəl]
geheim geheim; 2**nis** n (het) geheim; ~**nisvoll** geheimzinnig [-'zɪnəx]
gehen m gaan, lopen; **wie geht es Ihnen?** hoe [hu·]

maakt U [y·] het?
Geheul n (het) gehuil [-'həyl]
Gehilf|e m, ~**in** f hulp [hɵl(ə)p]
Gehirn n hersenen ['hɛr-sənə(n)] pl.; (mehr) brein [brɛin]; ~**erschütterung** f hersenschudding [-sxəd-]
Gehöft n hoeve ['hu·və]
Gehör n (het) gehoor
gehorchen (D) gehoorzamen, luisteren ['løystə-rə(n)](naar)
gehör|en (D, zu D) behoren (tot); ... **t mir** ... is van mij [mɛi]; sich ~**en** (be)horen; ~**ig** (*gründlich*) flink, behoorlijk [-lək]
gehorsam gehoorzaam; 2 m gehoorzaamheid
Gehsteig m (het) voetpad ['vu·tpat], stoep
Geier m gier
geifern kwijlen ['kɵɛil-]
Geige f viool [vi·'jo:l]
Geisel m gijzelaar ['ʝɛi-zə-]; f gijzelaarster
Geiß f geit
Geißel f (het) ['ʝe:səl]
Geist m geest; 2**eskrank** geesteziek; 2**ig** geestelijk [-lək]; ~**liche(r)** geestelijke; 2**reich** geestig ['-tax]
Geiz m gierigheid ['-rə-xɛit]; ~**hals** m gierigaard, vrek; 2**ig** gierig
ge|kocht gekookt; ~**künstelt** gemaakt[-k]; 2**lächter** n gelach [-x]; 2**lage** n (het) gelag [-'laxl, (het) maal

Gelände n (het) terrein [tɛˈrɛɪn]; **~lauf** m veldloop; **~rn** leuning [ˈløːn-]

gelangen komen [ˈkoːm-], geraken

gelassen gelaten [-ˈlaːt-]

gelaunt geluimd [-ˈløymt], gezind

Geläut n (het) gelui

gelb geel; **~lich** geelachtig [-təx], **ℓsucht** f geelzucht [-ˈzəxt]

Geld n (het) geld; **~buße** f geldboete [ˈ-buˑtə]; **~schein** m (het) bankbiljet; **~strafe** f geldboete; **~wechsel** m (het) wisselen van geld; (het) wisselkantoor

gelegen gelegen, **ℓheit** f gelegenheid; **~tlich** bij [bɛɪl] gelegenheid, soms

gelehr|ig goedleers [ˈɣuːtˈ-], leerzaam; **ℓsamkeit** f geleerdheid; **ℓte(r)** geleerde

Geleit n (het) geleide

Gelenk n (het) gewricht [-ˈvrɪxt]; **ℓig** lenig [ˈleːnəxl, soepel [ˈsuˑpəl]

gelernt Arbeiter: geschoold

Geliebte f geliefde; minnares [-ˈrɛsl, **~(r)** minnaar

gelingen (ge)lukken [-ˈlək-], slagen

geloben plechtig [ˈ-təx] beloven

gelten gelden; **das gilt nicht** dat telt niet; **~d machen** doen [duˑnl gelden [digheid]

Geltung f waarde; gel-

Gelübde n gelofte

gemächlich op zijn gemak [sən ɣəˈmak], gezapig [-ˈzaːpəx]

Gemälde n schilderij [sxıldəˈrɛɪl; **~ausstellung** f schilderij0ententoonstelling

gemäß (D) volgens, overeenkomstig [-ˈkəmstəx]

gemäßigt gematigd [-ˈmaːtəxt]

gemein gemeen

Gemeinde f gemeente; **~amt** n (het) gemeentehuis [-həys]

Gemein|heit f gemeenheid; **ℓnützig** van algemeen nut [nøtl, **ℓsam** gemeenschappelijk [-ˈsxapələkl; **~schaft** f gemeenschap

Gemisch n (het) mengsel

Gemse f gems

Gemüse n groente [ˈɣruˑntəl, **~garten** m moestuin [ˈ-təynl, **~händler** m groenteboer

Gemüt n (het) gemoed [-ˈmuˑtl, **ℓlich** gezellig [-ləxl, **ℓkeit** f gezelligheid

genau precies [prəˈsiˑsl, nauwkeurig [nɑuˈkøˑrəxl; **ℓigkeit** f nauwkeurigheid, precisie [-ˈsiˑziˑl; **~so** net zo, even

Gendarmerie f marechaussee [-ˈʃoˑseːl; in Belgien: gendarmerie, rijkswacht [ˈrɛɪks-l]

genehmig|en goedkeuren [ˈɣuˑtkøːrə(n)l; toestaan.

Qung f goedkeuring; ver-
gunning [-'ɣən-]

geneigt hellend; *fig.* genegen, geneigd

General m generaal; ~di-
rektor m directeur-gene-
raal [-'tø:r-]; ~konsulat n
(het) consulaat-generaal
[-sy-']; ~staatsanwalt
m procureur-generaal
[-ky-'rø:r-]

Generation f generatie
[-'ra:(t)si-]

generell algemeen

gen|es|en genezen; Qung f
genezing

genial geniaal

Genick n nek

genieren: sich ~ zich ge-
neren [-'ne:r-]

genieß|bar genietbaar;
~en genieten

Genoss|e m makker;
~enschaft f coöperatieve
vereniging [ko-'o-pə'ra-
ti-'və-'vər'e:nəɣɪŋ]

genug genoeg [-'nu:x]

genüg|en (D) voldoen
(aan); voldoende zijn
[zeln], volstaan [-'sta:n];
~end voldoende; ~sam
sober ['so:bər]

Genugtuung f voldoening
[-'du:n-], genoegdoening

Genuß m (het) genot

geöffnet geopend [-'o:-
pənt], open

Geo|graphie f aardrijks-
kunde ['-rɛiksкəndə]
~logie f geologie; ~metrie
f meetkunde

Gepäck n bagage [-'ɣa:ʒə]

Gepäck|annahme f (het)
bagagebureau [-by·ro:];
~aufbewahrung f (het)
bagagedepot [-de·po:];
~halter m bagagedrager;
~schein m (het) bagage-
reçu [-rəsy]; ~schließ-
fach n bagagekluis
[-slœys]; ~träger m kruier
['krœiər]

gepfeffert gepeperd
[-'pe:p-]

Gepolter n (het) geraas

gerade *adj Zahl:* paar,
even ['e:və(n)]; *Adv.* net,
juist [jœyst]; ~ dabei op
het punt [pɔntl]

Gerade f rechte lijn [lɛin]
~aus rechtuit, rechtdoor;
Qheraus ronduit; Q(n)-
wegs rechtstreeks; Qzu
ronduit

Gerät n (het) apparaat,
(het) toestel ['tu:stɛl];
(Werkzeug) (het) gereed-
schap

geraten (ge)raken

ge|räuchert gerookt;
~räumig ruim [rœym]

Geräusch n (het) geruis
[-'rœys], (het) geluid; Qlos
geruisloos

gerben looien

gerecht billijk ['-lək],
rechtvaardig [-'fa:rdəx];
Qigkeit f rechtvaardig-
heid

Gerede n (het) gepraat

gereizt geprikkeld

Gericht n (het) gerecht;
Qlich gerechtelijk [-tələk]

Gerichts|verhandlung f

(het) proces [-'sɛs]; **~voll-zieher** *m* deurwaarder ['dø:r-]

gerieben geslepen [-'sle:p-], gewiekst

gering gering; **nicht im ~sten** helemaal [he'lə'-] niet; **~fügig** onbeduidend [-'dəyd-]; **♀schätzung** *f* geringschatting

gerinnen stollen

Gerippe *n* (het) geraamte

gerissen *F* doortrapt [-'trɑptl], uitgeslapen, gehaaid

gern gaarne, graag [ɣ̂ra:x]; **~ geschehen!** graag gedaan!

Geröll *n* losse stenen ['ste:nə(n)]*pl.*

Gerste *f* gerst

Geruch *m* reuk [rø:k], geur; **♀los** reukloos

Gerücht *n* (het) gerucht [-'rɛxt]

geruhsam gemoedelijk [-'mu'dələk]

Gerüst *n* stelling, steiger

gesamt geheel [ɣ̂ə'he:l], totaal; **♀betrag** *m* (het) totaal (bedrag [-'drɑxl]; **~e** *pl.* al(le); **♀eindruck** *m* globale indruk ['-drək]

Gesandt|e(r) gezant; **~schaft** *f* (het) gezantschap

Gesang *m* (het) gezang, zang; **~verein** *m* zangvereniging ['-ʋ̂ərə:nəɣ̂ɪŋ]

Gesäß *n* (het) zitvlak, (het) achterste

Geschäft *n* zaak; *(Laden*

a.) winkel; **♀ig** druk [drɛk], bedrijvig [-'drɛɪʋ̂əxl]; **♀lich** zaken...

Geschäfts|beziehungen *f/pl.* zakenrelaties [-'la:(t)si-s] *pl.*; **~führer** *m* gerant [ʒe'rü:]; secretaris; **~mann** *m* zakenman; **~ordnung** *f* (het) reglement [re'ɣ̂lə'mɛntl]; **~reise** *f* zakenreis; **~schluß** *m* winkelsluiting [-'slœyt-]

geschehen gebeuren [-'bø:r-]; **♀nis** *n* gebeurtenis

gescheit verstandig [-'dəxl], snugger ['snøɣ̂ər]

Geschenk *n* (het) geschenk, (het) cadeau [kɑ'do:]

Geschicht|e *f* geschiedenis ['-sxi'dənɪsl]; **♀lich** geschiedkundig [-'kɛndəxl], historisch [-i·s]

Geschick|lichkeit *f* handigheid ['-dɛxɪtl], vaardigheid ['-dɛxɪtl]; **♀t** handig, vaardig

Geschirr *n* (het) vaatwerk

Geschlecht *n* (het) geslacht; **♀lich** geslachtelijk [-'tələk]

Geschlechts|akt *m* geslachtsdaad; **~teil** *n* (het) geslachtsdeel

Geschmack *m* smaak; **♀los** smakeloos; **♀voll** smaakvol

geschmeidig buigzaam ['bəyx-], soepel ['su'pəl], lenig ['le:nəx]

Geschöpf *n* (het) schepsel

['sxɛpsəl]
Geschoß n (het) projectiel;
  Arch. verdieping, etage
  [e·'ta:ʒə]
Geschrei n (het) ge-
  schreeuw [-'sxre:ül]
Geschütz (het) geschut
  [-'sxɛt]
Geschwader n (het) eskader
Geschwätz n (het) geklets
  [-'klɛtsl; ̍ig praatziek
geschweige: ~ denn laat
  staan
Geschwindigkeit f snelheid; **~sbegrenzung** f
  snelheidsbeperking
Geschwister pl. broer(s)
  en zus(sen) [bru:rɕs] ɛn
  zɔs-lpl.
Ge|schwulst f (het) ge-
  zwel; **~schwür** n zweer
Gesell|e m knecht, gezel;
  ̍ig gezellig [-ləx]
Gesellschaft f maat-
  schappij [-sxa'pɛi]; (het)
  gezelschap; **~ leisten**
  (D) gezelschap houden
  [hòùə(n)]; ̍lich maat-
  schappelijk [-pələk];
  ~reise f gezelschaps-
  reis; **~spiel** n (het) ge-
  zelschapsspel
Gesetz n wet; **~gebung** f
  wetgeving; ̍lich wette-
  lijk [-lək]; ̍widrig in
  strijd [strɛit] met de wet
Gesicht n (het) gezicht,
  (D) gelaat; **~spunkt**
  m (het) gezichtspunt
  [-pɔntl; **~züge** m/pl. ge-
  laatstrekken pl.

Gesindel n (het) gespuis
  [-'spɤis]
Gesinnung f gezindheid,
  overtuiging [-'təɣ̂-]
gesondert afzonderlijk
  [-lək]
Gespann n (het) span
gespannt gespannen;
  (neugierig) nieuwsgierig
  [ni·ûs'xi:rəx]
Gespenst n (het) spook
Gespräch n (het) gesprek
  [-'sprɛk]; ̍ig spraakzaam
Gestalt f gestalte, gedaante; *(Form)* vorm; ̍en
  vormen
Geständnis n bekentenis
Gestank m stank
gestatten toestaan ['tu·-],
  veroorloven; **~ Sie?** pardon [-'dɔ̃:]
Geste f geste ['ʒɛstə]
gestehen bekennen
Gestein n (het) gesteente
gestern gisteren; **~abend**
  gister(en)avond [-a·ʋàntl
Gestirn n (het) sterren-
  beeld; ster
gestreift gestreept
gestrig van gisteren
Gestrüpp n (het) kreupel-
  hout ['krø:pəlhautl
Gesuch n (het) verzoek
  [-'zu·kl
gesund gezond; ̍heit f gezondheid; **~heitsschäd-**
  lich schadelijk ['sxa:də-
  lək] voor de gezondheid
Getöse n (het) geraas
Ge|tränk n drank; **~e-**
  automat m drankauto-
  maat; **~e-zwang** m ver-

plichte consumptie [kon-
'sɛmpsi·]
Getreide n (het) graan,
(het) koren
Getriebe n Tech. trans-
missie [-'mɪsi·]; Kfz.
versnellingsbak
Getue n (het) gedoe [ɣə-
'du·]
Getümmel n (het) gewoel
[-'vu·l]
Gewächs n (het) gewas
gewachsen: ~ **sein** (D)
aankunnen ['-kɔnə(n)],
opgewassen zijn [zɛ!nl
tegen
gewagt gewaagd, gedurfd
[-'dœr(ə)ftl
Gewähr f waarborg, garantie [-'ronsi·]; 2**en** toestaan, verlenen [-'le:n-];
2**en lassen** laten begaan;
2**leisten** waarborgen;
~**s·mann** m zegsman
Gewalt f (het) geweld;
(Macht) macht; **höhere** ~
overmacht; 2**ig** geweldig
[-dəxl; 2**sam** met geweld,
gewelddadig [-'da:dəxl;
2**tätig** gewelddadig, baldadig
gewandt handig ['-dəxl
Gewässer n/pl. wateren
['va:tərə(n)ln/pl.
Gewebe n (het) weefsel
Gewehr n (het) geweer
Geweih n (het) gewei
[-'vɛil
Gewerb|e n nijverheid
['nɛİvər-l (het) ambacht;
~**e·steuer** f bedrijfsbe-
lasting; 2**lich** industrieel

[-dɛstri·'je:ll
Gewerkschaft f vakver-
eniging [-'e:naɣİŋl, vak-
bond; ~**(l)er** m (het) vak-
bondslid; 2**lich** syndica-
listisch [sİndi·ka'listi·sl
Gewicht n (het) gewicht;
fig. (het) belang; ~**s·ab-
nahme** f gewichtsver-
mindering
Gewimmel n (het) ge-
krioel [-kri·'ju·ll
Gewinde n draad
Gewinn m winst; Lotterie:
prijs [prɛİsl; 2**en** winnen;
~**er** m winnaar; ~**spanne** f
winstmarge['-mɑrʒəl
gewiß zeker ['ze:kərl;Adv.
(voor)zeker, stellig ['-ləxl,
vast
Gewissen n (het) geweten
[-'ve:ta(n)l; 2**haft** gewe-
tensvol, nauwgezet; ~**bisse** m/pl. gewetens-
wroeging [-'fru·ɣ-l
Gewißheit f zekerheid
Gewitter n (het) onweer;
2**rig** onweerachtig [-'tɑxl
gewöhnen (sich) (an A)
wennen (aan)
Gewohnheit f gewoonte
gewöhnlich gewoon; Adv.
gewoonlijk [-'ləkl
gewohnt gewoon, gewend
[-'vɛntl
Gewölbe n (het) gewelf
Gewühl n (het) gewoel
[-'vu·ll
Gewürz n specerij [spe:-
sə'rɛİl; ~**nelke** f kruidnagel['krɑƴt-l
Gezänk n (het) gekibbel

geziert aanstellerig [-'stɛ-lərəxl

Gezwitscher n (het) getjilp [-'tʃil(ə)pl

Gicht f jicht

Giebel m puntgevel ['pœntxe:vɔll

gierig begerig [-'ɣe:rəxl, gretig ['-təxl

gießen gieten; **Ǫkanne** f gieter

Gift n (het) gif(t), (het) vergif(t); **Ǫig** (ver)giftig [-'ɣiftəxl

Ginster m brem

Gipfel m top;(*Höhepunkt*) (het) toppunt ['-pœntl

Gips m (het) gips

Giraffe f giraf

Girokonto n girorekening [-re:kəniŋl

Gischt m (het) schuim [sxœiml

Gitarre f gitaar

Gitter n tralie ['tra:li·l; (het) hek

Glanz m glans

glänzen glanzen, schitteren ['sxitərə(n)l; **Ǫd** schitterend

Glas n (het) glas [ɣlasl, **Ǫer** m glazenmaker ['ɣla:-zə(n)ma:kərl, **Ǫieren** glaceren [ɣla'se:rə(n)l; **Ǫscheibe** f ruit [rœytl; **Ǫtür** f glazendeur [-dø:rl

glatt glad; effen; **Ǫeis** n ijzel ['ɛizəll

glätten gladmaken

Glatze f (het) kaal hoofd

Glaub|e m (het) geloof; **Ǫen** geloven; **Ǫhaft** gc

loofwaardig ['-ʋa:rdəxl

gläubig gelovig [-'lo:ʋəxl; **Ǫer** m schuldeiser ['sxøltɛisərl

glaubwürdig geloofwaardig

gleich (*D*) gelijk [-'lɛikl (aan); *Adv.* (*sogleich*) zo, meteen [mɛ'te:nl, dadelijk ['da:dələkl; **zur** ~en **Zeit** tegelijk(ertijd) [tə-'ɣe'lɛikl; **~altrig** even oud [autl; **~artig** gelijksoortig [-'so:rtəxl; **~berechtigt** gelijkberechtigd [-təxtl, **~en** (*D*) lijken (op); **~falls** eveneens, insgelijks [insxə'lɛiksl; **Ǫgewicht** n (het) evenwicht; **~gültig** onverschillig ['-sxiləxl; **Ǫheit** f gelijkheid; **~lautend** gelijkluidend [-'lœydəntl, eensluidend; **Ǫmut** m bedaardheid; **~sam** als het ware (a.h.w.); **Ǫstrom** m gelijkstroom; **Ǫung** f vergelijking; **~wertig** gelijkwaardig [-'ʋa:rdəxl; **~wohl** en toch, nochtans [-'tansl; **~zeitig** gelijktijdig [-'tɛidəxl; *Adv.* tegelijk(ertijd)

Gleis n (het) spoor

Gleit|boot n glijboot ['ɣlɛi-l; **Ǫen** glijden

Gletscher m gletsjer

Glied n (het) lid;(*Ketten Ǫ*) schakel ['sxa:kəll; **Ǫern** indelen ['-de:ll; **~maßen** pl. ledematen ['le:də-l n/pl.

glimmen glimmen, smeulen l'smɛ:lə(n)l

glimpflich *Adv.* op het nippertje

glitzern glinsteren

Glocke f klok, bel

glotzen wezenloos l've:zə(n)-l staren l'sta:rə(n)l

Glück n (het) geluk l-'lək l; **zum ~**, Qlich, Qlicherweise gelukkig l-kəxl; **~s·fall** m buitenkans l'bəʏt-l

Glückwunsch m gelukwens l-vɛnsl; **herzlichen ~!** van harte gefeliciteerd! l-si·'te:rtl

Glüh|birne f lamp; Qen gloeien l'ɡly·iə(n)l

Glut f gloed l ɡly·tl

Gnade f genade; **~n·gesuch** n (het) verzoek om gratie l'ɡra:(t)si·l; **~n·stoß** m genadeslag l-slax l

gnädig: **~e Frau** Mevrouw lmə'vraʊl

Gold n (het) goud l ɡaʊtl; Qen gouden; **~fisch** m goudvis; **~schmied** m goudsmid

Golf n (het) golfspel l'-spɛl l

gönn|en gunnen l'ɡœnə(n)l; **~erhaft** beschermend l-'sxer-l

Gosse f goot

gotisch gotisch l'-i·s l

Gott m God; um ~es willen! in godsnaam!; **~es·dienst** m eredienst l'e:rə-l; **~heit** f godheid

Gött|in f godin l ɡɔ'dɪnl; Qlich goddelijk l-ləkl

gottlos goddeloos

Grab n (het) graf l ɡrafl; Qen graven; **~en** m sloot, gracht, greppel; **~stein** m grafsteen, zerk

Grad m graad; **minus zehn ~** min(us l-'nəsl) tien graden pl.

Graf m graaf

Gräfin f gravin l ɡra'vɪnl

Gramm n (het) gram l ɡraml; **hundert ~** honderd gram, (het) ons

Grammatik f grammatica, spraakkunst l'-kənstl

Granate f granaat

Granit m (het) graniet

Graphik f grafiek l-'fi·kl

Gras n (het) gras l ɡrasl; Qen grazen l'ɡra:z-l; **~halm** m (het) grasspriet-je

gräßlich afgrijselijk l-'xrɛisələkl

Gräte f graat

gratis gratis

gratulieren (j-m zu D) feliciteren l-si·'te:rə(n)l (met), gelukwensen l-'lək-l (met)

grau grijs l ɡrɛisl, grauw

grauen: mir graut vor (D) ik huiver l'hœʏvərl voor

grau|enhaft afgrijselijk l-'xrɛisələkl; **~sam** wreed l vre:tl; Qsamkeit f wreedheid

graziös gracieus l-'si̜ø:sl, bevallig l-ləxl

greif|bar tastbaar; **~en** grijpen l'ɡrɛip-l, pakken

Greis m grijsaard

grell schril [sxrɪl], schel

Grenz|**e** f grens; ℒen

grenzen; ℒen∙los gren-

zeloos; ∼posten m,

∼übergang(sstelle f) m

grenspost

Greuel m gruwel ['ɣryˑүəl]

griechisch Grieks

Griesgram m kniesoor

Grießbrei m griesmeel-

pap

Griff m greep; (Koffer ℒ)

(het) handvat

Grille f krekel ['kreːkəl];

fig. gril

grimmig grimmig ['∼məx],

nijdig ['nɛidəx]

grinsen grijnzen ['ɣrɛin-

zə(n)], grinniken ['∼nə-

kə(n)]

Grippe f griep

grob grof [ɣrɔf], ℒheit f

grofheid, onbeschoftheid

Groll m wrok [ʋrɔk], ℒen

wrok koesteren ['kuˑstə-

rə(n)](tegen)

Groschen m (het) tien-

pfennigstuk [∼stɐk]; (in

ndl. Währung) (het) dub-

beltje['dɐbəltjə]

groß groot; ∼artig fantas-

tisch [∼iˑs], groots;

ℒbuchstabe m hoofdlet-

ter

Größe f grootte; fig.

grootheid

Großeltern pl. grootou-

ders['∼auərs]pl.

Großhandel|**el** m, ∼lung f

groothandel

Großmacht f grote mo-

gendheid; ∼mutter f

grootmoeder ['∼muˑdər];

∼stadt f grote stad

größte grootste; ∼nteils

grotendeels

Groß|**vater** m grootvader;

ℒzügig royaal [ruˑa'jaˑl]

Grotte f grot

Grube f kuil [kœyl]; Bgb.

mijn [mɛin]

grübeln tobben, piekeren

['piˑkərə(n)]

Gruft f groeve ['ɣruˑvə],

(het) graf

grün groen [ɣruˑn]; ℒanla-

ge f (het) plantsoen

[∼'suˑn]

Grund m grond;(Ursache)

reden ['reːdˑl]; **aus die-**

sem ∼ om die reden;

∼ausbildung f basis-

opleiding

gründ|**en** stichten, oprich-

ten; ℒer m stichter

Grund|**fläche** f (het)

grondvlak; ℒgebühr f

(het) vast recht; ∼gesetz

n grondwet; ∼lage f

grondslag; ℒlegend fun-

damenteel [fəndamɛn-

'teːl]

gründlich grondig ['∼dəx]

Gründonnerstag m Witte

Donderdag [∼dax]

Grund|**riß** m platteground;

fig. schets [sxɛts]; ∼satz

m (het) (grond)beginsel,

(het) principe ['∼siˑpə],

ℒsätzlich principieel;

∼schule f lagere school

['laˑɣərə sxoˑl]; ∼stück n

(het) perceel [∼'seːl]

Gründung f stichting

Grün|e(s): im ~en op de buiten ['bəyt-], **~kohl** m boerenkool [bu:rə(n)-]

grunzen grommen

Gruppe f groep [ɣru·p], **~n·führer** m groepsleider

gruselig griezelig ['-zələx]

Gruß m groet [ɣru·t]

grüßen groeten

Grützbrei m gort(e)pap

gucken kijken ['kɛik-]

Gulden m gulden ['ɣəl-] (fl.)

gültig geldig ['-dəx], **2keit** f geldigheid

Gummi n od. m rubber ['rœbər], gummi ['ɣœmi·]; **~band** n (het) elastiek; **~knüppel** m gummiknuppel [-knœpəl]; **~stiefel** m/pl. rubberlaarzen pl.

Gunst f gunst [ɣœnst]

günstig gunstig ['-təx]

Gurgel f keel, strot; **2n** gorgelen

Gurke f komkommer; augurk [au'ɣər(ə)k], **~n·salat** m komkommersla

Gurt m gordel

Gürtel m gordel, riem,

ceintuur [sɛn'ty:r]

Guß m (Regen) stortbui ['-bəy], **~eisen** n (het) gietijzer ['-ɛizər]

gut goed [ɣu·t]; 2 n (het) goed, (het) bezit; **2achten** n (het) rapport; **bürgerlich** Küche: Duits [dəyts]

Güte f goedheid; (Qualität) deugdelijkheid ['də:ydələkhɛit]

Güter n/pl. goederen ['ɣu·dərə(n)] n/pl.; **~abfertigung** f (het) goederenbureau [-by·ro:]; **~bahnhof** m (het) goederenstation [-sion]

gut|gelaunt goedgeluimd [-ləymt]; **2haben** n (het) tegoed [tə'ɣu·t]; **~heißen** goedkeuren ['-kə:rə(n)], goedvinden

güt|ig welwillend, goedig ['-dəx], **~lich** vriendelijk, minnelijk [-lək]

Gut|schein m bon [bɔn], **2schreiben** crediteren [-'te:r-]

Gymnasium n (het) gymnasium [ɣym'na:zi·(j)əm]

Gymnastik f gymnastiek [ɣymnɑs'ti·k]

H

Haag n: Den ~ 's-Gravenhage n, Den Haag n

Haar n (het) haar

Haar|bürste f haarborstel; **~nadel** f haarspeld; **2scharf** vlijmscherp ['vlɛimsxɛr(ə)p]; fig. rake-

lings ['ra:kəl-], **~schnitt** m haarsnit; **2sträubend** ergerlijk [-lək]

Hab|e f (het) bezit, **2en** hebben; **~gier** f hebzucht ['-sœxt]

Habicht m havik

Habseligkeiten f/pl. spullen['spɔl-]n/pl.

Hack|e f (het) houweel [hau'ŭe:l]; hiel, hak; 2en hakken; **~fleisch** n (het) gehakt

Hafen m haven

Hafen|rondfahrt f havenrondvaart; **~viertel** n (het) havenkwartier [-kŭarti:r]

Hafer m haver; **~flocken** f/pl. havermout [-maut]

Haft f hechtenis ['hɛxtə-]; 2bar (für A) aansprakelijk [-'spra:kələk] (voor); **~befehl** m (het) arrestatiebevel [-'ta:(t)si·bəvɛl]; 2en (an D) kleven (aan); (für A) instaan (voor); **~pflichtversicherung** f verzekering [-'ze:kər-] tegen wettelijke (tussenkal) aansprakelijkheid; **~ung** f aansprakelijkheid; **Gesellschaft mit beschränkter ~ung (GmbH)** vennootschap met beperkte aansprakelijkheid

hageln hagelen

hager mager

Hahn m haan; Tech. kraan

Hähnchen n kip

Hai m haai

häkeln, haken haken

Haken m haak

halb half; **~ieren** halveren [-'ve:r-] 2insel f (het) schiereiland ['sxi:rɛi-]; 2jahr n (het) halfjaar;

~mast halfstok [-'stɔk]; 2messer m straal; 2mond m halve maan; 2pension f (het) demi-pension [-pɛn'siɔn]; **~wegs** halverwege; (ungefähr) min of meer; 2zeit f rust[rɛst], halftime [ha:f'taɪm]

Hälfte f helft; **zur ~** voor de helft

Hall|e f hal; 2en weerklinken [vɛr-]; **~enbad** n (het) overdekt zwembad ['-bat]

Hals m hals, keel; **~band** n (het) collier [kɔl'je:]; (Hunde-) halsband; **~entzündung** f keelontsteking [-ste:k-]; **~kragen** m boord

Halt m (het) houvast [hau'-]; 2! halt!, stop!; 2bar houdbaar; 2en v/t houden ['hau̇ə]n]; v/i stoppen

Halte|stelle f halte; **~verbot** n (het) stopverbod [-bɔt]

halt|machen halt houden, stoppen; 2ung f houding

Halunke m schurk [sxer̝ə]k]

Hammelfleisch n (het) schapevlees ['sxa:pə-]

Hammer m hamer ['ha:mər]

Hamster m hamster; 2n F fig. hamsteren

Hand f hand

Hand|ball m (het) handbal; **~bremse** f handrem ['-rɛm]

Händedruck *m* handdruk ['-drək]

Handel *m* handel; 2en handelen; (**mit** *D*) handeldrijven [-drεiⁿ-] (met); (**von** *D*) handelen (over); **es** 2t **sich um** (*A*) het betreft

Handels|beziehungen *f/pl.* handelsbetrekkingen *pl.;* **_kammer** *f* kamer ['ka:mər] van koophandel; **_marine** *f* koopvaardijvloot [-'dεi-l; **_schule** *f* handelsschool; **_vertretung** *f* handelsvertegenwoordiging [-te:ᵛə(n)vo:rdəᵞiŋ]

hand|fest stevig ['ste:ᵛəxl; 2**fläche** *f* handpalm; 2**gemenge** *n* vechtpartij [-tεil; 2**gepäck** *n* handbagage [-ᵞa:ʒəl; 2**griff** *m* (het) handvat(sel); handgreep

Händler *m* handelaar

hand|lich handig ['-dəxl, praktisch ['-i·sl; 2**lung** *f* handeling; (*Laden*) handel; 2**schellen** *f/pl.* handboeien [-'bu·iə(n)l *pl.;* 2**schrift** *f* handschrift ['-sxriftl; 2**schuh** *m* handschoen; 2**tasche** *f* handtas; 2**tuch** *n* handdoek ['-du·kl

Handwerk *n* (het) ambacht, (het) vak; **_er** *m* ambachtsman

Hanf *m* hennep ['hεnəpl

Hang *m* helling; *fig.* neiging

Hängematte *f* hangmat

häng|en hangen; **_enbleiben** blijven ['blεiⁿ-l hangen; 2**er** *m Kleid* overgooier [-ᵞo:iər]

Hantel *f* halter

Happen *m* hap, beet

Harfe *f* harp

Harke *f* hark

harmlos onschuldig [-'sxΩldəxl

harmonisch harmonisch [-i·s]

Harn *m* urine [y·'-l; 2en urineren [-'ne:r-l, wateren ['va:tərə(n)l

Harpune *f* harpoen [-'pu·nl

hart hard; (*streng*) hardvochtig [-'fΩxtəxl

Härte *f* hardheid

hartnäckig hardnekkig [-'nεkəxl

Harz *n* hars

haschen pakken, vangen, grissen

Haschisch *n* hasjiesj ['-ʃi·ʃl

Hase *m* haas

Haselnuß *f* hazelnoot

Haß *m* haat

hassen haten ['ha:t-l

häßlich lelijk ['le:ləkl; 2**keit** *f* lelijkheid

hastig haastig ['-təxl

hätscheln vertroetelen [-'tru·tələ(n)l, knuffelen ['knΩfələ(n)l

Haube *f* muts [mΩtsl, kap

Hauch *m* (het) zuchtje; (het) waas; 2**dünn** ragfijn ['rΩxfεinl

hauen slaan, houwen ['haŭə(n)]

Haufen m hoop, stapel ['sta:pəl]; **über den ~** omver [-'vɛr], ondersteboven [-'bo:və(n)], overhoop

häufen opstapelen; **sich ~** zich ophopen

häufig dikwijls [-'ŭəls], vaak

Haupt n (het) hoofd

Haupt- in Zssg. mst. hoofd-

Haupt|bahnhof m (het) centraalstation [sɛntra:l-sta'sïon] (C.S.); **~gewinn** m hoofdprijs ['-prɛɪs]

Häuptling m (het) opperhoofd

Haupt|mann m kapitein, **~rolle** f hoofdrol; **~sache** f hoofdzaak; **2sächlich** voornaamst; Adv. hoofdzakelijk [-'sa:kələk]. **~stadt** f hoofdstad; **~straße** f hoofdstraat, hoofdweg ['-vɛx], **~verwaltung** f hoofdadministratie [-'tra:(t)si·]

Haus n (het) huis [hœys]; **nach ~e** naar huis; **zu ~e** thuis

Haus|arbeit f (het) huiswerk; **~besitzer** m huiseigenaar; **~diener** m huisknecht; **2en** (verwüsten) huishouden ['-hoŭə(n)]; **~frau** f huisvrouw ['-froŭ]; **2gemacht** zelf bereid; **~halt** m (het) huishouden; (Etat) begroting; **~hälterin** f huis-

houdster; **~herr** m heer des huizes; **~ierer** m venter

häuslich huiselijk ['həy-sələk]

Haus|mannskost f dagelijkse [-'lɛksə] pot; **~meister** m conciërge [-'sïɛr-ʒə]; **~ordnung** f (het) huisreglement [-'mɛnt]; **~schuhe** m/pl. pantoffels pl.; **~tier** n (het) huisdier; **~tür** f huisdeur [-'dø:r], voordeur; **~wirt** m huisbaas

Haut f huid [hœyt], (het) vel; (het) vlies

Hautausschlag m huiduitslag [-sləx]

häuten: sich ~ vervellen

Havarie f averij [a:və'rɛɪ]

Hebamme f vroedvrouw ['vru·trŭ]

Hebel m hefboom

heben heffen, (op)tillen

Hecht m snoek [snu·k]

Heck n achterkant; **~motor** m motor ['mo:tor] vanachter

Hecke f haag, heg

Heer n (het) leger ['le:ɣ̶·]

Hefe f gist; droesem ['dru·səm]

Heft n (het) schrift [sxrɪft]; (Griff) steel; **2en** (befestigen) vasthechten; (nähen) rijgen ['rɛɪɣ̶-]

heftig heftig ['-təx], hevig [he:ˈvəxl], vinnig ['-nəx], fel

Heft|klammer f papierklem; **~pflaster** n hechtpleister; ‿zwecke f punaise [py'nɛːzə]

hegen koesteren ['kuˑstərə(n)]

Hehler m heler [heide]

Heide 1. m heiden; 2. f

Heidelbeere f bosbes ['-bɛs]

heikel netelig ['neːtələχl], hachelijk ['haxələk]

heil heel, gaaf

Heil n (het) heil; ‿anstalt f (het) herstellingsoord, (het) sanatorium [-'toːriˑ(j)ɔm]; ⒉bar geneeslijk [-lək]; ⒉en genezen

heilig heilig ['hɛɪləχl]; ⒉abend m kerstavond [-'aˑvɔnt]; ⒉e(r) heilige

Heilmittel n (het) geneesmiddel; ‿praktiker m geneeskundige [-'kendəγəl; ⒉sam heilzaam

Heilsarmee f (het) Leger des Heils

Heilung f genezing

heim naar huis [høʏsl]; thuis [tøʏsl]

Heim n (het) tehuis

Heimat f geboortestreek, geboortegrond; ‿hafen m thuishaven; ⒉lich van de geboortegrond; vaderlands; ⒉los zwervend; ‿vertriebene(r) ontheemde

Heimfahrt f terugreis [taˑrɛχsl]; ⒉isch inheems; **sich** ⒉isch fühlen zich thuis [tøʏsl] voelen ['fuˑl-]; ‿kehr f terugkomst; thuiskomst

heimlich heimelijk ['hɛɪmələk], F stiekem; ‿suchen teisteren ['tɛɪstərə(n)]; ‿tückisch geniepig [-'niˑpəx]; ⒉weh n (het) heimwee

Heirat f (het) huwelijk ['hyˑʉələk]; ⒉en trouwen ['traʉə(n), huwen; ‿santrag m (het) huwelijksaanzoek [-zuˑk]; ‿s·urkunde f trouwakte

heiser hees, schor [sxɔr]

heiß heet

heißen v/i heten ['heˑtʲ]; **wie ‿t das auf . . .?** hoe [huˑ] zeg je dat in . . .?; **was soll das ‿en?** wat moet [muˑt] dat betekenen [-'teˑkənə(n)]?

heiter helder; fig. vrolijk ['froˑlək]; ⒉keit f vrolijkheid

heizen Ofen stoken ['stoˑkːl]; Zimmer verwarmen; ⒉er m stoker; ⒉kissen n (het) verwarmingskussen [-kəs-]; ⒉körper m radiator; ⒉öl n stookolie ['-oˑliˑ]; ⒉ung f verwarming

Hektar n hectare [-'taˑrə]

hektisch jachtig ['-tax]

Held m held; ⒉en·haft heldhaftig [-'haftəx]; ‿en·tat f heldendaad

helfen helpen ['helpə(n)]; ⒉er m helper; ⒉er·helfer m handlanger

hell helder, licht; ‿blau lichtblauw; ⒉igkeit f helderheid, (het) licht; ⒉se-

her(in f) m helderziende [-'zi:ndə]

Helm m helm

Hemd n (het) hemd; **.ärmel** m hemdsmouw ['mɑu̯]

hemm|en tegenhouden ['te:ʃ̯ə(n)haʊ̯ə(n)], stuiten ['stɑʏt-]; **Qung** f fig. remming; **.ungslos** ongeremd, bandeloos

Hengst m hengst

Henkel m (het) hengsel, (het) oor

Henker m beul [bø:l]

Henne f kip, hen

her hier(heen); vandaar; **hin und .** heen en weer; **es ist lange .** het is lang geleden [-'le:d-]

herab omlaag, naar beneden [-'ne:d-]; **.lassen** naar beneden laten ['la:t-]; **.sehen (auf A)** nerzien (op); **.setzen** (*mindern*) verlagen; **.steigen** afdalen

heran aan, nader(bij) [na:dər'beɪ]; **.**náher dichterbij; **.gehen an (A)** aanpakken; **.nahen** naderen ['na:dərə(n)]; (*an die Reihe kommen*) aan de beurt [bøːrt] komen ['ko:m-]; **.wachsen** opgroeien ['ɔpxru:ɪə(n)]; **.ziehen** erbij [-'beɪ] halen

herauf naar boven, omhoog; **.beschwören** bezweren [-'zʋe:r-], oproepen ['-ru:p-]; **.kommen** naar boven komen

['ko:m-]

heraus eruit [ɛr'əʏt], naar buiten; **von innen .** van binnen uit; **.bekommen** (*erfahren*) te weten ['ʋe:t-] komen; **.bringen** buitenbrengen; *Erzeugnis* op de markt brengen; **.fordern** uitdagen ['ɑʏda:ʃ̯ə(n)]; **.geben** uitgeven; **.ragen** uitsteken [-'ste:k-]; **.reißen** uitscheuren [-'sxø:r-], uittrekken

herausstellen: sich . blijken ['bleɪk-]

herb wrang [ʋrɑŋ], zuur [zyːr]

herbei hier(heen), erbij [-'beɪ]; **.eilen** toesnellen ['tu:-]; **.holen** erbij halen; **.schaffen** bezorgen

Herberge f herberg

herbringen (naar hier) brengen

Herbst m herfst

Herd m haard; (*Koch*Ꝺ) (het)fornuis [-'nɔʏs]

Herde f kudde ['kɛdə]

herein (naar) binnen, erin; **.!** binnen!; **.bitten** vragen om binnen te komen ['ko:m-]; **.dringen** binnendringen; **.fallen** fig. (auf A) erin lopen; **.kommen** binnenkomen; **.legen** erin leggen; fig. erin laten lopen, beetnemen, bedotten

Her|gang m fig. toedracht ['tu:-]; **Ꝺgeben** (terug)geven [tə'rɛxe:və(n)]

Hering m haring
her|kommen (hier) komen [´ko:m-]; **wo kommen Sie her?** waar komt U [y´] vandaan?; **˷kömmlich** traditioneel [-(t)sīo´-ˈneːll]; **2kunft** f afkomst, herkomst

hermetisch hermetisch [-i·s]

Herr m heer; (Anrede) mijnheer [mə´neːr], meneer; (Chef) meester
herren|los onbeheerd; **2toilette** f (het) herentoilet [´heːrə(n)tŭalεt]
herrichten klaarmaken; (ordnen) in orde brengen
Herr|in f meesteres [-tə´rεs], **2isch** heerszuchtig [-´sεxtəx], **2lich** heerlijk [´-lək], zalig [´za:-ləx]
Herrschaft f heerschappij [-sxa´pεil], **˷en** pl. dames en heren pl.
herrsch|en heersen; **˷süchtig** heerszuchtig [-´sεxtəx]
herrühren (von D) afkomstig [-´kɔmstəx] zijn [sεin](van)
herstell|en maken [´ma:k-l], produceren [-dy´se:r-l], voortbrengen; **2er** m producent [-dy´sεnt], maker; **2ung** f (het) maken, produktie [-´dεksi-]
Herzogenbusch n ´s-Hertogenbosch [-bɔs] n, Den Bosch n

herüber erover; (hierher) hier(heen); **˷kommen** overkomen [´o:vər-]
herum rond(om); **um . . .** (A) ˷ rond(om); **˷drehen** omdraaien; **˷fahren** rondrijden [´-rεiə(n)]; **˷irren** ronddwalen; **˷laufen** rondlopen; **˷lungern** lanterfanten; **˷reichen** rondgeven, ronddienen; **˷schnüffeln** rondneuzen [´-nɔ·z-]; **˷stehen** rondhangen; **˷ziehen**
herunter naar beneden [-´ne:d-], omlaag [´-la:x], neer; s. **herab**; **˷kommen** naar beneden komen [´ko:m-]; **˷rutschen** (af-)zakken
hervor naar voren, te voorschijn [´-sxεin], **˷bringen** voortbrengen; **˷gehen** voortkomen; **(sich herausstellen)** blijken [´blεik-]; **˷heben** doen uitkomen [du´n ´εito:m-l], de nadruk [´-drεkl] leggen op; **˷quellen** uitpuilen [-´pɔyl-]; **˷ragend** (voor)uitstekend [´-εitste:k-l], fig. uitstekend [-´ste:k-l], prima; **˷rufen** fig. veroorzaken [-za:k-l], uitlokken
Herz n (het) hart; Karte: harten; **sich zu ˷ nehmen** zich aantrekken
herz|haft hartig [´-təx], **˷krank** hartlijdend [´-lεidəntl], **2leiden** n hart-

kwaal; **~lich** hartelijk ['-tǝlǝk]; **~los** harteloos

Herzogtum n (het) hertogdom ['-tɔydɔml]

Hetze f jacht; fig. ophitsing; (Eile) F drukte ['drɛktǝl]; **~n** v/t verfolgen, jagen; v/i (sich beeilen) zich afjakkeren; fig. ophitsen

Heun (het) hooi

Heuchel|ei f huichelarij [hɔyxǝlǝ'raɪ]; **~n** v/t huichelen

heulen huilen

Heu|schnupfen m hooikoorts; **~schrecke** f sprinkhaan

heut|e vandaag, heden ['hɔyd-]; **~e (morgen, nacht)** vanmorgen (vannacht); **~ig** huidig ['hɔydǝxl, hedendaags, van vandaag; **~zutage** tegenwoordig [te:ʈ͡sǝ(n)'vo:r-dǝxl, heden ten dage

Hexe f heks; **~n·schuß** m (het) spit [in de rug (rɛx])

Hieb m slag [slɔx], fig. steek (onder water)

hier hier; **~auf** hierop; **~aus** hieruit ['-ǝytl; **~bei** hierbij [-'beɪl; **~für** hiervoor; **~her** hierheen; **bis ~her** tot hier(toe ['-tu-]); **~hin** hierheen; **~mit** hiermede; **~zulande** hier te lande

hiesig van hier, van deze plaats

Hilfe f hulp [hɛl(ǝ)pl; **zu ~!** help!; s. a. **Erste ~**; **~lei-**

stung f hulp; (het) hulpbetoon

hilflos hulpeloos

hilfs|bedürftig hulpbehoevend [-hu'vǝntl; **~be-reit** hulpvaardig ['-fa:r-dǝxl; **~mittel** n (het) hulpmiddel

Himbeere f framboos

Himmel m hemel ['he-mǝll; **~fahrt** f Hemelvaart; **~körper** m (het) hemellichaam

himmlisch hemels, zalig ['-lǝx]

hin heen, weg; **~ und wieder** af en toe [tu']; **~ und zurück** heen en weer

hinab naar beneden [-'ne:d-l, omlaag [-'la:x]

hinauf naar boven, omhoog [-'ho:xl]

hinaus (naar) buiten ['bǝyt-l, eruit; **~laufen** naar buiten lopen; **~lau-fen auf** (A) neerkomen ['-ko:m-l] op; **~schieben** f uitstellen ['ǝytstǝ-lǝ(n)l; **~werfen** buitengooien; **~zögern** uitstellen

Hinblick m: **im ~ auf** (A) met het oog op [gen]

hinbringen erheen brengen

hinder|lich hinderlijk ['-lǝkl, lastig ['-tǝxl; **~n** (j-n an D) beletten [-'lɛt-l; **~nis**n hindernis

hindurch doorheen, erdoor

hinein (naar) binnen, erin; **~fallen** erin vallen;

~gehen binnengaan, (er)ingaan; **~lassen** binnenlaten [-la:t-]

hinfahr|en erheen rijden ['rɛɪə(n)]; ☌**f** heenreis

hin|**fallen** (neer)vallen; **~fällig** zwak, broos; (nichtig) vervallen; **~führen** erheen leiden; ☌**gabe** f overgave, toewijding ['tu:vɛɪd-]; **~geben (sich)** (zich) geven; **~halten** 'aan 't lijntje ['lɛɪntjə] houden ['hɑ̊və(n)]

hinken hinken

hinlegen neerleggen; **sich ~** gaan liggen

hin|**nehmen** (dulden) zich laten welgevallen; **~reißen** meeslepen ['-sle:p-]; **~richten** terechtstellen

hinsetzen: sich ~ gaan zitten

Hinsicht f (het) opzicht; ☌**lich** (G) met betrekking tot

hinten achter(aan); **~herum** achterom ['-rɔm]

hinter (A, D) achter; ☌**bliebene(n)** pl. nabestaanden pl.; **~e** nabestste; ☌**einander** achter elkaar; ☌**grund** m achtergrond; ☌**halt** m hinderlaag; **~her** achterna, erachter;(später) achteraf; **~lassen** achterlaten ['ɔxtərla:t-]; **~legen** deponeren ['-ne:r-]; **~listig** achterbaks, arglistig [-'lɪstəx]; ☌**n m F** (het) achterste

☌**radantrieb** m achterwielaandrijving [-drɛɪ̆v-]; ☌**reifen** m achterband; **~treiben** dwarsbomen; **~ziehen** Steuern ontduiken [-'dəyk-]

hintun wegdoen ['-du:n]

hinüber erover(heen); erheen; **~fahren** erheen rijden ['rɛɪə(n)]; **~reichen** overhandigen ['-hɑndə̈ɣə(n)], aangeven

Hin- und Rückfahrt f heen- en terugreis

hinunter naar beneden [-'ne:d-], omlaag [-'la:x]; **~schlucken** doorslikken

Hinweis m verwijzing [-'vɛɪz-]; (Ratschlag) tip; ☌**en (auf** A **)** wijzen (op)

hinzu erbij ['-bɛɪl; ertoe [-'tu:]; **~fügen** toevoegen; **~kommen** erbij komen ['kɔ:m-]; **~ziehen** erbij halen

Hirn n hersenen pl.; **~gespinst** n hersenschim [-sxɪm]

Hirsch m (het) hert

Hirt(e) m herder

hissen hijsen ['hɛɪsə(n)]

historisch historisch [-ɪ-]

Hitz|**e** f hitte; ☌**ig** vurig ['ỹ:rəx]; driftig ['-təx]; **~kopf** m (het) heethoofd

Hobby n hobby

Hobel m schaaf [sxa:f]; ☌**n** schaven

hoch hoog; (nach oben) omhoog [-'ho:x]

Hochachtung f hoogachting; ☌**svoll** hoogachtend

Hoch|betrieb *m* grote drukte ['drɛktə], topdrukte; **~deutsch** Hoogduits ['-dəyts], Duits

Hochdruck *m* hoge druk [drɛk]; **~gebiet** *n* (het) gebied van hoge druk

Hoch|ebene *f* hoogvlakte; **2empfindlich** zeer gevoelig [-'vu·ləx]; **~gebirge** *n* (het) hooggebergte; **~haus** *n* (het) torengebouw ['to:rə(n)ɣəbaul]; **2klappen** opklappen; **2mütig** hoogmoedig ['-mu·dəx]; **~ofen** *m* hoogoven; **2prozentig** sterk; **~saison** *f* [-'sɛizu·n]; topseizoen ['-sɛizu·n]; **~schule** *f* hogeschool ['-sxo:ll]; **~spannung** *f* hoogspanning; **~sprache** *f* (het) algemeen beschaafd; **~sprung** *m* (het) hoogspringen

höchst hoogst

Höchst- *in Zssg.* maximum [-məm], top-

Hochstapler *m* oplichter, flessentrekker

höchstens ten hoogste, hoogstens

Hoch|verrat *m* (het) hoogverraad; **~wasser** *n* (het) hoogwater [-'va:tər]; **2wertig** van prima kwaliteit

Hochzeit *f* bruiloft ['brɔyloft]; **~sreise** *f* huwelijksreis ['hy·ʋəlɛiksrɛis]; **~stag** *m* trouwdag ['traudax]

hochziehen optrekken

hocken hurken ['hərkə(n)];*fig.* hokken

Hocker *m* kruk [krœk]

Hode(n) *m* teelbal

Hof *m* (het) hof [hɔf]; binnenplaats, (het) erf

hoffen (auf *A*) hopen ['ho:p-] (op); **~tlich** hopelijk [-lək]

Hoffnung *f* hoop; **2s·los** hopeloos

höflich beleefd; **2keit** *f* beleefdheid

Höhe *f* hoogte

Hoheitsgewässer *n/pl.* territoriale wateren ['va:tərə(n)]*pl.*

Höhen|sonne *f* hoogtezon; **~unterschied** *m* (het) hoogteverschil

Höhepunkt *m* (het) hoogtepunt [-pɛnt]

höher hoger

hohl hol [hɔl]

Höhle *f* (het) hol

Hohn *m* spot, hoon

höhnisch honend, schamper ['sxampər]

holen halen

Holländ|er(in *f*) *m* Hollander *m* (Hollandse *f*); **2isch** Hollands, Nederlands [dɛksəls]

Höll|e *f* hel; **2isch** hels,

holp(e)rig hobbelig ['-bələx];*Sprache:* hakkelend

Holunder *m* vlier

Holz *n* (het) hout [haut]

hölzern houten

Holz|fäller *m* houthakker; **~kohle** *f* houtskool

_schnitt m houtsnede [ʹ-sne:dəl]; **_schuh** m klomp

Honig m honing; **_kuchen** m ontbijtkoek [ʹ-bɛit-ku·k]; **_wabe** f honi(n)graat

Honorar n (het) honorarium [-ri·(j)əm]

Hopfen m hop

hörbar hoorbaar

horchen luisteren [ʹləʏstərə(n)]

hör|en horen; **auf** (A) luisteren [ʹləʏstər-] naar; **Qer** m hoorder, luisteraar; **Tel.** hoorn; **Qfunk** m radio

Horizont m horizon [ʹho:ri·zon]; **Qal** horizontaal

Horn n hoorn; **_haut** f (het) hoornvlies; **(Schwiele)** (het) eelt

Hornisse f horzel

Hör|saal m collegezaal [-ʹle:zə-]; **_spiel** n (het) luisterspel

Hose f broek [bru·k], pantalon [-ʹlon]

Hosen|bein n broekspijp [ʹ-pɛip]; **_schlitz** m gulp [ɣɵl(ə)p]; **_tasche** f broekzak; **_träger** m/pl. bretels [brəʹtɛls]pl.

Hospiz n (het) missiehotel

Hostie f hostie [ʹ-ti·]

Hotel n (het) hotel

Hotel|besitzer m hôtelier; **Qeigen** van het hotel; **_nachweis** m hotelinlichtingendienst; **_zimmer** n hotelkamer [-ka:mər]

Hubraum m cilinderinhoud [siʹlɪndərɪnhɑut]

hübsch mooi, leuk [løːk], knap [kopter]

Hubschrauber m helikopter

Huf m hoef [hu·f]; **_eisen** n (het) hoefijzer [ʹ-ɛizər]

Hüft| **e** f heup [høːp]; **_hal-ter** m step-in

Hügel m heuvel [ʹhøːʋəl]; **Qig** heuvelachtig [-təx]

Huhn n kip, (het) hoen [hu·n]

Hühner|auge n (het) eksteroog; **_brühe** f kippebouillon [-bu·(l)ʹjon]; **_stall** m (het) kippenhok

Huldigung f huldiging [ʹhɵldəx°], -hulde

Hülle f (het) omhulsel

Hülse f dop, peul [pøːl]; **Tech.** huls [hɵls]; **_n·früchte** f/pl. peulvruchten pl.

Hummel f hommel

Hummer m kreeft

Humor m humor [ʹhy·mor]; **Qistisch** humoristisch [-iˑs] [ken]

humpeln hompelen, hin-

Hund m hond; **_e·kuchen** m (het) hondebrood

hundert honderd; **Qstel** n (het) honderdste (deel)

Hündin f teef

Hunger m honger; **Qn** honger lijden [ʹlɛiə(n)]; **_s·not** f hongersnood

hungrig hongerig [-rəx]; **_ sein** honger hebben

Hupe f toeter [ʹtu·tər], cla-

xon ['klɔksɔn]; ǫn toeteren, claxonneren [-'ne·r-]
hüpfen huppelen ['həpəlȧ(n)], springen
Hürde f horde
Hure f hoer [hu:r]
hüsteln kuchen ['kex-]
husten hoesten ['hu·st-]; ǫ m hoest
Hut m hoed

hüten hoeden; sich ~ vor (D) oppassen voor, zich wachten voor
Hütte f hut [hœt]; ~n·werk n hoogoven
hygienisch hygiënisch [hi·'ɣie:ni·s]
Hypnose f hypnose [hɪp'-]
hysterisch hysterisch [hɪs'te:ri·s]

I

ich ik
ideal ideaal
Idee f (het) idee, (het) denkbeeld
ident|ifizieren identificeren [-'se:r-]; ~isch identiek [-'ti·k]
ideologisch ideologisch [-i·s]
Idiot m idioot
Igel m egel
ihm hem, aan hem
ihn hem
ihnen ze; (Pers. a.) hun [hɔn], aan hen; ǫ (Aan) U [y·]
ihr sg. ze; (Pers. a.) (aan) haar; pl. jullie ['jɔli·]; Possesivpron. sg. haar, pl. hun [hɔn]; ǫ Uw [y·ŭ]
ihrige: der, die ~ sg. de hare, pl. de hunne; das ~ sg. het hare, pl. het hunne; der, die ǫ de Uwe ['y·ŭǝ]; das ǫ het Uwe
illegal illegaal
Illumination f verlichting
Illusion f illusie [-'ly·zi·]
Illustrierte f (het) geïllus-

treerd weekblad
Imbiß m lichte maaltijd ['-tɛɪt], (het) hapje; ~stube f snackbar ['snɛgba·r]
Imitation f imitatie [-'ta:(t)si·], nabootsing
Imker m imker
immer altijd ['-tɛɪt], steeds; ~fort, ~zu altijd voortdurend [-'dy:rǝnt], al maar door
immun immuun ['my·n]
impf|en (gegen A) inenten (tegen); ǫschein m (het) inentingsbewijs [-vɛɪs]; ǫung f inenting
importieren importeren [-'te:r-]
imstande: ~ sein (zu) in staat zijn [sɛɪn] (tot)
in (D) in; (binnen) binnen; (A) in; naar
inbegriffen inbegrepen [-ɣre:p-]
inbrünstig vurig ['ɣy:rǝx]
indem (dadurch, daß) daar, doordat; (während) terwijl [-'vɛɪl]
Inder m Indiër ['-di·(j)ǝr]

indi|skret indiscreet; **~vi-**
duell individueel [-dy'-
'ǖe:ll]
Indizien n/pl. aanwijzingen ['-vɛɪz-]pl.
Industrie f industrie
[-dəs'triˑ], nijverheid
['nɛɪvərhɛɪt]; **2ll** industrieel
Infektionskrankheit f
besmettelijke [-'smɛtə-
ləkəl ziekte
infizieren infecteren
[-'teːr-]
Inflation f inflatie
[-'fla:(t)siˑ]
infolge (G) tengevolge
van; **~dessen** dientengevolge, bijgevolg [bɛɪ-]
Information f informatie
[-'ma:(t)siˑ]
Ingenieur m ingenieur
Ingwer m gember
Inhaber m eigenaar
['ɛɪɣə-]
inhaftieren in hechtenis
['hɛxtə-]nemen
Inhalt m inhoud ['-haʊt];
~sverzeichnis n in-
houdsopgave
Injektion f injectie [-'jɛk-
siˑ]
inklusive inclusief [-kly'-
'ziˑf]
In|land n (het) binnen-
land; **2ländisch** binnen-
lands
inmitten (G) te midden
van
innen binnen
Innen|architekt m bin-
nenhuisarchitect[-həys-];

~politik f binnenlandse
politiek; **~seite** f binnen-
kant
inner|e binnenst, inwen-
dig [-'vɛndəx], innerlijk
[-lək]; **2e(s)** (het) binnen-
ste, (het) inwendige;
~halb (G) binnen; **~lich**
innerlijk
Insasse m inzittende
insbesondere in 't bijzonder[biˑ'-]
Inschrift f (het) opschrift
['-sxrɪft]
Insekt n (het) insekt
Insel f (het) eiland
Inserat n advertentie
[-'tɛnsiˑ]
insgesamt in totaal
Inspektion f inspectie
[-'spɛksiˑ]
instand: **~ halten** in orde
houden ['haʊə(n)]; **~ set-**
zen in staat stellen;
(reparieren) herstellen
[hɛr'-], opknappen
In|stanz f instantie
[-'stansiˑ]; **~stinkt** m (het)
instinct; **~stitut** n (het)
instituut [-'tyˑt]; **~struk-**
tion f instructie ['strɒk-
siˑ]; **~strument** n (het) instrument [-stryˑ'-]; **2telli-**
gent intelligent, verstandig [-dəx]; **2tensiv** inten-
s(ief)
interess|ant interessant;
2e n (het) belang; *(In-*
teresse, belangstelling;
2ent m belangstellende
~ieren: sich ~ieren für
(A) zich interesseren

[-'se:r-] voor, belangstellen in

inter|national internationaal; 2view *n* (het) interview, (het) vraaggesprek; 2zonenzug *m* interzonale trein

intim intiem

In|valide *m* invalide; **~vasion** *f* invasie [-'va:zi·]; **~ventur** *f* inventarisatie [-'za:(t)si·]; **~vestition** *f* investering [-'te:r-]

in|wiefern in hoever(re) [hu·'-]; **~zwischen** intussen [-'tɔs-], ondertussen, inmiddels [-'mɪdəls]

irdisch aards

irgend|ein(er) een of ander(e); **~etwas** iets; **~jemand** de een of ander(e); **~wie** op de een of andere manier, enigszins

['e:nəxsɪns]; **~wo** ergens; **~wohin** ergens heen

irisch Iers

ironisch ironisch [-i·s]

irre gek, waanzinnig [-'zɪnəx]; **~führen** misleiden [-'laɪd-]

irren dwalen; **sich ~** zich vergissen; 2anstalt *f* (het) krankzinningesticht; 2haus *n* (het) gekkenhuis [-hɔʏs]

Irr|garten *m* doolhof ['-hof]; **~sinn** *m* waanzin; **~tum** *m* vergissing; 2tümlich bij [baɪ] vergissing

islamisch islamitisch [-i·s]

isolieren isoleren [-i·s]

israelisch Israëlisch [-i·s]

Italien|er(in *f) n* Italiaan *m* (Italiaanse *f*); 2isch Italiaans

J

ja ja; *(erklärend) (du kennst ihn)* ~ (je kent hem) immers, toch

Jacht *f* (het) jacht

Jack|e *f* (het) colbert(jasje) [-'bɛːrʃəl]; **~enkleid** *n* (het) mantelpakje; **~ett** *n* (het) colbert(jasje)

Jagd *f* (het) jacht; **~revier** *n* (het) jachtterrein; **~schein** *m* (het) jachtakte; **~schutzgebiet** *n* (het) jachtreservaat

jagen jagen

Jäger *m* jager

jäh plots(eling)

Jahr *n* (het) jaar; 2e lang

jarenlang

Jahres|anfang *m* (het) begin van het jaar; **~ausgleich** *m* belastingaangifte; **~tag** *m* verjaardag [-dɑx]; **~urlaub** *m* jaarlijkse [-ləksə] vakantie [-'kɑnsi·]; **~zeit** *f* (het) jaargetijde [-'ɣətɛɪdə]

Jahr|gang *m* jaargang; **~hundert** *n* eeuw [e:ʊ]

jährlich jaarlijks [-ləks]

Jahrzehnt *n* (het) decennium [-'sɛni·(j)əm]

jähzornig opvliegend, driftig ['-təx]

Jalousie f jaloezie [ʒalu·'zi·]

jämmerlich jammerlijk [-lək]

jammern jammeren

Januar m januari [-ny-'ŭa:ri·]

japanisch Japans [-'pɑns]

jäten wieden

Jauche f vloeibare ['ʋlu·i-] mest

jauchzen juichen ['jəʏx-]

jawohl jawel [-'ʋɛl]

je ooit; (vor Zahlen) per; ... desto hoe . . . hoe [hu·]; ~ nachdem naargelang

jede, ~r, ~s elk(e), ieder(e) ['i'dərə]

jedenfalls in ieder geval

jeder|mann iedereen [-'e:n]; ~zeit altijd ['-tɛit]

jedesmal elke keer, tel-

jedoch echter, toch [tɔx]

jeher: von (seit) ~ van oudsher [ɑuts'hɛr]

jemals ooit

jemand iemand ['i·-]

jene, ~r die; ~s dat

jenseits (G, von D) aan de andere kant (van)

jetzig tegenwoordig ['-ʋo:rdəx]

jetzt nu [ny·], nou [nɑu], thans [tɑns]

jeweils telkens ['tɛlkə(n)s]

Joch n (het) juk [jœk]

Jodtinktur f jodiumtinctuur ['-di·(j)ɔmtɪŋkty:r]

Joghurt m yoghurt ['jɔxərt]

Johannisbeere f aalbes

['-bɛs]

Journalist m journalist

Jubel m (het) gejuich [-'jɐʏxl, (het) gejubel [-'jy·bəl]; 2n juichen, jubelen

Jubiläum n (het) jubileum [jy·bi·'le:iəm]

juck|en jeuken ['jø·k-]; 2reiz m jeuk

Jude m jood

jüdisch joods

Jugend f jeugd [jø:xt]; 2frei toegankelijk [tu·-'ɣɑŋkələk] voor alle leeftijden ['-tɛidə(n)]; ~herberge f jeugdherberg ['jø:xthɛrbɛrx]; 2lich jeugdig ['-dəx]; ~liche(n) pl. jongeren ['jɔŋərə(n)]pl.

jugoslawisch Joegoslavisch [-i·s]

Juli m juli ['jy·li·]

jung jong; 2e m jongen; 2e(s) (het) jong; 2frau f maagd

Junggeselle m vrijgezel [ʋrɛiɣə'zɛl]; ~in f vrijgezellin [-'lɪn]

Jüngling m jongeling, jongeman [-'mɑn]

jüngst Adv. onlangs

Juni m juni [jy·ni·]

Jurist m jurist; 2isch juridisch [jy·'ri·di·s]

Jury f jury ['ʒy·ri·]

Justiz f justitie [jɐs'ti-(t)si·]

Juwel n/pl. juwelen [jy·'ŭe:lə(n)] n/pl.; ~ier m juwelier

Jux m grap, lol [lɔl]

K

Kabarett n (het) cabaret
Kabel n kabel
Kabeljau m kabeljauw ['kabəl'jɔü]
Kabin|e f cabine; Mar. hut [het]; **~ett** n (het) kabinet
Kachel f tegel ['te·ɣəl]
Käfer m kever, tor [tor]
Kaffee m koffie; **~ kochen** koffie zetten; **~kanne** f koffiekan
Käfig m kooi, (het) hok
kahl kaal
Kahn m roeiboot ['ru·i-]; aak, schuit [sxɐ̈yt]
Kai m kade, kaai
Kaiser m keizer; **~schnitt** m keizersnede [-sne·də]
Kajüte f kajuit [-'jəyt], hut [het]
Kakao m cacao
Kak|tee f, **~tus** m cactus ['-təs]
Kalb n (het) kalf; **~fleisch** n (het) kalfsvlees; **~sschnitzel** n kalfsoester ['-u·stər]
Kalender m kalender
Kalk m kalk; ℗**haltig** kalkhoudend ['-haudənt]
kalkulieren rekenen ['re·kənə(n)]
kalt kou [kaut], ℗**stellen** op een koele ['ku·lə] plaats zetten; fig. aan de dijk [deïk] zetten; **~blütig** koelbloedig ['-'blu·dəx]
Kälte f kou(de)
Kamel n kameel
Kamera f camera

Kamerad m kameraad; **~schaft** f kameraadschap ['-sxɑp]
Kamille f kamille
Kamin m schoorsteen ['sxo·r-]
Kamm m kam
kämmen (sich) (zich) kammen
Kammer f kleine kamer ['ka:m-]; Herz ℗, Pol. kamer; **~musik** f kamermu- ziek ['-my·-]
Kampf m (het) gevecht, strijd [streït]; Sp. wed- strijd [den]
kämpfen vechten, strij-
Kampfer m kamfer
Kämpfer m vechter, strij- der
kampflos zonder strijd
kampieren kamperen [-'pe·r-]
Kanal m (het) kanaal; gracht; (Abfluß) riool [ri·'jo:l]; **~isation** f kana- lisatie [-'za:(t)si·]; riole- ring ['-le:r-]
Kanarienvogel m kana- rievogel [-'na:ri·-]
Kandidat m kandidaat
kand|iert gekonfijt [-'feït]; ℗**is** m kandij [-'deï]
Kaninchen n (het) konijn ['-neïn]
Kanister m kan, bus [bøs]
Kanne f kan, pot
Kanone f (het) kanon [-'non]
Kante f kant, rand, boord

Kantinef kantine

Kanun kano

Kanz|elf kansel; **_ler** m kanselier[-sə'li:r]

Kapazitätf capaciteit [-si'teit]

Kapellef kapel

kapierenf snappen

Kapitaln (het) kapitaal

Kapitänm kapitein [-'tɛin]

Kapiteln (het) hoofdstuk ['-stək]

kapitulieren capituleren [-ty:'le:r-]

Kaplanm kapelaan

Kappef kap, pet

Kapself capsule[-'sy·lə]

kaputtF kapot

Kapuzef kap, capuchon [-py·'ʃɔn]

Karaffef karaf

Karamellenf/pl. karamels pl.

Karatn (het)karaat

KarawaneF karavaan

Kardanwellef cardanas

Karfreitagm Goede Vrijdag['ɣu·ə 'ʋrɛidɑx]

karg karig['ka:rəx]

kariert geruit[-'rəyt]

Karikaturf karikatuur [-'ty:r]

Karon ruit;*Karte:* ruiten

Karosserief carrosserie

Karottef wortel['ʋortəl]

Karpfenm karper

Karre(nm)f kar

Kartef kaart; **nach der à la carte:** **_n spielen** kaarten

Karteikartef fiche['fi·ʃə]

Kartoffel f aardappel; **_brei**m aardappelpuree [-py·'re:l; **_klöße**m/pl. aardappelknoedels [-knu·dəls] pl., aardappelballen pl.

Kartonm (het)karton

Karussell n carrousel [kɑru·'sɛl,draaimolen

Karwochef goede['ɣu·iə] week

Käsem kaas

Kasernef kazerne

Kasinon (het)casino

Kaskoversicherung f Kfz. all-riskverzekering [ɔ:l-'rɪsk-]

Kassef kas, kassa; **_n·arzt** m fondsdokter; **_n·zettel** m kassabon [-bɔn]

Kasserollef kastrol

Kassettef cassette

kassier|en incasseren [-'se:r-]; **ℓer(in** f) m kassier m (kassierster f)

Kastanief kastanje

Kasten m kist, bak; (*Bier*②) krat

Katalog m catalogus [-'ta:lo·ɣəs]

Katastrophe f catastrofe, ramp

Katerm kater

Kathedralef kathedraal

katholisch katholiek [-'li·k]

Katzef kat, poes[pu·s]

Kauderwelsch n (het) koeterwaals[ku·tər'-]

kauen kauwen

kauern hurken['hœrk-]

Kaufm koop; **②en** kopen

Käufer *m* koper
Kauf|haus *n* (het) waren-
huis [-həʏsl]; .mann *m*
koopman
Kaugummi *m* kauwgom
kaum nauwelijks ['nɑ̃ǎə-
ləksl, amper
Kaution *f* borg(tocht)
Kaviar *m* kaviaar [-'ja:r]
keck vermetel [-'me:təl];
vlot
Kegel *m* kegel; 2n kege-
len
Kehl|e *f* keel; .kopf *m*
(het) strottenhoofd
Kehr;e *f* (Kurve) scherpe
bocht; 2en *(fegen)* vegen;
(drehen) keren; .icht *m*
vuilnis ['vɛʏl-]; .seite *f*
keerzijde [-'zɛi̯də]
Keil *m* wig; .förmig wig-
vormig [-məxl; .riemen
m ventilatorriem
Keim *m* kiem; 2en kie-
men
kein geen; .es.falls, .es.
wegs in geen geval,
geenszins; .er niemand
Keks *m* (het) biscuit
[-'kûi·l
Kelch *m* kelk
Kelle *f* pollepel [-'le:pəll;
*(Maurer*2) (het) truweel
[try''üe:ll
Keller *m* kelder
Kellner(in *f*) *m* kelner *m*
(kelnerin [-'rɪnlf)
Kelter *f* wijnpers ['vɛɪn-
pərsl
kennen kennen; .lernen
leren kennen
Kenntnis(se*pl.*)*f* kennis

Kennzeichen *n* (het) kenteken ['-te:k-l
.ntern kenteren, kap-
seizen ['-sɛizə(n)l
Keramik *f* keramiek
[-'mi·k]
Kerbe *f* keep, kerf
Kerbel *m* kervel
Kerl *m* kerel ['ke:rəll, vent
Kern *m* kern; *(Obst*2) pit;
.gehäuse *n* (het) klok-
huis ['-həʏsl; .kraftwerk
n kernenergiecentrale
[-sɛn'-
Kerze *f* kaars
Kessel *m* ketel ['ke:təll
Kette *f* ketting; *(Reihe)*
keten ['ke:t-l, reeks;
.n.glied *n* schakel ['sxa:-
kəll; .n.raucher *m* ket-
tingroker
Ketzer *m* ketter
keuch|en hijgen ['hɛɪ̯ɣ̊-l;
2husten *m* kinkhoest
['-hu·stl
Keule *f* knots; *Kochk.*
bout lbautl
keusch kuis [kəʏsl
kichern giechelen ['-xə-
lə(n)l
Kiebitz *m* Zo. kievit
Kiefer 1. *m* kaak; 2. *f* gro-
ve den
Kiemen *f/pl.* kieuwen
['ki·ûə(n)l*pl.*
Kies *m* (het) grind, kiezel
Kilo(gramm) *n* (het) kilo
(-gram)
Kilo|meter *m* kilometer;
.wattstunde *f* (het) kilo-
wattuur [-y:rl
Kind *n* (het) kind

*11**

Kinder|garten m kleuter-school ['kɪndɐˌtərsxoːl];
~geld n kinderbijslag [-bɛɪslɔx]; **~heim** n (het) kindertehuis [-həʏsl;
~lähmung f kinderverlamming; **~wagen** m kinderwagen

Kind|heit f kinderjaren n/pl.; kindsheid [-xeit]; **⸰isch** kinderachtig [-təx]; **⸰lich** kinderlijk [-lək]

Kinn n kin

Kino n bioscoop

kippen kantelen ['tə-lə(n)]; v/i a. tuimelen ['tœymələ(n)]

Kirch|e f kerk; **~endiener** m koster; **⸰lich** kerkelijk [-lək]

Kirmes f kermis

Kirsche f kers

Kissen n (het) kussen ['kɛs-]; **~bezug** m kussensloop

Kiste f kist

Kitt m stopverf

Kittel m kiel

kitz|eln kietelen; **~lig** kietelachtig [-təx]

Klage f klacht; **⸰n** klagen; Jur. een klacht indienen

Kläg|er m klager, eiser; **⸰lich** zielig ['-ləx], deerlijk ['-lək]

Klammer f klem; **⸰n**: sich **⸰n an** (A) zich vastklampen aan

Klang m klank

Klapp|bett n (het) opklapbed; **⸰e** f lap; F (Mund) smoel [smuːl];

⸰en: es **⸰t** (nicht) het gaat (niet); **⸰ern** klapperen, klepperen; **~fahrrad** n vouwfiets ['ʋaʊ-]; **~sitz** m vouwstoel

Klaps m tik, klap

klar klaar, helder

klären zuiveren ['kɫɛːɣvɛː-rə(n)]; (lösen) ophelderen

Klarheit f klaarheid

Klasse f klas; **⸰F** prima!; **~zimmer** n (het) klaslokaal

klassisch klassiek [-'siːk]

Klatsch m (het) geklets, kletspraat; **⸰en** kletsen; Beifall **⸰en** applaudisseren ['-'seːr-], in zijn [zən] handen klappen

Klaue f klauw

klauen F gappen, jatten

Klavier n piano, (het) klavier

kleb|en plakken, kleven; **⸰estreifen** m (het) plakband; **~rig** kleverig ['-ʋɛrəx]

kleckern F morsen

Klee m klaver

Kleid n jurk (het), japon [-'pɔn]; **~er** pl. kleren n/pl.

Kleider|bügel m klerenhanger; **~haken** m kapstok; **~schrank** m kleerkast

kleid|sam goed [ɣuːt] kledend ['kleːd-l]; **⸰ung** f kleding, kledij [-'dɛi]

klein klein [klɛin]; **⸰bild-kamera** f kleinbeeldcamera; 2geld n (het) kleingeld; 2igkeit f kleinigheid ['-nəxɛit]; 2kind n kleuter ['klø:tər]; _laut schuchter ['sxεx-], bedeesd; _lich kleingeestig ['-tax]

Kleister m (het) stijfsel ['stɛifsəl], stijfselpap

Klemm|e f klem; 2en klemmen, knellen

Klempner m loodgieter

Klette f klis, klit

klettern klauteren, klimmen

Klima n (het) klimaat; _anlage f airconditioning ['ε:rkɔndiʃɲiŋ]

Klinge f kling, (het) lemmer, (het) lemmet

Klingel f bel; 2n bellen; es 2t er wordt gebeld

klingen klinken

Klinik f kliniek [-'ni·k]

Klinke f klink

Klippe f klip [melen]

klirren rinkelen, rammelen

klopfen kloppen; es hat geklopft er werd geklopt

Klops m (het) balletje gehakt

Klosett n W.C. [ve:'se:]

Kloster n (het) klooster

Klotz m (het) blok

Klub m club [klɛp]

Kluft f kloof, spleet; F (Anzug) (het) kostuum [-'ty·m]

klug verstandig [-dəxl], schrander, slim; 2heit f (het) verstand, schranderheid

Klumpen m klomp, klonter; (Erd2) kluit [kløvt]

knabbern knabbelen

Knabe m knaap, jongen

knack|en kraken ['kra:k-]; 2wurst f knakworst

Knall m knal, klap; 2en knallen

knapp (eng) krap; (spärlich) schaars; (gerade noch) net, op het nippertje

knarren kraken, knarsen

knattern knetteren

Knäuel m (het) kluwen ['kly·ʊə(n)], prop

knauserig krenterig ['-tərəx]

kneif|en v/t knijpen ['knɛip-]; v/i knellen; fig. achteruitkrabbelen [-'εvt-]; 2zange f nijptang

Kneipe f (het) café, kroeg [kru·x]

kneten kneden

Knick m barst; scherpe bocht; 2en vouwen ['vɑuə(n)], knikken, knakken

Knie n knie; 2n knielen; _scheibe f knieschijf ['-sxɛif]

Kniff m kneep [kiekən]

knipsen knippen; Foto:]

Knirps m peuter ['pø:tər]

knirschen knarsen

knistern ritselen [-'sə-lə(n)], knetteren

knitter|frei kreukvrij ['krø:kfrɛi]; _n kreuken

Knoblauch m knoflook

Knöchel m knokkel; (Fuß2) enkel

Knochen m (het) been, knook, (het) bot; **~mark** n (het) beendermerg
Knödel m bal, knoedel ['knu·dəl]
Knolle f knol
Knopf m knop; *Kleid.* knoop
knöpfen knopen
Knopfloch n (het) knoopsgat
Knorpel m (het) kraak-
Knospe f knop [been]
Knoten m knoop; **~punkt** m (het) knooppunt ['·pəntl]
knüpfen knopen, (ver-)binden
Knüppel m knuppel ['knøpəll]
knurren knorren
knusprig knappend, croquant [kro·'kantl, bros [brɔs]
knutschen F knuffelen ['knøfəl-]
Koch m kok; **2en** koken ['ko:k-]; **~er** m (het) kookstel ['·stɛl]
Köcher m koker
koch|fest bestand tegen koken; **2geschirr** n (het) kookgerei; **2herd** m (het) fornuis ['·nøys]
Köchin f kokkin [kɔ'kɪn]
Koch|nische f kookhoek ['·hu·kl, **~salz** n (het) keukenzout ['kɔ·kən-]zaut]; **~topf** m kookpot, kookpan
Köder m (het) lokaas
Koffer m koffer; **~radio** n (het) draagbaar radiotoestel [·tu·stɛl]; **~raum** m *Kfz.* koffer(ruimte [·rəymtəl]
Kognak m cognac [kɔn·'jakl]
Kohl m kool
Kohle f kool; **~n·säure** f (het) koolzuur ['·zy·rl]; **~papier** n (het) carbonpapier [kar'bon-]
Kohlrabi m knolraap
Koje f kooi
kokett koket
Kokosnuß f kokosnoot
Koks m cokes [ko:ks]
Kolben m kolf; *Tech.* zuiger ['zøyɣər]
Kolleg|e m collega; **~in** f vrouwelijke ['vrɑʊələkəl] collega
Kollekte f inzameling, collecte [varing]
Kollision f *Schiff.* aan-
Köln n Keulen ['kø·lə(n)] n; **~isch·wasser** n eau de cologne [o:dəko·'lɔnjəl]
Kolonie f kolonie [·'lo:ni·l]
Kolonne f colonne
Kombiwagen m stationcar ['ste:ʃənkar]
Komfort m (het) comfort
komisch komisch ['·i·sl]; *(eigenartig)* raar
Komma n komma
Kommando n (het) commando
kommen komen ['ko:m-]
Kommentar m commentaar [saris]
Kommissar m commis-
Kommun|albehörde f

gemeentelijke [-tələkə]
overheid; **~ismus** m (het)
communisme [-my-']

Komödie f komedie
[-'me:di-], (het) blijspel
['blɛɪspɛl]

Kompanie f compagnie
[-pɑn'ji-]

Kompetenz f bevoegd-
heid [-'ɣu·xt-]

komplett compleet, volledig [-'le:dəx]

Kompli|kation f compli-
catie [-'ka:(t)si-]; **~ment** n
(het) compliment; **2ziert**
gecompliceerd [-'se:rt],
ingewikkeld

Kom|ponist m componist;
~pott n compote [-'pot];
~presse f (het) kompres;
~promiß m (het) com-
promis

Kon|densmilch f gecon-
denseerde melk; **~dition**
f conditie [-'di·(t)si·]; **~di-
torei** f banketbakkerij
[-'rɛɪ], lunchroom ['lɛnʃ-
ru·m]; **2dolieren** condo-
leren; **~fekt** n (het)
suikergoed ['sœykərɣu·t];
~fektion f confectie
[-'fɛksi·], **~ferenz** f confe-
rentie [-'rɛnsi·]; **~fession** f
(het) geloof; **~firmation**
f Rel. confirmatie
[-'ma:(t)si·], aanneming;
~flikt m (het) conflict,
(het) geschil [-'sxɪl]

Kongreß m (het) congres;
~teilnehmer m congres-
sist

König m koning; Karte:

heer; **~in** f koningin [ko-
nə'nɪn]; **2lich** koninklijk
[-lək]; **~reich** n (het) ko-
ninkrijk [-rɛɪk]

Konjunktur f conjunc-
tuur [-jəŋk'ty:r]

konkret concreet

Konkurrenz f concurren-
tie [-kə'rɛnsi·]

Konkurs m (het) faillis-
sement [fɑji·sə'mɛnt]

können kunnen ['kœn-];
(wissen) kennen

konserv|ativ conservatief;
2en f/pl. conserven pl.;
~ieren conserveren
[-'ʋe:r-], bewaren

Kon|stitution f constitutie
[-'ty·(t)si·]; (Körper a.)
(het) gestel [-stɛl];
2struieren construeren
[-stry·'ʋe:r-]

Konsul m consul [-sœl];
~at n (het) consulaat
[-sy·-]

Konsum m (het) verbruik
[-'brœyk], consumptie
[-'sœmpsi·]; **~genossen-
schaft** f coöperatieve
[ko·-o·pe·ra'-] verbruiks-
vereniging

Kon|takt m (het) contact;
~tinent m (het) continent
[-'nɛnt]

Konto n rekening ['re:k-];
~inhaber m rekening-
houder [-hɑudər]

Kontor n (het) kantoor;
~istin f vrouwelijke
['ʋrɑuələkə] kantoorbe-
diende

Kontrast m (het) contrast;

Ωieren (mit D) contrasteren (met), afsteken ['-ste:k-l (tegen)

Kontroll|e f controle ['tro:lə]; **~eur** m controleur ['lo:r]; Ωieren controleren ['tro'le:r-]; **~marke** f (het) contramerk

kon|ventionell conventioneel [-ˈvɛnsjo-]; Ωversation f conversatie [-ˈsa:(t)si-]; Ωzentrationslager n (het) concentratiekamp [-sɛnˈtra:(t)si-]; **~zentrieren** concentreren [-ˈtre:r-]; Ωzern m (het) concern [-ˈsɛrn, -ˈsœ:(r)n]; Ωzert n (het) concert [-ˈsɛrt]; Ωzession f toegeving ['tuˈʝe:v̇-], concessie [-ˈsɛsi-]

Kopf m kop; Mensch: (het) hoofd; **~hörer** m koptelefoon; **~kissen** n (het) hoofdkussen ['-kəs-]; **~salat** m kropsla ['-sla:]; **~schmerzen** m/pl. hoofdpijn ['-pɛi̇n]; **~tuch** n hoofddoek ['-du:k]; **~über** voorover, hals over kop

Kopie f kopie; (het) afschrift; Ωren kopiëren [-ˈpi:e:r-]

Koralle f koraal; kraal

Korb m korf, mand; **~ball** m (het) korfbal

Korken m kurk [kɛr(ə)k]; **~zieher** m kurketrekker

Korn n (het) koren ['ko:rə(n)], (het) graan; korrel; **~(branntwein)** m jenever

[jəˈne:v̇ər]

körnig korrelig ['-rələx]

Korinth f krent

Körper m (het) lichaam; **~behinderte(r)** m invalide; Ωlich lichamelijk [-ˈxa:mələk]; **~pflege** f persoonlijke [-ləkə] hygiëne [hiˈ'-], lichaamsverzorging; **~schaft** f Jur. lichaam

Korrespondenz f correspondentie [-ˈdɛnsi-]

Korridor m gang

korrigieren corrigeren [-ˈʝe:r-, -ˈʒe:r-]

Korsett n (het) korset

Kosmetik f kosmetiek ['-ti:k]

Kost f kost

kost|bar kostbaar; **~en** v/t proeven ['pru:v̇-]; v/i (wert sein) kosten Ωen pl. (on)kosten pl.; auf Ωen (G) ten koste van; **~enlos** kosteloos

köstlich kostelijk [-lək]

Kost|probe f (het) (voor)proefje [-ˈpru:fiəl]; Ωspielig duur [dy:r]

Kostüm n (het) kostuum [-ˈty:m]; (Damen Ω) (het) mantelpak

Kot m modder, (het) vuil [v̇əyl]; (Exkremente) uitwerpselen ['əytvɛrpsə-lə(n)l n/pl.

Kotelett n kotelet

Kotflügel m (het) spatbord

Krabbe f krab; (Garnele) garnaal

329

kreisen

Krach m herrie ['hɛri·]; **~machen** herrie schoppen; **♀en kraken** ['kra:k-], knallen

krächzen krassen; knarkraft**(G)** krachtens [sɛn·]

Kraft f kracht; **~fahrer** m automobilist

Kraftfahrzeug n (het) (motor)voertuig [-vu:rtəγx]; **~papiere** n/pl. autopapieren n/pl.; **~schein** m (het) kentekenbewijs ['-te:kə(n)bəʋɛisl]; **~versicherung** f autoverzekering [-ze:kər-]

kräftig krachtig ['-təxl, fel, stevig ['ste·ʋəx], fors

kraft|los krachteloos; **♀stoff** m motorbrandstof; **♀werk** n elektrische [-i·səl centrale [sɛn'-]

Kragen m kraag, boord; **~weite** f halswijdte ['-ʋɛit-]

Krähe f kraai

krähen kraaien

Kralle f klauw

Kramm m rommel

Krampf m kramp; stuip [stœyp]; **~adern** f/pl. spataders pl.; **♀haft** krampachtig ['-αxtəx]

Kran m kraan

krank ziek

kränk|eln sukkelen ['səkələ(n)]; **~en** krenken

Kranken|haus n (het) ziekenhuis [-həʋsl; **~kasse** f (het) ziekenfonds; (in Belgien) mutualiteit [my·ty·ʊɑli·tɛit]; **~pfle-**

~ger m ziekenverpleger; **~schwester** f ziekenverpleegster; **~versicherung** f ziekteverzekering [-ze:kər-]; **~wagen** m ziekenauto

Krank|e(r) zieke; **♀haft** ziekelijk ['-kələk]; **~heit** f ziekte

kränklich ziekelijk

krankschreiben ziek verklaren

Kranz m krans

kraß kras

kratz|en krabben; krassen; **♀wunde** f schram, krab

kraulen krauwen, krabbelen ['-bələ(n)]; (schwimmen) crawlen [kro:bə(n)l]

kraus kroes [kru·s], krullend ['krœlənt]

Kraut n (het) kruid [krœytl

Kräutertee m kruidenthee

Krawall m rel [rɛll, (het) opstootje

Krawatte f das

Krebs m kreeft; Med. kanker

Kredit m (het) krediet; **~gewähren** krediet verlenen; **~karte** f kredietkaart

Kreide f (het) krijt [krɛitl; **♀bleich** spierwit

Kreis m kring, cirkel ['srkəll; (Gruppe) kring; (Land♀) m kanton; Verkehr: rotonde

kreischen krijsen ['krɛis-]

Kreis|el m tol; **♀en** ronddraaien; 2**förmig** cirkelvormig [-məxl; ~**lauf** m kringloop; Med. bloedsomloop ['blu·ts·]; ~**verkehr** m (het) rondgaand verkeer

krepieren creperen [-'pe:r-];s. **explodieren**

Kreppapier n (het) crêpepapier ['krɛp-]

Kreuz n (het) kruis [krɔʏs]; Karte: klaveren ['kla·vər-]pl.; 2 **und quer** kriskras

kreuz|en (sich) (elkaar) kruisen; 2**er** m kruiser; 2**fahrt** f kruisvaart; 2**otter** f adder; 2**schmerzen** m/pl. pijn [pɛɪn] in het kruis; 2**ung** f kruising; (Verkehr) (het) kruispunt ['krɔʏs]; 2**worträtsel** n (het) kruiswoordraadsel

kriechen kruipen ['krɔʏp-]

Krieg m oorlog ['-loxl

kriegen [-] krijgen ['krɛɪ̃ɣ̃-]

Kriegs|beschädigte(r) oorlogsinvalide; ~**gefangene(r)** krijgsgevangene; ~**schiff** n (het) oorlogsschip

Kriminal|beamte(r) rechercheur ~ʃɛr'ʃ̃øːrl; ~**film** m detectivefilm [di·'tɛktɪf-] ~**ität** f misdadigheid, criminaliteit; ~**polizei** f recherche [-ʃ̃ɛʒ̃p̃]

kriminell crimineel

Krise f crisis [tal

Kristall m u. n (het) kris-

Kritik f kritiek; ~**er** m cri-

ticus [-køs]

kritisch kritisch ['-i·s]; (gefährlich) kritiek

Krokodil n krokodil [-'dɪl]

Kron|e f kroon; ~**leuchter** m kroonluchter ['-lɔxtər]

Kropf m krop

Kröte f pad

Krücke f kruk [krœk]

Krug m kruik [krɔʏk]

Krümel m kruimel

krumm krom

krümmen (sich) (zich) krommen; (vor Schmerzen) ineenkrimpen

Krüppel m invalide

Kruste f korst

Kübel m bak, kuip [kɔʏp]

Kubikmeter m kubieke [ky·'bi·kə] meter

Küche f keuken ['kø:-kə(n)]

Kuchen m koek [ku·k]; taart

Küchengeschirr n (het) keukengerei [-ɣ̃ərɛɪ]

Kuckuck m koekoek ['ku·ku·k]

Kugel f kogel, bol; ~**schreiber** m balpen ['-pɛn], bolpen

Kuh f koe [ku·]

kühl koel, fris, kil; 2**e** f koelte; ~**en** (af)koelen; 2**er** m Kfz. radiator; 2**schrank** m koelkast, ijskast ['ɛɪs-]

kühn moedig ['mu·dəx], koen

Küken n (het) kuiken ['køːk-]

Kultur f cultuur [kəl'ty:r]

Kümmel *m* kummel ['kəməl]

Kummer*m* (het) verdriet

kümmern: sich ~ um *(A)* zich bekommeren om; **sich nicht ~ um** *(A)* zich niets aantrekken van

Kunde *m* klant, cliënt [kli·'jɛnt]; **~rdienst** *m* service ['sœ:(r)ʋi·s]

Kundgebung *f* betoging, manifestatie [-'ta:(t)si·]

kündig|en *(D)* opzeggen; **◯ung** *f* opzegging

Kund|in *f* cliënte; **~schaft** *f* klandizie [-'di·zi·]

künftig komend; *Adv.* voortaan

Kunst*f* kunst [kɔnst]

Kunst|dünger *m* kunstmest; **~gewerbe** *n* kunstnijverheid [-'nɛiʋərhɛit]; **~haar** *n* (het) kunsthaar; **~handlung***f* kunsthandel

Künst|ler(in *f) m* kunstenaar *m* (kunstenares [-'rɛs] *f*); **◯lerisch** artistiek [-'ti·k]; **◯lich** kunstmatig [-'ma:təx]

Kunst|stoff *m* kunststof; **~stück** *n* (het) kunststuk; **◯voll** kunstig ['-təx]

kunterbunt door elkaar

Kupfer *n* (het) koper ['ko:pər]; **~stich** *m* kopergravure [-'ʋy:rə]

Kupon *m* coupon [ku·'pɔn]

Kuppel*f* koepel ['ku·pəl]

Kupplung*f* koppeling

Kur*f* kuur [ky:r]

Kurbel *f* kruk [krɔk], zwengel; **~welle***f* krukas

Kur|gast *m* badgast; **~ort** *m* badplaats, (het) kuuroord

Kurs *m* koers [ku·rs]; **~buch** *n* (het) spoorboekje [·'bu·kiə]

Kürschner*m* bontwerker

Kursus *m* cursus ['kɔrsəs]

Kurswagen *m* (het) doorgaand rijtuig ['rɛitʋax]

Kurtaxe *f* verblijftaks [·'blɛif-]

Kurve *f* curve ['kɔrʋə]; *Straße:* bocht

kurz kort; **vor ~em** onlangs; **◯arbeit** *f* verkorte werktijden ['-tɛid-]; **~ärmlig** met korte mouwen ['maʊə(n)]

kürzen verkorten; verminderen

Kurz|film *m* korte film; **◯fristig** op korte termijn ['-mɛin]; **~geschichte** *f* (het) kort verhaal; **~schluß** *m* kortsluiting ['-slɔyt-]; **◯sichtig** bijziend ['bɛi-]; *fig.* kortzichtig ['-zixtəx]; **~welle***f* korte golf

Kusine*f* nicht

Kuß *m* kus [kɔs], zoen [zu·n]

küssen (sich) (elkaar) kussen, (elkaar) zoenen

Küste*f* kust

Kutsche *f* koets [ku·ts]; **~r** *m* koetsier [·'ɛi:r]

Kutte*f* (monniks)pij [-pɛi]

L

Labor *n* (het) laboratorium [-'to:ri·(j)əm]
Lache *f* plas, poel [pu·l]
lächeln glimlachen; ⚲ *n* glimlach
lachen lachen; **aus vollem Halse** ~ schateren ['sxa·tərə(n)]; ⚲ *n* (het) gelach
lächerlich belachelijk [-'lɔxələk], bespottelijk [-'spotələk]
Lachs *m* zalm; **~schinken** *m* fijne ['fɛi-] ham [ham]
Lack *m* lak; ⚲**ieren** lakken
laden laden
Laden *m* winkel; **~hüter** *m* (het) onverkoopbaar artikel; **~schluß** *m* winkelsluiting [-slœyt]; **~tisch** *m* toonbank
Lade|raum *m* laadruimte; **~ung** *f* lading; *Jur.* dagvaarding
Lage *f* ligging; *(Situation)* toestand ['tu·-]; *(Schicht)* laag; **in der** ~ **sein** niet in staat zijn [sɛin]
Lager *n* (het) kamp; *Hdl.* (het) magazijn [-'zɛin], (het) pakhuis [-'hœys]; *Tech.* (het) kogellager; ⚲ *v/i* kamperen [-'pe·r-]; *Hdl.* opgeslagen liggen; *v/t* opslaan
lahm kreupel ['krø:pəl], lam [lam]; *fig.* lamlendig [-'lɛndəx]
lähm|en verlammen; ⚲**ung** *f* verlamming

Laie *m* leek
Laken *n* (het) laken
Lakritze *f* drop [drop]
Lamm *n* (het) lam
Lampe *f* lamp; **~nfieber** *n* plankenkoorts; **~nschirm** *m* lampekap
Land *n* (het) land; *(Ggs. Stadt)* (het) platteland
landen landen; *fig.* terechtkomen
Länder|kampf *m*, **~spiel** *n* landenwedstrijd [-strɛit]
Landkarte *f* landkaart
ländlich landelijk ['-dələk]
Land|schaft *f* (het) landschap; **~smann** *m* landgenoot; **~straße** *f* gewone weg; **~streicher** *m* landloper, zwerver; **~ung** *f* landing
Landwirt *m* landbouwer ['-bʊər]; **~schaft** *f* landbouw
lang lang; **~e** *Adv.* lang
Länge *f* lengte
Langeweile *f* verveling [-'ve:l-]
langfristig op lange termijn [-'mɛin]
läng|lich langwerpig [-pəxl]; **~s** (G) langs
langsam langzaam
Langspielplatte *f* langspeelplaat
längst *Adv.* allang
langweil|en (sich) (zich) vervelen [-'ve:l-]; **~ig** vervelend, saai

langwierig langdurig [-'dy:rəx]

Lappenm lap, vod

Lärm m (het) lawaai [-'ŭa:ïl]; **2en** lawaai maken

Larve Zo. larve

lassen laten ['la:tə(n)]; *(veranlassen)* laten, doen [du:n]

lässig nonchalant [-ʃa-'lãnt], achteloos

Last f last, vracht;*(j-m A)* **zur** – **legen** (iem. iets) ten laste leggen, aanwrijven ['-ṽrɛïṽə(n)]; **-enaufzug** m goederenlift ['ŭu'də-rə(n)-l]

Laster n zonde, ondeugd ['-də:xt]

lästern roddelen ['-də-lə(n)], lasteren

lästig lastig ['-təx], hinderlijk [-lək]

Last(kraft)wagen m vrachtwagen

lateinisch Latijns [-'tɛïns]

Laterne f lantaarn

latschen F sloffen

Latte f lat

lau lauw

Laub n (het) loof, (het) gebladerte [-'bla:dərtə]; **-e** f (het) prieel [pri''je:l]

lauern (auf A) loeren ['lu:r-l](naar)

Lauf m loop; **im** – **e** (G) in de loop van; **-bahn** f loopbaan; **-bursche** m loopjongen; **2en** lopen; **2end** fig. doorlopend ['do:r-l]; **auf dem 2enden**

op de hoogte

Läuferm loper

Lauf|gitter n box; **-ma-schef** ladder

Lauge f (het) sop [sɔpl], loog

Laune f (het) humeur [hy-'mø:rl; gril, kuur [ky:rl]; **gute (schlechte)** – **haben** goed [ɣu:t] (slecht) gehumeurd zijn [sɛ:n]; **2n-haft** humeurig [-rəxl, grillig ['-ləxl

launisch nukkig ['nɛkəxl

Lausf luis [lɔysl

lauschen (D) luisteren ['ləystərə(n)l(naar)

laut luid(ruchtig [-'rɔx-təxl); *(Adv. a.)* hardop; *prp.* (G) volgens

Lautm (het) geluid, klank; **2en** luiden

läuten luiden

lauter louter ['lautərl

laut|los geluidloos, stil; **2sprecher** m luidspreker ['-spre:k-l; **2stärke** f geluidssterkte

Lawinef lawine

leb|en leven; **-e wohl!** vaarwel!; **2en** n (het) leven; **-endig** levend; fig. levendig ['le:ṽəndəxl

Lebens|haltungskosten pl. kosten pl. van levensonderhoud [-hautl; **2läng-lich** levenslang; **-mittel** n/pl. levensmiddelen n/pl.; **-standard** m levensstandaard

Leber f lever; **-wurst** f leverworst

Lebewesen n (het) levend
wezen

lebhaft levendig ['le:ʋən-
dəxl], druk [drœk]

Lebkuchen m peperkoek
['pe:pərku·k]

leblos levenloos

leck lek; **.en** likken;*(tropfen)* lekken

lecker lekker; **⊘bissen** m
lekkernij [-'nɛi]

Leder n (het) le(d)er; **.ho-
se** f leren broek [bru·k];
⊘n leren; **.waren** f/pl.
le(d)erwaren*pl.*

ledig vrij; *(unverheiratet)*
ongetrouwd [-'trɑutl];
.lich alleen, slechts

leer leeg; **⊘e** f leegte; **.en**
leegmaken, ledigen ['le:-
dəʏ-]; **⊘lauf** m vrijloop
['ʋrɛi-], fig. (het) nutteloos ['netə-] werk; **⊘ung**
f Post: lichting

legal wettig ['-təx], legaal

legen leggen; *sich* **.** gaan
liggen

Lehm m leem, klei

Lehn e f leuning ['lø:n-];
(sich) .en (an A, *D)* leu-
nen (tegen); **.stuhl** m
leun(ing)stoel [-stu·l]

Lehr buch n (het) leer-
boek; **.e** f leer; les; *(Aus-
bildung)* leertijd ['-tɛit];
⊘en onderwijzen, doce-
ren [-'se:r-]; **.er(in** f) m
leraar m (lerares [-'rɛs]
f), onderwijzer [-'ʋɛizər]
m (onderwijzeres [-'rɛs]
f); **.ling** m leerjongen

Leib m (het) lijf [lɛif];

(Bauch) buik [bəyk]

Leibes erziehung f li-
chamelijke [-kələkə] op-
voeding ['-fu·d-]; **.übun-
gen** f/pl. lichaamsoefe-
ningen*pl.*

leib licht licht; lichamelijk [-mə-
lək]; **⊘schmerzen** m/pl.
buikpijn

Leiche f (het) lijk [lɛik],
.n halle f (het) lijkenhuis
[-həys]; **.n wagen** m lijk-
wagen

leicht licht; (ge)makkelijk
[-kələk], **⊘athletik** f lichte
atletiek [-'ti·k]; **.fertig**
lichtvaardig ['-fa:rdəx];
.gläubig lichtgelovig
[-'lo:·ʋəx]; **⊘igkeit** f (het)
gemak

Leichtsinn m lichtzinnig-
heid ['-sməxɛit]; **⊘ig**
lichtzinnig

leid: es tut mir . het spijt
mij [spɛit məl]; **er tut mir
. ik** heb met hem te doen
[du·n]

Leid n (het) leed; **⊘en (an**
D) lijden ['lɛiə(n)] (aan);
.en . n (het) lijden;
(Krankheit) kwaal

Leidenschaft f hartstocht;
⊘lich hartstochtelijk
['-tɔxtələk]

leider helaas; **.lich** tamelijk ['ta:mələk], redelijk

Leierkasten m (het)
draaiorgeltje

Leih bücherei f uitleen-
bibliotheek ['ɑyt-]; *(sich)*
⊘en lenen; **.gebühr** f
huurprijs [-'prɛis]; **.wa-**

gen m huurauto; **2weise** te leen, in bruikleen ['brɔy.k-]

Leim m lijm [lɛɪml]

Lein|e f lijn, (het) koord; **_en** n (het) linnen; **_samen** m (het) lijnzaad; **_wand** f (het) linnen; *Kino:* (het) witte doek [du·k], (het) scherm [sxɛr(ə)m]

leise zacht; *fig.* licht; *Adv.* zacht(jes)

Leiste f rand, lijst [lɛɪst]

leisten verrichten, doen [du·n], presteren [-'te:r-]; *Widerstand* bieden; **sich** **~** zich permitteren [-'te:r-], zich veroorloven

Leistenbruch m liesbreuk ['-brøːk]

Leistung f prestatie [-'ta:(t)si·], verrichting

Leit|artikel m (het) hoofdartikel; **2en** leiden; **_er** 1. m leider; *Phys.* geleider; 2. f ladder; **_faden** m leidraad; **_planke** f vangrail ['-re:ll]; **_ung** f leiding

Lek|tion f les; **_türe** f lectuur [-'ty:r]

Lende f lende

lenk|en (be)sturen ['-sty:r-], leiden **2rad** n (het) stuur; **2ung** f stuur; besturing

Lerche f leeuwerik ['lɛːrçərk]

lernen leren

lesbar leesbaar

les|en lezen; **2er(in** f) m lezer(es [-'rɛsl f); **_erlich** leesbaar; **2e-saal** m leeszaal

letzt laatst; **am _en (Dienstag)** verleden [-'le:d-] (dinsdag); **_lich** tenslotte

Leucht|e f (het) licht, lamp; **2en** schijnen ['sxɛin-], schitteren; **2end** *Farbe:* fel; **_er** m luchter ['lɔxtər]; **_reklame** f lichtreclame; **_turm** m vuurtoren ['fy:r-]

leugnen loochenen, ontkennen

Leute pl. mensen pl., lieden pl., lui [ləvl] pl.

Leutnant m luitenant ['ləvtə-]

Lexikon n (het) lexicon

liberal liberaal

Licht n (het) licht; **hinters ~ führen** om de tuin [təvn] leiden; **_bild** n foto; **2en** *Anker* lichten; **_ 2et sich ...** trekt op; **_hupe** f (het) lichtsignaal ['-si·nia:ll

lieb lief; **am _sten** het liefst; **2e** f liefde; **gen haben** ['haʊə(n)] van, liefhebben

liebenswürdig lief, vriendelijk [-'rɛik]; **2keit** f vriendelijkheid

lieber *Adv.* liever

Liebes|brief m liefdesbrief; **lieb|evoll** liefdevol, liefderijk [-'rɛik]; **2haber** m liefhebber; minnaar

~kosen liefkozen; **♀ling** *m* lieveling; **~los** liefdeloos; **♀ste(r)** liefste

Lied *n* (het) lied; **~erabend** *m* liederenavond [-a·vənt]

liederlich liederlijk [-lək]

Liefer|ant *m* leverancier [-'si:r]; **♀bar** leverbaar; **~frist** *f* levertijd [-tɛit]; **♀n** leveren ['le:vərə(n)]; **~ung** *f* levering; **~wagen** *m* bestelwagen [-'stɛl-]

liege|n liggen; **♀stuhl** *m* ligstoel [-'stu·l]; **♀wagen** *m* couchette [ku·'ʃɛtə]; **♀wiese** *f* (het) grasveld om op te zonnen

Lift *m* lift

Liga *f* liga; *Sp.* competitie [kɔmpə'ti·(t)si·]

Likör *m* likeur [-'kø·r]

lila lila, paars

Lilie *f* lelie ['le:li·]

Limonade *f* limonade

Linde *f* linde

lindern verzachten

Lineal *n* liniaal

Linie *f* lijn [lɛin], streep; *Mil.* linie ['-ni·]; **~n·bus** *m* lijnbus ['-bəs]

link- linker-, links [lɪŋks]; **♀e** *f* linkerhand; *Pol.* linkerzijde [-zɛidə]; **~isch** links

links links; **nach** ~ naar links, linksaf; **♀abbieger** *m* links afslaande auto; **♀händer** *m* linkshandige [-'hɑndəɣə]

Linse *f Opt.* lens; **~n·suppe** *f* linzensoep [-su·p]

Lippe *f* lip; **~n·stift** *m* lippenstift

lispeln lispelen

List *f* list

Liste *f* lijst [lɛist]

listig listig ['-təx], sluw [slyˈū]

Literatur *f* literatuur [-'ty·r], letterkunde [-kəndə]

Litfaßsäule *f* reclamezuil [-zøːl]

Lizenz *f* licentie [-'sɛnsi·]

Lob *n* lof [lɔf]; **♀en** prijzen ['prɛizə(n)], loven; **~enswert** lofwaardig [-'va·rdəx], loffelijk ['-fələk]

Loch *n* (het) gat; *(Vertiefung a.)* kuil [kœyl], put [pœt]; **♀en** knippen; ponsen; **~er** *m* perforeermachine [-ʃi·nə], **~karte** *f* ponskaart

Lock|e *f* lok, krul [krœl]; **♀en** (aan)lokken; *Haare* krullen; **~en·wickler** *m* krulspeld

locker los [lɔs]; luchtig ['lœxtəx], **~n** losmaken; **sich ~n** losgaan; *fig.* zich ontspannen

lockig gekruld

Lodenmantel *m* loden

lodern laaien

Löffel *m* lepel ['le:pəl]

Logbuch *n* (het) logboek ['-bu·k]

Loge *f* loge ['lo:ʒə, 'lo:-]

Logis *n* (het) logies

logisch logisch ['-i·s]

Lohn *m* (het) loon; beloning; **.en: es .t sich (nicht)** niet is de moeite ['muːitəl (niet) waard; **.erhöhung** f loonsverhoging; **.steuer** f loonbelasting

Lokal n (het) lokaal; (Kneipe) (het) café

Lokomotivf locomotief

Lorbeerblatt n Kochk. (het) laurierblad

los los [lɔs]; kwijt [kũɛit]; vrij; **.!** vooruit! ['rɔytl; **was ist ...?** wat is er (gaande)?

Losn [het] lot [lɔt]

lösbar oplosbaar

losbinden losbinden

Lösch|blatt n (het) vloeipapier ['ylủˑiˑl; **.en**Feuer blussen ['əⁿdủˑnl; Licht uitdoen ['əⁿdủˑnl; Tonband uitvegen ['əⁿˑⁱ̃ˑl; Durst lessen; Ladung lossen

lose los [lɔs]

Lösegeldn (het) losgeld

losen loten

lösen (trennen) losmaken; Aufgabe oplossen; Fahrkarte nemen; **sich . (von D)** zich losmaken (van)

loslassen loslaten ['lɔslaːtə(n)]

Losung f wachtwoord, leus [lɵːsl, leuze

Lösungf oplossing

loswerden kwijtraken

Lotn (het) lood

löten solderen [-'deːr-l

Lotsem loods

Lotterief loterij [lɔːtəˈrɛil

Lotto n (het) lotto

Löwem leeuw [leːŭl

Löwen n Leuven ['lɵː ỹ̃ə(n)]n

Lücke f gaping ['ɣ̃aːp-l; fig. leemte, lacune [-kynaːl; **.n.haft** gebrekkig [-kəxl, onvolledig ['leːdəxl; **.n.los** volledig

Luft lucht [lɔxt]

Luft|blase f luchtbel; **.druck**m luchtdruk

lüften verluchten

Luft|fahrtgesellschaft f luchtvaartmaatschappij [-sxaˈpɛil; **.kurort** m (het) luchtkuuroord [-kyːr-l; **.leer** luchtledig [-'leːdəxl

Luftlinie f luchtlijn ['-lɛinl; **in der .** hemelsbreed ['heːməlz-l, in vogelvlucht

Lüftung f verluchting, ventilatie ['-laː(t)siˑl

Luftwaffef luchtmacht

Lügef leugen ['lɵːɣ̃ə(n)]; **.n** liegen; **.ner** m leugenaar

Lukef (het) luik [lœyk]

Lümmel m lummel ['ləməll, vlegel ['leˑyəl]

Lump m ploert [pluːrtl; **.en** m lomp, vod

Lunchm lunch [lənʃ]

Lunge f long; **.n.entzündung** f longontsteking [-steˑk-l

Lupe f loep [luːpl, (het) vergrootglas

Lust f (het) plezier [plə'ziːrl; (Verlangen) lust

[ləstl, zin; *(Wollust)* wellust; ~ **haben zu** *(D)* zin
hebben in
lüstern begerig [bə'ǧe:-
rəx], wellustig [-'lɔstəx]
lustig vrolijk ['-lək]; *(komisch)* grappig ['-pəx]
Lustspiel *n* (het) blijspel

['bleispɛl]
lutsche|n zuigen ['zəyǧ-];
Qr *m (Stielbonbon)* lolly
['lɔli·]
Lüttich *n* Luik [lœykln
Luxus *m* luxe ['ly·ksəl,
weelde; **~hotel** *n* (het)
luxehotel

M

mach|en doen [du·n];
(herstellen) maken
['ma:k-]; **Platz ~en** plaats
maken; **Bett ~en** (het)
bed maken; **sich
nichts ~en aus** *(D)* zich
niets aantrekken van;
wieviel ~t es? hoeveel
[hu·'-] kost het?; **das ~t
nichts** dat hindert niet
Macht *f* macht; **~haber** *m*
machthebber, bewind-
voerder [-'fu:rdər]
mächtig machtig, geweldig [-dəx]
machtlos machteloos
Mädchen *n* (het) meisje
['meiʃəl
Made *f* made, larve; **Qig**
vol maden, madig ['-dəx]
Magazin *n* (het) magazijn
[-'zein]; *(Zeitschrift)* (het)
magazine
Magen *m* maag; **~schmer-
zen** *m/pl.* maagpijn
['-pein]
mager mager; **Qmilch** *f*
taptemelk, magere melk
Magnet *m* magneet
Mahagoniholz *n* (het)
mahoniehout [-haut]

mähen maaien
Mahl *n* (het) maal
mahlen malen
Mahlzeit *f* maaltijd ['-tɛit];
~! *(eet)* smakelijk! ['-kə-
lək]; goede ['ǧu·iəl mid-
dag!; **~en|gutschein** *m*
maaltijdbon [-bɔn]
Mähne *f* manen *pl.*
mahn|en manen; **~en an**
(A) herinneren aan; **Qung**
f aanmaning, waarschu-
wing ['-sxy·ʊŋ]
Mai *m* mei [mɛi]; **~glöck-
chen** *n* (het) lelietje-
van-dalen; **~käfer** *m* mei-
kever
Mais *m* mais
Majestät *f* majesteit
['ma:iəstɛit]
Major *m* majoor
Makel *m* smet; **Qlos** vlek-
keloos, onberispelijk
[-pələk]
Makkaroni *pl.* macaroni
Makler *m* makelaar
Makrele *f* makreel
mal eens [ə(n)s], een
keertje; *Math.* maal
Mal *n (Zeichen)* vlek, (het)
teken; maal, keer

mal|en schilderen ['sxɪl-dərə(n)]; ℚer(in f) m schilder m (schilderes [-'rɛs] f); ℚereif schilderkunst [-kɛnst]; ⸱erlei velerlei; ⸱erisch schilderachtig [-təx]

Malzn mout [maut]

man men, je

manch|e, ⸱er, ⸱es menig(e) ['me:nəɣəl; ⸱enigeen; ⸱e pl. sommige ['-məɣə] pl.; ⸱erlei velerlei; heel wat; ⸱mal soms

Mandarine f (het) mandarijntje [-'rɛɪntʃə]

Mandel f amandel; ⸱entzündung f amandelontsteking

Mangel m (het) gebrek; (Fehler) tekortkoming; ℚhaft gebrekkig [-kǝxl, onvoldoende [-'du·ndə]; ⸱ware f: . . . ist ⸱ware is schaars [pl.]

Manieren f/pl. manieren

Manikūre f manicure [-'ky:r(ə)]

Mannm man

Männchen n Zo. (het) mannetje

Männer- in Zssg. mannen-

mannigfaltig veelvuldig [-'ɣ̊ɔldəx], verschieden ['-nələk]

Mannschaft f manschappen pl.; Sp. ploeg [plu·x]

Manöver n manoeuvre [-'nœ:vrə]

Manschettenknopf m manchetknoop [-'ʃɛt-]

Mantel m mantel, jas; (Reifen ℚ) buitenband ['bəytə(n)-]

Mappef map, tas

Märchenn (het) sprookje; ℚhaft sprookjesachtig [-təx]

Marderm marter

Margarine f margarine

Marine f marine, zeemacht

mariniert gemarineerd

Mark 1.f (Geld) mark; 2.n (het) merg

Marke f (het) merk; s. Briefmarke; ⸱nartikelm (het) merkartikel

Markierung f markering [-'kɛ:r-]

markig kernachtig [-təx]

Marktm markt; ⸱platz m (het) marktplein

Marmeladef jam [ʒɛm]

Marmorm (het) marmer

Marsch m mars; ⸱ieren marcheren [-'ʃe:r-]

Märtyrerm martelaar

Marxismus m (het) mar-[xisme]

Märzm maart

Marzipan n marsepein ['-səpɛɪn]

Maschef maas

Maschine f machine [-'ʃi·nə]; ℚell machinaal

Maschinen- in Zssg. machine-

maschineschreiben tikken, typen ['ti·pə(n)]

Maschinist m machinist

Masern pl. mazelen ['-zə-lə(n)]pl.

Maske f (het) masker;

₂ieren maskeren ['mɑs-kərə(n)]

Maß n maat; mate; in hohem ~ in hoge mate

Massagef massage

Massef massa, hoop

Massen- in Zssg. mst. massa-

massenhaft in massa's

maß|gebend, ~geblich beslissend; ~halten maathouden [-haÿvə(n)]

mäßig matig ['-tǝxl; ~en (sich)(zich) matigen

maß|los mateloos; ₂nahmef maatregel ['-re:xǝl]; ₂stab m maatstaf ['-stɑf]; ~voll gematigd [-tǝxt]

Mastm mast

Mastdarmm endeldarm

mästen (vet)mesten

Masthähnchen n vetgemeste kip

Mater|ial n (het) materiaal; ~ie f materie [-'te:ri·], stof; ₂iell materieel, stoffelijk ['-fǝlǝk]

Mathematik f wiskunde ['-kǝndǝl]

Matjeshering m matjesharing

Matratzef matras

Matrizef stencil ['-sɪl]

Matrosem matroos

Matsch m blubber ['blǝbǝr]

matt mat, dof

Mattef muur

Mauerf muur [my:r]

Maul n muil [mǝYl], snuit, bek; ~beerbaum m moerbeiboom ['mu:rbɛɪ-]

₂en F mokken; ~esel m muilezel; ~korb m muilkorf; ~wurfm mol

Maurerm metselaar

Maus f muis [mǝys]; ~e·fallef muizeval

Mayonnaisef mayonaise

Mecha|nik f mechanica [-'xa:-]; mechaniek [-ka'-]; ~niker m mecanicien [-kani·'siξ:l]; ~nismus m (het) mechanisme

meckern blaten ['bla:t-l; fig. F kankeren ['-kǝrǝ(n)], zeuren ['zø:r-]

Medaillef medaille

Medikament n (het) medicament

Medizin f geneeskunde [-kǝndǝl; (Arznei) medicijn [-'ssɛɪnl; ₂isch geneeskundig ['-kǝndǝxl, medisch ['-i·s]

Meer n zee; ~enge f zeeëngte; ~rettich m mierik (-swortel); ~schweinchen n (het) Guinees [ξÿi·'-] biggetje, marmot; ~wasserkur f zeewaterkuur [-ky:r]

Mehl n [-l] meel; ~speise f meelspijs ['-spɛɪs]

mehr meer; ~ oder weniger min of meer; um so des te meer; ~deutig dubbelzinnig [dǝbǝl'zɪnǝx]

mehrere verschillende, verscheidene, enige

mehr|fach meervoudig ['-Ýaudǝxl; veelvuldig; ₂gewicht n (het) over-

wicht; ǫ**heit** f meerder-
heid; ǫ**kosten** pl. hogere
kosten pl.; ..**mals** meer-
maals; ..**tägig** meer-
daags; ǫ**wertsteuer** f
belasting op de toege-
voegde ['tu·ɣə-] waarde
(BTW); ǫ**zahl** f (het) merendeel; Gr. (het) meer-
voud ['-ɣaut]
meiden (ver)mijden
[-'mɛɪdə(n)]
Meile f mijl
mein, ..**e** mijn [mɛɪn, mən]
Meineid m meineed
meinen bedoelen [-'du·l-];
(denken) menen, denken
meinetwegen ter wille
van mij; (von mir aus)
voor mijn part
Meinung f mening, opinie
[-ni·]; **der..sein** van mening zijn [zɛɪn]; ..s**ver-**
schiedenheit f (het) me-
ningsverschil
Meise f mees
Meißel m beitel
meist meest; **am..en** het
meest; ..**ens** meestal
Meister m meester, baas;
Sp. kampioen [-pi·'ju·n];
ǫ**haft** meesterlijk [-'f-];
..**schaft** f (het) meester-
schap; Sp. (het) kam-
pioenschap; ..**werk** n
(het) meesterwerk [den]
melden (sich) (zich) mel-
Melde|pflicht f verplich-
ting tot aangifte; ..
schluß m sluiting ['slaʏt-]
van aanmeldingstermijn
[-'mɛɪn]; ..**ung** f (het) be-

richt, melding
melken melken
Melodie f melodie, wijs
[vɛɪs]
Melone f meloen [-'lu·n];
(Hut) bolhoed ['-hu·t]
Menge f hoeveelheid
[hu·'-]; (Menschen) ǫ me-
nigte ['-nəxtə]; **eine gan-**
ze.. F een heleboel ['he:l-
bu·l]
Mensa f (het) studenten-
restaurant [sty·'dɛn-
tə(n)rsto·rɑ̃:l, mensa
Mensch m mens; **ein net-**
ter.. een aardige ['-dəɣə]
man
menschen|leer verlaten
[-'la:t-], leeg; ǫ**menge** f
menigte ['-nəxtə] men-
sen; ..**scheu** mensen-
schuw [-sxy·ʊl]; ..**unwür-**
dig mensonwaardig
[-dəx]
Mensch|heit f mensheid;
ǫ**lich** menselijk [-lək];
..**lichkeit** f menselijkheid
Menstruation f men-
struatie [-stry·'ʊa:(t)si·]
Menthol n menthol
[mɛn'tɔl]
Menü n (het) menu [-'ny·]
Merk|blatt n (het) blad
met aanwijzingen
['-vɛɪz-]; ǫ**en** merken,
gewaarworden; ǫ**en sich**
onthouden [-'hɑ̃ʊə(n)];
ǫ**lich** merkbaar, aan-
merkelijk [-kələk]; ..**mal**
n (het) kenmerk; ǫ**wür-**
dig vreemd, raar, merkwaardig [-'va:rdəx]

Meß|band n (het) meetlint; **2bar** meetbaar

Messe f Rel. mis; Hdl. jaarbeurs ['-bøːrs]; **~gelände** n (het) jaarbeursterrein [-tɛrɛɪn]

messen meten ['meː-t-]

Messer n (het) mes

Messestand m stand [stɛnt] op de jaarbeurs

Messing n (het) messing

Metall n (het) metaal; **~arbeiter** m metaalbewerker

meteorologisch meteorologisch [-i-s]

Meter n meter

Methode f methode

Mettwurst f metworst

Metzger m s. Fleischer

Meute f meute ['møːtə]

Meuterei f muiterij [məytəˈrɛɪ]

mich mij [mɛɪ, məl], me

Mieder n (het) korset

Miene f gelaatsuitdrukking [-əydrøk-], (het) gezicht

Miet|e f huur [hyːr]; **2en** huren; **~er** m huurder; **~vertrag** m (het) huurcontract; **~wagen** m huurauto

Migräne f migraine [-ˈˀrɛːnə]

Mikro|phon n microfoon; **~skop** n microscoop

Milch f melk; **2ig** melkachtig; **~flasche** f melkfles; **~kaffee** m koffie verkeerd; **~mann** m melkboer ['-buːr]; **~zahn** m melktand

mild mild, zacht; **~ern** verzachten

Militär n militairen [-'tɛː-rə(n)] pl., militaire dienst; **2isch** militair

Milli|meter n od. m millimeter; **~on** f (het) miljoen [-ˈjuˈn]

Milz f milt; **~brand** m (het) miltvuur ['-fyːr]

minder minder; **~heit** f minderheid; **~jährig** minderjarig [-ˈjaːrəχ]; **~wertig** minderwaardig [-ˈvaːrdəχ]

mindest minst

Mindest- in Zssg. mst. minimum-[-məm]

mindestens minstens, op zijn [sən] minst

Mine f mijn [mɛɪn]; (Kugelschreiber2) stift

Mineral n (het) mineraal, delfstof; **~öl** n aardolie [-li-]; **~quelle** f minerale bron; **~wasser** n (het) bronwater [niem

minimal minimaal, mi-

Minister m minister; **~ium** n (het) ministerie [-ˈsteːriˈ]; **~präsident** m eerste minister, premier [prəˈmieˈ]

minus min, minus [-nəs]

Minute f minuut [-ˈnyˈt]

mir mij [mɛɪ, məl], me, aan mij, aan me

misch|en (ver)mengen; Karten schudden ['sxəd-]; **2ung** f menging, mengeling, (het) mengsel; **2masch** n (het) allegaartje

miserabel miserabel

miß|achten minachten ['mɪn-]; *(nicht beachten)* zich niet houden ['hǎu-ə(n)] aan; **₋billigen** afkeuren ['-køːr-]

Mißbrauch m (het) misbruik ['-brøːk]; **₂en** misbruiken

Miß|erfolg m mislukking ['-lək-]; **₋fallen** n (het) ongenoegen [-'nu·ǧ-]; **₋geschick** n tegenslag ['te·ǧə(n)slɑx]

mißhandel|en mishandelen ['-slɑxtəx]; **₂lung** f mishandeling

Mission f missie ['-si·]; zending

Miß|klang m wanklank; **₂lingen** mislukken [-'lək-]; **₂mutig** mismoedig [-'mu·dəx], neerslachtig ['-slɑxtəx]; **₋stand** m wantoestand

mißtrau|en (D) wantrouwen ['-trǎuə(n)]; **₂en** n (het) wantrouwen; **₋isch** wantrouwig ['-trǎuex]

Miß|verhältnis n wanverhouding; **₋verständnis** n (het) misverstand; **₋wirtschaft** f (het) wanbeheer ['vɑnbə-]

Mist m mest; *fig.* F rommel; **₋haufen** m mesthoop

mit(D) met;*Adv.* m(d)e

Mitarbeit f medewerking; **₂en** meewerken

Mit|benutzung f (het) me-

degebruik [-brøːk]; **₋bestimmung** f medezeggenschap; **₂bringen** meebrengen; **₋bürger** m medeburger [-bərǧər]

miteinander met elkaar, met mekaar

mitfahr|en meerijden ['-reiə(n)]; *Schiff:* meevaren; **₂er** m meerijder; **₂erzentrale** f meerijcentrale [-sɛn-]

Mit|gefühl n (het) medeleven; **₋glied** n (het) lid; **₂kommen** meekomen ['-koːm-]

Mitleid n (het) medelijden [-lɛidə(n)]; **₂ig** medelijdend

mit|machen meedoen ['-du·n]; *(erleben)* meemaken ['-ma:k-]; **₋nehmen** meenemen

mitsamt (D) samen ['sa:m-]met

mit|schuldig (an D) medeplichtig ['-plɪxtəx] (aan); **₂spieler** m medespeler

Mittag m middag ['-dɑx]; **zu ₋ essen** (het) middageten gebruiken ['-brøːk-]; **mittags** 's middags; **₂pause** f middagpauze; **₂uhr** (het) middaguur [-yːr]

Mittef (het) midden

mitteil|en me(d)edelen [-de:l-]; **₂ung** f mededeling

Mittel n (het) middel; **₋alter** n middeleeuwen [-e:ǔə(n)] *pl.;* **₂bar** indi-

rect, onrechtstreeks;
~finger m middenvinger;
~groß middelgroot; **~li-
nie** f middellijn [-'leĩn];
~los onbemiddeld; **~mä-
ßig** middelmatig [-'ma:-
tǝx]

Mittel|meer n Middel-
landse Zee; **~ohrentzün-
dung** f middenoorontste-
king [-stǝ:k-l]; **~punkt** m
(het) middelpunt [-pɔntl]

mittels (G) door middel
van, met behulp [-'hǝ-
l(ǝ)p] van

Mittel|schule f middelba-
re school; **~stand** m mid-
denstand; **~streifen** m
middenberm; **~welle** f
middengolf

mitten ~in ...(D) midden
in ...; **~drin** (er)midden-
in; **~durch** middendoor

Mitternacht f midder-
nacht [-'nɔxtl]

mittlere middelste; middelbare; (durchschnitt-
lich) gemiddelde

Mittwoch m woensdag
['vu'nzdɔx]

mitunter nu [ny-] en dan,
soms

Mit|wirkung f medewer-
king; **~wisser** m mede-
weter [-ve:tǝr]

mixen mixen

Möbel n/pl. meubels
['mø:bǝls] n/pl., meube-
len n/pl.; **~wagen** m verhuiswagen [-'hǝys-l]

Mobilmachung f mobilisatie[-'za:(t)si·]

möbliert gemeubileerd

Mode f mode

Modell n (het) model

Mode(n)schau f mode-
show[-'ʃoːᵘl]

modern Adj. modern;
~isieren moderniseren
[-'ze:r-]

modisch modieus [-'diø:s]

mogeln F vals spelen,
knoeien['knu·iǝ(n)l]

mögen houden ['hɑuǝ(n)l
van, lusten ['lɔst-l; kunnen, mogen; **ich möchte**
... ik zou graag ... (willen)

möglich mogelijk [-'ɣǝ-
lǝk]; **wenn ~** zo moge-
lijk; **~erweise** mogelijk;
~keit f mogelijkheid; **~st
(viel)** zo (veel) mogelijk

Mohammedaner m mo-
hammedaan

Mohn m papaver [-'pɑ:-
vǝr], klaproos

Möhre f, **Mohrrübe** f wortel

Mole f (het) hoofd, pier

Molkerei f melkerij [-'rɛil,
zuivelfabriek ['zœyvǝl-l;
~produkte n/pl. zuivel-
produkten[-dǝk-ln/pl.

mollig mollig [-lǝx]

Moment m (het) moment

Monarchie f monarchie

Monat m maand; **~lich**
maandelijks ['-dǝlǝks];
~skarte f maandkaart;
~srate f maandelijkse
termijn[-'mɛinl

Mönch m monnik

Mond m maan; **~finster-**

nis f maansverduistering [-dəystər-]; ~schein m maneschijn [-sxe͂in]

Monopol n (het) monopolie[-li·]

Montag m maandag; ~s maandags

montieren monteren [-'te:r-]

Moor n (het) veen; ~bad n (het) modderbad [-bat]

Moos n (het) mos [mos]

Moped n bromfiets, brommer

Moral f moraal; (Selbstvertrauen) (het) moreel; ♀isch moreel

Morast m (het) moeras [mu·'-]

Mord m moord

Mörder m moordenaar

morgen morgen; ~ abend (früh) morgenavond (-vroeg)

Morgen m morgen, ochtend; guten ~! goede [ˈŷuːiəl] morgen!, peignoir [pɛɲ'üaːr]

morgens 's morgens

morgig van morgen

Morphium n morfine

morsch vermolmd, voos

Mörtel m mortel

Mosaik n (het) mozaïek

Mosel f de Moezel [ˈmuːzəl]

Most m most

Motel n (het) motel

Motiv n (het) motief

Motor n motor [ˈmoːtər]

Motor|haube f motorkap; ~rad n motor(fiets); ~rol-

ler m scooter [ˈskuːtər]

Motte f mot

Möwe f meeuw [me:ü]

Mücke f mug [mœx]; ~n·stich m muggebeet

müde moe [mu·], vermoeid

Müdigkeit f moeheid, vermoeidheid

muffig muf [mœf], duf

Mühe f moeite, last; ♀los zonder enige [ˈeːnəɣə] moeite; ♀voll lastig [ˈ-təx]

Mühle f molen

mühsam moeizaam, lastig

Mulde f bak, trog [trox]; (Tal) (dal)kom

Müll m afval, (het) huisvuil [ˈhœysfœyl]; ~abfuhr f vuilophaaldienst, reinigingsdienst

Mullbinde f zwachtel

Mülleimer m vuilnisemmer

Müller m molenaar [ˈmoːlən-]

Müll|platz m stortplaats, vuilnisbelt; ~tonne f vuilnisbak

multiplizieren vermenigvuldigen [-meːnəxˈfəldəɣə]

Mumps m bof [bof]

Mund m mond; ~art f (het) dialect

münden uitlopen [ˈœytloːp-], uitmonden

mündig mondig [ˈ-dəx]; ~lich mondeling

Mündung f monding

Munition f munitie [myˈniː(t)si·]

munter *(heiter)* vrolijk ['vro:lək], opgewekt; *(wach, frisch)* opgeknapt

Münz|e f munt [mɛnt]; **_fernsprecher** m telefoonautomaat

mürbe murw [mœr(ə)ʉl]; zacht, bros [brɔs]

murmel|n mompelen ['-pələ(n)]; ♀**tier** n marmot

murren morren, mopperen ['-pərə(n)], tegensputteren [-spøtər-]

mürrisch nors, knorrig ['-rəxl, kribbig ['-bəx]

Mus n (het) moes [mu:s]

Muschel f mossel; schelp

Museum n (het) museum [my'ze:iəm]

Musik f muziek [my'zi·k]; ♀**alisch** muzikaal; **_ant** m muzikant; **_box** f jukebox ['dʒu:gbɔks]; **_er** m musicus [-kəs]

musizieren musiceren [-'se:r-]

Muskatnuß f nootmuskaat [-məs'-]

Muskel m spier; **_kater** m spierpijn ['-pɛinl; **_zer-**

rung f spierverrekking

muskulös gespierd

Muße f vrije tijd ['vrɛiəl tijd

müssen moeten ['mu·t-]

Muster n (het) monster, (het) staal; *(Zeichnung)* (het) patroon, (het) dessin [dɛ'sɛ̃:]; *fig.* (het) voorbeeld, (het) model; **_ohne** **_Wert** (het) monster zonder waarde; ♀**gültig** voorbeeldig [-'be:ldəxl

mustern monsteren ['-stərə(n)]

Mut m moed [mu·t]; ♀**ig** moedig ['-dəx]

Mutter f moeder; s. **Schrauben**♀

mütterlich moederlijk [-lək]

Mutter|mal n moedervlek; **_sprache** f moedertaal

mutwillig moedwillig ['-vɪləx]

Mütze f muts [mœtsl, pet, kap

mysteriös mysterieus [mɪstə'riø:sl

Mythologie f mythologie [mi·to·-]

N

Nabe f naaf

Nabel m navel

nach *(D)* na; *(Richtung)* naar; *(zufolge)* volgens; **_ und nach** langzamerhand, stilaan; **_ wie vor** nog altijd ['-tɛit]

nach- in Zssg. mst. na-

nachahm|en nabootsen; ♀**ung** f nabootsing

Nachbar m buur(man) ['by:r-], **_in** f buurvrouw ['-vrɑul, ♀**schaft** f buurt; buurschap

nach|bestellen bijbestellen ['bɛi-l, nabestellen

₂bildung f namaak, ko-
pie; ˷dem nadat; je ˷dem
al naar(gelang)
nachdenk|en (über A) na-
denken (over); ˷**lich** ernstig['-təxl], nadenkend
Nach|druck m nadruk
['-drɔk]; ₂**drücklich** met
klem, nadrukkelijk[-lək]
nacheifern (D) ijverig
['ɛɪ̯vərəx](na)volgen
nacheinander naar el-
kaar; (hintereinander)
na elkaar
Nach|folger m opvolger;
₂**forschen** navorsen;
˷**frage** f Hdl. vraag; ₂**füllen** bijvullen['bɛɪ̯vɛlə(n)]
nach|geben meegeven;
(zustimmen) toegeven
['tu'-]; ₂**gebühr** f straf-
port; ˷**gehen** (D) volgen,
nagaan; Uhr: achterlo-
pen; ₂**geschmack** m
nasmaak; ˷**giebig** toe-
geeflijk [tu'ɣ̆eːflək],
meegaand, inschikke-
lijk; ˷**haltig** blijvend
['blɛɪ̯fəntl], duurzaam
['dy:r-]
nachher later, naderhand
bis ˷! tot straks!
Nachhilfeunterricht m
bijlessen['bɛɪ̯-]pl.
nachkommen nakomen
['-ko:m-]; ₂**schaft** f na-
komelingschap['-ʃɑp] pl.)
nageslacht
Nachkriegszeit f naoor-
logse jaren n/pl.
Nach|laß m Hdl. reductie
[-'dɛksi], vermindering;

(Erbschaft) nalatenschap
['-la:tə(n)sxɑp]; ₂**lassen**
nalaten, achterlaten; (ge-
ringer werden) afnemen,
verminderen
nach|lässig nonchalant
[-ʃɑlɑnt], nalatig[-'la:-
təx]; ˷**lösen** Fahrkarte
bijbetalen['bɛɪ̯-]; ˷**machen** namaken['-ma:k-l];
nadoen['-du·n]
Nachmittag m (na)middag
['-mɪdɑx]; **am ˷,** ₂s 's(na)-
middags
Nachnahme f (het) rembours[rɑm'bu·rs]; **gegen
˷** onder rembours
Nach|porto n strafport;
₂**prüfen** nazien, contro-
leren[-'le:r-]
Nachricht f (het) bericht,
tijding['tɛɪ̯d-], (het)
nieuws[ni'ʉs]; ˷**en** f/pl.
(het) nieuws, nieuws-
berichten n/pl.; ˷**en·sen-
dung** f nieuwsuitzending
['-əʏ̆t-]; (Fernsehen) (het)
journaal[ʒu'r·-]
nach|rücken opschuiven
['-sxʏ̆v-]; volgen; ₂**ruf** m
herdenkingsrede; ˷**sa-
gen** (j-m A) vertellen
(over); ˷**schicken** nastu-
ren['-sty:r-]; ₂**schlage-
werk** n (het) naslagwerk;
₂**schlüssel** m valse sleutel['slø:təl]; ₂**schub** m
bevoorrading; ˷**sehen**
nakijken['-kɛɪ̯k-]; (j-m A)
door de vingers zien van
Nachsicht f toegeeflijk-
heid[tu'ɣ̆eːflək-]

toegevendheid; 2ig toegeeflijk

nächste, ~r, ~s volgend; aanstaand; dichtstbijzijnd [-'be̅ı̅ z̄ı̅ ntl]; ~ **Woche** volgende week; **in den** ~ **n Tagen** eerstdaags

nachstellen[] achternazitten; *Uhr* terugzetten [tǝ'rɛ x-] [weldra]

nächstens binnenkort;

Nacht f nacht; **gute** ~! wel te rusten! ['rɛst-], goede ['ɣ̄u̅·ı̅ ǝ] nacht!; **über** ~ fig. onverwachts

Nachteil m (het) nadeel; 2ig nadelig [-'de:lǝx]

Nacht|frost m nachtvorst; ~**geschirr** n waterpot; ~**hemd** n nachtjapon [-pon]

Nachtigall f nachtegaal

Nachtisch m (het) nagerecht ['-ɣ̄ǝrɛxt]

Nacht|lokal n nachtclub ['-klǫp], bar [ba:r]; ~**portier** m nachtportier [-ti:r]

Nach|trag m aanvulling ['-vǝl-], (het) toevoegsel ['tu̅·v̅u̅·xsǝl]; 2**tragend** haatdragend; mokkend; 2**träglich** Adv. achteraf

nachts ['naxts Isnax(t)s]

Nacht|schicht f nachtploeg ['-plu̅·xl]; ~**wächter** m nachtwacht, nachtwaker

Nachweis m (het) bewijs [-'vɛis], 2**en** bewijzen, aantonen; 2**lich** bewijsbaar, aanwijsbaar

Nach|wuchs m fig. (het) aankomend geslacht, jongeren pl.; 2**zahlen** bijbetalen [-'be̅ı̅-]; 2**zählen** natellen; ~**zügler** m achterblijver; nakomer

Nacken m nek

nackt naakt, bloot

Nadel f naald; *(Steck*2) speld; ~**öhr** n (het) oog van de naald

Nagel m nagel, spijker ['spɛıkǝr]; *(Finger*2) nagel; ~**bürste** f nagelborstel; 2**neu** (spik)splinternieuw [-ni·ül, gloednieuw ['ɣ̄lu̅·t-]

nagen (an D) knagen (aan); 2**tier** n (het) knaagdier

nahe prp. (D) u. Adv. dichtbij [-'bɛıl, nabij; **ganz** ~ vlakbij; Adj. nabij(gelegen), naburig [-'by:rǝx]

Nähe f nabijheid

nähen naaien

näher nader, dichterbij; ~**n: sich** ~**n** naderen ['na:dǝrǝ(n)]

nahezu nagenoeg [-'nu̅·xl, vrijwel ['vrɛı-]

Nähmaschine f naaimachine [-maʃi·ne]

nahr|haft voedzaam ['v̄u̅·t-]; 2**ung** f (het) voedsel; 2**ungsmittel** n/pl. voedingsmiddelen/pl.

Nahtf naad; 2**los** naadloos

Nahverkehr m (het) buurtverkeer ['by:rt-]

Nähzeug n (het) naaigerei

[ˈ-ɣərɛɪ]

naiv naïef

Name *m* naam

namens genaamd; ♀**tag** *m* naamdag

namentlich met name; (*besonders*) voornamelijk [-mələk]

namhaft bekend [ˈ-kɛnt]

nämlich namelijk [ˈna:mələk] (n.l.)

Napf *m* nap, (het) bakje

Narbe *f* (het) litteken [ˈ-te:k-]

Narkose *f* narcose

Narr *m* gek, dwaas; **zum** **-en halten** voor de gek houden [ˈhɑuə(n)]

närrisch dol, zot

Narzisse *f* narcis [ˈ-sɪs]

naschen snoepen [ˈsnuˑp-]

Nase neus [nøːs]; **-n-bluten** *n* neusbloeding; **-n-loch** *n* (het) neusgat

naseweis eigenwijs [ˈeɪɣə(n)ˈʊeɪs]; ♀*m* wijsneus

Nashorn *n* neushoorn

naß nat

Nässe *f* nat(tig)heid

naßkalt kil

Nation *f* natie [ˈnaː(t)siˑ]; ♀**al** nationaal

Nationalität *f* nationaliteit; **-szeichen** *n Kfz.* nationaliteitsletter

Nationalmannschaft *f* nationale ploeg [pluˈxl]

Natter *f* adder

Natur *f* natuur [-ˈtyːr]; **-ereignis** *n* (het) natuurverschijnsel [-sxeɪnsəl]; **-forscher** *m* natuur

---

onderzoeker [-zuˑkər]; ♀**gemäß** uiteraard [əytərˈ-]; ♀**getreu** natuurgetrouw [-trɑu]

natürlich natuurlijk [ˈ-tyːrlək]

Naturschutz *m* natuurbescherming; **-park** *m* (het) natuurreservaat

Nebel *m* nevel, mist; **-scheinwerfer** *m* mistlamp

neben (*A, D*) naast; **-an** hiernaast; **-bei** bovendien;(*beiläufig*) terloops; ♀**beschäftigung** *f* (het) bijbaantje [ˈbɛɪ-]; **-einander** naast elkaar

Nebenfluß *m* bijrivier; **-raum** *m* (het) zijvertrek [ˈzɛɪ-]; **-sache** *f* bijzaak; ♀**sächlich** bijkomstig [ˈkɔmstəx]; **-straße** *f* zijstraat

neblig nevelig [-ləx], mistig; **es ist** **-** het mist

nebst (*D*) benevens [ˈne:və(n)s]

neck|**en** plagen; **-isch** schalks [sxɑl(ə)ks], plagend]

Neffe *m* neef

Negativ *n* (het) negatief

Neger(in *f*) *m* neger(in [ˈ-rɪnf)

Negligé *n* (het) negligé

nehmen nemen; **et. zu** **sich -** iets gebruiken [ˈ-brøxk-]

Neid *m* nijd [nɛɪt], afgunst [ˈ-xɛnst]; ♀**isch** jaloers [-ˈluːrs], afgunstig [ˈ-xɛnstəx]

Neige f: zur ~ gehen opraken

neig|en neigen, hellen; Qung f helling; fig. neiging

nein neen [ne:]

Nelke f anjer; (Gewürz Q) kruidnagel ['krɑyt-]

nenn|en noemen ['nu·m-]; ~ens·wert noemenswaardig [-'vɑ·rdəx]; Qer m noemer

Neonröhre f neonbuis [-bəys]

Nerv m zenuw ['ze:ny·ʊl]

nerven|krank zenuwziek; Qzusammenbruch m zenuwcrisis

nervös nerveus [-'Vø:s], zenuwachtig [-təx]

Nervosität f nervositeit, zenuwachtigheid

Nerz m (het) nerts

Nesselfieber n netelroos

Nest n (het) nest

nett leuk [lø:k], lief, aardig ['-dəx]

netto netto

Netz n (het) net; ~haut f (het) netvlies; ~karte f netkaart

neu nieuw [ni·ʊ]; von ~em opnieuw; ~artig nieuw; Qbau m nieuwbouw ['-bəʊl], Qerung f nieuwigheid [-'xɛɪt], hervorming; Qgier f nieuwsgierigheid [-rəxɛɪt]; ~gierig nieuwsgierig

Neu|heit f nieuwheid; ~igkeit f (het) nieuwtje

Neujahr n (het) nieuwjaar; **Prosit** ~! gelukkig [-'lɛkəx] nieuwjaar!

neu|lich onlangs; Qling m nieuweling; Qmond m nieuwe maan

neun negen ['ne·ɣə(n)]; ~te negende; ~zig negentig ['ne:ɣətəx]

Neu|regelung f nieuwe regeling; ~schnee m vers gevallen sneeuw [sne:ʊl]

neutral neutraal [nø:'tra:l]

neuvermählt pasgehuwd [-'ɦyt]

nicht niet; ~ doch! asjeblief(t)['ɑʃə-] niet!

Nichte f nicht

nichtig nietig [-təx]

Nichtraucher m niet-ro-

nichts niets, F niks [ker

nick|en knikken; Qerchen n (het) dutje ['dətjə]

nie nooit, nimmer

nieder laag, lager; Adv. ne(d)er

nieder- in Zssg. mst. ne-(d)er-

nieder|brennen afbranden; ~kommen neerkomen; ~geschlagen terneergeslagen, neerslachtig ['-slɑxtəx], verslagen; Qlage f nederlaag

Nieder|lande n/pl. Nederland n; ~ländisch Nederlands

niederlassen: sich ~ zich vestigen ['-təɣə(n)]

nieder|legen neerleggen; Qschläge m/pl. neerslag; ~schlagen neerslaan; ~trächtig gemeen, lager-

hartig [-'hartəx]
niedlich aardig ['-dəxl, lief, schattig ['sxatəx]
niedrig laag
niemals nooit
niemand niemand
Niere f nier; ~nstein m niersteen
niesel|n: es ~t het motregent['-re:ĝənt]
niesen niezen
Nietm klinknagel
Niete f (Los) niet; ²n (vast)klinken; nieten
nikotinarm nicotinearm
Nilpferd n (het) nijlpaard ['nɛil-]
Nimwegen n Nijmegen ['nɛimə:ĝə(n)]n
Nippsachen f/pl. snuisterijen [snəystə're:ĝə(n)]pl.
nirgend|s, ~wo nergens ['nɛrĝə(n)s]
Nischef nis
nisten nestelen ['-tələ(n)]
noch nog; **weder .... noch . . . .** noch; **~mals** nogmaals, nog eens [ə(n)s]
Nockenwellef nokkenas
Nonnef non
Nordenm (het) noorden
nördlich noordelijk ['-dələk]; **~ von** (D) ten noorden van
Nord|licht n (het) noorderlicht; **²östlich** noordoostelijk [-'tələk]; **~pol** m noordpool; **~see**f Noordzee; **²seite**f noordkant; **~wind**m noordenwind
nörgeln vitten, prutteln ['prɛtələ(n)], mopperen

Norm f norm, (het) richtsnoer ['-snu:r]; ²al normaal
norwegisch Noors
Not f nood, (het) gebrek; **mit knapper ~** ternauwernood; **zur ~** desnoods
Notarm notaris
Not|ausgang m nooduitgang ['-əʏt-]; **²dürftig** behoeftig [-'hu·ftəx]; (mangelhaft) gebrekkig [-kəx]
Note f Mus. noot;(Zensur) aantekening, (het) cijfer ['sɛifər];Pol. nota
Notfall m (het) geval van nood; **²s** desnoods
notgedrungen noodgedwongen
notieren noteren [-'te:r-]
nötig nodig ['-dəxl; **~en** dwingen
Notiz f notitie ['ti·(t)si·l, aantekening, **~block** m blocnote ['blɔkno:t]
Not|landung f noodlanding; **~ruf** m alarmroep [-ru·p]; **~rufsäule** f praatpaal; **~verband** m (het) noodverband; **~wehr** f noodweer
notwendig noodzakelijk ['-sa:kələk]; ²keit f noodzaak ['no:t-]
Notzuchtf verkrachting
Nougatm noga
Novellef novelle
Novemberm november
Nu m: **im ~** in een wip, in een oogwenk
Nuancef nuance [ny·'ũă:sə]

nüchtern nuchter ['nɛx-tər]

Nudeln f/pl. macaroni, vermicelli [-'sɛli·]

Nudist m nudist [ny·'-]

null nul [nɛl]; ♀f nul

numerieren nummeren ['nɛmərə(n)]

Nummer f (het) nummer; **~n·schild** n nummerplaat

nun nu [ny·]; nou! [nau]; **von ~ an** van nu af; **~mehr** (ze) nu; voortaan

nur maar, alleen, slechts [slɛx(t)s]; **~ zu!** toe [tu·]

maar!

Nuß f noot; **~baum** m noteboom; **~knacker** m notekraker [-kra·k-]

nützen v/t gebruik [-'brœk] maken van; v/i (D) baten, van nut [nɛt] zijn [sɛin]

Nutzen m (het) nut, (het) voordeel; **~last** f nuttige ['nɛtəɤə] last

nützlich nuttig

nutzlos nutteloos

Nylonstrümpfe m/pl. nylonkousen ['nɛilɔŋkau-sə(n), 'naɪlɔŋ-]pl.

O

ob Konj. of

obdachlos dakloos

oben boven; **~an** bovenaan

Ober m ober(kelner); Herr **~!** Ober!

Ober|**arm** m bovenarm; **~bekleidung** f bovenkleding

obere, ~r, ~s bovenste

Oberfläche f oppervlakte, (het) oppervlak; ♀lich oppervlakkig [-'vlakəx]

oberhalb(G) boven

Ober|**hemd** n (het) overhemd; **~körper** m (het) bovenlichaam; **~schule** f middelbare school, (het) gymnasium [ɤɪm'na:-zi·(j)əm], (het) lyceum [li·'se:iɛm], **~schwester** f hoofdverpleegster

Oberst m kolonel [-'nɛl]

oberste, ~r, ~s opperste, bovenste

Oberteil m od. n (het) bovendeel

obgleich ofschoon, (al-)hoewel [-hu·'vɛl]

Obhut f hoede ['hu·də]

obig bovenstaand

Objekt n (het) voorwerp, (het) object; ♀iv objectief; **~iv** n (het) objectief

Obrigkeit f overheid

Obst n (het) fruit [frœyt]; **~bau** m fruitteelt; **~baum** m fruitboom; **~händler** m fruitman; **~kuchen** m vruchtentaart ['vrɛxtə-nta(n)-]; **~saft** m (het) fruitsap

obszön obsceen [-'se:n]

obwohl al, (al)hoewel [-hu·'vɛl], ofschoon

Ochse m os; **~n·schwanz-**

suppe f ossestaartsoep [-su:p]

öde woest [vu:stl, doods; *fig.* dor, saai

oder of

Ofen m kachel; (Brat∅) oven; **_rohr** n kachelpijp [-pɛɪp]

offen open ['o:pə(n)]; *fig.* openlijk [-lək], rondborstig [-'bɔrstəx]

offenbar blijkbaar ['blɛɪg-], klaarblijkelijk [-kələk], **_en** openbaren

Offen|heit f openheid; _ofenhartigheid [-'hɑrtə-xɛɪt]; ∅**herzig** openhartig; ∅**kundig** duidelijk [-də'dələk]; ∅**sichtlich** klaarblijkelijk

Offensive f (het) offensief [-'sie:]

offenstehen openstaan

öffentlich publiek [py-'-], openbaar; ∅**keit** f openbaarheid; (het) publiek, publieke opinie [o'pi:ni-]

offiziell officieel [-'sie:l]

Offizier m officier [-'si:r]

öffn|en openen ['o:pə-nə(n)]; ∅**er** m opener; ∅**ung** f opening; ∅**ungszeiten** f/pl. openingstijden [-y:rə(n)]n/pl.

oft dikwijls ['-dɪksl, vaak

öfter(s) herhaaldelijk [hər'ha:ldələk]

ohne (A) zonder; **_ weiteres** zonder meer

Ohnmacht f onmacht; (Bewußtlosigkeit) bezwijming [-'zʋɛɪm-]

ohnmächtig machteloos

bewusteloos [bə'ʋəstə-]; **_ werden** flauwvallen

Ohr n (het) oor

ohrenbetäubend oorverdovend

Ohrfeige f oorvijg ['-ʋ̆ɛɪx]

Oktober m oktober

Öl n olie ['o:li·]; ∅**en** smeren, oliën ['o:li·(j)ə(n)]; **_farbe** f olieverf; **_heizung** f oliestook

Olive f olijf ['leɪf]; **_nöl** n olijfolie

Öl|sardinen f/pl. sardines pl. in olie; **_stand** m (het) oliepeil; **_wechsel** m (het) olie verversen

olympisch: ∅e Spiele n/pl. Olympische ['-lɪm-pi·sə] Spelen n/pl.

Omelett n omelet

Omnibus m (omni)bus [-bəs]; *vgl.* (**Auto-**) **Bus**

Onkel m oom

Oper f opera

Operation f operatie [-'ra:(t)si·]

Operette f operette [-'re:r-]

operieren opereren [-'re:r-]

Opernsänger(in f) m operazanger(es [-rəslf)

Opfer n (het) slachtoffer; (Gabe) (het) offer

Opium n opium ['o:-pi·(j)əm]

Opposition f oppositie [-'zi·(t)si·]

Optiker m opticien [-'sië:]

Optimist m optimist

orange oranje; ∅ f sinaasappel

12

Orchester n (het) orkest
Orchidee f orchidee
Orden m orde
ordentlich ordelijk ['-də-
lək], ordentelijk ['-dentə-
lək]; *(ziemlich, sehr)* behoorlijk [-lək]
ordinär ordinair [-'nɛ:r]
ordn|en ordenen (rang-)
schikken ['-sxɪk-], regelen; **♀ung** f orde; volgorde; **♀ungswidrig** in strijd [streɪt] met de (goede ['ɣuɪə]) orde
Organ n (het) orgaan;
♀isation f organisatie [-'za:(t)si-]; **♀isch** organisch [-i·s]; **♀isieren** organiseren [-'ze:r-]
Orgel f orgel
orientalisch oosters
orientieren: sich ♀ zich oriënteren [-'te:r-]
original origineel [-ʒi-'ne:l]; **♀**n (het) origineel
originell origineel
Ort m plaats; **an ♀ und Stelle** ter plaatse
Orthographie f spelling

orthopädisch orthopedisch [-i·s]
örtlich-, Orts- plaatselijk ['-sələk]
Orts|gespräch n (het) lokaal (telefoon)gesprek; **♀kundig** ter plaatse bekend
Öse f (het) oog, lus [lœs]
Osten m (het) oosten; **Naher (Ferner) ♀** (het) Nabije [-'bɛɪə] (Verre) Oosten
Oster|ei n (het) paasei; **♀n** n Pasen
Österreich|er(in f) m Oostenrijker [-rɛɪk-] m, Oostenrijkse f; **♀isch** Oostenrijks
östlich (von *D, G*) ten oosten (van)
Ostwind m oostenwind
Otter f otter
oval ovaal
Overall m overall [-'rɔ:l]
oxydieren oxyderen [ɔksi-'de:r-]
Ozean m oceaan [o·se·-'ja:n]

P

Paar n (het) paar; **ein ♀** een [ən] paar; **♀weise** per paar   [ten]
Pacht f pacht; **♀en** pachten
Pächter m pachter
Päckchen n (het) pakje
pack|en (in)pakken; **♀papier** n (het) pakpapier; **♀ung** f verpakking; *(Schachtel)* pakje

Pädagogik f pedagogie(k) [-'ɣi·(k)], opvoedkunde ['ɔpfu·tkəndə]
Paddel|boot n kano; **♀n** pagaaien, paddelen
Page m page
Paket n (het) pakket [-'kɛtl, (het) pak; **♀annahme** f, **♀ausgabe** f pakketpost(dienst)

Pakt *m* (het) pact
Palast *m* (het) paleis [-'lɛɪs]
Palm|e *f* palm; ~sonntag *m* Palmzondag
Pampelmuse *f* pompelmoes [-muˑs]
Panier|mehl *n* (het) paneermeel; 2t gepaneerd
Panik *f* paniek [-'niˑk]
Panne *f* panne; ~n·hilfe *f* wegenwacht [orama]
Panorama *n* (het) pan-
panschen plassen; (verfälschen) verdunnen [-'dən-], vervalsen
Pantoffel *m* pantoffel, (het) muiltje ['mœyl-]
Panzer *m* (het) pantser; (Kampfwagen) tank [tɛŋk]; ~schrank *m* brandkast
Papagei*m* papegaai
Papier *n* (het) papier; ~geld *n* (het) papieren geld; ~korb *m* prullenmand ['prøl-]
Pappe *f* (het) karton, (het) bordpapier
Pappel *f* populier [-py-'liˑr]
Paprika*m* paprika
Paps*tm* paus
päpstlich pauselijk ['-sələk]
Parade*f* parade
Paradies *n* (het) paradijs [-'deɪs]
Paragraph *m* paragraaf (Gesetzes 2) (het) artikel
parallel parallel [-'lɛl]
Pärchen*n* (het) paartje

Parfüm *n* (het) parfum [-'fœ̃ː, -'fœm]
Park*m* (het) park
parken parkeren [-'keːr-]
Parkett*n* (het) parket
Park|gebühr *f* (het) parkeergeld; ~(hoch)haus *n* parkeergarage [-ra:ʒə]; ~platz *m* parkeerplaats; ~uhr *f* parkeermeter [-meːtər]
Parlament *n* (het) parle-
Parodie*f* parodie [ment]
Partei *f* partij [-'tɛɪ]; ~genosse *m* partijgenoot; 2los partijloos
Parterre *n s.* Erdgeschoß; Thea. parterre [-'tɛːr(ə)l
Partie *f* partij; (Teil) (het) gedeelte
Partisan*m* partizan
Partner(in *f*)*m* partner *m* (vrouwelijke ['vrɑuələkə] partner)
Party*f* party, fuif [fœyf]
Parzelle *f* (het) perceel [-'seːl]
Paß *m* pas, (het) paspoort; (Gebirgs 2) pas
Passagier*m* passagier
Passant *m* voorbijganger [-'bɛɪ-], passant
Paßbild*n* pasfoto
passen (zu *D*) passen (bij); ~d passend; gepast
passier|en *v/t* passeren [-'seːr-], voorbijgaan [-'bɛɪ-]; *v/i* gebeuren [-'bøːr-]; (e-m) overkomen [-'koːm-]; 2schein *m* (het) doorlaatpasje [-pɑʃə]

12*

Passionszeit f passietijd

passiv passief, lijdelijk [ˈlɛidələk]

Pastete f pastei [-ˈtɛi]

pasteurisiert gepasteuriseerd

Pastor m pastoor; *evangelisch:* dominee, predikant

Pate m peter [ˈpeːtər]; **.n·kind** n (het) petekind

Patent n (het) patent, (het) octrooi

Patient(in f **)** m patiënt(e f)[-ˈsiɛnt(ə)]

Patin f meter [ˈmeːtər], peettante

Patriotismus m (het) patriotisme

Patrone f patroon

patzig brutaal [bryˈ-]

Pauke f pauk

pauschal globaal; 2e f (het) bedrag ineens; 2rei·se f reis voor een vast bedrag (alles inbegrepen), forfaitaire [-fɛˈtɛːrə] reis

Pause f 1. pauze, rust [rɔst]; 2. doordruk [ˈ-drɛk]; 2n·los ononderbroken

Pauspapier n (het) calqueerpapier [kalˈkeːr-]

Pavillon m (het) paviljoen [-ˈjuːn]

Pech n pek, pik; *fig.* **- haben** pech hebben; **.vogel** m pechvogel

Pedal n pedaal

pedantisch pedant

Pediküre f pedicure

[-ˈkyːr(ə)]

Pegel m (het) peil [pɛil]

peinlich pijnlijk [ˈpɛin-lək]; **- genau** angstvallig [-ˈfaləx] precies [-ˈsiːs]

Peitsche f zweep

Pellkartoffeln f/pl. in de schil gekookte aardappelen pl.

Pelz m pels; **.mantel** m bontjas

Pendelverkehr m (het) pendelverkeer

Pension f (het) pensioen [-ˈsiuːn]; *(Fremdenheim)* (het) pension [pɛnˈsion]; **.är** m gepensioneerde; **.s·gast** m pensiongast

per(A) per

perfekt perfect

Pergamentpapier n (het) perkamentpapier

Periode f periode

Perl·e f parel; 2en parelen [ˈpaːrələn]; **.mutt** n (het) paarlemoer [-ˈmuːr]

Persianer m (het) astrakan

Person f persoon, (het) personage [-soˈnaːʒə]

Personal n (het) personeel; **.abteilung** f afdeling personeel; **.ausweis** m (het) persoonsbewijs [-vɛis], identiteitskaart; **.ien** pl. personalia pl.

Personen·kraftwagen m personenauto; **.zug** m stoptrein

persönlich persoonlijk [-lək]; 2keit f persoonlijkheid

Perücke f pruik [prəyk]

pervers pervers

Pest f pest

Petersilie f peterselie [-'se:li·]

Petroleum n petroleum [-le·iəm]; **kocher** m (het) petroleum(toe)stel [-(tu·)stɛl]

Pfad m (het) pad [pɑt]; **finder** m padvinder

Pfahl m paal

Pfand n (het) (onder)pand; **ohne** ~ zonder statiegeld ['sta:(t)si·-]

pfänden beslag leggen op

Pfänderspiel n (het) pandverbeuren [-bø:r-], (het) pandspel

Pfanne f pan; **kuchen** m pannekoek [-ku·k]

Pfarrer m pastoor; *evangelisch:* dominee, pre-]

Pfau m pauw [dikant]

Pfeffer m peper [-pər]; **kuchen** m peperkoek; **minze** f pepermunt [-'mɛntl]; 2n peperen

Pfeife f fluit [flœyt]; *(Tabaks* 2) pijp [pɛip]; 2n fluiten; **ich** 2 **darauf** daar heb ik maling aan

Pfeil m pijl [pɛil]

Pfeiler m pijler, pilaar

Pfennig m penning; *(in dt. Währung)* pfennig

Pferd n (het) paard

Pferde fleisch n (het) paardevlees; **rennbahn** f hippodroom; **rennen** n/pl. wedrennen pl., paardenrennen pl.;

stärke f **(PS)** paardekracht (pk)

Pfiff m (het) gefluit [-'flətl];*(Reiz)* chic [ʃi·k]

Pfifferling m dooierzwam, paddestoel [-stu·l]

pfiffig leep

Pfingsten n Pinksteren ['pɪŋstərə(n)]

Pfirsich m perzik [tɛn]

Pflanze f plant; 2n plan-]

Pflaster n (het) plaveisel [-'ʋɛisəl]; *Med.* pleister; 2n plaveien, bestraten; **stein** m straatsteen

Pflaume f pruim [prœym]; **mus** n pruimengelei [-zəlɛi]

Pflege f verpleging, verzorging; *Tech.* (het) onderhoud [-hɑut]; **in** ~ **geben** uitbesteden ['ɔydbəste:d-l]; 2leicht gemakkelijk [-kələk] te onderhouden; 2n *v/i* plegen, gewoon zijn [zɛin]; *v/t* verplegen, verzorgen, onderhouden; **r(in** f) m verpleger m, verpleegsterf

Pflicht f plicht; **versicherung** f verplichte verzekering [-'ze:kər.-]

Pflock m (houten) pen, pin

pflücken plukken [-'plɛk-]

Pflug m ploeg [plu·x]

pflügen ploegen

Pforte f poort

Pförtner m portier [-'ti:r]

Pfosten m post, stijl [stɛil]

Pfote f poot

Pfriem m priem

Pfropfen m kurk [kœr(ə)k], stop, prop

Pfund n (het) pond, (het) halve kilo; **ein halbes ~** een half pond

pfusch|en knoeien ['knu-iə(n)], prutsen ['prət-]; **~er** m knoeier

Pfütze f plas, poel

Phanta|sie f fantasie; **~stisch** fantastisch [-i·s]

Phase f fase

Philatelie f filatelie

Philosophie f filosofie, wijsbegeerte ['vɛiz-]

Physik f fysica ['fi·zi·kɑl, natuurkunde [-'ty:rkəndəl]

Pickel m Med. (het) puistje ['pœysəl], pukkel ['pøkəl]

picken pikken

piesacken F treiteren ['trɛitər-]

Pik n Karte: schoppen ['sxɔp-]

pikant pikant

Pilger m pelgrim; **~fahrt** f pelgrimstocht, bedevaart ['be:də-]

Pille f pil

Pilot m piloot

Pilz m paddestoel [-'stu·l]

Pinsel m (het) penseel [-'se:l], kwast

Pinzette f pincet [-'sɛt]

Pionier m pionier

Piste f piste

Pistole f (het) pistool

pläd|ieren pleiten; **~oyer** n (het) pleidooi [plɛi'-]

Plage f plaag, kwelling; **~n** plagen, kwellen; **sich [~n]** zwoegen ['zu·ɣ-], zich afsloven

Plakat n (het) plakkaat, affiche [ɑ'fi·ʃə]

Plakette f plaket [-'kɛt]

Plan m (het) plan [plɑn]

Plane f (het) (dek)zeil, huif [hœyfl]

planen plannen ['plɛnə(n)], plannen maken voor

Planet m planeet

Planke f plank

plan|los onsystematisch [-si·ste'ma·ti·s], lukraak ['lœk-]; **~mäßig** volgens plan; **(systematisch)** stelselmatig [-'ma·təx]

Plansch|becken n (het) pierenbad [-i·], **~en** plassen, ploeteren ['plu·tərə(n)]

Plantage f plantage

Plan|ung f planning ['plɛn-], **~wirtschaft** f geleide economie

plärren janken

Plastik|beutel m, **~tüte** f plasticzak ['plɛstɪk-]

plätschern plassen; Regen: kletteren; kabbelen

platt plat

Platte f plaat, Kochk. schotel ['sxo·təl]; **kalte ~** koude ['kɑu̯ə] schotel; s. **Schall~**; **~nspieler** m pick-up [-'øp]

Plattform f (het) platform

Platz m plaats; (Fläche) plein [plɛin]

Plätzchen n Kochk. (het)

koekje ['ku·kiə]
Platzen springen, barsten
Platz|karte f (het) plaats-
bewijs [-vɛis], toegangs-
kaart ['tu·-]; **~regen** m
stortregen
Plauder|ei f (het) praatje;
 ℚn babbelen [-bələ(n)],
praten, kouten ['kɑut-]
Pleite f (het) bankroet
[-'ru·tl]; *fig.* strop, (het)
fiasco
plissiert geplisseerd
Plomb|e f Zahn: (tand-)
vulling; *Hdl.* (het) loodje;
ℚieren plomberen [-'be·r-]
plötzlich plotseling, eens-
klaps
plump plomp, onbehouw-
en [-'hɑuə(n)], bot, lomp
plumpsen (*ins Wasser*)
plonzen
Plunder m F rommel,
prullen n/pl.
plünder|n plunderen
['plɛndərə(n)]; ℚung f
plundering
plus plus [plɛs]
Pöbel m (het) gepeupel
[-'pøˑpəl] [pochen (op)]
pochen kloppen; (auf A)
Pocken f/pl. pokken pl.
Podium n (het) podium
['-di·(j)əm]
poetisch poëtisch [-i·s]
Pokal m beker ['be·kər],
 ~spiel n bekerwedstrijd
[-strɛit]
pökeln pekelen ['pe·kə-
lə(n)]
Pol m pool
Polarkreis m poolcirkel

['-sɪrkəl]
Pole m Pool
Police f polis ['po·-]
polier|en polijsten [-'lɛist-],
opwrijven [-'frɛivə(n)]; ℚ-
tuch n wrijfdoek ['-du·k]
Polit|ik f politiek; **~iker** m
politicus [-kəs]; ℚisch politiek [-'ti·k]
Polizei f politie [-'li·(t)si·];
ℚlich politi(on)eel; **~re-
vier** n politiewijk [-vɛik];
politiepost; **~streife** f po-
litiepatrouille [-tru·(l)jə];
~stunde f (het) sluitingsuur ['slœytnsy:r]
Polizist m politieagent
polnisch Pools
Polster n (het) kussen
['kəs-]; **~möbel** n/pl. ge-
stoffeerde meubelen
['møˑbələ(n)] n/pl.; **~ung** f
bekleding, capitonnering
[-'ne:r-]
poltern stommelen ['-mə-
lə(n)]; bulderen ['bəldə-
rə(n)]
Pommes frites pl. friet(en
pl.), patates frites [pə'tɑt
fri'tl] pl., F patat
Pony n pony
populär populair [-py-'lɛ:r]
Pore f porie ['-ri·]
porös poreus [-'rø:s]
Porree m prei [prɛi]
Portal n (het) portaal
Portemonnaie n porte-
monnee
Portier m portier [-'ti:r]
Portion f portie ['-si·]
Porto n port(o); ℚfrei
portvrij [-frɛi]

Porträt n (het) portret
[-'trɛt]

portugiesisch Portugees
[-ty'-]

Porzellan n (het) porselein [-sə'lɛin]

Posaune f bazuin [-'zəyn]

posieren poseren [-'ze:r-]

Position f positie [-'zi·(t)-si·]

positiv positief

Posse f grap, poets [pu·ts];
Thea. klucht [klœxt]

Post f post; s. a. durch

Post|amt n (het) postkantoor; ~anweisung f postwissel; ~bote m postbode; ~dampfer m mailboot
['me:l-]

Posten m post; Hdl. partij
[-'tɛi]

Post|fach n postbus
[-'bəs]; ~karte f briefkaart; ~lagernd poste
restante; ~leitzahl f (het)
postnummer ['-nəmər]

Postscheck|amt n postcheque-en girodienst
['-ʃɛk-]; ~konto n postrekening ['-re:kəniŋ]

post|wendend per omgaande (p. o.), per kerende ['ke:rəndə] post; ~zustellung f postbestelling

Pracht f pracht, praal,
luister ['ləystər]

prächtig prachtig ['-təx]

prägen Münze slaan

prahlen (mit D) pralen
(met)

Praktikum n (het) practicum [-kəm]

praktisch praktisch ['-ti·s];
~er Arzt m praktizerend
[-'ze:rənt] arts

praktizieren praktizeren;
aanwenden

Praline f bonbon [bom-'bon]

prall strak, vol

Prämie f premie ['-mi·]

Präparat n (het) preparaat

Präsident m president

prasseln kletteren ['-tərə(n)]

Praxis f praktijk [-'tɛik]

predig|en preken; 2er m
predikant; 2t f preek,
predikatie [-'ka:(t)si·]

Preis m prijs [prɛis]; s. um

Preis|angabe f prijsopgave; ~ausschreiben n
prijsvraag

Preiselbeere f (rode) bosbes

Preis|erhöhung f prijsverhoging; ~ermäßigung
f prijsverlaging, reductie
[-'dɛksi·]; 2geben prijsgeven; 2gebunden met
vastgestelde prijs; 2gekrönt bekroond; 2wert
voordelig ['de:ləx], goedkoop ['ɣu't-]

Presse f pers; 2n persen

Preßluft f samengeperste
lucht [lœxt]; ~hammer m
pneumatische hamer
[pnø:'ma:ti·sə'ha:mər]

prickeln prikkelen

Priester m priester

prima F prima, tof

primitiv primitief

Prinz m prins; ~essin f

prinses [-'sɛs]

Prinzip n (het) principe [-'si·pǝ]; 2**iell** principieel

Prise f (het) snuifje ['snœyfjǝ]

Pritsche f brits; Kfz. laadvloer ['-flu:r]

privat privé, particulier [-ky·'li:r]; 2**besitz** m (het) particulier bezit; 2**leben** n (het) privé-leven; 2**weg** m particuliere weg [υɛχ]

pro: ~ **Person** per persoon

Probe f proef [pru·f];Thea. repetitie [-'ti·(t)si·]; (Muster) (het) monster; ~**fahrt** f proefrit; 2**n** Thea. repeteren [-'te:r-]; 2**weise** op proef

probieren proberen [-'be:r-]

Problem n (het) probleem

Produkt n (het) produkt [-'dɛkt]; ~**ion** f produktie [-'dɛksi·]

produzieren produceren [-dy·'se:r-]

Professor m professor

Profi m Sp. professional ['-fɛʃnǝl]

Profil n (het) profiel

Profit m (het) profijt [-'fɛit]; 2**ieren** profiteren [-'te:r-]

Pro|gramm n (het) program(ma); 2**gressiv** progressief

Projekt n (het) project; ~**or** m projector

Pro|menade f promenade; ~**mille** n (het) promillage ['-la:ʒǝl; 2**minent** promi-

nent, vooraanstaand; 2**movieren** promoveren [-'ve:r-]

prompt prompt

Pro|nomen n (het) voornaamwoord; ~**paganda** f propaganda

Propangas n (het) propaangas [-'ɣas]

Propellermaschine f Flgw. (het) propeller-vliegtuig [-tǝyx]

Pro|phet m profeet; 2**phezeien** voorspellen [-'spɛl-]; 2**portional** evenredig [-'re:dǝx]

Prosa f (het) proza

prosit! gezondheid!, prosit!, proost!

Prospekt m prospectus [-tǝs]

Prostituierte f prostituée [-ty·'ŷe:]

Protest m (het) protest; 2**antisch** protestants; 2**ieren** protesteren [-'te:r-]

Pro|these f prothese; ~**tokoll** n (het) protocol; ~**viant** m proviand; ~**vinz** f provincie [-'ʋɪnsi·]; ~**vision** f provisie [-zi·]; 2**visorisch** voorlopig ['lo:-pǝx], provisoir [-'zŭa:r]

Provo|kation f provocatie [-'ka:(t)si·]; 2**zieren** provoceren [-'se:r-]

Prozent n (het) procent [-'sɛnt], (het) percent; ~**satz** m (het) percentage [-'ta:ʒǝ]

Prozeß m (het) proces [-'sɛs]

Prozession f processie
[-'sɛsi·]

prüde preuts {prøːts]

prüf|en toetsen ['tuˑt-
sə(n)], keuren, nakijken
['-kɛik-]; examineren
[-'neːr-]; **2ung** f keuring,
(het) onderzoek [-zuˑk];
(het) examen

Prügel pl. (het) pak slaag;
2n: sich 2n (met elkaar)
vechten

prunkvoll luisterrijk
['lœystərɛik]

Psych|iater m psychiater
[psi·-]; **2isch** psychisch
['-iˑsٰ]; **2ologisch** psycho-
logisch

Publikum n (het) publiek
[py'-]

Pudding m pudding ['pɔd-]
Pudel m poedel ['puˑdəl]
Puder m poeder, poeier;
.dose f poederdoos

Puffer m buffer ['bøfər]

Pullover m pullover
[pu'l-,-pøl'-]

Puls m pols

Pult n lessenaar

Pulver n poeder; _Mil._ (het)
(bus)kruit {(bøs)krɑvt]

Pumpe f pomp; **2n** pompen; **sich _n** F _(leihen)_
lenen, F poffen

Pumpernickel m pom-
pernickel [-'nık-]

Punkt m (het) punt [pɔnt];
_ **zwei Uhr** klokslag twee
uur {yːr]   [zet]

pünktlich stipt, nauwge-

Pupille f pupil [py'-']

Puppe f pop; **.n theater** n
poppenkast

pur puur [pyːr]

Püree n puree

Purzel|baum m buiteling
['bɑytəl-]; **2n** buitelen,
tuimelen

Pustel f pukkel ['pøkəl]

pusten blazen

Pute f kalkoen [-'kuˑn]

putz|en poetsen ['puˑts-],
schoonmaken; **2frau** f
werkster; **2lappen** m
poetslap

Pyjama m pyjama [pi·-
'jaː-, piˑ'dʒaː-]

Pyramide f piramide

Q

Quadrat n (het) kwadraat,
(het) vierkant; **.meter** m
vierkante meter

quaken kwaken, kwek-
ken

Qual f kwelling, pijn
[pɛɪnl, narigheid ['-rəxɛit]

quälen kwellen, pijnigen
['-nəʝə(n)]; plagen; **sich _**
zich afsloven

Quali|fikation f kwalifica-
tie [-'ka:(t)si·]; **.tät** f kwaliteit

Qualle f kwal

Qualm m (k)walm, damp

Quarantäne f quarantaine [-'tɛːnəl

Quark m zachte kaas

Quartal n (het) kwartaal

Quartett n (het) kwartet

Quartier n (het) kwartier, (het) onderdak
Quarz m (het) kwarts
Quaste f kwast
Quatsch m F flauwe kul [kəl], kletskoek ['ku·k]
Quecksilber n (het) kwik
Quell e f bron; 2en opborrelen [-rələ(n)]; (schwellen) zwellen
quengeln zaniken ['za·nak-]
quer dwars, schuin(s) [sxɔyn(s)]; 2e f: j-m in die 2e kommen dwarsbomen; 2schnitt m dwarse

doorsnede
quetsch|en kneuzen [kno:z-]; (pressen) persen; 2ung f kneuzing
quieken, quietschen piepen, gillen
Quirl m - (eier)klutser [-klɔtsər]; 2en klutsen
quitt: _ sein kiet zijn [sɛin], quite [ki·t] zijn
quitt|ieren kwiteren [-'te:r-]; 2ung f kwitantie [-'tɔnsi]
Quiz n quiz
Quotient m (het) quotiënt [ko·'siɛnt]

R

Rabatt m korting
Rabe m raaf
Rache f wraak [ʋra:k]
Rachen m keelholte; (Maul) muil [mɔyl]
rächen (sich) (zich) wreken
Rad n (het) wiel; (het) rad [rɔt]
Radau m F (het) kabaal, herrie ['hɛri·]
radebrechen radbraken
radfahr|en fietsen; 2er m fietser, wielrijder ['-rɛi·dər]; 2weg m (het) rijwielpad, (het) fietspad
radier|en uitgommen ['ɔyt-]; Kunst.: etsen, raderen [-'de:r-]; 2gummi m vlakgom, gum [ɣɛm]
Radieschen n (het) radijsje [-'dɛiʃə]
radikal radicaal

Radio n radio; 2aktiv radioactief
Radius m straal
Rad|kappe f wieldop; _rennen n (het) wielrennen, wielerwedstrijd [-strɛit]; _tour f fietstocht
Rahm m room
Rahmen m lijst [lɛist]; Arch. (het) kozijn [-'zɛin]; fig. (het) kader, (het) raam
Rakete f raket [-'kɛt]
rammen rammen
Rampe f (het) laadperron ['-pɛron]; Thea. (het) voetlicht [ʋu·t-]
Rand m rand, boord, kant
randalieren herrie ['-ri·] schoppen
Randbemerkung f kant tekening ['-te:kən-]

Rang m rang; **den ~ ablaufen** de loef [lu·f] afsteken

rangieren rangeren [rɑn-'ʒe·r-]

Rangordnung f rangorde, volgorde

Ranke f rank

Ranzen m ransel

ranzig ranzig ['-zəx]

rar zeldzaam, schaars; **♀ität** f rariteit

rasch snel, vlug [vløx]

rascheln ritselen

Rasen m (het) grasveld, (het) gazon ['-zɔn]

rase|n razend; **♀nd** razend; **♀rei** f razernij ['-nɛi]; Kfz. (het) razen

Rasier|apparat m (het) scheerapparaat; **♀en (sich)** (zich) scheren; **~klinge** f (het) scheermesje ['-mɛʃəl; **~pinsel** m scheerkwast

Raspel f rasp

Rasse f (het) ras

rasseln ratelen ['ra:tə-lə(n)]

Rast f rust [rɛst], pauze; **~machen** pauzeren [-'ze·r-], **~platz** m rustplaats; **~stätte** f (het) wegrestaurant [-to·rũ:]

Rasur f het scheren

Rat m raad(geving);(Person) adviseur [-'zø·rl]; (Körperschaft) (het) raadscollege [-le·ʒəl

Rate f termijn [-'mɛin]; **in ~n** in termijnen, op afbetaling

raten (j-m A) raad geven,
aanraden; (mutmaßen) raden

Rat|geber m raadgever, raadsman; **~haus** n (het) stadhuis [·hœys]

ration|alisieren rationaliseren [-'ze·r-]; **~ieren** rantsoeneren [-su·'ne·r-]

rat|los radeloos; **~sam** raadzaam; **♀schlag** m s. Rat

Rätsel n (het) raadsel; **♀haft** raadselachtig ['-təx]

Ratskeller m raadskelder

Ratte f rat

rattern ratelen ['ra:tə-lə(n)], rammelen

Raub m roof

rauben roven

Räuber m rover

Rauch m rook; **♀en** roken; **~er** m roker; **~erabteil** n rookcoupé ['-ku·pe:]

Räucher|aal m gerookte paling; **♀n** roken

Rauch|fahne f rookpluim ['-pløyml; **♀ig** rokerig ['rɔ:kərəx]; **~verbot** n (het) rookverbod [-bɔt]

Rauf|bold m vechtersbaas; **♀en: sich ♀en** (met elkaar) vechten; **~erei** f kloppartij [-tɛil]

rauh ruw [ry·ûl, ruig [rʏxl; Stimme: schor [sxɔrl; Wetter: guur [ɣy·rl

Raum m ruimte; (Zimmer) (het) lokaal, kamer ['ka:mərl, (het) vertrek ['-trɛkl

räumen (op)ruimen; (verlassen) (ont)ruimen

Raumfahrt f ruimtevaart
Räumung f opruiming; ontruiming
Raupe f rups [rɔps]; **~nfahrzeug** n rupswagen
Rausch m roes [ru·s]; ǝen ruisen [rɔʏs-]; **~gift** n verdovende middelen n/pl.
räuspern: sich ~ de keel schrapen [ˈsxra:p-]
Razzia f razzia
rea|gieren reageren [-ˈǧe:r-]; ǝ**ktion** f reactie [reˈjɑksi·]
real reëel [re·ˈje:l]; **~istisch** realistisch [-i·s]; ǝ**ität** f realiteit; ǝ**schule** f muloschool [ˈmy·lo:-], mavoschool
Rebe f wijnstok [ˈʋɛi̯n-]
rebellieren rebelleren [-ˈle:r-]
Rebhuhn n patrijs [-ˈtrɛi̯s]
Rechen m hark
rechen harken
Rechen|aufgabe f (reken)som [ˈre:k-]; **~maschine** f rekenmachine [-ʃi·nə]
Rechenschaft f rekenschap; **zur ~ ziehen** ter verantwoording roepen [ˈru·p-]
rechn|en (auf A, **mit** D) rekenen [ˈre:kənə(n)] (op, met); ǝ**ung** f rekening
recht- (Ggs. **link-**) rechter-, rechts
recht juist [jœʏst], (mit Recht) recht(matig [-ˈma:təx]); Adv. (sehr)

heel; **~ haben** gelijk [-ˈlɛi̯k] hebben
Recht n (het) recht; **mit ~** terecht **~e** f rechterhand; Pol. rechterzijde [-ˈzɛi̯də]
Rechteck n rechthoek [ˈhu·k]; ǝ**ig** rechthoekig [ˈhu·kəx]
recht|fertigen rechtvaardigen [-ˈfa:rdəʏ̯(n)]; **~lich** gerechtelijk [-lək], juridisch [jyˈri·di·s]; **~mäßig** rechtmatig [-ˈma:təx]
rechts rechts
Rechts|anwalt m advocaat; **~berater** m rechtskundig [-ˈkɔndəx] adviseur [-ˈzø:r]
recht|schaffen rechtschapen [-ˈsxa:p-]; ǝ**schreibung** f spelling
rechts|gültig, ~kräftig rechtsgeldig [-ˈxɛldəx]; ǝ**kurve** f bocht naar rechts
Rechtsprechung f rechtspraak
rechtswidrig in strijd [strɛi̯t] met het recht
rechtzeitig tijdig [ˈtɛi̯dəx], op tijd
Reck n (het) rek [ken]
recken (sich) (zich) rekken
Redakt|eur m redacteur; **~ion** f redactie [-ˈdɑksi·]
Rede f rede; (Ansprache) rede(voering [-ˈʋu·r-])
reden praten, spreken; ǝ**sart** f zegswijze [-ˈʋɛi̯zə]
redlich braaf
Redner m spreker

redselig spraakzaam
Reede f rede; **~reif** rederij [-'rɛi]
reell reëel [re:'je:ll]
reflektieren reflecteren [-'te:r-]
Reform f hervorming
Regal n (het) rek
rege levendig ['le:və̃ndəxl, druk [drək]
Regel f regel; ♀**mäßig** regelmatig [-'ma:təxl, geregeld; ♀**n** regelen; ♀**recht** echt, compleet; **~ung** f regeling
regen: sich ~ zich bewegen
Regen m regen; **~mantel** m regenjas; **~schauer** m regenbui [-bəy]; **~schirm** m paraplu [-'ply·]; **~wurm** m pier
Regie f regie
regier|en regeren [-'ɣe:r-]; ♀**ung** f regering
Regime n (het) regime, (het) bewind; **~ent** n (het) regiment
Region f streek; ♀**al** regionaal
Regisseur m regisseur
registrier|en registreren [-'tre:r-]; ♀**ung** f registratie [-'tra:(t)siə]
Regler m regelaar ['re:ɣə-]
regn|en regenen; **es ~et** het regent; **~erisch** regenachtig [-'təxl]
regungslos onbeweeglijk [-ləkl]
Reh n ree
Reib|eisen n rasp; ♀**en**

wrijven [vrɛiّvə(n)l; **~ung** f wrijving
reich rijk [rɛik]
reich|en reiken; **es ~t** het is genoeg [-'nu·xl]; s. **ausreichend**; **~haltig** rijk; **~lich** rijkelijk [-ləkl, overvloedig [-'vlu·dəxl; *(Adv. a.)* volop; ♀**tum** m rijkdom; ♀**weite** f (het) bereik
reif rijp [rɛip]; ♀**e** f rijpheid; **~en** rijpen
Reifen m hoepel ['hu·pəll; ring; *Kfz.* band; **~panne** f lekke band
Reifezeugnis n (het) einddiploma
Reihe f rij [rɛi], reeks; **der ~ nach** om de beurt [bə·rtl, beurtelings; **an der ~ sein** aan de beurt zijn [sɛin]
Reihen|folge f volgorde; **~haus** n (het) huis [həysl in een rij
Reiher m reiger
reimen: sich ~ rijmen ['rɛim-]
rein rein [rɛin]; zuiver ['zœyvər], schoon
reinemachen schoonmaken [verheid]
Reinheit f reinheid, zuiverheid
reinig|en reinigen ['rɛinə̆ɣ-l, schoonmaken, zuiveren; ♀**ung** f reiniging
reinlich zindelijk ['-dələkl, proper ['pro:pərl
Reis m rijst [rɛistl

Reise f reis; **gute ~!** goede
[ˈɤ̯uˑiəl reis!]

Reise-in Zssg. mst. reis-

Reise|andenken n (het)
souvenir [suˑvəˈniːr];
~büro n (het) reisbureau
[ˈbyˑroːl]; **~führer** m reis-
gids; **~gesellschaft** f (het)
reisgezelschap; **~leiter** m
reisleider

reisen reizen; **2de(r)** rei-
ziger[ˈzə̯əɤ̯ər]

Reise|paß m reispas;
~prospekt m toeristische
[tuˈrɪstisə] brochure
[ˈfyˑrəl]; **~route** f reisrou-
te; **~scheck** m reischeque
[ˈʃɛk]; **~veranstalter** m
reisorganisator; **~ziel** n
(het) reisdoel [ˈduˑl]

Reiß|brett n tekenplank;
2en v/t rukken [ˈrœkl],
scheuren [ˈsxøːrl]; (zie-
hen) trekken;v/i breken,
scheuren; **~verschluß** m
ritssluiting [ˈsləɤ̯l];
~zwecke f punaise [py-
ˈnɛːzəl]

reit|en rijden [ˈrɛi̯ə(n)l];
2en n (het) paardrijden;
2er m ruiter [ˈrəɤ̯tər];
2pferd n (het) rijpaard;
2stiefel m/pl. rijlaarzen
pl.; **2turnier** n springconcours [-kuːr(s)l]; **2weg** m
(het) ruiterpad

Reiz m prikkel;fig. a.
bekoorlijkheid [-ləkhɛit];
2bar prikkelbaar; **2en**
prikkelen; (anregen) be-
koren; (ärgern) tergen;
2end bekoorlijk, leuk
[løːk], lief

Reklam|ation f reclama-
tie [ˈmaː(t)siˑl]; **~e** f re-
clame; **2ieren** reclame-
ren [ˈmeːr-]

Rekord m (het) record
[rəˈkoːr, -ˈkɔrtl]; **~zeit** f recordtijd [-tɛitl]

relativ relatief, betrekkelijk[-kələkl]

Religion f religie [-ɣ̥iˑl],
godsdienst; **2ös** reli-
gieus [-ˈɣ̥iøːsl], godsdien-
stig[-ˈdiˑnstəxl]

Reliquie f relikwie [-ˈkûiˑl]

Rendite f (het) rendement
[rɛndəˈmɛntl]

Renn|bahn f renbaan; **2en**
rennen, hollen; **~en** n
wedstrijd [-ˈstrɛitl], wedloop; **~fahrer** m wielren-
ner; autorenner; **~wagen**
m raceauto [ˈreːs-l]

renovieren vernieuwen
[-ˈniˑû̥ə(n)l]; Wohnung
nieuw inrichten

Rent|e f rente; **~ner** m
rentenier [rɛntəˈniːr];
rentetrekker; (Alters-)
gepensioneerde

rentieren: sich ~ renderen
[-ˈdeːr-l,s. **lohnen**

Reparatur f reparatie
[-ˈraː(t)siˑl], herstelling
[hərˈ-l]; **~werkstatt** f her-
stelwerkplaats

reparieren repareren
[-ˈreːr-l, herstellen

Report|age f reportage;
~er m reporter

Reproduktion f repro-
duktie[-ˈdəksiˑl]

Republik f republiek
[-py'-]

Reserve f reserve

Reserve-in *Zssg.* reserve-
reservier|en reserveren
[-'ve:r-]; **_t** gereserveerd;
_ung f reservering

resignieren zich neerleggen bij [bei], berusten
[-'rest-]

Respekt m (het) respect,
(het) ontzag [-'saxl, eerbied [schot]

Rest m rest, (het) over-

Restaurant n (het) restaurant [-to·'rã:]

Rest|betrag m (het) reste-
rend [-'te:rənt] bedrag
[-'draxl; **2los** volkomen
[-'ko:m-], totaal

rett|en redden; **2er** m red-
der

Rettich m rammenas

Rettung f redding

Rettungsboot n reddings-
boot

Reue f (het) berouw [-'rǒʊ],
spijt [spɛit]

revanchieren: sich _ zich
revancheren

revidieren herzien [hɛr'-]

Revier n (het) gebied, (het)
terrein [-'rɛin]

Re|volution f revolutie
[-'ly·(t)si·]; **_volver** m revolver; **_vue** f revue
[-'vy:]; **_zension** f recensie
[-'sɛnsi·]

Rezept n (het) recept
[-'sɛptl; **2pflichtig** alleen
op recept verkrijgbaar
[-'krɛiɣ-]

Rhabarber m rabarber

Rhein m de Rijn [rɛin]

Rheuma n (het) reuma
['rɔ:ma]

Rhythmus m (het) ritme

richten richten; *(zurechtmachen)* klaarma-
ken ['ma:k-l; *Jur.* von-
nissen; **sich _ nach** *(D)*
zich richten naar

Richter m rechter

richtig juist [jǝystl; *(echt)*
echt; **2keit** f juistheid;
_stellen rechtzetten

Richt|linien f/pl. richtlij-
nen ['-leinə(n)l pl.; **_ung** f
richting

riechen ruiken ['rɔyk-]

Riegel m grendel; *(Schokolade)* reep

Riemen m riem

Riese m reus [rɔ:s]

rieseln ruisen ['rɔys-]

riesig reusachtig [-'ɔxtəxl

Rille f voor, groef [ɣru·f]

Rind n (het) rund [rɑnt]

Rinde f schors [sxɔrs],
bast; *(von Nahrungsmit-
teln)* korst

Rindfleisch n (het) rund-

Ring m ring [vlees]

ring|en wringen [ѵrɪŋə(n)l;
Sp. worstelen ['-tələ(n)l;
2en n, **2kampf** m wor-
stelwedstrijd [-strɛitl; **2er**
m worstelaar

Ringfinger m ringvinger

rings|(her)um rondom, in
't rond

rinnen vloeien ['ѵlu·ǐə(n)l,
stromen

Rippe f rib

Risikon (het) risico

risk|ant gewaagd, riskant; **~ieren** riskeren ['-'ke:r-]

Riß m scheur [sxø:r], spleet, barst, reet

rissig gebarsten, ge- [scheurd]

Rittm rit

ritterlich ridderlijk [-lək]

rittlings schrijlings ['sxrɛi-]

ritzen krassen

Rivale m rivaal

Rizinusöl n wonderolie [-li-]

Roastbeefn rosbief

Robbef rob, zeehond

robust robuust [-'by·st]

röcheln reutelen ['rø:tə-lə(n)], rochelen

Rockm rok

rodeln sleeën ['sle:lə(n)]

roden rooien

Rogenm kuit [kɔyt]

Roggen m rogge; **~brot** n (het) roggebrood

roh rauw; fig. ruw [ry·ül]; **2kost** f rauwkost

Rohr n pijp [pɛip], buis [bɔys];Bot. (het) riet

Röhre f s. Rohr; Rdf. lamp, buis

Rohr|leitung f pijpleiding, buisleiding; **~post** f buispost

Rohstoffm grondstof

Rolladen m (het) rolluik ['-lœyk]

Roll|bahn f Flgw. startbaan; **~braten** m rollade; **~e**f rol(a. Thea.); **2en** rollen; **~er** m step, autoped; (Motor) scooter ['sku·tɐr]; **~mops** m rolmops;

~schuhe m/pl. rolschaatsen pl.; **~stuhl** m rolstoel m ['-stu·l]; **~treppe**f roltrap

Roman m roman ['-'ma:n]; **2tisch** romantisch [-i·s]

römisch Romeins; Rel. rooms

röntgen röntgenen; **2aufnahme**f röntgenfoto

rosa roze ['ro:zə, 'ro:zə]

Rosef roos

Rosen|kohl m spruitjes ['sprɔytjəs] n/pl.; **~kranz** m rozenkrans

rosig rooskleurig ['-klø:rəx],fig. [ro:s'-]

Rosinen f/pl. rozijnen [-'zεinə(n)]pl.

Roßhaar n (het) paardehaar

Rost m 1. roest [ru·st]; 2. (Gitter) rooster

rosten roesten

röst|en roosteren; **2er** m (Brot-) broodrooster

rostfrei roestvrij ['-frɛi]; **~ig** roestig ['-təx]; **2schutzmittel** n (het) roestwerend ['-ve:rənt]

rot rood [middel]

Röte f roodheid; (Wangen2) blos; **2n**: sich **2n** rood worden

Rotkohlm rode kool

rötlich roodachtig [-təx]; ros(sig)

Rot|licht n (het) rood licht; **~wein** m rode wijn [vɛin]

Rouladef blinde vink

Routef route

Routinef routine

Rübe 370

Rübe f raap; **rote ~** biet
Rubin m robijn [-'beïn]
Ruck m ruk [rœk]
Rückblick m terugblik
rücken (op)schuiven
['-sxœivǝ(n)]
Rücken m rug [rœx]; **~leh-
ne** f rugleuning ['-lø:n-];
~mark n (het) rugge-
merg; **~wind** m wind in
de rug
Rück|erstattung f terug-
gave [tǝ'rexa:vǝ]; **~fahr-
karte** f retourbiljet
[rǝ'tu:rbiljɛt]; **~fahrt** f terugreis; **~fällig** herval-
lend [hɛr'-]; **~gang** m
achteruitgang [-'ǝyt-]
rückgängig: ~ machen tenietdoen [-du:n], onge-
daan maken
Rück|grat n ruggegraat;
~halt m ruggesteun
[-stø:n]; **~läufig** dalend,
achteruitgaand; **~licht** n
(het) achterlicht; **~lings**
achterover; (von hinten)
in de rug; **~porto** n porto
voor antwoord; **~reise** f
terugreis
Rucksack m rugzak ['rœx-
sak]
Rück|schlag m terugslag
[tǝ'rexslax]; tegenslag
['te:ɣǝ(n)-]; **~seite** f
achterkant, achterzijde
[-zeïdǝ]
Rücksicht f inachtneming
[-ne:m-], overweging, consideratie [-'ra:(t)si·]; **mit ~
auf**(A) met het oog op; **~
nehmen auf**(A) rekening

['re:kǝn-] houden ['haü-
ǝ(n)] met; **~s·los** niets
ontziend; **~s·voll** attent
[a'tɛnt]
Rück|sitz m achterbank;
~spiegel m achteruit-
kijkspiegel [-'ǝytkɛïk-];
~sprache f ruggespraak,
(het) overleg [-'lɛx];
~stand m achterstand;
~ständig achterlijk [-lǝk]
achterstallig [-'stalex];
~tritt m (het) aftreden
rückwärt|ig achterwaarts;
~s achteruit [-'ǝyt];
~s·gang m achteruit
Rück|weg m terugweg
[tǝ'rexvɛx]; **~wirkend** met
terugwerkende kracht;
~zahlung f terugbetaling;
~zug m terugtocht, -
tocht
Rudel n kudde ['kœdǝ],
troep [tru·p]
Ruder n roeiriem ['ru·ï-];
(Steuer) (het) roer; **~boot**
n roeiboot; **2n** roeien
Ruf m roep [ru·p], schreeuw [sxre:ü];fig. reputatie
[-py·'ta:(t)si·]
ruf|en roepen; **2name** m
voornaam; **2nummer** f
(het) telefoonnummer
[-nǝmǝr]
Rüge f berisping
Ruhe f rust [rœst]; **in ~ lassen** met rust laten ['la:t-];
2los rusteloos; **2n** rusten;
~pause f rustpauze;
~stand m (het) pensioen
[-'sïu·n]; **~störung** f rust-
verstoring

ruhig rustig ['-təx];
Ruhm m roem [ru˙m]
rühmen roemen; **sich**
_(G)_ zich beroemen (op)
Ruhr f Med. dysenterie
[di˙sɛntəriˑ]
Rühr|ei n (het) roerei
['ru˙rɛ͡i]; ℓ**en** roeren; _fig._
ontroeren; **sich ℓen** bewegen, zich verroeren;
ℓ**end** ontroerend, aan-
doenlijk [-lək]; ℓ**ig** bedrijvig ['-drɛ͡ivəxl, actief;
_ung_f ontroering
Ruinef ruïne [ry˙'ü͡inə]
rülpsen oprispen, F boeren['bu˙rə(n)]
Rumm rum [rɛm]
rumänisch Roemeens
[ru˙'-]
Rummel m (het) gedoe
[-'du˙], drukte ['drɛktəl,
platz m (het) kermis-
terrein, (het) lunapark
['lyˑ-]
Rumpelkammer f rom-
melkamer[-ka˙m-]
Rumpfm romp
rund rond; **_-um_** (A) rond
(-om); ℓ**e**f ronde; ℓ**fahrt**f
rondrit; _(Schiffs-)_ rond-
vaart
Rundfunk m radio(-om-
roep (-ru˙pl); **_-gebühr_** f
luisterbijdrage ['lɛ͡ys-
tərbɛ͡i-l; **_-gerät_** n (het)

radiotoestel [-tu˙stɛl];
-hörer m luisteraar;
-sender m radiozender;
(het) omroepstation
[-stasiˑonl; **_-sendung_** f
radiouitzending
Rund|gang m ronde;
ℓ**heraus** ronduit ['-əytl;
ℓ**herum** rondom; ℓ**lich**
rondachtig [-təxl; _(dick)_
mollig [-lɑxl, gezet
[-'zɛtl; **_-reise_** f rondreis
['-rɛ͡isl; **_-schreiben_** n
circulaire [sɪrky˙'lɛːr(ə)l,
(het) rondschrijven
['-sxrɛ͡iv˙-]; ℓ**um** rondom
runzeln rimpelen ['-pə-
lə(n)l, fronsen
Rüpelm kinkel [rukken]
rupfen plukken ['plɛk-l,
Rußm (het) roet[ru˙tl
Russem Rus [rɛs]
Rüsselm slurf
russisch Russisch ['-i˙sl
rüst|en (sich) (zich) ge-
reedmaken; **_-ig_** flink,
kras; **_ung_**f bewapening
[-'va˙pən-l
Rutef roede[ru˙dəl
Rutsch|bahn f glijbaan
['çlɛ͡i-]; ℓ**en** glijden,
schuiven [sxɛʏf-]; _Auto:_
slippen; ℓ**fest** antislip
rütteln schudden [sxɛd-l,
schokken; **(an**_D)fig._ tor-
nen(aan)

S

Saalm zaal
Saat f (het) zaad; _(das_
Säen) (het) zaaien

Säbelm sabel
Sabotagef sabotage
Sachbeschädigung f ma-

teriële [-'rïe:lə] beschadiging
Sache f zaak, (het) ding;
zur ~ ter zake; ~n pl. (Besitz) F spullen ['spøl-]
n/pl.
Sach|kenntnis f kennis
van zaken; Ωkundig des-
kundig [-'kɔndəx]; Ωlich
zakelijk ['za:kələk]
sächlich Gr. onzijdig
[-'zɛïdəx]
Sach|schaden m stoffelij-
ke [-'lakə] schade; ~ver-
halt m toedracht ['tu'-];
~verständige(r) deskun-
dige[-'kɔndəɣə]
Sack m zak; ~gasse f
doodlopende straat; fig.
(het) slop, impasse
säen zaaien
Safe m safe, brandkast
Saft m (het) sap; Ωig sap-
pig['-pəx], mals; fig. flink
Sage f sage
Säge f zaag; ~mehl n (het)
zaagsel
sagen zeggen
sägen zagen
Sahne f room
Saison f (het) seizoen
[sɛï'zu·n]
Saite f snaar
Sakr|ament n (het) sa-
crament; ~ileg n heilig-
schennis['hɛïləxsχɛnɪs]
Salat m sla
Salbe f zalf
Saldo m (het) saldo
Salon m salon [sɑ'lɔn]
salopp nonchalant [nɔn-
ʃa'lɑnt]

Salpeter m (het) salpeter
Salto m salto
Salut m (het) saluut[-'ly·t]
Salz n (het) zout [zaut];
Ωarm zoutarm; Ωen zou-
ten; Ωig zout; ~kartoffeln
f/pl. gekookte aardappe-
len pl.; ~stange f zoute
stengel; ~wasser n (het)
zout water
Same(n) m (het) zaad
sammel|n verzamelen
[-'za:m-]; inzamelen;
Ωstelle f verzamelplaats
Sammlung f verzameling,
inzameling, collecte;
(Konzentration) concen-
tratie[-sɛn'tra:(t)si·]
Samstag m zaterdag
[-dɔx]; am ~ zaterdags
samt (D) met (inbegrip
van)
Samt m (het) fluweel
[fly'-]
sämtliche alle
Sanatorium n (het) sanatorium [-ri-(j)ɔm]
Sand m (het) zand
Sandale f sandaal
Sand|boden m zand-
grond; ~papier n (het)
schuurpapier['sxy:r-]
Sandwich n sandwich
['sɛntʊrtʃ]
sanft zacht, zachtaardig
[-'a:rdəx]
Sänger(in f) m zanger(es
[-'rɛsf]
Sanitäter m hospitaalsol-
daat
Saphir m saffier [-'fi:r]
Sarg m doodkist

Satellit *m* satelliet

Satire *f* satire

satt verzadigd [-dəxtl, zat:
es _ haben het beu [bø:]
(*od.* zat *od.* moe [mu·])
zijn [zεĩn]

Sattel *m* (het) zadel ['za:-
dəl]; ♀n zadelen

sättigen verzadigen [-'za:-
dəY̆ə(n)]

Satz *m* *Gr.* zin; (*Sprung*)
sprong, zet; (*Garnitur*)
(het) stel, serie ['se:ri·ə,
set; (*Kaffee* ♀) drab, (het)
koffiedik;(*Tarif*) (het) tarief;(*Tennis*) set; **_ung** *f*
(het) statuut [-'ty·tl, (het)
reglement [-'mεntl

Sau *f* zeug [zø:x]; (*Wildschwein*) (het) (wild)
zwijn [zʉ̄εĩn]

sauber schoon, net, zindelijk [-dələk]; *fig.* zuiver
['zœyYver], keurig ['kø·rəx];
♀**keit** *f* zindelijkheid;
zuiverheid; **_machen**
schoonmaken,
säubern schoonmaken,
reinigen ['rεĩnəY̆ə(n)],
zuiveren

sauer zuur [zy:r]; *fig.* F
(*böse*) kwaad; ♀**braten** *m*
(het) gemarineerd vlees;
♀**kraut** *n* zuurkool; ♀**stoff**
m zuurstof

saufen zuipen ['zœyp-];
Tier: drinken

Säufer *m* dronkaard;

saugen zuigen [zuiplap]

Säug|etier *n* (het) zoog-
dier; **_ling** *m* zuigeling

Säule *f* zuil, kolom

Saum *m* zoom

säumen zomen; (*zögern*)
talmen

Sauna *f* sauna

Säure *f* (het) zuur [zy:rl,
(*Geschmack*) zuurheid

sausen suizen ['səyz-], gieren

schaben schrapen

schäbig sjofel [ʃo:fəl];*fig.*
beroerd [-'ru:rtl

Schablone *f* (het) patroon

Schach *n* (het) schaak-
spel; **_spielen** scha-
ken ['sxa:k-]; **_brett** *n*
(het) schaakbord; ♀**matt**
schaakmat

Schacht *m* schacht

Schachtel *f* doos

schade jammer, spijtig
[spεĩtəx]

Schädel *m* schedel, her-
senpan

schaden(*D*) schaden

Schaden *m* schade;
(*Nachteil*) (het) nadeel;
(*Verletzung*) (het) letsel;
_ersatz *m* schadevergoe-
ding [-Y̆u·d-]; **_freude** *f*
(het) leedvermaak; ♀**froh**
vol leedvermaak; **_s·an-
zeige** *f* schadeaanmel-
ding

schadhaft beschadigd
[-dəxtl, defect

schäd|igen benadelen
[-'na:de:l-l; **_lich** schadelijk ['-dələk], nadelig
['de:ləx]

Schaf *n* (het) schaap

Schäfer *m* schaapherder;
_hund *m* herdershond

schaffen *(bringen)* ver-
schaffen; *(bewältigen)*
klaarspelen ['-spe:l-l;
(gestalten) scheppen,
voortbrengen

Schaffleisch *n* (het) schapevlees

Schaffner(in *f*)*m* conducteur [-dək'tø:r] *m* (con-
ductrice [-'tri:səlf)

Schaft *m* schacht; ~stiefel
m/pl. kaplaarzen*pl.*

schal verschaald; *fig.*
flauw, laf

Schal *m* sjaal [ʃa:l]

Schale *f* schil; *(Gefäß)*
schaal, kom

schälen schillen, pellen

Schall *m* (het) geluid
['-ləytl, klank, galm;
~dämpfer *m* geluids-
demper; ~mauer *f* ge-
luidsmuur [-my:rl; ~plat-
te *f* fonoplaat, grammo-
foonplaat

schalten schakelen ['sxa:-
kəl-l

Schalter *m* schakelaar;
(Bank♀ Post♀) (het) loket
[-'kɛtl

Schalt|**jahr** *n* (het) schrik-
keljaar; ~knüppel *m* Kfz.
pook

Schaluppe *f* sloep [slu:p]

Scham *f* schaamte

schämen: sich ~ zich
schamen

scham|**haft** zedig ['ze:-
dəx], beschaamd; ~los
schaamteloos

Schande *f* schande

schänd|**en** schenden; ~lich
schandelijk ['-də-
ləkl, schandalig [-'da:-
ləxl

Schanktisch *m* (het) buffet [by-'fɛtl

Schanze *f* schans

Schar *f* schaar, groep
[ɣru:pl

scharf scherp

Schärfe *f* scherpte; ♀**n**
scherpen, wetten

Scharfsinn *m* scherpzin-
nigheid ['-sınəxsɪtl

Scharlach *m* Med. rood-
vonk   [nier]

Scharnier *n* (het) schar-

scharren schrapen
['sxra:p-l, krabben,
scharrelen

Schatt|**en** *m* schaduw
['-dyʊl; ♀ig schaduwrijk
[-rɛik]; ~ierung *f* nuance
[ny-'ʊ̃:səl, tint, schakering[-'ke:r-]

Schatz *m* schat

schätz|**en** schatten; *(ach-
ten)* waarderen [-'de:r-],
op prijs [prɛis] stellen;
♀**ung** *f* schatting, raming

Schatzmeister *m* pen-
ningmeester

Schau *f* vertoning, tentoonstelling; revue; **zur**
~ **stellen** uitstallen['ət-l

schauder|**haft** huiver-
wekkend [hǝʏvər-
'vekəntl; ~**n** huiveren

schauen kijken ['kɛik-l

Schauer *m* rilling; *(Re-
gen♀)* bui [bəʏl, vlaag;
♀**lich** akelig ['a:kələxl, ijselijk ['sɪsələkl

Schaufelf schop, schep
Schaufenster n (het) uitstalraam, etalage [-'la:ʒə]
Schaukel f schommel; ♀n schommelen; **~pferd** n (het) hobbelpaard; **~stuhl** m schommelstoel [-stu·l]
Schaum m (het) schuim [sxǫym]
schäumen schuimen; Wein: mousseren [mu-'se:r-]
Schaum|gummi m schuimrubber ['-rǫbər]; **~wein** m mousserende wijn [vɛin]
Schauplatz m schouwplaats ['sxaǔ-], (het) toneel
Schauspiel n (het) schouwspel [-spɛl], (het) toneelstuk [-stǫk]; **~er** m acteur [-'tø:r], toneelspeler; **~erin** f actrice [-'tri-sə], toneelspeelster
Scheckm cheque [ʃɛk]
scheckig gevlekt, bont
Scheibe f schijf [sxɛif]; (Glas ♀) ruit [rǫyt]; (Schnitte) snee(d)e, plak; **eine ~ Brot** boterham; **~nbremse** f schijfrem; **~nwischer**m ruitewisser
Scheide f schede; (Grenze) scheiding
scheid|en scheiden; **sich ~en lassen** zich laten scheiden; ♀**ung**f scheiding
Schein m schijn [sxɛin]; (Licht a.) (het) schijnsel; (Bescheinigung) (het) bewijs [-'vɛis], (het) document [-ky·'mɛnt]; (Geld♀) (het) (bank)biljet [-jɛt]
schein|bar schijnbaar; **~en** schijnen; (fig. a.) lijken; ♀**werfer** m (het) zoeklicht ['zu·k-]; Kfz. koplamp
Scheißef F stront, rotzooi
Scheitel m top, kruin [krǫyn]; Haar: scheiding
scheitern mislukken [-'lǝk-], schipbreuk lijden ['sxibrø·k 'lɛiə(n)]
schellen bellen, schellen
Schelm m guit [ɣǫytl], schalk; (Schurke) schelm; **~erei** f (het) kattekwaad
schelten berispen
Scheman (het) schema
Schemel m voetbank ['fu·d-]; kruk [krǫk]
Schenke f kroeg [kru·x]
Schenkel m dij [dɛil], Math. (het) been
schenken schenken, ge- |
Scherbef scherf [vɛn]
Scheref schaar
Scherereien f/pl. rompslomp, (het) geharrewar
Scherz m scherts, grap; ♀**haft** schertsend
scheu schuw [sxy'ǔl], beschroomd, schichtig [-'tǝx]; **~en** schuwen, ontzien; **sich ~en vor**(D) opzien tegen
scheuer|n schuren; ♀**tuch** n dweil
Scheuerf schuur [sxy:r]
Scheusaln (het) monster

scheußlich afschuwelijk [-'sxy·ûəlɑk]

Schi m ski; **~ laufen** skiën ['ski·(j)ə(n)]

Schicht f laag; (*Arbeits♀*) ploeg [plu·xl]; **~arbeit** f (het) werk in ploegen

schick chic [ʃi·k]

schicken sturen ['sty:r-]; **sich ~** passen, horen

Schicksal n (het) noodlot; (het) lot(geval)

Schiebedach n (het) schuifdak ['sxo·vdɑk]

schieben schuiven, duwen ['dy·ûə(n)]

Schieber m schuiver; F zwendelaar

Schiebung f fig. zwendel

Schieds|gericht n (het) scheidsgerecht; **~richter** m scheidsrechter

schief scheef [sxe·f]; **~gehen** mislopen [sxən]

schielen scheel zien; fig. gluren ['ɣly·r-]

Schienbein n (het) scheenbeen

Schiene f rail [re:l]; Med. spalk; **~nbus** m motor(spoor)wagen

schießen schieten; **2erei** f schietpartij [-te:l]; **2scheibe** f schietschijf ['-sxɛɪfl]

Schiff n (het) schip; **2bar** bevaarbaar; **~fahrt** f scheepvaart; **~bruch** m schipbreuk ['sxɪbrø·kl]; **~er** m schipper

Schiffsreise f scheepsreis

Schikan|e f chicane [ʃi·'ka:nəl], haarkloverij [-'re:l]; **2ieren** pesten, treiteren ['treɪtərə(n)l, sarren

Schiläufer m skiër ['ski·(j)ər]

Schild 1. n (het) bord(je), plaat; (*Papier♀*) (het) etiket; 2. m (het) schild; **~drüse** f schildklier

schildern schilderen

Schildkröte f schildpad

Schilf n (het) riet, biezen |

schillern glinsteren |pl.|

Schimmel m schimmel; **2n** beschimmelen

schimmern glanzen, schijnen ['sxɛɪn-]

schimpf|en (auf A) schelden (op), kijven (op); **2wort** n (het) scheldwoord

Schinken m ham

Schirm m (het) scherm; (*Regen♀*) paraplu [-'ply·]; Mütze: klep; Lampe: kap; **~lampe** f schemerlamp ['sxe:mar-]

Schlacht f (veld) slag

schlachten slachten

Schlächter m slachter

Schlachthof m slachterij [-'re:l], (het) abattoir [-'tûa:r]

Schlaf m slaap; **~abteil** n slaapcoupé [-'ku·pe:l; **~anzug** m pyjama [pi·'ja:mɑl

Schläfe f slaap

schlafen slapen

schlaff slap

Schlaflosigkeit f slapeloosheid [-'lo:shɛɪt]

schläfrig slaperig ['-pərəx]

Schlaf|wagen m slaapwagon; **~zimmer** n slaapkamer

Schlag m slag [slɑx], klap, bons; Med. beroerte [-'ru:rtə]; (Art) (het) slag; **~ader** f slagader; **~anfall** m beroerte; **2artig** plotseling; **~baum** m slagboom

schlagen slaan;(besiegen) verslaan, kloppen

Schlager m schlager, hit

Schläger m (het) racket ['rɛkətl; (Rowdy) vechtersbaas; **~ei** f vechtpartij [-'tɛi]

schlag|fertig slagvaardig [-'fa:rdəx]; **2sahne** f slagroom; **2wort** n leuze ['lø:zə], slogan; **2zeile** f kop; **2zeug** n Mus. (het) slagwerk

Schlamm m (het) slijk [slɛik], modder

Schlampe f slons, sloddervos; **~reif** slordigheid ['-dəxɛit]

schlampig slordig

Schlange f slang;(Kolonne) file; **~ stehen** in de rij [rɛi] staan

schlängeln: sich ~ slingeren, kronkelen

schlank slank; **2heitskur** f vermageringskuur [-ky:r]

schlapp slap; **2ef** F nederlaag

Schlaraffenland n (het) luilekkerland [ləy'-]

schlau slim, sluw [sly·ůl], leep,F link

Schlauch m slang; Kfz. binnenband; **~boot** m rubberboot ['rɔbər-]; **2los** zonder binnenband

schlecht slecht; **mir wird ~** ik word misselijk ['-sə-lək]

schlecht|erdings volstrekt [-'strɛkt]; **~hin** ronduit [-'ɑytl, eenvoudigweg [-'ůɑudəxvəxl

schleichen sluipen[slɛip-]

Schleier m sluier; **2haft** onbegrijpelijk [-'ɣrɛipə-lək]

Schleife f strik, lus [lɵsl; (Kurve) bocht

schleifen 1. slepen; (niederreißen) slopen; 2. Messer slijpen[slɛip-]

Schleim m (het) slijm; **~haut** f (het) slijmvlies; **2ig** slijmerig['-ərəx]

schlemmen brassen

schlendern slenteren

Schlepp|e f sleep

schleppen slepen ['sle:p-]; (schwer tragen a.) sjouwen [ʃɑůə(n)]; **sich ~** zich slepen

Schlepp|er m Kfz. trekker; **~seil** n (het) sleeptouw['-tɑůl

Schleuder f slinger, zwierer; **2n** slingeren, zwieren

schleunigst ten spoedigste['spu·dəxstal

Schleuse f sluis [slɵys]

schlicht eenvoudig [-'ůɑudəxl, sober

schlichten *Streit* beslechten

schließen sluiten ['slø:t-]; *(folgern)* afleiden, opmaken

Schließ|fach n safe [se:f]; ♀ich tenslotte; ♀ung f sluiting

schlimm erg, kwaad

Schling|e f lus [løs], strik; ♀en, ♀ern slingeren

Schlips m das

Schlitten m sle(d)e

Schlittschuh m schaats; ♀ laufen schaatsen

Schlitz m gleuf [ɣløːf], sleuf, spleet; *Kleid.* split

Schloß n (het) slot; *(Arch. a.)* (het) kasteel

Schlosser m slotenmaker; bankwerker; *Kfz.* monteur [-'tøːr]

Schlucht f (het) ravijn [-'ʋɛln̩]

schluchzen snikken

Schluck m slok, teug [tøːx]; ♀auf m hik; ♀en slikken

schlummern sluimeren ['slœymərə(n)]

Schlund m slokdarm, strot;*fig.* afgrond

schlüpf|en glippen, slippen; ♀er m directoire [-'tʋaːr]; ♀rig glibberig ['-bərəx]; *fig.* schuin [sxœyn]

Schlupfwinkel m schuilhoek ['sxœylhuːk]

schlürfen slurpen ['slœrpə(n)]

Schluß m (het) slot;

(Folgerung) (het) besluit [-'slœyt]; zum ♀ tenslotte

Schlüssel m sleutel ['sløːtəl]; ♀bein n (het) sleutelbeen; ♀bund n sleutelbos; ♀loch n (het) sleutelgat

Schluß|folgerung f conclusie [koŋ'klyˑziˑ], gevolgtrekking; ♀licht n (het) achterlicht; ♀verkauf m opruiming ['-rəym-]

Schmach f smaad

schmachten smachten, snakken

schmächtig tenger

schmackhaft smakelijk ['sma:kələk], lekker

schmäh|en lasteren ['-tərə(n)]; ♀lich smadelijk ['sma:dələk]

schmal smal [smal, dun [dœn]

schmälern verminderen

Schmalfilm m smalfilm

Schmalz n reuzel ['røːzəl]

Schmarotzer m klaploper

schmausen smullen ['smœl-]

schmecken *v/i (nach D)* smaken (naar); *v/t* proeven ['pruˑʋ-]

schmeicheln vleien ['ʋlɛiən]; ♀n vleien

schmeißen smijten ['smɛit-]

schmelzen smelten

Schmerz m pijn [pɛin]; *(Kummer)* (het) verdriet, smart

schmerzen pijn doen

[du·n]; verdriet doen
schmerz|haft pijnlijk ['-lək]; **~lich** smartelijk ['-tələk]; **~los** pijnloos; **~stillend** pijnstillend
Schmetterling m vlinder
schmettern smijten ['smɛit-], smakken; (singen) schetteren
Schmied m smid; **2en** smeden
schmiegsam buigzaam ['bəyx-], soepel ['su·pəl]
schmier|en smeren; morsen, kladden; **~ig** smerig ['-rəx]; **2öl** n smeerolie [-li·]; **2seife** f groene ['ɣru·nə]zeep
Schminke f schmink [ʃmɪŋk], (het) grimeersel; **2n (sich)** (zich) schminken, (zich) grimeren ['-me:r-]
Schmirgelpapier n (het) schuurpapier ['sxy:r-]
Schmöker m F (het) prul
Schmor|braten m (het) gestoofd vlees; **2en** smoren, stoven
schmuck knap, mooi
Schmuck m opschik, versiering; (Juwelen) sieraden n/pl.
schmücken (ver)sieren, tooien
schmuggeln smokkelen
schmunzeln fijntjes ['fɛintjəs] lachen, gnuiven ['ɣnœy-], zich verkneukelen [-'knə:kələ(n)]
Schmutz m vuiligheid ['ʋəyləxɛit], (het) vuil; **2ig**

vuil; **~fink** m vuilik ['-lɪk]
Schnabel m snavel, bek
Schnalle f gesp
schnappen snappen; **Luft** ~ lucht [lɛxt] happen
Schnaps m jenever [jə'ne:vər]; **(ein Glas)** ~ borrel
schnarchen snurken ['snɔrk-]
schnattern snateren ['sna:tərə(n)], kakelen
schnau|ben, ~fen snuiven ['snœyv-], hijgen ['hɛiɣ-], puffen ['pəf-]
Schnauze f snuit, bek; F smoel [smu·l]
Schnecke f slak
Schnee m sneeuw [sne:ü]; **~ball** m sneeuwbal; **~fall** m sneeuwval; **~gestöber** n sneeuwjacht; **~ketten** f/pl. Kfz. sneeuwkettingen pl.; **~matsch** m sneeuwmodder; **2weiß** sneeuwwit, spierwit
Schneid|brenner m snijbrander ['snɛi-]; **~e** f sne(d)e; **2en** snijden ['snɛiə(n)]; (mit Schere) knippen
Schneider m kleermaker; **~in** f naaister
schnei|en: es ~t het sneeuwt
Schneise f sleuf [slø:f]
schnell [ʃʋɛl] vlug [vlɛx], snel, hard, gauw; **2igkeit** f snelheid; **2imbiß** m snackbar ['snɛgba:r], cafetaria [-'ta:ri·(j)ɑ], (het) snelbuffet ['-by·fɛt]

²straße f weg voor snelverkeer; ²zug m sneltrein

schneuzen snuiten ['snɔʏt-]

Schnippel m u. n snipper

Schnitt m sne(d)e; (Fasson) snit, coupe ['ku-pə)]; _blumen f/pl. snijbloemen ['blu·mə(n)] pl.; _e f sne(d)e, plak; _lauch m (het) bieslook; _wunde f snijwonde

Schnitzel n: Wiener ~ (het) gepaneerd kalfslapje

schnitzen (in hout) snijden ['snɪtsə(n)]

Schnorchel m snorkel

schnüffeln snuffelen ['snɛfələ(n)]

Schnuller m fopspeen

Schnulze f smartlap

Schnupfen m verkoudheid [-'kauthəɪt]

schnuppern snuffelen

Schnur f (het) snoer [snuːr], koord, (het) touwtje ['taʊtjə]

schnüren binden, snoeren

schnurgerade lijnrecht ['lɪn-]

Schnurrbart m snor

Schnürsenkel m veter ['ʋeːtər]

Schock m schok; Med. zenuwschok ['zeːnyˑˈʊsxɔk], shock [ʃɔk]; ²ieren choqueren [ʃo'keːr-]

Schokolade f chocolade [ʃo-'-]; _ntafel f (het) tablet [-'blɛt] chocolade

Scholle f kluit [klœyt]

aarde, zode; (Eis²) ijsschots ['ɛɪsxɔts];Zo. schol

schon al, reeds; **das** _! dat wel!; ~ **wieder** alweer [-'ʋeːr]

schön mooi, fraai

schonen (sich) (zich) sparen, (zich) ontzien

Schönheit f schoonheid; _s·salon m schoonheidssalon

Schon|kost f dieetkost; ²ungslos meedogenloos; _zeit f verboden jachttijd ['-tɛɪt]

Schopf m haarbos

schöpf|en putten ['pœt-], scheppen; ²er m schepper

Schoppen m (het) glas, pot

Schorf m schurft [sxɛr-(ə)ftl;(Kruste) korst

Schornstein m schoorsteen; _feger m schoorsteenveger

Schoß m schoot

Schote f peul [pøːl]

Schotter m (het) steenslag

schottisch Schots

schräg schuin [sxœyn], scheef

Schramme f schram

Schrank m kast

Schranke f slagboom, versperring; fig. grens, (het) perk

Schraube f schroef [sxruːf]; ²n schroeven; _n·mutter f moer; _n·zieher m schroevedraaier

Schraubstock m bankschroef

Schreck *m* schrik; **vor** ~ ['krəy-]; **.ladef** la(de)
van schrik; **.lich** ver-
schrikkelijk [-lək], vreselijk ['vre:sələk]

Schrei *m* schreeuw
[sxre:ül], kreet, gil

schreiben schrijven; **.en** *F*
(het) schrijven

Schreibmaschine *f* schrijf-
machine [-ʃi·nə]

Schreibtisch *m* schrijfta-
fel, (het) bureau [by·'ro:];
.lampe *f* bureaulamp

schreien schreeuwen
['sxre:üə(n)], gillen

schreiten schrijden
['sxre:id-], stappen

Schrift *f* (het) schrift;
(Text) (het) geschrift;
.lich schriftelijk ['-tə-
lək]; **.steller** *m* schrijver;
.stück *n* (het) geschrift,
(het) stuk [stək]; **.wech-
sel** *m* briefwisseling

schrill schril, schel [sxɛl]

Schritt *m* stap, schrede
['sxre:də]; ~ **fahren** stap-
voets [-'fu·ts] rijden
['rɛiə(n)]; **.macher** *m*
gangmaker; **.weise** stap
voor stap

schroff steil/*fig.* scherp

Schrot *n* (het) schroot

Schrott *m* (het) schroot,
(het) oud [aut] ijzer
['ɛizər]

schrubb|en schrobben;
.er *m* schrobber

schrumpfen krimpen, verschrompelen ['sxrɔm-
pələ(n)]

Schub|karre *f* kruiwagen

schubsen een zet(je) geven

schüchtern schuchter
['sxɛxtər], bedeesd

Schuft *m* schoft, schavuit
[sxa'vəytl; **.en** *F* zwoegen

Schuh *m* schoen [sxu·n];
.bürste *f* schoenborstel;
.geschäft *n* schoenwin-
kel; **.krem** *f* schoencrè-
me ['-krɛ:m]; **.macher** *m*
schoenmaker ['-ma:kər]

Schularbeiten *f/pl.*
schoolwerk, (het) huis-
werk ['høys-]

schuld schuldig ['sxɛldəx];
~ **sein an** schuld hebben

Schuld *f* schuld; **.en** (*j-m*
A) schuldig zijn [sɛin]; **.ig**
schuldig; **.los** onschuldig
[-'sxɔldəx]; **.ner** *m*
schuldenaar; **.schein** *m*
schuldbekentenis

Schule *f* school

schulen scholen   [f)]

Schüler(in) *f/m* leerling(e

Schul|ferien *pl.* schoolva-
kantie [-kansi·]; **.frei**
vrijaf ['vrɛi'af]; **.leiter** *m*
(het) schoolhoofd

Schulter *f* schouder
['sxaudər]

Schulung *f* scholing

Schund *m* bocht

Schuppen 1. *f/pl.* schilfers
pl./*Zo.* schubben ['sxɛb-
pl.; 2. *m* loods, keet, (het)
hok

schüren *fig.* aanwakkeren
['-vakərə(n)]

Schurke *m* schurk
[sxœr(ə)k]

Schürze *f* schort

Schuß *m* (het) schot;
Kochk. scheut [sxøːt]

Schüssel *f* schotel, schaal

Schußwaffe *f* (het) schiet-
wapen ['-va·pə(n)]

Schuster *m* schoenlapper
['sxuˑ·n·]

Schutt *m* (het) puin [pœyn]

Schüttel *frost m* rillingen
pl.; **2n schudden** ['sxœd-]

schütten storten, gieten

Schutthaufen *m* puinhoop

Schutz *m* bescherming,
beschutting ['-sxœt-]; **~ suchen** beschutting zoeken
['zuˑ·k-], schuilen ['sxœyl-];
~blech *n* (het) spatbord;
~brille *f* stofbril, veilig-
heidsbril ['vɛilɑxsɪdzbril]

schützen (sich) vor (*D*)
(zich) beschermen tegen,
(zich) beschutten tegen

Schutz|**haft** *f* verzekerde
['-zeˑ·kər-] bewaring,
~heilige(r) beschermheili-
ge (-heiligəl), patroon;
~impfung *f* preventieve
inenting; **~los** onbe-
schermd, weerloos;
~mann *m* politieagent
['-li·(t)si·aˀənt]

schwach zwak

Schwäch|**e** *f* zwakheid,
zwakte; *(Neigung)* zwak;
2en verzwakken;
2lich teer, slap

schwach|**sinnig** zwakzin-
nig ['-sɪnɑx], **2strom** *m*
zwakstroom

Schwager *m* zwager

Schwägerin *f* schoonzus
(-ter)['-zəs(tər)]

Schwalbe *f* zwaluw
['zlaˑ·lyˑu]

Schwamm *m* spons; *Zo.* |

Schwan *m* zwaan [zwaːn]

schwanger zwanger;
2schaftsunterbrechung *f*
abortus [ɑ'bortəs] *(provo-
catus)*

schwanken waggelen,
wankelen; *fig.* weifelen
['vɛifələ(n)]; *Preise:*
schommelen

Schwanz *m* staart

schwänzen spijbelen
['spɛibələ(n)]

Schwarm *m* zwerm

schwärm|**en** zwermen;
(für *A*) dwepen (met);
~erisch dweepziek

schwarz zwart; **2brot** *n*
(het) roggebrood, (het)
zwart brood; **2wurzeln**
f/pl. schorsoneren [sxor-
sə'neˑ·r-]*pl.*

schwatzen babbelen ['ba-
bələ(n)], kletsen

Schwätzer *m* babbelaar,
kletskous ['-kɑusl, *F*
kletsmajoor

schweben zweven

schwedisch Zweeds

Schwefel *m* zwavel

schweig|**en** zwijgen ['zwɛi·
ɣə(n)]; **~sam** zwijgzaam

Schwein *n* (het) varken,
(het) zwijn; **~ haben** *F*
boffen

Schweine|**braten** *m* (het)
varkensgebraad; **~fleisch**

n (het) varkensvlees

Schweinerei *f* F rotzooi, smeerlapperij [-rɛi]

Schweiß *m* (het) zweet

schweißen *Tech.* lassen

Schweiz *f* Zwitserland *n;* ♀erisch Zwitsers

schwelen smeulen ['smo:l-]

schwelgen (in *D)* zwelgen (in)

Schwelle *f* drempel

schwellen *v/i* zwellen; *v/t* doen [du·n] zwellen

schwenken *v/i* zwenken; *v/t* zwaaien, wuiven ['vəŋv-]

schwer zwaar; *fig. (schwierig)* moeilijk ['mu·ilək], lastig [-tax]

Schwer|arbeit *f* (het) zwaar werk; **~beschädigte(r)** invalide; ♀elos gewichtloos; ♀fällig log, plomp; ♀hörig hardhorig [-'ho:rəx]; **~industrie** *f* zware industrie [-dəs'-]; **~kraft** *f* zwaartekracht; **~punkt** *m* (het) zwaartepunt [-pent]

Schwert *n* (het) zwaard

schwer|verständlich moeilijk ['mu·ilək] te begrijpen [-'ɣrɛip-]; **~wiegend** zwaarwegend

Schwester *f* zus(ter) ['zəs (-tər)]

Schwiegereltern *pl.* schoonouders ['-auðərs]

Schwiele *f* (het) eelt [*pl.*]

schwierig moeilijk ['mu·ilək]; ♀keit *f* moeilijkheid [-ɛit]

Schwimmbad *n* (het) zwembad ['-bat]

schwimmen zwemmen; *(treiben)* drijven ['drɛiv-]

Schwimm|er *m* zwemmer; *Tech.* vlotter; **~flosse** *f* vin; **~weste** *f* (het) zwemvest

Schwindel *m Med.* duizeling ['dœyzəl-]; *fig.* zwendel, (het) (boeren)bedrog ['bu·rə(n)bədrox]; ♀frei vrij [vrɛi] van duizelingen; ♀n duizelen; *fig.* jokken

Schwind|ler *m* oplichter, zwendelaar; ♀lig: **(mir wird)** ♀lig (ik word) duizelig; **~sucht** *f* tering ['te:r-]

schwingen zwaaien, zwieren, trillen; ♀ung *f* trilling

Schwips *m* F: **e-n ~ haben** aangeschoten [-sxo:t-] zijn [zɛin]

schwitzen transpireren [-'re:r-], zweten

schwören zweren

schwül zwoel [zũu·l], benauwd; ♀e *f* zwoelheid, hitte

Schwung *m* zwaai; *fig.* (het) elan [e·'lã:], fut [fət]; ♀voll zwierig [-rax]

Schwurgericht *n* jury ['ʒy:ri·]

sechs zes; ♀tagerennen *n* zesdaagse; ♀tel *n* (het) zesde (deel)

sechzig zestig ['sɛstəx]

See 1. *m* (het) meer; 2. *f* zee

See|hund m zeehond; 2krank zeeziek

Seel|e f ziel; 2isch psychisch ['psi·xi·sl]; ~sorge f zielzorg

See|mann m zeeman; ~reise f zeereis ['-rɛis]; ~zunge f zeetong

Segel n (het) zeil; ~flugzeug n (het) zweefvliegtuig [-təʏxl] 2n zeilen; ~schiff n (het) zeilschip ['-sxip] [zegenen]

Seg|en m 2nen

sehen zien; vom 2 kennen van gezicht kennen; ~swert bezienswaardig ['-'va:rdəx]

Sehne f pees

sehnen: sich ~ nach (D) snakken naar, verlangen naar

Sehnenzerrung f peesverrekking

Sehn|sucht f (het) (sterk) verlangen, (het) smachten; 2süchtig vurig ['ʏy:rəx]

sehr zeer, erg, heel; ~ gern heel graag [ˈɣra:x]

seicht ondiep

Seide f zijde(de)['zɛidə]

Seife f zeep

Seil n (het) touw [taʊl], lijn [lɛin], koord; (dickes ~) kabel; ~bahn f (het) kabelspoor

sein¹ zijn [zɛin]; **ich bin** ik ben; **wir sind** wij zijn

sein², ~e zijn [zɛin, zən]

seiner|seits zijnerzijds, van zijn kant; ~zeit in-
dertijd [-ˈtɛit]

seit (D) sinds, sedert ['se:dərt]; ~(dem) Konj. sinds, sedert; ~dem Adv. sindsdien

Seite f kant, zij(de); (Blatt) bladzijde

Seiten|ausgang m zijuitgang ['-əʏt-]; 2hieb m fig. steek onder water

seitens (G) van de kant van, vanwege ['-'ve:ɣəl]

Seiten|sprung m (het) slippertje; ~stechen n steek in de zij; ~straße f zijstraat; ~wind m zij-

seither sindsdien [wind]

seit|lich zijdelings ['zɛidəl-]; ~wärts zijwaarts

Sekretär(in f) m secretaris m (secretaresse f -'rɛsəlf)

Sekt m champagne [ʃampaniəl]

Sekunde f seconde

selbst zelf; Adv. (sogar) zelfs; von ~ vanzelf

selbständig zelfstandig ['-ʃtandəx]

Selbst|auslöser m zelfontspanner; ~bedienung f zelfbediening; 2bewußt zelfbewust ['-vɛstl]; 2fahrer m auto zonder chauffeur; 2gefällig zelfvoldaan; 2s onbaatzuchtig [-'sɛxtəx]; ~mord m zelfmoord; 2sicher zelfzeker [-'zɛ:kər]; 2süchtig zelfzuchtig; 2tätig automatisch [-i·sl]; zelfhandelend; ~tor n

385 **Sicherheitsnadel**

goal [ˈɣo:l] in eigen doel [duːl]; ²verständlich vanzelfsprekend [-ˈspre:kənt]; ˖vertrauen n (het) zelfvertrouwen [-trɑüə(n)]; ˖verwaltung f (het) zelfbestuur [-sty:r]; ˖wählverkehr m Tel. automatische [-ˈi·sə] telefoondienst

selig [ˈza:ləx]

Sellerie f selderij [ˈsɛldərɛɪ], selderie

selten zeldzaam; Adv. zelden; ²heit f zeldzaamheid

Selterswasser n (het) spuitwater [ˈspɔytvɑːtər]

seltsam eigenaardig [-ˈa:rdəx], vreemd

Semester n (het) semester

Seminar n (het) seminarie [-ˈna:ri·]

senden zenden, sturen [ˈsty:r-]; Rdf. uitzenden [ˈɑʏt-]; ²er m zender; ²ung f zending; Rdf. uitzending

Senf m mosterd; ˖gurke f augurk [-ˈɣœr(ə)k] in mosterdsaus

sengen schroeien [ˈsxruːɪə(n)], zengen

senken neerlaten, laten zakken; Preise verlagen; sich ˖ dalen, zakken

senkrecht loodrecht

Sensation f sensatie [-ˈsa:(t)si·]

Sense f zeis [zɛɪs]

sensibel gevoelig [-ˈɣuːləx]

---

sentimental sentimenteel

September m september

Serie f serie [ˈse:ri·], reeks

seriös serieus [-ˈriø:s]

Serum n (het) serum [ˈ-rəm]

Service 1. n (het) servies; 2. m service [ˈsœ·vɪs]; ²ieren serveren [-ˈve:-], bedienen; ˖iererin f dienster, serveerster; ˖iette f (het) servet [-ˈvɛt]

Sessel m zetel [ˈze:təl]

setzen zetten; j-n in Kenntnis ˖ von (D) iem. in kennis stellen van; außer Kraft ˖ buiten [ˈbəʏt-] werking stellen; sich ˖ gaan zitten

Seuche f epidemie [-dəˈmi·]

seufzen zuchten [zœxt-]; ²er m zucht

sexuell seksueel [-syˈúe:l]

sich zich; (einander) elkaar [-ˈka:r]; an ˖ op zichzelf beschouwd; (eigentlich) als zodanig [-ˈda:nəx]; von ˖ aus zelf, op eigen initiatief [-(t)sia'ti·f]

Sichel f sikkel

sicher veilig [ˈvɛɪləx]; (gewiß) zeker [ze:kər]; ˖ sein vor (D) veilig zijn [sɛɪn] voor; ²heit f veiligheid; (Gewißheit) zekerheid

Sicherheits|gurt m veiligheidsgordel; ²halber veiligheidshalve; ˖nadel f veiligheidsspeld

Uni Nied. 13

sicherlich zeker, stellig [´-ləx]

sicher|n (schützen) beveiligen; (verschaffen) verzekeren; **_stellen** (beschlagnahmen) in beslag nemen; (garantieren) waarborgen; ♀**ung** f El. zekering

Sicht f (het) zicht; fig. (het) standpunt [´-pənt], visie [´ï·zi·]; ♀**bar** zichtbaar; ♀**lich** kennelijk [´-nələk]; **_vermerk** m (het) visum [´-zəm]; **_weite** f (het) zicht

sickern sijpelen [´sɛipələ(n)]

sie 3. Pers. sg. u. pl. zij [zɛi, zəl, ze; 3. Pers. sg. (A) ze, (Pers. a.) haar; 3. Pers. pl. (A) ze, (Pers. a.) hen; ♀ U [y·]

Sieb n zeef; ♀**en** zeven

sieb|en (Zahl) zeven; **_tägig** zevendaags; **_zehn** zeventien

sieden zieden, koken

Siedlung f nederzetting [´ne:dər-]

Sieg m overwinning, zege [´ze:ɣə]

Siegel n (het) zegel

sieg|en overwinnen, zegevieren; ♀**er** m (over-)winnaar; **_reich** zegevierend

Signal n (het) sein [sɛin], (het) signaal [si·nïa:l]

Silbe f lettergreep

Silber n zilver; **_hochzeit** f zilveren brui-

loft [´brøyloftl; ♀**n** zilveren

Silvesterabend m oudejaarsavond [-´a·ənt]

simulieren simuleren [-my·´le:r-], veinzen

Sinfonie f symfonie [sɪmfo·´ni·]

sing|en zingen; ♀**vogel** m zangvogel

sinken zinken, zakken, dalen

Sinn m (het) zintuig [-´təγxl; (Bedeutung) zin; **_bild** n (het) zinnebeeld; **_gemäß** volgens de betekenis [-´te:kənɪs]; ♀**lich** zinnelijk [´-nələk]; ♀**los** zinloos; ♀**voll** zinvol

Siphon m sifon [-´fɔn]

Sippe f familie [-li·]

Sirup m stroop; siroop

Sitte f zede, (het) gebruik [-´brœykl, manier

sittlich zedelijk [´ze·dələk]; ♀**keitsverbrechen** n (het) zedenmisdrijf [-drɛifl]

Situation f situatie [-ty·´üa·(t)si·]

Sitz m zitplaats, zitting; (e-r Firma usw.) zetel [´ze·təll]; **_bad** n (het) zitbad [-´bɑtl]; ♀**en** zitten

Sitzung f zitting, vergadering[-´ɣa·dər-]

Skala f schaal

Skandal m (het) schandaal; ♀**ös** schandalig [sxɑn´da:ləxl]

Skelett n (het) skelet

Skizze f schets

Sklavem slaaf

Skonto m u. n korting (bij contante betaling)

Skrupel m/pl. scrupules [skry·'py·ləs] pl., gewetensbezwaren [-'ve:tənz-] n/pl.

Skulptur f sculptuur [skʊl(ə)p'ty:r]

so zo; **~!** (zie)zo!; **~ oder ~** hoe [hu·] dan ook; **~ daß** zodat; **~ ein** zo een [zo·e:n, zo:n], zo'n; **~bald** zodra

Sockef sok

Sockel m (het) voetstuk ['v̯u·tstœk]

Sodan soda

Sodbrennen n (het) zuur [zy·r]

so|eben zoëven [zo:'e:və(n)], zopas, zojuist [-'jøyst]; **~fern** Konj. in zoverre [-'v̯ɛrə]; **~fort** onmiddellijk [-'mɪdələk], aanstonds, terstond; **~fortig** onmiddellijk; **~gar** zelfs; **~genannt** zogenaamd; **~gleich** meteen [mɛ'te:n], direct

Sohlef zool; fig. bodem

Sohnm zoon

solange zolang

solch zulk [zəl(ə)k], zodanig [-'da:nəx]

Soldm soldij [-'dɛl]

Soldatm soldaat

Söldner m huurling ['hy:r-]

solidarisch solidair [-'dɛ:r]

solide solide, degelijk ['de:ɣələk]

Solist(in)m solist(e f)

Soll n verplichte hoeveelheid [hu·'-]; Hdl. (het) debet ['de:bɛt]

sollen moeten ['mu·t-]

somit bijgevolg [bɛ̯ɣ̯ə'-], dus [dəs]

Sommer m zomer ['zo:mər]; **im ~** zomers; **~fahrplan** m zomerdienst; **²lich** zomers; **~schlußverkauf** m zomeropruiming [-rəym-]; **~sprossen** f/pl. zomersproeten [-spru·tə(n)]pl.

Sonder- in Zssg. mst. extra-, speciale [-'sïa:lə], (het) speciaal

Sonderangebotn speciale aanbieding

sonder|bar zonderling; **~gleichen** zonder weerga; **~lich** bijzonder [bi'-]; **²ling**m zonderling

sondern Konj. maar; **nicht nur .... ~ auch** niet alleen...maar ook

Sonderzugm extratrein

sondieren peilen, polsen

Sonnabendm.s. **Samstag**

Sonne f zon; **²n: sich ²n** zich zonnen

Sonnen|aufgang m zonsopgang; **~blume** f zonnebloem [-blu·m]; **~brand** m zonnebrand; **~brille** f zonnebril; **~finsternis** f zonsverduistering [-dəystər-]; **~schein** m (het) zonneschijn [-sxɛːn]; **~schirm** m parasol; **~stich** m zonnesteek

_uhr f zonnewijzer;
_untergang m zons-
ondergang
sonnig zonnig [ˈ-nəx]
Sonntag m zondag [ˈ-dɑx];
am _ zondags; **an Sonn-
und Feiertagen** op zon-
en feestdagen
sonst anders; (wie immer)
vroeger [ˈ-rʊ ˈɣərl]; **_ jemand?** nog iemand?; **_
niemand** anders nie-
mand; **_ nichts** anders
niets; **_ig** ander; **_wo** ergens anders, elders
Sorge f zorg
sorgen (für A) zorgen
(voor); **sich _ (um** A) bezorgd zijn [ssɪn] (voor)
sorg|fältig zorgvuldig
[ˈ-fɛldax]; **_los** zorgeloos
Sort|e f soort, (het) slag;
_ieren sorteren [-ˈteːr-]
Soße f saus, jus [ʒy]
Souper n (het) souper
Souvenir n (het) souvenir
so|viel zoveel; **_weit** zover
[-ˈvɛr]; **_wie** evenals; (so-
bald) zodra; **_wieso** in elk
geval, toch al
sowjetisch Sowjetrus-
sisch [-rəsi-s]
sowohl: . . . als auch zo-
wel [-ˈvɛl]. . . als
sozial sociaal [-ˈsïaːl];
_demokratisch sociaal-
democratisch [-i-s]; **_i-
stisch** socialistisch [-i-s];
_versicherung f sociale
verzekering [-ˈzeːkər-]
Soziologie f sociologie
[-sïo·lo·ˈɣi·]

Soziussitz m duozit [ˈdy-
ûoˈ-]
sozusagen om zo te zeggen
Spachtel f spatel [ˈspaːtəl]
spähen spieden, loeren
[ˈluːr-], gluren [ˈɣlyːr-], turen
Spalt|e f spleet, kloof;
Text: kolom; **_en** splijten
[ˈsplɛit-], splitsen
Span m spaander
Spange f spang, gesp
spanisch Spaans
Spann|e f spanne, marge
[ˈmarʒə]; **_en** spannen;
_ung f spanning
Spar|buch n (het) spaar-
boekje [ˈbu·kiə]; **_büch-
se** f spaarpot; **_en** sparen; **_er** m spaarder
Spargel m asperge
[asˈpɛrʒə]
spärlich karig [ˈkaːrəx],
schaars
sparsam zuinig [ˈzœynəx]
Spaß m grap, (het) plezier
[-ˈziːr, F (het) genot [-i-s];
es macht mir _ ik vind
het leuk [løːk]; **zum _**
voor de grap; **_vogel** m
grappenmaker
spät laat; **wie _ ist es?** hoe
[hu·] laat is het?
Spaten m schop, spade
spät|er later; **_estens** op
zijn [sən] laatst, uiterlijk
[ˈœytərlək]; **_sommer** m
nazomer [ˈ-zoːmər]
Spatz m mus [məs]
spazier|en wandelen,
kuieren [ˈkœyiərə(n)];

~engehen gaan wandelen; ♀fahrt f pleziertocht, (het) toertje ['tu:rtlə], ♀gang m wandeling; ♀gängerm wandelaar

Spechtm specht

Speckm (het) spek

Spedition f expeditie [-'di·(t)si·]

Speerm speer

Speichef spaak

Speichelm (het) speeksel

Speicher m (het) pakhuis ['-həʏsl; ♀n opslaan

speien spuwen ['spy·ü-ə(n)]

Speise f spijs [spεɪsl, (het) voedsel ['ɣu·tsəll; ~eis n (het) consumptieijs [kɔn'səm(p)si·ɛɪsl; ~kárte f spijskaart, (het) menu [mə'ny·]; ♀n eten; (versorgen) voeden ['ɣu·d-]; ~öl n slaolie ['sla·-o:li·]; ~röhre f slokdarm; ~saal m eetzaal; ~wagen m restauratiewagen [-to·'ra:(t)si·-]

Spekulatius m speculaas [spe·ky·'-]

Spelunkef spelonk

spend|abel F royaal [rüə'ja:ll; ♀ef gift; ~en schenken, geven; ♀erm schenker, gever; ~ieren trakteren [-'te:r-]

sperr|angelweit wagenwijd [-ʋεɪtl; ♀ef afsluiting [' slεʏt-], versperring; (Verbot) (het) verbod [-'bɔtl; (Bahnsteig-) controle [-'tro:lə] ~en afslui-

ten, versperren; (einsperren) opsluiten; ♀gebiet n (het) afgesloten gebied; ♀holz n triplex; ~ig veel ruimte ['rəʏmtə] beslaand; ♀stunde f (het) sluitingsuur [-y:r]

Spesenpl. onkostenpl.

Spezialität f specialiteit [-siali·'tεɪt]

spezi|ell speciaal [-'sïa:ll; ~fisch specifiek [-si·'fi·k]

Sphäref sfeer

Spiegel m spiegel; ~ei n (het) spiegelei; ♀n (sich) (zich) spiegelen

Spiel n (het) spel; ♀en spelen; ~erm speler; ~kartef speelkaart; ~marke f fiche ['fi·ʃəl; ~platz m speelplein, speelplaats; ~regel f spelregel; ~sachen f/pl., ~zeug n (het) speelgoed ['-ɣu·t]

Spießm (het) spit

Spinat m spinazie [-'na:zi·]

Spinnef spin(nekop)

spinnen spinnen; fig. F van lotje getikt zijn [sεɪn]

Spinngewebe n (het) spinneweb

Spionm spion [spi·'jɔn]

Spiralef spiraal

Spirituosen pl. sterke drank(enpl.)

Spirituskocher m (het) spiritusstel [-testəl]

spitz spits, puntig ['pəntɔxl, scherp; fig. snibbig ['-bəxl, ♀e f spits, punt [pəntl;(Gewebe) kant

Spitzel m (politie)spion
[-'li·(t)si·spi·(j)ɔn]

Spitzen|kandidat m lijst-
aanvoerder ['lɛista:n-
vu:rdər]; **~klasse** f eerste
klas, topklas; **~leistung** f
topprestatie [-ta:(t)si·]

spitz|findig spitsvondig
[-'fɔndəx]; **⌀name** m bijnaam ['bɛina:m]

Splitter m splinter

Sporn m spoor

Sport m sport; **~ treiben**
aan sport doen [du·n]

Sport|er|in f) m sport-
beoefenaar(ster f) [-u·-
fən-]; **⌀lich** sportief;
~platz m (het) sportter-
rein; **~wagen** m sportwagen; (Kinder-) wandel-
wagen

Spott m spot, schimp;
⌀billig spotgoedkoop
['·xu·t·]; **⌀en** spotten
spöttisch spottend

Sprach|e f taal; **zur ~e
bringen (kommen)** ter
sprake brengen (komen);
~fehler m (het) spraak-
gebrek; taalfout ['·faut];
~führer m taalcursus
['·kɛrsʊs]; **~kenntnisse**
f/pl. taalkennis; **~labor** n
(het) talenpracticum
[-kəm]; **⌀los** sprakeloos

sprech|en spreken
['spre·k·]; **~ für (A)** fig.
pleiten voor; **⌀er** m spreker

Sprech|stunde f (het)
spreekuur ['·y:r]; **~zim-
mer** n spreekkamer

spreizen spreiden

spreng|en opblazen;
openbreken; Versamm-
lung uiteenjagen [ɛyt'-];
(m. Wasser) besproeien
[-'spru·iə(n)], sprenkelen
['·kələ(n)]; **⌀stoff** m
springstof

Spreu f (het) kaf

Sprichwort n (het)
spreekwoord

Springbrunnen m fontein
[-'tɛin]

spring|en springen; **⌀er** m
Sp. springer; Schach:
(het) paard

Spritz|e f spuit [spøyt]; **⌀en**
spuiten; spatten; **~er** m
spat

spröde broos; fig. (abweisend) stug [stœx]

Sprosse f sproet [spru·t];
(Leiter) sport

Sprößling m spruit
[sprøyt], afstammeling

Sprotte f sprot

Spruch m spreuk [sprø:k];
Jur. (het) vonnis; **~band** n
(het) spandoek

Sprudel(wasser n) m (het)
spuitwater ['spøytwa:tər]

sprudeln (op)borrelen

Sprüh|dose f spuitbus
['·bɔs]; **⌀en** spatten, von-
ken; **~regen** m motregen

Sprung m sprong; (Riß)
barst; **~brett** n spring-
plank

Spuck|e f (het) speeksel;
⌀en spuwen ['spy·ŭə(n)],
spugen

spuk|en: es ~t het spookt

Spülbecken *n* gootsteen, afwasbak

Spule *f* spoel [spu·l], klos

spül|en spoelen; *Geschirr* afwassen; *₂mittel n* (het) afwasmiddel

Spur *f* (het) spoor

spür|bar voelbaar ['vu·l-l], tastbaar; *₂en* (be)speuren [-'spø:r-], voelen

spurlos spoorloos

Staat *m* staat; *(Prunk)* staatsie ['-si·]; *₂lich* van de staat, staats-, rijks- [rɛiks-]

Staats|angehörigkeit *f* nationaliteit [na(t)sïo·na·li·'tɛit]; *₂anwalt m* officier [-'si:r] van justitie [jəs'ti·(t)si·]; *(in Belgien)* procureur [-ky·'rø:r]; *₂bürger m* staatsburger ['-bɛryər]; *₂mann m* staatsman; *₂streich m* staatsgreep

Stab *m* staf [staf]; staaf; *₂hochsprung m* (het) polsstokhoogspringen

stabil stabiel

Stachel *m* stekel ['ste:kəl], angel; *fig.* prikkel; *₂beere f* kruisbes ['krœysbes]; *₂draht m* prikkeldraad; *₂ig* stekelig ['ste:kəlɪg]; *₂schwein n* (het) stekelvarken

Stadion *n* (het) stadion

Stadt *f* stad; *₂bahn f* stadstram ['-trɛm]; *₂bummel m* wandeling door de stad

Städtebau *m* stedebouw

[-baʊ]

Städt|er *m* stedeling; *₂isch* stedelijk ['ste:dələk], steeds

Stadt|plan *m* plattegrond (van een stad); *₂rund-fahrt f* rondrit door de stad; *₂teil m, ₂viertel n* stadswijk ['-vɛik]

Staffellauf *m* estafetteloop

Stahl *m* (het) staal

stählern stalen

Stahlwerk *n* staalfabriek

Stall *m* stal; *(Kleintiere)* (het) hok

Stamm *m* stam

stammeln stamelen ['sta:-məl-]

stamm|en (af)stammen; *₂gast m* stamgast

stämmig stoer [stu:r]

Stammkunde *m* vaste klant

stampfen stampen

Stand *m* stand; *(Verkaufs₂)* stand [stɛnt], (het) stalletje; *₂bild n* (het) standbeeld

Ständer *m* stander

Stand|esamt *n* (het) bureau [by·'ro:] van de burgerlijke ['bəryərləkə] stand; *₂haft* standvastig [-'fastəx]; *₂halten* ['-haʊə(n)] standhouden ['-haʊə(n)]

ständig permanent [-'nɛnt], vast

Stand|licht *n* (het) parkeerlicht; *₂ort m* standplaats; *₂punkt m* (het) standpunt ['-pənt]

Stange f stang, staaf
stänkern F kankeren ['-kərə(n)]
stanzen ponsen
Stapel m stapel, hoop; ~lauf m (het) van stapel lopen; 2n(op)stapelen
Star m Zo. spreeuw [spre:úl]; Med. staar; (Film 2) filmster ['-stɛr]
stark sterk, fors; (dick) dik; Verkehr: druk [drɛk]
Stärke f 1. sterkte;(Dicke) dikte; 2. (Wäsche 2) (het) stijfsel ['stɛɪfsəl]
stärk|en versterken; Wäsche stijven; 2ung f versterking
starr star, strak; (steif) verstijfd, stram; ~en staren ['sta:r-]; ~köpfig stijfhoofdig [stɛɪf'ho:vdəx]
Start m start; 2bereit startklaar; 2en starten
Station f halte;(Krankenhaus) afdeling ['-de:l-] (in ziekenhuis); ~s·arzt m afdelingsarts
Statist|(in f) m figurant(e f) [-ɣ'-']; ~ik f statistiek [-'ti·k]
statt prp. (G) u. Konj. in plaats van; ~ dessen in plaats daarvan; plaats daarvan; ~finden plaatsvinden; ~lich indrukwekkend [-drɛk'-]
Statue f (het) standbeeld
Statut n (het) statuut [-'ty·t]
Staub m (het) stof; 2en stuiven ['stəvv-]; 2ig stof-

f(er)ig ['-f(ər)əx]; ~sauger m stofzuiger; ~tuch n stofdoek ['-du·k]
Staudamm m stuwdam ['sty·ŭ-]
stauen: sich ~ Verkehr: vastlopen
staunen (über A) verbaasd (od. versteld) staan (over), opkijken ['-kɛɪk-] (van)
Stauung f (Verkehrs 2) opstopping
stechen steken ['ste:k-], prikken
Steck|dose f (het) stopcontact; 2en steken; (v/t a.) stoppen; 2enbleiben blijven ['blɛɪ̌-] steken; ~enpferd n (het) stokpaardje; ~er m stekker; ~nadel f speld
Steg m loopplank
Stegreif m: aus dem ~ voor de vuist [vəɑ̆yst]
steh|en staan; es ~t gut (schlecht) um e-n iem. staat er goed [ɣu·t] (slecht) voor; im 2en staande; ~enbleiben blijven staan
stehlen stelen
Stehplatz m staanplaats
steif stijf [stɛɪf], stram
Steigbügel m stijgbeugel ['-bø:ɣəl]
steig|en stijgen, klimmen, rijzen; ~ern verhogen, vermeerderen; 2ung f stijging, helling
steil steil [stɛɪl]
Stein m steen;(Obst 2) pit;

~bruch m steengroeve ['-ɣru·və]; ♀ern stenen; ♀hart keihard; ~kohle f steenkool; ♀reich schatrijk ['-reïk]; ~schlag m (het) steenslag ['-slax]

Stelldichein n (het) rendez-vous [rɑ̃:ndə·'vu·]

Stelle f plaats; (Beruf a.) betrekking; Raum; an erster ~ op de eerste plaats; fig. in de eerste plaats; auf der ~ terstond

stellen stellen, plaatsen, zetten; Frage stellen

Stellen|angebot n aangeboden betrekking(en pl.); ♀weise hier en daar

Stellung f positie [-'zi·(t)si·]; (Dienst ♀ a.) betrekking; Mil. stelling; ~nahme f positiebepaling

Stellvertreter m plaatsvervanger

Stemmeisen n (het) breekijzer ['-eïzər]

stemmen Gewichte drukken ['drɔk-]; sich ~ gegen (A) zich schrap zetten tegen

Stempel m stempel; ♀n stempelen

Stengel m stengel

steno|graphieren stenograferen [-'fe:r-]; ♀typistin f stenotypiste [-ti·'pïstə]

Stepp|decke f gestikte deken ['de:k-]; ♀en stikken

sterben sterven, overlij-

den [-'lɛïdə(n)]; ~s krank doodziek

Sterbe|sakramente n/pl. sacramenten n/pl. der stervenden; ~urkunde f overlijdensakte

sterblich sterfelijk ['-fələk]; ♀keit f (statistisch) sterfte

Stereoanlage f stereoinstallatie ['-la:(t)si·]

steril steriel; ~isieren steriliseren ['-ze:r-]

Stern m ster; ~bild n (het) sterrebeeld; ~fahrt f rally ['rɛli·]; ~schnuppe f meteoor, vallende ster; ~warte f sterrenwacht

stet|ig aanhoudend ['-haudəntl, bestendig [-dəx]; ~s steeds

Steuer 1. f belasting; 2. n (het) stuur [sty:r]; (Schiffs♀) (het) roer [ru:r]

Steuerbord n (het) stuurboord

Steuer|einnahmen f/pl. belastingopbrengst; ~erklärung f belastingaangifte; ♀frei vrij [ʋreï] van belasting

Steuer|knüppel n stuurknuppel ['-knøpəl]; ~mann m stuurman; ♀n sturen; ~ung f besturing; (Eindämmung) (het) tegengaan

Steuerzahler m belastingbetaler

Stich m steek; (Kupfer ♀) gravure [-'ʋy·rə]; (Karten ♀) slag; im ~ lassen

de steek laten; ♀haltig
steekhoudend ['-hou-
dənt]; ~probe f steek-
proef ['-pru:f]; ~tag m
termijn ['-mɛin]; teldag
['tɛldɑx]; ~wahl f her-
stemming ['ha:-]; ~wort n
(het) slagwoord; (im
Lexikon) (het) tref-
woord; ~wunde f steek-
wond(e)

Stickerei f (het) borduursel ['-'dy:rsəll

stick|ig benauwd, be-
dompt; ~stoff m stikstof

Stief-in Zssg. stief-

Stiefel m laars

Stiefmutter f stiefmoeder
['-mu'dər]

Stiel m steel

Stier m stier; ~kampf
m (het) stierege-
vecht

Stift 1. m stift; s. Blei ♀; 2. n
(het)(ge)sticht

stift|en stichten; schen-
ken; ♀ung f stichting,
(het) fonds; schenking

Stil m stijl [stɛil], trant

still stil, zacht; ♀e f stilte

stillen Kind de borst ge-
ven; Durst lessen; Hun-
ger, Schmerz stillen;
Blut stelpen

Stillstand m stilstand

stimmberechtigt stemge-
rechtigd [-taxt]

Stimm|bruch m stemwis-
seling; ~ef stem

stimmen stemmen; (rich-
tig sein) kloppen

Stimm|recht n (het) stem-

recht; ~ung f stemming;
♀ungsvoll steervol

stinken stinken

Stipendium n studiebeurs
['sty·di·bø:rs]

Stirn f (het) voorhoofd

stöbern snuffelen ['snøfə-
lə(n)l

stochern porren, poken,
peuteren ['pø:tərə(n)]

Stock m stok; s. Stock-
werk

Stöckelschuh m schoen
[sxu·n] met hoge hak

stocken stokken, haperen
['ha:pərə(n)]

stockdunkel pik(ke)don-
ker, stikdonker

Stockwerk n etage [e·'ta:-
ʒə], verdieping

Stoff m stof; ♀lich stoffelijk ['-fələk]

stöhnen kreunen ['krø:n-],
steunen

Stollen m Bgb. mijngang
['mɛin-]; (Weihnachts ♀)
(het) kerstbrood

stolpern strompelen;
(über A) struikelen
['strøykələ(n)l (over)

stolz trots, fier; ♀ m trots,
fierheid

stopf|en stoppen; prop-
pen; ♀nadel f stopnaald

Stoppel f/pl. stoppels pl.

stopp|en v/i (anhalten)
stoppen; v/t stopzetten,
tegenhouden [-hũ·ə(n)];
Zeit opnemen ['-ne:m-];
♀uhr f chronometer

Stöpsel m stop, kurk
[kør(ə)k]

Stör m steur [stø:r]
Storch m ooievaar ['o:iə-]
stören storen
Störung f storing; 2s-frei storingvrij [-vrɛi]
Stoß m stoot, schok, duw [dy·ůl] Sp. trap; (Stapel) stapel; 2dämpfer m schokbreker ['-bre:kərl; 2en stoten; (schieben) duwen; (auf A) stuiten ['stɔt-] (op); 2seufzer m diepe f Kfz. bumper ['bempərl; 2verkehr m (het) spitsuur ['-y:r]
stottern stotteren
Strafanstalt f strafinrichting ['straf-]; 2anzeige f klacht; 2bar strafbaar
Strafe f straf; 2n (be)straf [-] straff strak, straf [fen]
straf|frei zonder straf; 2gesetzbuch n (het) strafwetboek [-bu·kl; 2porto n strafport; 2punkt m (het) strafpunt ['-pɔntl; 2raum m Sp. (het) strafschopgebied; 2stoß m Sp. strafschop; 2tat f (het) delict; 2verfahren n (het) strafproces [-sɛs]
Strahl m straal; 2en stralen; schitteren ['sxɪtərə(n)]; 2triebwerk n straalmotor ['-mo:tɔr]; 2ung f straling
Strähne f streng
stramm strak; (gesund) kloek [klu·kl, flink
Strampel|höschen n (het) kruippakje ['krœyp-]; *2n trappelen
Strand m (het) strand
strand|en stranden; 2korb m strandstoel ['-stu·l]
Strang m streng; strop
Strapaz|e f inspanning; 2ieren veel vergen van, afbeulen ['-bœl-]; 2ierfähig oersterk ['u:r-]
Straße f straat; weg [vɛx]
Straßen|arbeiten f/pl. wegwerken n/pl.; 2bahn f tram [trɛm]; 2bau m wegenbouw [-baůl, 2beleuchtung f straatverlichting; 2karte f wegenkaart; 2kreuzung f (het) kruispunt ['-pɔntl; 2rennen n wegwedstrijd [-strɛit]
Straßenverkehr m (het) wegverkeer; 2ordnung f (het) verkeersreglement [-mɛnt]
Straßen|wacht f wegenwacht; 2zustandsbericht m wegeninformatie [-ma:(t)si·]
sträuben: sich ~ te berge rijzen ['rɛiz-]; fig. tegenstribbelen [-strɪbələ(n)], tegenspartelen; (gegen A) zich verzetten tegen
Strauch m struik [strœyk]
straucheln struikelen
Strauß m struisvogel; (Blumen 2) ruiker, (het) boeket [bu·kɛt]
streb|en (nach D) streven (naar); 2sam eerzuchtig ['-zɛxtəxl]

Strecke f (het) traject,
(het) eind weegs; *Esb.*
(het) baanvak, lijn [lɛɪn]
streck|en (sich) (zich)
strekken, (zich) rekken;
2verband m (het) rek-
verband
Streich m fig. streek,
poets [pu·ts]
streicheln strelen, aaien
streich|en *Brot* smeren;
(durch-) doorhalen,
schrappen; **(über** A)
strijken [ˈstrɛɪk-] (over);s.
anstreichen; 2holz n lucifer [ly·si·fɛr]; 2käse m
smeerkaas
Streife f patrouille [pa-
ˈtru·(l)jə]
Streifen m streep;
(schmales Stück) strook,
reep
streifen even aanraken
Streifenwagen m pa-
trouilleauto
Streik m staking; 2en staken
Streit m ruzie [ˈry·zi·],
twist; 2en twisten, kra-
kelen [-ˈke:l-], kibbelen
[ˈ-bələ(n)]; **_igkeiten** f/pl.
geschillen n/pl., onenig-
heid [-ˈe:nəxɛɪt]; **_kräfte**
f/pl. strijdkrachten
[ˈstrɛɪt-] pl.; 2süchtig
twistziek [heɪd]
streng streng; 2e f streng;
streu|en strooien; 2selku-
chen m snipperkoek
[-ku·k]
Strich m streep, haal, lijn
[lɛɪn], streek

Strick m strik, strop,
koord
strick|en breien [ˈbrɛɪ-
ə(n)]; 2jacke f (het) ge-
breid jasje [ˈjaʃə]; 2leiter
f touwladder [ˈtaʊ·l-]; 2wa-
ren f/pl. (het) gebreid
goed [ʃu·t]
Strieme f striem
strikt strikt
strittig betwist, omstreden [-ˈstre:də(n)]
Stroh n (het) stro; **_halm**
m *(zum Trinken)* (het)
rietje
Strolch m schooier
[ˈsxo:ər]
Strom m stroom
strömen stromen
stromabwärts stroomafwaarts
Strömung f stroming
Stromverbrauch m (het)
stroomverbruik [-brøyk]
Strudel m maalstroom,
draaikolk
Strumpf m kous [kaus];
_halter m jarretel(le)
[ʒarəˈtɛl(ə)]; **_hose** f panty
[ˈpɛnti]
struppig ruig [rœyx]
Stube f kamer (het) vertrek; **_n·mädchen** n (het)
kamermeisje [-mɛɪʃə]
Stück n (het) stuk [støk],
2weise bij stukjes en
beetjes; per stuk
Student(in f) m student(e
f) [sty·ˈ-]
Studenten|austausch m
studentenuitwisseling
[-əyt-]; **_heim** n (het) stu-

dentenhuis
Studief studie ['sty·di·]
Studienrat m leraar, docent [-'sɛnt]; **~reise** f studiereis
studi|eren studeren [-'de:r]; ℒo n studio; ℒum n studie
Stufe f trede ['tre:də], trap; fig. (het) peil; ℒ**n·weise** trapsgewijze [-ʋeɪzə]
Stuhl m stoel [stu·l]; **~gang** m stoelgang
stumm stom
Stummel m stomp; (Zigaretten ℒ) (het) peukje ['pøːkjə]
Stümper m knoeier ['knu·jər]
Stumpfm stomp
stumpf stomp; **~sinnig** stompzinnig [-'smsx]
Stunde f (het) uur [yːr]; (Schul ℒ) les; **~n·kilometer** m/pl. kilometer(s) per uur; **~n·lohn** m uurloon; **~n·plan** m les(sen)rooster
stündlich van uur tot uur; per uur
stups|en porren; ℒ**nase** f wipneus [-nøːs]
stur koppig [-'pəxl, keiharig
Sturm m storm [hard]; **stürm|en** v/t bestormen; v/i stormen; ℒ**er** m Sp. aanvaller; **~isch** stormachtig [-təx]
Sturm|warnung f stormwaarschuwing [ʋxyˑũrl; **~wind**m stormwind
Sturzm val

stürzen v/t storten; (absetzen) ten val brengen; v/i (fallen) vallen, storten;(eilen) snellen
Sturzhelmm valhelm
Stutef merrie ['-ri·]
Stütze f steun [støːn], stut [støt]
stutzen v/i versteld staan over; v/t bijknippen ['bɛɪ-], snoeien ['snu·iˑ-ə(n)]
stützen steunen, stutten; **sich ~ auf**(A) steunen op
stutzig wantrouwig [-'traʊəx]
Stützpunkt m (het) steunpunt ['-pɛnt]
sub|jektiv subjectief [søb-]; **~skribieren** intekenen ['-te:kən-]; **~trahieren** aftrekken
such|en zoeken [zu·](ə(n); **auf der ~, auf die ~** op zoek
such|en zoeken; ℒ**er** m (a. Foto) zoeker
Suchtf ziekte; zucht [zɛxt]
süchtig verslaafd
Süd|en m (het) zuiden ['zɔʏdə(n)]; **~früchte** f/pl. zuidvruchten ['-frɛxtə(n)] pl.; ℒ**lich** zuidelijk ['-dələk]; (von D) ten zuiden (van); **~osten** m (het) zuidoosten; **~pol** m zuidpool; **~wind** m zuidenwind
Sühne f boete ['buˑtəl, vergelding
Sülzef (het) vlees in aspic
Summe som

summen gonzen, zoemen
['zu·m-]

Sumpf m (het) moeras
[mu·'-]

Sünde f zonde

Super|benzin n super
(-benzine) ['sy·-]; **~markt**
m supermarkt

Suppe f soep [su'p];
~fleisch n (het) soep-
vlees; **~grün** n soep-
groente

surren snorren

süß zoet [zu·t]; f (reizend)
lief, snoezig ['-zəx]; **~en**
zoet maken; **Zigkeiten**
f/pl. zoetigheden ['-tə-
xe:də(n)] pl.; **Zstoff** m
(het) zoetmiddel; **Zwaren**
(het) snoepgoed,
snoep

---

f/pl. (het) snoepgoed,
snoep

symbolisch symbolisch
[sɪm'bo:lɪ·ʃ]

Sympath|ie f sympathie
[sɪm-]; **Zisch** sympathiek
[-'ti·k]

Symptom n (het) sym-
ptoom [sɪm'to:m]

synchronisiert gesyn-
chroniseerd [-sɪn-]

synthetisch synthetisch
[sɪn'te:tɪ·ʃ]

Syphilis f syfilis ['si·-]

System n (het) systeem
[si·s-]; **Zatisch** systematisch [-i·s]

Szene f scene ['sɛ:nəl, (het)
toneel

T

Tabak m tabak [-'bɑk];
~laden m tabakwinkel;
~(s)pfeife f tabakspijp
[-pɛɪp]

Tabelle f tabel

Tablett n (het) presenteerblad

Tablette f tablet

Tachometer n snelheids-
meter

Tadel m berisping, blaam;
Zlos keurig [kø·rəx], onberispelijk [-lək]; **Zn** berispen, afkeuren

Tafel f (het) bord; (Schokolade) tablet;(Tisch) tafel

Täfelung f betimmering,
lambrizering [-'ze:r-]

Tag m dag [dɑx]; **guten ~!**

---

goedendag ['ɣu·iə-]; **am
~e** overdag [-dɑx]; **eines
~es** op zekere ['se:kərə]
dag

Tage|buch n (het) dag-
boek ['-bu·k]; **Zlang** da-
genlang; **Zn** Versamm-
lung: vergaderen [-'ɣa:-
dərə(n)]; **es tagt** het
wordt dag

Tages|anbruch m dage-
raad; **~ausflug** m (het)
uitstapje ['ɑyt-] van een
dag; **~kurs** m dagkoers
['-ku·rs]; **~licht** n (het)
daglicht; **~ordnung** f
agenda [a'ɣendɑ]

täglich dagelijks ['da:ɣə-
ləks]

tagsüber overdag [-'dɑx]

Tagung f vergadering,
(het) congres
Taille f taille ['tajə];
-weitf taillemaat
takeln takelen
Takt m Mus. maat; (Be-
nehmen) tact
Taktikf tactiek [-'ti·k]
takt|los tactloos; **-voll**
tactvol
Taln (het) dal [dɑl]
Talentn (het) talent
Talfahrtf tocht bergaf
Talgm talk
Talsperre f stuwdam
['sty·ŭ-]
Tamponm tampon
Tangm (het) wier
Tank m tank [tɛŋk]; 2en
tanken; **-stelle** f (het)
benzinestation [-stasion];
-wartm pompbediende
Tannef spar
Tantef tante
Tanzm dans; 2en dansen
Tänzer(in f) m danser-(es
[-'rɛs]f)
Tanz|fläche f dansvloer
['-flu·r]; **-kapelle** f
(het) dansorkest; **-lokal**
n dansgelegenheid, dan-
cing ['dɛnsiŋ]; **-musik** f
dansmuziek ['-my·zi·k]
Tapetef (het) behang(sel)
tapfer dapper
tappen tasten
Tarif m (het) tarief; **-ver-
trag** m (het) collectief arbeidscontract (CAO)
tarn|en (sich) (zich) ca-
moufleren [-mu·'fle·r-],
(zich) vermommen; 2ung

f camouflage, vermom-
ming
Taschef tas;(Hosen 2) zak
Taschen|buch n (het)
pocketboek ['pɔkədbu·k],
pocket; **-dieb**m zakkenroller; **-geld** n (het) zakgeld; **-lampe** f zaklan-
taarn; **-messer** n (het)
zakmes; **-tuch**n zakdoek
['-du·k]
Tassef kop,(het) kopje
Tastef toets [tu·ts], knop
tasten tasten
Tatf daad; **in der -** inderdaad
Tatar(beefsteak n) m
(biefstuk à la) tartare
Tatbestandm feiten n/pl.;
(het) feitenmateriaal
tatenlos passief, werke-|
Täterm dader [loos]
tätig actief, werkzaam;
2keit f bezigheid ['be·-
zəxɛɪt], (het) werk
tätlich handtastelijk
['-tastələk]
Tat|sache f (het) feit;
2sächlich feitelijk ['fɛɪtə-
lək];(Adv. a.) inderdaad
tätscheln feitkozen, strelen
Tatzef poot, klauw
Tau 1. n (het) touw [tɑŭ];
2.m dauw
taub doof;(leer) loos
Taubef duif [dɑŭf]
taubstumm doofstom
tauch|en v/i duiken; v/t
dompelen ['-pələ(n)], do-
pen; 2er m duiker; 2sie-
der m dompelaar

tauen (ont)dooien

Tauf|e f (het) doopsel; 2en dopen; ~schein m doopakte

taug|en (zu D) deugen ['dɔ·ʏ̆ə(n)l (voor); 2lich geschikt

taumeln wankelen

Tausch m ruil [rɔʏl]; 2en ruilen

täusch|en misleiden; sich ~en zich vergissen; 2ung f misleiding

tausend duizend ['daʊzəntl; 2stel n (het) duizendste (deel)

Tauwetter n (het) dooiweer, dooi

Taxe f (Gebühr) taks

Taxi n taxi; ~fahrer m taxichauffeur [-fɔ·føːr]; ~stand m taxistandplaats

Techn|ik f techniek [-'niːk]; ~iker m technicus [-kəs]; 2isch technisch ['i·ʃ]

Tee m thee; ~löffel m theelepel [-'leːpəl]

Teer m teer

Teetasse f theekop

Teich m vijver ['ʋɛ̆ɪ̆vər]

Teig m (het) deeg; ~waren f/pl. deegwaren pl.

Teil 1. m (het) deel, (het) gedeelte; 2. n (het) stuk [stʊk]; zum ~ gedeeltelijk [-tələk]; 2en delen; ~haber m deelgenoot; ~nahme f deelname

teilnehm|en (an D) deelnemen (aan); 2er m deelnemer; Tel. abonnee;

2erzahl f (het) aantal deelnemers

teil|s deels, ten dele; 2ung f deling; ~weise gedeeltelijk [-tələk]

Teint m teint [tɛ:]

Telefon n (het) telefoon; s. Fernsprech-; ~gespräch n (het) telefoongesprek [-sprɛk]; 2ieren telefoneren [-'neːr-]; ~istin f telefoniste; ~nummer f (het) telefoonnummer [-nə-mər]

tele|grafieren telegraferen [-'feːr-]; 2gramm n (het) telegram; 2objektiv n telelens; 2skop n telescoop; ~xn telex

Teller m (het) bord

Tempel m tempel

tempera|mentvoll temperamentvol; 2tur f temperatuur [-'tyːr]

Tempo n (het) tempo

Tendenz f strekking, tendens, tendentie [-'dɛnsi·]; 2iös tendentieus [-'sɪø̆·s]

Tennis n (het) tennis; ~spielen tennissen; ~platz m (het) tennisveld; ~schläger m tennisracket [-rɛkət]

Teppich m (het) tapijt [-'pɛ̆ɪ̆t]

Termin m termijn [-'mɛ̆ɪ̆n]; ~kalender m agenda [a'ɣɛndɑ]

Terminus m term

Terrasse f (het) terras

Terrine f terrine

Territorium n (het)

grondgebied, (het) territorium [-ri-(j)əm]
Terror m terreur [-'rø:r]
Test m test, toets [tu·ts]
Testament n (het) testament; 2**arisch** testamentair [-'tε:r]
testen testen, toetsen
Tetanus m tetanus [-nəs]
teuer duur [dy:r]; fig. dierbaar
Teuf|el m duivel ['dɔyv̊əl]; **armer .el** arme drommel, stakker(d); **zum .el scheren** F naar de duivel lopen, opdonderen [-dərə(n)]; 2**lisch** duivels
Text m tekst
Textilien pl. textiel
Theater n (het) theater, schouwburg ['sxɑːbər(ə)x]; **.vorstellung** f toneelvoorstelling
Theke f toonbank; toog, (het) buffet [by·'fεt]
Thema n (het) thema, (het) onderwerp
Theologie f theologie
theor|etisch theoretisch [-i·sl]; 2**ie** f theorie
Therapie f therapie
Thermo|meter n thermometer; **.sflasche** f thermosfles
Thrombose f trombose
Thron m troon
Thunfisch m tonijn [-'nεīn]
ticken tikken
tief diep; Ton: laag
Tief n, **.druckgebiet** n

(het) gebied van lage druk [drɒkl, depressie [-si·]; **.e** f diepte, laagte; **.ebene** f laagvlakte; **.gang** m diepgang; **.garage** f ondergrondse garage; 2**gekühlt** diepvries- (in Zssg.)
Tiefkühl|fach n (het) diepvriesvak(je); **.kost** f diepvriesprodukten n/pl.; **.truhe** f diepvrieskast
Tier n (het) dier; **.arzt** m dierenarts, veearts; 2**isch** dierlijk [-təxl; fig. beestachtig [-təxl; **.kreiszeichen** n (het) teken l'ti:ka(n)l van de dierenriem; **.quälerei** f dierenkwelling; **.schutz** m dierenbescherming
Tiger m tijger ['tei ɣər]
tilgen delgen; (auslöschen a.) tenietdoen [-du·nl
Tinktur f tinctuur [-'ty:r]
Tinte f inkt; **.n-fisch** m inktvis
Tip m tip
tippen tippen; (berühren, schreiben a.) tikken; (schreiben) typen ['ti·pə(n)l
Tisch m tafel; **bei .**, **zu .** aan tafel; **.ler** m schrijnwerker ['sxrεin-l, timmerman; **.tennis** n (het) tafeltennis; **.tuch** n (het) tafellaken
Titel m titel
Toast m toost
toben razen, tieren

Tochter f dochter
Tod m dood
Todes|anzeige f (het) doodsbericht; **~gefahr** f (het) doodsgevaar; **~opfer** n (het) (dodelijk ['-dələk] slachtoffer; **~strafe** f doodstraf
tödlich dodelijk ['-dələk]
Toilette f (het) toilet [tŭa-'lɛt]; **~nartikel** m/pl. toiletartikelen n/pl.; **~npapier** n (het) toiletpapier, (het) closetpapier
toll dol, gek; F (großartig) fantastisch [-i·s], mieters; **2wut** f hondsdolheid
Tölpel m lummel ['ləməl], lomperd
Tomate f tomaat
Ton m 1. (Lehm) klei, leem; 2. tint, toon, klank; (Farb2) tint; **2angebend** toonaangevend
Tonband n (geluids)band [-'lǝvdz-]; **~gerät** n bandrecorder ['bɛntri·kɔrdər], bandopnemer
tönen v/i klinken; v/t Haar kleuren ['klø:r-]
Tonfilm m geluidsfilm ['-lǝvts-]
Tonne f tou; (Faß a.)
Tönung f schakering [-'ke:r-], tint
Topf m pot, (kook)pan
Töpfer m pottenbakker; **~waren** f/pl. (het) aardewerk
Tor 1. m dwaas, gek; 2. n poort; Sp. (het) doel [du·l]
Torf m turf [tər(ə)f]

töricht dwaas, mal
torkeln waggelen, zwaaien, tollen
Tor|lauf m slalom; **~linie** f doellijn ['-lɛïn]; **~schütze** m doelpuntenmaker ['-pɵntəma:kər]
Törtchen n (het) taartje, (het) gebakje
Torte f taart
Torwart m keeper ['ki:-pər], doelman
tosen bruisen ['brɵysə(n)], razen
tot dood
total totaal
Tote(r) dode
töten doden
Totenschein m overlijdensakte [-'lɛïdəns-]
Toto m voetbaltoto ['ʔu·d-]
Totschlag m doodslag ['-slɔx]
Toup|et n toupet [tu·'pɛ]; **2ieren** touperen [-'pe:r-]
Tour f toer [tu:r], tocht; **~ist(in** f) m toerist (e f); **~istenklasse** f toeristenklas; **~ismus** m (het) toerisme
Trab m draf [drɑf]; **2en** draven; **~rennen** n harddraverij [-'rɛï]
Tracht f klederdracht; **~ Prügel** pak slaag
Tradition f traditie [-'di·(t)si·]
tragbar draagbaar; fig. draaglijk ['-lək]
träge traag, sloom
tragen dragen
Träger m (Balken) draag-

balk, ligger; s. **Gepäck-**
träger
Tragfläche f (het) draag-
vlak
trag|isch tragisch [-'i·s]
   ♀**die**f tragedie [-'ɣe:di·]
Tragweite f draagwijdte
['-vɛitə]
Train|er m trainer ['tre:-
nər]; ♀**ieren** trainen;
   ₋ings anzug m (het) trai-
ningspak
trampeln trappelen
trampen liften
Träne f traan; **₋n gas** n
(het) traangas ['-ɣɑs]
tränken doordrenken
[-'drɛŋk-]; Tiere drenken,
te drinken geven
Transfer m transfer
[-'fœ:r]
Transistorradio n tran-
sistor(radio)
Transitverkehr m (het)
transitoverkeer
Transport m transport,
(het) vervoer
[-'vu:r]; ♀**fähig** vervoer-
baar; ♀**ieren** vervoeren,
transporteren [-'te:r-]
Traube f tros; (Wein♀)
druif [drɵyf]; **₋n saft** m
(het) druivesap; **₋n zuk-**
kerm druivesuiker
trauen v/t Brautpaar in de
echt verbinden; v/i (D)
vertrouwen [-'trɒuə(n)];
sich nicht ₋ niet durven
['dɛr̃v-]
Trauer f droefheid
['drɒu-f-]; (im Todesfall)
rouw [rɒu̯]. **₋feier** f rouw

plechtigheid [-'tɛxɛitl]; ♀**n**
(**um** A) treuren ['trø:r-]
(om); rouwen (om). **₋spiel**
n (het) treurspel ['-spɛl].
   ₋weide f treurwilg
Traum m droom
träum|en dromen; **₋erisch**
dromerig ['-mərəx]
traurig treurig ['trɑu-rəx], be-
droefd [-'dru·ft], droevig
[-'ɣ̈u·], zielig, triest; ♀**keit**
f droefheid, treurigheid
Trau|ring m trouwring;
   ₋schein m trouwakte
   ₋ung f huwelijksvoltrek-
king ['hy·ʉələks-]. **₋zeu-**
ge m trouwgetuige
['trɒu̯ɣ̈ətɵyɣ̈ə]

treff|en Ziel raken, tref-
fen; j-n ontmoeten
[-'mu·t-], treffen; **sich ₋en**
elkaar ontmoeten; ♀**en** n
samenkomst; **₋end** treffend; ♀**er** m (Los) prijs
[prɛis]. **₋lich** voortreffelijk [-'trɛfələk]; ♀**punkt** m
(het) rendez-vous; plaats
van samenkomst
treiben drijven [drɛiv-];
(ausüben) doen [du·n]
aan, uitoefenen ['ɵytu-
fənə(n)]
Treib|haus n broeikas
['brɒi̯-], serre ['sɛːrə].
   ₋jagd f klopjacht; **₋stoff**
m motorbrandstof ['mo:-
tor-]
trenn|en scheiden; Naht
lostornen; **sich ₋en**
scheiden, van elkaar
gaan; ♀**ung** f scheiding

⊆wand f scheidingsmuur [-my:r]

Treppe f trap; ⸚n·absatz m overloop; ⸚n·haus n (het) trappenhuis [-həʏs]

Tresor m safe [se:f], brandkast, kluis [klɔʏs]

treten v/t trappen, schoppen; v/i (auf A) treden (op), trappen (op); über die Ufer ⸚ buiten ['bøʏt-] de oevers ['u·vərs] treden

Tretmühle f tredmolen ['trɛt-]

treu trouw [traʊ], getrouw; ⸛e f trouw; ⸚los trouweloos

Tribüne f tribune [-'by·nə]

Trichter m trechter

Trick m truc [try·k]; ⸚film m trucfilm

Trieb m Bot. loot, scheut [sxø:t]; (Natur⸢⸣) drift; ⸛feder f drijfveer ['drɛɪf-]; ⸛wagen m motor(spoor)-wagen ['mo:tər-]

triefen druipen ['drœʏp-]

triftig afdoend ['-du·ntl], gegrond

Trikot n (het) tricot, trui [trœʏ]

trink|bar drinkbaar; ⸛en drinken; ⸛er m drinker; ⸛geld n fooi; ⸛halm m (het) rietje; ⸛wasser n (het) drinkwater

Triptyk n triptiek [-'ti·k]

Tritt m stap, tred; (Fuß⸢⸣) trap, schop; ⸛brett n treeplank

Triumph m triomf

trocken droog; ⸛haube f

droogkap; ⸛heit f droogte; ⸛legen Kind verschonen; Sumpf droogleggen; ⸆milch f (het) melkpoeder ['-pu·iər]; ⸆rasierer m (het) scheerapparaat

trocknen drogen

Trödel|markt m voddenmarkt; ⸚n F treuzelen ['trø:zəl-]

Trog m trog [trɔx]

Trommel f trommel, trom; ⸛fell n Med. (het) trommelvlies; ⸛n trommelen

Trompete f trompet [-'pɛt]

Tropen pl. tropen pl.

tropfen drupp(el)en [drep(ə)l(ə)(n]; ⸆m druppel ['-rs]

tropisch tropisch ['-i·s]

Trost m troost; nicht ganz bei ⸚ sein F niet goed [xu·t] wijs [vɛɪs] zijn

trösten troosten

trost|los troosteloos; ⸆preis m troostprijs ['-prɛɪs]

Trottel m sukkel(aar) ['sɔkəl-]

trotz (G) ondanks, in weerwil van, niettegenstaande [-te:'ɣ̊ə(n)-]

Trotz m koppigheid ['kɔpəxɛɪt, eigenzinnigheid ['-zɪnəxɛɪt], stijfhoofdigheid ['-ho:vdəxɛɪt]; ⸆dem nochtans, toch, desondanks; ⸛en trotseren [-'se:r-]; ⸛ig weerbarstig ['-barstɔx], stug [stɔx], stroef [stru·f], koppig; (furchtlos) fier

trübe troebel ['tru·bəl]

Himmel: betrokken; *fig.* somber

Trubel *m* (het) geharrewar, drukte ['drʊktə]

trübsinnig droefgeestig [dru·f'xe:stəx]

Trüffel *f* truffel ['trœfəl]

trüg|en bedriegen; **-erisch** bedrieglijk [-lək]

Truhe *f* koffer, kist

Trümmer *pl.* brokstukken ['-stək-] *n/pl.; (het) puin [pəyn]; **-haufen** *m* puinhoop

Trumpf *m* troef [tru·f]

Trunk *m* dronk, teug [tøːx]; **-enbold** *m* dronkaard; **-enheit** *f* dronkenschap; **-sucht** *f* drankzucht ['-sɔxt]

Trupp *m* troep [tru·p], groep; **-ef** troep

Truthahn *m* kalkoen [-'ku·n]

tschechisch Tsjechisch ['-i·ʃ]

Tube *f* tube ['ty·bə]

Tuberkulose *f* tuberculose [ty·bɛrky'-]

Tuch *n* doek [du·k]; (het) laken

tüchtig flink, kranig ['kra:nəx], bekwaam, knap; **2keit** *f* bekwaamheid, flinkheid

tuckern puffen ['pəf-]

tückisch boosaardig [-'a:rdəx], geniepig [-'ni·pəx]

Tugend *f* deugd [dø·xt]

Tulpe *f* tulp [tœl(ə)p]

tummeln: sich ~ ronddartelen, stoeien ['stu·ʔiə(n)]

Tümpel *m* plas

Tumult *m* (het) tumult [ty·'mɛlt]

tun doen [du·n]

Tunke *f* saus, jus [ʒy·]

Tunnel *m* tunnel ['tɛnəl]

Tupfen *m* stip

Türf *f* deur [dø·r]

Turbine *f* turbine [tɛr'-]

turbulent woelig ['vu·ləx]

Türkei *f* Turkije [tɛr'kɛiə]

Türkis *m* turkoois *n* [-'ko·s]

türkisch Turks [tɛr(ə)ks]

Türklinke deurknop, deurklink

Turm *m* toren

türmen *F* hem smeren [əm sme:rə(n)]

Turn|anzug *m* (het) turnpak ['tɛrn-]; **2en** turnen; **-er(in** *f*) *m* turner *m* (turnster*f*); **-halle** *f* turnzaal

Turnier *n* (het) toernooi [tu·r'-]

Turnus *m* beurt [bø·rt]

Turteltaube *f* tortelduif [-døyf]

Tusche *f* tekeninkt ['te:kən-]

tuscheln fluisteren ['flœystərə(n)], smoezen ['smu·zə(n)]

Tüte *f* (papieren) zak

Typ *m* (het) type ['ti·pə]

Typhus *m* tyfus ['ti·fœs]

typisch typisch ['ti·pi·s]

Tyrann *m* tiran

U

U-Bahn f metro, ondergrondse

übel slecht, kwaad, kwalijk ['kῡ͜ːlək]; (krank)
naar, onwel [ɔn'vɛl, mis-
selijk [-lək]; **mir wird ~ ik
word misselijk**

Übel n (het) kwaad;
(Krankheit) kwaal; **~keit**
f misselijkheid; **2neh-
men** kwalijk nemen

üben (sich) (zich) oefenen
['uˑfənə(n)]

über (A, D) over; (oberhalb) boven; (während)
gedurende [-'dyːrəndə]

überall overal, alom

überanstreng|en: sich ~ en
zich overwerken; **2ung** f
overspanning

überaus zeer, ongemeen

über|arbeiten (korrigie-
ren) omwerken; **~bela-
sten** overbelasten; **~be-
lichten** overbelichten;
~bieten hoger bieden;
(übertreffen) overtref-
fen; **2bleibsel** n (het)
overblijfsel [-blɛifsəl]

Überblick m (het) overzicht; **2en** overzien

überbring|en overbren-
gen ['oːvər-l; **2er** m
(over)brenger; Scheck:
toonder

über|brücken overbrug-
gen [-'brῡ̈ə(n)]; **~dauern**
overleven

überdies bovendien,
daarenboven

Überdruß m afkeer, verveling [-'feːl-l]

übereilt overijld [-'ɛilt]

überein|ander boven el-
kaar; over elkaar; **~kom-
men** overeenkomen

übereinstimm|en (mit D)
overeenstemmen (met);
het eens zijn [sɛin] (met);
2ung f overeenstemming

überempfindlich overge-
voelig [-'fyˑləx]

überfahr|en j-n overrij-
den [-'reiə(n)]; **2t** f over-
tocht

Überfall m overval; **2en**
overvallen

über|fällig verlaat, over
tijd [tɛit]; **~fliegen** over-
vliegen; **~flügeln** over-
vleugelen [-'vˑløː-ʒ̈-l]; **2fluß**
m overvloed [-'vˑluˑ-t];
~flüssig overbodig [-'boː-
dəx], overtollig [-'tɔləx]

überführ|en overbrengen
['oːvər-l; Verbrecher
iemands schuld [sxɛlt]
bewijzen [-'vɛiz-l; **2ung** f
Esb. viaduct [-'dɛkt]

überfüllt overvol ['oːvər-l]

Über|gabe f overhandi-
ging [-'handῡ̈-l; **~gang** m
overgang

übergeben overhandigen;
sich ~ overgeven [-ə:vər-l]

übergehen (in A) over-
gaan (in); (übersehen)
overslaan ['oːvər-l]

übergeschnappt F niet
goed [xuˑt] snik

Über|gewicht n (het) overwicht; **²gießen** overgieten; **~griff** m inbreuk ['-brœːk]

über|handnehmen veld winnen; **~hängen** overhangen;v/i a. overhellen; **~häufen** overstelpen

überhaupt over 't algemeen; helemaal [he:lə'-]; eigenlijk [-lək]; **~ nicht** helemaal niet

überheblich aanmatigend ['-ma:təʔəntl], verwaand

überholen inhalen, passeren ['-se:r-]; (ausbessern) nazien, opknappen; **~t** verouderd ['-'audərt]; **²verbot** n (het) inhaalverbod [-bot]

über|hören niet horen; doen [duˑn] alsof men het niet hoort; **~kleben** overplakken; **~kochen** overkoken; **~laden** overladen; **~lassen** overlaten ['o:vərla:t-]; **~belasten**; **~laufen** 1. overlopen; 2. Adj. overvol, overbezet; **~leben** overleven

überleg|en 1. overleggen; 2.Adj. superieur [sy·peˑ'rjøːr]; **²enheit** f superioriteit, (het) overwicht; **²ung** f (het) overleg ['-lɛx], overweging

über|listen verschalken; **~mäßig** bovenmatig ['-ma:təx], buitensporig [-bœytə(n)'spo:rəx]; **~mitteln** overbrengen [o:-ʋər-], overmaken; **~morgen** overmorgen; **~mütig** overmoedig [-'muˑdəx]

übernacht|en overnachten; **²ung** f overnachting

Übernahme f overname, aanvaarding

übernatürlich bovennatuurlijk [-'ty:rlək]

über|nehmen overnemen [o'ʋər-], op zich nemen **~prüfen** controleren [-'le:r-], nazien; **~queren** oversteken [o:'vərsteːk-]; **~ragen** uitsteken ['əʏt-] boven;fig. overtreffen

überrasch|en verrassen; **²ung** f verrassing

über|reden (zu D) overreden (tot), overhalen [o'ʋər-] (tot); **~reichen** overhandigen ['-'handəʔ̥ə(n)]; **~rumpeln** overrompelen; **²schallgeschwindigkeit** f supersonische [sy·pər'soˑniˑsə] snelheid; **~schätzen** overschatten

überschlagen: sich ~ over de kop slaan; Stimme: overslaan [o:'vər-]

über|schreiten overschrijden ['-sxrɛɪd-]; Gesetz overtreden ['-'treˑd-]; **²schrift** f (het) opschrift; **²schuß** m (het) overschot; **~schütten (mit** D) overstelpen (met), overladen; **~schwemmen** overstromen; **~schwenglich** uitbundig [əyd'bən dəx]; **~seeisch** overzees

~sehen overzien; *(nicht bemerken)* over het hoofd zien

übersetz|en v/t Text vertalen; *(Fähre)* overzetten; **₂ung** f vertaling; Tech. overbrenging ['o:vər-]

Übersicht f (het) overzicht; **₂lich** overzichtelijk [-'zɪxtəlɪk]

über|siedeln verhuizen [-'həːz-]; **~springen** 1. overspringen ['o:vər-]; 2. springen over; fig. passeren [-'sɛː-r-]; **~stehen** doorstaan [-'sta:n], te boven komen; **~steigen** overtreffen

Überstunden f/pl. overuren [-y:rə(n)] n/pl.; **~machen** overwerken ['o:-]

überstürzt overhaast [-'ha:st]

übertrag|en overdragen ['o:vər-]; Rdf. uitzenden ['əyt-]; **₂ung** f overdracht; uitzending

übertreffen overtreffen; **Erwartung(en** pl.) f ~ meevallen

über|treiben overdrijven [-'drɛɪ̯-]; **~treten** fig. Gesetz overtreden; **~trieben** overdreven; **~wachen** bewaken [-'va:k-]; **~wältigen** overweldigen [-'daʒə(n)]

überweis|en Geld overmaken ['o:vər-], overschrijven [-'sxrɛɪ̯-]; **₂ung** f overschrijving

über|wiegend overwegend; **~winden** overwinnen, te boven komen

überzeug|en (sich)(von D) (zich) overtuigen [-'tɛy̆-ʒ̆ə(n)] (van); **₂ung** f overtuiging

über|ziehen Kleid aandoen/overschrijden [-'sxrɛ̆ɪd̆-]; **₂zug** m overtrek, hoes [huˑs]; *(Schicht)* laag

üblich gebruikelijk ['brøykələk]

U-Boot n duikboot

übrig overig ['o:vərəx]; **~(sein)** over (zijn [zɛ̆ɪn]); **~bleiben** overblijven, overschieten; **~ens** overigens, trouwens ['trăʊə(n)s]; **~lassen** overlaten [-la:t-]

Übung f oefening ['u:fən-]

Ufer n oever, wal

Uhr f (het) horloge [-'lo:-ʒəl, klok; (um sechs) (om zes) uur [yːr]; **~macher** m horlogemaker; **~zeiger** m wijzer ['υɛ̆ɪzər]

Uhu m oehoe ['u·huˑ]

Ulk m grap, lol; **₂ig** grappig ['-pᵊxl, komiek [-'mi·k]

Ultrakurzwellen f/pl. ultrakorte ['el-l-] golven pl.

um (A) om; (örtlich a.) rond(om); (ungefähr, a. zeitl.) rond, omstreeks, omtrent [-'trɛnt]; (vorbei) om, voorbij [-'bɛɪl; (erhöhen) ~ (verhogen) met; **~herum** rondom, onge-

veer; ~ jeden Preis tot
elke prijs [preːls]; ~ zu(m.
Inf.) om te; ~ willen(G)
ter wille van;s. a. Uhr
um|arbeiten omwerken;
~armen (sich) (elkaar)
omarmen, (elkaar) om-
helzen; ~bauen verbouw-
en [-'baŭə(n)]; ~blättern
een blad omslaan; ~brin-
gen ombrengen, van
kant maken; ~buchen
Reise overboeken
[-buˑk-]
umdreh|en (sich) (zich)
omdraaien; ℒ̱ung f om-
wenteling ['-ʋəntəl-]
umfallen omvallen
Umfang m omvang; ℒ̱reich
omvangrijk [-'ʋaŋreɪk]
umfassen omvatten
Umfrage f rondvraag, en-
quête [ɑ̃ŋ'kɛːtə]
Umgang m omgang
umgänglich aangenaam
in de omgang
Umgangs|formen   f/pl.
omgangsvormen   pl.;
~sprache f omgangstaal
umgeh|en v/i rondgaan;
(mit D) omgaan (met);v/t
ontduiken [-'dœyk-], om-
zeilen [-'zeɪl-]; ~end
Adv. per omgaande;
ℒ̱ungsstraße f rondweg
['-ʋɛx]; ringweg
umgekehrt omgekeerd
Umhang m Kleid. cape
[keːp]
umher rond(om), heen en
weer; ~blicken rondkij-
ken [-'keɪk-]; ~streifen,

~wandern rondzwerven
Umhüllung f (het) omhul-
sel [-'həlsəl]
Umkehr f ommekeer; ℒ̱en
omkeren
um|kippen omkantelen
['-kantələ(n)]; F omkie-
p(er)en; ~klammern om-
klemmen, omvatten;
~klappen omklappen
Umkleidekabine f (het)
kleedhokje
um|kommen omkomen;
ℒ̱kreis m omtrek
umleit|en omleiden; ℒ̱ung
f omleiding, wegomleg-
ging
umliegend naburig [-'byː-
rəx], nabij(gelegen)
[-'bɛɪ-]
um|pflanzen verplanten;
~rahmen omlijsten
[-'leɪst-]
umrechn|en omrekenen
['-re:kənə(n)]; ℒ̱ungs-
kurs omrekeningskoers
[-kuˑrs]
um|ringen omringen,
ℒ̱risse m/pl. omtrek;
ℒ̱satz m Hdl. omzet;
~schalten omschakelen
['-sxa:kələ(n)]; ~schauen
s. sehen; ℒ̱schlag m
omslag ['-slax];(Buch- a.)
kaft; ~schlagen omslaan;
~schlingen omklemmen;
~schnallen omgespen;
~schreiben (darlegen)
omschrijven [-'sxrɛɪ̃v̆-];
~schulen herscholen
[hɛr'-]; ~schütten Glas
om(ver)werpen

Umschweife m/pl.: ohne ~
zonder omhaal

Umschwung m ommekeer

umsehen: sich ~ omkijken
['-kɛik-], omzien;(besichtigen) rondkijken

umsichtig omzichtig
['-zɪxtəx]

umsonst gratis, voor
niets; (vergebens) (te-)
vergeefs

Umstand m omstandigheid['-standəxɛit]

Umständ|e m/pl. omstandigheden pl.; **unter diesen** ~**en** in de gegeven
omstandigheden; **in anderen** ~**en** in verwachting; **2lich** omslachtig
['-slaxtəx]

Umstandskleid n positiejapon['-zi-(t)si·japon]

Umsteige|fahrschein m
(het) overstapkaartje; **2n**
overstappen

umstellen verplaatsen;
(reorganisieren) omschakelen ['-sxa:kələ(n)];
sich ~ **(auf** A) zich aanpassen (aan)

um|stoßen omstoten;
~**stritten** omstreden
['-stre:d-]; **2sturz** m omverwerping ['-ˇɛrvɛrp-];
~**stürzen** v/t om(ver)werpen;v/i omvallen

Umtausch m omruil(ing)
['-rɔyl-]; **2en** omruilen

umwandeln veranderen

Umweg m omweg['-vɛx]

Umwelt f (het) milieu
['-li̇ə]; ~**schutz** m milieu-

bescherming

um|werfen om(ver)werpen; ~**zäunen** omheinen

umziehen v/t om(ver-)
trekken; v/i verhuizen
['-hɔyz-]; **sich** ~ zich verkleden

Umzug m verhuizing;
(Festzug) optocht

unab|hängig onafhankelijk ['-haŋkələk]; ~**kömmlich** onmisbaar; ~**lässig**
onophoudelijk ['-haudələk]; ~**sichtlich** onopzettelijk ['-lək]; ~**wendbaar**
onafwendbaar

unachtsam onachtzaam

unan|gebracht misplaatst
[mɪs'-]; ~**genehm** onaangenaam['-'a:n-]

unannehm|bar onaannemelijk ['-'ne:mələk];
2lichkeit f onaangenaamheid, last, narigheid['na:rəxɛit]

unan|sehnlich onooglijk
[-lək]; ~**ständig** onfatsoenlijk ['-su·nlək], onwelvoeglijk

un|appetitlich onsmakelijk ['-sma:kələk], vies;
~**artig** stout [staut], onhebbelijk ['-hɛbələk]

unauf|fällig onopvallend;
~**findbar** onvindbaar;
~**haltsam** onstuitbaar
['-stǝyd-]; ~**hörlich** onophoudelijk ['-haudələk];
~**merksam** onoplettend
['-lɛt-]

unaus|führbar onuitvoerbaar [-ǝyt'fu:r-]; ~**steh-**

lich onuitstaanbaar
unbarmherzig onbarmhartig [-'hɛrtəx]
unbe|deutend onbeduidend [-'dəʏd-], onbenullig [-'nələx]; **~dingt** volstrekt [-'strɛktl], beslist, in ieder geval; **~fahrbar** onberijdbaar [-'rɛɪd-]; **~fangen** onbevangen
unbefriedig|end onbevredigend [-'vreːdəɣəntl]; **~t** onvoldaan [-'daːn]
unbe|fugt onbevoegd [-'fuːxtl], **~greiflich** onbegrijpelijk [-'ɣrɛɪpələk]; **~grenzt** onbegrensd; **~gründet** ongegrond; **~haglich** onbehaaglijk [-lək]; **~holfen** onbeholpen; **~kannt** onbekend; **~kümmert** onbezorgd; **~lehrbar** hardleers [-'leːrs], **~liebt** onbemind, impopulair [-py:'lɛːr]; **~mannt** onbemand; **~merkt** ongemerkt
unbequem ongemakkelijk [-lək], **Ǫlichkeit** f (het) ongemak
unbe|rührt onaangeroerd [-ruːrtl]; ongerept; **~schädigt** onbeschadigd [-dəxt], **~schränkt** onbeperkt; **~schreiblich** onbeschrijfelijk [-'sxrɛɪfələk]; **~sonnen** onbezonnen, onbesuisd [-'səʏstl]; **~sorgt** onbezorgd, gerust [-'rəstl]; **~ständig** onbestendig [-dəx], **~stechlich** onomkoopbaar; **~stimmt**

vaag, onbepaald; **~teiligt** niet betrokken; **~weglich** onbeweeglijk [-lək]; **~wohnt** onbewoond; **~wußt** onbewust [-vəstl]
unbrauchbar onbruikbaar [-'brəʏg-]
und en
un|dankbar ondankbaar [-'daŋg-]; **~denkbar** ondenkbaar; **~deutlich** onduidelijk [-'dəʏdələk]; **~dicht** lek; **~duldsam** onverdraagzaam [-'draːx-]
undurch|dringlich, ~lässig ondoordringbaar [-'drɪŋ-]; **~sichtig** ondoorzichtig [-'zɪxtəx]
un|eben oneffen; **~echt** onecht, vals; **~ehelich** onecht, onwettig [-'vɛtəx]; **~eigennützig** onbaatzuchtig [-'səxtəx]; **~eingeschränkt** onbeperkt; **~einig** oneens [-'eːns], onenig [-'eːnəx]; **~empfindlich** ongevoelig [-'ʏuːləx]; **~endlich** oneindig [-'ɛɪndəx]; **~entbehrlich** onontbeerlijk [-lək], onmisbaar
unentschieden onbeslist; **Ǫ** n Sp. (het) gelijk [-'lɛɪk] spel
unentschlossen besluiteloos [-'slət-]
un|er|bittlich onverbiddelijk [-'bɪdələk]; **~fahren** onervaren; **~freulich** onverkwikkelijk [-lək]; **~giebig** weinig [ˈʋɛɪnəx] opleverend ['-leːʋərəntl]

schraal; ~gründlich ondoorgrondelijk [-'ɣrondələk]; ~heblich onbelangrijk [-ʀɪk]; ~hört ongehoord; ~klärlich onverklaarbaar; ~läßlich noodzakelijk [-'za:kələk]; ~laubt ongeoorloofd; ~meßlich onmetelijk [-'me:tələk]; ~müdlich onvermoeibaar [-'mu·ɪ̯-]; ~reichbar onbereikbaar; ~sättlich onverzadigbaar [-'za:dəɣ-]; ~schöpflich onuitputtelijk [-əɪ̯t'pøtələk]; ~schrocken onverschrokken; ~schütterlich onwrikbaar [-'ʋrɪɡ-]; ~setzlich onvervangbaar, onherstelbaar [-hɛr'-]; ~träglich on(ver)draaglijk [-lək]; ~wartet onverwacht; ~wünscht ongewenst

unfähig onbekwaam

Unfall m (het) ongeval, (het) ongeluk [-'fal-]; ~meldung f aangifte van een ongeval; ~station f post voor eerste hulp [həl(ə)p], E.H.B.O.-post; ~versicherung f ongevallenverzekering [-ze:kər-]

un|fehlbar onfeilbaar; ~flätig vies, smerig ['sme:raxl]; ~frankiert ongefrankeerd; ~freiwillig onvrijwillig ['-'ʋrɛɪ̯ʋɪləx]; ~freundlich onvriendelijk [-'ɣrɪ·ndələk]; ~fruchtbar onvruchtbaar [-'ɣrøyd-]

Unfug m onbetamelijkheid [-'ta:mələk-], straatschenderij [-'rɛɪ̯]; (grober) ~ verstoring van de openbare orde

ungarisch Hongaars [-'ɣa:rs]

ungeachtet (G) ondanks, niettegenstaande [-te:ɣə(n)'-]

unge|beten ongevraagd; ~bildet onontwikkeld; onbeschaafd; ~bräuchlich ongebruikelijk [-brøykələk]; ~bührlich onbetamelijk [-'ta:mələk]; ~duldig ongeduldig [-'deldəx]; ~eignet ongeschikt [-'sxɪkt]

ungefähr ongeveer, omtrent, omstreeks, (mit Zahlen a.) -tal, een stuk [støk] of; Adj. bij [bɛɪ̯ benadering [lijk-lək]

ungefährlich ongevaar-

ungeheuer kolossaal, ontzaglijk [-'sɑxlək]; ♀ n (het) monster

unge|hörig onbehoorlijk [-lək]; ~horsam ongehoorzaam; ~legen ongelegen; ~mein ongemeen; ~mütlich ongezellig [-'zɛləx]; ~nau onnauwkeurig [-'kø·rəx]; ~niert ongegeneerd [-'ɣəȝə'-]; ~nügend onvoldoende [-'du·ndə]; ~pflegt onverzorgd; ~rade Zahl: oneven ['-e:rʋə(n)l]; ~recht onrechtvaardig [-'fa:rdəx] ungern ongaarne

unge|schickt onhandig [-'handəx], lomp; ~setzlich onwettig [-'vɛtsxl]; ~stört ongestoord; ~stüm onstuimig [-'stɵyməxl]; ~sund ongezond; ℓtüm n (het) monster; ~wiß onzeker [-'ze:kərl]; ~wöhnlich ongewoon; ℓziefer n (het) ongedierte; ~zogen ondeugend [-'dɵ:ɣənt], stout [stautl]; ~zwungen ongedwongen

ungläubig ongelovig [-'vøx]

unglaub|lich ongelofelijk [-'lo:fələkl]; ~würdig ongeloofwaardig [-'va:rdəx]

ungleichmäßig ongelijkmatig [-'laiχ'ma:təx]

Unglück n (het) ongeluk [-ləkl, ongeluk [-spu·tl]; ℓlich(erweise) ongelukkig [-'lɛkəxl; ℓselig rampzalig [-'sa:ləxl

un|gültig ongeldig [-dəxl, ~günstig ongunstig [-'ɣɛnstəxl; ~haltbar onhoudbaar [-'haud-]; ℓheil n (het) onheil, ramp; ~heilbar ongeneeslijk [-'ne:sləkl, ~heimlich naar, akelig ['a:kləxl, ~höflich onbeleefd [-'le:ftl; ~hygienisch onhygiënisch [-hi·'ɣ̆je:ni·sl

Uniformf uniform [y·ni·'-]

Union/ unie ['y·ni·]

Universität/ universiteit [-'teitl; ~kennt|lich on(her)kenbaar; ℓnis f onkunde

[-'kəndəl

un|klar onduidelijk [-'dərdələk]; ℓkosten pl. onkosten pl.; ℓkraut n (het) onkruid ['-krɵytl; ~längst onlangs; ~leserlich onleesbaar

unlös|bar, ~lich onoplosbaar; onscheidbaar

un|mäßig buitensporig ['bɵytə(n)spo:rəxl, overdadig [-'da:dəxl; ℓmenge f enorme massa; ~merklich onmerkbaar

unmittelbar onmiddellijk [-'midəlakl, direct; ~ danach (vorher) vlak daarna (ervoor), vlak daarop (ervoor)

un|möglich onmogelijk [-'mo:ɣ̆ələkl; ~moralisch immoreel; ~mündig onmondig [-'mɔndəxl

Unmutm wrevel [ǐ're:vəll; ℓig wrevelig [-ləxl, misnoegd [-'nu·xtl

un|nahbar ongenaakbaar; ~natürlich onnatuurlijk [-'ty:rləkl; ~nötig onnodig [-dəxl; ~ordentlich wanordelijk [-'ɔrdələkl

Unordnung f wanorde; in ~ in de war

un|parteiisch onpartijdig [-'tɛidəxl; ~passend ongepast; ~päßlich onpasselijk [-'pasələkl; ~persönlich onpersoonlijk [-ləkl; ~praktisch onpraktisch [-ti·sl

Unratm (het) vuil [ǐɵyl]

Unrecht n (het) onrecht;

♀ **haben** ongelijk [-lɛɪk] *n* hebben

un|regelmäßig onregelmatig [-tǝχ]; **~richtig** onjuist [-jǝyst]

Unruh|e *f* onrust [ˈrǝstl, ongerustheid; **~en** *pl.* onlusten *pl.*; ♀ig onrustig [ˈrǝstǝx]

uns ons;*(einander)* elkaar [-ˈka:r]

un|säglich onuitsprekelijk [-ˈspre:kǝlǝk]; **~sauber** onzindelijk [-zɪndǝlǝk]; **~schädlich** onschadelijk [ˈsχa:dǝlǝk]; **~scharf** onscherp; **~scheinbar** nietig [ˈni:tǝx], onooglijk [-ˈo:χlǝk]; **~schlagbar** onoverwinnelijk [-lǝk]; **~schlüssig** besluiteloos [-ˈslǝytǝ-]

Unschuld *f* onschuld [ˈsχɛlt]; ♀ig onschuldig [-ˈsχɛldǝx]

unser onze;*sg. n* ons

unsicher onzeker [-ˈze:kǝr];*(gefährdet)* onveilig [-ˈʋɛilǝx]

Unsinn *m* onzin, nonsens [ˈsɛns], ♀ig onzinnig [-ˈznɪx]

Unsitt|e *f* slechte gewoonte, hebbelijkheid [ˈbǝ-lǝkhɛit]; ♀lich onzedelijk [-ˈze:dǝlǝk]

Un|tat *f* wandaad; ♀tätig werkeloos, lijdelijk [ˈlɛɪ-dǝlǝk]; ♀tauglich ongeschikt; **~teilbar** ondeelbaar

unten beneden [-ˈne:-
dǝ(n)l, onder(aan); **von (nach) ~** van (naar) beneden

unter*(A, D)* onder;*(räumlich a.)* beneden; *(zwischen a.)* tussen [ˈtɛs-]

Unter|arm *m* onderarm; ♀**belichtet** onderbelicht; **~bewußtsein** *n* (het) onderbewustzijn [-ʋɛst-sɛɪnl; ♀**bieten** beneden iets blijven [ˈblɛɪ̆-]; ♀**bleiben** achterwege [-ˈʋe:ʃǝl blijven

unterbrech|en onderbreken [-ˈbre:k-]; ♀**er** *m Kfz.* onderbreker; ♀**ung** *f* onderbreking

unter|bringen huisvesten [ˈhǝys-]; ♀**deck** *n* (het) benedendek; **~derhand** onderhands; **~dessen** ondertussen [- tussen; **~drücken** onderdrukken

unter|e, ~er, ~es onderste, laagste; **~einander** onder elkaar, onderling

unter|entwickelt onderontwikkeld [-ˈʋɪk-]; **~ernährt** ondervoed [-ˈʋu:tl; ♀**fangen** *n* (het) waagstuk [ˈstǝk]; ♀**führung** *f* tunnel [ˈtǝnǝl]; ♀**gang** *m* ondergang; ♀**gebene(r)** ondergeschikte; ♀**gehen** ondergaan; *(Schiff a.)* vergaan; **~graben** ondermijnen [-ˈmɛin-]

Untergrund|bahn *f s.* **U-Bahn**; **~bewegung** *f* illegaliteit

unterhalb *(G)* beneden [-'ne:də(n)], onder

Unterhalt *m* (het) onderhoud [-haut]; **2en (sich)** (zich) onderhouden; amuseren [amy''ze:r-]; **~ung** *f* (het) onderhoud; *(Zerstreuung)* ontspanning, (het) amusement [-'mɛnt]

Unter|hemd *n* (het) onderhemd; **~hose** *f* onderbroek [-bru·k]; **2irdisch** onderaards, ondergronds

Unterkunft *f* (het) onderkomen, (het) onderdak; **~sverzeichnis** *n* hotellijst [-lɛist]

Unterlage *f* onderlegger; **~n** *pl.* (bewijs)stukken [-støk-ln/pl.

unter|lassen nalaten; **2leib** *m* (het) onderlijf [-lɛif]; **~liegen** *(D)* onderhevig [-'he:vəx] zijn aan; *(verlieren)* onderdoen [-du·n] voor, het afleggen tegen; **2lippe** *f* onderlip; **2mieter** *m* onderhuurder [-hy·rdər]

unternehm|en ondernemen; **2en** *n* onderneming; **2er** *m* ondernemer; *(Bau-)* aannemer; **~ungslustig** ondernemend

Unter|offizier *m* onderofficier [-si:·r]; **~redung** *f* (het) onderhoud ['ondər·haut]

Unterricht *m* (het) onder-

wijs [-vɛis]; **2en** onderwijzen; *(informieren)* op de hoogte brengen

Unter|rock *m* onderrok; **2sagen** verbieden; **2schätzen** onderschatten [-'ʃxɑt-]

unterscheiden onderscheiden; **sich ~** verschillen

Unter|schied *m* (het) verschil, (het) onderscheid; **2schlagen** verduisteren [-'dʌystərə(n)], verdonkeremanen; **2schreiben** ondertekenen [-'te:kənə(n)]; **~schrift** *f* handtekening; **~seeboot** *n s.* **U-Boot**; **2setzt** gedrongen [gen·]

unter|ste(r) onderste **unter|stellen** *Auto, Fahrrad* stallen; **~streichen** onderstrepen

unterstütz|en ondersteunen [-'stø:n-]; **2ung** *f* ondersteuning, steun; bijstand ['bɛi-]

untersuch|en onderzoeken [-'zu·k-]; **2ung** *f* (het) onderzoek ['on-]; **2ungshaft** *f* voorlopige ['lo:pəʃə] hechtenis, (het) voorarrest; **2ungsrichter** *m* rechter van instructie [-'strøksi-]

Unter|tan *m* onderdaan; **~tasse** *f* (het) schoteltje ['sxo:təl-]; **2tauchen** *v/t* onderdompelen [-pə-lə(n)]; *v/i* onderduiken [-dʌyk-]; **~titel** *(Film)* ondertitel; **~wäsche** *f*

(het) ondergoed [-ŷuˑtl];
~**wassermassage** f onder-
watermassage
unterwegs onderweg
[-ˈʋɛx], op weg
unter|werfen onderwer-
pen; ~**würfig** onderdanig
[-ˈdaːnəx], ~**zeichnen** on-
dertekenen [-ˈteˑkənə(n)]
unterziehen: sich ~ (D)
zich onderwerpen aan
Un|tiefe f ondiepte;
enorme diepte; ♀**tragbar**
ondraaglijk [-ˈdraːxlək];
♀**trennbar** onscheidbaar
[-ˈsxɛɪd-]; ♀**treu** ontrouw
[-ˈtrɑ̈ʋ]; ♀**treue** f ontrouw
untröstlich ontroostbaar
unüber|hörbar onmis-
kenbaar; ~**legt** ondoor-
dacht; ~**sichtlich** onover-
zichtelijk [-ləx]; ~**troffen**
onovertroffen; ~**windlich**
onoverkomelijk [-koːmə-
lək]
un|umgänglich onver-
mijdelijk [-mɛɪdələk];
~**umstößlich** onomstote-
lijk [-ˈstoːtələk]; ~**unter-
brochen** ononderbroken
[-ˈbroːkˑ], onafgebroken
unver|änderlich onver-
anderlijk [-lək]; ~**ant-
wortlich** onverantwoor-
delijk [-lək]; ~**besserlich**
onverbeterlijk [-beˑtər-
lək]; ~**bindlich** vrijblij-
vend [ˈfrɛɪ-]; ~**daulich**
onverteerbaar; ~**drossen**
onverdroten [-droˑtl];
~**einbar (mit** D) onver-

enigbaar [-nəɣ-] (met);
~**geßlich** onvergetelijk
[-ˈɣeːtələk]; ~**gleichlich**
ongeëvenaard [-ˈɣəeː-
ʋən-]; ~**heiratet** ongetrouwd [-ˈtrɑ̈ʋt], onge-
huwd [-hyˑʋtl]; ~**hofft** on-
verhoopt; ~**käuflich** onverkoopbaar; niet te
koop; ~**kennbar** onmis-
kenbaar; ~**letzlich** on-
kwestbaar; fig.; on-
schendbaar; ~**meidlich**
onvermijdelijk [-mɛɪdə-
lək]; ~**nünftig** onverstan-
dig [-dəx]
unverschämt onbe-
schaamd, brutaal [bryˑ-];
♀**heit** f onbeschaamd-
heid
unversehens onverhoeds
[-huˑts], onvoorziens
unver|sehrt ongedeerd;
~**ständlich** onver-
staanbaar, onbegrijpe-
lijk [-ˈɣrɛɪpələk]; ~**wüst-
lich** onverwoestbaar
[-ʋuˑzd-]; ~**zeihlich** on-
vergeeflijk [-lək]; ~**zollt**
niet aangegeven; ~**züg-
lich** onverwijld [-ʋɛɪlt]
unvoll|endet onvoltooid;
~**kommen** onvolmaakt;
~**ständig** onvolledig
[-ˈleːdəx]
unvor|bereitet onvoorbe-
reid; ~**hergesehen** on-
voorzien; ~**sichtig** on-
voorzichtig [-ˈzɪxtəx];
~**stellbar** onvoorstelbaar;
~**teilhaft** onvoordelig
[-ləx]

unwahr onwaar; ♀**heit** f onwaarheid [-'va:rhɛit];
_**scheinlich** onwaarschijnlijk [-'sxɛinlək]
unweit(G) niet ver van
un|wesentlich onbelangrijk [-rɛik]; ♀**wetter** (het) noodweer; _**wichtig** onbelangrijk
unwider|ruflich onherroepelijk [-ru·pələk]; _**stehlich** onweerstaanbaar
un|willkürlich onwillekeurig [-kø·rəx]; _**wirsch** nors, stuurs [sty:rs]; ♀**wissenheit** f onwetendheid [-'ve:tənthɛit]; _**wohl** onwel [-'vɛl], ongesteld [-'stɛlt]; _**würdig** onwaardig [-dəx]; ♀**zahl** f (het) groot aantal; _**zählig** ontelbaar [-'tɛl-]
unzer|brechlich onbreekbaar; _**trennlich** onafscheidelijk [-'sxɛidələk]
unzüchtig ontuchtig [-'tɛxtəx], onkuis [-'kɔys]
unzu|frieden [-'fre:də(n)]; _**gänglich** ontoegankelijk [-tu-'ɡaŋkələk]; _**länglich** ontoereikend [-'rɛikəndt]; _**lässig** ontoelaatbaar, ongeoorloofd; _**rechnungsfähig** ontoerekenbaar [-'re:kə(n)-]; _**verlässig** onbetrouwbaar [-'trau-]

unzweideutig ondubbelzinnig [-'dəbəlzɪnəx]
üppig welig ['ve:ləx], weelderig [-'dərəx];_Mahl: overvloedig [-'vlu·dəx]
ur|alt oeroud ['u:rautl]; ♀**aufführung** f première [-'miε:rə]; ♀**enkel** m (het) achterkleinkind; ♀**großmutter** f overgrootmoeder [-mu·dər]; ♀**heber** m grondlegger; auteur [-'tø:r]
Urin m urine [y·'-]
Urkundef oorkonde, akte
Urlaub m (het) verlof; **bezahlter** _ (het) betaald verlof; _**er** m vakantieganger [-'kɑnsi·-]; ♀**sgeld** n (het) vakantiegeld; _**s·reise**f vakantiereis
Urne f urn [ɐr(ə)nl; (Wahl:Q) stembus['-bɵs]
Ursachef oorzaak; **keine** _! niet te danken!
Ur|sprung m oorsprong; ♀**sprünglich** oorspronkelijk [-'sprɔŋkələk]
Urteil n (het) oordeel; Jur. (het) vonnis; ♀**en (über** A) oordelen (over)
Urwald m (het) oerwoud ['u:rvautl]
Utensilien f/pl. benodigdheden [-'no:dəxthe:də(n)] pl.
utopisch utopisch [y·'to:-pi·s]

V

vage vaag
Valuta f valuta [-'ly·-]
Vanille vanille [-'ni·(l)ǝl]
Vase f vaas
Vaseline f vaseline
Vater m vader; **_land** n (het) vaderland
väterlich vaderlijk [-lǝk]
Vegetar|ier m vegetariër; **_isch** vegetarisch [-i·s]
Veilchen n (het) viooltje [vi·'jo·ltlǝl]
Vene f ader
Ventil n (het) ventiel, klep; **_ator** m ventilator
verabred|en (sich) (mit D) afspreken (met); **_ung** f afspraak
verab|reichen toedienen ['tu·-]; **_scheuen** verfoeien [-'fu·ǝ(n)l]
verabschieden Gesetz aannemen; **(sich)** _ af-scheid nemen van
ver|achten verachten; **_ächtlich** verachtelijk [-tǝlǝk]; **_allgemeinern** veralgemenen; **_altet** verouderd [-'aʊdǝrt]
veränder|lich veranderlijk [-lǝk]; **(sich)** _ veranderen; **_ung** f verandering
Veranlagung f aanleg, (Steuer) aanslag
veranlass|en aanleiding geven; (j-n **zu** D) bewegen (tot); **_ung** f aanleiding; (het) toedoen ['tu·-]
veranschlagen ramen

veranstalt|en op touw lzetten, organiseren [-'ze·r-]; **_er** m organisator; **_ung** f manifestatie [-'ta·(t)si·l]; organisatie [-'za·(t)si·l]
verantwort|en (sich) (zich) verantwoorden; **_lich** verantwoordelijk [-'vo·r-dǝlǝk]; **_ung** f verant-woording, verantwoordelijkheid [-dǝlǝkhɛit]; **_ungslos** onverantwoord
verarbeiten verwerken
Verband m Med. (het) verband; (Verein) bond; **_kasten** m verband-trommel; **_zeug** n verbandmiddelen n/pl.
verbannen verbannen
verbergen (sich) (zich) verbergen
verbesser|n verbeteren [-'be·tǝrǝ(n)]; **_ung** f ver-betering
verbeugen: sich _ een buiging ['bɔʏɣ-] maken
ver|bieten verbieden; **_billig** goedkoper [ʃʊ·t'-]
verbind|en verbinden; **_lich** beleefd; bindend; **_ung** f verbinding; **_ungen** **gen** f/pl. (Beziehungen) relaties [-'la·(t)si·s] pl.; **_ungsmann** m verbindingsman
ver|bissen verbeten [-'be:t-l], nijdig ['nɛidǝx]; **_blassen** verbleken; **_blüfft** verbluft [-'blœflt]

~bluten doodbloeden [-'blu·d-]; **~borgen** *(versteckt)* verborgen

Verbot n (het) verbod [-'bot]; **~en** verbieden; **~schild** n (het) verbodsbord

Verbrauch m (het) verbruik [-'brøxk]; **~en** verbruiken

Verbrech|en n misdaad, (het) misdrijf [-'drɛif]; **~er** m misdadiger [-'da·dəʒər]; **~erisch** misdadig [-'da·dəx]

verbreit|en (sich) (zich) verspreiden; **~ern** verbreden

verbrenn|en verbranden; **Qung** f verbranding

verbringen doorbrengen ['do:-] [noot]

Verbündete(r) bondge-

verbürgen waarborgen; **sich ~ für** *(A)* instaan voor

verbüßen uitzitten [-'yt-]

Verdacht m verdenking; **im ~ stehen** verdacht worden van

verdächtig verdacht; **~en** verdenken; **Qung** f verdachtmaking

ver|dammen verdoemen [-'du·m-]; **~dampfen** verdampen; **~danken** *(j-m A)* te danken hebben (aan); **~daten** F beteuterd [-'tø:tərt]

verdau|en verteren [-'tɛːr]; **~lich: leicht (schwer) ~lich** licht (moeilijk)

['mu·ilek]) verteerbaar; **Qung** f spijsvertering ['speis-]; **Qungsbeschwerden** f/pl. moeilijke spijsvertering

Verdeck n Schiff (het) dek

verderb|en bederven; **Qen** n (het) bederf, (het) verderf; **~lich** Ware: aan bederf onderhevig [-'he:-və̃x]

verdeutlichen verduidelijken [-'dəydələkə(n)]

verdien|en verdienen; **Qst** 1.n u. 2.m verdienste

ver|doppeln verdubbelen [-'dɔbələ(n)]; **~dorben** bedorven; *fig.* verdorven; **~drängen** verdringen

verdrehen verdraaien; **j-m den Kopf ~** iem. het hoofd op hol brengen

ver|drießlich verdrietig [-'təx]; **Qdruß** m ergernis, spijt [spɛit]; **~duften** F hem [əm] smeren; **~dunkeln** verdonkeren; **~dünnen** aanlengen; **~dünsten** verdampen; **~dursten** verdorsten; dorst lijden ['lɛiə(n)]; **~dutzt** verbouwereerd [-baʊə'-], onthutst [-'hɛtst]

verehr|en vereren; *s. a.* **geehrt; Qer** m vereerder

vereidigen beëdigen [bə-'e:dəɣ̯ə(n)]

Verein m vereniging [-'e:-nəχ̣-]

vereinbar|en overeenkomen; **Qung** f overeenkomst, afspraak

verein|fachen vereenvoudigen [-'ṽaudəȳə(n)]; **~igen** verenigen; **~zelt** sporadisch [-i·s], afzonderlijk [-lək]

vereiteln verijdelen [-'ɛid-]

verfahren te werk gaan; **sich ~** verkeerd rijden ['rɛiə(n)]; 2 n handelwijze; *Tech.* (het) procédé [-se·'de:]; *Jur.* (het) rechtsgeding

Verfall m (het) verval; 2**en** vervallen; **~sdatum** n vervaldag

ver|fälschen vervalsen; **~fänglich** netelig ['ne:tələk]

verfärben: sich ~ verkleuren [-'klø:r-]

verfass|en opstellen, schrijven ['sxrɛiṽ-]; 2**er** m schrijver, opsteller; 2**ung** f gesteldheid, toestand ['tu·-]; *(Grundgesetz)* grondwet

verfaulen verrotten

verfechten voorstaan ['ṽo:r-]; 2**er** m voorstander

verfehl|en missen; **~t** verkeerd, mis

ver|filmen verfilmen; **~flossen** verleden [-'ṽle:d-], vroeger ['ṽru·ȳər]; **~fluchen** vervloeken

verfolg|en vervolgen, achtervolgen; *Ereignisse* volgen; 2**er** m vervolger, achtervolger

verfrüht voorbarig [-'ba:rəx], vervroegd [-'ṽru·xt]

verfüg|bar beschikbaar; **~en** (über *A*) beschikken (over); 2**ung** f beschikking; **zur** 2**ung** ter beschikking

verführ|en verleiden; **~erisch** verleidelijk [-'lɛidələk]

vergangen verleden [-'le:d-], voorbij [-'bɛi]; 2**heit** f (het) verleden

Vergaser m carburator [-by·'-]

vergeb|en (weg)geven; *s.* **verzeihen**; **~ens** (te)vergeefs; **~lich** vergeefs, vruchteloos ['ṽrəxtə-]

vergehen vergaan; **sich ~ an** (*D*) zich vergrijpen [-'ȳrɛip-]aan, aanranden; 2 n overtreding, (het) misdrijf [-'drɛif]

Vergeltung f vergelding

verge|ssen vergeten [-'ȳe:t-]; **~ßlich** vergeetachtig [-təx]

ver|geuden verkwisten; **~gewaltigen** verkrachten

vergewissern: sich ~ zich vergewissen

vergift|en vergeven, vergiftigen [-təȳə(n)]; 2**ung** f vergiftiging

Vergißmeinnicht n (het) vergeet-mij-nietje

Vergleich m vergelijking [-'lɛik-]; *Jur.* (het) vergelijk; 2**bar** vergelijkbaar; 2**en** vergelijken

vergnüg|en: sich ~en zich amuseren [amy·'ze:r-], zich vermaken; 2**en** n (het) plezier, pret; (het) genoegen [-'nu-ჯ-]; ~t in zijn [zən] schik; genoeglijk [-lək], prettig, [-təx]

Vergnügungs|lokal n (het) amusementslokaal; **~park** m (het) lunapark ['ly-]; **~reise** f pleziereis

ver|goldet verguld [-'ჯɛlt]; **~graben** begraven; **~griffen** *Buch:* uitverkocht ['əɤt-]

vergrößer|n vergroten; **º ung** f vergroting

Ver|günstigung f (het) voordeel; **~gütung** f vergoeding [-'ჯu·d-]

verhaft|en arresteren [-'te:r-], aanhouden ['-hũჯə(n)]; **ºung** f arrestatie [-'ta:(t)si·]

verhalten: sich ~ zich verhouden; zich gedragen; **º** n (het) gedrag

Verhältnis n verhouding; **~se** pl. omstandigheden [-dəx-] pl.; **ºmäßig** betrekkelijk [-lək]

verhand|eln onderhandelen; **ºlung** f onderhandeling; *Jur.* (behandeling van een) rechtszaak

ver|hängnisvoll noodlottig [-'lotəx], verhaat gehaat; **~heerend** vernietigend [-təჯənt], vreselijk ['vre:-sələk]; **~heimlichen** verheimelijken [-'hɛiməlakə(n)]; **~heiratet** getrouwd [-'trũtt], gehuwd [-'hy·ütt]; **~helfen zu** (D) helpen aan; **hindern**

verhinderen

Verhör n (het) verhoor; **ºen** verhoren, ondervragen; **sich ºen** verkeerd horen

ver|hüllen omhullen [-'hɵl-], bedekken; **~hungern** verhongeren

ver|irren: sich ~ verdwalen; **~jagen** verjagen; **ºjährung** f verjaring; **~jüngen** verjongen

Verkauf m verkoop; **ºen** verkopen; **zu ºen** te koop

Verkäuf|er m verkoper; **~erin** f verkoopster, winkeljuffrouw [-jəfrɔűl; **ºlich** te koop

Verkaufspreis m verkoopsprijs [-'prɛis]

Verkehr m (het) verkeer; *(Kontakt)* omgang; **ºen** verkeren

Verkehrs|ampel (het) verkeerslicht; **~amt** n, **~büro** n s. **Fremdenverkehr**; **~insel** f vluchtheuvel ['vlɛxthø·fəl]; **~mittel** n (het) verkeersmiddel; **~polizist** m verkeersagent [-aჯɛnt]; **~schild** n (het) verkeersteken [-te:k-]; **~sicherheit** f verkeersveiligheid [-fɛiləxɛit]; **~stockung** f verkeersopstopping; **~teilnehmer** m weggebruiker [-brɵykər]; **~unfall** m (het) verkeersongeluk [-lək]

verkehrt verkeerd, averechts [a:ˈvərɛx(t)s]

ver|kennen miskennen; **_klagen** aanklagen; **_kleiden (sich)** (zich) verkleden; **_kleinern** verkleinen; **_kommen**v/i vervallen, aan lager wal geraken; Adj. verlopen; **_körpern** belichamen; **_kraften** te boven komen

verkrampfen: sich _ zich krampachtig [-ˈaxtəx] sluiten[-ˈsləyt-]

verkriechen: sich _ wegkruipen

ver|kümmern (weg)kwijnen [-ˈküsin-], **_künden** verkondigen [-dəγ̊ə(n)]; **_kürzen** verkorten

Verlad|ebahnsteig m (het) laadperron [-ˈpərɔnl; 2en (in)laden; **_ung** f verlading

Verlag m uitgeverij [əʏtxe:ˈv̊aˈrɛɪ]

verlangen verlangen, vorderen; 2 n (het) verlangen

verläng|ern verlengen; prolongeren [-lɔŋˈγ̊e:r-]; 2ung f verlenging; prolongatie [-ˈγ̊a:(t)si-]; **_ungsschnur** f (het) verlengsnoer [-snu:rl]

verlangsamen vertragen

verlassen verlaten [-ˈla:t-]; **sich _ (auf**A) vertrouwen [-ˈtraʊ̊ə(n)l(op)

verläßlich betrouwbaar

Verlauf m (het) verloop, loop, toedracht[tu·-]; 2en verlopen; **sich** 2en verdwalen; (sich auflösen) zich verspreiden

verleg|en 1. verleggen, verplaatsen; 2en verlopen van [əʏt-]; 2. Adj. verlegen; 2enheit f verlegenheid; 2erm uitgever

verleiden vergallen

Verleih m verhuring [-ˈhy·r-l; 2en verlenen

ver|leiten verleiden; **_lernen** verleren[-ˈle:r-]

verletz|en kwetsen (a. fig.), verwonden; Gesetz overtreden [-ˈtre:d-l. 2te(r) gewonde; 2ung f kwetsuur [-ˈsy:rl]; fig. schending

verleumd|en belasteren, kwaadspreken[-ˈspre:k-l van;2ungf laster

verlieb|en: sich _en (inA) verliefd worden (op); **_t** verliefd

verlieren verliezen

verlob|en: sich _en zich verloven; 2te(r m) f verloofde m u. f; 2ung f verloving

ver|lockend verlokkend, aanlokkelijk [-kələk]; **_logen** leugenachtig [ˈlø:γ̊ənaxtəx]; **_loren-gehen** verloren gaan, zoek [zu·k] raken; **_losen** verloten

Verlust m (het) verlies; **_anzeige** f aangifte van een verlies

ver|machen vermaken [-'maːk]; **2mächtnis** n erfenis ['ɛrfə-]; **2mählung** f (het) huwelijk ['hyūə-lək]; **.mehren (sich)** (zich) vermeerderen; **.meiden** vermijden [-'mɛid-]; **.meintlich** vermeend; **2merk** m aantekening [-'te:kən-]

vermessen 1. v/t (op)meten ['-meːt-]; 2. Adj. vermetel [-'meːtəl]

vermiet|en (het) verhuurder; **2er** m verhuurder; **2ung** f verhuring

ver|mindern verminderen; **.missen** missen, vermissen

vermitt|eln bemiddelen; **2ler** m bemiddelaar, tussenpersoon ['təs-]; **2lung** f bemiddeling; Tel. telefooncentrale [-ssn-]

Vermögen n (het) vermogen; (Reichtum a.) (het) fortuin ['-tœyn]

vermut|en vermoeden [-'muːd-], gissen; **.lich** vermoedelijk [-dələk]; **2ung** f (het) vermoeden

ver|nachlässigen verwaarlozen; **.nehmen** vernemen; s. verhören; **.neinen** ontkennen

vernicht|en vernietigen [-təɣə(n)]; **2ung** f vernietiging

Ver|nunft f (het) verstand; **2nünftig** verstandig [-dəx], redelijk ['-dələk-]

veröffentlichen publice-

ren [py·bliˈseːr-]

verordn|en verordenen, voorschrijven ['-sxrɛiˀ-]; **2ung** f verordening, (het) voorschrift

ver|pachten verpachten; **.packen** verpakken; **.passen** Schlag toedienen ['tu-]; Zug missen; **.pesten** verpesten; **.pfänden** verpanden; **.pfeifen** F verklikken; **.pflanzen** verplanten

Verpflegung f kost, voeding ['vuˑd-]; Unterkunft und . kost en inwoning

verpflicht|en verplichten; (einstellen) engageren [ãŋˀaˈʒəːr-]; **2ung** f verplichting; (het) engagement [-'mãnt]

ver|pfuschen verknoeien [-'knuˀiə(n)]; **.prügeln** afranselen, afrossen

Verrat m (het) verraad; **2en** verraden

Verräter m verrader

ver|rechnen verrekenen [-'reːkənə(n)]; sich . zich misrekenen

ver|reisen op reis gaan; **.renken** ontwrichten [-'frɪxt-]; Fuß verzwikken; **.riegeln** afgrendelen; **.ringern** verminderen; **.rosten** verroesten [-'ruˑst-]

verrückt gek, mal; total . stapelgek; **2e(r)** gek

ver|rufen Adj. berucht ['-rʊxt]; **.rutschen** verschuiven [-'sxəyˀ-]

Vers m (het) vers
versagen (j-m A) weigeren ['veïɣər-]; (mißlingen) falen; (nicht funktionieren) weigeren, defect zijn [seïn]
versamm|eln bijeenroepen [beïˈe:nru·p-]; **sich eln** [-ˈza:m-]; **Qlung** f vergadering
Versand m verzending; **haus** n (het) postorderbedrijf [-dreïf]
versäum|en verzuimen [-ˈzɔym-]; (verpassen) missen; **Qnis** n (het) verzuim
ver|schaffen verschaffen; **schämt** beschaamd; **schärfen** verscherpen; **schenken** weggeven; **scheuchen** verjagen; **schicken** verzenden; **schieben** verschuiven [-ˈsxɣɣ̂-]
verschieden verschillend, verscheiden; (nicht gleich a.) onderscheiden; **artig** verschillend, uiteenlopend [əɣt'-]; **Qheit** f verscheidenheid
ver|schiffen verschepen [-ˈsxɛ:p-]; **schimmeln** beschimmelen; **schlafen** verslapen; Adj. slaperig ['sla:pərəxl, slaapdronken); **schlechtern** (sich) verslechteren; **schleiern** fig. bemantelen, camoufleren [-mu·ˈfle:r-]

Verschleiß m sleet, slijtage [sleïˈta:ʒə]
ver|schleppen op de lange baan schuiven ['sxɣɣ̂-]; deporteren [-ˈte:r-]; **schließen** afsluiten; **schlimmern** verergeren; **schlingen** verstrengelen; (fressen) verslinden; **schlossen** gesloten [-ˈslo:t-]
verschlucken inslikken; **sich** zich verslikken
Verschluß m sluiting ['slɣt-]
ver|schmähen versmaden; **schmerzen** te boven komen; **schmieren** volsmeren [-ˈsme:r-]; **schmutzen** vervuilen [-ˈ♀əɣl-] (blazen)
verschnaufen: sich uit-
ver|schnüren dichtbinden; **schollen** verdwenen; **schonen** sparen; **schönern** verfraaien; **schreiben** Med. voorschrijven ['-sxrɛïˆ-]; **schrotten** slopen; **schütten** bedelven; morsen; **schweigen** verzwijgen ['-zûeïɣ̂-]
verschwend|en verspillen; **erisch** verkwistend, kwistig ['-təxl]
ver|schwiegen zwijgzaam; **schwinden** verdwijnen; **schwommen** vaag, wazig ['-zəxl]
Verschwör|er m samenzweerder; **ung** f samenzwering

425   Versteigerung

versehen *(ausüben)* waarnemen; **(mit** *D)* voorzien (van); ♀ *n* vergissing; **aus** ♀, **_lich** bij [be]il vergissing, per ongeluk [-lək], abusievelijk [aby-'zi:'ʋalək]

ver|senden verzenden; **_sengen** (ver)schroeien [-'sxru·iə(n)]; **_senken** doen [du·n] zinken; **_sessen (auf** *A)* verzot, stapel, dol (op)

versetzen verplaatsen, verzetten; *Schlag* toedienen ['tu·-]; *in e-e Lage* verplaatsen; antwoorden; *F (nicht erscheinen)* in de steek laten

verseuchen besmetten, verpesten

versicher|n verzekeren [-'ze:kərə(n)]; ♀**ung** *f* verzekering

Versicherungs|- *in Zssg. mst.* verzekerings-; **_ge-sellschaft** *f* verzekeringsmaatschappij [-sxɒpεɪl]; **_karte** *f* verzekeringskaart

ver|siegeln verzegelen; **_sinken** (ver)zinken

versöhn|en (sich) (zich) verzoenen ['zu·n-]; **_lich** verzoenend

versorg|en verzorgen; **(mit** *D)* voorzien (van); ♀**ung** *f* verzorging, voorziening

verspat|en: sich _en zich verlaten; ♀**ung** *f* vertraging

ver|speisen opeten ['-e:tə (-n)]; **_sperren** versperren, belemmeren

verspiel|en verspelen; **_t** speels

verspotten bespotten

versprech|en beloven; **sich _en** zich verspreken [-'sprε:k-]; ♀**ung***f* belofte

ver|spüren voelen [ʋu·l-]; **_staatlichen** naasten, nationaliseren [nɑ(t)sio·na-li·'ze:r-]

Verstand *m* (het) verstand

verständig|en op de hoogte brengen, in kennis stellen; **sich _en** zich verstaanbaar maken; *(sich einigen)* het eens worden; ♀**ung** *f* verstaanbaarmaking; verstandhouding [-haud-], overeenkomst

verständ|lich begrijpelijk [-'ŷrεipələk]; **_bar**: ♀**nis** *n* (het) begrip

verstärk|en versterken; ♀**er** *m* versterker; ♀**ung** *f* versterking

verstauchen: sich den Fuß _ zijn [zən] voet [ʋu·t] verstuiken [-'stɑʏk-]

verstauen verstouwen [-'stɒʋə(n)]

Versteck *n* schuilplaats ['sxɑʏl-]; ♀**en (sich)** (zich) verstoppen

verstehen verstaan; begrijpen [-'ŷrεip-]; **sich _** elkaar begrijpen

Versteigerung *f* veiling, verkoop per opbod

verstellen verplaatsen; *Weg* versperren; **sich ~** veinzen

ver|steuern aangeven; **~stimmt** ontstemd; **~stohlen** heimelijk ['hɛɪmɛləx]

verstopf|en verstoppen; **♀ung f** verstopping

verstorben overleden [-'lɛ:d-]

Verstoß m overtreding [-'tre:d-], (het) vergrijp [-'ɣrɛɪp]; **♀en** verstoten; (**gegen** A) zondigen ['də-ɣə(n)](tegen)

ver|streichen verstrijken [-'strɛɪk-], **~stümmeln** verminken; **~stummen** verstommen

Versuch m poging, proef [pru:f]; *Phys.* proefneming; **♀en** proberen [-'be:r-], beproeven, trachten

vertagen verdagen

verteidig|en verdedigen [-'de:dəɣə(n)]; **♀er** m verdediger; **♀ung f** verdediging

ver|teilen verdelen; **~tiefen (sich)** (zich) verdiepen; **~tilgen** verdelgen

Vertrag m (het) verdrag [-'draɣ], (het) contract; **♀en** verdragen, kunnen ['kən-] tegen ['te:ɣə(n)]; **sich ♀en** overweg ['vex] kunnen met elkaar, in goede ['ɣu:ɪə] verstandhouding [-haud-] leven met elkaar; **♀lich** contractueel [-tyˈüe:l]

verträglich licht verteerbaar; (*tolerant*) verdraagzaam

vertrau|en (*D*) vertrouwen [-'trau̯ə(n)]; **♀en** n (het) vertrouwen; **♀ens-arzt** m controlerend [-'le:rənt] geneesheer; **~lich** vertrouwelijk [-lək], (*familiär*) gemeenzaam; **~t** vertrouwd

vertreiben verdrijven [-'drɛɪv-]; (*verkaufen*) verkopen; **sich die Zeit ~ (mit D)** de tijd verdrijven (met)

vertret|en vertegenwoordigen [-'vo:rdəɣə(n)];(*ersetzen*) vervangen; (*bekennen*) verdedigen [-'de:dəɣə(n)], uitspreken ['ayt-]; **♀er** m vertegenwoordiger; (*Stell-*) plaatsvervanger; **♀ung f** vertegenwoordiging; vervanging

Vertrieb m verkoop

ver|trocknen verdrogen; **~trösten** paaien; **~tu-schen** verdoezelen [-'du:zələ(n)]; **~übeln** kwalijk ['küa:lək] nemen; **~üben** *Anschlag* plegen; **~unglücken** verongelukken [-lək-]; **~unreinigen** verontreinigen [-'rɛɪnə-ɣə(n)]; **~untreuen** verduisteren [-'dəy̯stərə(n)]; **~ursachen** veroorzaken [-za:k-]

verurteil|en veroordelen;

Qungf veroordeling
vervielfältigen vermenigvuldigen [-me:nəxˈfɛl-
dəɣə(n)]
vervoll|kommnen ver-
volmaken; ~**ständigen**
vervolledigen [-ˈleːdəɣə
(-n)], completeren [-ˈteːr-]
ver|wackelt Foto: bewo-
gen; ~**wahrlost** verwaar-
loosd; Q**wahrung** f bewaring
verwalt|en besturen
[-ˈsty:r-], beheren
[-ˈheːr-]; Amt bekle-
den; Q**er** m beheerder,
bestuurder, administra-
teur [-ˈtøːr]; Q**ung** f (het)
beheer, (het) bestuur, administratie [-ˈstra:(t)si·];
Q**ungsgebühr** f administra-
tiekosten pl.
verwand|eln (sich) ver-
anderen; Q**lung** f verandering
verwandt verwant; Q**e(r)**
verwante, Q**schaft** f ver-
wantschap
Verwarnung f waarschu-
wing [-sxy·ũrŋ]; **gebüh-
renpflichtige** ~ bekeu-
ring [-ˈkøːr-]
verwechs|eln verwisse-
len; Q**lung**f verwisseling
ver|wegen vermetel
[-ˈmeːtəl]; ~**weigern** weigeren; Q**weis** m verwijzing [-ˈveˑiz-]; (Tadel) berisping; ~**welken** verwelken
verwend|en gebruiken
[-ˈbrɑˑk-], besteden

[-ˈsteːd-]; Q**ung** f (het)
gebruik
verwerf|en verwerpen;
~**lich** verwerpelijk [-lək]
ver|werten gebruiken,
verwerken; Q**wesung** f
ontbinding; ~**wickeln** (in
A) verwikkelen (in);
~**wirklichen** verwezen-
lijken [-ˈveˑizə(n)lək-]
verwirr|en verwarren; ~**t**
verward, in de war; Q**ung**
f verwarring
ver|wischen uitwissen
[ˈɑɪt-]; ~**witwet** weduwnaar [ˈveːdyˑũ-] m, we-
duwe f geworden; ~**wöh-
nen** verwennen; ~**worren**
verward; Q**wunderung** f
verwondering
verwund|et gewond; Q**e-
te(r)** gewonde; Q**ung** f
verwonding
ver|wüsten verwoesten
[-ˈvuˑst-]; ~**zählen**: **sich
~zählen** zich vertellen
verzaubern betoveren
Verzehr m (het) verbruik
[-ˈbrøɪk-]; Q**en** verorberen,
opeten [-ˈeːtə(n)]; (völlig
verbrauchen) verteren
[-ˈteːr-]
Verzeichnis n lijst [lɛɪst],
opgave
verzeih|en vergeven; Q**ung**
f vergeving, vergiffenis
verzerrt verwrongen
[-ˈvrɔŋə(n)], vertrokken
Verzicht m afstand; Q**en
(auf** A) afstand doen
[dʊˑnl(van), afzien (van)
verzögern vertragen; **sich**

~ vertraging ondervinden

verzollen rechten betalen, declareren [-'re:r-]; *etwas zu ..?* iets aan te geven?

verzweif|eln wanhopen; **~elt** wanhopig [-'ho·pəxl, vertwijfeld [-tŭɛlfəlt]; **2lung** *f* wanhoop

Vetter *m* neef

Viadukt *m* viaduct [-'dǝkt]

Vieh *n* (het) vee; **~zucht** *f* veeteelt

viel veel [bezocht]

vielbesucht druk [drɛk]

vielfach veelvuldig [-'ṽɛldǝxl; *das* **2e** (het) veelvoud ['-ṽâǔtl

vielfältig veelvoudig

vielleicht misschien [mǝ'sxi·n], wellicht

viel|mals menigmaal ['me:nǝx-]; *s.* danke; **~mehr** veeleer; **~sagend** veelzeggend [-'zɛ̌ɣ-]; **~seitig** veelzijdig [-'zɛidǝxl; **~versprechend** veelbelovend

vier vier; **2eck** *n* vierhoek [-'hu·kl; **~eckig** vierhoekig [-kǝxl; **~fach** viervoudig ['-ṽâǔdǝxl; **~te** vierde

Viertel *n* (het) kwart, (het) vierde (deel); (*Stadt2*) wijk [ṽɛ̌ɪk], buurt [by:rt]; **~ nach (vor) zwei** kwart over (voor) twee(ën) ['tŭe:iǝ(n)]; **~finale** *n* kwartfinale; **~jahr** *n* (het) kwartaal [-'ta:ll; **~stunde** *f* (het) kwartier

[-'ti:rl

vier|türig vierdeurs ['-dø:rs]; **~zig** veertig ['fe:rtǝxl

Villa *f* villa

violett violet, paars

Violine *f* viool [ṽi·'jo:l]

Visitenkarte *f* (het) visitekaartje

Visum *n* (het) visum ['-zǝml

Vitamin *n* vitamine

Vize- *in Zssg.* vice-['ṽi·sǝ-]

Vogel *m* vogel; **~futter** *n* (het) vogelvoer [-ṽu·rl; **~scheuche** *f* vogelverschrikker

Vokabel *f* (het) woord

Vokal *m* vocaal, klinker

Volk *n* (het) volk

Volks- *in Zssg. mst.* volks-

volks|eigen genationaliseerd [-nǝ(t)sjo·nali'ze:rtl; **2fest** *n* (het) volksfeest; **2lied** *n* (het) volkslied; **2schule** *f* lagere school; **2tümlich** populair [-py·'lɛ:rl; **2wirtschaft** *f* (nationale [-(t)sjo·'-]) economie

voll vol; **aus ~em Halse** luidkeels ['lɛyt-l; **~ und ganz** geheel en al

voll|automatisch volautomatisch [-i·sl; **2bart** *m* volle baard; **2beschäftigung** *f* volledige [-'le:dǝɣǝl tewerkstelling; **~bringen** volbrengen; **~enden** voltooien

Vollgas *n:* **~ (geben)** (het) vol gas [ɣasl (geven)

völlig totaal, volslagen [-'sla:ʁə(n)]

voll|jährig meerderjarig [-'jɛːrəx]; **ℒkaskoversicherung** f all-riskverzekering [ɔ:l'rɪskfɛrzəkər-]; **ℒkommen** volkomen [-'kɔ:m-], volmaakt; **ℒmacht** f volmacht; **ℒmilch** f volle melk; **ℒmond** m vollemaan; **ℒpension** f (het) volledig [-'le:dəx] pension [pen-'sɪoːn]; **ℒständig** volledig; **ℒstrecken** voltrekken; **ℒtanken** voltanken [-'tɛŋk-]; **ℒwertig** volwaardig [-'vaːrdəx]; **ℒzählig** voltallig [-'taləx]

Volt n volt

Volumen n (het) volume [-'lyːmə]

von (D) van; (Passivobjekt) door; **ℒ . . . aus** vanuit [-'əʏt]; **ℒ mir aus** voor mijn [mɛɪn] part, wat mij betreft

voneinander van elkaar [-'kaːr], vaneen [-'eːn]

vonstatten: ℒ gehen plaatsvinden; vorderen

vor (A, D) voor; **ℒ (e-r Woche)** (een week) geleden [-'leːdə(n)]; **ℒ Angst** van schrik

Vorabend: am ℒ (G) op de vooravond ['-aːvənt] van

voran vooraan, voorop; (nach vorne) vooruit [-'əʏt], **ℒgehen** voorop gaan; (vorher stattfinden) vooraf gaan; (fort-

schreiten) opschieten; **ℒmeldung** f voorlopige [-'loːpəʏə] aanmelding

Voranschlag m raming

Vorarbeiter m voorman

voraus vooruit [-'əʏt]; **im ℒ** bij [bɛɪ] voorbaat, van tevoren, vooraf

voraus|fahren vooruprijden [-rɛɪə(n)]; **ℒgesetzt, daß . . .** aangenomen dat . . . , mits; **ℒsagen** voorspellen [-'spɛl-]; **ℒsehen** voorzien [-'ziːnl, vooruitzien

voraussetz|en (ver)onderstellen; **ℒung** f (ver)onderstelling; (Bedingung) voorwaarde

voraus|sichtlich vermoedelijk [-'muːdələk]; **ℒzahlung** f vooruitbetaling, (het) voorschot

Vorbehalt m (het) voorbehoud [-hauth]

vorbei (an D) voorbij [-'bɛɪ], langs; Adv. voorbij; zeitl. a. afgelopen, uit [əʏt]

vorbei|fahren voorbijrijden [-rɛɪə(n)], langsrijden; **ℒkommen** f (besuchen) even aanlopen; **ℒlassen** voorbijlaten [-laːt-]

vorbereit|en voorbereiden; **ℒung** f voorbereiding

vorbe|stellen bespreken [-'spreːk-], reserveren [-'veːr-]; **ℒstraft** reeds eerder veroordeeld vorbeug|en voorkomen [-'ko:m-]; ₂ungsmaßnahme f voorzorgsmaatregel [-re:ɣəl]

Vorbild n (het) voorbeeld; ₂lich voorbeeldig [-'be:l-dəx]

vorbringen aanvoeren ['-ʋu:r-], uiten [ˈəytə(n)]

Vordach n (het) afdak

vorder- voor-

Vorder|achse f vooras; ₂e voorste; ₋grund m voorgrond; ₋rad n (het) voorwiel; ₋seite f voorkant, voorzijde [-ˈzɛidə]; ₋sitz m voorste zitplaats

vordrängen: sich ₋ naar voren dringen

Vor|druck m (het) formulier [-my'-]; ₂ehelich voor het huwelijk ['hy·ʋəlak]; ₂eilig voorbarig [-ˈba:rəx]; ₋eingenommen bevooroordeeld; ₂enthalten onthouden [-ˈhɑudə(n)]; ₂erst vooreerst [-ˈe:rst]; ₋fahrt f voorrang; ₋fall m (het) voorval; ₂finden aantreffen; ₋freude f voorpret

vorführ|en tonen, demonstreren [-ˈstre:r-]; Film vertonen; Zeugen voorleiden; ₂ung f demonstratie [-ˈstra:(t)si·], vertoning; ₂ungsraum m toonzaal

Vor|gang m (Ablauf) loop van zaken, toedracht ['tu·-];(Fall) (het) voorval;

₋gänger m voorganger; ₂geben voorwenden; ₂gehen (handeln) optreden ['-tre:d-], te werk gaan; Uhr: voorlopen; ₋gericht n (het) voorgerecht; ₋geschmack m (het) voorsmaakje; ₋gesetzte(r) meerdere, superieur [sy·pe·ˈriø:r]; ₂gestern eergisteren

vorhaben van plan zijn [zɛin]; ₂ n (het) voornemen

Vorhalle f (het) voorportaal; vestibule [-ˈby·lə]

vorhanden aanwezig [-ˈʋe:zəx]

Vor|hang m gordijn [-ˈdɛin]; ₋hängeschloß n (het) hangslot

vorher van tevoren, vooraf; ₋gehend, ₋ig voorafgaand; ₋sehen s. voraussehen

vorhin zoëven [zo·ˈe:-ʋə(n)], (daar)net, daarstraks [-ˈstrɑks]

vorig vorig ['ʋo:rəx]

Vor|jahr n (het) vorig jaar; ₋kehrung f voorzorg(smaatregel); ₋kenntnisse f/pl. reeds verworven kennis

vorkommen voorkomen; ₂ n (het) voorkomen

Vorkriegszeit f vooroorlogse tijd [tɛit]

Vor|ladung f dagvaarding; ₋lage f (het) voorbeeld; Sp. voorzet; ₂lassen binnenlaten [-la:t-]; ₂läufig voorlopig [-'lo:pəx]; 2legen voorleggen

vorles|en voorlezen; 2ung f (het) college [-'le:ʒə]

vor|letzte voorlaatste; 2liebe f voorliefde, voorkeur ['-keːr]

vor|liegen *(vorhanden sein)* aanwezig [-'ve:zəx] zijn [sεīn]; **was liegt gegen mich vor?** wat is er tegen mij [meī, məl ingebracht?; ⎵machen voordoen [-'du·n]; *(täuschen)* wijsmaken ['veīs-]; 2marsch m opmars; ⎵merken noteren [-'te:r-]

Vormittag m voormiddag [-'mıdəx]; **am ⎵, 2s** voormiddags

Vormund m voogd

vorn vooraan; **nach (von) ⎵ naar (van)** voren

Vor|name m voornaam; 2nehm voornaam [-'na:m], deftig ['-təx]

vornehm|en: sich ⎵en zich voornemen; ⎵lich voornamelijk [-'na:məlǝk]

vornherein: von ⎵ van tevoren, a priori

vornüber voorover

Vorort m voorstad; ⎵bahnhof m (het) voor(stad)station [-sion]

Vor|rang m voorrang; ⎵rat m voorraad; 2rätig in voorraad; ⎵recht n (het) voorrecht; ⎵richtung f installatie ['la:(t)si·], inrichting, (het) toestel ['tu·stεl]

vorrücken *v/t* vooruitschuiven [-'χytsχαͷ‧]; *v/i* vorderen, opschieten

Vor|saison f (het) voorseizoen [-'sεīzu·n]; 2sätzlich opzettelijk [-tǝlǝk]; *Jur.* met voorbedachten rade; ⎵schau f aankondiging [-dǝχīŋ]

Vorschein m: **zum ⎵ kommen** te voorschijn ['-sxεīn] komen ['ko:m-]

Vorschiff n (het) voorschip

Vorschlag m (het) voorstel [-'stεl]; 2en voorstellen

vor|schreiben voorschrijven ['-sxrεīͷ-]; 2schrift f (het) voorschrift; 2schuß m (het) voorschot

vorseh|en voorzien [-'zi:n]; **sich ⎵en** op zijn [sǝn] hoede ['hu·dǝ] zijn [zεīn]; 2ung f voorzienigheid [-'zi:naxεīt]

Vorsicht f voorzichtigheid [-'zıxtǝxεīt]; ⎵! pas op!; 2ig voorzichtig

vorsingen voorzingen

Vorsitz m (het) voorzitterschap; ⎵ende(r) m voorzitter

vor|sorglich uit [əyt] voorzorg; 2speise f (het) voorgerecht; 2spiel n (het) voorspel; 2sprung m voorsprong; 2stadt f voorstad; 2stand m (het) bestuur ['-sty:r], directie [-'rεksi·]

vorstell|en (sich) (zich) voorstellen; 2ung f voorstelling

Vor|stoß m uitval ['əyt-],

eerste stoot; ~strafe f
vroegere ['ʃru-ːʃərə] veroordeling
Vorteil m (het) voordeel;
Ձhaft voordelig [-'de:ləx]
Vortrag m voordracht, le-
zing; Ձen voordragen
vortrefflich voortreffelijk
[-fǝlǝk]
Vortritt m voorrang; e-m
den ~ lassen iem. laten
voorgaan
vorüber voorbij [-'bɛɪ];
~gehend tijdelijk ['tɛɪdǝ-
lǝk], voorbijgaand
Vor|urteil n (het) vooroor-
deel; ~verkauf m voor-
verkoop; ~wählnummer
f (het) netnummer
['-nǝm-]; ~wand m (het)
voorwendsel
vorwärts vooruit [-'ǝytl,
voorwaarts; ~kommen
vooruitkomen [ko:m-],
opschieten
vor|wegnehmen vooruit-

lopen op; ~werfen ver-
wijten [-'vɛɪt-]; ~wiegend
overwegend; Ձwort n
(het) voorwoord
Vorwurf m (het) verwijt;
Ձsvoll verwijtend
Vor|zeichen n (het) voor-
teken ['-te:k-]; Ձzeigen
vertonen, laten zien;
Ձzeitig voortijdig ['-tɛɪ-
dǝx], vervroegd [-'ʃru-xt];
Ձziehen ervoor trekken
(lieber mögen) verkie-
zen; (begünstigen) voor-
trekken; ~zimmer n
wachtkamer; ~zug m
voorkeur ['-ko:r]; Ձzüg-
lich uitmuntend [ǝy-
'mǝntǝnt]
Vorzugs|preis m speciale
[spe-'sïa:lǝ] prijs [prɛɪs];
Ձweise bij voorkeur
vulgär vulgair [vʊl'ʃɛ:r]
Vulkan m vulkaan [vǝl'-];
Ձisieren vulcaniseren
[-'ze:r-]

W

Waage f weegschaal;
Ձrecht horizontaal, wa-
terpas
wach wakker
Wache f wacht; (Polizei Ձ)
politiepost [-'li-(t)si-];
wachen waken ['va:k-]
Wacholder m (Getränk)
jenever [jǝ'ne:vǝr]
Wachs n was
wachsam waakzaam
wachs|en 1. v/i groeien
['ʃru-ïǝ(n)]; v/t in de was

zetten; Ձtum n groei
Wächter m wachter
wack(e)lig wankel; ~eln
waggelen, wiebelen
Wade f kuit [kǝyt]
Waffe f (het) wapen
['va:pǝ(n)]
Waffel f wafel
Waffen|schein m wapen-
vergunning [-ʃǝn-];
~stillstand m wapenstil-
stand
wage|mutig gedurfd

[-'dørftl] **.n** durven, wagen; **sich .n** zich wagen

Wagen *m* wagen *(a. Auto)*, (het) rijtuig ['reɪtəʏx]; **.heber** *m* krik; **.schlag** *m* (het) portier ['ti:r]

Waggon *m* wagon [-'ɣɔn]

wag|halsig waaghalzig [-'hɑlzəx], roekeloos ['ru·kə-]; **2nis** *n* (het) waagstuk ['-støk]

Wahl *f* keuze ['kø:zəl, keus; *Pol.* verkiezing; **nach (freier) .** naar (eigen ['eɪ̯ɣ-]) keuze

wähl|en (ver)kiezen; *Tel.* draaien; **2er** *m* kiezer; **.erisch** kieskeurig [-'kø:rəx]

Wahl|kampf *m* verkiezingsstrijd [-streɪtl]; **.lokal** *n* (het) stembureau ['-by·ro:l]; **2los** blindelings; **.recht** *n* (het) kiesrecht; **2weise** naar keuze

Wahn *m* waan

Wahnsinn *m* waanzin; **2ig** waanzinnig [-'zɪnəx]

wahr waar; **nicht .?** niet waar?

wahren handhaven

während 1. *prp.* (*G*) gedurende ['dy·rəndə], tijdens ['tɛɪ̯də(n)sl; 2. *Konj.* terwijl [-'vɛɪl; **.dessen** ondertussen [-'tøs-], intussen

wahr|haftig waarachtig [-tax]; **2heit** *f* waarheid; **.nehmen** waarnemen; **2sager** *in* *f* waarzegster

wahrscheinlich waar-

schijnlijk [-'sxeɪnlək]; **2keit** *f* waarschijnlijkheid

Währung *f* munt [mønt]

Waise *f* wees

Walm walvis ['vɑl-]

Wald *m* (het) bos; **großer .** (het) woud [vɑutl; **.brand** *m* bosbrand; **.hüter** *m* boswachter; **2ig, 2reich** bosrijk ['-rɛɪk]; **.weg** *m* (het) bospad, bosweg ['-vɛx]

Wall *m* wal

Wallfahrt *f* bedevaart ['be:də-]; **.sort** *m* (het) bedevaartsoord

Walze *f* rol, wals

wälzen wentelen ['vɛntələ(n)l, rollen

Walzer *m* wals

Walzwerk *n* pletterij [-'rɛɪl

Wand *f* muur [my:r], wand

Wandel *m* verandering; **2bar** veranderlijk [-lək]; **.halle** *f* wandelgangen *pl.*

Wander|ausstellung *f* reizende tentoonstelling; **.fahrt** *f* wandeltocht, trektocht; **.karte** *f* wandelkaart; **.lied** *n* (het) trekkerslied

wandern trekken

Wandervogel *m* trekvogel

Wandklappbett *n* (het) opklapbed

Wandlung *f* verandering

Wand|schrank *m* muurkast ['my:r-l; **.tafel** *f* (het) (school)bord; **.teppich** *m* (het) wandtapijt [-pɛɪtl;

_uhr f hangklok; **_zeitung**f muurkrant

Wangef wang

wanken wankelen ['-kə-lə(n)]

wann wanneer; **dann und _ nu** [ny·]en dan

Wannef kuip [kœyp]

Wanzef wandluis

Wappen n (het) wapen ['ʋɑ:pə(n)]

Waref waar, koopwaar

Waren|haus n (het) warenhuis ['-hɔʏs]; **_zeichen** n (het) handelsmerk

warm warm

Wärm|e f warmte; **_en** verwarmen; **_flasche** f warmwaterkruik [-krœyk]

warmlaufen: **_ lassen** Kfz. laten ['la:t-] warmlopen

Warn|anlage f alarminstallatie [-la:(t)si·]; **_dreieck** n gevarendriehoek [-hu·k]; **2en (vor** D) waarschuwen ['-sxy·ʋə(n)] (voor)

Warn|schuß m (het) waarschuwingsschot; **_ung** f waarschuwing; **_zeichen** n (het) waarschuwingsteken [-te:k-]

Warteliste f wachtlijst ['-lɛɪst]

warten v/i **(auf** A) wachten (op); v/t (pflegen) onderhouden ['-hɑʊə(n)]

Wärter m wachter, oppasser

Warte|saal m, **_zimmer** n wachtkamer [houd]

Wartung f (het) onder-

warum waarom

Warze f wrat [ʋrɑt]; **(Brust**2) tepel ['te:pəl]

was wat; **_ für (ein)** wat voor (een)

wasch|bar wasbaar; **2becken** n (vaste) wastafel

Wäsche f was; Kleid. (het) ondergoed [-ɣu·t]; **_klammer** f wasknijper ['-knɛɪpər]

waschen (sich) (zich) wassen

Wäsche|rei f wasserij [-rɛɪ]; **_schleuder** f centrifuge [sɛntri·fy:ʒə]; **_schrank** m linnenkast

Wasch|handschuh m (het) washandje; **_korb** m wasmand; **_lappen** m (het) waslapje; **_maschine**f wasmachine [-ʃi·nə]; **_pulver** n (het) waspoeder ['-pu·lər]

Wasser n (het) water ['ʋɑ:tər]; s. fließend

Wasser|ball m (het) waterpolo; **2dicht** waterdicht; **_farbe** f waterverf; **_flugzeug** n (het) watervliegtuig [-tœʏx]; **_hahn** m waterkraan; **_kühlung** f waterkoeling [-ku·l-]; **_kraftwerk** n waterkrachtcentrale [-sɛn-]; **_leitung** f waterleiding

wässern Flgw. op het water landen

wasser|scheu waterschuw [-sxy·ʋ]; **2schi** m/pl., **2ski** m/pl. water-

ski's pl.; ₂sport m water-
sport; ₂stoff m water-
stof; ₂stoffsuperoxyd n
(het) waterstofperoxyde
[-ksi·də]; ₂tank m (het)
waterreservoir [-vüa·r],
watertank [-tɛŋk]; ₂ver-
sorgung f watervoorzie-
ning; ₂welle f watergolf

wäßrig waterig [-rəx]

waten waden

Watt n El. watt

Watte f watten pl.;
.bausch n dot watten

web|en weven; .stuhl m
weefstoel [-stu·l]

Wechsel m wissel Hdl.
wissel

Wechsel|geld n (het) wis-
selgeld; ₂haft wisselval-
lig [-'ʋalək], .kurs m wis-
selkoers [-ku·rs]; ₂n wisselen; .strom m wissel-
stroom; .stube f (het)
wisselkantoor

weck|en wekken; ₂er m
wekker

wedeln (mit D) kwispelen
(met)

weder: ... noch noch ...
noch

weg weg; weit ~ ver weg;
... ist ~ ... is weg;(verloren a.) ... is kwijt [kûɛit]

Weg m weg [ʋɛx]

wegbleiben wegblijven
['-blɛiʋə(n)]

wegen (G) wegens, vanwege

weg|geben weggeven;
.gehen weggaan, heen-
gaan, .laufen weglopen;

.nehmen wegnemen

Wegweiser m wegwijzer
['-vɛizər]

weh s. wehtun; ₂ n (het)
wee; das Wohl und ₂ het
wel en wee; ₂en pl.
weeën ['ve·iə(n)]pl.

wehen waaien

weh|klagen weeklagen;
.leidig kleinzerig [-'ze·-
rəx]; .mütig weemoedig
['-mu·dəx]

Wehr n stuw[sty·ü]

Wehrdienst m militaire
['-tɛ·rə] dienst; .verwei-
gerer m dienstweigeraar

wehren: sich ~ zich (ver-)
weren

wehr|los weerloos;
₂pflicht f dienstplicht

wehtun pijn doen [du·n];
mir tut der Arm
weh mijn arm doet
pijn, ik heb pijn aan mijn
arm

Weib n (het) wijf [ʋɛif],
.chen n Zo. (het) wijfje;
₂isch kleinzerig
vrouwelijk ['ʋraûələk]; ₂lich
vrouwelijk ['ʋraûələk]

weich week, zacht, mals;
~ werden (nachgeben) toe-
geven ['tu·]

Weiche f Esb. wissel

weichen 1. (vor D) wijken
['ʋɛik-](voor); 2. wieken

weichgekocht zachtge-
kookt

Weide f wei(de); Bot. wilg

weiger|n: sich .n weige-
ren ['ʋɛiɣər-]; ₂ung f weigering

weihen wijden ['ʋɛidə(n)]

Weihnachten n Kerstmis ['kɛrs-]; **fröhliche .!** prettige ['prɛtəɣə] Kerstmis; **zu .** met Kerstmis

Weihnachts- in Zssg. kerst-

Weihnachtsbaum m kerstboom

Weih|rauch m wierook; **.wasser** n (het) wijwater ['vɛiɑ:tər]

weil omdat [-'dɑt], daar

Weilchen n: **ein .** eventjes ['e:vɔtɪɛs], **een** poosje [əmpo:ʃə]

Weile f poos, tijd [tɛit]

Wein m wijn [vɛin]; **.ausschank** m (het) wijnhuis ['-həys]; **.bau** m wijnbouw ['-bɑu]; **.brand** m (Duitse) cognac [kɔn'jɑk]

weinen schreien ['sxrɛiə(n)], huilen ['həyl-]

Wein|glas n (het) wijnglas ['-ɣlɑs]; **.handlung** f wijnhandel ['-]; **.karte** f wijnkaart; **.keller** m wijnkelder; **.lese** f wijnoogst; **.lokal** n (het) wijnhuis ['-həys]; **.rebe** f wijnrank, wijnstok; **.trauben** f/pl. wijndruivenpl., druiventros

weise wijs [vɛis]

Weise f manier, wijze; (Lied) wijs; **auf diese .** op die manier, zodoende ['-du·ndə]

weisen (auf A) wijzen (op)

Weisheit f wijsheid

weiß wit; **ein** Oer een blanke; Obrot n (het) wit

brood, (het) wittebrood; Okohl m witte kool; Owein m witte wijn [vɛin]

Weisung f order

weit wijd [vɛit], ruim [rœyml;(entfernt) ver; **bei .em, .aus** verreweg ['vɛrəvɛx]; **bei .em nicht** (nog) lang niet

Weitblick m ruime blik

weiter verder, voort(s), vervolgens; wijder; **und so .** (usw.) enzovoort(s) (enz.); **bis auf .es** tot nader order;.s. **ohne**

weiter|fahren rijden ['rɛiə(n)], doorrijden; **.gehen** verder gaan, doorgaan; **.hin** in het vervolg, voortaan; verder; **.kommen** vooruitkomen [-'əyt-]; **.machen** doorgaan

weit|gehend verregaand; **.her** van ver; **.hin** van ver(re); in de verte; (allgemein) in sterke mate; **.läufig** uitgestrekt ['əytxə-]; Verwandter: ver; **.reichend** verreikend ['vɛr-]; **.schweifig** langdradig [-'dra:dəx]; breedvoerig [-'fu:rəx]; **.sichtig** verziend; fig. vooruitziend ['-əyt]; Osprung m (het) verspringen ['vɛr-]

Weizen m tarwe

welch|e, .er welke?; **.es** welk?; (einigelsl) enige ['e:nəɣə], of

welk verwelkt, verlept; **.en** verwelken

Wellblech n (het) gegolfd plaatijzer ['-sïzər]

Welle f golf/Tech. as

Wellen|bad n (het) golfbad ['-bɑt]; ** förmig** golvend; ** gang** m golfslag; ** länge** f Rdf. golflengte; ** sittich** m parkiet ['-ki·t]

wellig golvend

Welt wereld ['ve·rəlt]; ** all** n (het) heelal ['-lɑl]; ** anschauung** f wereldbeschouwing ['-sxɑũŋ]; ** berühmt** wereldberoemd ['-ru·mt]; ** krieg** m wereldoorlog; ** lich** werelds; ** meister** m wereldkampioen ['-pi·(j)u·n]; ** raumflug** m ruimtevlucht ['rɔymtəvlʋxt]; ** reise** f wereldreis; ** rekord** m (het) wereldrecord; ** teil** m (het) werelddeel; ** weit** over de hele wereld

wem (aan) wie; ** gehört das?** van wie is dat?

wen wie

Wende f wending, om(me)keer m keerkring; Kfz. draaicirkel ['-sïrkəl]

Wendeltreppe f wenteltrap

wend|en wenden, keren; **sich en an** (A) zich wenden tot; ** ung** f wending, draai, keer

wenig weinig ['vèinəx]; ** er** minder; **am sten** het minst, allerminst; ** stens** minstens, tenminste, althans

wenn als, wanneer, indien ['-di·n]

wer wie

Werb|e|film m reclamefilm; ** en** werven; **(um** A) dingen (naar), trachten te winnen; **(für** A) reclame maken (voor); ** ung** f reclame

werden worden; (Futur) zullen ['zəl-]; **ich würde** ik zou (sɑu]; **im ** in wording

werfen werpen, gooien; **sich (auf** A) zich werpen (op)

Werft f werf

Werk n (het) werk; (Fabrik) fabriek; ** meister** m (ploeg)baas ['plu·y-]; ** statt** f werkplaats; (Auto-) garage ['-ra·ʒəl; ** stoff** m grondstof

Werktag m werkdag ['-dɑx]; ** s** door de week

werktätig werkend

Werkzeug n (het) gereedschap; (einzelnes ****) (het) werktuig ['-tœyx]; ** kasten** m gereedschapskist

Wermut m vermout ['-mu·t]

wert waard

Wert m waarde; ** angabe** f aangegeven waarde; ** beständig** waardevast; ** brief** m brief met aangegeven waarde; ** en** waarderen ['-de·r-], taxeren ['-se·r-]; ** gegenstand** m (het) voorwerp van

waarde; ⊘los waarde-
loos; ⊘voll kostbaar
Wesen n (het) wezen
wesentlich wezenlijk
[-lək], essentieel [-'sie:l]
weshalb waarom
Wespe f wesp
wessen wiens, van wie
Weste f (het) vest
West|en n (het) westen;
⊘lich westelijk [-lək];
(von D) ten westen (van);
~wind westenwind
Wettbewerb m Sp. wed-
strijd ['-strei̯t], competitie
[-'ti:(t)si·]; *Hdl.* concur-
rentie [-kə'rεnsi·], mede-
dinging; prijsvraag
Wett|e f weddenschap;
um die ~e om strijd; ⊘en
wedden; ⊘eifern wedij-
veren ['-εi̯vərə(n)]
Wetter n (het) weer; **~be-
richt** m (het) weerbe-
richt; **~dienst** m weer-
dienst; **~lage** f weersgesteldheid; **~vorhersage** f
weer(s)voorspelling
Wett|kampf m wedstrijd
['-strei̯t]; **~kämpfer** m
deelnemer aan een wed-
strijd; **~lauf** m wedloop;
~rennen n wedren, race
[re:s]
wetzen wetten
wichtig belangrijk [-rεi̯k],
gewichtig [-təx]; ⊘keit f
(het) belang; ⊘tuerei f
gewichtigdoenerij [-du-
nə'rεi̯]
wickeln wikkelen
Widder m ram

wider *(A)* tegen ['te:ʁə(n)]
Wider|hall m weerklank,
weergalm; ⊘legen weer-
leggen; ⊘lich weerzin-
wekkend [-'vεk-], on-
guur [-'ʁy:r]; ⊘rechtlich
wederrechtelijk [-tələk];
⊘rufen herroepen [hε-
'ru·pə(n)]
widersetzen: sich ~ *(D)*
zich verzetten tegen
wider|sinnig ongerijmd
[-'rεi̯mt]; **~spenstig** weerspannig [-'spanəx], weer-
barstig [-'barstəx]; **~spre-
chen** *(D)* tegenspreken
['te:ʁə(n)spre:k-]; **~spruch** m tegenspraak;
(Gegensatz) tegenstrij-
digheid [-'streidəxεit]
Widerstand m weerstand,
tegenstand, (het) verzet
[fər'zεt]; ⊘sfähigkeit f
(het) weerstandsvermo-
gen; **~skämpfer** m ver-
zetsstrijder [-streidər]
wider|stehen *(D)* weer-
staan; **~wärtig** naar, akelig ['a:kələx]
Widerwill|e m tegenzin;
⊘ig onwillig [-ləx], met
tegenzin
widm|en wijden ['vεid-],
(zueignen) opdragen;
sich ~en *(D)* zich wijden
(aan); ⊘ung f opdracht
widrig ongunstig [-'ʁøn-
stəx], naar
wie hoe? [hu·]; *(bei Vergleich)* (zo)als
wieder weer, terug
[tə'rʊx]; *in Zssg.* oft her-

[hɛr'-]
Wieder|aufbau m wederopbouw [-baúl]; **~aufnehmen** hervatten; 2**bekommen** terugkrijgen [-krɛɪ̯'-]; **~belebungsversuche** m/pl. pogingen pl. (om) de levensgeesten weer op te wekken; 2**bringen** terugbrengen; 2**erkennen** herkennen [hɛr'-]; 2**finden** terugvinden; **~gabe** f weergave; 2**geben** teruggeven; 2**gewinnen** herwinnen; **~gutmachung** f (het) herstel [hɛr'stɛl]; 2**herstellen** herstellen

wiederhol|en herhalen [hɛr'-]; 2**ung** f herhaling; 2**ungssendung** f heruitzending [-ət-]

wiedersehen weerzien; **auf** 2**tot** (weer)ziens

Wiedervereinigung f hereniging [-'e:nəɣɲ̩]

wiegen 1. Kind wiegen; (schwingen) wiegelen, deinen; 2. (Gewicht) wegen

wiehern hinniken ['-nəkə(n)] [n]

Wien n Wenen ['ʋe:nə(n)]

Wiese f wei(de) ['ʋɛɪ̯-]

Wiesel n wezel

wieso hoe [hu·] zo

wieviel hoeveel; **~mal** hoeveel keren; **~te** hoeveelste

wieweit (in) hoever(re)

wild wild

Wild n (het) wild; **~dieb** m

stroper; 2**fremd** wildvreemd; **~leder** n (het) wildle(d)er; **~nis** f wildernis; **~schwein** n (het) everzwijn [-zúsɪn]; **~schutzgebiet** n (het) wildreservaat; **~westfilm** m wild-west-film

Wille m wil

will|ens geneigd; **~ig** gewillig [-ləx]; **~kommen** welkom ['ʋɛl-]

Willkür f willekeur [-kø·r]; 2**lich** willekeurig [-rəx]

wimmeln (von D) wemelen (van), krioelen [kri·-'ju·l-](van)

wimmern jammeren, kermen

Wimper f wimper

Wind m wind; **~beutel** m Kochk. roomsoes ['-su·s]

Winde f windas, lier

Windel f luier ['lœyɪ̯ər]

winden winden; **sich ~** zich kronkelen ['-kələ(n)]

wind|geschützt beschermd tegen de wind; **~ig** winderig ['-dərəx]; 2**mühle** f windmolen; 2**pocken** pl. windpokken pl.; 2**schutzscheibe** f voorruit ['-rəytl]; 2**stärke** f windkracht; **~still** windstil; 2**stoß** m rukwind ['rək-]

Windung f kromming, kronkeling

Wink m wenk

Winkel m hoek [hu·k]

winken wenken, wuiven ['ʋəɣʋ̌-]

winseln janken

Winter *m* winter; **im ~ 's** winters; **~fahrplan** *m* winterdienst; **~garten** *m* wintertuin [-təynl]; **~gast** *m* wintergast; **~kurort** *m* (het) winterkuuroord [-ky:r-l]; ♀lich winters; **~sport***m* wintersport

Winzer *m* wijnbouwer [ˈvɛinbūⁿər]

winzig nietig [ˈ-təxl], petieterig[pəˈtiˈtərəx]

Wipfel *m* top, kruin [krɐynl]

wippen wippen

wir wij [ʋɛi, ʋəl, we

Wirbel *m* Anat. wervel; (Luft♀) wervelwind; (Wasser♀) draaikolk; (Trommel♀) roffel

wirbel|n v/i wervelen, tollen, (d)warrelen, Trommel: roffelen; v/t opjagen; ♀säule *f* wervelkolom; ♀sturm *m* wervelstorm

wirken werken; aandoen [ˈ-duːnl]; (zur Geltung kommen) uitkomen [ˈəyt-]

wirklich werkelijk [ˈ-kəlakl, heus [hœ:sl]; ♀keit *f* werkelijkheid

wirk|sam werkzaam; ♀ung *f* uitwerking [ˈəyt-l, (het) effect; (Folge) (het) gevolg; **~ungslos** zonder uitwerking

Wirkwaren *f/pl.* geweven goederen [ˈʊ̈uˈdərə(n)] *n/pl.*

wirr verward; ♀kopf *m* warhoofd

Wirsing(kohl) *m* savooiekool

Wirt *m* waard, restaurateur [-toˈraˈtøːrl, hotelier [-tɛlˈjeːl; **~in** *f* waardin [ˈdɪnl, hospita[ˈhɔs-l

Wirtschaft *f* economie; (Lokal) (het) café [kaˈfeːl; ♀en huishouden [ˈhɐyshɐudə(n)l; **~erin** *f* huishoudster; ♀lich economisch [-iˈsl, zuinig [ˈzøynəx]

Wirtshaus*n* herberg

wisch|en vegen, wissen; ♀tuch *n* stofdoek [ˈ-duˈkl, vaatdoek

wissen weten [ˈveːt-l; ♀ *n* (het) weten, kennis

Wissenschaft *f* wetenschap; **~ler** *m* wetenschapsman, geleerde; ♀lich wetenschappelijk [ˈ-sxapələkl

wissenswert wetenswaardig [ˈ-vaːrdəxl

wissentlich welbewust [ˈ-vɵstl

witter|n ruiken [ˈrɐyk-l; ♀ung *f* reukzin [ˈrøːk-l; *s.* **Wetter**

Witwe *f* weduwe [ˈveːdyˈüəl; **~rm** weduwnaar

Witz*m* mop; ♀blatt *n* moppenblaadje; **~bold** *m* grappenmaker, grapjas; ♀ig geestig [ˈ-təxl

wo waar; **~anders** elders, ergens anders; **~bei** waarbij [ˈ-bɛi]

Woche f week; ‿n|bett n (het) kraambed

Wochenend|ausflug m (het) weekenduitstapje ['vɔ:kəntəʏt-]; ‿e n (het) weekend, (het) weekeinde ['vɛ:kəɪndə]; ‿haus n (het) weekendhuisje [-həʏʃə]

Wochen|karte f weekkaart; ♀lang wekenlang; ‿markt m weekmarkt; ‿schau f (het) filmjournaal ['-ʒuːr-]; ‿tag m weekdag ['vɛ:kəlaks]

wöchentlich wekelijks }

wodurch waardoor

wogen golven

wo|her waar . . . vandaan; ‿hin waarheen

wohl wel, goed ['ɣuːt]; (vermutlich) wel; **sich nicht ‿ fühlen** zich niet wel (od. lekker) voelen ['ɣuː-l]; **leben Sie ‿!** vaarwel [-'vɛll. ♀ n (het) welzijn ['-zɛɪn]; **zum ♀!** prosit!

Wohl|befinden n goede ['ɣuː'ɪə] gezondheid; ‿behagen n (het) welbehagen; ♀behalten behouden ['-haudə(n)]; ♀habend gegoed [-'ɣuː'tl, welgesteld; ♀riechend welriekend; ♀schmeckend smakelijk ['sma:kələk]; ‿stand m (het) welstand, welvaart; ‿tat f weldaad

Wohltät|er m weldoener ['-du:nər], ‿igkeit f liefdadigheid ['-da:dəxɪtl]

wohl|tuend weldoend; ♀wollen n welwillendheid ['-vɪlənthɛɪtl]

Wohn|anhänger m caravan ['kɛrəvən]; ‿block m (het) woningblok

wohnen wonen; *(als Gast)* logeren [-'ʒe:r-]

wohn|haft in (D) woonachtig ['-ɔxtəxl in]; ♀ort m woonplaats; ♀raum m woonruimte ['-rəʏmtə]; ♀sitz m (het) domicilie [-'si:liˑl]; ♀ung f woning; ♀wagen m woonwagen; caravan ['kɛrəvən]; ♀zimmer n huiskamer ['həʏs-]

Wölbung f welving

Wolf m wolf

Wolke f wolk

Wolken|bruch m wolkbreuk ['-brøːk]; ‿kratzer m wolkenkrabber; ♀los onbewolkt

wolkig bewolkt

Woll|decke f wollen deken ['de:kə(n)]; ‿ef wol

wollen willen

Wollkleid n wollen jurk [jœr(ə)k]

Wollust f wellust ['-lǝstl]

wo|mit waarmee; ‿möglich zo mogelijk [-ləkl; s. **vielleicht**; ‿nach waarnaar;*zeitl.* waarna

Wonne f gelukzaligheid [-lək'sa:ləxɪtl]

wor|an waaraan; ‿auf waarop; ‿aus waaruit; ‿in waarin

Wort n (het) woord; **in ‿en** voluit [-'aʏtl]

Wörterbuch n (het) woor-
denboek [-bu·k]

Wort|führer m woord-
voerder; ♀**karg** weinig
['vɛɪnəx] spraakzaam,
kortaf; ♀**laut** m woorde-
lijke ['-dələkə] inhoud
['-haut]

wörtlich woordelijk,
letterlijk [-lək]

wort|los zonder woorden;
♀**schatz** m woorden-
schat; ♀**spiel** n woord-
speling; ♀**wechsel** m
woordenwisseling

wor|über waarover; **_um**
waarom

wo|von waarvan; waar-
door; **_vor** waarvoor;
_zu waartoe [-'tu·], waarvoor,
waarom

Wrack n (het) wrak [vrak]

wringen wringen ['vrɪŋ-]

wucher|n woekeren ['vu·-
kər-]; ♀**ung** f woekering

Wuchs m groei [ɣru·il]; gestalte

Wucht f kracht [vuxt]; ♀**ig** zwaar,
massief

wühlen woelen ['vu·l-],
wroeten ['vru·t-], schar-
relen ['sxarələ(n)]

Wulst f knobbel, bobbel

wund gewond; **sich
_ reiben** kapot wrijven
['vrɛɪv-]

Wunde f wond

Wunder n (het) wonder;
♀**bar** heerlijk ['-lək],
prachtig ['-təx]

wundern: sich _ (über A)
zich verwonderen (over)

wunder|schön prachtig;
_voll prachtig ['-təx]

Wundstarrkrampf m te-
tanus ['te·tanəs]

Wunsch m wens; **auf _**
desgewenst [-'vɛnst]

wünschen wensen; **_s·wert**
wenselijk ['-sələk]

wunsch|gemäß naar
wens; ♀**traum** m wens-
droom; ♀**zettel** m (het)
verlanglijstje [-lɛɪʃə]

Würde f waardigheid
['-dəxɛɪt]; ♀**voll** waardig,
statig ['sta·təx]

würdig (G) waardig; **_en**
waardig achten; waarde-
ren [-'de·r-]

Wurf m gooi, (a. Zo.) worp

Würfel m kubus ['ky·bəl],
(het) blok(je); (Spiel♀)
dobbelsteen; ♀**n** dobbe-
len; ♀**zucker** m suiker-
klontjes ['səykər-] n/pl.

würgen worgen, wurgen
['vorɣ-]; v/i (an D) kok-
halzen (bij [bɛɪl]

Wurm m worm

Wurst f worst

Würstchen n (het) worstje
['vorʃə]

Wurzel f wortel

würz|en kruiden ['krøyd-];
_ig gekruid, pittig ['-təx]

wüst woest [vu·st]; ♀**e** f
woestijn [-'tɛɪn]

Wut f woede [dend]

wüten woeden (b. v. woe-

X, Y

x-beliebig   willekeurig | **Xylophon**n xylofoon [ksi·-]
[-'kø:rəx] | **Yssel**f de IJssel ['ɛisəl]

Z

Zack|e f tand; **2ig** getand, gekarteld; *fig.* kranig ['-nəx]

zaghaft bedeeed

zäh|(e) taai; **~flüssig** taai; *fig. a.* stroef [stru·f]

Zahl f (het) getal [-'tɑːl], (het) aantal

zahl|bar betaalbaar; **~en** betalen

zähl|en tellen; **2er** m teller; *El., Gas:* meter

zahl|enmäßig numeriek [nyme·'-]; **2karte** f (het) stortingsbiljet [-jɛt]; **~los** talloos; **~reich** talrijk ['tɑlrɛik], tal van; **2tag** m betaaldag; **2ung** f betaling

Zählungf telling [ling]

Zahlungs|anweisung f (het) betalingsmandaat, cheque [ʃɛk]; **~bedingungen** f/pl. betalingsvoorwaarden *pl.*; **2fähig** solvent [-'vɛnt]; **~mittel** n (het) betaalmiddel

Zählwerk n telmachine ['-maʃi·nə]

Zahlwortn (het) telwoord

zahm tam [tɑm], mak

zähmen temmen

Zahn m tand; **~arzt** m tandarts; **~bürste** f tandenborstel; **~ersatz** m kunsttand(en *pl.*)

['kɔnst-], valse tand(en *pl.*), (het) kunstgebit; **~fleisch** n (het) tandvlees; **~pasta**f tandpasta

Zahnrad n (het) tandwiel; **~bahn**f tandradbaan

Zahn|schmerzen *m/pl.* kiespijn ['-pɛin], tandpijn; **~stocher** m tandenstoker [-'sto:kər]; **~techniker** m tandtechnicus [-kəs]

Zander m snoekbaars ['snu·g-]

Zangef tang

Zank m twist, ruzie ['ryzi·]; **~apfel**m twistappel

zanken: sich ~ twisten, kibbelen

Zänk|erei f (het) gekrakeel; **2isch** twistziek

Zäpfchen n *Anat.* huig [høyx];*Med.* zetpil

Zapfen m *Tech.* tap, pin; *(Tannen2)* denneappel

Zapfsäule f (benzine-) pomp

zappeln spartelen

zart teer, tenger; **2gefühl** n kiesheid

zärtlich tam; **~keit** f teder-, innig ['inəx]; **2keit** f tederheid, liefkozing

Zauberm betovering; **~ei** f toverij [to·və'rɛi]; **2haft**

toverachtig [-təxl], betoverend; **~künstler** m goochelaar; 2n toveren, goochelen

zaudern dralen, talmen

Zaum m toom, teugel ['tsɔ̈ʏ̈əl]

Zaun m (om)heining, schutting['tsɔ̈ʏ̈t]

Zebrastreifen m (het) zebrapad

Zeche f (het) gelag; Bgb. mijn[meɪn]

zechen fuiven['fœyv-]

Zehe f teen

zehn tien; **~fach** tienvoudig ['-ṽaudəx]; 2**kampf** m Sp. tienkamp; 2**teln** n (het) tiende(deel)

Zeichen n (het) teken ['te:kə(n)]; **~block** m (het) tekenblok; **~film** m tekenfilm; **~sprache** f gebarentaal; **~(**het) tekenschrift; **~stift** m tekenpotlood

zeichn|en tekenen; 2**er** m tekenaar; 2**ung** f tekening

Zeigefinger m wijsvinger ['vɛɪs-]

zeigen wijzen, tonen, laten zien; **sich ~** zich vertonen;(deutlich werden) blijken['blɛɪk-]

Zeiger m wijzer

Zeile f regel, (Reihe) rij [rɛɪ]

Zeit f tijd; **zur ~** op het ogenblik; **es ist an der ~** het is tijd

Zeit|alter n (het) tijdperk, (het) tijdvak; **~angabe** f tijdaanduiding [-dəʏd-]; **~ansage** f tijdmelding; **~aufnahme** f Foto: tijdopname; 2**gemäß** modern, actueel [-ty'ʊe:ll]; 2**genössisch** eigentijds; 2**ig** vroeg [ṽru˞xl], tijdig [-tɛɪdəx]; **~karte** f abonnementskaart; 2**lich** wat de tijd betreft;(vergänglich) tijdelijk [-dələk]; **~punkt** m (het) tijdstip; **~raum** m (het) tijdsbestek ['-bəstək]; **~schrift** f (het) tijdschrift['-ʃrɪft]

Zeitung f krant, (het) dagblad; **~s-kiosk** m, **~s-stand** m (het) krantenstalletje; **~s-papier** n (het) krantenpapier

Zeit|unterschied m (het) tijdsverschil; **~verlust** m (het) tijdverlies; **~vertreib** m (het) tijdverdrijf; 2**weilig** tijdelijk ['tsɛɪdə-lək]; **~zeichen** n (het) tijdsein['-sɛɪn]

Zelle f cel|sel|

Zellstoff m celstof

Zelt n tent; 2**en** kamperen [-'pe:r-]; **~lager** n (het) tentenkamp; **~platz** m (het) kampeerterrein [-tərɛɪn]; **~verleih** m tentenverhuur [-hy:r]

Zement m cement[sə'-]

Zensur f censuur [sen-'sy:r]; (Note) (het) cijfer ['sɛɪfər]

Zentimeter n centimeter ['sɛnti'-]

Zentner m vijftig [ˈfɛɪftəx] kilo

zentral centraal [sɛn'-]; **Qe f** centrale; **~heizung** f centrale verwarming; **~isieren** centraliseren [-'zeːr-]

Zentrum n (het) centrum [ˈtsɛntrəm]

zerbrechen (stuk)breken [ˈstøɡ-]; **~lich** broos, teer, breekbaar

zerbröckeln verbrokkelen, verkruimelen [-'krɔym-]; **~drücken** platdrukken [-'drøk-], verpletteren

Zeremonie f ceremonie [seːreˈmoːniː], plechtigheid [ˈ-taxɛɪt]

zerfallen uiteenvallen [əy't-]; **~fetzen** aan flarden scheuren ['sxøːr-]; **~fleischen** verscheuren; **~fließen** vervloeien [-'ɣluˑiə(n)]; **~fressen** v/t stukvreten [-'sxeɪ-]; **~gehen** smelten; **~kleinern** kleinmaken; **~klüftet** gespleten [-'spleːt-]; **~knirscht** berouwvol ['raʊ-]; **~knittern** verkreukelen [-'krøːkələ(n)], verfrommelen; **~kratzen** stukmaken

zerlegbar uit [əyt] elkaar te nemen, ontleedbaar; **~en** uit elkaar nemen, ontleden

zermalmen verbrijzelen [-'brɛɪzələ(n)], vermorze-

len; **~mürben** vermurwen [-'mørˑɥə(n)] **~quetschen** verpletteren; **~reißen** scheuren ['sxøːr-]; (v/t a.) verscheuren

zerren (an D) rukken [ˈrøk-], sleuren; **Qung** f spierverrekking

zerrütten schokken, ontrichten [-'frɪxt-]; **~schellen** te pletter slaan; **~schlagen** stukslaan ['støk-]; **~schmettern** verbrijzelen [-'brɛɪzələ(n)]; **~schneiden** stuksnijden ['-snɛɪə(n)]; **~setzen** ontbinden; (untergraben) ondermijnen; **~splittern** versplinteren; **~springen** barsten

Zerstäuber m verstuiver [-'staɥ-]

zerstören bernielen; **Qer** m Mil. torpedojager; **Qung** f vernieling

zerstreuen verstrooien; verspreiden; Bedenken uit [əyt] de weg ruimen; **sich ~en** (sich unterhalten) zich verstrooid; **~t** verstrooid; **Qung** f verstrooing

zerstückeln in stukken ['støk-] snijden ['snɛɪə(n)]; **~teilen** verdelen, splitsen

Zertifikat n (het) certificaat [sɛr-]

zertreten vertrappen; **~trümmern** verbrijzelen [-'brɛɪzələ(n)], vernielen

Zervelatwurst f cervelaatworst [sɛrvə'-]

Zerwürfnis n onenigheid
[-'e:nəxeit]

zerzaust verward

Zettel m (het) papiertje,
fiche ['fi·ʃə]

Zeug n (het) goed [ɣu·t],
stof; F (Kram) rommel,
spullen ['spɔl-] n/pl.;
dummes ~ F kletspraat

Zeug|e m getuige [-'tərɣə],
~en v/i getuigen; v/t ver-
wekken; **~enaussage** f
getuigenverklaring; **~nis**
n getuigenis; (Gutach-
ten) (het) attest, (het)
rapport; (Schul-) (het)
schoolrapport

Zickzack m: **im ~** in zigzag

Ziege f geit [zax]

Ziegel m baksteen;
(Dach ♀) dakpan; **~ei** f
steenbakkerij [-'rɛi]

Ziegenbock m geitebok

Ziehbrunnen m (water-
put [-pɔt]

zieh|en trekken; **es ~t**
hier het tocht hier; ♀**harmonika** f harmonika;
♀**ung** f trekking

Ziel n (het) doel [du·l];
~bahnhof m (het) station
[-'sion] van bestemming;
♀**bewußt** doelbewust
[-vɔst]

zielen (auf A) mikken (op)

Ziel|fernrohr n richt-
kijker [-kɛik-]; ♀**los** doelloos; **~scheibe** f schietschijf; fig. (het) mikpunt
['-pɔnt]

ziemen: sich ~ betamen

ziemlich tamelijk ['ta:-

mələk]; (Adv. a.) nogal
[no'ɣal], vrij [vrɛi];(Adj. a.)
redelijk ['re:dələk]

Zier|de f (het) sieraad;
♀**en: sich ~en** zich aan-
stellen; ♀**lich** sierlijk
['-lək]

Ziffer f (het) cijfer ['sɛifər];
~blatt n wijzerplaat

Zigarette f sigaret; **~nau-**
tomat m sigaretten-
automat

Zigarre f sigaar

Zigeuner(in f) m zigeu-
ner(in [-'rɪn] f) [zi·'ɣø:-
nər]

Zimmer n kamer ['ka-
mər]; **~kellner** m etage-
kelner [e'ta:ʒə-]; **~mäd-
chen** n (het) kamer-
meisje [-mɛifə]

Zimmermann m timmer-
man

Zimmer|nachweis m
logisvermittlungsdienst
[-'ʒi·s-]; **~pflanze** f
kamerplant; **~schlüssel**
m kamersleutel [-slø:təl];
~temperatur f kamer-
temperatuur [-ty:r]

zimperlich preuts [prø:ts],
aanstellerig [-'stɛlərəx]

Zimt m kaneel

Zink n (het) zink

Zinn n (het) tin

Zins|en m/pl. rente, inte-
rest; **~fuß** m rentevoet
[-'vu·t]

Zipfel m punt [pɔnt], slip

zirka circa ['sɪrka]

Zirkel m passer; (Gruppe)
kring

Zirkus m (het) circus ['sɪrkəs]
zirpen tjirpen [tĭïr-]
zischen sissen
Zitadelle f citadel [si'-]
Zit|at n (het) citaat [si''-]; **∮ieren** citeren [-'te:r-]
Zitrone f citroen [si-'tru:n]; **∮ngelb** citroengeel; **∮nlimonade** f citroenlimonade
Zitrusfrüchte f/pl. citrusvruchten ['si'trəsfrəxt-] pl.
zitt|ern sidderen, beven, trillen, bibberen; **∮ern** n siddering, (het) beven; **∼rig** beverig ['be:vərəx]
zivil civiel [si'-], burgerlijk ['bərɣərlək]; **∮n** burgerkleding; in **∮** n burger; **∮bevölkerung** f burgerbevolking; **∮courage** f zedelijke ['ze:dələkə] moed [mu·t]; **∮isation** f beschaving; **∮ist** m burger
zögern aarzelen [-zələ(n)]
Zögling m kwekeling ['kŭe:kəl-], leerling
Zoll m douane [du·'ŭa:nə]; tol, accijns [ak'sɛ:ns], **∼abfertigung** f douanedienst; **∼amt** n (het) douanekantoor; **∼beamte(r)** douaneambtenaar [-amtə-]; **∼bestimmungen** f/pl. douanevoorschriften n/pl.; **∼erklärung** f douaneverklaring; **∮frei** vrij [vrɛ̈i] van douanerechten; **∼kon-**

∼trolle f douanecontrole [-kɔntro:lə]; **∼papiere** n/pl. douanedocumenten [-ky'mɛntə(n)] n/pl.; **∮pflichtig** aan tol onderhevig [-'he:vəx]
Zollstock m duimstok ['dœym-]
Zone f zone ['zo:nə, 'zo:-]
Zoo m dierentuin [-tœyn]
Zopf m vlecht
Zorn m toorn, drift; **∮ig** toornig ['-nəx], driftig ['-təx]
zu 1. prp. (D) te, tot; (hinzu) bij [bɛ̈i]; (Richtung) naar; **bis** ∼ tot (aan); **eins** ∼ **null** één [e:n] - nul [nœl]; ∼ **zweit** (dritt) met zijn [sən] tweeën ['tŭe:ïə(n)] (drieë); ∼ **Beginn** in het begin; s. **Glück, Hälfte, Haus, Not, Weihnachten**; 2. Adv. te; ∼ **viel** te veel; (geschlossen) toe [tu·], dicht; **Tür** ∼! doe [dø:r] dicht!; Konj. beim Infinitiv te zijn; **nichts** ∼ **sehen** niets te zien
Zubehör n (het) toebehoren ['tu·-], onderdelen [-de:l-] n/pl., accessoires [aksɛs'ŭa:rs]pl.
zubereit|en (toe)bereiden, klaarmaken; **∮ung** f (toe)bereiding
zu|billigen toekennen; **∼binden** dichtbinden; **∼bringen** (verbringen) doorbrengen
Zubringer(auto)bus m bus [bœs] (naar vliegveld);

..dienst m besteldienst [bə'stɛl-]; **..straße** f toegangsweg ['tu'-], verbindingsweg

Zucht f fokkerij [-'rɛi], kwekerij ['kŭe:kə:rɛi], teelt; *(Disziplin)* tucht [text]

züchten kweken, fokken

Zuchthaus n (het) tuchthuis ['-hɔys]

zucken (stuip)trekken ['stəyp-]; **mit den Achseln** ~ de schouders ['sxɑudərs] ophalen

Zucker m suiker ['səykər]; **..dose** f de suikerpot; **..krankheit** f suikerziekte; 2n suikeren; **..rohr** n (het) suikerriet; **..rübe** f suikerbiet

Zuckungen f/pl. stuiptrekkingen ['stəyp-]pl.

zudecken toedekken ['tu'-]

zudem bovendien [-'di'n]

zudrehen dichtdraaien

zudringlich opdringerig [-'drɪŋərəx]

zudrücken toedrukken ['tu'drɛk-]; **ein Auge** ~ een [ən] oogje toedrukken

zuerkennen toekennen

zuerst eerst, het eerst

Zu|fahrt f oprit, toegang ['tu'-]; **..fall** m (het) toeval; 2**fällig** toevallig [-'fɑləx]; 2**fassen** aanpakken; **..flucht** f toevlucht ['-vlɛxt]; **..fluß** m zijrivier ['zɛi'-]; *(das Einströmen)* (het) toestromen, toe-

vloed

zufolge *(G od. D)* volgens, naar

zufrieden tevreden [tə-'vre:də(n)], voldaan; 2**heit** f tevredenheid, voldoening [-'du'n-]; **..stellen** tevredenstellen, bevredigen [-'vre:də:x-]

zu|frieren dichtvriezen; **..fügen** toebrengen; 2**fuhr** f toevoer ['tu'vu:r]

Zug m Esb. trein; *(Zugkraft)* trekkracht; *(Spiel)* zet; *(Luft* 2*)* tocht; *(Rauchen)* haal; *(Wandern, Charakter* 2 *Gesichts* 2*)* trek; *(Gruppe)* stoet [stu't]; 2**s Atem-, Festzug**

Zu|gabe f toegift; **..gang** m toegang; 2**gänglich** toegankelijk [-'ɣɑŋkələk]; 2**gegen** toegeven; 2**gegen** aanwezig [-'ve:zəx]

zugehen toegaan; **(auf A a.)** afgaan (op); *(überbracht werden)* toekomen

Zugehörigkeit f (het) toebehoren

Zügel m teugel ['tø:ɣəl]; 2**los** teugelloos, losbandig [-'bɑndəx]; 2**n** beteugelen

Zuge|ständnis n toegeving ['tu'ɣe:ə̆ŭ̌-]; 2**stehen** toestaan; 2**tan** (*D*) toegedaan, genegen

Zugführer m hoofdconducteur [-'kɔndəktø:r]

zugig tochtig ['-təx]

zügig vlot

Zugkraft f trekkracht; *(Beliebtheit)* aantrekkingskracht

zugleich tegelijk(ertijd) [tə'ɣə'laɪk(ərtaɪt)]

Zug|luft f tocht; **~maschine** f tractor ['traktɔr, 'trɛk-]

zugreifen toetasten ['tu·-], aanpakken

zugrunde ~ gehen (richten) te gronde gaan (richten)

Zugschaffner m treinconducteur ['-kɔndɛktø·r]

zugunsten (G) ten gunste ['ɣɛnstəl van

zugute te goed [ɣu·t]

Zug|verbindung f treinverbinding; **~verkehr** m (het) treinverkeer; **~vogel** m trekvogel

zu|halten dichthouden ['-haʊə(n)]; v/i *(auf A)* aanhouden (op); **2hälter** m souteneur [su·tə'nø·r], pooier

zuhör|en luisteren ['lœystərə(n)], toehoren ['tu·-]; **2er** m toehoorder, luisteraar; **2erschaft** f (het) gehoor

zu|jubeln toejuichen; **~kleben** dichtplakken; **~knallen** hard dichtslaan; **~knöpfen** dichtknopen ['-knɔ·p-]

Zukunft f toekomst ['tu·-]; **in ~** in de toekomst

zukünftig toekomstig ['-kɔmstəx]

Zulage f toelage

zu|lassen toelaten; **~lässig** geoorloofd; **2lassung** f toelating, vergunning ['-ɣen-]

Zulauf m toeloop

zuleide: j-m et. ~ tun iem. kwaad doen [du·n]

Zuleitungsschnur f toevoerleiding

zuletzt het laatst; *(schließlich)* tenslotte; **nicht ~** niet in de laatste plaats

zuliebe (D) ter wille van

zumachen dichtdoen ['-du·n]

zu|mal vooral, bovenal; **~mindest** tenminste, op zijn [sən] minst

zumut|bar draaglijk ['-lɑk]; **~en** (j-m A) vergen van; **2ung** f onbehoorlijke [-lakəl eis [aɪs]

zunächst allereerst; *(einstweilen)* voorlopig

zu|nageln dichtnagelen; **2nahme** f toeneming; **2name** m familienaam ['-mi·lɪ-]

zünd|en v/t ontsteken ['-stə·k-]; v/i vuur [vy·r] vatten, ontbranden; *fig.* inslaan; **2er** m ontsteker; **2holz** n lucifer ['ly·si·fər]; **2kerze** f bougie [bu·'ʒi·]; **2schlüssel** m contactsleutel [-slø·təl]; **2schnur** f lont; **2spule** f bobine; **2stoff** m springstof; **2ung** f *(a. Kfz.)* ontsteking

zu|nehmen toenemen ['tu·-]; **2neigung** f genegenheid [-'ne·ɣənhaɪt]

Zunft f (het) gild(e)
Zunge f tong
zunichte: ~ **machen** tenietdoen [-du·n]
zunicken(D) toeknikken
zunutze: sich et. ~ **machen** zich iets ten nutte [′nətə] maken [′ma:k-]
zu|ordnen toevoegen [′tu·ṿə-ĝ-]; ~**packen** aanpakken
zupfen trekken, plukken [′plɛk-]
zurechnungsfähig toerekenbaar [tu·′re:kə(n)-]
zurechtfinden: sich ~ zich redden, de weg vinden
zurechtlegen klaarleggen
zurechtmachen klaarmaken [′-ma:k-]; **sich** ~ zich opmaken
zurechtweisen terechtwijzen [-ṿɛiz-]
zu|reden toespreken [′tu·-]; ~**richten** klaarmaken; *(beschädigen)* toetakelen [′-ta:kələ(n)]
zurück terug [tə′rœx]; *(rückwärts)* achteruit [-′œyt]; ~**behalten** achterhouden; ~**bekommen** terugkrijgen [-krɛiĝ-]; ~**bleiben** achterblijven; ~**bringen** terugbrengen; ~**drängen** terugdringen, achteruitdringen; ~**fahren** terugrijden [-rɛiə(n)]; ~**führen** terugleiden *(auf A)* herleiden (tot), toeschrijven (aan); ~**geben** teruggeven; ~**gehen** teruggaan; *(sich vermin-*

dern) achteruitgaan
zurückhalten tegenhouden [′te:ğə(n)haủə(n)], inhouden; **sich** ~ zich inhouden, terughoudend zijn [sɛin]; ~**d** terughoudend, gereserveerd
zurück|kommen terugkomen [-ko:m-]; ~**lassen** achterlaten [-la:t-]; ~**legen** terugleggen; *(reservieren)* opzij [-′sɛi] leggen; *Weg* afleggen; ~**prallen** terugkaatsen; ~**rufen** *Tel.* terugbellen; ~**schicken,** ~**senden** terugsturen [-sty:r-]; ~**schrecken** terugschrikken, terugdeinzen; ~**setzen** *Fahrzeug* achteruitrijden [-rɛiə(n)]; *fig. (j-n)* achterstellen, verongelijken; ~**stecken** *v/i* inbinden; ~**stellen** *Uhr* achteruitzetten; *(aufschieben)* opschorten, uitstellen; ~**treten** achteruitgaan; *(v. Amt)* aftreden; ~**weisen** afwijzen [-′ṿɛiz-], van de hand wijzen; ~**zahlen** terugbetalen; ~**ziehen (sich)** (zich) terugtrekken
Zuruf m toeroep [′tu·ru·p]; **durch** ~ bij ′bsl acclamatie [-′ma:(t)si·]
Zusage f toezegging
zusagen toezeggen; *(gefallen)* bevallen, aanstaan
zusammen samen [′sa:m-], bijeen [bɛi′e:n], aaneen

zusammen|arbeiten samenwerken; ~bauen bouwen [b'aũə(n)], in elkaar zetten; ~binden bijeenbinden; ~brechen instorten, ineenzakken; ~bringen bijeenbrengen; 2bruch m instorting, inzinking; ~drücken samendrukken [-drɛk-]; ~fallen zeitl. (mit D) samenvallen (met); ~falten opvouwen [-faũə(n)]

zusammenfass|en samenvatten; 2ung f samenvatting

zusammen|fügen samenvoegen [-vũ-ỹ-]; ~gehören bij [bɛi] elkaar horen; 2hang m (het) verband; ~hängen (mit D) in verband staan (met); ~klappbar opklapbaar, opvouwbaar [-'faũ-]; ~kommen bijeenkomen [-ko:m-], samenkomen; 2kunft f bijeenkomst, samenkomst; ~leben samenleven

zusammennehmen: sich ~ zich beheersen, zich vermannen

zusammenpassen bij elkaar passen

Zusammenprall m botsing; 2en (mit D) botsen (op)

zusammen|rechnen optellen; 2rottung f samenscholing; ~rücken opschuiven [-sxǝỹ-]; ~rufen bijeenroepen [-ru·p-];

~schlagen stukslaan [st̩k-], kort en klein slaan; (j-n) afrossen; ~schrumpfen verschrompelen [-pǝlǝ(n)]

zusammensetz|en samenstellen; sich ~en (aus D) samengesteld zijn [sɛin] (uit [ǝyt]); 2ung f samenstelling

Zusammen|spiel n (het) samenspel; 2stellen bij [bɛi] elkaar zetten; samenstellen; ~stoß m botsing; Kfz. a. aanrijding ['-rɛit-]; Schiff: aanvaring; 2stürzen instorten

zusammentreffen elkaar ontmoeten ['-mu·t-]; zeitl. samenvallen; 2n samenloop

zusammen|zählen optellen; ~ziehen samentrekken

Zu|satz m toevoeging ['tu·vũ·ỹ-]; 2sätzlich aanvullend ['-vǝl-], bijkomend [bɛi-]

zuschau|en (D) toekijken ['tu·kɛik-]; 2er m kijker, toeschouwer ['-sxaũǝr]; 2erraum m zaal

zuschicken toesturen ['-sty:r-]

Zuschlag m toeslag ['-slɑx], bijslag ['bɛi-], (het) supplement [sǝplǝ'mɛnt]; 2en Tür dichtslaan; ~karte f (het) toeslagkaartje

zu|schließen sluiten ['slǝyt-]; ~schnappen toe-

*15**

vallen; *(beißen)* toehappen; **~schneiden** knippen; **2schnitt** *m* (het) model, snit; **~schnüren** toerijgen ['tuˑrɛiɣ̊-]; *fig.* toesnoeren; **~schreiben** *(D)* toeschrijven (aan), wijten (aan); **2schrift** *f* brief, (het) antwoord

zuschulden: *sich et.* ~ **kommen lassen** zich schuldig ['sxɔldəx] maken aan

Zuschuß *m* toelage ['tuˑ-], subsidie [səp'siˑdiˑ]

zusehen toezien; **~ds** zienderogen

zu|setzen *v/t* bijvoegen ['bɛiˑvuˑɣ̊-]; *Geld* erbij inschieten; *v/i (D) fig.* in 't nauw brengen; **~sichern** vast beloven, verzekeren ['-zɛkərə(n)]

zuspitzen: *sich* ~ *fig.* zich toespitsen['tuˑ-]

Zustand *m* toestand, staat

zustande: ~ **bringen (kommen)** tot stand brengen (komen); 2

zuständig (für *A***)** bevoegd [-'˟uˑxt] (voor), competent [kɔmpə'tɛnt](voor)

zustatten: ~ **kommen** van pas komen['koːm-]

zustehen *(j-m A)* toekomen

zustell|en bezorgen, overhandigen ['-hɑnda˟ə(n)]; **2gebühr** *f* port; **2ung** *f* bezorging

zustimm|en toestemmen ['tuˑ-]; **2ung** *f* toestem-

ming

zu|stoßen *(D)* overkomen [-'koːm-]; **2taten** *f/pl.* bestanddelen [-deːlə(n)]*n/pl.*, ingrediënten [-diˑ-'jɛnta(n)]*n/pl.*

zuteil: ~ **werden** ten deel vallen; **~en** toedelen ['tuˑdeːl-], toewijzen ['-vɛiz-]; **2ung** *f* toewijzing

zutiefst ten zeerste

zutragen: *sich* ~ zich toedragen

zutrau|en *(j-m A)* iem. in staat achten tot iets, iets verwachten van iem.; *sich* **~en** aandurven ['-dɔrv-]; **~lich** vertrouwelijk ['-trɑu̯ələk]

zutreffen kloppen; **~d** juist [jœyst]

zu|trinken *(D)* toedrinken ['tuˑ-]; **2tritt** *m* toegang; **2tun** *n* (het) toedoen

zuungunsten *(G)* ten nadele [-'deːlə] van

zuunterst helemaal ['heːlə-] onderaan

zuverlässig betrouwbaar [-'trɑu̯-]; **2keit** *f* betrouwbaarheid

Zuversicht *f* (het) vertrouwen; **2lich** vol vertrouwen

zuviel te veel

zuvor tevoren, vooraf; **am Tage** ~ daags tevoren

zuvorkommen voorkomen [-'koːm-]; **~d** voorkomend

Zuwachs *m* aanwas, groei [ɣruˑi]

zuweilen soms

zuweis|en toewijzen ['tu·vɛɪz-]; **2ung** f toewijzing, (het) contingent

zuwenden toekeren ['-ke:r-]

zuwenig te weinig ['vɛɪnəx]

zuwider: ~ **sein** (D) tegenstaan ['ti·dər]

zuwiderhand|eln handelen in strijd [strɛɪt] met; **2lung** f overtreding ['tre:d-]

zu|winken toewuiven ['tu·vəɣ˄-]; **~zahlen** bijbetalen ['bɛɪ-]

zuziehen dichttrekken; *Arzt* erbij halen; **sich** ~ zich op de hals halen, opdoen ['-du·n]

zuzüglich (G) vermeerderd met

Zwang m dwang, (het) geweld; **2los** ongedwongen

Zwangs|jacke f dwangbuis ['-bəys]; **~lage** f noodsituatie ['-ty·ũa:(t)si·]; **2läufig** automatisch [-i·s], onvermijdelijk ['-mɛɪdələk]; **~maßnahme** f dwangmaatregel; **2weise** gedwongen, onder dwang

zwanzig twintig ['-təx]

zwar weliswaar; **und** ~ en wel

Zweck m (het) doel [du·l], (het) oogmerk; **es hat keinen** ~ het heeft geen zin; **zu diesem** ~ te dien einde; **2entfremdet** van het oorspronkelijk [-kə-

lək] doel afwijkend ['-vɛɪk-]; **2los** doelloos; zinloos; **2mäßig** doelmatig ['-ma:təx]; **2s** (G) ten behoeve [-'hu·˄ə] van, voor

zwei twee

Zwei|bettzimmer n tweepersoonskamer; **2deutig** dubbelzinnig [dəbəl'-]; **2fach** dubbel, tweevoudig ['-˄əudəx]

Zweifel m twijfel ['tuɛɪfəl]; **2haft** twijfelachtig [-təx]; **2los** ongetwijfeld; **2n** (an D) twijfelen (aan)

Zweig m twijg, tak; **~niederlassung** f, **~stelle** f (het) filiaal

zwei|jährig tweejarig [-rəx]; **2kampf** m (het) tweegevecht; **~mal** tweemaal; **~motorig** tweemotorig [-rəx]; **~seitig** tweezijdig ['-zɛɪdəx]; **2sitzer** m (het) voertuig ['˄u·rtɛɪx] met twee zitplaatsen; **~sprachig** tweetalig ['-ta:ləx]

zweispurig: ~e **Straße** f tweebaansweg

zwei|stöckig met twee verdiepingen; **~teilig** tweedelig ['-de:ləx]

zweit s. **zu;** ~e tweede; **~ens** ten tweede; **~größt-** op één (e:n) na de grootste; **~rangig** tweederangs

Zwerchfell n (het) middenrif

Zwerg m dwerg, kabouter ['-bəutər]

Zwetsch(g)e f pruim
[ˈprͻym]
zwicken knijpen [ˈknɛip-]
Zwieback m beschuit
[-ˈsxɐyt]
Zwiebel f ui; *(Blumen* ♀*)*
bloembol [ˈbluˑm-]
Zwie|licht n schemering
[ˈsxeˑmər-], geheimzin-
nigheid; **~tracht** f twee-
dracht, verdeeldheid
Zwillinge m/pl. tweeling
zwingen dwingen
zwinkern knipogen
Zwirn m (het) garen,
draad
zwischen *(D, A)* tussen
[ˈtͻs-]
Zwischen|aufenthalt m
halte, stopplaats; **~deck** n
(het) tussendek; ²**durch**

tussendoor; **~fall** m (het)
incident [-siˈdɛnt]; **~lan-
dung** f tussenlanding;
~raum m tussenruimte
[-rͻymtə]; **~ruf** m interruptie [-ˈrͻpsi]; **~wand** f
tussenmuur [-myːr]
Zwischenzeit f: **in der** ~ in
de tussentijd [-tɛit]
zwitschern tjilpen [ˈtͳilp-]
zwölf twaalf; ²**finger-
darm** m twaalfvingerige
[ˈ-frͻƞəˠə] darm; **~stün-
dig** van twaalf uren
[yːrə(n)]
Zyankali n cyaankali
[siˈ(j)aːƞˈ-]
Zyklus m cyclus [ˈsiˑklͻs]
Zylinder m cilinder; *(Hut)*
hoge hoed [huˑt]
zynisch cynisch [ˈsiˑniˑs]

Zahlwörter — Telwoorden
Grundzahlen — Hoofdtelwoorden

0 nul [nɵl] *null*
1 één, een [e:n] *eins*
2 twee *zwei*
3 drie *drei*
4 vier *vier*
5 vijf [vɛif] *fünf*
6 zes *sechs*
7 zeven *sieben*
8 acht *acht*
9 negen ['ne:ɣ̊ə(n)] *neun*
10 tien *zehn*
11 elf *elf*
12 twaalf *zwölf*
13 dertien *dreizehn*
14 veertien *vierzehn*
15 vijftien ['vɛifti·n] *fünfzehn*
16 zestien *sechzehn*
17 zeventien *siebzehn*
18 achttien *achtzehn*
19 negentien *neunzehn*
20 twintig ['tʊmtəx] *zwanzig*
21 eenentwintig ['e:nən-] *einundzwanzig*
22 tweeëntwintig ['tʉe:ən-] *zweiundzwanzig*
23 drieëntwintig ['dri·iən-] *dreiundzwanzig*
24 vierentwintig ['viːrən-] *vierundzwanzig*
25 vijfentwintig ['vɛifən-] *fünfundzwanzig*
26 zesentwintig *sechsundzwanzig*
27 zevenentwintig ['ze:vənən-] *siebenundzwanzig*
28 achtentwintig *achtundzwanzig*
29 negenentwintig *neunundzwanzig*
30 dertig ['dɛrtəx] *dreißig*
31 eenendertig *usw. einunddreißig*
40 veertig ['deːrtəx] *vierzig*
50 vijftig ['fɛiftəx] *fünfzig*
60 zestig ['sɛstəx] *sechzig*
70 zeventig ['se:və(n)təx] *siebzig*

80	tachtig *l'tɑxtəxl achtzig*
90	negentig *l'ne:ɣə(n)təxl neunzig*
100	honderd *hundert*
101	honderd (en) een *hundert(und)eins*
102	honderd twee *usw. hundertzwei*
110	honderd tien *usw. hundertzehn*
200	tweehonderd *zweihundert*
300	driehonderd *usw. dreihundert*
864	achthonderd vierenzestig *achthundertvierundsechzig*
1 000	duizend *l'dəyzəntl tausend*
1 001	duizend (en) een *tausend(und)eins*
1 002	duizend twee *usw. tausendzwei*
2 000	tweeduizend *usw. zweitausend*
48 917	achtenveertigduizend negenhonderd zeventien *achtundvierzigtausend-neunhundertsiebzehn*
100 000	honderdduizend *hunderttausend*
200 000	tweehonderdduizend *usw. zweihunderttausend*
1 000 000	een miljoen *lmɪl'juːnl eine Million*
1 000 000 000	een miljard *eine Milliarde*

Ordnungszahlen — Rangtelwoorden

1e	eerste *erste*
2e	tweede *zweite*
3e	derde *dritte*
4e	vierde *vierte*
5e	vijfde *l'ʋɛɪvdəl fünfte*
6e	zesde *sechste*
7e	zevende *sieb(en)te*
8e	achtste *achte*
9e	negende *neunte*
10e	tiende *zehnte*
11e	elfde *elfte*
12e	twaalfde *zwölfte*
13e	dertiende *dreizehnte*
14e	veertiende *vierzehnte*
15e	vijftiende *fünfzehnte*
16e	zestiende *sechzehnte*

17e	zeventiende *siebzehnte*
18e	achttiende *achtzehnte*
19e	negentiende *neunzehnte*
20e	twintigste *zwanzigste*
21e	eenentwintigste *einundzwanzigste*
22e	tweeëntwintigste *usw. zweiundzwanzigste*
30e	dertigste [ˈdɛrtəxstə] *dreißigste*
31e	eenendertigste *usw. einunddreißigste*
40e	veertigste [ˈfeːrtəxstə] *vierzigste*
50e	vijftigste [ˈfɛiftəxstə] *fünfzigste*
60e	zestigste [ˈsɛstəxstə] *sechzigste*
70e	zeventigste [ˈseːvə(n)təxstə] *siebzigste*
80e	tachtigste *achtzigste*
90e	negentigste [ˈneːɣə(n)təxstə] *neunzigste*
100e	honderdste *hundertste*
101e	honderd eerste *usw. hundert(und)erste*
200e	tweehonderdste *usw. zweihundertste*
864e	achthonderd vierenzestigste *achthundertvierundsechzigste*
1 000e	duizendste *tausendste*
2 000e	tweeduizendste *usw. zweitausendste*
48 917e	achtenveertigduizend negenhonderd zeventiende *achtundvierzigtausend-neunhundertsiebzehnte*
100 000e	honderdduizendste *hunderttausendste*
1 000 000e	miljoenste *millionste*

Brüche — Breuken

$1/2$	een half *einhalb*
$1^1/2$	anderhalf *anderthalb*
$1/3$	een derde *ein Drittel*
$1/4$	een kwart, een vierde *ein Viertel*
$3/4$	driekwart, drie vierde(n) *drei Viertel*
$1/5$	een vijfde *usw. ein Fünftel*
$3^4/5$	drie en vier vijfde(n) *drei (und) vier Fünftel*
0,1	een tiende *ein Zehntel*

Die Speisekarte

Vorspeisen

Aufschnitt	(het) gesneden vlees
Austern	oesters
Blätterteigpastete	feuilletépastei
Bückling	bokking
Gänseleberpastete	ganzeleverpastei
Gurkensalat	komkommersalade
kaltes Fleisch	koud vlees
Krabben	garnalen
Krebse	kreeften
Krebsschwanzsalat	kreeftesla
Oliven	olijven
Ölsardinen	sardines in olie
Salat	salade
Sardellen	ansjovis
Schinken	ham
— gekochter	gekookte
— roher	rauwe
Wurst	worst
— Blutwurst	bloedworst
— Leberwurst	leverworst
— Zervelatwurst	cervelaatworst
— Jagdwurst	jachtworst
— Salami	salami

Suppen

Fleischbrühe	bouillon
— mit Ei	met ei
— mit Nudeleinlage	met vermicelli
— mit Reiseinlage	met rijst
Hühnerbrühe	kippenbouillon
Suppe	soep
— Erbsensuppe	erwtensoep
— Kartoffelsuppe	aardappelsoep
— Gemüsesuppe	groentesoep
— Reissuppe	rijstsoep
— Pilzsuppe	champignonsoep
— Tomatensuppe	tomatensoep

Nudelgerichte

Nudelgericht	platte macaroni
— mit Butter und Parmesankäse	met boter en parmezaanse kaas
— mit kleinen Muscheln	met mosselen
— mit Tomatensoße	met tomatensaus
— mit Fleisch und Tomatensoße	met vlees en tomatensaus
— mit Parmesankäse	met parmezaanse kaas
Bandnudeln	platte macaroni
Fadennudeln	vermicelli
Makkaroni	macaroni
Spaghetti	spaghetti

Fische

Aal	paling
Barbe	barbeel
Barsch	baars
Fisch	vis
— gebackene / gekochte Fische	gebakken / gekookte vissen
Fischfilet	visfilet
Flunder	bot
Forelle	forel
Hecht	snoek
Hering	haring
— Rollmops	rolmops
Kabeljau	kabeljauw
Karpfen	karper
Lachs	zalm
Makrele	makreel
Schellfisch	schelvis
Schleie	zeelt
Scholle	schol
Seezunge	tong
Sprotte	sprot
Steinbutt	tarbot
Stockfisch	stokvis
Stör	steur
Thunfisch	tonijn

Umberfisch	ombervis
Zahnfisch	tandvis
Zander	snoekbaars

Andere Seetiere

Garnelen	garnalen
Hummer / Languste	zeekreeft / langoest
Krebs	kreeft
Muscheln	mosselen
Seespinne	zeespin
Tintenfisch	inktvis

Geflügel und Wild

Ente	eend
Fasan	fazant
Gans	gans
— Gänseklein	ganzepeper
Hase	haas
Hirsch	(het) hert
Huhn	kip
— Hähnchen	(het) haantje
— Rebhuhn	patrijs
— Hühnerbrust	kippeborst
— Kapaun	kapoen
Kaninchen	(het) konijntje
Reh	ree
Taube	duif
Truthahn / Puter	kalkoen / kalkoense
Frikassee	fricassee [haan
Keule	bout
Rücken	rug

Fleischgerichte

Beefsteak	biefstuk
Braten	(het) gebraden vlees
— Schmorbraten	gestoofd vlees
Bratwürste	braadworsten
Eisbein	varkenspoot
Falscher Hase	(het) gehakt

Filet	filet
Fleisch	(het) vlees
— Büchsenfleisch	vlees in blik
— Hackfleisch	hachee
Frikassee	fricassee
Gulasch	Hongaarse hachee
Hammel(fleisch)	(het) schaap (schapevlees)
Hirn	hersenen
Kalb(fleisch)	(het) kalf(svlees)
Kalbshaxe	kalfsschenkel
Kalbskeule	kalfsbout
Kotelett	kotelet
— Schweinskotelett	varkenskotelet
Lamm(fleisch)	(het) lam(svlees)
Leber	lever
Leberknödel	leverknoedel
Lendenstück	(het) lendenstuk
Nieren	nieren
— Kalbsnierenbraten	gebraden kalfsnieren
Pastete	pastei
Ragout	ragoût
Rind(fleisch)	(het) rund(vlees)
Rippenspeer	gezouten varkenskotelet
Roastbeef	rosbief
Roulade	rollade
Rumpsteak	rumpsteak / rugbiefstuk
(Wiener) Schnitzel	gebraden kalfsoester (auch: Wiener Schnitzel)
Schwein(efleisch)	(het) varkensvlees
Schweinebraten	gebraden varkensvlees
Schweinekamm	zwijnskop
Wurst	worst
— Bratwurst	braadworst
— heiße Würstchen	warme worstjes
Zunge	tong

Gemüse

Artischocken	artisjokken

Bohnen	bonen
— Schnittbohnen	snijbonen
Chicorée	cichorei
Eierfrüchte, Auberginen	eierplanten, aubergines
Erbsen	erwten
— grüne Erbsen	verse erwten
Gurke	komkommer
Kartoffeln	aardappels
— Bratkartoffeln	gebakken aardappels
— Pellkartoffeln	in de schil gekookte aardappels
— Pommes frites	patates frites
— Salzkartoffeln	gekookte aardappels
— Kartoffelbrei	aardappelpuree
— Kartoffelpuffer	aardappel-pannekoek
Kohl	kool
— Blumenkohl	bloemkool
— Kohlrabi	koolraap
— Rosenkohl	spruitjes
— Rotkohl	rode kool
— Sauerkohl	zuurkool
— Weißkohl	witte kool
— Wirsingkohl	savooiekool
Kresse	sterkers
Kürbis	kalebas
Linsen	linzen
Mohrrüben	wortels
Paprikaschoten	paprika
Pilze	paddestoelen
— Champignons	champignons
— Pfifferlinge	hanekammen
— Steinpilze	eekhoorntjesbrood
Radieschen	radijsjes
Rote Rüben	bieten
Salat	sla
— grüner Salat	verse sla
— Gemüsesalat	groentesla
— Endiviensalat	andijviesla
— italienischer Salat	gemengde sla
— Kopfsalat	kropsla

Schnittlauch	(het) bieslook
Sellerie	selderij
Spargel	asperge
Spinat	spinazie
Tomaten	tomaten
Zwiebeln	uien

Eierspeisen

Eier	eieren
— gekocht	gekookte
(hart / weich)	(hard / zacht)
Rühreier	roereieren
Spiegeleier	spiegeleieren
Eierkuchen,	eierpannekoek,
Omelett	omelet
— mit Gemüse	met groente

Käse

Camembert	Camembert
Gorgonzola	Gorgonzola
Holländer Käse	Hollandse kaas
Parmesankäse	Parmezaanse kaas
Schafkäse	schapekaas
Schweizer Käse	Zwitserse kaas
Streichkäse	smeerkaas
Weichkäse	zachte kaas
Quark	kwark

Süßspeisen

Eierkrem mit Wein	eiercrème met wijn
Eis	(het) ijs
Kompott	compote
Karamelpudding	karamelpudding
Obstsalat	vruchtensla
Pudding	pudding
Schlagsahne	slagroom

Obst

Ananas	ananas
Apfel	appel
Apfelsine	sinaasappel
Aprikose	abrikoos
Banane	banaan
Beeren	bessen
— Blaubeeren	blauwbessen
— Brombeeren	bramen
— Erdbeeren	aardbeien
— Himbeeren	frambozen
— Johannisbeeren	aalbessen
— Preiselbeeren	vossebessen
— Stachelbeeren	kruisbessen
Birne	peer
Datteln	dadels
Feigen	vijgen
Granatapfel	granaatappel
Grapefruit	grapefruit
Kastanien	kastanjes
Kirschen	kersen
— Sauerkirschen	zure kersen
Mandarine	mandarijntje
Mandeln	amandelen
Melone	meloen
Mirabellen	mirabellen
Mispeln	mispels
Nüsse	noten
— Haselnüsse	hazelnoten
— Walnüsse	walnoten
Pfirsich	perzik
Pflaumen	pruimen
— Backpflaumen	gedroogde pruimen
— Eierpflaumen	eierpruimen
Quitten	kweeën
Renekloden	reine-claudes
Rhabarber	rabarber
Wassermelone	watermeloen
Weintrauben	druiven